工程造价司法鉴定与纠纷调解典型案例

中国建设工程造价管理协会 编

中国建设科技出版社有限责任公司
China Construction Science and Technology Press Co., Ltd.

北 京

图书在版编目（CIP）数据

工程造价司法鉴定与纠纷调解典型案例 / 中国建设工程造价管理协会编． -- 北京：中国建设科技出版社有限责任公司，2025.1． -- ISBN 978-7-5160-3652-5（2025.4重印）

Ⅰ. D922.297.5

中国国家版本馆 CIP 数据核字第 2024FB9822 号

工程造价司法鉴定与纠纷调解典型案例
GONGCHENG ZAOJIA SIFA JIANDING YU JIUFEN TIAOJIE DIANXING ANLI
中国建设工程造价管理协会　编

出版发行：中国建设科技出版社有限责任公司
地　　址：北京市西城区白纸坊东街2号院6号楼
邮政编码：100054
经　　销：全国各地新华书店
印　　刷：北京印刷集团有限责任公司
开　　本：889mm×1194mm　1/16
印　　张：30.25
字　　数：750千字
版　　次：2025年1月第1版
印　　次：2025年4月第2次
定　　价：145.00元

本社网址：www.jskjcbs.com，微信公众号：zgjskjcbs
请选用正版图书，采购、销售盗版图书属违法行为
版权专有，盗版必究。本社法律顾问：北京天驰君泰律师事务所，张杰律师
举报信箱：**zhangjie@tiantailaw.com**　　举报电话：（010）63567684
本书如有印装质量问题，由我社事业发展中心负责调换，联系电话：（010）63567692

编审委员会

主　　审：田国民

副 主 审：薛秀丽　杨　侃

主　　编：张兴旺

副 主 编：吴雨冰

主要编写人员：田　祎　　侯　赞　　周明科　　王建林　　田华伟
　　　　　　　任双成　　张其涛　　白凤英　　吴玉珊　　边广海
　　　　　　　杨利利　　马玉峰　　齐国舟　　檀中文　　蓝仑山

前　言

工程造价不仅关系到投资效益的实现，还涉及资源的合理配置、项目的可持续发展以及各方主体利益的平衡。

工程造价管理的意义深远，其难点在于多种因素的交互影响。当前，众多重大建设工程项目普遍采用先进的技术和材料，施工和履约过程中管理和协调问题日益凸显，加之市场需求的变化和经济形势的波动，不仅容易引发建设工程造价争议，也给工程造价咨询企业和从业人员合理、科学地确定工程造价带来了巨大的挑战。这就要求工程造价专业人员必须具备扎实的专业知识、敏锐的市场洞察力、丰富的实践经验和妥善解决造价争议的能力。工程造价司法鉴定为解决工程造价争议提供了法律依据和专业支持，而工程造价纠纷调解则为各方提供了沟通与协商的机会，以寻求最佳的解决方案。工程造价司法鉴定和工程造价纠纷调解均具有较强的专业性、技术性和政策性。

为了贯彻落实中共中央关于加强行业性专业性调解组织建设的精神，充分发挥行业协会在社会治理中的重要作用以及工程造价纠纷调解中的专业优势，2017年中国建设工程造价管理协会（以下简称"中价协"）成立了工程造价纠纷调解工作委员会（以下简称"调解委员会"）。调解委员会先后开展了《工程造价司法鉴定法律问题研究》《工程造价专家辅助人出庭作证指引》《住建纠纷化解信息平台需求分析研究》等课题研究，并梳理了各地方工程造价管理协会上报的工程造价司法鉴定典型案例，在此基础上，于2022年编辑出版了《工程造价司法鉴定典型案例（2022年版）》。该书是工程造价行业首次在全国范围内梳理总结造价鉴定典型案例，得到了造价咨询行业从业人员和关注造价司法鉴定相关人员的广泛认可和好评，在规范和引导工程造价鉴定人员执业行为、提高工程造价司法鉴定水平等方面发挥了积极的作用。

近年来，工程造价纠纷调解工作在行业内获得了长足发展，积累了许多调解经验和优秀案例。2023年3月，调解委员会在雄安新区组织召开全国工程造价纠纷调解交流会，深入探讨了各地工程造价纠纷调解工作的做法和经验。同年9月，最高人民法院会同住房城乡建设部印发《关于建立住房城乡建设领域民事纠纷"总对总"在线诉调对接机制的通知》，强调加强住房城乡建设领域民事纠纷源头治理工作，完善"总对总"在线多元解纷机制建设。10月，住房城乡建设部印发了《关于开展住房城乡建设领域民事纠纷"总对总"在线诉调对接试点工作的通知》，在广东、北京、内蒙古、浙江、福建、山东等地开展试点。11月，调解委员会被住房城乡建设部列入首批部级"总对总"诉调对接行业调解组织。

为进一步加大对工程造价咨询企业和注册造价工程师开展造价鉴定和调解业务的技术指导力度，宣传推介工程造价司法鉴定成果和造价纠纷调解的典型案例，提升工程造价司法鉴定成果和纠纷调解质量水平，根据各地建设工程造价管理协会、工程造价咨询企业和工程造价司法鉴定从业人员的反馈意见，2023年中价协再次组织调解委员会征集、研究、梳理各地工程造价司法鉴定和纠纷调解典型案例。调解委员会从全国各地上报的163篇典型案例中，经过专家初审和复审，精选了35篇具有一定的典型性、借鉴性和广泛性案例，并与撰稿单位反复修改完善，最终汇编成《工程造价司法鉴定与纠纷调解典型案例》。

　　入选《工程造价司法鉴定与纠纷调解典型案例》的30篇造价司法鉴定案例和5篇纠纷调解案例，均反映了工程建设的客观事实，体现了工程造价鉴定和调解工作的专业优势，充分突出规范性、严谨性、客观性、专业性的技术要求。部分案例是中价协调解委员会直接受理并成功调解的工作成果，受到了当事人的好评和认可，做到了法治效果和社会效果的有机统一。

　　书中，我们重点讨论了一些具有代表性的工程造价司法鉴定案例，以及工程造价纠纷的调解过程。这些案例不仅涵盖了常见的造价争议类型，还展示了不同情景下的解决思路和方法。通过收集和分析典型案例，我们希望为工程造价咨询企业和从业人员提供实用的参考，帮助他们深入理解工程造价司法鉴定与造价纠纷调解工作方法，提高在实际工作中应对和解决各种复杂造价问题的能力。同时，本书还旨在促进行业的交流与合作，推动行业发展，为建立更加规范的工程造价管理体系贡献力量。

　　本书的编写和出版，离不开众多工程造价咨询企业、撰稿人以及参与评审、修改的专家的辛勤付出和无私奉献。我们衷心感谢他们为本书提供的宝贵案例和意见，也感谢行业内外的专家学者对本书的批评指正。

中国建设工程造价管理协会
2024年10月

目　录

对某房屋租赁合同中途解约项目已附合在房屋上的装饰装修物残值司法鉴定
——中晨工程咨询有限公司
周子义　王波　周柯生 ··· 001

对某水电项目土建工程造价司法鉴定
——北京求实工程管理有限公司
汪力　肖继东　李亚男 ··· 014

对天津市某住宅项目合同中途解除工程造价司法鉴定
——天津市泛亚工程咨询有限公司
汤凤凯　王超　杜建超 ··· 027

某钢铁集团有限公司装备升级改造项目 $2 \times 2000 m^3$ 高炉工程造价司法鉴定
——河北至诚工程项目管理有限公司
田秀茹　刘文忠　吴琼　朱宇巍　曹海慧 ······································· 043

某股份公司研发中心和年产 3500t 新工艺明胶建设项目机电安装工程造价司法鉴定
——内蒙古中恒信工程造价咨询有限公司
刘东　许萌　刘浩然　刘伟 ·· 059

对某小区项目工程造价司法鉴定
——黑龙江惠泉普华建设工程项目管理有限公司
李立国　纪丽楠　徐金菲　王丽娜 ··· 072

对某 5A 地块 1#、2# 及 4# 住宅楼工程造价司法鉴定
——江苏仁禾中衡工程咨询房地产估价有限公司
宋王芹　许友宏 ································· 085

对某禽类加工车间及辅助用房工程造价司法鉴定
——江苏大华工程管理有限公司
周永军　徐宏光　陈寅 ································· 096

对某高速公路某标段 K231+555~K237+800 段路基土石方、排水防护及涵洞（或盖板通道）工程造价司法鉴定
——浙江中正工程项目管理有限公司
裘晓军　蔡顺勇 ································· 109

对某住宅小区未完工程造价的司法鉴定
——浙江育才工程项目管理咨询有限公司
梁喜　胡霞滨　梅景　朱海萍　张莹 ································· 122

某福利中心项目工程延期司法鉴定
——浙江中永工程咨询有限公司
蒋开灶　柯可　章林志　杜东辉 ································· 132

某自动化设备车间工程造价重新鉴定
——济南盛恒项目管理咨询有限公司
任志强 ································· 149

对某住宅小区已完工程及工程损失的工程造价司法鉴定
——河南龙华工程咨询有限公司
刘世杰　孟景　翟尧尧　左亚斐　周红敏 ································· 160

对某住宅"平方米单价固定价格承包方式"项目中止的工程造价司法鉴定
——河南兴博工程管理咨询有限公司
闫丽　韩月猛　张茜茜　唐容　张曦 ································· 176

某市产业集聚区某路等四条道路及新增游园绿化项目工程造价鉴定
——河南世纪工程管理有限公司
吴忠　李藏　郭军艳　张威 ································ 190

对某国道某路段改建项目工程造价司法鉴定
——湖北正和工程咨询有限公司
王占峰　梁富运　何英花　邵忠奎　史伟锋 ················ 201

对某省市公路改扩建工程劳务分包司法鉴定
——湖北嘉宁工程咨询有限公司
杨军莲　沈超　严恒峰　柯文君　张其林 ·················· 216

某公共服务中心大楼项目工程造价司法鉴定
——永道工程咨询有限公司
王圣祥　徐敏芳　张向明　杨楚燕 ························ 228

某输变电及污水处理场项目工程造价司法鉴定
——广东省国际工程咨询有限公司
雷敏　李卫平　黄伟　程建辉　潘甜 ······················ 243

某码头工程项目未完工程预期利润司法鉴定
——中量工程咨询有限公司
陈金海　陈丽军　郑子英　唐显忠　丁燕梅 ················ 256

对某小区住宅、商业外墙 GRC 装饰构件拆除及拆除后外墙面修复的工程造价司法鉴定
——广西信达友邦工程造价咨询有限责任公司
磨安伟　林文婷　周文程　何正越　李莉 ·················· 267

对某化工项目已完工程造价司法鉴定
——中兴铂码工程咨询（重庆）有限公司
王东　杨博　李振宇 ···································· 278

对某旅游综合体项目工期争议司法鉴定
——华益工程顾问有限公司
林宗开　马伶俐　杨焕帮　杜波 ·············· 290

某工业厂房项目工程造价司法鉴定
——开元数智工程咨询集团有限公司
吴绍康　谭尊友　潘敏 ·············· 305

对某绿化景观工程项目工程造价司法鉴定
——贵州皓天工程造价咨询有限公司
刘群　张光祥　邱恩　罗孟英　唐丽君 ·············· 317

某棚户区改造项目 1#—7# 楼修复工程造价司法鉴定
——贵州省建筑设计研究院有限责任公司
雷忠意　乔瀚林 ·············· 331

对某矿区选厂工程项目工程造价司法鉴定
——华昆工程管理咨询有限公司
王建南　汪松森　尹加发 ·············· 345

对某大型仓库项目工程造价司法鉴定
——鸣森项目管理咨询有限公司
魏明　韦尧艳　谭勇　胡晓黎　潘金梅 ·············· 358

对某电厂 2×1000MW 机组项目分包工程造价司法鉴定
——宁夏正业通工程咨询有限责任公司
李翔　徐万军　温鸿江 ·············· 368

某城市综合体已完项目的工程造价司法鉴定
——龙达恒信工程咨询有限公司
杨柏林　张本清　郑荣芹 ·············· 384

某大型综合体项目施工总承包工程结算第三方造价纠纷调解
——北京金和通工程咨询有限公司
田华伟　唐芳　王宏欣　郝胜涛　马卓伟 ……………………………… 400

制定变更调价规则　调解工程结算纠纷
——青矩工程顾问有限公司
闫应　刘庞　陈华桥 …………………………………………………… 414

对某公共建筑工期延误引起的造价纠纷调解
——捷宏润安工程顾问（江苏）有限公司
吴虹鸥　沈春霞　金常忠 ……………………………………………… 432

对某公馆建设工程劳务承包结算的造价纠纷调解
——广东同益达工程顾问有限公司
孙康全　刘君兰　王月文　黄桂平　杨嘉强 …………………………… 445

某港区防波堤工程价差调整的造价纠纷调解
——广东精信工程造价咨询有限公司
王金鹏　刘月恩　方舜娜　王超　黄进冬 ……………………………… 460

对某房屋租赁合同中途解约项目已附合在房屋上的装饰装修物残值司法鉴定

——中晨工程咨询有限公司

周子义　王波　周柯生

一、案情简介

2016年10月24日，本诉原告（以下简称"承租人"）向某县人民法院提起诉讼，诉称：2015年4月27日，承租人与本诉被告某房地产有限公司（以下简称"出租人"）签订了《房屋租赁合同》，约定承租人承租出租人面积3030.48m²的三层楼房（毛坯房）（以下简称"受鉴工程"）经营用途为餐饮，租赁期限为2015年7月1日起至2025年6月30日止，共计10年。合同签订后，承租人对受鉴工程进行了装修施工。2015年8月，承租人向某县行政服务中心市场监管局窗口咨询证照办理事宜时，被告知该房屋用途为文体娱乐，不予办理餐饮营业执照，致承租人不能取得营业执照而无法经营。因承租人与出租人就处理善后事宜未能达成协议，承租人诉至法院，请求依法解除《房屋租赁合同》并要求出租人赔偿损失。

2016年11月25日，出租人向某县人民法院提起反诉，诉称：承租人未经出租人同意、相关部门许可情况下擅自进行违法装修，造成受鉴工程结构遭受破坏，损害出租人合法权益。请求依法判令承租人支付租金并赔偿擅自改变结构进行改建、扩建造成的损失。

出租人向法院提出鉴定申请。某县人民法院（以下简称"委托人"）委托鉴定机构对受鉴工程已附合在房屋上的装修残值进行鉴定。

二、案件争议焦点和造价鉴定难点

本案争议焦点是由于出租人未能向承租人提供符合约定用途的租赁物，从而中途解除了租赁合同，承租人主张对受鉴工程装饰装修物进行赔偿。

本案鉴定的难点：一是租赁合同的效力，二是如何确认租赁合同的剩余租赁期，三是如何区分形成附合的和未形成附合的装饰装修物。

三、鉴定情况

（一）司法鉴定委托人提供鉴定材料内容

（1）法院签署的《司法鉴定委托书》。
（2）出租人与承租人签订的《房屋租赁合同》。
（3）受鉴工程建筑装饰装修施工图设计文件。
（4）承租人民事起诉状。
（5）出租人民事反诉状。

（二）装饰装修物残值司法鉴定介绍

1. 鉴定程序

（1）熟悉案情和案卷资料，根据鉴定事项的鉴定要求，通过法院要求当事人补充经质证的鉴定资料。
（2）在法院法官组织下，鉴定机构鉴定人会同发、承包方双方代表进行现场勘验，查明工程情况，并要求发、承包方双方就鉴定事项提交相关证据。
（3）根据法院委托的鉴定事项，确定鉴定依据和鉴定技术路线。
（4）提交《征求意见稿》，征求当事人意见。
（5）出具《鉴定意见》。

2. 鉴定依据

（1）《司法鉴定委托书》。
（2）出租人与承租人签订的《房屋租赁合同》。
（3）受鉴工程建筑装饰装修施工图设计文件。
（4）《最高人民法院关于审理城镇房屋租赁合同纠纷案件具体应用法律若干问题的解释》（法释〔2009〕11号）。
（5）《某省工程造价计价依据》。
（6）《房屋租赁合同》有关对工程计价的约定：
① 租赁房屋：
a. 乙方承租甲方房屋现状面积 3030.48m^2；
b. 经营用途：餐饮。
② 租赁期限：
自 2015 年 7 月 1 日起至 2025 年 6 月 30 日止，共计 10 年。

3. 鉴定过程

1）现场勘验

2017 年 4 月 25 日、2017 年 6 月 8 日、2017 年 6 月 14 日，在法院工作人员组织和见证下，鉴定机构鉴定人会同出租人代表、委托代理律师和承租人代表、委托代理律师共同到达现场，对受鉴工程鉴定事项进行了勘验：

（1）拆除原南面室外地面，高度0.8m，新建混凝土坡道通至一层大厅，拆除5～6轴交A轴墙体及铝合金窗，新建铝合金玻璃门一樘。

（2）在一层4～8轴交C～K轴大厅新建冰台和厨房，在一层2～3轴交D～F轴新建海鲜池。

（3）新建一层通至二层的钢楼梯。

（4）在一层2～3轴交J～K轴新建冷库房。

（5）对受鉴工程一层、二层装饰装修部分进行了工程量统计，详见《现场工程量记录单》。

（6）对受鉴工程一层、二层装饰装修部分中的水电安装进行了工程量统计，详见《现场工程量计算书》。

（7）承租人及委托代理律师，出租人代表及委托代理律师同意，按照承租人与房屋装饰装修施工单位结算书中的施工项目和工程量进行核对，并按照某省造价定额和信息价进行附合在房屋上的装修残值进行计价。

2）附合装饰装修物造价鉴定的规定

《最高人民法院关于审理城镇房屋租赁合同纠纷案件具体应用法律若干问题的解释》第七条规定："承租人经出租人同意装饰装修，租赁合同无效时，未形成附合的装饰装修物，出租人同意利用的，可折价归出租人所有；不同意利用的，可由承租人拆除。因拆除造成房屋毁损的，承租人应当恢复原状。已形成附合的装饰装修物，出租人同意利用的，可折价归出租人所有；不同意利用的，由双方各自按照导致合同无效的过错分担现值损失。"第八条规定："承租人经出租人同意装饰装修，租赁期间届满或者合同解除时，除当事人另有约定外，未形成附合的装饰装修物，可由承租人拆除。因拆除造成房屋毁损的，承租人应当恢复原状。"第九条规定："承租人经出租人同意装饰装修，合同解除时，双方对已形成附合的装饰装修物的处理没有约定的，人民法院按照下列情形分别处理：（一）因出租人违约导致合同解除，承租人请求出租人赔偿剩余租赁期内装饰装修残值损失的，应予支持；（二）因承租人违约导致合同解除，承租人请求出租人赔偿剩余租赁期内装饰装修残值损失的，不予支持。但出租人同意利用的，应在利用价值范围内予以适当补偿；（三）因双方违约导致合同解除，剩余租赁期内的装饰装修残值损失，由双方根据各自的过错承担相应的责任；（四）因不可归责于双方的事由导致合同解除的，剩余租赁期内的装饰装修残值损失，由双方按照公平原则分担。法律另有规定的，适用其规定。"

3）鉴定机构致函某县人民法院，请求先予确认有关事项，以作为本案的鉴定依据

（1）本案法院委托的鉴定事项为对已附合的装饰装修物残值进行鉴定。根据《最高人民法院关于审理城镇房屋租赁合同纠纷案件具体应用法律若干问题的解释》第七条至第九条的规定："如房屋租赁合同无效，在出租人同意利用的情形下，附合的装饰装修物应按房屋租赁合同无效时现存价值进行造价鉴定；如房屋租赁合同有效，附合的装饰装修物应按剩余租赁期内的残值进行造价鉴定。"

因此，请求合议庭预先确定本案房屋租赁合同的效力，以及确认本案房屋租赁合同发生纠纷的时间点，以作为本案已附合装饰装修物造价鉴定的依据。

(2) 本案附合装饰装修物造价鉴定的技术路线。

因本案房屋租赁合同未约定装饰装修物的计价标准和计价方式，鉴定机构根据工程造价鉴定的有关规定，提出本案附合装饰装修物造价鉴定的技术路线的三个方案：

① 执行《某省建筑工程预算定额》（2010 年版），《某省建设工程施工取费定额》（2010 年版），弹性费率取中值确定鉴定造价。

② 执行《某省建筑工程预算定额》（2010 年版），《某省建设工程施工取费定额》（2010 年版），按某县建设市场同期同类项目公允下浮率确定鉴定造价。

③ 按承租人与装饰装修施工单位约定的计价标准和计价方式，确定鉴定造价。

请求合议庭预先确定本案装饰装修物造价鉴定的技术路线，以作为本案附合装饰装修物造价鉴定的依据。

4）某县人民法院向鉴定机构复函

我院民一庭审理的承租人与出租人房屋租赁合同纠纷一案，你公司的工作联系函，现本庭回复如下：

（1）本案房屋租赁合同发生纠纷的时间点以本案立案时间 2016 年 10 月 25 日为准。

（2）关于本案附合装饰装修造价鉴定的技术路线请根据行业鉴定标准，按公允价格确定。

5）受鉴工程附合的装饰装修物价值鉴定

（1）在房屋租赁合同中所涉及的装饰装修物，主要是指动产和不动产的附合。按照装饰装修物与租赁房屋的结合程度有不可分离（形成附合）和可分离（未形成附合）两种形态。装饰装修物已与房屋结合在一起非毁损不可分离或者分离需花费巨大，可以认定形成附合；装饰装修物与房屋未完全结合尚未达到不可分离状态，则可以认定未形成附合。

（2）受鉴工程附合的装饰装修物的认定：

根据受鉴工程建筑装修施工图设计文件和现场勘验，鉴定机构认定，受鉴工程装饰装修工程中，未附合在房屋上的装饰装修物为：

一层：收银台、自选餐厅木制烟道、自选餐厅火锅台，至二层踏步式钢梯。

二层：走廊柜、大厅服务台、服务台后面下柜、服务台后面上柜、更衣室柜、大厅楼面细木工板讲台。

安装工程未附合在房屋上的项目见表1。

表 1 安装工程未附合在房屋上的项目

序号	名称	单位	数量
1	方形吸顶灯	套	2
2	马灯造型壁灯	套	2
3	三头射灯	套	34
4	天棚射灯	套	3
5	天棚筒灯	套	184

续表

序号	名称	单位	数量
6	12 火蜡烛灯	套	2
7	12 火水晶吊灯	套	1
8	18 火水晶吊灯	套	2
9	18 火筒形吊灯	套	24
10	6 火喇叭吊灯	套	16
11	6 火锥形吊灯）	套	17
12	8 火水晶吊灯	套	16
13	8 火筒形吊灯	套	16
14	长形 10 火蜡烛吊灯	套	4
15	圆形 10 火蜡烛吊灯	套	9
16	工矿灯	套	15
17	灯笼球形灯	套	110
18	软线吊灯	套	1
19	筒形吊灯	套	37
20	南外墙装饰壁灯	套	15
21	艺术灯	套	1
22	紫外线杀菌灯	套	1
23	荧光灯管	套	82
24	三管格栅灯	套	18
25	节能座灯头	套	1
26	单管荧光灯	套	18
27	半圆球吸顶灯	套	9

因此，除认定未附合在房屋上的装饰装修物和不在本案鉴定范围内的装饰装修物，其余均为受鉴工程附合的装饰装修物。

（3）本案附合的装饰装修物造价按公允价格的确定：

2017 年 10 月 18 日，在某县人民法院法官见证下，鉴定机构工作人员、承租人及委托代理律师在鉴定机构，登录某县公共资源交易中心网站，查取某县装饰装修施工市场平均投标下浮率，工作情况及内容如下：

① 某县人民法院于 2017 年 10 月 20 日，发函本鉴定机构，要求本案附合的装饰装修物造价按公允价格确定。

② 本案附合的装饰装修物造价公允价格，以某县公共资源交易中心网站公示的中标项目，按

照某县装饰装修施工市场类似项目的投标平均下浮率来确定。

③ 承租人陈述，本案实际装修施工期间为2015年5月至6月，装修造价约300万元。

④ 在某县人民法院法官见证下，鉴定人使用鉴定机构的电脑进行了如下操作：

a. 在电脑上登录某县公共资源交易中心网站。

b. 查取，某市出入境检验检疫局某县办事处办公用房装修改造工程，中标时间2014年10月，中标价147.91万元，中标下浮率16.34%。

c. 查取，某县某镇镇南农贸市场装修工程，中标时间2015年03月，中标价401.40万元，中标下浮率13.49%。

d. 查取，某县日电商产业示范园2#楼装饰工程，中标时间2015年10月，中标价369.97万元，中标下浮率14.14%。

e. 查取，某县残疾人托养服务中心装修改造工程，中标时间2017年10月，中标价139.49万元，中标下浮率10.16%。

f. 鉴定人把上述四个项目的网页进行了打印。

⑤ 在场人在下载打印的四个项目的网页上签字确认。

⑥ 出租人经法院通知，未派人员参加本次活动。

（3）受鉴工程附合的装饰装修物价值鉴定。

① 工程量计算：根据受鉴工程施工图设计文件、现场勘验记录计算工程量。

② 人工和材料价格：按装饰装修施工期间《某市造价信息》2015年5月份至7月份平均价调整。

③ 定额套用：附合的装饰装修物价值鉴定套用《某省建筑工程预算定额》（2010版）。

④ 费用收取：按照某县公共资源交易中心网站中查询到的四个项目的中标下浮率取平均值进行下浮（平均下浮13.53%）。

受鉴工程附合的装饰装修物鉴定造价为人民币壹佰贰拾伍万肆仟零叁拾柒元整（￥1254037）。

（4）已附合在房屋上的装饰装修物残值鉴定：

① 根据鉴定技术路线，确定已附合在房屋上的装饰装修物的残值，应根据《房屋租赁合同》约定的租赁期限，将装饰装修物费用平均分摊，计算房屋租赁合同解除时剩余租赁期内附合的装饰装修物价值。

② 出租人与承租人签订的《房屋租赁合同》约定，本案房屋租赁期限自2015年7月1日起至2025年6月30日止，共计10年。

③ 合议庭确认本案房屋租赁合同发生纠纷的时间点以本案立案时间2016年10月25日为准。由此确认房屋租赁合同剩余租赁期计104个月［120-16=104（月）］，占房屋租赁期限的86.67%（104÷120×100%≈86.67%）。

④ 已附合在房屋上的装饰装修物残值鉴定造价经计算，应为1083754元（1254037元×86.67%≈1083754元），不包括改建主体部分损失鉴定造价及渗漏部分修复费用鉴定造价和未形成附合装饰装修物的价值。

4. 鉴定意见

附合的装饰装修物残值鉴定造价为人民币壹佰零捌万陆仟捌佰柒拾肆元整（¥1086874）。

（三）案件当事人对工程造价司法鉴定意见异议问题

（1）鉴定机构于2018年3月28日出具了《鉴定意见》。

（2）2018年6月7日某县人民法院致函鉴定机构：

我院民一庭审理的原告（承租人）与被告（出租人）房屋租赁合同纠纷一案，根据被告（出租人）提出的异议，我院于2018年4月28日作出补充司法鉴定意见函，要求鉴定机构就下列事项作出补充鉴定意见：关于本案符合装饰装修造价鉴定的技术路线请根据行业鉴定标准，按公允价格确定，但不应高于本案原告与装饰装修施工单位约定的计价标准和计价方式。2018年6月7日，被告（出租人）向本院提交申请，撤回对《鉴定意见》的异议，本院现决定终止前述要求补充鉴定说明。

四、法院审判链接

[一审]

一审法院对双方争议问题分析如下。

1. 房屋租赁合同的效力

承租人认为房屋租赁合同未违反法律、行政法规的效力性强制性规定，合同有效。出租人认为房屋租赁合同将用途为文体娱乐的涉案房屋约定用于餐饮，违反了法律、行政法规的强制性规定，应认定无效。法院认为，根据《中华人民共和国物权法》（以下简称《物权法》）第一百四十条规定："建设用地使用权人应当合理利用土地，不得改变土地用途；需要改变土地用途的，应当依法经有关行政主管部门批准。"根据《中华人民共和国城镇国有土地使用权出让和转让暂行条例》第十八条规定："土地使用者需要改变土地使用权出让合同规定的土地用途的，应当征得出让方同意并经土地管理部门和城市规划部门批准，依照本章的有关规定重新签订土地使用权出让合同，调整土地使用权出让金，并办理登记。"两条规定均未明确规定违反该类规定将导致相应的法律行为无效，不属于效力性强制性规定。且《最高人民法院关于审理城镇房屋租赁合同纠纷案件具体应用法律若干问题的解释》规定，租赁房屋具有违反法律、行政法规关于房屋使用条件强制性规定情况，导致租赁房屋无法使用，承租人请求解除合同的，人民法院应予支持。可见，租赁房屋具有违反法律、行政法规关于房屋使用条件强制性规定情况是房屋租赁合同可解除的情形，而非无效情形。承租人、出租人通过签订《房屋租赁合同》约定房屋用途为餐饮，未经有关部门许可变更房屋及土地用途的行为，虽违反了法律、行政法规的强制性规定，但因前述规定均属于管理性强制性规定，并不导致变更行为无效，故法院认定涉案《房屋租赁合同》有效。

2. 房屋租赁合同解除的过错责任

承租人认为签订房屋租赁合同时，出租人隐瞒涉案房屋的用途为文体娱乐，签订合同后，又未能保证出租房屋适用于餐饮，导致承租人无法办理营业执照，构成根本违约，出租人应承担合同解除的全部责任。出租人认为签订房屋租赁合同时，承租人明知涉案房屋的用途为文体娱乐，变更房屋用途系双方合意的结果；且根据房屋租赁合同的约定，租赁房屋不适于使用或租用时，双方互不追究违约责任，故出租人对合同解除不承担责任。法院认为，出租人应当按照约定将租赁物交付承租人，并在租赁期间保持租赁物符合约定的用途。作为租赁房屋的出租人，明知涉案房屋及土地用途为文体娱乐，仍在未经得相关部门许可的情况下，擅自变更房屋用途，将房屋租赁给他人用于餐饮，后又未能向承租人交付适于餐饮的房屋，存在明显过错。出租人对房屋租赁合同的解除应承担主要的过错责任。虽然《房屋租赁合同》第八条约定了免责条款，但涉案房屋的用途在签订合同前已明确为文体娱乐，即涉案房屋不适于使用或租用为餐饮情形在签订合同时就已存在，并不属于第八条约定的"不可抗力或不可归责于双方的原因（包括但不限于政府的原因）"，因此出租人主张双方互不承担违约责任的抗辩缺乏事实依据，法院不予支持。承租人租赁房屋用于餐饮，并已对租赁房屋进行装饰装修，现租赁合同解除，承租人因此造成的损失，出租人应承担相应的责任。而承租人作为酒店的经营者，系酒店管理经营的专业人士，在租赁房屋时应对房屋的适用性进行必要的审查。在签订租赁合同时，要求出租人出示房屋所有权证以证明房屋的适用性并未超出承租人可进行的专业性判断范围，现承租人未对房屋用途尽到谨慎的注意义务，亦存在重大过失，也应对合同解除的损失承担一定的过错责任。综合上述因素考虑，法院认为，承租人应对房屋租赁合同解除的损失承担10%的过错责任，出租人应承担90%的过错责任。

3. 承租人合理的损失

承租人认为其各项损失合计6524433元合法有据，其所有的损失应由出租人赔偿。出租人认为承租人主张的损失中除房屋租金及行政机关罚款外，均缺乏付款依据，不能证明损失的真实性与关联性，因此提出司法鉴定。关于鉴定意见书，承租人主张剩余租赁期应自2016年2月14日起算，并提交了证据13予以证明其经营的餐厅于2016年2月14日停业的事实。法院认为，国家机关出具的证明，应当由单位负责人及制作证明材料的人员签名并加盖单位印章，承租人提交的证据13无单位负责人及制作证明材料的人员签名，不符合法定的证据形式，且承租人亦未提交其他证据对其主张的证明对象予以佐证，法院对该证据不予采信。另外，从法律规定来看，只有合同解除后才会产生剩余租赁期内的装饰装修残值损失，故法院认定本案剩余租赁期应自合同解除之日即2016年10月25日开始计算，鉴定意见书据此计算剩余租赁期内的装饰装修残值合法有据。出租人虽对鉴定意见的工程量及计价方式有异议，但其在提出补充鉴定后又撤回申请，且未提交其他证据对鉴定意见予以反驳，故法院对鉴定意见书予以采信。结合承租人提交的损失清单及相应的证据、出租人的质证意见及鉴定意见书，法院认定承租人的合理损失如下：

（1）未经出租人同意的装饰装修部分。《最高人民法院关于审理城镇房屋租赁合同纠纷案件具体应用法律若干问题的解释》第十一条的规定："承租人未经出租人同意装饰装修或扩建发生的费用，由承租人负担。出租人请求承租人恢复原状或者赔偿损失的，人民法院应予支持。"承租人未提交证据证明其对房屋的改建、扩建已征得出租人的明示同意，故其要求出租人对改建房屋部位的损失承担责任的主张缺乏事实和法律依据，法院不予支持。

（2）经出租人同意装饰装修的部分。根据《最高人民法院关于审理城镇房屋租赁合同纠纷案件具体应用法律若干问题的解释》第七条、第八条和第九条的规定，承租人经出租人同意装饰装修的，合同解除时，未形成附合的装饰装修物，可由承租人拆除；对已形成附合的装饰装修物，因双方违约导致合同解除，剩余租赁期内的装饰装修残值损失，由双方根据各自的过错承担相应的责任。鉴定意见书对承租人主张的损失清单中第1、第2、第4、第7、第12、第20、第36项的装饰装修工程进行鉴定，区别了未形成附合和形成附合的装饰装修，并确定形成附合的装饰装修在剩余租赁期内的残值造价为1086874元。对于未形成附合的装饰装修物，出租人明确不同意利用，依法可由承租人拆除，承租人现主张出租人承担未形成附合的装饰装修的损失缺乏法律依据，法院不予支持。对于形成附合的装饰装修的剩余租赁期内的残值损失，依据前文确定的承租人、出租人应对房屋租赁合同解除承担的责任比例，承租人应自行承担该部分损失的10%即108687.4元，出租人应承担该部分损失的90%即978186.6元。

（3）关于其他损失。对于第9项管道燃气安装损失104150元，承租人提交的安装合同与发票可相互印证，法院对该损失予以采信，根据前文确定的责任比例，该损失中的10%即10415元应由承租人自行承担，出租人应承担损失中的90%即93735元。

综上，出租人应依法赔偿承租人合同解除导致形成附合的装饰装修剩余租赁期残值损失975378.60元，管道燃气安装损失93735元，合计1069113.60元。

判决如下：

（1）解除承租人与出租人签订的《房屋租赁合同》。

（2）出租人赔偿承租人房屋租赁合同解除的损失1069113.60元，限于判决发生法律效力之日起十日内履行完毕。

……

[二审]

二审中，双方当事人均未向本院提交新的证据。

经审理，本院对原审查明的事实予以确认。

本院认为：第一，关于本案租赁合同的效力，原审对此已有充分论述，该认定符合法律规定，本院对此予以确认。第二，关于双方对本案损失造成的过错。本案租赁合同有效，但租赁合同无法继续履行的根本原因是涉案房屋的用途不能满足合同约定的经营需要，因出租人并无证据证实双方在签订合同时已对房屋用途变更达成一致，故对其该项上诉主张不予支持。而承租人从事餐饮业，对其经营需要的房屋性质本身应当予以关注、审查，且涉案房屋用途在租赁合同签订前已登记为文体娱乐，该登记事项具有公示公信力，承租人主张出租人刻意隐瞒房屋用途，本院认为其该主张难以成立。原审结合租赁合同无法履行的双方过错程度及与造成损失之间的原因力，确定解除合同后的损失分担比例，具有合法依据且较为适当，本院对此予以确认。第三，关于本案损失的认定。因双方对装修部分损失未有特别约定，原审依据《最高人民法院关于审理城镇房屋租赁合同纠纷案件具体应用法律若干问题的解释》的规定，按照出租人是否同意装修及装修是否形成附合，分别依据鉴定意见计算损失，该计算方式具有法律依据。

判决如下：

（1）维持一审民事判决第一、第二、第三、第四项及诉讼费用负担部分。

（2）承租人于本判决生效后十日内将位于某市的房屋腾退并交还出租人。

（3）驳回承租人的其他诉讼请求。
（4）驳回出租人的其他诉讼请求。

五、心得体会

（1）对当事人有争议的租赁合同的效力，租赁合同中未对装饰装修造价的计价依据和计价标准作出约定，应先由人民法院予以认定。

（2）在开展鉴定工作之前，鉴定机构向法院提交了本案附合装饰装修物造价鉴定的技术路线的三个方案，请求合议庭予以确认。合议庭复函，关于本案附和装饰装修造价鉴定的技术路线请根据行业鉴定标准，按公允价格确定。

（3）调查分析装饰装修造价的公允价格，实质上也是造价鉴定中的一种现场勘验：是法院工作人员和鉴定人会同当事人，到与案件事实有关的场所，发现、提取、收集和保全证据的行为。应遵守现场勘验的相关法律法规。

（4）本案鉴定过程中，在某县人民法院法官见证下，鉴定机构工作人员登录某县公共资源交易中心网站，查取某县装饰装修施工市场同期类似项目平均投标下浮率，确定本案附合装饰装修物鉴定造价。按照某县装饰装修施工市场同期类似项目的投标平均下浮率来确定。并形成工作记录，由人民法院法官、鉴定人、到场的当事人代表签字确认，作为鉴定的重要依据。

（5）形成附合或未形成附合装饰装修物的有关规定：

① 关于建筑装饰装修，目前还有几种习惯性说法，如建筑装饰、建筑装修、建筑装潢等。从三个名词在正规文件中的使用情况来看，《建筑装饰工程施工及验收规范》（JGJ 73—1991）（现已作废）和《建筑工程检验评定标准》（GBJ 301—1988）（现已作废）沿用了"建筑装饰"一词，《建设工程质量管理条例》和《建筑内部装修设计防火规范》（GB 50222—2017）沿用了"装修"一词，《建筑工程施工质量验收统一标准》（GB 50300—2013）和《建筑装饰装修工程质量验收标准》（GB 50210—2018）使用了"装饰装修"一词。从三个名词的含义来看，"建筑装饰"反映面层处理比较贴切，"装修"一词与基层处理、龙骨设置等工程内容更为符合，而装潢一词的本义是指裱画。另外，装饰装修一词在实际使用中越来越广泛。司法解释所称"装饰装修"的含义包括了目前使用的"建筑装饰""建筑装修"和"建筑装潢"。

② 《最高人民法院关于审理城镇房屋租赁合同纠纷案件具体应用法律若干问题的解释》第七条规定："承租人经出租人同意装饰装修，租赁合同无效时，未形成附合的装饰装修物，出租人同意利用的，可折价归出租人所有；不同意利用的，可由承租人拆除。因拆除造成房屋毁损的，承租人应当恢复原状。已形成附合的装饰装修物，出租人同意利用的，可折价归出租人所有；不同意利用的，由双方各自按照导致合同无效的过错分担现值损失。"第八条规定："承租人经出租人同意装饰装修，租赁期间届满或者合同解除时，除当事人另有约定外，未形成附合的装饰装修物，可由承租人拆除。因拆除造成房屋毁损的，承租人应当恢复原状。"第九条规定："承租人经出租人同意装饰装修，合同解除时，双方对已形成附合的装饰装修物的处理没有约定的，人民法院按照下列情形分别处理：（一）因出租人违约导致合同解除，承租人请求出租人赔偿剩余租赁期内装

饰装修残值损失的，应予支持；（二）因承租人违约导致合同解除，承租人请求出租人赔偿剩余租赁期内装饰装修残值损失的，不予支持。但出租人同意利用的，应在利用价值范围内予以适当补偿；（三）因双方违约导致合同解除，剩余租赁期内的装饰装修残值损失，由双方根据各自的过错承担相应的责任；（四）因不可归责于双方的事由导致合同解除的，剩余租赁期内的装饰装修残值损失，由双方按照公平原则分担。法律另有规定的，适用其规定。"

③ 房屋租赁合同的装饰装修问题属于《物权法》中的添附理论范畴。《物权法》中所谓的添附，是指不同所有人的物结合在一起形成不可分离的物或具有新物性质的物。添附包括附合、混合与加工，其中附合、混合为物与物的结合，加工为劳动力与他人的物的结合。附合是添附中最主要的一种形式，是指所有人不同的两个或两个以上的有形物相结合，而交易上认为一物。

④ 房屋租赁活动中的装饰装修、装饰装修物分别包括哪些方面。我国现有法律并无明确规定。通常房屋租赁活动中的装饰装修至少应包括两大方面，即一般装饰装修物和增设他物。从原《中华人民共和国合同法》（以下简称《合同法》）第二百二十三条（《中华人民共和国民法典》第七百一十五条）"承租人经出租人同意，可以对租赁物进行改善或者增设他物"的规定来看，原《合同法》将"增设物"与改善租赁物的"装饰装修"并称，原《合同法》规定的"增设物"既包括在原建筑物上的改建物，也包括增设在建筑物或构筑物上的空调、电梯、水电、消防设施或租赁场地等的增设物。因房屋租赁合同无效或解除引起的装饰装修纠纷不仅包括铺设地板砖、吊设天花板、墙壁粉刷油漆等一般意义上的装饰装修，而且包括大量的承租人在租赁房屋安装空调、电梯、水电、消防设施设备或租赁场地等的增设物。在房屋租赁合同中，承租人为了改善房屋使用功能，满足其使用需求，一般在租赁房屋后都要进行改建或者增设他物。从实践角度看，应当将这些改建物或增设物的他物连同一般装饰装修物一起，作为房屋的添附物处理。因此，房屋租赁合同中承租人对房屋的装饰装修既包括一般意义上的装饰装修，也包括改建和增设他物。租赁房屋的装饰装修和改建、增设物统称为"装饰装修物"。

⑤ 在房屋租赁合同中所涉及的装饰装修物，主要是指动产和不动产的附合。按照装饰装修物与租赁房屋的结合程度有不可分离（形成附合）和可分离（未形成附合）两种形态。装饰装修物已与房屋结合在一起非毁损不可分离或者分离需花费巨大，可以认定形成附合；装饰装修物与房屋未完全结合尚未达到不可分离状态，则可以认定未形成附合。如何判断装饰装修物与租赁房屋是否结合在一起而不能分离，则应按照附合规则，考虑其继续性与固定性的程度，依物理和社会经济观念来确定。一般情况下，装饰装修物与租赁房屋，已形成继续性和固定性的，非毁损不能分离或分离需花费巨大，则可认为该装饰装修物与房屋形成附合。例如承租人在租赁房屋中铺设地板砖、吊设天花板、墙壁粉刷油漆等已与房屋结合，非毁损不可分离；而承租人在租赁房屋安装空调、电梯、灯具、洁具等未与房屋完全结合在一起，可以与房屋分离，则可认为该装饰装修物与房屋未形成附合。在房屋租赁合同中，将装饰装修物按照其与房屋的结合程度划分为附合的装饰装修物和未形成附合的装饰装修物的法律意义在于：依照添附理论，对于未形成附合的装饰装修物，不能产生所有权变动的法律后果，其所有权仍属于承租人。在房屋租赁合同无效或者解除时，承租人有权拆除取回这些设施。承租人拆除装饰装修物，造成房屋损坏的应恢复原状。

⑥ 对于附合的装饰装修物的处理，必须考虑租赁房屋装饰装修的特殊性，不能简单地按照添

附理论。因为按照添附理论，在房屋租赁合同无效或者解除的情形下，承租人将房屋返还给出租人，出租人收回房屋同时取得附合于房屋的装饰装修物的所有权，并对承租人予以补偿的法理基础，是出租人取得装饰装修物而获取利益，即出租人基于不当得利而对承租人予以补偿。但问题是，在房屋租赁合同中，出租人取得附合于房屋的装饰装修物所有权却并不一定都能获取利益。因为对租赁房屋进行装饰装修，具有很强的主观性。承租人对房屋的装饰装修不仅与承租人对房屋用途和功能有关，更与承租人个人审美情趣和爱好相关。承租人对房屋的装饰装修更加体现承租人对房屋的主观需求，是为了方便其经营和生活，或者为了提高租赁房屋的使用价值，改善房屋的使用功能，或者服务于自己的特定目的。承租人进行装饰装修时，是不会为出租人考虑的。所以，当承租人审美情趣、爱好及对房屋的用途与出租人不一致时，出租人不会因取得该装饰装修物而获取利益，有时反而可能成为一种损害。在此情形，一概确定由出租人取得附合装饰装修物对承租人予以折价补偿，缺乏不当得利的前提和基础。在房屋租赁合同无效或者解除时，如果出租人因附合的装饰装修物不符合其审美情趣和个人需求，而拒绝接受装饰装修物，则不能强行其接受装饰装修物，否则即构成"强迫得利"，而法律不承认所谓的"强迫得利"。基于上述原因，应根据房屋租赁合同中装饰装修的特殊性，规定以出租人是否同意利用作为出租人是否因承租人的装饰装修获取利益的判断标准。在出租人同意利用的情形下，说明该装饰装修符合出租人的审美情趣和使用要求，对出租人仍具使用价值，由出租人基于不当得利，对承租人的装饰装修予以折价补偿；在出租人不同意利用的情形下，装饰装修物的现值作为无效合同或合同解除的损失，由出租人和承租人按照公平的原则分担。

专家点评

租赁合同解约后，相关的装饰装修残值的确定问题，是属于物价评估的范畴，还是造价鉴定的范畴，实践中存在一定的争议。本案中，是将装饰装修残值的确定作为造价鉴定的问题进行处理的。通过本案例的成功实践，可以发现，将装饰装修残值的确定作为造价鉴定问题，更符合实际情况，也更有利于房屋租赁纠纷的解决。

本案中，鉴定机构的鉴定程序和方法具有较好的针对性和借鉴意义，主要体现在以下三个方面：

（1）对合同效力和附合装饰装修物造价鉴定的技术路线的认定。

本案法院委托的鉴定事项为对已附合的装饰装修物残值进行鉴定。根据《最高人民法院关于审理城镇房屋租赁合同纠纷案件具体应用法律若干问题的解释》的规定：如房屋租赁合同无效，在出租人同意利用的情形下，附合的装饰装修物应按房屋租赁合同无效时现存价值进行造价鉴定；如房屋租赁合同有效，附合的装饰装修物应按剩余租赁期内的残值进行造价鉴定。鉴定机构请求合议庭预先确定本案房屋租赁合同的效力，以及确认本案房屋租赁合同发生纠纷的时间点，以作为本案已附合装饰装修物造价鉴定的依据。

鉴定机构根据工程造价鉴定的有关规定，提出本案附合装饰装修物造价鉴定的技术路线的三个方案。鉴定机构请求合议庭预先确定本案装饰装修物造价鉴定的技术路线，以作为本案附合装饰装修物造价鉴定的依据。

鉴定机构对本案房屋租赁合同的效力以及造价鉴定的技术路线的三个方案,请求人民法院先予认定,其程序符合民事法律的规定和最高人民法院关于人民法院民事诉讼中委托鉴定审查工作若干问题的规定,具有很好的借鉴意义。

(2)附合装饰装修造价鉴定公允价格的确定。

经合议庭先予认定,附合装饰装修造价鉴定的技术路线应根据行业鉴定标准,按公允价格确定。

鉴定机构的鉴定人在人民法院工作人员组织和见证下,会同当事人,根据案涉项目所在地公共资源交易中心(建设工程交易中心)装饰装修施工市场同期类似项目,查取四个项目的中标下浮率,取其平均值,确定为市场公允价格。其程序符合民事法律的相关规定,确定的市场公允价格公平、合理,具有很好的借鉴意义。

(3)确定形成附合的装饰装修物。

鉴定机构受理人民法院委托的装饰装修施工合同纠纷,其工程造价的鉴定,首先就要区分形成附合的装饰装修物和未形成附合的装饰装修物,这是装饰装修工程造价鉴定的难点。

本案鉴定中,根据《物权法》中的添附理论,按照装饰装修物与租赁房屋的结合程度有不可分离(形成附合)和可分离(未形成附合)两种形态,来区分形成附合的装饰装修物和未形成附合的装饰装修物,符合法律和司法解释的规定。

在很多装饰装修施工合同纠纷,其工程造价的鉴定,对如何区分形成附合的装饰装修物和未形成附合的装饰装修物,常常让鉴定机构无从下手。本案例中采用的鉴定方法表述清楚、条理清晰、符合法律规定,具有较强的借鉴意义。

北京大成律师事务所　蓝仑山

对某水电项目土建工程造价司法鉴定

——北京求实工程管理有限公司

汪力　肖继东　李亚男

一、案情简介

本案例为境外某国政府投资的枢纽及引水隧洞工程项目所涉及的合同纠纷，为分包商（以下称为"乙方""申请人"）与承包商（以下称为"甲方""被申请人"）之间的合同纠纷。承包商为某水利水电工程集团有限公司，其与业主（某国水电开发署）签订的合同简称为《主合同》；分包商为某水电建设公司，其与承包商签订的合同简称为《分包合同》。

甲乙双方于2008年4月签订《分包合同》，合同总价折合人民币2.86亿元，合同约定部分总价、部分固定单价（即前期费用、措施费用约定为固定总价包干，工程实体项目为固定单价）。

项目实施一段时间后，由于业主资金出现问题，对承包商的付款不到位，致使承包商对其分包商的付款也不到位，分包商出于及时止损的目的，提出撤场，于是双方协商终止合同，双方对已完工程价款进行结算。分包商申请造价为人民币3.6亿元，承包商主张造价为人民币1.6亿元，双方分歧较大，不能达成一致，分包商提请仲裁。

作为工程造价鉴定机构，我司接受某仲裁委委托，对双方已完工程造价进行鉴定。

二、案件争议焦点和造价鉴定难点

1. 总价包干部分

本案合同中的总价包干部分主要为临时设施费等措施费用，属于非工程实体项目。由于在合同中未约定临时设施需要建设的具体规模、标准，总价项目不可准确量化，且多为前期投入程度大，但具体投入比例亦无具体依据，如果项目未施工完成双方如何结算包干费用。

2. 固定单价部分

该部分争议为工程量争议。该种施工中途撤场的项目，我们通俗地称为"半拉子工程"，已完工程的工程量计算通常都是结算的难点。难在双方都不能清晰描述完成工作的界面。

对于合同中约定为固定单价项目，我们本可以将已经施工完成的项目工程量准确计算出来，再乘以合同清单中的相应子项单价即可。但在该项目中，尽管双方签认了一份已完施工界面的书面文件，但文中的描述很笼统，如"某层钢筋工程完成了一部分"，这样的描述难以准确量化，不足以计算准确的工程量，使计量工作缺乏有效的依据，给造价鉴定工作带来很大难度。且本案处于境外，由于种种原因不能通过现场勘查确定。

3. 材料设备调价基期

由于双方对合同条款约定理解有分歧，鉴定过程中亦不能达成一致意见。

业主与承包商签订的合同称为《主合同》，承包商与分包商签订的合同称为《分包合同》，也就是本案鉴定项目的纠纷合同。《主合同》与《分包合同》中，关于需要调价的材料设备基期价格的相关描述摘录如下：

《主合同》70.5款：基准、现行及暂定指数、基准价格指数或价格为投标书提交截止日之前28天的指数或价格。现行指数或价格为与某一特定的中期结算证书相关的结算期的截止日前28天的指数或价格。

《分包合同》3.21条：分包合同中没有特别约定的，执行总承包人与业主的主合同相关约定。

而在分包合同中未特别约定材料设备价格调整的基期价格，则根据《分包合同》3.21条，执行《主合同》70.5款。

申请人意见原文：我们签订的分包合同第3.21款，我们认为调差的基期应该是被申请人跟业主的调差基期；依据我方提供资料的第一册第348页1.3条及第二册第558页70.5条证明，被申请人与业主方最终的中标时间，可以得出前一个月为2007年4月。

被申请人意见原文：双方的分歧是基期的取值有差异，我方按照2007年9月某国家统计局公布的物价指数作为调差基期的，我方跟业主的投标时间是2006年；关于分包合同第3.21条，相类似并不是相等；第70.5条是说的提供，并非是最终确认，且依据国内国际交易习惯，也是指的投标截止时间前28天。

根据合同约定和过程中双方办理的中期支付履行情况分析，基期应按主合同调价基期确定，但从调价合理性原则分析，应按分包商的投标截止日前28日内确定调价基期。调价基期该怎样确定？

三、鉴定情况

（一）司法鉴定委托人提供鉴定材料内容（当事人直接提交资料到鉴定单位）

司法鉴定委托人同意当事人双方分别将与结算价款相关的资料直接提交到鉴定机构，包括：

（1）业主与承包商签订的《主合同》。
（2）承包商与分包商签订的《分包合同》。
（3）招标文件。
（4）投标文件。

（5）鉴定申请书。

（6）双方答辩意见书。

（7）双方申请造价。

（8）图纸、图纸会审。

（9）洽商变更、签证等资料。

（10）中期进度款支付文件。

（11）撤场移交签认文件。

（12）过程中批价文件。

（13）会议纪要。

（二）工程造价司法鉴定情况

1. 鉴定过程

1）接受鉴定委托

首先，通过委托方简单介绍案情，我们详细查阅了相关资料后，认为可以进行鉴定，便接受委托，签订委托合同。

2）成立鉴定小组，编制鉴定工作计划

鉴定小组由鉴定项目负责人、专业工程师、资料秘书组成。鉴定负责人根据阅卷情况分配专业工程师进行相关计量计价，秘书负责资料整理、标识、函件的收发和文件归档。

3）双方提交鉴定资料

鉴定单位接收委托后，发函给仲裁庭/当事人双方，列明当事人需提交资料清单、明确资料提交的截止时间、资料目录格式等。双方当事人提交资料，同时我们按目录逐一进行清点，并分别标识提交资料方。对双方提交的证据资料进行交换，供对方查阅。

4）对资料进行阅卷

在鉴定过程中，阅卷是一项非常细致且重要的工作。我们要通过认真详细阅读双方提供的证据资料，分析双方产生争议焦点，并随时记录需要双方澄清回复的问题、需进一步补充提交的证据资料清单，为鉴定资料核对会进行充分的准备，这也是提高鉴定效率、保证鉴定质量的重要环节。

5）组织双方召开鉴定资料核对会议，做好会议纪要

在详细阅卷，做好阅卷记录后，我们组织当事人双方召开资料核对会议。会上，当事人双方分别介绍项目情况，各自主张，鉴定单位在阅卷过程中整理出的问题向当事人提问，双方进行回复，鉴定单位认真记录。最后三方复核会议记录并签字确认。会议记录是鉴定报告的有效依据，后续的鉴定工作将以此作为依据继续进行。

6）现场勘验

正常的鉴定流程中，一般均需要进行现场勘验，这也是核对会议的一种形式。本项目因为是境外项目，并且项目施工时间距离鉴定时已经七八年之久，不具备现场勘验条件，所以该项目没有进行现场勘查。

7）工程量计算与核对

在计算工程量的过程中，由于已完工程界面描述不清难以准确计算工程量。我们通过函件往来的形式，让当事人补充资料，并组织会议进行工程量核对，双方签认。

8）出具《工程造价鉴定意见书》

通常情况下，根据案件的需要出具《鉴定意见征求意见稿》，双方当事人据此提出各自的异议意见及异议的相应依据资料，鉴定单位通过对双方提出的异议意见及相应依据资料进一步复核修正，形成最终的《工程造价鉴定意见书》。

9）出庭接受质询

《工程造价鉴定意见书》作为仲裁裁决的一个证据，需经过当事人发表质证意见后才能作为有效的证据使用，所以鉴定人经委托人通知，依法出庭作证，接受当事人对工程造价鉴定意见书的质询，回答与鉴定事项有关的问题。

10）鉴定工作全部完成，资料归档

得知案件裁决后，我们进行资料归档（纸质文件及电子文件分别按公司规定进行归档），并退还当事人提交的纸质资料，双方各自完成签收手续。至此，鉴定工作全部完成。

上述鉴定过程中，我们特别注意严格遵守鉴定工作公开公平的原则。在鉴定过程中的具体体现是，任何取证行为都以函件的形式同时发给当事人双方，并要求对方签收回传存档。

鉴定过程中，我们遇到造价专业解决不了的法律问题时，我们会以书面形式发函给委托方，请委托方同样以书面形式进行回复，作为我们后续鉴定的工作依据。

2. 鉴定依据

（1）主合同。

（2）分包合同。

（3）招标文件。

（4）施工图纸。

（5）变更洽商记录。

（6）中期进度款支付文件。

（7）撤场移交签认文件。

（8）过程中双方签字确认的部分资料。

（9）资料核对会议纪要及附件。

（10）相关问题核实会议纪要及附件。

（11）《建设工程造价鉴定规范》（GB/T 51262—2017）。

（12）其他相关资料。

3. 鉴定方法

（1）我们首先采用合同约定的计量、计价方法进行鉴定。

（2）对于临时设施费等措施费总价包干部分，由于合同中对该部分在中途撤场情况下的结算方法未作约定，双方对此部分的结算争议金额较大。我司出具两种选择性意见供仲裁庭选择。

（3）对于固定单价部分，项目单价依据合同中工程量清单项目单价。已完工程的工程量根据与双方当事人会议纪要、补充资料及施工图纸进行计算确定。

（4）材料设备调差系数基期争议，我们分别按照双方意见计算出两种调差方案供仲裁庭选择。

4. 鉴定意见

（1）总价包干项目部分：按达到本项目使用功能程度、实际完成情况出具两种选择性意见（《鉴定意见书》中有附明细表，此处略去），供仲裁庭及双方当事人参考，意见分析如下：

① 申请人总体意见：认为本项为总价项目不可量化，被申请人在招标时也未要求我方单项报价，我方在投标文件中投标的工程量仅为预测的工程量，在实际施工中如我方实际施工量大于预测工程量也无法获得额外补偿。

② 被申请人总体意见：临时设施的总价项目是为整个工程服务的，应该满足整个施工期的建设需求，申请人未正常完成施工，系中途退场，总价项目未按申请人投标文件的规划全部实施。申请人退场后，被申请人为满足整个项目的建设需求，需要补充建设相应的临时设施。因此，我方对总价项目的计算原则为申请人退场时实际完成并移交我方的总价项目的工程量与申请人投标文件规划的工程量的比值作为总价项目的完成比例。

③ 鉴定意见：临时设施等总价包干项目，主要是为满足实体工程施工而建的功能性建筑，主要看是否能满足使用功能要求；依据现有的资料，双方未约定移交场地的必要条件，如不按要求移交会有什么后果，即未约定场地移交是建设临建的必要条件；在合同中，签订的是总价包干，双方未约定结算是按照实际完成情况进行结算，按照建筑市场的交易习惯，对于临时设施部分也非按照实际完成工程量来进行最终结算；依据现有的资料，没有被申请人后期增加临建情况，且无增加临建情况与本项目的逻辑关系方面的证明资料；双方在履约过程中并未就临时设施的建设是否按要求建设提出过异议；本项目申请人确实未全部施工完成，且不具备现场实地勘察条件。

综上情况，出具如下两个选择性意见供参考：

选择性意见一：按照总价包干项目在每一分部工程中使用功能完成程度，根据当事人提供的资料，将总价包干项目各子项目逐一估算完成百分比，乘以合同中每一分项的固定总价，得出已完成的结算造价。

选择性意见二：鉴于双方有现场移交清单、参考投标文件各总价项目建造明细及承包商意见，我们按照实际完成面积与移交面积的比例考虑本项价格。

鉴定意见节选内容见表1。

表1　鉴定意见节选

清单编号	项目名称	单位	参考意见			
			方案1（按功能完成情况考虑，但不超过申请人申请）		方案2（按实际完成情况考虑，但不低于被申请人申请）	
			完成比例	金额（元）	完成比例	金额（元）
1.1.2.1	生活营地建设、办公场地建设、加工车间建设、储备设施、砂石加工系统、拌和系统、其他设施		—	8932632	—	4872784

续表

清单编号	项目名称	单位	参考意见			
			方案1（按功能完成情况考虑，但不超过申请人申请）		方案2（按实际完成情况考虑，但不低于被申请人申请）	
			完成比例	金额（元）	完成比例	金额（元）
（1）	生活营地建设	项	80.00%	4210526	35.58%	1872421
（2）	办公场地建设	项	80.00%	1852.632	56.39%	1305.758
（3）	加工车间建设	项	30.00%	473684	0.00%	—
（4）	储备设施	项	30.00%	315789	13.09%	137763
（5）	砂石加工系统	项	30.00%	631579	20.00%	421053
（6）	拌和系统	项	30.00%	631579	20.00%	421053
（7）	其他设施	项	80.00%	816842	70.00%	714737

（2）固定单价项目部分：鉴于双方已完施工界面未签认详细，但界面划分是确定工程量的基础依据，故针对界面划分文件，组织双方首先确认依据的图纸，进行签字确认，对于已完工程依据界面划分情况在图纸上作出标记，对于部分完成的描述，让双方找相应的佐证资料（监理日志、检验批等），或者鉴定过程中，组织双方达成妥协性意见，我们再据此出具双方确认的已完部分工程量，三方签字确定。

（3）材料设备调价基期争议：

合同约定、履行情况及双方意见

① 分包合同第3.21款约定：分包合同中没有特别约定的执行承包商与业主的主合同相关约定；

② 主合同70.1条承包商与业主约定需进行价格调整，调值公式为 $P_n=(A+b \times L_n/L_0+c \times SL_n/SL_0 \cdots -1)$（其中：A是一个固定的常量，在投标书附录C中规定，代表合同价款中不可调整的部分，b、c代表投标书附录中规定可调因数的权重或系数；L_n、SL_n 为现行价格指数或者第 n 月成本元素的参考价格，根据70.5款的规定确定并应用于每项成本元素；L_0、SL_0 是在70.5款规定日期，对应于上述成本元素的基准价格指数或参考价格；

③ 主合同70.5款：基准、现行及暂定指数。基准价格指数或价格为投标书提交截止日之前28天的指数或价格。现行指数或价格为与某一特定的中期结算证书相关的结算期的截止日前28天的指数或价格；

④ 双方实际履行过程中的中期支付证书，双方确定基期指数均按总承包商的投标书提交截止日之前28天确定，即以2006年6月作为基价；

⑤ 分包商的实际投标时间为2007年12月；

⑥ 分包商认为：应根据主合同按照承包商的投标截止日前28天作为基期价格；

⑦ 总承包商认为：应根据分包商实际投标截止日前28天作为基期价格。

综上，根据合同约定及实际履行情况，应按总承包单位投标截止日前28天作为计算基期，但分包商的投标时间远远迟于总承包人的投标时间，从调价的合理性角度，应按分包商投标截止日前28天作为计算基期；鉴于本项属于对于合同约定理解有争议，我们分别按分包商和总承包商主张基期计算出调价系数，出具选择性意见。

调差系数参考意见表2。

表2　调差系数参考意见表

基期期数调差因数	调差因数	
	按照2006年6月计算基数	按照2007年11月计算基数
调差系数	23.61%	16.70%

（三）案件当事人对工程造价司法鉴定意见异议问题

某年某月某日鉴定单位出具《工程造价鉴定意见书》，双方均提出异议，对双方异议意见进行逐一回复如下：

1）关于总价包干项目

（1）申请人异议意见。

分包商坚持其一贯的主张，即按照合同约定和功能完成情况（实际完工比例）进行计量并结算。结合鉴定机构在鉴定意见书第七条"工程造价鉴定说明"中所述"按照建筑市场的交易习惯，对于临时设施部分也非按照实际完成情况来进行最终结算"之意见，可见鉴定意见的"方案2"明显是不合理的。按照申请人退场至今施工现场临时设施的建设和使用情况来看，我方的主张是合理的，如：对办公场地和生活营地，我方主张已完成100%，即完成了该项目的施工所需，符合总价项目以实现施工服务功能为目的的特征，应当按照分包合同的约定进行结算；而如果按照"方案2"的方法计算，该项目仅完成为合同额的56.39%和35.58%，那么，合同额增加近两倍的情况下，被申请人办公场地和生活营地规模应当至少分别增加至3.2倍和5.1倍才能满足施工需求。而事实上，C1标的办公场地和生活营地等临时设施基本保持了申请人退场时的规模，并未大量增加（申请人在鉴定过程中提供了C1标段临时设施场地的卫星图片等证据对此进行了对比分析和佐证），这也印证了我方主张的合理性。总价项目不能进行拆分量化，这是总价项目区别于单价项目的一个显著特征，对此，申请人已在仲裁和鉴定过程中发表过详细意见。

（2）被申请人异议意见。

鉴定意见书提出两种意见方案，被申请人认为应按照申请人退场时经申请人和被申请人共同签证的实际完成工程量计算，该计算原则符合行业结算惯例，且可量化。方案2符合结算惯例，但鉴定意见书没有详细计算过程。方案1缺乏法律法规和行业结算依据，被申请人不予认可。

（3）鉴定回复意见。

对于总价项目的鉴定总体意见，详见《鉴定意见书》。因为双方对总价项目建造的详细标准、结算标准等均未明确约定，故给出两种选择性意见供仲裁庭及双方当事人参考。双方对该部分均有异议，建议双方现场核实所有与总价项目对应的修建情况（申请人建造 + 被申请人建造），按照申请人完成本案项目的实体工程造价与本项目全部实体项目工程造价的比例、导致双方未全部完成履约的责任及是否移交相关设备给被申请人等多因素综合考虑。

2）固定单价项目

固定单价项目主要涉及已完工程量的计算，在鉴定过程中通过核对会议及会后补充资料，双方对于工程量均已核对签认，所以对该部分鉴定意见未提出异议。

3）关于材料设备调价基期

当事人双方的异议原文不在此赘述，仍是坚持各自主张，并对鉴定意见书中的某些计算细节提出不同看法，对此，我们的回复如下：

分包合同第 3.21.1 款关于调差系数有明确规定："此类增加或扣除款额的幅度应与根据主合同对合同价格进行增加或扣除款额的幅度相类似，但不能超出。"即双方适用的调差系数应当是相同的。并且，双方在中期支付证书中无任何分歧，并在每期进度款支付中均采用的是被申请人与业主之间适用的调差系数，说明申请人与被申请人在项目执行过程中已对调差系数适用原则达成一致，故应当据此进行最终调差系数的计算。关于这一点，申请人已在之前提交给鉴定机构的落款日期为 2017 年 9 月 6 日的《关于调差系数的说明》中进行了详细说明（数据存在少量误差的原因是在 23 期进度款支付中，后 7 期的调差系数原来是临时性的，后因被申请人在仲裁和鉴定过程中提供了确定性的数据，故前后计算存在少量误差，但足以说明被申请人同意适用与业主的调差系数）。

四、出庭作证情况

在我们提交了《工程造价鉴定意见书》及《工程造价鉴定复议意见书》（当事人双方对此提出异议意见，我们核实并出具回复意见后），仲裁庭组织申请人、被申请人、鉴定单位三方开庭，委托人、申请人及被申请人对鉴定单位出具的《工程造价鉴定意见书》及《工程造价鉴定复议意见书》进行质询，对于质询提出的相关问题我们当庭回复，秘书进行书面记录，最后经我们复核后签字确认形成开庭笔录。

在庭上，当事人双方依然各执己见，坚持各自的主张。我们在首席仲裁员的主持下，逐条回答当事人的问题。面对当事人情绪化的语言，我们尽量保持回答问题时情绪平和、语言客观、用词专业，按照《工程造价鉴定意见书》的内容进行回复，不与当事人争执。当事人在庭上也提出了一些不属于我们鉴定范围的问题，令我们难以回答。我们根据自己多次出庭的经验，快速做出判断，阐明问题归属，避免回复内容跑偏，引发新的争议，场面失控。

五、心得体会

作为工程造价鉴定机构，我们同时为多家仲裁委及北京市高级人民法院选中的在册鉴定机构，从事工程造价鉴定工作十几年，经我们鉴定的工程合同纠纷项目有几百个，有经验也有教训。

鉴定工作是鉴定单位作为独立第三方，对建设工程的合同争议，从工程造价专业角度进行整理、分析、计算并得出专业结论，作为专家证据为委托人的裁决提供参考。故而造价鉴定工作应从程序部分和实体部分两方面来保证成果的有效性和专业性。

程序部分要体现公开公正，实体部分要体现专业性，这样才能全方位保证鉴定成果的质量。

1. 程序部分要体现公开公正，保证鉴定成果的有效性

（1）所有的函件必须同时发给当事人双方，而不能只发给其中一方。

（2）资料核对会必须通知双方共同出席，对每一个问题均由双方各自发表意见，由鉴定单位记录，并由双方同时在书面意见上签字确认，方能作为有效的鉴定依据。

（3）对项目现场的踏勘，也必须组织双方共同到场参加，并在踏勘记录上共同签字确认。

（4）鉴定机构严禁单独与当事人一方进行接触。工作程序的公开公正是保证鉴定成果有效性的基础，这也可能造成鉴定效率的降低，但也须务必遵守，否则，鉴定意见书做得再出色，若被当事人质疑程序存在问题，则鉴定结果有可能不能使用，反而给各方造成时间成本和经济成本的巨大浪费。所以程序的重要性不言而喻。

2. 实体部分要体现专业水准，保证鉴定意见的高质量

1）查阅案卷

查阅案卷是进行工程造价鉴定的重要工作。鉴定案件要求解决的工程造价问题使每个案件都有其个别性，只有在查阅案卷的基础上，才有可能了解案件的事实，明确争议的焦点，理解委托内涵，为鉴定工作的展开奠定基础。

2）收集证据

鉴定意见是仲裁（裁决）的证据之一，是成立在证据之上的证据，工程造价鉴定意见的形成同样必须依靠证据，证据的合法性是鉴定意见能够被采信的基础，其中，证据确认的程序是其合法性体现的充要条件。因此，在确认证据过程中应注意以下几个环节：

（1）要做到全面接纳证据，我们不应以不属于工程造价资料或与鉴定内容无关的主观判断拒收证据资料，也不应在当事人提交证据时做出对效力判断的表示。

（2）所有的证据均应经过交换和相应的鉴定核对。所有的鉴定证据资料均需由当事人之间进行证据交换，对对方提交的证据应对其有效性、真实性、关联性附注说明。我们认为须明确的事项，也应向当事人提问。

（3）对证据的确认：建筑工程中的合同、变更洽商、签证等是工程造价计算的重要依据，同时也是民事诉讼审理、仲裁审理的核心内容。鉴定人应对鉴定证据效力确认权有明确的界定认识，切忌以鉴代判（审）、超越职权。一般来说，鉴定证据是否符合工程造价技术规范及其效力问题应由鉴定人确认；对涉及案件定性问题的事件、行为（如合同、协议）的效力问题由委托方认定。须由委托方认定的证据，应及时交由委托方认定其效力后再行鉴定，或在可能条件下设定认定不同结果情况下的不同的鉴定意见供委托方庭审质证后确认。

（4）现场勘验：工程造价发生民事纠纷，大多是因为施工资料不齐全或未按合同全部履行，才形成对造价的争议。因此，现场勘验是取得鉴定事实依据的重要环节，对有现场勘验条件的，均应进行现场勘验。

3）鉴定会议是保证鉴定质量的关键

（1）由鉴定人员提出会议要求。

（2）会议准备：在查阅案卷的基础上，了解案件的事实，明确争诉的焦点，理解委托内涵，在此基础上做好会议纪要及相关要询问双方的问题；详细阅读双方提交的鉴定材料，做好鉴定目录，让双方充分发表自己的核实意见，在召开鉴定会议前约15天发给当事人，让其做好充分准备，以达到会议的高质、高效，为高质的鉴定意见做好最有力的基础工作。

（3）掌控会议局面。双方既已到鉴定程序，往往双方的关系已比较紧张，通常见面就开始剑拔弩张，气氛很紧张，不利于鉴定会议的召开，所以鉴定还需要对双方的情绪进行把控，充分引导双方按照有利于推动鉴定工作的思路进行。由鉴定人员提出要解决的问题，要求双方言简意赅回答，不谈与问题无关的内容。不受当事人双方诱导，使会议出现被动局面。会上当事人双方说不清的问题记录下来，不宜就某一点纠缠，以免会上发生直接冲突，会后再寻找解决问题的方案。

（4）对会议记录，要及时记录签字留档。

4）鉴定记录

鉴定记录是工程造价鉴定比一般性工程造价业务增加较大的工作内容。与普通的工程造价业务相比较，在鉴定过程中形成工程造价计算依据是工程造价鉴定的一个显著特点。对一些当事人争议的事实，有可能在鉴定中达成妥协意见；对一些当事人的鉴定主张，有时需要在现场勘验或调查中落实事实。因此，我们应做好鉴定过程中相关内容的记录，有条件的，可辅之以拍照、录像等方式。鉴定记录不仅是鉴定意见形成的重要依据，同时也是鉴定行为合法、规范的证明，对委托方采信鉴定意见有较好的说明意义。

5）鉴定意见书（征求意见稿）

工程造价鉴定计算引用事实证据和适用技术规范的项目较为分散、繁杂，且涉案工程也相对比较复杂，不规范，为了最大限度降低双方的争议，出具高质量的最终鉴定意见书，对于项目比较大、争议较大的鉴定项目出具鉴定意见书（征求意见稿），在委托人同意的情况下，由委托人把鉴定意见书（征求意见稿）发给当事人，先行让当事人对鉴定意见书中相关问题提出疑问。

鉴定意见书（征求意见稿）的内容与鉴定报告基本相同，基本内容如下：

（1）鉴定工程概况。

（2）鉴定范围。

（3）鉴定人资质、资格，鉴定人员资格。

（4）鉴定的事实依据和法律、法规、规范依据。

（5）鉴定原则。

（6）鉴定意见及鉴定意见成立的限制条件说明。

（7）鉴定结论意见。

6）对当事人异议处理

鉴定人与当事人在实体问题上的分歧是客观存在的，尤其是在鉴定意见书（征求意见稿）送达当事人后，鉴定人的观点已经明确，而且征求意见程序主要以鉴定人出具的鉴定意见书（征求意见稿）为主线展开，当事人对具体内容提出异议，在这一程序阶段的责任角色有所变化，对鉴定人把握程序的顺利进行增加了一定的难度。鉴定正确处理实体异议当然是问题的关键，但掌握程序上的一些原则和技巧也是十分必要的。

（1）坚持鉴定人主持鉴定的原则。

鉴定权是委托方赋予鉴定人的权利。鉴定权中一项重要的内容就是主持鉴定工作的正常进行，主持鉴定权并不因当事人对鉴定行为提出异议而改变。

（2）不与当事人辩论。

鉴定过程中鉴定人与当事人分歧的实质体现就是对一方有利而对另一方不利的后果。鉴定人在鉴定中充当"技术法官"的角色，鉴定人与当事人的辩论实质上会形成鉴定人代替一方当事人进行争辩的不对称后果，同时会使鉴定人和当事人之间形成情绪的对立。鉴定人与当事人的辩论对行使司法鉴定权并没有程序上和实体上的确定或影响意义，反而会形成"裁判代理"的误区。

（3）对当事人的异议应逐条逐项进行核实。

根据已召开当事人鉴定会议内容，结合双方提交的鉴定资料、法律、法规、技术规范、行业规范等，鉴定人应针对当事人提出的异议进行逐条逐项的核查。这既是保障鉴定公正性、对鉴定人鉴定行为的一项约束机制，同时也是鉴定人对鉴定依据和结论的自我检验过程。鉴定人通过对异议的核查，对鉴定意见进行修正，出具最终的鉴定意见书，递交委托人。

7）庭审质询应注意的问题和对策

（1）鉴定意见书中所列的有资质的且充分参与该鉴定案件的造价工程师亲自出庭，出庭时携带鉴定机构、鉴定人的资质证书和单位授权委托书以接受当事人的查证。

（2）对所出具的鉴定意见接受当事人质询，并应根据当事人已经提出的或可能提出的问题和意见，做预分析研究，做好鉴定意见质询所依据的事实依据和法律依据方面的准备工作。

（3）对当事人可能在庭上提出对鉴定方法或技术标准方面的质疑问题，事先准备好相应的有关资料，能够准确回复意见并指出相应的依据资料。

（4）根据当事人当庭提出的其他异议问题，将鉴定意见所涉的鉴定材料和所依据的鉴定标准等标明出处并带到庭上，当事人提出相关问题时能够快捷地当庭出示证据或依据。

（5）对当事人就鉴定结论所列需说明的问题提出的新的事实或新的证据，如确有必要作补充鉴定的，应根据委托人的要求按时提供补充鉴定意见。

3. 重视合同签订

通过多年处理工程纠纷鉴定产生缘由分析，实质上是由于签订的合同条款存在约定不清、约定不合理、不可执行而导致的，因此在签订合同前，最好能由公司法务、工程、造价等多专业人员组成讨论小组，对合同条款需要逐条讨论，尽可能考虑到执行中各种可能发生的情况，并约定费用结算方式。涉及工程造价的条款需要注意以下几点：

（1）关于施工范围、工期、质量、造价的约定需明确（计量、计价条款）。

（2）把风险范围的计算方法约定清楚，必须可操作，如风险范围外调整费用的具体计算公式（风险调整）。

（3）明确合同各方各自的责任和相互关系（责权划分）。

（4）明确规定监理工程师及双方管理人员的职责和权限（有效性问题）。

（5）不可抗力要量化（不可抗力发生后可计算问题）。

4.造价鉴定对鉴定人员综合素质要求

工程造价鉴定是指鉴定人运用工程造价方面的科学技术和专业知识，对工程造价争议中涉及的专门性问题进行鉴别、判断并提供鉴定意见的活动，所以，鉴定人首先需要具备较高的专业知识能力；其次，工程造价鉴定通常由于法律纠纷产生的，鉴定人员必须了解和理解相关法律法规、部门规章等文件；最后，鉴定人还需具备一定的心理学知识，由于双方已到鉴定环节，双方往往关系紧张，在鉴定过程中口出恶言、针锋相对等过激行为，鉴定人需要具备一定的心理学知识，引导、化解双方矛盾，顺利开展鉴定工作。

专家点评

本案例标的虽处境外，但当事人双方（总、分包单位）均为国内企业。因建设单位资金不到位，申请人（分包单位）提出解约，由于当事人双方对未完工程的结算产生争议，申请国内某仲裁委进行仲裁。北京求实工程管理有限公司接受仲裁委的委托，对该工程的造价进行了鉴定。

通过对本案争议的固定综合单价部分的工程量、固定总价部分的费用计算及材料设备调价基数确定等争议问题进行工程造价鉴定案例的分析，该案例内容表达事实准确、思路完整、过程清晰，结果说服力强，很好地完成了仲裁委委托的造价鉴定工作。本案例具体争议焦点集中在如下三方面：

（1）当事人双方签订的合同约定，不构成工程实体的临时设施等措施项目总价包干。由于未全部完成合同约定的固定综合单价部分的工程量内容，涉及总价包干已完部分的费用如何计算。

（2）构成工程实体的已完工程内容，双方对施工未完界面描述不清晰，又无法通过现场踏勘确定，该部分已完工程量如何计算。

（3）当事人双方对合同条款中约定的材料设备调价基期确定的理解有分歧，调价基期如何确定。

通过鉴定人在鉴定过程中采用逐一分析、解剖问题的实质属性，科学、专业地分析、判断，并与合同约定、市场交易习惯、实际发生情况等方式进行对比，提供多种解决问题的思路。

（1）总价包干的部分内容结算问题。对于未完成构成工程实体部分，总价包干部分的费用结算方式在合同中未作约定。产生纠纷后，当事人双方对总价项目的完成程度有争议，鉴定单位按总价项目满足该项功能情况的程度且不超过申请人申请以及按移交时实际完成情况但不低于被申请人申请两个方案给出参考造价，这对于总价子目的结算做出两个解决思路，符合实际总价子目满足功能程度和实际完成程度及双方主张，能够在一定范围内缩小双方差距，便于仲裁庭在合理范围内解决纠纷。

（2）施工未完界面描述不清晰的结算问题。由于当事人双方对施工未完界面描述不清晰，亦无法通过现场踏勘来弥补上述的不足。鉴定单位能通过核对会议等措施让双方达成妥协性意见，从而缩小争议，体现出办法总比困难多的工作态度。

（3）材料设备调价基期确定的理解歧义事宜。对于当事人双方对合同条款中约定的材料设备调价基期确定的理解有分歧，根据合同约定及双方意见出具选择性意见，避免了"以鉴代裁"的风险。

该案例比较典型，尤其是临时设施等措施项目总价包干在构成工程实体部分未全部施工完成的情况下，对总价子目结算方法提出解决思路，具有一定参考价值。

鉴定人对庭审过程中双方当事人的异议事由及鉴定人的回复意见，均有较详细的表述，且表达清楚、逻辑思维缜密，对鉴定工作有一定的借鉴意义。

鉴定人总结的心得体会中，从庭审质询应注意的问题和对策、保证成果的有效性及专业性等方面，也给我们鉴定人提供了宝贵的经验，值得借鉴。

北京金和通工程咨询有限公司　田华伟

对天津市某住宅项目合同中途解除工程造价司法鉴定

——天津市泛亚工程咨询有限公司

汤凤凯　王超　杜建超

一、案情简介

（一）涉案项目当事人

原告：王某，身份为实际施工人。
被告1：天津某房地产开发有限公司，身份为建设单位。
被告2：福建省某建设工程有限公司，身份为总承包方。
被告3：刘某，身份为分包人。
被告4：张某，身份为分包人。

（二）当事人各方关系

2018年4月20日，被告1与被告2签订施工总承包工程合同；
2018年4月8日，被告3与原告签订授权委托书；
2018年4月26日，被告2与被告3签订内部经营承包责任协议；
2019年3月25日，被告3与被告4签订授权委托书；
2019年5月21日，被告4与被告2签订项目内部经营承包责任协议。
各方关系见图1。

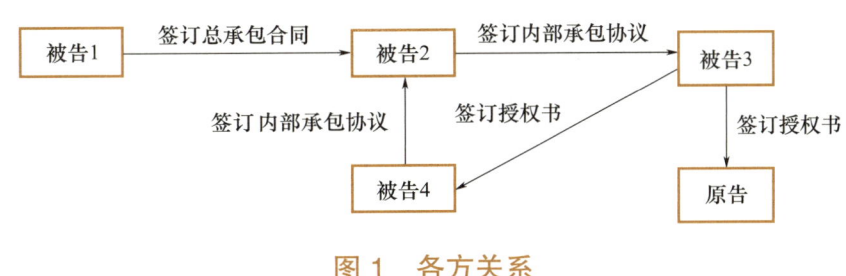

图1　各方关系

（三）诉讼背景

涉案项目中途解除合同，因原、被告合同双方对原告实际完成工程价款及中途解除合同给原告造成的各项损失不能达成一致，原告诉讼至天津市某人民法院。天津市泛亚工程咨询有限公司（以下简称鉴定公司）接受天津市某人民法院的委托，对本涉案项目进行工程造价鉴定。

二、案件争议焦点和造价鉴定难点

（一）案件争议焦点

（1）完成工程界面争议：涉案工程合同中途解除，截至鉴定日时间跨度大，工程面貌发生改变，现场无法核实已完工程形象进度，原、被告双方对原告实际完成工作界面产生较大争议。

（2）工程计量争议：被告1认为案涉工程总承包合同为固定总价合同，而并非固定单价合同，原告实际承包人已完成工程量应按合同清单总量折算，而并非按照图纸据实计量。即工程量比例折算法，基本计算方法应为，按照各清单项"已完成工程量／图纸范围内总量 × 各清单项总价"直接计算。而原告认为应该按照工程的形象进度完成情况，以施工图纸为基础，计算工程量。

（3）工程计价争议：被告1认为计价依据应该执行《被告2项目部内部承包经营责任协议》约定，原告为实际施工人，与被告2的结算应当扣除各项成本、税费、技术服务费等，即根据合同的相对性，原告实际施工人已完工工程款的造价金额应当依据与被告2之间的协议，而非依据被告1与被告2之间的施工总承包合同单价。而原告认为应该执行《被告1与被告2签订的施工总承包工程合同价格》的约定。

（4）开办费分摊方式争议：被告1认为开办费中涉及的临时设施、临时道路、出入口及围墙、安全施工、文明施工等费用均为完成本工程施工内容的总费用，由于被告3未完成本工程全部内容便自行转让，此部分费用应按已完成工程比例进行分摊，费用并非全部计入。而原告认为开办费中的各项投入，均为项目的一次性投入，费用应全部计入。

（5）税率调整争议：被告1认为在施工合同中途解除的造价结算中，应当按照工程量比例折算法计算已完工工程款，再根据已完工工程量清单可以确定适用税率和税款金额，案涉工程税率经过了两次调整后，11%税率的增值税发票属于法律或者事实上的不能履行，因此因税率下调而存在的差额应当在结算价款中予以扣减。

（6）人员窝工争议：被告1认为原告提供的费用支出证据材料没有正式的票据，对相关证据均不予认可。

（7）机械闲置费用争议：被告1认为机械闲置费用计算方式不合理，冬季施工期间不计取机械租赁费，闲置期间费用不应按正常施工期间租赁费计取。

（二）造价鉴定难点

（1）本涉案项目2018年4月20日签订施工总承包工程合同，至2022年12月原告提起诉讼，时间跨度大，工程面貌发生改变，现场无法核实原告实际完成工程形象进度情况，这是工程造价鉴定工作难点之一。

（2）原告和诸多被告在案件审理过程中就工程中的许多问题均不能达成一致，反复质证，每方都各执一词，鉴定公司只能在充分听取各方意见基础上，不断查阅提供上来的所有证据材料，仔细辨别和分析鉴定资料，逐一对比梳理才能作出判断，增加了工程造价鉴定工作量。

（3）原告提出诉求，但原告又不能提供完整、有效的鉴定资料，对于此部分诉求的鉴定也是工程造价鉴定的难点。

三、鉴定情况

我司接受天津市某人民法院委托后，按照委托鉴定单位的鉴定委托书委托的鉴定事由和鉴定要求开展了本涉案项目工程造价鉴定工作，并在委托鉴定书规定的时限内提供了工程造价鉴定意见书，主要鉴定情况如下。

（一）司法鉴定委托人提供鉴定材料内容

（1）鉴定委托书。
（2）鉴定申请书。
（3）民事起诉状。
（4）2022年7月13日天津市某人民法院开庭笔录。
（5）2022年10月24日天津市某人民法院法庭笔录。
（6）2023年2月15日天津市某人民法院质证笔录。
（7）被告2关于案件的质证意见、答辩状。
（8）被告1关于案件的质证意见、答辩意见。
（9）被告3关于案件的质证意见。
（10）被告4关于案件的质证意见。
（11）案涉各方证据资料整理详见表1、表2、表3、表4。

表1　原告提交证据资料

序号	资料内容	版本	数量（本）	备注
1	工程项目内部经营承包责任协议	纸质版	1	
2	授权委托书	纸质版	1	
3	某项目12月份形象进度确认单	纸质版	1	
4	周转工具租赁合同、分包协议书	纸质版	1	
5	索赔报告及附件	纸质版	1	
6	造价预算表	纸质版	1	

续表

序号	资料内容	版本	数量（本）	备注
7	付款明细表	纸质版	1	
8	天津某项目全套图纸光盘	电子版	1	

表2 原告提交补充证据资料

序号	资料内容	版本	数量（本）	备注
1	工作联系单、情况说明付款凭证	纸质版	1	
2	消防材料采购清单	纸质版	1	
3	洗车器采购清单	纸质版	1	
4	施工组织设计、劳务结清证明、分包结算单	纸质版	1	
5	招标文件、投标保证金支付凭证	纸质版	1	
6	工作联系单、分包结算单、混凝土采购小票	纸质版	1	
7	签证单7份	纸质版	1	
8	约谈记录，27#、42#楼悬挑架钢梁布置图、照片、材料费结算单	电子版	1	

表3 被告1提交证据资料

序号	资料内容	版本	数量（本）	备注
1	天津某项目施工总承包合同及补充协议一	纸质版	1	
2	关于要求立即采取措施确保工程按期交付的函	纸质版	1	
3	关于再次要求立即采取措施确保工程按期交付的函	纸质版	1	
4	解约通知书	纸质版	1	
5	关于天津某项目要求退场的告知函	纸质版	1	
6	结算书	纸质版	1	
7	付款台账、共管账户资金划扣凭证	纸质版	1	
8	公证书	纸质版	1	
9	（2022）津0118民初某号案件起诉状、传票	纸质版	1	

表4 被告2提交证据资料

序号	资料内容	版本	数量（本）	备注
1	被告3出具给被告4的授权委托书	纸质版	1	
2	被告3与被告4共同出具的承诺书	纸质版	1	

续表

序号	资料内容	版本	数量（本）	备注
3	被告4与被告2签订的福建省某建设工程有限公司工程项目内部经营承包责任协议	纸质版	1	
4	被告4起诉被告2、被告1建设工程施工合同纠纷一案的起诉状	纸质版	1	

（二）工程造价司法鉴定情况

1. 鉴定过程

本案工程造价鉴定通过天津市某人民法院摇号确定天津市泛亚工程咨询有限公司（以下简称鉴定公司）为鉴定机构，2022年12月8日，鉴定机构收到某人民法院鉴定委托书。接受委托后，在委托书要求的时效内向委托单位提交了关于鉴定委托的复函、提请委托人补充证据的函，并成立鉴定小组、召开鉴定会议、出具鉴定征求意见稿、异议问题回复、出具鉴定意见书及补充鉴定意见书。工程造价鉴定过程符合国家标准《建设工程造价咨询规范》（GB/T 51095—2015）及《建设工程造价鉴定规范》（GB/T 51262—2017）的要求。鉴定过程主要包括：

1）关于鉴定委托的复函

鉴定公司收到委托人提交的鉴定材料，在对该项目进行认真分析判断，对自身专业胜任能力、独立性和业务风险进行综合分析和评价后判断可以受理该项目鉴定工作，在委托书要求的时效内于收到鉴定委托书第3日，给委托单位书面复函。复函的主要内容如下：

（1）我方接受委托方的委托书。

（2）我方在复函发出之日起5个工作日内，向委托方送达鉴定人员组成通知书。

（3）关于鉴定费用。

2）提请委托人补充证据的函

向委托方送达司法鉴定需补充提供资料，需原告及被告补充提供下列资料（若有）。

（1）招标文件、招标答疑（如有）。

（2）商务标、技术标及电子投标文件（如有）。

（3）建设工程施工合同。

（4）补充协议。

（5）经甲乙双方确认的施工图纸。

（6）经甲乙双方及监理认可的已完工程范围。

（7）已完工程（或未完工程）工程量确认单。

（8）经甲乙双方及监理认可的已完工程相应的措施施工情况。

（9）设计变更、图纸会审、签证、工作联系单等（各方签字确认）。

（10）会议纪要（如有）。

（11）已付工程款凭证、施工用水电费凭证。

（12）窝工、停工损失支撑资料。

（13）施工日志及监理日志。

3）鉴定准备

（1）鉴定公司组成鉴定项目组，向委托人送达鉴定组成员通知书，请委托人及时告知各方当事人，以便当事人是否申请本鉴定机构和鉴定人回避。本项目鉴定小组共由6人组成，均为高级工程师和注册造价工程师。鉴定小组人员名单见表5。

表5 司法鉴定小组人员名单

职务	人员	职称	
鉴定人	王超	注册造价工程师	高级工程师
鉴定人	杜建超	注册造价工程师	高级工程师
鉴定人	刘珊	注册造价工程师	高级工程师
鉴定人	张海丽	注册造价工程师	高级工程师
鉴定人	冯悦	注册造价工程师	高级工程师
负责人	汤凤凯	注册造价工程师	高级工程师

（2）鉴定小组成立后，鉴定公司接受委托进行鉴定，委托单位提供的鉴定材料发放各成员，鉴定工作实施前召开了鉴定准备工作会议。各专业工程师必须明确本人鉴定内容、原告及被告争议的焦点和委托人的鉴定要求。

（3）根据鉴定项目的特点、鉴定事项、鉴定目的和要求制订项目鉴定的具体方案。明确各专业工程师鉴定的内容和计划时间节点。

（4）对案情送鉴材料进行分析。

（5）分析本项目司法鉴定争议点，与委托人沟通。

（6）收集相关法律法规资料。

4）鉴定实施

鉴定准备工作会议后，各专业工程师按自己的鉴定方案计划时间节点展开了鉴定工作，按照现有资料规定执行常规的编制。对本案件争议的焦点和造价鉴定难点进行了详细的解读和分析。通过鉴定会议讨论，鉴定小组达成以下共识：

本项目资料繁多，时间跨度大，工程面貌发生改变，现场无法核实已完工程形象进度情况，工程计量的直接依据不能盲目地拿着施工图纸就埋头建模计算。鉴定小组通过不断查阅提供上来的所有证据材料，仔细辨别和分析鉴定资料，逐一对比梳理出已完工程涉及的楼座范围及具体施工部位，为后续措施费及开办费的计取、材料调差等提供了确定性基础数据。

5）司法鉴定意见书（征求意见稿）的出具

司法鉴定意见书（征求意见稿）的出具，鉴定人根据本项目的鉴定依据材料，各专业工程师自行计算，相互间及时沟通，确保委托鉴定的内容无遗漏、重计量现象发生。待各工程师的鉴定结果汇总后，再由专业鉴定人、鉴定审核人、负责人进行三级审查，并经鉴定公司常年法律顾问全程参与，确定无误后，出具司法鉴定意见书（征求意见稿）。

6）出具工程造价鉴定意见书

根据原告、被告对征求意见稿的异议，进行答复或解释，出具正式鉴定意见。

7）出具工程造价补充鉴定意见书

根据原告、被告新提交补充证据进行补充鉴定，并出具工程造价补充鉴定意见书。

2. 鉴定依据

1）行为依据

天津市某人民法院鉴定委托书。

2）政策依据

（1）国家标准《建设工程工程量清单计价规范》（GB 50500—2013）。

（2）国家标准《建设工程造价咨询规范》（GB/T 51095—2015）。

（3）国家标准《建设工程造价鉴定规范》（GB/T 51262—2017）。

3）分析（计算）依据

（1）委托人移交的施工合同、施工图纸、某项目 12 月份形象进度确认单及相关证据性材料；

（2）《建设工程工程量清单计价规范》（GB 50500—2013）；

（3）《天津市建筑工程工程量清单计价指引》（DBD 29—901—2016）；

（4）《天津市装饰装修工程工程量清单计价指引》（DBD 29—902—2016）；

（5）《天津市建设工程计价办法》（DBD 29—001—2016）；

（6）本机构掌握的其他相关专业资料。

3. 鉴定方法

1）鉴定范围的确定

按照司法鉴定委托书委托内容要求，须对原告完成的涉案工程的全部工程内容进行造价鉴定和对涉案工程的实际损失进行鉴定。

2）已完工程界面的确定

（1）因本项目已完工程界面的确定是鉴定的难点，鉴定小组通过不断查阅提供上来的所有证据材料，逐一对比梳理出已完工程涉及的楼座范围及具体施工部位。根据原告提交的证据资料，经三方（被告1、监理单位、被告2）盖章及签字齐全的"某项目12月份形象进度确认单"，确定出地下车库、28# 号楼、42# 号楼已完工程界面。

① 地下车库及人防工程：

F1-F5 轴 /FD-FG 轴上体结构施工完毕（以后浇带为界）。

F1-F4 轴 /FB-FD 轴主体结构施工完毕（以后浇带为界）。

F4-F10 轴 /FG-FN 轴主体结构施工完毕（以后浇带为界）。

F9-F14 轴 /FM-FS 轴基础筏板钢筋完成，墙体插筋完成（以后浇带为界）。

F14-F20 轴 /FR-FW 轴基础防水及防水保护层施工完成（以后浇带为界）。

F4-F11 轴 /FA-FG 基础筏板混凝及墙体插筋、人防门框施工完毕（以后浇带为界）。

② 28# 号楼、42# 号楼：

28# 号楼、42# 号楼主体结构 5 层施工完毕。

（2）根据原告提交的证据资料，由被告 1 发文的"会议纪要"，参加人员签到表由各方参会人员签字确认，确定出 43# 号楼、44# 号楼已完工程界面。

① 43# 号楼：

43# 号底板钢筋绑扎完成，墙插筋完成 50%。

② 44# 号楼：

44# 号楼底板超前止水后浇带完成。

（3）根据原告提交的补充证据资料目录（三）第 6 组证据，被告 1 发文"工作联系单"，发文主题"关于某项目 27# 号楼施工进度的相关事宜"，工作联系单落款有经办人及部门经理签字确认。工作联系单中描述"截至今日 2018 年 11 月 23 日 27# 号楼实际进度为底板钢筋完成、墙插筋完成"，确定出 27# 号楼已完工程界面。

3）开办费的确定

（1）鉴定一次性投入部分，费用按照一次性投入计取。

（2）鉴定考虑此项未发生部分，费用未计取。

（3）鉴定大型机械进出场费及安拆费，通过分析各楼座已完工程实际情况及位置布局，按照常规施工组织设计方案，出具鉴定意见。

（4）鉴定为据实缴纳部分，需原告、被告提供相关材料等证据性资料。

（5）鉴定费用需分摊部分，计算以形象进度中地下车库及楼座工程费占合同总金额比例（合同总金额基数扣减开办费、协调服务费、挂靠管理费所占费用）分摊计取。

（6）鉴定预制构件部分，费用计算以形象进度中预制构件实际产生金额占合同中预制构件总金额比例进行分摊计取。

4）涉案工程的实际损失部分

此部分鉴定内容共包含 4 部分，主要为人员窝工费、机械闲置费、材料调差费、现场签证费等。

（1）人员窝工费。

涉及高层区、洋房区、别墅区，鉴定同时采用两种方式对窝工人数进行"反向推断验证"。

按照被告 1 与被告 2 签订的"某项目施工总承包合同补充协议（一）"中描述"原合同履行过程中项目于 2018 年 6 月 27 日至 2018 年 9 月 30 日因项目规划调整停工 95 天"。依据原告提交证据附件 4《分包人员花名册》，人员进场日期为 2018 年 4 月 8 日，出场日期为 2018 年 12 月 10 日，人员进出场日期节点包含停工日期，故鉴定推断停工工期为 95 天。依据原告提交证据 5《现场索赔事项报告》及附件 4《分包人员花名册》，证明人员窝工索赔事项确实发生，但鉴于证据不够充分，无法通过现有证据材料准确核算人员窝工数量，故鉴定推断窝工人数为 73 人，并对推断结论进行"反向推断验证"，进一步证明推断数据的准确性。

我们根据本鉴定事项内容客观，事实较清楚，但证据不够充分，鉴定意见为推断性意见，推断窝工费含税补偿金额共计 73 工 × 95 天 × 200 元 / 工日 =1387000 元。

鉴定同时采用两种方式对窝工人数进行了反向推断验证。第 1 种方式为人工费单价执行被告 1 与被告 2 签订某项目二标段施工总承包工程合同价格。地下车库及人防工程，28#、42#、43#、44#

主体结构工程人工费共计为 2572085 元。依据鉴定上文提到的证据信息描述"原合同履行过程中项目于 2018 年 6 月 27 日至 2018 年 9 月 30 日因项目规划调整停工 95 天""人员进场日期为 2018 年 4 月 8 日，出场日期为 2018 年 12 月 10 日"，推断出 4 月至 12 月有效施工天数，分别为 4 月 20 天、5 月 31 天、6 月 26 天、7 月 0 天、8 月 0 天、9 月 0 天、10 月 31 天、11 月 30 天、12 月 8 天，共计 146 天。鉴定推断有效施工期间人工数量为 2572085 元 /146 天 /200（元 / 工日）≈ 88 工。

第 2 种反向推断验证方式为依据原告提交证据 4"甲方原告与乙方天津市某建筑工程有限公司签订分包协议书"中关于分包单价的确认"高层 240 元 / 建筑面积，车库 315 元 / 建筑面积"，鉴定推断出劳务费共计为 2630509 元，劳务人工数量为 2630509 元 /146 天 /200（元 / 工日）≈ 90 工。

鉴于上述反向推断结果，进一步验证鉴定推断窝工人数为 73 工的内容客观，事实较清楚。

（2）机械闲置费。

原告提出此项索赔，但原告又不能提供完整、有效的鉴定资料，对于此部分诉求的鉴定也是工程造价鉴定的难点。鉴定在查阅提供上来的所有证据材料中梳理出如下关键信息：

① 被告 1 与被告 2 签订的"某项目（二标段）施工总承包合同补充协议（一）"中描述"原合同履行过程中项目分别于 2018 年 6 月 27 日至 2018 年 9 月 30 日因项目规划调整停工 95 天，2018 年 12 月 8 日至 2019 年 6 月 15 日因开发节奏放缓停工 189 天"。此证据材料用于推断塔吊闲置工期范围。

② 2019 年 5 月 21 日被告 4 与被告 2 签订"工程项目内部经营承包责任协议"。此证据材料用于推断第二阶段塔吊闲置工期终点时间。

③ 2022 年 10 月 24 日天津市某人民法院法庭笔录中第 13 页"法官：原告再次跟你确认一下后期被告 4 入场之后，你方就没有再进行任何施工和投入了对吗。原代：是的"。此证据材料用于推断在被告 4 入场之后，原告塔吊终止投入时间。

④ 原告提交证据附件 3《2018 年底开发节奏及第四季度在建评估相关事宜的会议纪要》中第一条描述"根据我司开发节奏，43#44# 就现施工进度停止施工"。此证据材料用于推断 43#44# 共用塔吊情况。

因塔吊为特种设备，委托人移交的资料中未找到与塔吊验收凭证相关资料。故推断鉴定机械闲置分为两个阶段。依据原告提交证据附件 5《关于 54#55# 开挖时间工作联系函》及已完产值情况，鉴定推断塔吊闲置数量共计为 4 台，分别为楼座 28#1 台、42#27# 号楼 1 台、43#44# 号楼 1 台、55# 号楼 1 台。我们根据本鉴定事项内容客观，事实较清楚，但证据不够充分，鉴定意见为推断性意见。

鉴定推断第一阶段，28# 号楼塔吊闲置工期为 95 天（95 天 /30 ≈ 3.17 月），55# 塔吊闲置工期为 13 天（从 2018 年 9 月 18 日至 2018 年 9 月 30 日，13 天 /30 ≈ 0.43 月）。42# 号楼塔吊闲置工期为 95 天（2018 年 6 月 27 日至 2018 年 9 月 30 日）。依据原告提交补充证据目录（三）第 6 组证据"27 号楼已于 2018 年 9 月 8 日完成地基验收，截至今日 2018 年 11 月 23 日 27 号楼实际进度为底板钢筋完成、墙插筋完成"，鉴定推断 27# 号楼塔吊闲置工期为 22 天（2018 年 9 月 8 日至 2018 年 9 月 30 日）。因 42#27# 号楼共用 1 台塔吊，故鉴定推断塔吊闲置工期为 95 天（95 天 /30 ≈ 3.17 月）。

单价组成包括塔吊租赁费、塔吊司机费、塔吊指挥费，经市场询价，含税单价为41000元/（台·月）。

鉴定塔吊闲置含税费用为2台×3.17月×41000元/（台·月）+1台×0.43月×41000元/（台·月）=277570元。

鉴定推断第二阶段塔吊闲置工期为164天（从2018年12月8日至2019年5月21日，164天/30=5.47月），楼座28#号楼1台、42#27#号楼1台、43#44#号楼1台、55#号楼1台。单价组成仅包括塔吊租赁费，经市场询价，含税单价为28000元/（台·月）。鉴定推断塔吊闲置含税费用为4台×5.47月×28000元/（台·月）=612640元。

鉴定推断塔吊闲置含税费用合计890210元。

（3）材料调差费。

鉴定执行被告1与被告2签订的"某项目（二标段）施工总承包合同"专用条款中"11.1市场价格波动引起的调整"：

本合同内发包人只会考虑承担主体一次结构的钢筋和商品混凝土（"可调整材料"）供应价的涨落风险，承包人与发包人将根据清单中混凝土、钢筋价格（不含税价，下同）（"基准价"）作为计算标价的基础。工程开展后，在各节点期间，如果《天津市建设工程信息》在此节点施工阶段的平均价（"现行价"）比基准价增减在3%以内时（包括3%），则增减的幅度由承包人承担。如增加的幅度超过3%（"差价"），3%以上的增幅（"调整金额"）由发包人承担，中标合同金额按此计算调整。

具体调整方法如下：

① 基准价，清单中混凝土、钢筋价格；

② 调差价，调差周期内天津市建设工程造价管理站发布的《天津工程造价信息》中相应混凝土各级别价格分别的平均值，钢筋Ⅰ、Ⅱ、Ⅲ级钢各级别分别的平均值；

差价计算方法：实施阶段材料调差=［实施阶段不含税信息价－进场当月不含税基准信息价×（1±3%）］×1.11。

备注：Ⅲ级钢以《天津工程造价信息》中螺纹钢HRB400E12-14mm信息价为基准调差参考价，Ⅰ级钢以《天津工程造价信息》中圆钢HPB235D10信息价为基准调差参考价。

（4）现场签证费。

就涉案工程所发生的工程签证部分，系被告1与被告2签订某项目二标段施工总承包工程范围以外的项目，均有监理单位盖章签字确认，补充鉴定据此做出确定性意见，鉴定工程量依据签证单，鉴定单价执行被告1与被告2商务标中零星工程报价表，无可参考单价选用签证发生时期市场价格。

补充鉴定中的签证部分，具体包括原告提交补充证据目录（三）第7组证据中505页签证单、506页完工确认单、511页签证单、512页完工确认单、514页签证单、515页完工确认单、517页签证单、518页完工确认单、523页签证单、524页完工确认单。

其中508页签证单、509页完工确认单、520页签证单、521页完工确认单签证原因描述为"由于降水不到位"，应由负责降水责任人承担降水不到位的风险。泛亚价鉴（2023）某号工程造价鉴定意见书及本次工程造价补充鉴定意见书中"开办费 5.4 降排水"费用计算以形象进度中地下车库及楼座工程费占合同总金额比例（合同总金额基数扣减开办费、协调服务费、挂靠管理费所占费用），费用已按分摊方式计取。

5）鉴定计量部位情况

（1）形象进度确认单中"主体结构施工完毕"部位，鉴定内容包括地下车库及各楼座主体结构钢筋、混凝土；电梯基坑、集水坑、地下室底板、地下室外墙防水工程。

（2）43# 墙插筋鉴定仅含垂直分布钢筋。

（3）鉴定工程量包括地下车库筏板后浇带位置下垫层。

（4）鉴定工程量包括地下车库外墙（楼座位置墙除外）及后浇带位置钢板止水带。

（5）鉴定工程量包括地下车库筏板后浇带横向贯通筋，不包括沿后浇带长度方向受力钢筋。

6）综合脚手架费

补充鉴定根据被告 1 与被告 2 签订某项目二标段施工总承包工程商务标中，地下车库及各楼座主体工程、装饰装修工程费用占比，对综合脚手架工程量进行分摊。再以此分摊后的工程量为基数，依据地下车库及各楼座主体工程已完工工程量按比例折算。

4. 鉴定意见

2023 年 4 月 13 日，我司出具泛亚价鉴（2023）某号工程造价鉴定意见书，确定工程造价合计为 13593930 元（大写：壹仟叁佰伍拾玖万叁仟玖佰叁拾元整）；推断工程造价合计为 1994080 元（大写：壹佰玖拾玖万肆仟零捌拾元整）；鉴定项目总造价为 15588010 元（大写：壹仟伍佰伍拾捌万捌仟零壹拾元整）。

2023 年 4 月 28 日，收到各方对泛亚价鉴（2023）某号工程造价鉴定意见书鉴定报告的质证意见，同时原告另行提交补充证据材料。

2023 年 7 月 10 日，我司将泛亚价鉴（2023）某号 – 补工程造价补充鉴定意见书征求意见稿发至微信群里，主要是针对鉴定报告质证意见的回复和当事人新提交补充证据进行补充鉴定。

2023 年 7 月 17 日，收到各方对泛亚价鉴（2023）某号 – 补工程造价补充鉴定意见书征求意见稿的质证意见。

2023 年 8 月 17 日，我司出具泛亚价鉴（2023）某号 – 补工程造价补充鉴定意见书，主要是针对当事人新提交补充证据进行补充鉴定，以及 2023 年 4 月 28 日、2023 年 7 月 17 日各方的质证意见回复。确定工程造价合计为 887904 元（大写：捌拾捌万柒仟玖佰零肆元整），推断工程造价合计为 283130 元（大写：贰拾捌万叁仟壹佰叁拾元整），本补充鉴定项目总造价为 1171034 元（大写：壹佰壹拾柒万壹仟零叁拾肆元整）。

（三）案件当事人对工程造价司法鉴定意见异议问题

1. 原告意见

（1）原告提出：此项费用按建筑面积比例计取不合理；场地平整属于平面操作项目，建筑面积属于立体计量范畴；原告施工期间现场土方已全部开挖，平整工作都已完成，现场具备合同约定的施工条件，该部分费用应该全额计取。

我司意见回复：开办费项目清单中关于此项的解释为"包括场地平整，要求投标人须根据现场情况及施工要求，进行必要的场地平整等工作，以满足施工条件要求"。鉴定依据《房屋建筑与装饰工程工程量计算规范》（GB 50854—2013），场地平整工程量计算规则为按设计图示尺寸以建筑物首层建筑面积计算。依据现有证据材料进行的造价鉴定，符合专业规范和委托人要求，工程造价鉴定意见书处理无误。

（2）原告提出：模板子目套项与现场实际不符，现场车库及楼座垫层、筏板基础、集水坑侧壁等模板都采用砖胎膜施工、顶部及与防水侧接触面进行了15mm厚水泥砂浆抹灰。

我司意见回复：鉴定模板子目套项执行商务标报价清单。商务标报价清单中规定"砖模报价时应综合考虑各种材质的砖模价格。砖胎模的支模材料及支模方式由施工单位自行考虑，建设单位不考虑补偿"。工程造价鉴定意见书处理无误。

（3）原告提出：43#、44#楼及车库钢筋量与原告料表偏差较大，钢筋损耗及措施料未计算。

我司意见回复：商务标报价清单中规定"钢筋质量按图示的净长度加上规定的锚固、弯钩长度乘以每米质量，钢筋单价须进一步包括加工损耗及钢筋按设计要求接驳费用，机械连接、闪光对焊接头、所有搭接（也包括长度大于定尺长度时所需的搭接及搭接处必要的箍筋加密）、成型时的损耗量和一切措施钢筋（如垫铁、铁马凳）考虑在项目单价内"。工程造价鉴定意见书处理无误。

2. 被告1意见

1)《工程造价鉴定意见书》计价依据不合理

被告1提出：根据《工程造价鉴定意见书》第五条鉴定情况说明"（一）本次造价鉴定报告按照如下原则确定各项目工程单价：执行被告1与被告2签订某项目二标段施工总承包工程合同单价"，又根据《被告2项目部内部承包经营责任协议》约定，实际施工人与被告1的结算应当扣除各项成本、税费、技术服务费等，即根据合同相对性，实际施工人已完工工程款的造价金额应当依据与被告2之间的协议，而非依据被告1与被告2之间的施工总承包合同单价。

我司意见回复：首先根据《被告2工程项目部内部承包经营责任协议》中签署的合同金额与被告1与被告2签订某项目二标段施工总承包工程合同金额一致；其次委托人要求我司对申请人完成的涉案工程的全部工程内容进行造价鉴定。工程造价鉴定意见书处理无误。

2)《工程造价鉴定意见书》计算方式有误

（1）被告1提出：案涉工程总承包合同为固定总价合同，而并非固定单价合同，实际承包人已完成工程量应按合同清单总量折算，而并非按照图纸据实计量。即工程量比例折算法，基本计算方法应为，按照各清单项"已完成工程量/图纸范围内总量×各清单项总价"直接计算。

我司意见回复：①被告1提交证据材料中的被告1与被告2签订某项目二标段施工总承包工程合同协议书，第三条中约定"合同价格形式：固定总价合同；（a）分部分项工程量清单为固定单价包干。（b）总包协调服务费、总包措施费项目为总价包干项目"。鉴于此我司在分部分项工程量鉴定过程中，以施工图纸为基础，计算工程量，单价执行商务标。

② 在案涉证据材料中，某项目二标段施工总承包工程合同仅到第5页，未提供合同完整版。鉴定中考虑此案件性质为商业房地产项目，通常在地产项目招投标阶段，一般为模拟清单。模拟

清单是图纸设计没有完成，为了不拖慢整体进度，先进行模拟清单的编制、招标，中标后对清单量做重计量处理，然后确定固定总价，签订固定总价补充协议，简称"转固"。

③ 被告1提交的证据材料，第12页描述"12.乙方未能在取得施工图后的90日历天内与甲方完成施工图预算终稿确认及签订固定总价补充协议，则之后的每期付款比例需下调5%（如原比例为75%，则下调至70%），直至完成施工图预算终稿确认且签订固定总价补充协议后恢复上述约定的进度款支付比例"，据此从侧面反映出合同清单工程量的准确性有待进一步核算，如果按比例核定造价我司认为欠妥。

（2）被告1提出：施工期间涉及税率调整，结算价自然也需要调整，应根据实际开票税率情况据实调整。

我司意见回复：鉴于被告向原告已支付工程款项金额无相关证据性数据材料，鉴定暂不调整增值税税率变化对现有工程的全部工程款及实际损失的影响。工程造价鉴定意见书处理无误。

3. 被告2意见

被告2提出：鉴定意见书中的工程单价使用被告1和被告2签订的案涉工程施工总承包合同的单价/被告2的投标报价计算，该单价是针对于施工总承包人即被告2而言；然而，无论是被告3、被告4还是原告施工，其施工工程单价不应该按照总承包合同的价格计算，应扣除被告2的税费、管理费等各类应扣款项。

我司意见回复：根据《被告2工程项目部内部承包经营责任协议》中签署的工程内容，为转包关系，不存在法律意义上的计价依据及付款条件，即不存在通过招投标程序产生的合同相对性。工程造价鉴定意见书处理无误。

（四）案件当事人对工程造价补充司法鉴定意见异议问题

被告1意见

（1）被告1提出：在施工方中途退场的前提下，已完工程款的计算应当采用按比例折算法。

我司意见回复：在原告反馈意见补充提交的完整总包合同，其中合同专用条款第十二条合同价格、计量与支付中约定"合同分部分项清单工程量为暂定工程量。在按《成本管理规定》之《工程预（结）算编制管理规定》完成施工图预算后，承包人确认了工程量清单的准确性和完整性，不论工程量清单是否存在偏差，以及是否按照现行计量规范强制性规定计量，承包范围及图纸内的清单工程量、单价及总价均不作调整"。工程造价补充鉴定意见书处理无误。

（2）被告1提出：施工期间涉及税率调整，结算价自然也需要调整，应根据实际开票税率情况据实调整。

我司意见回复：2019年4月1日工程税率调整为9%，已支付金额各方未进行确认，支付金额不详，各方应进行确认后统一进行调整。工程造价补充鉴定意见书处理无误。

（3）被告1提出：根据合同调整规定：①地下室共进行1次相应部分材差调整，即主体封顶一次（如甲方要求分区域施工，分区域封顶后可进行调差）；②别墅共进行1次相应部分材差调整，即主体封顶一次；③多层及小高层工程共进行1次相应部分材差调整，即主体封顶一次；④高层工程共进行2次相应部分材差调整（完成50%一次，主体工程封顶一次）；⑤超高层工程共进行 3 次相应部分材差调整（完成 30% 一次，完成 60% 一次，主体工程封顶一次）。本次施工范围均未封顶且也没完成 50%，所以本次材料不应调差。

我司意见回复：合同规定的调价分段周期，不能等同于材料是否参与调价。工程造价补充鉴定意见书处理无误。

四、出庭作证情况

本案于 2023 年 9 月 8 日开庭，鉴定组成员出席说明鉴定过程及依据，由于鉴定公司在报告出具后即要求双方书面反馈质证意见，且给予了书面回复。在开庭作证中，双方当事人分别对鉴定意见书及补充鉴定意见书内容提出了各自的异议，有些异议是在征求意见稿时已经提出，并已书面回复过的，故开庭比较顺利。

五、心得体会

（一）提前落实造价鉴定范围

在接受委托时，提前落实造价鉴定范围，司法鉴定单位和鉴定人员必须按鉴定委托书中的鉴定要求范围进行鉴定，不能自行确定鉴定范围。委托人未明确鉴定事项的，鉴定机构应提请委托人确定鉴定事项。本案的鉴定范围不仅包括原告完成的涉案工程的全部工程内容进行造价鉴定，还包括对涉案工程的实际损失进行鉴定，并且两部分鉴定内容在一定程度上存在数据相关性。

（二）如何选用鉴定材料

最高人民法院于 2020 年 8 月 14 日发布的《最高人民法院关于人民法院民事诉讼中委托鉴定审查工作若干问题的规定》（法〔2020〕202 号）有以下规定："4. 未经法庭质证的材料（包括补充材料），不得作为鉴定材料。当事人无法联系、公告送达或当事人放弃质证的，鉴定材料应当经合议庭确认。5. 对当事人有争议的材料，应当由人民法院予以认定，不得直接交由鉴定机构、鉴定人选用。"

作为鉴定机构，鉴定公司只能接受委托人组织双方当事人质证后的证据材料，不能擅自接受当事人的证据材料，可以给委托人提供专业意见，不能自行确定证据是否采纳。

（三）选取鉴定执业人

在开始鉴定前，将鉴定人员组成名单书面函告各方当事人，在鉴定过程中增加或者变更人员以后也应及时书面函告各方当事人，并告知其有申请回避的权利，以免鉴定完成时，当事人提出存在需回避的事项，从而认为鉴定意见不公平或不公正，推翻鉴定意见，要求重新鉴定。通过本次鉴定，我们对"注册造价工程师"这个称号有了更深入的理解，工程造价专业涉及的知识面广、综合性强，既要懂工程经济，又要懂工程技术和管理，它是技术与经济的结合。同时在鉴定过程中体现出的公正、公平、客观、合理的处理原则，更有利于鉴定执业人开展造价鉴定工作。

（四）明确鉴定人与司法裁判人的权责划分

《建设工程造价鉴定规范》（GB/T 51262—2017）指出：鉴定意见可同时包括确定性意见、推断性意见或供选择性意见。所以在鉴定时应根据鉴定人员的专业知识，能确定的就确定，该推断的要推断，重视鉴定证据的采用，避免以鉴代审。

（五）重视原告、被告所提异议问题的回复

本案件中原告、被告对工程造价鉴定意见书及工程造价补充鉴定意见书所提出的异议，鉴定公司都要高度重视、认真分析，给予公正的回复，在回复时用词要准确，不能模棱两可、含糊其词。对鉴定意见无误的要作出肯定无误的回复。

（六）选取鉴定方法

鉴定人应根据鉴定项目的特点、鉴定事项、鉴定目的和要求制订鉴定方案，选取鉴定方法。本案鉴定过程同时采用两种方式对窝工人数进行"反向推断验证"，在原告、被告资料不完善，每方都各执一词，对资料的有效性存在较大分歧情况下，鉴定公司通过此方法对于人员窝工费出具了推断性意见。

（七）区分工程造价司法鉴定与工程结算

工程造价司法鉴定与工程结算审核两者对待争议项的处理方式不同。工程造价司法鉴定针对双方争议项，一般只分析问题实质，不发表任何倾向性意见，仅按照双方不同诉求分别出具工程造价鉴定意见，供委托人判断使用。既尊重了委托人的权利，又可保证鉴定的正常进行，避免"以鉴代审"的现象。而工程结算审核依据造价审核人员的专业技能和谈判沟通协调能力，对双方争议焦点作出判断，并说服双方接受审核意见，一般情况项目只有一个审核结果。

专家点评

本案例为中途停工建设施工合同纠纷项目，涉案项目参与人多、合同关系复杂，主要争议涉及完工界面、工程计量计价、开办费、税率调整、人员窝工及机械闲置等，争议问题类型具有典型性。

本案例工程造价鉴定程序和鉴定人员执业资格符合《建设工程造价鉴定规范》（GB/T 51262—2017）。本案例的亮点是工程造价鉴定工作对于技术问题和法律问题的把握较为准确，鉴定机构通过对复杂的合同关系进行详细分析，根据专业判断确定了符合工程实际的工程造价鉴定计价标准，而不是把技术性问题全部交由委托人进行认定。对于原告完工界面，在施工现场无法核实完工界面和缺少其他有效资料的情况下，鉴定机构根据合同参与方共同确认的形象进度确定原告完工界

面的方法较为恰当；对于人员窝工费用，虽事实存在但缺少有效人员窝工签认资料，鉴定机构根据推断和反向验证的方法计算人员窝工费用的方法较为合理，出具推断性意见供委托人参考；对于机械闲置及其他争议问题鉴定机构的处理原则也较为恰当。对于当事人对鉴定意见书的质证意见，鉴定机构的回复理由充分、全面，值得借鉴。

不足之处，补充鉴定中的签证部分如仅有监理单位签字盖章，而无建设单位签章，鉴定机构把签证部分费用直接计入确定性意见有所不妥，建议计入选择性意见，签认手续不齐全的鉴证效力问题交由委托人进行认定较为合理。

中建精诚工程咨询有限公司　任双成

某钢铁集团有限公司装备升级改造项目 2×2000m³ 高炉工程造价司法鉴定

——河北至诚工程项目管理有限公司

田秀茹　刘文忠　吴琼　朱宇巍　曹海慧

一、案情简介

本项目为某钢铁集团有限公司装备升级改造项目 2×2000m³ 高炉工程，位于某钢铁集团股份有限公司厂内，自 2019 年 2 月起施工，2020 年 11 月竣工，项目已投产。项目业主于 2019 年将该工程发包给一总承包单位（即本案被告），总承包单位又将部分工程分包给了本案的原告。

案涉工程承包范围主要工程内容包括槽前供料、贮矿（焦）槽、上料主皮带、高炉炉顶、高炉本体、风口平台出铁场、炉渣处理（含水渣泵房）、热风炉、粗煤气除尘、煤粉制备与喷吹、中心循环水泵站、煤气布袋除尘、矿槽除尘、出铁场除尘、主控楼、公辅及相关设施等范围内的建筑、结构、工艺管道、机械、设备、电气、仪控、通讯、视频监控、给排水、暖通、消防、特种设备安装（含报验、配合办理使用许可）、通讯等多专业的施工总承包，直至无负荷联动试车及配合带负荷试车、保修期缺陷修复等所有工作内容；本合同承包范围不含鼓风机站及站内全部设施建设（业主另行发包），不含消防工程施工（另行发包）；不含槽前供料、贮矿（焦）槽、矿槽除尘、煤粉制备与喷吹、中心循环水泵站的土建施工（另行发包），但其范围内的钢结构、彩板及其余所有专业的安装工程均由本案原告施工。

原、被告双方在合同洽商时还没有施工图纸，原告依据被告提供的模拟工程量清单进行全费用清单报价，施工合同采用单价模式。由于受环评影响以及施工过程中受到新冠疫情影响等原因，使工期滞后，为按期完工，原告方采取了抢工措施。

工程结算过程中，原、被告双方对原告的实际施工范围、工程量及索赔内容产生了较大争议，未能确定结算值，原告方遂诉至法院，并申请了工程造价司法鉴定，法院委托我司对原告施工的案涉工程进行工程造价鉴定。

二、案件争议焦点和造价鉴定难点

（一）本案争议的焦点

1. 原、被告双方关于原告方实际施工范围存在纠纷

由于新冠肺炎疫情及环评等影响导致施工期间存在停工现象，为按期完工，需要采取措施抢工，包括被告实际施工了部分原告承包范围内工作，从而导致产生了交叉施工，双方就明确各自施工范围产生了异议。

2. 原、被告双方关于机械设备工程量计算规则的争议

按照合同约定的计量方式，部分设备是按照设备质量计算工程量的，但由于施工合同中对所安装设备的质量的计量方式未作详细约定，原告主张关于机械设备的质量应按现场实际质量计算，被告主张应按图纸所示质量计算，双方就此产生了争议。

3. 原、被告双方关于工期延误及费用索赔的争议

项目实施过程中，由于出现了因建设单位原因、环评及新冠肺炎疫情等因素导致的工期延误情况，以及为赶工期而采取了相应的赶工措施而增加了相关费用，关于增加费用的计算问题，双方存在较大争议。

4. 原、被告双方关于被告购买钢材材料费扣除方式的争议

合同约定发包人保留钢材甲供的权利，属于甲供钢材的结算时钢材费按4500元/t直接在承包商的应付工程款中直接抵扣。实际施工过程中，出现了因非原告方原因导致的应由原告采购的部分钢材原告不能及时采购，遂请被告代为采购。

对于这部分钢材材料款的扣除方法，原、被告双方存在争议，原告方认为此部分钢材不同于甲供材，主张应按实际购买价格扣除；而被告则认为应属于甲供材，主张按合同约定的甲供材扣除方法即4500元/吨扣除。

（二）本案造价鉴定难点

1. 证据的取舍与使用

本案中，原、被告双方对于有关计量计价方面的部分证据的真实性无异议，但是双方的理解是不一样的，而法官在质证环节并未明确证据的采信情况，这就要求鉴定人对证据进行认真地分析、研判，充分发挥专业优势，进行证据梳理，挖掘争议证据背后的真实情况，合理地取舍，合理地使用。

2. 计量计价方法的确定

对于部分项目的计量与计价，存在不同于常规的方式方法，需要逐一采取对应的方法。

如新冠肺炎疫情影响增加费用的鉴定，疫情影响停工天数的确定、停工涉及机械型号及租赁费用，周转材料工程量及租赁费用确定。

如彩瓦型号问题的处理，图纸中的部分彩瓦型号与原告提交的《施工报价答疑》中的型号不

同，原、被告双方对于《施工报价答疑》的真实性存在争议，而由于彩瓦位置特殊无法实际测量，彩瓦型号确定是个难题。

如材料设备二次倒运增加费的鉴定，由于大部分材料存在二次倒运，原告主张应该计取材料二次倒运费，被告认为二次倒运费含在清单单价中，不应额外计取，双方争议较大，应不应该计取材料二次倒运费是个难题。

如钢管长度计量规则问题，在核对钢管工程量过程中，原告认为管道长度为图纸标注长度，被告提出"合同约定压力<2.5MPa、直径>300mm的各类阀门（手动、气动、电动、液动、自动）及补偿器过滤器管件划为设备，由甲方供货，应扣除管道中压力<2.5MPa、直径>300mm管件所占长度的材料费"，清单钢管工程量计量方法是个难题。

三、鉴定情况

（一）司法鉴定委托人提供鉴定材料内容

司法鉴定委托书、司法鉴定申请书、民事起诉书、庭审笔录、证据、证据交换笔录、施工图纸、建设工程施工合同、工程签证、设计变更、施工组织设计、监理日志、施工期间的一些记录、施工期间工程造价信息等。

（二）工程造价司法鉴定情况

1. 鉴定过程

（1）2021年10月28日，收到法院发出鉴定委托书。

（2）2021年11月5日，根据委托书向法院发鉴定委托的复函和鉴定人员组成通知书，参加法院组织的网上开庭。

（3）2021年11月12日，收到鉴定费。

（4）2021年11月16日，原告提交电子版证据（图纸）。

（5）2021年11月23日，被告在微信群中提交对原告提交电子版图纸的质证意见。

（6）2021年11月24日，受法官委托，我司接收原告提交的蓝图。

（7）2021年12月8日，向法院提交第一次延期申请。

（8）2021年12月21日，我司鉴定人员到法院开庭，取回质证完毕的证据资料。

（9）2021年12月30日，收到被告针对于原告补充证据提交的质证意见。

（10）2021年12月31日，收到原告邮寄的施工组织设计及施工期间的一些记录。

（11）2022年1月8日，收到被告邮寄的针对于原告蓝图的质证意见。

（12）2022年2月15日，被告提交竣工图、监理日志。

（13）2022年3月8日，被告在微信群里提交《关于造价鉴定工作中竣工图若干问题的意见》，原告在微信群里提交《关于图纸问题的意见》，参加法院组织的网上开庭，对鉴定所需图纸有关问题进行讨论。

（14）2022年3月11日，收到原告邮寄的《对被告提交的竣工图的质证意见》。

（15）2022年3月14日，收到被告邮寄的《关于造价鉴定工作中竣工图若干问题的意见》。

（16）2022年3月27日，收到原告发送的电子版钢结构深化图纸。

（17）2022年4月22日，收到原告提供纸质版钢结构深化图纸。

（18）2022年4月26日，收到被告提供设备技术协议和桥架供应合同复印件及扫描件。

（19）2022年5月1日，收到被告邮寄对于原告施工期间的一些记录、施工组织设计的质证意见。

（20）2022年5月11日，收到原告邮寄《对于被告提交的载明设备材料质量的技术协议及供货合同、监理日志等的质证意见》。

（21）2022年5月14日，被告在微信群里提交补充证据。

（22）2022年5月18日，原告在微信群里提交补充证据和对被告补充证据的电子版质证意见。

（23）2022年5月20日，被告在微信群里提交补充证据和对原告补充证据的电子版质证意见。

（24）2022年5月30日，我司鉴定人员和原、被告人员一起到案涉钢厂进行现场踏勘，被告在微信群里提交补充证据。

（25）2022年5月31日，原告在微信群里提交补充证据及针对于被告30日提交证据的质证意见，收到原告提交的纸版补充证据、参加法院组织的针对于补充证据的网上开庭。

（26）2022年6月1日，被告在微信群里提交针对于原告2022年5月31日提交证据的补充意见。

（27）2022年6月9日，出具工程造价鉴定意见书征求意见稿。

（28）2022年6月20日，被告在微信群中提交针对于征求意见稿的意见。

（29）2022年6月20日，原告在微信群中提交针对于征求意见稿的意见，并收到原告送来纸质版意见。

（30）2022年6月23日，向法院发送征求意见稿意见回复函。

（31）2022年6月27日至2022年7月13日，原、被告到我司对审。

（32）2022年6月30日，我司鉴定人员和原、被告人员一起到案涉钢厂进行第二次现场踏勘。

（33）2022年7月4日和2022年7月7日，原、被告分别在微信群里提交补充证据。

（34）2022年7月10日，原、被告分别在微信群里提交补充证据。

（35）2022年7月12日，原、被告分别在微信群里提交针对于对方在2022年7月4日至2022年7月10日提交补充证据的质证意见。

（36）2022年7月15日，出具司法鉴定意见书。

2. 鉴定依据

1）行为依据

司法鉴定委托书。

2）法律依据

（1）《中华人民共和国民事诉讼法》。

（2）《中华人民共和国合同法》（现已废止）。

（3）《最高人民法院关于民事诉讼证据的若干规定》。

（4）国家、省、市相关法律法规及文件。

3）分析（或计算）依据

（1）双方签订的施工合同及变更协议。

（2）《全国统一建筑工程基础定额河北省消耗量定额》（2012）。

（3）《全国统一建筑装饰装修工程消耗量定额河北省消耗量定额》（2012）。

（4）《全国统一安装工程预算定额河北省消耗量定额》（2012）。

（5）《全国统一市政工程预算定额河北省消耗量额（2012）。

（6）《河北省园林绿化工程消耗量定额》（2013）。

（7）《建设工程造价鉴定规范》（GB/T 51262—2017）。

（8）《建设工程造价鉴定规程》（CECA/GC 8—2012）。

（9）河北省有关2012系列定额调整的文件。

（10）施工期间工程造价信息。

（11）某市中级人民法院提供的鉴定资料。

（12）现场勘验记录及有关资料。

（13）其他相关资料。

3. 鉴定方法

根据《建设工程造价鉴定规范》（GB/T 51262—2017）第五章的规定，本次鉴定严格执行依约鉴定的原则，按照原、被告双方施工合同中的计量计价原则和方法进行鉴定，并根据本项目特点，制定了有针对性的具体鉴定方法：

（1）对于经质证双方无争议部分，根据有效证据进行工程量计算，依据合同约定的计价方式计价，列入确定性鉴定意见；

（2）对于部分双方有争议的证据、或理解不一致的证据，委托人暂不明确证据采信意见的，根据不同理解分别进行鉴定，出具供选择性意见。

部分双方争议内容的鉴定方法说明如下。

① 关于"某高炉顶燃式热风炉系统钢结构设计图"中原告承包界面的确定问题。

原告主张"52-60号图内的钢结构、管道、管托、支架（范围是从6轴外侧第一个支架处为接口，接口后面的换热器区域）全部由原告委托某单位施工"，被告主张"6轴外侧换热器区域全部内容由另一单位施工"，双方对于界面划分有着不同的主张，直接影响到本次鉴定中工程量的鉴定。

我们对此进行了详细的分析：一是从2021年10月8日被告提供的本诉证据清单（补充）第7页可以看出热风炉换热器区域有一部分是原告制作、但未安装；一部分为原告提供材料，另一施工单位负责制作、安装，但是范围不明确，不能根据图纸计算；以上证据可以证明原告参与了该部分的施工，只是施工界面不明确。二是从2022年5月15日原告提交的补充证据中有关于换热器区域的销货清单，能体现出原告制作的数量及提供材料的数量，但被告对其真实性不认可。

法庭暂未给出明确的证据采纳意见，根据《建设工程造价鉴定规范》（GB/T 51262—2017）

的规定，按销货清单的量计算，并将此费用放入供选择性意见。

②关于设备质量计算的鉴定方法。

合同约定机械设备工程量计算规则为"计算规则优先顺序：现场代表签认的过磅净质量、设备名牌所示质量、采购技术协议质量、设计图示质量、现场代表签认的设备装箱单质量"，证据中没有过磅单，现场勘验设备名牌也已经看不到，原、被告当事人因此事争议了很长时间。

通过多方协调，被告提供了部分采购技术协议，其中包含了相关设备的质量。据已有证据以及合同约定的认定顺序，鉴定中对有技术协议的设备按照技术协议中注明质量计算工程量，其余设备质量按图纸所示计算，并将此费用放入确定性意见。

③鉴定中关于彩瓦型号的处理方式。

招标清单没有规定彩瓦型号仅说明了彩瓦厚度，现场踏勘也无法核实实际使用的彩瓦型号。而彩瓦型号不同会产生造价差异，我司通过分析根据《施工报价答疑》和施工图纸分别进行了计算，出具供选择性意见。

④关于新冠肺炎疫情影响而增加费用的鉴定。

项目施工期间，由于受新冠肺炎疫情的影响出现了停工情况，导致人工、机械的闲置，原告主张工程结算应包含疫情影响而增加的费用，但双方对计算方式存在争议。

合同中没有关于疫情影响增加费用计算方式的约定，根据《住房和城乡建设部办公厅关于加强新冠肺炎疫情防控有序推动企业开复工工作的通知》（建办市〔2020〕5号）规定："地方各级住房和城乡建设主管部门要引导企业加强合同工期管理，根据实际情况依法与建设单位协商合理顺延合同工期。停工期间增加的费用，由发承包双方按照有关规定协商分担。因疫情防控增加的防疫费用，可计入工程造价；因疫情造成的人工、建材价格上涨等成本，发承包双方要加强协商沟通，按照合同约定的调价方法调整合同价款。"某市住房和城乡建设局于2020年3月6日印发了《我局十五条措施全力推动建筑业和房地产业复产复工》，文件规定"允许企业疫情防控支出列入成本。疫情防控期间因继续施工产生的疫情防护物资费用、防护人员费用等防疫成本，可列入工程造价予以追加"；某市住房和城乡建设局于2020年6月1日印发了《某市住房和城建建设局关于明确新冠肺炎疫情导致工程建设项目停工天数的通知》。结合提供证据及以上规定，确定工期受影响的天数为60天。

经分析相关证据，结合有关规定及行业习惯做法，对原告上报的机械租赁费用涉及的机械为630t、400t、280t履带吊，结合证据中的机械租赁合同和原告上报确定机械型号，机械租赁单价查询政府造价信息指导价，造价信息中没有相应内容的，经市场询价确定，如原告提供的机械租赁合同符合当时市场价格，则采用机械租赁合同中价格，并按机械停滞考虑，停滞费根据定额确定。周转材料工程量根据证据中的周转材料提货合同单和收条计算，单价查询政府造价信息指导价，造价信息中没有相应内容的，经市场询价确定。房屋租赁费用根据证据中的房屋租赁合同计算确定。

⑤关于材料二次倒运增加费的处理方式。

由于场地受限，大部分材料存在二次倒运，原告主张应该计取材料二次倒运费，被告认为二次倒运费含在清单单价中，不应额外计取，双方争议较大。

经分析，材料二次倒运存在两种情况：一是施工合同附表一《综合单价包含的工作内容及工程量计算规则》中明确钢结构、机械设备、电气（仪表、电信）、设备综合单价中包含二次倒运，所以这些施工内容所产生的材料二次倒运不再额外计取费用。除此之外的工程内容合同中没有明确单价中包含材料二次倒运而实际发生了二次倒运的，另行计取了二次倒运费。二是合同 6.3 款约定"发包人供应的设备、材料由发包人负责运输到工地"，所以洽商签证中如果表明是从原告工地之外发生的甲供设备及材料倒运应另行计取倒运费用，否则不予计取。

二次倒运机械台班量根据证据中的机械完工证和原告汇总表计算，机械单价查询造价信息，造价信息中没有的项目，经过市场询价，如原告机械租赁合同价格符合当时市场价格，则采用机械租赁合同中价格，同时按照常规做法按每个机械台班配备 3 个人工进行计算，人工单价按合同约定取定。

⑥ 关于钢管长度计量规则的处理方式。

关于钢管长度计算规则双方持有不同意见，原告主张管道长度为图纸标注长度，被告主张"合同约定压力 <2.5MPa、直径 >300mm 的各类阀门（手动、气动、电动、液动、自动）及补偿器过滤器管件划为设备，由甲方供货，应扣除管道中压力 <2.5MPa、直径 >300mm 管件所占长度的材料费"。

经分析相关证据，首先是合同约定的工程量计算规则，"管道安装工程量，均按设计管道中心长度，以延长米计算，不扣除阀门及各种管件所占长度"，所以计算管道长度时应包含管件所占长度。其次依据国家冶金工业局材料设备划分标准，管件属于材料，施工合同专用条款第 2.2.3 条约定"属材料类的阀门、管件（无论制作还是购买成品）的材料费及施工安装费均在管道报价中考虑，不另列费用"。再次施工合同附件九《某高炉甲供材料设备划分说明》，约定"压力 <2.5MPa、直径 >300mm 的各类阀门（手动、气动、电动、液动、自动）及补偿器过滤器管件划为设备"。这里仅是将补偿器和过滤器这类管件划为设备，并未将三通、弯通、变径大小头等其他管件划为设备，故三通、弯通、变径大小头等管件应认定为材料。还有就是补偿器和过滤器均属管件，与管件系种属关系而非并列关系，因此这里的"补偿器过滤器管件"的文字表述，应当解释为特指补偿器和过滤器这类管件，而不应解释为补偿器、过滤器、管件等三种物品。

因此，我们认为本次鉴定中不应扣除管道中压力 <2.5MPa、直径 >300mm 管件所占长度的材料费，并按合同约定的单价计算费用。

⑦ 关于由被告购买钢材材料费扣除问题的处理。

合同约定发包人保留钢材甲供的权利，钢材费按 4500 元 /t 直接在承包商的应付工程款中直接抵扣。证据中有一部分联络函显示原告在施工过程中由于图纸晚到等原因不能及时采购钢材，请被告代为采购。对于这部分钢材材料款的扣除，原、被告双方存在争议。原告认为这部分钢材是被告代其购买的，材料费应按实际费用扣除。被告认为这部分钢材属于甲供，应按合同约定的甲供材扣减方式扣除费用。

我们经过分析后按两种扣减方式分别计算，出具供选择性意见，由法庭根据证据认定情况选用。

4. 鉴定意见

本工程造价鉴定意见书是对原告施工的涉案工程进行工程造价鉴定，我们根据相关法律法规及《建设工程造价鉴定规范》（GB/T 51262—2017）等标准规范以及涉案项目相关合同的约定，出具鉴定意见，包括确定性意见和供选择性意见两个类型。

（1）图纸内项目鉴定造价为372646899元，其中无争议的施工范围出具确定性意见，金额为366687000元；施工范围有争议的出具供选择性意见，金额为5959899元（具体数据见表1）。

表1 鉴定造价汇总表

序号	单位工程名称	鉴定金额（元）		
		确定性造价	选择性造价	合计
一	图纸内容	366687000	5959899	372646899
1	土建	53358945	98473	53457418
2	钢结构	177227932	2939839	180167771
3	耐材	25901962	123713	26025675
4	管道	47772687	1957670	49730357
5	电气	17137325	462590	17599915
6	通风	44197	51432	95629
7	设备	23094654	145217	23239871
8	彩瓦	7662017	154272	7816289
9	给排水	14487281	26693	14513974
二	鉴定范围无争议的签证	5186133	288936	5475069
三	鉴定范围有争议的部分	0	21402476	21402476
1	疫情影响增加费用	—	1977832	1977832
2	因环评停工、复工而增加费用	—	2393466	2393466
3	材料二次倒运增加费	—	6062972	6062972
4	管控造成的机械及人员窝工		1212972	1212972
5	因施工顺序更改热风炉施工方案增加费	—	835000	835000
6	1#水渣系统安装工程方案变更增加费用	—	230568	230568
7	冬季施工措施费	—	115459	115459
8	因1#高炉生产影响2#高炉施工而增加的费用		1079340	1079340
9	因铁道施工道路和场地原因		459568	459568
10	皮带通廊安装增加费及方案措施费		809699	809699
11	因场地原因而增加施工费		466277	466277
12	矿槽系统25米以下钢结构制作	—	1107836	1107836

续表

序号	单位工程名称	鉴定金额（元）		
		确定性造价	选择性造价	合计
13	喷煤系统因业主、总包原因而增加的施工费用	—	154893	154893
14	业主、总包方设备采购耽误、总包方下属其他分包单位影响	—	2365205	2365205
15	设备和材料的划分中属于被告供货的部分	—	1395989	1395989
16	1#高炉皮带抢修	—	255400	255400
17	现场所有废料不能出厂	—	480000	480000
四	索赔	0	0	0
1	赶工费	0	0	0
五	材料价调差	−2170782	−59478	−2230260
六	按甲供材计价方式扣除代采购材料	—	−6752035	−6752035
	按代采扣除代采购材料	—	−6315819	−6315819
七	电费	−151944	−55341	−207285
八	罚款考核	−160800	−264569	−425369
九	税金调整	−3333518	−54181	−3387699

（2）原、被告双方对于鉴定范围没有争议的签证部分，鉴定造价为5475069元，其中对签证内容无异议的出具确定性意见，金额为5186133元；对签证内容有异议的出具供选择性意见，金额为288936元。

（3）原、被告双方对于鉴定范围有争议的签证、索赔部分，出具供选择性意见，金额为21402476元，其中有原、被告签字确认工程量单或者签证单的造价为1297815元，无原、被告签字确认工程量单或者签证单的造价为20104661元。

（4）材料价调差部分，合同中的"材料调价、采购说明"约定"以使用钢筋、钢材高峰期（高炉基础开工后6个自然月，含基础开工的月）我的钢铁网某市价格行情中的ϕ18-25、某12mm厚普中板每月收尾两个价格的含税均价，取六个月收尾均价的算数平均值与基准价相比较，若每t涨跌超过100元，其超过部分进行调价"，结合证据分析，1#高炉钢筋材料价需要调减，钢材不需要调减；2#高炉钢筋和钢材均需要调减。调减金额为2230260元，其中图纸内容确定性造价鉴定意见对应的材料调减为2170782元，图纸内容选择性造价鉴定意见对应的材料调减为59478元。

（5）被告购买钢材材料费扣除问题：

① 此部分钢材按承包人委托发包人代为采购考虑，则材料费依据被告购买价格扣除，证据中有钢材单价的按证据计算，证据中没有的，查询我的钢铁网并根据合同增加480元运杂费确定单

价。扣减金额为 6315819 元。

② 此部分钢材按甲供材考虑，钢材单价按合同对于甲供材的约定即 4500 元 /t 扣除，扣减金额为 6752035 元。

（6）罚款考核鉴定造价为 425369 元，其中含确定性造价鉴定意见 160800 元，选择性造价鉴定意见 264569 元。被告提供的罚款单共分三部分。第一部分是由业主安环部下发的，其中有原告人员签字的金额为 56000 元，列为确定性造价意见，没有原告人员签字的金额为 35500 元，列为选择性造价意见。第二部分是被告项目部下发的，其中有原告人员签字的金额为 104800 元，列为确定性造价意见，没有原告人员签字的金额为 19800 元，列为选择性造价意见。第三部分是业主项目部下发的，没有原告人员签字的金额为 209269 元，列为选择性造价意见。被告证据中的《原告罚款汇总表》中业主其他罚款的第一项外网 112 路 112kV 线路停电事故和第二项 1# 高炉鼓风机停机造成 1# 高炉停产 447 分钟，没有对应的罚款单，无法计算，未计入鉴定造价。

（7）扣除电费：合同对于电费的规定为"施工用电、用水、用气业主提供到红线内指定接点（双方协商），施工用电、用水由发包方设总表计量，承包方支付电费"。证据中没有电费单价，经查询当时政府指导价以 0.8 元 / 千瓦时计算。根据被告证据中的《各单位上报电量统计》计算出扣除电费为 207285 元，其中有原告人员签字确认的电费为：189930 元 × 0.8 元 / 千瓦时 =151944 元，列入确定性造价鉴定意见，无原告人员签字确认的电费为：69176 元 × 0.8 元 / 千瓦时 =55341 元，列入选择性造价鉴定意见。被告在 2022 年 5 月 30 日提交的补充证据中表示《各单位上报电量统计》中数据不全，有部分用电量没有统计在内，但无相关资料，我司根据现有证据进行电费的计算。

（8）税金调整，原合同综合单价含 10% 增值税，后期双方又签订了变更协议，增值税率由原来的 10% 降为 9% 并规定了税金调整方案，所以税金调减为 3387699 元，其中图纸内容确定性造价鉴定意见对应的税金调减为 3333518 元，图纸内容选择性造价鉴定意见对应的税金调减为 54181 元。

综上所述，经计算本案工程费分为确定性造价鉴定和选择性造价鉴定意见两部分，分别汇总如下（不含延期支付的利息）。

确定性造价鉴定意见 366056089 元，具体如下：

（1）施工范围无争议部分施工图造价 366687000 元。

（2）鉴定范围和证据有效性均无争议的签证部分造价 5186133 元。

（3）施工范围无争议部分施工图造价材料价调减 2170782 元。

（4）共同确认扣除电费 151944 元。

（5）共同确认罚款考核扣费 160800 元。

（6）施工范围无争议部分施工图造价涉及的税金调减 3333518 元。

选择性造价鉴定意见具体如下：

（1）施工范围有争议部分施工图造价 5959899 元。

（2）鉴定范围无争议但证据有效性有争议的签证造价 288936 元。

（3）鉴定范围有争议的签证、索赔造价 21402476 元。

(4)施工范围有争议部分施工图造价材料价调减 59478 元。

(5)被告购买钢材材料费扣除:如果按甲供材计价方式扣除代采购材料费 6752035 元;如果按代采扣除代采购材料费 6315819 元。

(6)无原告人员签字部分的扣除电费 55341 元。

(7)无原告人员签字的罚款考核扣费 264569 元。

(8)施工范围有争议部分施工图造价涉及的税金调减 54181 元。

(三)案件当事人对工程造价司法鉴定意见征求意见稿异议问题

(1)1#、2# 高炉区域综合管线给排水管道的两套图的过路套管,综合单价中包含套管施工工序,但该套管的施工费及材料费应给付原告,该套管是过路保护管不是穿墙套管,总量有 137.233t,总价值 117 万元。

回复:合同第 2.2.3 款"钢制管道单价:报价中含管道及管件制作(含套管、管件、阀门、补偿器等附件)安装、检验、试验、阀门研磨、清晰钝化(如有)、试压、探伤、吹扫、冲洗、除锈、防腐刷漆、土方、垫层等全部工序工作内容",合同写明的钢制管道报价中含套管,且通过单价中含土方可以得出,该部分管道也考虑了埋地的情况,所以过路套管也含在管道单价中。

(2)签证单中为破除原有基础的,单价根据原、被告签订的施工合同第 4.2.2.2 和 4.2.4 款进行定额组价,远低于市场价,不合理,原告不能接受该价格,要求换填及破除、拆除及倒运的人工均按市场组价。

回复:合同第 4.2.4 款约定"施工中如因设计变更、现场签证、洽商引起的工程量变化时,每次签证及变更费用在 1000 元以内,价格不作调整也不进行累计。每次签证及变更在 1000 元以上(含 1000 元),签证及变更部分的单价:合同中有单价的必须按合同单价执行,合同中无单价的按上 2.3 条执行相关定额。发生既无参照清单价,也不适用定额情况的其他清单外的零星用工(计时工)、辅助材料、施工台班按政府造价信息指导价结算,不另计管理费和税金等费用。如发生总承包合同范围外的工作,如地基处理等,若发包人安排施工,清单无可参照价格时,根据实际情况另行协商"。首先破除原有基础,是在签证单中体现的且合同中没有对应的单价,所以我司根据合同要求进行组价,其次原告认为破除原有基础属于总承包合同范围外,合同中并没有此项的明确说明,就算是该项属于总承包合同范围外,证据中也没有原、被告的协商结果,所以我司根据定额和合同进行组价。签证单内容为抢修用工、危险用工的,单价按签证单内容计算,其他内容单价,根据合同条款 4.2.4 查询政府造价信息指导价,造价信息中没有相应内容的,经市场询价确定。

(3)关于机械费停滞问题:630t 履带吊、280t 履带吊、5t 叉车在停滞期间油不受任何损失,不应计入油费。

回复:机械停滞费未计入油费,因为 630t 履带吊、280t 履带吊、5t 叉车单价是按证据中的租赁合同计价的,租赁单价中不含油费,根据定额规定调整了停滞系数,但是不涉及油费的计入。

四、出庭作证情况

根据法院通知的规定时间，鉴定单位安排造价鉴定专业人员就案涉工程出庭作证，本案共计出庭 7 次，受新冠肺炎疫情影响其中 3 次改为网上开庭。

在前 4 次开庭中，双方当事人分别提出了对于鉴定意见书征求意见稿和鉴定意见书的意见，庭后鉴定人进行了书面回复。在后 3 次开庭中，对于双方当事人的意见逐条进行了法庭辩论。对于"鉴定范围有争议的部分"的计算方法和依据，鉴定人当庭进行了说明与回复。

五、心得体会

本次鉴定中，案涉工程为工业建设项目，除包含工业建筑外，还包含大量的工业安装工程，其纠纷的原因和表现形式与一般的民用建筑施工合同纠纷有着很大的不同和特点，具有很强的典型性和代表性；而且原、被告双方签订的合同为全费用单价合同，合同中对工程量计算的规则和单价组成约定不是十分清楚，单价包含的内容也比较广，由于表述不够严密，导致此案件对合同的理解争议较多。项目的特点除要求鉴定人熟知工业安装工程的计量计价外，还要深入了解和掌握工业安装工程的施工技术和施工组织，同时要对合同条款有深度的理解和准确的把握，才能高质量地完成工程造价鉴定工作。

本次鉴定工作的圆满完成，一方面协助法院成功地化解了原、被告之间的矛盾和纠纷，另一方面对鉴定人也是一个非常好的业务实践，增加了对工业安装工程造价纠纷的处理经验，进一步强化了鉴定人的业务技能，强化了对工程造价鉴定业务相关原则、技术的掌握，取得了好的成效，特别是对涉及工业安装工程造价纠纷的处理有一定的启示和借鉴，主要包括以下几个方面。

1. 严格依据《建设工程造价鉴定规范》（GB/T 51262—2017）是保障鉴定工作顺利实施的基础

1）正确判断造价鉴定与结算审核的区别与联系

司法鉴定工作不同于一般的工程结算审核，不仅需要鉴定人员具备工程造价、施工技术相关专业知识技能，还要熟知相关的法律法规、规范性文件、司法解释、相关规范等与造价相关的法律制度体系，包括《中华人民共和国民法典》、有关司法解释、鉴定规范等，确保鉴定工作符合按法律和规定的理念、原则和具体规定。

我们在实施鉴定工作中，深切的体会到《建设工程造价鉴定规范》（GB/T 51262—2017）的重要性，该规范系统给出了实施工程造价鉴定的原则、基本规定、鉴定依据、鉴定过程、鉴定意见书以及鉴定档案管理等内容，对于造价鉴定工作有着强烈的指导意义。结合本案的鉴定工作，牵扯到计量争议、计价争议、工期索赔争议、费用索赔争议、工程签证争议，又夹杂着合同争议和证据欠缺情况，导致本案鉴定中面临着复杂局面，我们则严格依据鉴定规范的相关条款，分别就每一个具体争议点制定相应的鉴定方法，不但鉴定人自己有法可依、有章可循，纠纷当事人作为成熟的发包人和承包人，也有着强烈的遵守国家规范的意识，为鉴定工作的顺利实施奠定了良好的基础。

2）强化程序意识和风险意识

收到鉴定资料后，鉴定小组务必要深入研究庭审笔录和证据，了解案件情况，明确鉴定范围、事项及要求，判断委托内容是否存在问题或是否表述清晰，如不清晰应请委托人进一步明确，以免影响鉴定进程和鉴定结果的准确性；如果清晰鉴定小组通过阅读案件资料分析案情、参加庭审、通过案件询问调查等方式进一步了解双方诉求，确定双方争议焦点，制定鉴定方案，按方案开展鉴定工作，把鉴定重点放在争议焦点上。针对委托内容进行鉴定，避免超出委托范围。在现场勘验时，注意参与人员的合法性，特别是勘验笔录务必由有权签字的人员签字，避免不同类型的鉴定风险。

与案件双方当事人接触过程中，要谨言慎行，始终保持中立姿态，只做造价技术问题上的意见交换，有规定的拿出规定进行解释，没有明确规定的先听取双方意见，而不发表自己的主观意见，避免当事人产生误解、不信任甚至对立情绪，对鉴定工作产生不利影响。

与原、被告双方核对工程量时，应先确定核对方案和原则，并签字确认，每天应将当天确定的核对内容签字确认，以免在后续工作中，出现反复核对的情况，有助于工作效率的提高。

出具鉴定意见书后，注意搜集案件后期资料［如开庭情况、判（裁）决书、司法鉴定意见稿中选择性意见的采用情况等］。结合裁决书对案件进行回顾总结，对判（裁）决进行更深层次的消化和理解，利于提升鉴定工作技能，使司法鉴定做得更精进，更符合判（裁）决需求。

3）准确把握鉴定规范中鉴定意见类型的适用范围和使用方法，减少鉴定风险

鉴定规范中给出了几种鉴定意见类型，包括确定性意见、推断性意见、供选择性意见和妥协性意见（计入确定性意见），本次鉴定中，根据证据情况分别使用了确定性意见和供选择性意见两类。

对于证据无争议、施工范围无争议的项目，出具确定性意见。

对于证据有争议、法院未明确采信情况时，分别按照争议双方对证据的理解和主张，采用供选择性意见类型，并给出了明确的适用条件，便于法官裁决时使用。这一点是非常重要的，如果不写明供选择性意见的适用条件，法官在裁决时还是存在疑问，无法准确的判决，那就说明鉴定意见还是不完美，没有实现工程造价鉴定的最终价值。

2. 专业适用能力对保障鉴定质量至关重要

1）工程造价鉴定要求针对不同的鉴定项目类型选派合适的鉴定人

本次鉴定的案涉项目是工业建设项目，既包含工业建筑，也包含工业安装工程，《注册造价工程师管理办法》第二十条规定，注册造价工程师不得有超出执业范围、注册专业范围执业行为，而实务中经常出现建筑专业的造价工程师从事安装工程鉴定的现象，无论其专业能力如何，都不符合相关法律法规的规定，是造价鉴定的常见风险之一。

我司在实施本次鉴定中，严格执行《注册造价工程师管理办法》的规定，选派安装专业的一级造价工程师作为鉴定人，从业务组织上保障鉴定质量的基础条件，既符合相关规定，也是考虑安装专业的造价工程师采用适合于鉴定业务的专业能力，能够切实保障鉴定质量，保障为法院、为当事人提供优质的造价鉴定服务。

2）专业技术能力是保障鉴定质量的必要基础条件

造价鉴定业务本身对鉴定人有着很高的要求，其中一点就是造价专业技术要能够满足鉴定要求。

本案中，由于本案双方对工程量计算规则约定不十分明确，进而导致双方对工程量计算规则的理解有较大差异，影响工程造价较多。比如钢管的计算，存在多种理解，对于此类问题，我们采用借鉴清单和定额计算规则，补偿器过滤器作为设备，三通、弯通、变径大小头等作为管件的计算方法给与鉴定，得到了原、被告双方的认可，需要鉴定人员有较强的专业知识，充分分析合同并结合行业惯例及相关定额的计算规则进行鉴定。

3）造价鉴定业务客观上也要求鉴定人有着满足鉴定要求的法律素养

造价鉴定业务有着与一般的工程结算业务有着很大的区别，主要体现在造价鉴定业务更多地融合着法律实务，包括程序、证据、意见类型及鉴定意见书的编制、出庭质证的技能和技巧等，还要有严谨的、逻辑性强的语言和文字表达能力，鉴定人如果没有一定的法律素养，即使是本着强烈的"公平、公正"想法，也不一定能够实现真正的公平和公正。

通过本案的造价鉴定以及其他项目的鉴定经验，我们对此是有切身体会的，作为鉴定人的造价工程师一定要建立完整的工程造价鉴定体系，熟知相关的法律法规、政策性文件，一定要在鉴定实践中不断地提升相应的技能与技巧，才能够为成为一名合格的鉴定人，造价工程师并不是想当然的就等于合格的鉴定人，还需要完善法律素养，"造价＋法律"的完美结合，才能够成为一名服务于中国多元化纠纷解决机制需求的鉴定人。

3. 以鉴代审的规避

杜绝以鉴代审是每一个造价鉴定人的必然要求和目标。我们在鉴定工作中要高度关注以鉴代审现象，从制度上、从组织上采取措施，坚决杜绝在鉴定实务中出现以鉴代审，所有鉴定资料都应是由法院转交的经过法院质证过的资料，坚决杜绝私自接受案件双方当事人提供的资料。对于案件双方有争议的证据应提请法院确定证据的三性（典型例子如洽商签证签字盖章不全），如果法院不能给出明确答复，则应按不同情况出具选择性鉴定意见，出具选择性意见或推断性意见时，应与法官沟通解释，让法官清楚明白，以利正确裁决。

4. 案涉工程造价纠纷产生的根源对于造价咨询机构开展全过程造价管理有着较强的启示作用

本案的鉴定工作虽然结束了，但是导致当事人之间产生纠纷的原因却值得我们深思，我们认真地进行了总结，在如何提高招投标期间招标文件的严谨性、工程量清单的严谨性、合同条款的严谨性、现场签证的严谨性、索赔的时效性和索赔资料的完整性等方面，既值得发承包双方思考，也值得造价咨询机构和造价工程师深思，去汲取经验教训，如何从源头上避免这些纠纷的发生，是每一个从业人员的基本技能。

这也为造价咨询机构和造价工程师拓展全过程造价咨询服务提供了良好的经验和启示，从项目数量上、类型上，造价咨询机构都有着天然的优势，可以参与更多的项目、接触更多的纠纷，提升专业咨询能力，提升造价工程师参与全过程造价咨询的能力，更好地为经济社会发展提供造价咨询服务。

专家点评

案涉工程中包含工业高炉及其附属工程，其造价争议属于工业安装造价专业范畴，与一般的建筑市政工程有很大的区别，其工程造价管理本身就有一定的参考意义和可借鉴性。案涉工程的造价鉴定中，既涉及到了一般鉴定中遇到的材料设备价格问题、工程量计算问题，还涉及到了工期延误索赔、新冠肺炎疫情索赔的鉴定，特别是涉及到工业安装工程中施工界面确定的特殊问题，加之项目争议金额大、原、被告双方的专业性都比较强的情况，整个鉴定工作面临着复杂局面，对鉴定机构和鉴定人的组织管理、技术能力、法律素养都是一个挑战，因此，该项鉴定案例有着很强的典型性和可借鉴价值。主要表现在以下几个方面：

一是在鉴定工作中深入体现鉴定原则。《建设工程造价鉴定规范》（GB/T 51262—2017）给出的工程造价鉴定原则是"合法、独立、客观、公正"，条文解释中给出了这四条鉴定原则的具体解释。如"客观原则"要求鉴定人遵循客观规律，反映案件事实，摒弃主观臆断，要运用科学原理、技术和方法对鉴定项目进行鉴别判断。但在鉴定实务中，经常会出现不符合鉴定原则的现象，很多并非是职业道德方面的问题，而是没有深入理解和真正掌握鉴定原则的真正内涵，心向往之，但未能做到。本案例中，则能够显示出鉴定人在鉴定工作中执行了鉴定原则。如二次倒运费的计算，一般情况下二次倒运费是指场内的二次倒运，应包含在报价中；鉴定人通过证据分析，发现之所以出现二次倒运费的争议，是存在场内和场外两种情况，场内发生的，应视为包含在报价之中，鉴定中不再单独计取；发生在场外的，则应按照双方签证予以计取。鉴定人没有主观臆断地认为所有二次倒运费均不应计取，充分体现了客观原则，因为有合同约定的一般计价原则，又有关于计取费用的签证资料等，这些"客观事实"经过质证之后，成为了"法律事实"，鉴定原则所规定的"客观原则"，指的是依据法律事实，而非客观事实，本次鉴定中鉴定人准确把握"客观事实"与"法律事实"是"客观原则"的准确体现。

二是发挥鉴定人专业优势，化解原、被告双方的矛盾。本次鉴定中，鉴定机构严格依据相关规定，配备熟知工业安装工程造价业务、具有安装专业资格的一级造价工程师，既满足造价鉴定的主体资格要求，也满足造价鉴定业务对专业技术的要求，避免因造价工程师专业类别不符合要求、技术能力欠缺而导致的鉴定风险，为高质量完成造价鉴定业务提供了基础保障。同时，利用自身技术优势，通过证据分析和现场勘验，协调当事人双方确定了多单位同时施工的复杂施工界面，协调双方对合同约定不清楚的工程量计算规则达成了一致意见，为鉴定工作顺利开展提供了条件，也为法官判案扫清了障碍，体现了造价咨询机构在造价鉴定服务中的优质服务精神。

三是严格把握鉴审界面，杜绝以鉴代审的出现。以鉴代审一直是鉴定机构的痼疾，为当事人所诟病，鉴定人应充分关注"鉴定"与"审判"的"工作界面"和"职责"，对属于造价确定的专门性问题，属于"鉴定范畴"；对于证据的采信等法律实务则属于"审判"的范畴。本次鉴定中，对于法官已采信的证据，属于造价鉴定的"依据"，鉴定人给出了确定性意见；对于当事人存在争议的单方证据、法官暂未明确采信意见并要求鉴定人分别鉴定的项目，则按照当事人不同的主张或理解进行鉴定，出具供选择性意见，且给出供选择性意见的适用条件，方便法官判案，也体现了鉴定人准确地掌握和正确运用鉴定规范相关条款的能力和水平，对造价鉴定业务有着很好的借鉴意义。

四是鉴定机构能够放宽视野、总结经验，将教训变为经验，有利于发展全过程造价咨询服务。案例中提到，本案虽然已告一段落，但是项目管理中出现的管理漏洞是导致争议出现的根本原因，对于这些教训的总结，是造价工程师提升综合执业能力、拓展全过程造价咨询服务的渠道之一，而开展全过程造价咨询业务，特别是"造价+法律理念"的贯彻，就是给项目建设"治未病"，"治未病"的功效要远大于"治已病"，可以大量减少社会资源的浪费，促进经济社会的高质量发展。这一点更是难能可贵的，是对造价咨询行业发展的重要启示。

山东瑞华工程咨询有限公司　边广海

某股份公司研发中心和年产 3500t 新工艺明胶建设项目机电安装工程造价司法鉴定

——内蒙古中恒信工程造价咨询有限公司

刘东　许萌　刘浩然　刘伟

一、案情简介

2016 年 6 月 3 日，某第二建设有限公司（以下简称原告）与某科技股份有限公司（以下简称被告）签署《建设工程施工合同》，约定原告承包被告投资建设的研发中心和年产 3500t 新工艺明胶建设项目的机电安装工程施工，合同总价暂估为 800 万元，价格形式采用定额计价模式，定额采用某自治区 2009 年版相关定额。案涉工程于 2016 年 12 月竣工验收，且已投入使用。

原、被告双方对工程竣工结算无法达成一致意见且存在较大分歧，被告拒不支付剩余工程款项，原告为了维护自己合法权益，向法院提起诉讼，并申请对案涉工程造价进行司法鉴定。2019 年 8 月，通过法院摇号选定鉴定机构，委托内蒙古中恒信工程造价咨询有限公司（以下简称鉴定机构）对案涉工程总造价进行鉴定，并由基层法院出具鉴定委托书。

二、案件争议焦点和造价鉴定难点

（一）案件争议的焦点

1. 本案争议焦点一是原、被告双方对本项目计价方式存在较大争议

原告主张结算方式必须依据投标文件，投标文件中报价明细表是按照某自治区 2009 年版相关定额计价，其中主要材料费、设备费、人工费、机械费根据市场价格在定额计价的基础上做了调增，投标报价是施工合同有效组成部分，原告主张按照报价明细表中的单价执行结算。

被告主张依据合同条款执行，合同中约定本项目的计量与计价执行 2009 年版《某自治区建筑工程预算定额》《某自治区装修工程预算定额》《某自治区安装工程预算定额》及配套的《某自治区建筑工程费用定额》以及 2016 年 4 月 28 日某自治区住房和城乡建设厅《关于印发〈关于建筑业营业税改增值税调整某自治区现行计价依据实施方案〉的通知》（某建工〔2016〕136 号），其中承包方按照一类企业取费；按实际完成工程量计算工程总价，承包方承诺在税前总价基础上让

利2%后作为最终结算价格（发包方指定品牌或设定最高限价的材料价格不参与让利）；定额中没有的材料，由发包方和承包方共同商定价格，或由发包方指定品牌和设定最高限价。

2. 本案争议焦点二是材料设备结算价格确定方式

原告主张甲定乙供主材、设备等价格系甲方直接采购价格，须给予原告合理的运输费、保险费、搬运费、利润等。

被告主张招标开始至合同签订后对此内容无约定，不应计取。

3. 本案争议焦点三是工程量的争议

（1）原告主张现场部分工程的工程量要比施工图纸工程量多一些，这是工业安装工程的特点，需要鉴定机构进行现场勘验，并依据实际勘验结果计算此部分工程量并且计入《工程造价鉴定意见书》中。被告主张此部分工程未经被告批准，不予计取费用。

（2）原、被告双方对部分工程量是否已纳入其他工程结算存在不同意见。2018年包头某人民法院已就研发中心和年产3500t新工艺明胶建设项目净化工程总造价出具了判决书，被告主张本案中原告所主张的部分工程量与已判决案件所涉及的工程量存在重复，原告同意存在该种情况，并同意扣除重复的工程量，但原、被告双方对应扣除工程量及造价未达成一致意见。

（二）造价鉴定难点

1. 本案鉴定难点一是如何确定案涉项目的计价方式

原、被告双方对于案涉工程的计量与计价方式一直存在争议，但双方都未提出关于结算时工程造价的最终取定方式，也未形成关于计量与计价方式的书面补充协议。

2. 本案鉴定难点二是如何确定案涉项目的材料、设备的结算价格

关于甲定乙供主材、设备等价格是否另行计取运输费、保险费、搬运费、利润的问题，双方均无证据支持。

3. 本案鉴定难点三是如何确定被告方实际施工的界面

（1）工艺管道通过现场勘验进行工程量鉴定存在较大的难度。

现场部分工程存在与施工图纸不完全一致之处，需要鉴定机构、委托人、原告、被告现场勘测，对照图纸进行一一对应，并须原、被告双方当事人认可现场测量结果。现场测量存在几个实际困难，一是生产装置已投产运行，现场测量工程量时工作量大、难度大、危险系数大；二是机电安装工程和净化工程存在交叉，原、被告双方对原告实际施工界面的表述不一，导致鉴定机构无法准确辨别案涉工程的承包界面，进而导致工程量计算存在证据缺失的情况。

（2）案涉工程与另案已判决工程施工界面难以通过书面证据进行确定。

案涉工程为年产3500t新工艺明胶建设项目机电安装工程，与另案已判决的年产3500t新工艺明胶建设项目净化工程在明胶车间内的实际施工界面交叉，现有证据中，包括另案的《工程造价鉴定意见书》（〔2018〕建审字第649号），已判决的另案中具体包括多少机电安装工程的工程量、与另案已判决工程造价中所涉及的专业工程与本案案涉的蒸汽管道系统、空调冷却水管道、空调冷冻水管道、压缩空气管道等界面不清，关键证据缺失。

三、鉴定情况

（一）司法鉴定委托人提供鉴定材料内容

法院技术室转交了本案的相关鉴定证据，包括《建设工程施工合同》、工程竣工图纸等，于 2019 年 8 月和 10 月分两次提供鉴定资料。

（二）工程造价司法鉴定情况

1. 鉴定过程

1）鉴定标的物概况

该工程项目为某股份公司研发中心和年产 3500t 新工艺明胶建设项目机电安装工程，包括：蒸汽系统、自来水系统、压缩空气系统、氟制冷系统、冷却水循环系统、动力配电系统、蒸汽外网系统、采暖外网、中水回用系统及水泵房的设备采供安装总承包工程，品牌阀门、泵类保留甲供的权利。

2）鉴定实施过程

2019 年 8 月 16 日，收到委托人提交鉴定委托书及送鉴证据材料，鉴定机构对收到的证据材料进行了初步研究。

2019 年 8 月 19 日，召开内部会议评估案涉工程进行司法鉴定的可行性，经评估确定可行性后，核算案涉工程鉴定费用。

2019 年 8 月 21 日，将鉴定费支付通知书扫描电子版交付于委托人，让委托人督促申请人缴纳费用。

2019 年 8 月 26 日，委托人电话沟通确认能否在 8 月 30 日与鉴定机构和当事人在鉴定之前召开会议以确定的具体事宜。

2019 年 9 月 5 日，提交书面协议书、鉴定送鉴资料签收清单以及鉴定费支付通知书。

2019 年 9 月 20 日，给委托人出具书面补充鉴定资料的工作联系函，督促原、被告双方当事人提交补充资料。

2019 年 9 月 26 日，委托人通知 2019 年 9 月 29 日由委托人组织鉴定机构和原、被告双方当事人开会确定鉴定具体事宜（鉴定庭前会议）。

2019 年 9 月 29 日，委托人通知会议推迟到 2019 年 10 月 11 日。

2019 年 10 月 11 日，委托人、鉴定机构、原、被告双方当事人开会，听取原、被告双方以及鉴定机构意见，鉴定机构作了详细的庭前会议记录，委托人提交补充送鉴证据材料。

2019 年 10 月 15 日，整理庭前会议记录，形成书面记录文件。

2019 年 10 月 18 日，委托人通知 10 月 24 日上午 9 点现场勘验。

2019 年 10 月 23 日，制作现场勘验表格，委托人通知现场勘验时间改为 10 月 28 日上午 9 点，因为 10 月 24 日申请人无法到场参加。

2019 年 10 月 28 日，到案涉工程生产基地现场勘验，现场人员签到，现场测量、记录勘验内容，并作为鉴定的基础依据。

2019年11月17日，向委托人提交工程造价鉴定意见书征求意见稿及征求意见函。

2020年3月20日，委托人提供原、被告双方对征询意见稿的意见。

2020年3月26日，整理并召开鉴定机构内部审议会议，回复原、被告双方当事人提出的意见。

2020年3月27日，给委托人提交回复原、被告双方当事人提出的意见的函。

2022年3月31日，出具正式的工程造价鉴定意见书交付于委托人，并且委托人签收。

2. 鉴定依据

1）行为依据

某法院摇号选定评估机构确认书、某法院司法技术鉴定委托书、某法院委托评估鉴定书。

2）政策依据

（1）《中华人民共和国招标投标法》。

（2）《中华人民共和国合同法》（现已废止）。

（3）《中华人民共和国民事诉讼法》。

（4）《全国人民代表大会常务委员会关于司法鉴定管理问题的决定》。

（5）《最高人民法院关于审理建设工程施工合同纠纷案件适用法律问题的解释（二）》。

（6）《最高人民法院关于适用〈中华人民共和国民事诉讼法〉的解释》。

（7）《最高人民法院关于民事诉讼证据的若干规定》。

（8）《住房和城乡建设部关于修改〈工程造价咨询企业管理办法〉〈注册造价工程师管理办法〉的决定》。

3）分析（或计算）依据

（1）《司法鉴定程序通则》（司法部令第132号）。

（2）《建设工程造价鉴定规范》（GB/T 51262—2017）。

（3）《建设工程造价咨询规范》（GB/T 51095—2015）。

（4）《建设工程造价鉴定规程》（CECA/GC 8—2012）。

（5）2009年版某自治区建筑安装系列定额及配套文件，包括《某自治区安装工程预算定额》（DYD15-501-2009）、《某自治区建筑工程预算定额》（DYD15-301-2009）、《某自治区市政工程预算定额》（DYD15-601-2009）、《某自治区建设工程费用定额》（DYD15-801-2009）及相应的调整文件。

（6）现场勘验记录和委托人移交的竣工图纸。

（7）设备及材料价格依据2016年7月的《某市工程造价信息》，以及相关市场价资料。

（8）其他与鉴定有关的资料。

3. 鉴定方法

1）关于案涉工程计量与计价方法的确定

由于原、被告双方对案涉工程的计量与计价方法存在争议，鉴定人协助主审法官与原、被告双方当事人进行充分交流，鉴定人经过认真分析、深入研究全部案涉的证据材料，根据原告和被告的分歧，从专业的角度对争议问题进行了分析，促使双方对计量与计价方法的争议事项达成妥协性意见，原、被告双方均同意严格依据原、被告双方签署的建设工程施工合同中约定的计量与计价原则和方法进行工程造价鉴定，采用竣工图纸和2009年版某自治区系列工程预算定额及相关配套文件计算工程量和组价。

2）关于材料设备结算价格的确定方法

经协调原、被告双方同意，本次鉴定中材料设备结算价格执行发包方指定品牌及设定最高限价的材料价格确认单，未确认的材料设备执行2016年7月的《某市工程造价信息》，无信息价的执行市场价。

3）关于工程量的鉴定方法

（1）关于工程量计算的一般规则。根据委托人提供工程竣工图纸、工程签证单、工作联系单，执行合同约定的相关定额的计量规则，按照不同专业分别计算工程量。

（2）关于明胶车间内机电安装工程和净化工程的划分界限。按照竣工图纸计算明胶车间内所有项目的工程量，提请委托人组织勘验现场，委托人、鉴定机构、原告、被告及代理人均参加。在勘验现场时，先依据机电安装建设工程施工合同进行机电安装工程和净化工程项目划分，后进行以上两个工程的工程量划分。结合原、被告在勘验现场的描述，并对照另案《工程造价鉴定意见书》（〔2018〕建审字第649号），提取出此意见书多计取案涉工程的工程量，与原告及被告充分沟通，确定机电安装工程的具体工程量。

4. 鉴定意见

根据委托单位移交的、通过质证的原、被告双方提供的相关证据，严格依据《建设工程造价鉴定规范》（GB/T 51262—2017）规定的鉴定方法，本着合法、独立、客观、公正的原则，按照工程造价鉴定程序，对案涉工程进行了造价鉴定。

基于在鉴定过程中，就原、被告双方的争议焦点中涉及计价方法、材料设备结算价格确定方式、施工界面等达成了一致意见，解决了双方争议的焦点问题，按照已确定的计量与计价方法进行了工程造价的计算规则，最终出具了确定性意见，工程造价鉴定值为4950828.15元，各专业鉴定结果见表1。

表1 鉴定汇总表

序号	工程名称	鉴定金额（元）	备注
（一）	设备、管道工程		
	蒸汽管道系统	689529.26	
	外网支架工程	415558.59	
	设备安装	660142.85	
	外网系统工程（屋檐下）	700208.67	
	外网系统工程（钢架处）	686243.31	
	外网系统工程（地埋管）	273452.86	

续表

序号	工程名称	鉴定金额（元）	备注
	空调冷却水管道（机电）	292233.33	
	空调冷冻水管道（机电）	99748.15	
	冷冻乙二醇管道（机电）	320610.72	
	压缩空气管道（机电）	112745.56	
	小计	4250473.30	
（二）	签证部分		
	签证（土建工程）	258986.84	
	签证（安装工程）	441368.01	
	小计	700354.85	
	合计	4950828.15	

（三）案件当事人对工程造价司法鉴定意见的异议问题及处理

2019年11月17日鉴定机构提交了《工程造价鉴定意见书》（征询意见稿），原、被告双方当事人先后就有关问题提出异议。

1. 原告所提异议及回复

（1）鉴定意见书中，定额计价依据基价没有执行合同第129页第12条合同价格、计量与支付条款3其他价格方式中的约定：依据2009年版《某自治区建筑工程预算定额》《某自治区装修工程预算定额》《某自治区安装工程预算定额》和2009年版《某自治区建筑工程费用定额》，并截至2016年某建工〔2016〕136号文件施工过程中，所有的调价文件。

回复：鉴定意见书按照建设工程施工合同专用合同条款中合同价格、计量与支付条款第三项其他价格方式中约定的内容执行。

（2）工程量统计时，分为标高为正负零标准作业面的工程量，与标高为9m以上超高作业面的工程量，鉴定意见书将两种不同作业高度工程量汇总按照一个基价给予核算缺乏合理性。

回复：鉴定意见书执行2009年《某自治区安装工程预算定额》第六节工业管道工程，把超高增加费已分摊到各个定额子目中。

（3）蒸汽管道焊接工程计取基价未按二遍氩弧焊打底，三遍电弧焊的费用计算。

回复：蒸汽管道焊接已按照氩电联焊计取。

（4）蒸汽管道未计取焊接时充气保护气体费用，未计取探伤检测、拍照等费用；未计取阀门送检、报验等费用。

回复：焊接方式为氩电联焊的蒸汽管道定额中已包含充气保护费用；鉴定资料中未提供探伤检测报告及探伤照片；鉴定资料中未提供阀门送检报告。

（5）安全文明施工费、临时设施费、雨季施工增加费、成品保护费等未计取，意外伤害保险费未计取，系统调试费、超高费未计取，管道吹扫、打压试水费，脚手架搭拆费等，取费依据过低，为考虑工地现场实际施工作业情况及调整到136号文件。

回复：措施项目费已全部计取，依据内建造总字〔2014〕406号文件取消意外伤害保险费（后附文件），系统调试费、超高费已分摊到各个定额子目中，管道吹扫、打压试水费，脚手架搭拆费全部依照合同129页第12条合同价格、计量与支付条款第三项其他价格方式中约定执行。

（6）304不锈钢保护层费用计取标准偏离实际情况，高处施工作业、阀门等处异型件，人工费及主材费过低。

回复：鉴定意见书执行2009年版《某自治区安装工程预算定额》。

（7）生产用乙二醇冷却系统工程量并入常规空调冷却系统给予核算，缺乏合理性，施工工艺及焊材都不一样。

回复：竣工图纸明确说明乙二醇冷却系统管道为不锈钢管，焊接方式为氩弧焊；鉴定意见书按照上述执行。

（8）工程量与我司计算数量出入较大，因此，我们要求依据合同的约定，依据现场实际、图纸、工程量，重新鉴定工程造价。

回复：所有工程量按照竣工图纸、工程量确认单计取；净化工程鉴定意见书中含一小部分本工程的工程量，本鉴定意见书中已除去。

2. 对被告所提异议的回复

（1）共性问题：本合同为专业分包项目而不是总包工程，应按专业分包取费标准计取分项费用。

回复：执行建设工程施工合同专用合同条款中合同价格、计量与支付条款第三项其他价格方式中约定；其中承包方按照一类企业管理费取费。

（2）建筑部分：外网管道支架用钢材料价我们在计算材料价差时，采用的是实际施工期间2016年8月份某市工程造价信息，是按3140元/t计算的，其材料价差合计为-4909元。我们认为鉴定方按4458.87元/t调整材差不合理，价差合计不应为50669元。本项相差约5.6万元。

回复：此项按照工作联系单（编号62）建设单位、施工单位签字盖章确认的价格计取，后附工程联系单（编号62）。

（3）外网安装部分：

① 外网系统工程（屋檐下与钢架处）：工程项目中防潮保护层为0.3mm厚的不锈钢板材，其材料价格鉴定机构计入的价格为75元/m²，鉴定机构计入的价格偏高。我单位按施工期间市场询价19300元/t，按0.3mm不锈钢钢板理论质量2.36kg/m²计算，不锈钢板材计入价格为45.55元/m²。本项相差约11万元。

回复：竣工图纸及建设单位确认的工程量中，防潮保护层不锈钢板厚度分别为0.4mm或0.5mm，本鉴定按0.3mm不锈钢钢板理论质量2.36kg/m²、价格为45.55元/m²换算后得出0.4mm不锈钢钢板价格为60元/m²、0.5mm不锈钢钢板价格为75元/m²。

② 外网系统工程（地埋管）：工程项目中管径为DN350和DN250的无缝钢管为过路套管，

这两种管径的无缝钢管不做聚氨酯保温，而鉴定机构把这两种管径无缝钢管的聚氨酯保温计入了该工程项目中。本项相差约 7 万元。

回复：此项目为隐蔽工程，关于 DN350 和 DN250 的无缝钢管是否做聚氨酯保温，建设单位、造价公司、施工单位在工程量确认单上已盖章签字，本鉴定按照此确认单计取工程量，后附确认单。

四、出庭作证情况

由于委托人组织鉴定机构和原、被告双方当事人已就有关争议焦点进行了分析并形成了一致意见，双方对此无较大意见，鉴定机构在工程造价鉴定意见书正式出具前同时征询原、被告双方当事人的意见，在收到原、被告双方当事人的意见后，澄清、解释后最终达成一致的意见，委托人因此未要求鉴定机构出庭作证。

2020 年 12 月 31 日，法院作出判决，认定案涉工程的工程总造价为 4950828.15 元，完全采信了我司鉴定意见；原、被告双方也未再上诉。

五、心得体会

工程造价司法鉴定应遵循合法、独立、客观、公正的原则。合法，即依据标准必须符合有关现行法律以及规范的要求；独立，即鉴定人员就应当不受当事人的干扰，独立地利用工程造价的专业知识和相关的行业规定，出具司法鉴定意见书；客观，即遵照工程鉴定项目的真实面貌作出分析判断；公正，即鉴定机构站在公正的立场平等对待案件双方当事人的利益，将双方当事人提供的事实作为鉴定依据。

本次鉴定中，鉴定人严格遵循法律法规、《建设工程造价鉴定规范》（GB/T 51262—2017）及相关计价定额、相关文件的规定，严格依约鉴定，秉持严谨的工作态度，圆满完成了鉴定工作，同时也提升了自身的执业技能，获益匪浅，提升了对工业安装工程造价的认识、工程造价鉴定中严格鉴定程序和方法使用方面、职业道德建设方面、企业规范建设等方面的认识。

（一）准确把握工业安装工程施工特点，有利于高质量实施造价鉴定

工业安装工程不同于房建和市政工程，有着符合自身客观情况的施工技术和施工组织方式，从而也导致了其易发生造价纠纷的环节与房建和市政工程不同的特点。

本案中，由于该项目建设过程中有着多项交叉施工的专业工程，这些专业工程由不同的专业施工单位同时进行施工，施工界面存在交叉，从而容易引起工程结算时工程量计算界面的模糊和争议。本次鉴定中，鉴定人就原、被告双方对施工界面存在认识不清的情况下，利用自身技术优势，一方面认真分析现有资料、竣工图、已完工程结算资料，根据项目自身客观存在的工序及施工特点进行了界面分析；另一方面认真实施了多次现场勘验，逐一梳理争议界面，引导当事人双方逐步还原施工过程，进而合理确定案涉工程的施工界面，达到可以准确计算案涉工程量的目标，

消除了困扰当事人双方因对施工界面认识混淆而导致的矛盾和纠纷，为工程量鉴定扫清了障碍。

同时，也充分认识到了施工合同条款、发包人要求、施工过程管理中书面文件的重要性，为今后做好相关咨询工作积累了富有建设性的经验，有利于提升造价工程师咨询服务能力和服务质量，有利于提升造价咨询机构的核心竞争力，以便于更好地服务于社会经济发展，为经济发展提供优质的造价咨询服务奠定了坚实的基础。

（二）严守工程造价鉴定程序，以程序公正保障实体公正

1. 重视案情研判，通过多次组织鉴定内部会议的方式提高鉴定质量

承接鉴定业务之前，鉴定机构组织成员研究该鉴定是否可行，资料是否齐全、是否能正常进行鉴定工作、原、被告双方当事人的需求是什么，确定该鉴定的金额，并且及时发出鉴定费支付通知书，做到先付费后鉴定的基本原则。

原、被告双方当事人的诉求，对于鉴定人员非常重要，必须探求双方当事人的真实意图，方能准确地把握鉴定的整体脉络，最终出具的征求意见稿时原、被告双方的不同意见力争达到最少，鉴定人员要准确地把握案涉工程中争议的根由、理解双方当事人的诉求和意图，研究制定精准的鉴定方案，并采取对应措施，是高质量完成鉴定工作的基础和保障。

对于重大事项，实行鉴定组集体会商制度，避免出现认识偏差，避免因此而出现的鉴定风险，并实行严格的三级复核制度，保障出具高质量的鉴定意见书。

2. 严格组织鉴定项目小组、落实鉴定人员

鉴定小组成员至关重要，决定着鉴定任务能否保质保量完成，鉴定项目负责人既要掌握专业知识，又要掌握行业的法律、法规知识，还要拥有丰富的实践经验，同时要具有较强的组织协调能力。

工业安装工程的造价鉴定对鉴定人员的技术、专业素养要求高，我司高度重视鉴定人员的专业能力，参与鉴定工作的造价工程师均为安装专业，他们既熟练掌握工业安装工程的造价技术，也熟知工业安装工程的施工技术，这样的安排符合造价鉴定规范的要求，也保障了鉴定工作的质量。

3. 重视庭前（鉴定前）会议的重要性

（1）通过召开庭前会议，鉴定人员能及时、充分地了解委托人及原、被告双方当事人的诉求，深入了解原、被告双方的矛盾点，给鉴定工作指明了鉴定的方向，使鉴定人员能做到心里有数，在以后的鉴定工作中能直奔主题、公平公正地开展鉴定工作。

（2）在委托人主持下的庭前（鉴定前）会议能够积极促进鉴定补充资料的收集，鉴定人员在会议上及时向当事人释明缺少证据时当事人应承担举证不能的后果，促使双方当事人尽快完善补充资料，包括以下几个方面：

① 原、被告双方的起诉状、答辩状、法庭庭审笔录。

② 原、被告双方各自提供的设计图纸、施工图纸、竣工图纸、设计变更、现场签证、图纸会审纪要和开工报告等。

③ 原、被告双方签订的《建设工程施工合同》及补充合同。

④ 原、被告双方的招标文件、投标文件、工程量清单、控制价和中标通知书。
⑤ 经批准的施工组织设计、施工方案、年度形象记录、施工日志和监理日志。
⑥ 设备、材料采购合同，采购设备、材料的发票和收据。
⑥ 原、被告双方认定的其他与工程造价鉴定有关的资料。

4. 要求双方当事人补充提交鉴定资料时间的确定

本次鉴定实施中，鉴定人接受法院移交的鉴定资料后，发现鉴定资料中缺少图纸和净化工程的原工程造价鉴定意见书（〔2018〕建审字第649号）等重要证据，不利于鉴定工作的开展。在委托人组织召开庭前（鉴定前）会议确定鉴定具体事宜后，鉴定机构于2019年9月20日及时发出工作联系函，要求原、被告尽快提交相关补充鉴定资料及截止提交时间，并说明，如果不及时提供，不但会拖延鉴定结果出具的时间，还会承担举证不能的不利后果。

综合以上结论，明确提交的时间会保障鉴定工作的顺利开展，在委托人规定的时间内完成鉴定任务。

5. 认真做好鉴定工作记录

从委托人遴选鉴定机构到接受委托书开始，由负责人指定并组建鉴定小组，由小组负责人开始做工作记录，手写或机打均可，从开始工作到最后出具正式鉴定意见书直至出庭结束，应做好完整的工作记录，能够让公司领导及小组上一级技术负责人及时掌握鉴定工作的动态情况，并从中发现存在的工作难点和重点，记录要有具体时间日期，并尽可能的详细。

（三）良好的职业道德是做好造价鉴定公正的基石

1. 司法鉴定廉政原则

（1）始终践行拒绝贿赂的原则，抵制司法鉴定人员在鉴定工作中的不良风气，严禁以权谋私、徇私舞弊、吃拿卡要，做到清正廉洁、诚实守信。

（2）在工程司法鉴定过程中，坚持公正客观、科学合理的原则，遵循委托人、原、被告双方当事人的诉求，不隐瞒任何重要信息，确保提供准确完整的鉴定意见。

（3）保守工作秘密，严格保护委托人、原、被告双方当事人的隐私与权益，不将委托人、原、被告信息滥用于个人或他人牟取私利。

（四）强化执业能力，致力于提升司法鉴定工作程序标准的完善

除了依据现行的国家标准《建设工程造价咨询规范》（GB/T 51098）、《建设工程造价鉴定规范》（GB/T 51262）以及行业规程外，鉴定机构还结合实际鉴定工作经验在2018年和2020年先后出版发行了《建设工程造价鉴定指导标准》（第一版和第二版），企业内部出版了《建设工程造价咨询企业标准》《建设工程造价咨询企业鉴定标准》，依照现行《建设工程造价咨询合同（示范文本）》编制了造价鉴定合同标准文本，完善了在司法鉴定过程中程序性的工作细节，对于鉴定工作的顺利实施起到了保驾护航的作用，对于鉴定工作的成果质量起到了促进作用，对于鉴定机构和鉴定人员起到了规范作用，同时鉴定机构领导部门也可以依据指导标准、企业标准进行程序上和

鉴定成果的指导和检查，也可作为企业内部的培训司法鉴定人员的理论教材，同时结合工作实际整理出 PPT 文档，用于企业内部员工的培训课件。

（五）深入理解、熟练掌握造价鉴定技术与技能，确保鉴定工作的顺利实施并保证高质量地完成鉴定工作

1. 鉴定依据的运用和重要性的阐释

（1）原、被告双方签署的《建设工程施工合同》作为鉴定的重要依据，无论最高院的司法解释，还是国家规范、行业规程的规定，在施工合同有效的情形下，应当以合同约定的计价方式进行。

（2）施工过程中形成的材料也是鉴定的重要依据，设计变更、工程签证单、现场会议纪要、设备材料采购合同、形象记录等。

（3）以上原、被告双方所提供的资料，一定要经委托人质证，鉴定机构方能采用，未经质证的资料，鉴定机构不应接受，并提醒委托人进行质证。

（4）无论原、被告双方当事人提供的资料是否完善，作为鉴定机构的鉴定人员，一定要认真勘验现场，不能走形式、走过场，在实际勘验过程中能够发现提交资料中所找不到的证据和数据，也能听取原、被告双方当事人的真实诉求，正确地把握双方当事人的脉络，为下一步的鉴定工作顺利开展奠定基础。

2. 有意识的在鉴定过程中促进当事人双方和解，逐步减少分歧

《建设工程造价鉴定规范》（GB/T 51262—2017）中提出了鉴定机构应有意识的在鉴定过程中促进当事人双方和解、逐步减少分歧的观点，如规范 5.1.4 规定："鉴定过程中，鉴定人可以从专业的角度，促使当事人对一些争议事项达成妥协性意见，并告知委托人。鉴定机构应将妥协性意见制作成书面文件由当事人各方签字（盖章）确认，并在鉴定意见书中予以说明。"第 5.1.5 条规定："鉴定过程中，当事人之间的争议通过鉴定逐步减少，有和解意向时，鉴定人应以专业的角度促使当事人和解，并将此及时报告委托人，便于争议的顺利解决。"

本案中，鉴定机构在解决当事人双方之间的施工界面纠纷过程中发现，通过证据分析、现场勘验，双方逐步地缩小了分歧，遂引导双方就该纠纷达成了妥协性意见，为最终完成鉴定工作解决了重大的分歧和隐患，既减少了鉴定风险，也为法官准确裁判奠定了良好的基础。

3. 出庭作证的几项要点

此次鉴定虽然未出庭，但针对出庭的情况有几项要点需要强调，因为作为专业技术人员在出庭经验上没有专业律师有经验，初次出庭一定有心理恐慌和畏惧的情绪，但只要把握住几个要点，历经数次出庭后一般都会很好地把握住出庭现场情况，首先出庭前准备好出庭人员的身份证件，比如身份证、鉴定机构在册的造价工程师的注册证书和执业证书原件，并备好复印件，到庭时提前交给书记员即可，其次备好相关的资料，如此次鉴定的鉴定意见书，相关的规范规程和定额等。同时出庭期间做好记录，认真听取庭审法官的意见、原、被告双方及律师的陈诉，作为专业技术人员在庭审时只需回答鉴定的工作思路及工作的依据，为什么要这么做，依据是什么，无关此次鉴定问题可以不作回答，尤其注意的是无需跟着律师的思路回答问题，保持良好的出庭心态，做

4. 证据资料签收及签退工作的重要性

证据资料签收后鉴定机构出具《建设工程造价鉴定送鉴资料签收清单》提交委托人，证明委托人移交资料是否齐全、是否质证，如不齐全和未质证应尽快督促委托人质证以及原、被告双方当事人提交补充资料，避免鉴定时间超时，能够准确梳理鉴定工作的条理性。

鉴定资料签退是司法鉴定工作完成后，鉴定机构需要退还原、被告双方当事人的证据资料，证据资料签退单签字确认后，可以证明鉴定机构无此部分资料，避免原、被告双方当事人找后账。

签收回执是鉴定机构交付委托人的工程造价鉴定意见书或其他资料，交付完毕后，委托人需要签字确认已明确收到，这样可以避免资料接收的推诿和丢失。

5. 司法鉴定工程电子档案与纸质档案的重要性

（1）所谓电子档案和纸质档案是指文件归档后纸质文件与电子文件两者的共存，也称作"双套归档"。电子档案和纸质档案的实现，可以是对纸质文件进行数字化，也可以是对电子文件制作纸质拷贝。双套归档使同一份文件的纸质版本和电子版本共同处于留存和可利用状态。

（2）两套档案的来源，主要包括两个方面：一是随着当前办公自动化的应用和普及所产生的大量电子文件和与之相伴的纸质文件，按归档要求，须一并进入档案室并移交给档案管理人员；二是随着数字档案的建设，现有的纸质档案也将逐渐实行数字化，为行业人士的专业培训提供较好的借鉴资料，也为企业信息化建设提供了良好的素材。

咨询企业在司法鉴定的工作中，在程序上和档案存档上一直处于弱势，加强在这两方面的工作，能够加强鉴定工作的条理性和完善性，有利于司法鉴定工作的管理。

专家点评

工业安装工程的施工技术和施工组织有着自身的特点，其计价特点及引发纠纷的原因都有着与房建和市政工程不同的特点。工业安装项目的造价鉴定，除秉持工程造价鉴定的原则和一般规律外，还必须深入、准确地认识到工业安装工程自身的客观特性，才能做好工程造价鉴定工作，有利于化解当事人双方的纠纷，有利于保障当事人的合法权益和维护社会稳定，进而促进社会经济的健康发展。

本鉴定案例中的案涉项目为工业安装工程，发承包双方因工程结算中存在较多的纠纷，从而引起诉讼，鉴定机构在实施鉴定过程中，严格依据《建设工程造价鉴定规范》（GB/T 51262—2017）规定的鉴定原则、鉴定程序，科学制定鉴定方法，依据法官对证据的采信情况准确使用鉴定意见类型，特别是发挥自身技术优势，促使当事人双方对部分争议问题达成妥协性意见，尽量化解矛盾，为法官判案扫清了障碍，做到了案结事了、事心双解的目标，具有很强的借鉴意义，主要表现在以下方面：

一是鉴定业务实施过程中，高度关注鉴定程序的严谨性。程序合法是保障鉴定成果合法、减少鉴定风险的必由之路，在本次鉴定中，鉴定机构高度关注鉴定程序的合法性，严格依据相关法律法规以及鉴定规范的规定，程序的严谨性减少了鉴定风险的发生，最终通过了当事人的质证，法官完全采信了鉴定意见。

二是鉴定业务实施过程中，根据证据采信情况确定有针对性的鉴定方法，并促使双方就某些争议达成妥协性意见。鉴定人准确地认识和把握案涉项目的客观特点，严格遵循《建设工程造价鉴定规范》（GB/T 51262—2017）及相关法律法规规定的鉴定原则、程序和方法，综合运用规范规定的鉴定方法和技巧，努力缩小当事人双方的分歧，并引导双方就某些争议问题达成妥协性意见，出具了公正、公平、准确的鉴定意见，得到了法庭的完全采信，当事人息讼服判，圆满地解决了当事人双方的分歧。

三是鉴定业务实施过程中，切实注意案涉工程的施工特点，重视现场勘验的作用。由于工业安装工程一般存在着多家承包商同时施工不同的专业内容，其施工界面特别是工艺部分的施工界面难以用简单的文字在合同文件或签证单上体现，因此容易出现施工界面的争议。本次鉴定中，鉴定人依靠自身的专业技术能力，除对该项目的根据进行了深入分析，还在现场勘验中结合该项目特点进行了现场分析，协助原、被告双方就施工界面达成一致意见，出具了确定性意见，而非简单地依据双方主张出具供选择性意见，为法官准确、高效判决扫清了障碍。

四是高度关注鉴定机构执业能力的基础建设。鉴定机构在鉴定业务中除严格遵循《建设工程造价咨询规范》（GB/T 51095—2015）《建设工程造价鉴定规范》（GB/T 51262—2017）、《建设工程造价鉴定规程》（CECA/GC 8—2012）等国家标准和行业规程外，还根据自身的经验总结，不断细化规范的具体细则，编制《建设工程造价鉴定企业标准》指导机构开展造价鉴定工作，后期不断完善，并先后出版了《建设工程造价鉴定指导标准》（第一版）、《建设工程造价鉴定指导标准》（第二版），不但有效地提升了本单位的造价鉴定业务能力和水平，同时也是对造价咨询行业发展做出的有益贡献。

山东瑞华工程咨询有限公司　边广海

对某小区项目工程造价司法鉴定

——黑龙江惠泉普华建设工程项目管理有限公司

李立国　纪丽楠　徐金菲　王丽娜

一、案情简介

2016年4月,被申请鉴定人2承包了被申请鉴定人1承建的某市某小区项目一期工程,后被申请鉴定人2将其承包的某小区一标段共12栋楼施工内容承包给实际施工人(以下简称"申请鉴定人")进行施工。因各当事人对涉案项目工程造价存在争议,故诉讼至某市某人民法院,申请法院依法确定专业鉴定机构进行工程造价鉴定,鉴定要求为"对该项目工程造价(包括合同履行过程中工程量增减、设计变更、签证等)进行鉴定"。

二、案件争议焦点和造价鉴定难点

(一)案件争议焦点

(1)建筑面积计算争议:涉案项目为建筑面积平方米单价包干合同形式,《施工合同》第八条中的第3条关于建筑面积约定的内容为"工程结算建筑面积以设计院加盖出图章的蓝图面积为准",该约定的内容并未明确是以设计院加盖出图章的蓝图计算的建筑面积还是以设计院加盖出图章的蓝图建筑设计总说明中标注的建筑面积为依据,建筑面积计算依据是主要争议。

(2)合同履行过程中工程量增减、设计变更、签证的计价争议:由于涉案项目为建筑面积平方米单价包干合同形式,当事人对于合同履行过程中工程量增减、设计变更、签证的具体计价标准也是本案争议。

(二)造价鉴定难点

(1)由于涉案项目为建筑面积平方米单价包干合同,工程设计变更多,这是工程造价鉴定难点之一。

(2)工程资料管理不规范、现状证据缺失、隐蔽工程已无法勘验、现场物证需要破坏性检测等,这是工程造价鉴定另一难点。

三、鉴定情况

收到法院委托及相关送鉴资料后,我司通过案件分析确定受理案件,并严格按照工程造价鉴定规程要求开展工程造价鉴定工作。此案件难点多争议大,我司鉴定人员运用专业知识,分析鉴定资料,客观听取各方当事人意见,以公平、严谨、专业的工作态度和能力得到了三方当事人认可,促使当事人对一些争议事项达成妥协性意见,为后续调解奠定基础。在开庭接受质询时,我司作为具有专业知识的单位对鉴定结论所涉专业知识发表专业意见,更使各方当事人充分明确各自的权利及义务,并自愿达成一致,人民法院当庭出具民事调解书,高效率地协助人民法院及各方当事人解决民事经济纠纷,获得人民法院及当事人的一致好评及信任。

(一)司法鉴定委托人提供鉴定材料内容

1. 三方当事人共同交接的材料

(1)建设工程施工许可证复印件。

(2)建设工程施工合同复印件(申请人与被申请人2)(以下简称"施工合同")。

(3)岩土工程勘察报告。

(4)建筑工程施工合同复印件(被申请人1与被申请人2)。

(5)现场经济签证及设计变更。

(6)三方协议书。

(7)监理例会(申请人单方签字提供)。

(8)合同预算版图纸(申请人单方签字提供)。

(9)一标段工程图纸。

2. 补充提交的材料

(1)2019年12月3日,被申请人1提交其与申请人方共同签字确认的铝塑铝窗实际面积数量的证明。

(2)2019年12月19日,在本机构组织的询问会议上,三方当事人提交了共同签字,但意见不统一的"基础使用汽吊、发电机的证明"。2019年11月27日,申请人方提交的关于铝塑铝窗利润的书面诉讼请求(附铝塑铝窗制作安装合同)。

(3)2019年12月2日,被申请人2提交的关于现场勘验时申请人方提出基础混凝土砖及塔吊拆除时间的问题的书面回复。

(4)2019年12月2日,被申请人1提交的关于使用发电机和汽车吊施工事宜的"说明"。

(5)2019年12月2日,被申请人1以电子邮件的形式提交的明细。

(6)2019年12月7日,被申请人1以电子邮件的形式提交的该工程的明细。

3. 鉴定过程中形成的文件

(1)2019年11月27日,在本机构组织的现场勘验活动中,经各方当事人签认的《现场勘验记录》。

（2）2019年12月19日，在本机构组织的初步鉴定意见书征求意见过程中，形成的询问笔录。

（3）2019年12月23日，收到申请人方对2019年12月20日征求意见会议内容的回复意见。

（4）2019年12月24日，收到被申请人1对征求意见稿的回复意见。

（二）工程造价司法鉴定情况

1. 鉴定过程

收到鉴定委托书及相关送鉴资料后，我司随即组成鉴定小组将《鉴定人组成通知书》发文给各方当事人，三方当事人均签字确认"不需要回避"后，我司开始展开鉴定工作。鉴定过程严格按照程序要求进行。

2019年11月27日，在法院的组织下，鉴定人与三方当事人共同对涉案工程进行现场勘验，我司鉴定人员首先对现有材料整理出来的问题，进行现场勘验，对实际可勘验到的及双方达成一致的问题形成了书面记录，另告知各方当事人，现场能看见的部分，以现场勘验为准，现场看不到的部分以鉴定材料为准，除书面已记录的内容外，可提出各自认为其他需要说明的内容，申请鉴定人方代理人提出了关于铝塑铝窗利润、铝塑铝窗实际数量、基础混凝土砖数量、塔吊拆除时间、是否使用发电机和汽车吊等问题，其他当事人无新的问题提出。关于原告方代理人提出的问题，勘验时经与各方当事人沟通一致，勘验后一周内，各方当事人提供关于以上问题的书面回复。

在收到各方当事人对现场勘验时提出的问题的书面回复后，本机构进一步复核整理了初步鉴定意见，2019年12月19日，本机构组织各方当事人召开初步鉴定意见征求意见会议，会议中，出具了鉴定意见书的征求意见稿和征求意见函。将初步鉴定意见情况告知各方当事人，经各方当事人协商一致，同意定在2019年12月25日前将对初步鉴定意见的反馈意见以书面形式提交，针对各方当事人的反馈意见，本机构给予了书面回复。

2. 鉴定依据

（1）鉴定委托书。

（2）当事人提交经过质证并经委托人认定或当事人一致认可后用作鉴定的证据资料。

（3）法律、法规、规章和专业标准规范文件：

①《中华人民共和国民事诉讼法》（2017年修订版）。

②《全国人民代表大会常务委员会关于司法鉴定管理问题的决定》（2015年修正）。

③《黑龙江省司法鉴定管理条例》（黑龙江省第十二届人民代表大会常务委员会公告第21号）。

④《司法鉴定程序通则》（中华人民共和国司法部令第132号令）。

⑤《建设工程造价鉴定规范》（GB/T 51262—2017）。

（4）计价的相关文件：

①《黑龙江省建筑工程计价依据（建筑工程计价定额）》（HLJD-JZ—2010）。

②《黑龙江省建筑工程计价依据（装饰装修计价定额）》（HLJD-ZS—2010）。

③《黑龙江省建筑工程计价依据（安装工程计价定额）》（HLJD-AZ—2010）。

④《黑龙江省建设工程计价依据建筑工程费用定额》（HLJD-FY—2010）。

⑤《黑龙江省建设工程预算定额》（2000年）。

⑥《黑龙江省住房和城乡建设厅关于黑龙江省建筑业营业税改征增值税调整建设工程计价依据和招投标有关事项的通知》（黑建造价〔2016〕2号）。

其他相关的文件、标准、规定等。

3. 鉴定方法

根据鉴定委托书、三方当事人共同提交的材料、现场勘验记录、询问笔录、现场勘验情况、各方当事人针对现场勘验时提出问题的书面回复、初步鉴定意见征求意见会议后各方提出的反馈意见及《黑龙江省司法鉴定管理条例》《司法鉴定程序通则》《建设工程造价鉴定规范》和现行的工程造价计价依据等进行工程造价鉴定。该案鉴定方法说明如下：

该项目鉴定要求为"申请鉴定人方施工建设的某市某小区项目一期工程一标段项目12栋楼工程价款鉴定（包括合同履行过程中工程量增减、设计变更、签证等）"。根据鉴定委托合同、三方当事人共同提交的材料、现场勘验记录、询问笔录、现场勘验情况、各方当事人针对现场勘验时提出的问题的书面回复、初步鉴定意见征求意见会议后各方当事人提出的反馈意见及上述涉及的法律、法规、规章、专业标准规范及计价的相关文件等作出鉴定意见。对内容事实清楚，证据充分，当事人认可的鉴定意见，给出了确定性意见；对内容客观，事实较清楚，但证据不够充分的，给出了推断性意见；对内容证据矛盾的，分别作出了造价，给出了选择性意见。

该委托事项的工程造价在被申请鉴定人2与申请鉴定人签订的《建设工程施工合同》（以下简称《施工合同》）中相关内容的约定摘录如下：

第八条：工程造价及工程款支付

一、工程造价：

1. 本工程合同价款根据双方协商确定，采用约定范围内固定单价合同的方式承包；

2. 固定单价为1120元/平方米（不含税金）。即建筑面积每平方米人民币壹仟壹佰贰拾元整；

3. 工程结算建筑面积以设计院加盖出图章的蓝图面积为准；

4. 小区外网工程按照黑龙江2010定额按实结算，主材执行施工期间造价信息网刊价，管理费及利润按定额规定取中间值；

5. 材料价格上调：当施工过程中的钢筋、混凝土、红砖、页岩多孔砖价格超过甲方预算中的价格时，根据市场价格，甲方给予乙方材料价格找差价；

6. 基础土方工程按实际施工蓝图与预算定额中的工程量进行换算；

7. 实际施工过程中外墙材质和做法与预算定额中的材质不同时，按实际施工价格与预算价格进行换算，工程量按图纸实际发生量计算；

8. 实际施工图纸中一层如果改为车库、商网，参照预算定额，按图纸要求做法，按实际发生量换算；

9. 实际施工图纸中基础形式如果不是条形基础，参照预算定额，按图纸要求做法，按实际发生量换算；

10. 定额预算书作为合同附件，需要换算的分项工程根据定额预算书进行换算。

第九条：材料与设备

钢筋、混凝土、红砖、页岩多孔砖等给予材料找差价的主材，进场时需要通知甲方予以确认，确认内容：产品型号、规格、厂家、数量、进场日期等。如果不通知甲方确认，此部分主材，结算时不能办理材料找差价。

第十条：设计变更及现场签证中

一、乙方不得随意对原设计进行修改或变更，若因特殊情况对原设计进行变更或修改，事先必须经过甲方和监理部门同意后，由设计单位出具设计变更单，经甲方和监理单位确认后方可生效；

二、设计变更单甲方确认必须经过甲方工程部经理签字方可生效；

三、因设计变更或甲方造成的工程量增减：

1. 工程量增加，办理现场签证；

2. 签证有效时间为增加单项工程完成后 7 天内，逾期不予办理；

3. 签证资料组成：签证理由、签证工程量、单价、金额、施工现场影像资料、图纸；

4. 签证单分项工程费用计入工程结算中；

5. 工程量减少，甲方给乙方发出工作联系单；

6. 工程联系单有效时间为减少单项工程施工前 14 天发出；

7. 工作联系单组成：减少分项工程名称、数量、单价、金额，单价参照甲方预算中的单价，数量以实际发生量；

8. 减少的分项工程费用计入工程结算中。

另被申请鉴定人 1、被申请鉴定人 2 及原告签订的四份补充协议，四份补充协议表述的事项内容基本相同，现对其中一份补充协议的主要内容摘录如下：

具体事项

2016 年 4 月—10 月，乙方、丙方、承建甲方所开发的某市某小区工程项目工程已完成 90%，按合同价，乙方已付清丙方工程款。由于所有经济证、设计变更、图纸增项、减项、预算漏项、少算、少取等实际施工项目，甲方由于年关已来临，时间紧，未来得及审计，农民工急于回家过年，甲、乙、丙三方经协商同意达成以下协议。

协议内容

一、丙方因工人工资未全部开清，所欠工人工资（659651.00）元，由甲方以（以房抵债）的形式来解决农民工回家过年的问题，（10#1 单元 102，2 单元 501）抵（659651.00）元人民币，甲方协助贷款，一切手续和房价 80% 贷款。

二、甲、乙、丙三方约定，于 2017 年 5 月 1 日前把工程造价审计完毕，否则丙方有权拒绝复工，交工。

三、如果工程结算时，丙方超付工程款，则无条件返还已超的工程款给甲方，如不超付工程款，而有余款时甲方无条件将工程款在三日内拨付到乙方，乙方在收到此款后则在两日内拨付给丙方。

就以上协议，三方协商同意达成一致，不得反悔。

在该四份协议中并未提及有关工程造价的相关计价条款。

（1）关于土方工程量换算：该部分内容依据《施工合同》第八条中的第6条规定"基础土方工程按实际施工蓝图与预算定额中的工程量进行换算"，将该部分内容列入推断性意见。

（2）关于现场经济签证及技术联系（通知）单：该部分内容依据各方当事人签字的现场技术经济签证及技术联系（通知）单计量，依据定额预算书计价，将该部分内容列入推断性意见。

（3）关于现场勘验情况调整：该部分内容包括土建管井抹灰减少、散水未施工、正负零以下排水为铸铁管、散热器减少、管井中管道无保温、电气现场勘验（进户电缆、弱电插座、可视对讲配电箱），依据现场勘验记录计量，依据定额预算书计价，将该部分内容列入推断性意见。

（4）关于按《施工合同》约定的"固定单价为1120.00元/m^2（不含税金），即建筑面积每平方米人民币壹仟壹佰贰拾元整"计取的工程造价。该部分内容的造价涉及到建筑面积，在《施工合同》中第八条中的第3条关于建筑面积约定的内容为"工程结算建筑面积以设计院加盖出图章的蓝图面积为准"，该约定的内容并未明确是以设计院加盖出图章的蓝图计算的建筑面积还是以设计院加盖出图章的蓝图建筑设计总说明中标注的建筑面积为依据。依据设计院加盖出图章的蓝图及"建筑面积计算规则"计算建筑面积为41833.29m^2，而设计院加盖出图章的蓝图建筑设计总说明中标注的建筑面积为41914.12m^2，两者之间相差80.83m^2，本次鉴定分别按照不同的建筑面积做出造价，列入供选择性意见。

按照设计院加盖出图章的蓝图及"建筑面积计算规则"计算的建筑面积，以《施工合同》中第八条第一款、第2项约定的"固定单价1120元/m^2（不含有税金）"的计价方式计取的工程造价为46853284.80元；按照设计院加盖出图章的蓝图建筑设计总说明中标注的建筑面积，计价方式同上，计取的工程造价为46943814.40元。

（5）关于铝塑铝窗利润：该案使用的铝塑铝窗包括在被申请鉴定人、申请鉴定人签订的《施工合同》范围内，但实际由被申请鉴定人分包给其他单位进行施工，此做法造成了申请鉴定人的利润损失。申请鉴定人主张了该内容，并提供了铝塑铝窗加工合同，被申请鉴定人1与被申请鉴定人2均不认同该内容。故依据鉴定规范，将申请鉴定人提交的关于铝塑铝窗利润的"诉讼请求"进行鉴定并列入供选择性意见。

（6）关于屋面找平层增加泵送费：该部分为现场勘验时申请鉴定人主张的内容，勘验后被申请鉴定人2针对该问题的回复为"2016年年底拆除塔吊"，但未明确在2017年施工时是否存在着泵送费，而屋面找平层施工时需要有垂直运输费用。通过与商品混凝土搅拌站了解，该案房屋均采用混凝土输送泵进行运输，但搅拌站不予出具书面证据，同意保留电话录音。故依据鉴定规范，将该部分内容采用混凝土输送泵进行运输的方式进行计价，将该部分内容列入供选择性意见。

（7）关于铝塑铝窗洞口面积封堵混凝土：该部分为现场勘验时申请鉴定人主张的内容，其陈述本项主要原因为现场实际安装的窗户比图纸设计尺寸小，导致原按图纸预留的窗洞口需要封堵。现场勘验记录上关于本项的约定为"双方当事人核实实际面积，洞口尺寸差距部分由何种材料施工，形成书面说明"，勘验后被申请鉴定人1提交了其与申请鉴定人共同测量确认的铝塑铝窗数量的书面签认文件，但在共同确认的内容中未明确洞口尺寸差距部分由何种材料封堵施工。由于当事人共同确认的内容中未明确封堵材料，故进行二次现场勘验，随机抽取5户进行勘验，其中有

2户业主不同意勘验，其余3户勘验结果为混凝土封堵。被申请鉴定人1认为该部分由业主入户后进行封堵，但未见相关依据。故依据鉴定规范，将该部分内容列入供选择性意见。

申请鉴定人与被申请鉴定人1共同确认的实际使用铝塑铝窗的数量为7994.85m^2，图纸设计中铝塑铝窗的洞口尺寸合计为8730.90m^2，依据《黑龙江省建设工程预算定额》（2000年）中"钢门窗安装工程量按门窗洞口面积计算，100m^2中窗面积为94.8m^2"，推断图纸设计中铝塑铝窗面积为8730.90m^2乘以0.948等于8276.89m^2，故封堵的工程量为铝塑铝窗面积8276.89m^2与7994.85m^2之间差282.04m^2。

（8）关于总承包服务费：该部分包括门、外墙涂料及甲供材料，在《黑龙江省建设工程计价依据建设工程费用定额》（HLJD-FY—2010）第12页关于总承包服务费的定义为"是指总承包人为配合协调发包人进行的工程分包、自行采购的设备、材料等进行管理、服务（如分包人使用总包人的脚手架、垂直运输、临时设施、水电接驳等）以及施工现场管理、竣工资料汇总整理等服务所需的费用"。在《黑龙江省住房和城乡建设厅关于黑龙江省建筑业营业税改征增值税调整建设工程计价依据和招投标有关事项的通知》（黑建造价〔2016〕2号）中规定"发包人供应材料的按照供应材料费用的2%计取，总承包人对发包人发包的专业工程管理和协调并提供配合服务按相应费用的3%～5%计取"。现对门、外墙涂料及甲供材料总承包服务费的取费标准说明如下：

① 门、外墙涂料：在三方签字的"一标项目委外、甲供材料及变更施工统计说明"中有关于门、外墙涂料委外施工的说明，该部分依据上述文件，参照文件中规定的3%～5%的规定，在本次鉴定意见中，按4%的费率进行计价，列入供选择性意见。

② 甲供材料：该部分内容为被申请鉴定人1单方提交的甲供材料，无申请鉴定人意见，在本次鉴定意见中，参考被申请鉴定人1发送的甲供材料明细，按照上述文件规定的2%的费率计价，将该部分内容列入供选择性意见。

（9）关于工程联系函及（一标）项目委外、甲供材料及变更施工统计说明的内容：该部分内容包括二层及以上防潮层取消、卫生间防水层变更、隔离带变更、首层地面挤塑板（由外墙内侧2m范围内改为1.8m范围内）、楼地面取消找平层、楼地面增加混凝土，依据《施工合同》第十条约定"工程量增加，办理现场签证，工程量减少，甲方给乙方发出工作联系单"，而在三方提供的材料中未发现关于该部分内容的"现场签证"或"工作联系单"，但是在各方签字的"工程联系函"及"一标项目委外、甲供材料及变更施工统计说明"中都有该部分内容的记录，故将该部分内容列入供选择性意见。

（10）关于基础使用汽吊、发电机的造价：该部分为现场勘验时申请鉴定人主张的内容，因施工时现场特殊情况，不适宜塔吊的搭设，故基础部分采用了汽吊、发电机进行施工。在征求意见会议上三方当事人提交了共同签字，但对"基础使用汽吊、发电机"的机械台班单价存在异议。关于该部分的费用，在《施工合同》的定额预算书中已包括基础施工使用塔吊的费用，如按上述材料中体现的内容计价，应计取使用汽吊、发电机产生的费用与定额预算书中使用塔吊产生的费用的差额。由于当事人对机械台班单价有异议，故依据鉴定规范并查询相关规定，鉴定时按照该组材料中的"工程确认单"上记录的使用汽吊、发电机的费用，将该部分的差额计入本次鉴定意见内，列入供选择性意见。

4. 鉴定意见

综合上述鉴定方法及分析说明，将该项目鉴定意见分为推断性意见及供选择选性意见，具体内容如下。

（1）推断性意见

推断性意见包括土方工程量换算、现场经济签证及技术联系（通知）单、现场勘验情况调整，该部分造价为 2814621.43 元。

（2）供选择性意见

供选择性意见包括按《施工合同》约定的"固定单价为 1120.00 元 /m²（不含税金），即建筑面积每平方米人民币壹仟壹佰贰拾元整"计取的工程造价。

关于列入供选择性意见中的铝塑铝窗利润、屋面找平层增加泵送费、铝塑铝窗洞口面积封堵混凝土、总承包服务费、工程联系函及（一标）项目委外、甲供材料及变更施工统计说明的内容、基础使用汽吊及发电机，以上内容的造价合计 308824.30 元，包括：铝塑铝窗利润 420928.85元，屋面找平层增加泵送费 5798.40 元，铝塑铝窗洞口面积封堵混凝土 99108.35 元，总承包服务费门、外墙涂料为 141191.34 元，总承包服务费甲供材料为 98626.60 元，二层及以上防潮层取消，卫生间防水层变更减少 1399645.74 元，隔离带变更减少 2804.44 元，首层地面挤塑板（由外墙内侧 2m² 范围内改为 1.8m² 范围内）减少 49462.92 元，楼地面取消找平层减少 463563.41 元，楼地面增加混凝土为 497205.11 元，基础使用汽吊及发电机 961442.16 元。

需要特别说明的是，选择性意见中，除建筑面积涉及的造价外，其余内容可单项选择使用。

故该项目工程造价鉴定意见根据不同的建筑面积，分为以下两种情况：

第一种情况：按照设计院加盖出图章的蓝图计算出的建筑面积为计算依据，工程造价为 49976730.53 元，其中推断性意见为 2814621.43 元，供选择性意见为 47162109.10 元。

第二种情况：按照设计院加盖出图章的蓝图建筑设计总说明中标注的建筑面积为计算依据，工程造价为 50067260.13 元，其中推断性意见为 2814621.43 元，供选择性意见为 47252638.70 元。

具体详见表 1 工程造价咨询（鉴定）意见书汇总表。

表 1　工程造价咨询（鉴定）意见书汇总表

工程名称：某小区项目　　　　　　　　　　　　　　　　　　　　　　　　　　单位：元

第一种情况　按照设计院加盖出图章的蓝图计算出的建筑面积为计算依据			
序号	名称	推断性意见	选择性意见
工程造价（推断 + 选择）		49976730.53	
一	推断性性意见	2814621.43	
1	土方工程量换算	1394945.51	
序号	名称	推断性意见	选择性意见
2	现场经济签证及技术联系（通知）单	1593281.51	
3	土建管井抹灰减少、散水未施工	−220136.40	

续表

工程名称：某小区项目　　　　　　　　　　　　　　　　　　　　　　　　　　　　　单位：元

4	正负零以下排水为铸铁管	143698.27	
5	散热器减少	-2242.37	
6	管井中管道无保温	-793.88	
7	电气现场勘验（进户电缆、旨电插座、可视对讲配电箱）	-94131.21	
二	供选择性意见	（一）+（二）	47162109.10
（一）	固定单价为1120.00元/m²（不含税金）的工程造价		46853284.80
序号	名称	建筑面积	选择性意见
1	1#楼	4006.16	4486899.20
2	2#楼	3875.09	4340100.80
3	3#楼	3175.09	3556100.80
4	4#楼	4706.16	5270899.20
5	5#楼	1959.1	2194192.00
6	6#楼	3675.09	4116100.80
7	7#楼	3906.37	4375134.40
8	8#楼	2936.84	3289260.80
9	9#楼	2975.09	3332100.80
10	10#楼	4506.37	5047134.40
11	11#楼	2536.84	2841260.80
12	12#楼	35753.09	4004100.80
（二）	其他		308824.3
1	塑钢窗利润		420928.85
2	层面找平层增加泵送费		5798.40
3	塑钢窗洞口面积封堵混凝土		99108.35
4	门、外墙涂料		141191.34
5	甲供材料		98626.60
6	二层及以上防潮层取消，卫生间防水层变更		-1399645.74
7	隔离带变更		-2804.44
8	首层地面挤塑板（由外墙内侧2m范围内改为1.8m范围内）		-49462.92
序号	名称	建筑面积	选择性意见
9	楼地面取消找平层		-463563.41

续表

工程名称：某小区项目			单位：元
10	楼地面增加混凝土		497205.11
11	基础使用汽吊、发电机		961442.16
第二种情况　按照设计院加盖出图章的蓝图建筑设计总说明中标的建设面积			
序号	名称	推断性意见	选择性意见
	工程造价（推断+选择）		50067260.13
一	推断性性意见	2814621.43	
1	土方工程量换算	1394945.51	
2	现场经济签证及技术联系（通知）单	1593281.51	
3	土建管井抹灰减少、散水未施工	−220136.40	
4	正负零以下排水为铸铁管	143698.27	
5	散热器减少	−2242.37	
6	管井中管道无保温	−793.88	
7	电气现场勘验（进户电缆、旨电插座、可视对讲配电箱）	−94131.21	
二	供选择性意见	（一）+（二）	47252638.70
（一）	固定单价为1120.00元/m²（不含税金）的工程造价		46943814.40
序号	名称	建筑面积	选择性意见
1	1#楼	4017.19	4499252.80
2	2#楼	3879.18	4344681.60
3	3#楼	3179.18	3560681.60
4	4#楼	4717.19	5283252.80
5	5#楼	1961.62	2197014.40
6	6#楼	3679.18	4120681.60
7	7#楼	3919.31	4389627.20
8	8#楼	2941.8	3294816.00
9	9#楼	2979.18	3336681.60
10	10#楼	4519.31	5061627.20
11	11#楼	2541.8	2846816.00
12	12#楼	3579.18	4008681.60
（二）	其他		308824.3

续表

工程名称：某小区项目　　　　　　　　　　　　　　　　　　　　　　　　　　单位：元

序号	名称	建筑面积	选择性意见
1	塑钢窗利润		420928.85
2	层面找平层增加泵送费		5798.40
3	塑钢窗洞口面积封堵混凝土		99108.35
4	门、外墙涂料		141191.34
5	甲供材料		98626.60
6	二层及以上防潮层取消，卫生间防水层变更		−1399645.74
7	隔离带变更		−2804.44
8	首层地面挤塑板（由外墙内侧2m范围内改为1.8m范围内）		−49462.92
9	楼地面取消找平层		−463563.41
10	楼地面增加混凝土		497205.11
11	基础使用汽吊、发电机		961442.16

（三）出具征求意见稿后所提的异议问题

本次鉴定在出具正式鉴定意见书前，出具了鉴定意见书的征求意见稿和征求意见函，并收到当事人提出的异议问题，具体如下：

申请鉴定人提出的异议问题：

① 贵鉴定机构未按照申请鉴定人在一审法院提出的工程造价审计鉴定和发回重审的庭审笔录进行合理的造价鉴定。回复：关于建筑面积、合同漏项、漏算的部分，已按申请鉴定人与被申请鉴定人2《施工合同》中约定的内容计价。

② 贵鉴定机构未考虑土方施工时间，应存在挖冻土的费用。回复：该案当事人签订的《施工合同》中已经包括挖冻土的费用，不单独计价。

被申请鉴定人提出的异议问题：

外墙保温线条厚度变更（工程联系函：编号001第10条）招标图纸、竣工图纸均标注保温分层厚度。工程联系函（见联系单2016.8.27）内标注保温厚度变更，分层厚度由100mn+50mm变更为30mn+30mm请予以扣减。回复：关于外墙保温线条厚度变更的问题，该部分内容在《施工合同》的定额预算书中造价为1883.56元，鉴定意见中已经依据工程联系函及相关资料进行了调整。

四、出庭作证情况

我司出具了正式《鉴定意见书》后，双方当事人就鉴定报告存在异议问题申请鉴定人出庭接受质询。在鉴定人接受质询过程中，申请鉴定人提出"关于建筑面积计算规则"方面的相关问题，鉴定人依据黑龙江省建筑工程计价依据对该问题进行了解释说明，并应委托人要求我机构作为具有专业知识的单位对鉴定结论所涉专业知识发表专业意见。虽然涉案证据不充分，各方当事人争议较大，但我司作为专业机构根据现有证据情况及案件事实，为案件当事人提供专业性分析及意见，更使各方当事人充分明确各自的权利及义务，并自愿达成一致，经人民法院当庭出具民事调解书，高效率地协助人民法院及各方当事人解决民事经济纠纷，获得人民法院及当事人的一致好评及信任。

五、心得体会

（一）鉴定工作的特点

1. 法律的严肃性

鉴定工作关乎甲乙双方的经济利益，关乎合同法规的严肃性，因此从法律上讲应该是极其严肃的，必须客观、公正地对待。

2. 情况的复杂性

由于工程的多样性导致鉴定工作的复杂性，主要体现在合同内容不全、意义不明、技术规范不具体、原始资料不全、证据灭失、双方不配合、提供的事实情况不全面、签证不严谨、工程款拨付手续不健全、合同附加协议（口头或书面协议）等方面，在开展鉴定工作时需结合法律法规，利用专业的工程造价知识为委托人答疑解惑。

3. 政策的特殊性

相当多的工程造价纠纷为政策性变化、调整过渡时期对工程造价计价依据理解不同造成的争议，或者有些政策只针对一般情况，而项目可能为特殊情况造成的争议，因而具有很强的政策特殊性。

4. 结论的折中性

主要是指因压价、搭售材料、索赔、举证不力往往造成鉴定造价、实际结算价格、理论造价的不一致，同时又由于鉴定为事后行为，事中的有些情况、有些事实、有些证据灭失，导致量与价按几方协商折中。

5. 技术的专业性

鉴定工作是法律和工程技术在工程造价上的完美结合，因而它具有很强的技术专业性。

（二）鉴定工作的注意事项

1. 程序上的注意事项

程序正确是鉴定工作的基石。鉴定程序是鉴定活动应遵循的规则，是鉴定意见具备证据效力的首要条件。鉴定工作中，鉴定的委托与接受、鉴定的组织与实施、鉴定的步骤与方法、鉴定证据的采用、鉴定意见的处理、鉴定文书的制作、鉴定人出庭作证、鉴定业务档案管理等每个步骤都要严格按照《建设工程造价鉴定规范》（GB/T 51262—2017）进行鉴定。

2. 技术上的注意事项

精湛技术是鉴定工作的保证。在鉴定过程中，鉴定人可从专业的角度，促使当事人对一些争议事项达成妥协性意见，并告知委托人。鉴定人应将妥协性意见制作成书面文件由当事人各方签字（盖章）确认，并在鉴定意见书中予以说明。

鉴定过程中，当事人之间的争议通过鉴定逐步减少，有和解意向时，鉴定人应以专业的角度促使当事人和解，并将此及时报告委托人，便于争议的顺利解决。

（三）反思与总结

收到法院委托及资料后，我机构通过案件分析确定受理案件，鉴定过程严格按照程序要求进行。此案件难点多、争议大，我机构鉴定人员运用专业知识，分析当事人提供的资料，客观听取各方当事人意见，公平、严谨、专业的工作态度和能力更是得到了三方当事人认可，促使当事人对一些争议事项达成妥协性意见，为后续调解奠定基础。在开庭接受质询时，我机构作为具有专业知识的单位对鉴定结论所涉专业知识发表专业意见，更使各方当事人充分明确各自的权利及义务，并自愿达成一致，经人民法院当庭出具民事调解书，高效率地协助人民法院及各方当事人解决民事经济纠纷，获得人民法院及当事人的一致好评及信任。

鉴定人应合法、独立、客观、公正、认真、严谨、高效地做好鉴定工作，熟悉和准确理解专业领域相应的法律、法规和标准、规范，从鉴定角度给与专业和准确的回答。

鉴定人需要经常回头看，从每一项鉴定的工作中吸取经验，也要定期接受业务培训，以保证其专业能力不断适应工作需要。

专家点评

本案例为房地产开发项目建筑面积单价包干合同纠纷，涉案工程合同当事人对建筑面积计算规则和合同履行过程中工程量增减、设计变更、签证等工程造价不能达成一致，故导致诉讼。

本案例主要争议焦点：建筑面积单价包干外发生的工程量增减、设计变更、签证等争议。主要鉴定难点：对于建筑面积单价包干合同外发生的工程量增减、设计变更、签证等费用如何计价是本案鉴定难点之一；由于合同当事人工程计价资料管理工作不规范，给工程造价鉴定工作造成困难。

本案鉴定机构工程造价鉴定依据充分，鉴定方法得当，鉴定程序符合《建设工程造价鉴定规范》（GB/T 51262—2017），工程造价鉴定工作不越位。本案例最大亮点为通过鉴定机构工程造价鉴定工作，促使合同纠纷当事人达成和解意向，人民法院当庭出具民事调解书。作为工程造价鉴定机构，如果能够凭借其专业技术出具客观、公正的鉴定结论，减轻合同纠纷双方冲突，协助法院（仲裁）顺利判决（裁决）是工程造价鉴定机构作用的最好体现，也和国家多元调解精神相一致。

欠妥之处，鉴定意见书鉴定结论全部为供选择性意见和推断性意见，未出具确定性意见。根据《施工合同》中第八条中的第3条关于建筑面积约定的内容为"工程结算建筑面积以设计院加盖出图章的蓝图面积为准"，工程实际建筑面积应以《建筑工程建筑面积计算规范》（GB/T 50353—2013）和设计院加盖出图章的蓝图重新计算出的建筑面积为准，建议以此作为确定性意见。对于被告提出的以设计院加盖出图章的蓝图建筑设计总说明中标注的建筑面积可出具供选择性意见。

中建精诚工程咨询有限公司　任双成

对某5A地块1#、2#及4#住宅楼工程造价司法鉴定

——江苏仁禾中衡工程咨询房地产估价有限公司

宋王芹　许友宏

一、案情简介

（一）合同情况

2011年6月30日，某房地产投资有限公司（以下简称发包人）与某建设集团有限公司（以下简称承包人）签订了《某5A地块1#、2#及4#住宅楼工程施工合同》。工程内容为某5A地块1#、2#及4#楼的土建、安装。承包范围是发包人提供的施工图纸（包括设计变更部分）范围内的全部土建、安装工程。合同工期总日历天数为550日历天，具体开工时间以发包人签发的开工通知为准。

合同对工程价款有如下约定：

（1）本工程按经发包人、设计院共同确认的施工图、设计变更以及现场签证进行结算。

（2）结算工程价款＝结算价（此结算价为下浮后的结算价）＋总包管理配合费。

（3）结算依据：2004年《江苏省建筑装饰工程计价表》、2004年《江苏省安装工程计价表》及其相配套的费用定额和国家、江苏省某市有关主管部门颁发的各种政策性调整文件，在本投标截止日2011年5月1日后不再调整。

（二）合同履行争议情况

该承包项目1#、2#、4#楼均为地下2层，地上32层住宅楼，按发包人要求分别于2011年12月14日、2012年1月8日、2012年8月31日开工。工程进行至2014年7月28日，双方出现若干争议：发包人认为承包人存在项目经理及管理人员不到位且组织混乱、存在转包分包等行为；承包人认为发包人存在多项严重违约行为，如未办妥施工许可证、提出设计变更、进度款未按时足额支付等原因造成工期延误。因履约及争议问题较多，发包人要求承包人撤场停止施工。这时，1#、2#楼已进入装修阶段，内墙粉刷基本结束，外墙粉刷到19层，4#楼在主体结构施工到28层。2015年2月12日，发、承包双方针对多个争议经过多轮谈判，起草了《待处理问题汇总》，对

各项问题达成了处理意见。随后发包人自行对该工程已完工程量价款审计。在审计过程中，双方对部分工程量及《待处理问题汇总》中人工费调整、电渣压力焊等单价、措施项目中垂直运输费、脚手架及超高费等的比例三个方面的问题，结算分歧意见很大，无法达成共识。

（三）司法途径情况

因发、承包双方无法协商一致，2015年10月，承包人向法院起诉，法院受理后依法组成合议庭进行审理。2016年4月，法院委托鉴定单位对已完工程量价款及《待处理问题汇总》中的内容进行鉴定。鉴定单位接受委托后，对相关工程资料进行了查阅，对照图纸并结合现场勘察计算已完的工作量，根据法院委托书要求的内容及双方签订的工程施工合同，于2016年9月作出了工程造价司法鉴定意见书的鉴定意见。2017年7月一审法院对该诉讼作出了判决。发、承包双方均不服，双方于2017年8月上诉至二审法院，2018年8月二审法院对该诉讼作出了终审判决。

二、案件争议焦点和造价鉴定难点

（一）主要争议焦点

1. 人工费调整问题

《待处理问题汇总》中商定：超合同工期外，确因发包人原因造成的那部分工程量人工费按当时政府相关文件进行调整。承包人认为"人工费可调整区间为'合同工期以外'的施工区间，即超过550天后发生的所有工作量定额人工均按同期政策性文件调整"。

2. 电渣压力焊、直螺纹接头单价取定问题

《待处理问题汇总》中商定：市场上找五个结算按加权平均取值。承包人认为未认价（即合同订立时及过程中未定价），应按定额进行结算；发包人认为应按市场专业分包工种价格结算。

3. 措施项目问题

《待处理问题汇总》中商定：垂直运输费、脚手架及超高费等按实际完成工程量与承包人施工范围总工程量比例。承包人认为应是按实际完成工作量与承包人单独完成合同工作量之比；而不是按承包人实际完成工程量与整个项目的工程量之比。发包人认为对承包人完成工作量与图纸范围内所有工作量（包含专业分包工作量）之比。

（二）造价鉴定难点

（1）关于超合同工期界定：因"超合同工期"由于发、承包双方多重原因而延误导致，相互影响，较难界定超合同工期补偿责任。

（2）关于"加权平均"：是否可以按合同期内同一市场找五个总承包施工合同的结算价平均价作为计算依据？此结算价是按定额计价还是市场专业分包价格？

（3）关于承包人的施工范围：在计算垂直运输费、脚手架及超高费等费用时，承包人施工范围总工程量的范围如何确定？是否包含发包人的专业分包范围？

三、鉴定情况

（一）司法鉴定委托人提供鉴定材料内容

（1）司法鉴定委托书、补充鉴定函。

（2）申请人及被申请人确认的工程施工合同。

（3）委托鉴定范围内涉及的施工图纸纸质档及电子档。

（4）申请人及被申请人的起诉状、答辩词、庭审笔录。

（5）开工报告、《待处理问题汇总》、施工进度横道图表、施工界面分割说明等。

（6）《甲方原因造成工期及延误等损失确认表》《甲方设计变更原因造成工期及延误等损失确认表》《因甲方分包单位进场造成工期及延误等损失确认表》（以下简称三张损失确认表）。

（7）其他资料，如监理资料、施工日记、隐蔽工程验收记录、施工组织设计等。

（8）申请人提供的工程结算资料。

（9）被申请人提供的自行审计的相关资料。

（10）涉及该工程造价鉴定的相关证据材料等。

（二）鉴定依据

（1）《建设工程造价鉴定规范》（GB/T 51262—2017）。

（2）法院出具的司法鉴定委托书、补充鉴定函。

（3）质证记录、庭审笔录等卷宗。

（4）双方签订的《某5A地块1#、2#及4#住宅楼工程施工合同》。

（5）双方确认的某市设计研究院设计的图纸。

（6）《待处理问题汇总》以及双方认可的与工程造价结算有关的其他资料等。

（7）2004年《江苏省建筑装饰工程计价表》、2004年《江苏省安装工程计价表》及其相配套的费用定额。

（8）《某市工程造价信息》。

（9）《最高人民法院关于审理建设工程施工合同纠纷案件适用法律问题的解释》。

（三）鉴定方法

（1）鉴定人员根据合同约定的计价原则和方法及《待处理问题汇总》进行鉴定，并依据鉴定依据资料计算工程量后与当事人委托的专业造价人员进行充分核对沟通；将鉴定项目划分为分部分项工程、单位工程、单项工程分别进行鉴定后汇总。

（2）按照委托人的要求，根据双方当事人的争议事项列出鉴定意见，供委托人判决使用。

（3）在鉴定核对过程中，鉴定人员对每一个鉴定工作程序的阶段性成果提请承发包双方提出书面意见或签字确认。如当事人不提出书面意见也不签字确认，不影响鉴定工作的进行。如本案例中要求双方对工程量计算成果确认,承包人同意确认签字,发包人不同意,鉴定单位按照程序出具鉴定意见书递交法院。

(四)鉴定意见

鉴定单位根据司法鉴定人的委托,严格按照司法鉴定程序,针对合同争议焦点提出了司法鉴定意见。

1. 关于"人工费调整问题"的鉴定意见

根据施工合同规定,"超合同工期"根据合同原则应理解为因发包人原因造成工期延误予以工期延期,承包人工期延误不得计算在内。人工费调整按以下方式调整(以 2# 为例)(详见表 1、表 2)。发包人要求开工时间为 2011 年 10 月 9 日,合同工期为 550 日历天,2013 年 4 月 10 日合同终止,此时现场实际施工至主体结构 27 层,即从 2013 年 4 月 10 日至 2014 年 7 月 28 日退场期间施工的工程量中人工费全部调整,调整分三个阶段(2013 年 3 月 1 日、2013 年 9 月 1 日及 2014 年 3 月 1 日分别出台了人工费调整文件)。以上事例类推进行计算,1#、2#、4# 楼的人工费调整费用为 6088020.28 元。

表 1 2# 楼人工调整范围分析表

计划工期要求		
建设单位要求开工时间	合同工期(天)	理论竣工日期
2011.10.9	550	2013.4.11
第一阶段:2011.10.12—2013.4.11(550 天):人工费不调整		
26 层以下主体结构	元/工日	
	一类工:56	
	二类工:53	
	三类工:50	
第二阶段:2013.4.12—2013.8.31(142 天),按人工费政策性文件调整		
27—33 层主体结构	元/工日	数量(工日)
	一类工:78	0
	二类工:74	17287.38
	三类工:70	25.15
第三阶段:2013.9.1—2014.2.28(180 天),按人工费政策性文件调整		
34 层以上主体结构及装饰工程	元/工日	数量(工日)
	一类工:81	1786.13
	二类工:77	14781.05
	三类工:73	5.24
从发包人要求的开工时间 2011.10.11 到 2014.7.28 止共 1021 天,其中因发包人原因延误合计 274 天。		

表2　人工费调整汇总表

楼号			1#	2#	4#
第一阶段	一类工	78-56=22	—	—	—
	二类工	74-53=21	36923.8	17287.38	39558.64
	三类工	70-50=20	—	25.15	—
第二阶段	一类工	81-56=25	1682.51	1786.13	—
	二类工	77-53=24	18218.13	14781.05	29837.61
	三类工	73-50=23	5.22	5.24	—
第三阶段	一类工	84-56=28	—	—	—
	二类工	80-53=27	1721.15	19155.65	19155.65
	三类工	76-50=26	—	—	—
合计人工费调整费用（元）			1274288.78	763056.95	2064036.63
包含管理费、利润、规费及税金等（元）			1891532.0	1132668.4	3063819.9
合计（元）					6088020.3

2. 关于电渣压力焊、直螺纹接头单价的鉴定意见

合同约定"甲定乙购材料的范围包括：商品混凝土，钢筋、钢筋钢套筒连接、钢筋电渣压力焊连接电线管等主材。承包人拒绝按发包人认质认价材料设备采购、施工的，发包人有权直接改为甲供，由承包人支付违约金给发包人。发包人可根据需要调整甲定乙购材料的范围"。在施工过程中，承包人对电渣压力焊、直螺纹接头未提出进行认价。《待处理问题汇总》中发、承包双方协调确认意见是"市场上找五个结算按加权平均"进行调整。承包人认为既然合同没有明确标价，理应按定额计价进行结算；发包人则认为应按市场专业分包工种进行结算，因《待处理问题汇总》中意见对鉴定单位来说，也无法进行加权平均鉴定，鉴定单位根据合同原则以及工程惯例建议按市场专业随机查询的五个分包单价进行算术平均计算，合计造价为2436354.07元。

3. 关于措施项目费中垂直运输费、脚手架及超高费等的鉴定意见

《待处理问题汇总》中发、承包双方协商确认意见"按实际完成工程量与承包人施工范围总工程量比例"进行计算。发包人提出"承包人施工范围的总工程量中应包含合同约定范围的所有内容，即包含发包人专项分包工程项目（外墙保温及面砖、铝合金门窗工程、公共部位装修、进户门、GRC构件等）"。根据双方合同约定以2004年《江苏省建筑与装饰工程计价表》作为双方结算的依据，2004年《江苏省建筑与装饰工程计价表》中关于垂直运输费、脚手架费及超高费等相关测定及工期定额的规定，应包含发包人专项分包费用。垂直运输费、脚手架费用、脚手架超高费及建筑物超高费包含发包人专项分包费用的比例详见表3，总造价为100716355.38元。

表 3　垂直运输费等包含发包人专项分包费用的比例表

楼号	垂直运输费比例	脚手架费用比例	脚手架超高费比例	建筑物超高费比例
1#	73%	77.3%	79.4%	74.7%
2#	76.62%	81.09%	85.19%	78.21%
4#	60.9%	65%	68.5%	62.1%

承包人提出双方协商《待处理问题汇总》中如垂直运输费、脚手架费用、脚手架超高费及建筑物超高费中"不包含发包人专项分包费用"的比例详见表 4，计算总造价为 102615785.61 元。

表 4　垂直运输费等不包含发包人专项分包费用的比例表

楼号	垂直运输费比例	脚手架费用比例	脚手架超高费比例	建筑物超高费比例
1#	91%	91%	91%	91%
2#	94.4%	94.4%	94.4%	94.4%
4#	77.13%	77.13%	77.13%	77.13%

由于双方表达意思不够明确，有争议。现根据双方的意见计算出措施费的调整数额，增加措施费费用为 102615785.61−100716355.38=1899430.23（元）。选择性意见供法院庭审案件时参考。

四、案件当事人对司法鉴定意见的异议问题

双方当事人对鉴定意见书的征求意见稿和正式意见书中有关问题提出如下异议。

1. 人工费调整问题

在征求意见书发出后，发包人提供了新的证据提交法院，有监理单位审批并盖章的施工进度横道图（详见表 5）。发包人认为根据施工合同专用条款约定为"合同签订后所有政府出台的调价文件在投标截止日 2011 年 5 月 1 日后一律不再调整"。合同约定的施工工期为 550 天，并且开工时间以发包人签发的开工通知为准，即施工时间应依开工时间对应监理批准的施工进度计划横道表相应平移，对于超过 550 天发生的工作量定额人工费方可按同期政策性文件调整。

根据《待处理问题汇总》商定意见："超合同工期外，确因甲方原因造成的那部分工程量人工费按当时政府相关文件进行调整。"而因施工单位自身原因造成的工期延误不作调整。根据三张损失确认表，2# 楼延误工期：一是因甲方原因造成的工期延误 66 天（从甲方要求开工时间为 2011 年 10 月 9 日到实际开工时间是 2011 年 12 月 14 日）；二是因甲方分包单位进场造成工期延误 208 天（具备条件进场时间是 2013 年 10 月 16 日，实际进场时间 2014 年 5 月 12 日）。

仍以 2# 楼为例：合同约定总工期为 550 日历天，发包人要求开工时间为 2011 年 10 月 9 日，应在 2013 年 4 月 10 日竣工验收。此期间共有两次人工费调整时间：2012 年 2 月 1 日后（一类工 70 元/工日、二类工 67 元/工日、三类工 63 元/工日）；2013 年 3 月 1 日后（一类工 78 元/工

日、二类工 74 元/工日、三类工 70 元/工日）。有监理单位盖章横道图显示：如发包人不延误工期，原计划横道图一层至八层主体结构施工时间为 2011 年 12 月 5 日至 2012 年 1 月 21 日。2013 年 3 月 1 日时，在竣工准备及验收阶段。[合同约定涉及人工费政策性文件不调整，在 2012 年 2 月 1 日至 2013 年 3 月 1 日期间的人工费（67-53=14 元/工日）调增的风险由承包人承担]。现因发包人原因延误了 66 天，实际开工日期为 2011 年 12 月 14 日，2# 楼在 2013 年 6 月 15 日应竣工验收。现计划横道图一至八层主体结构施工时间对应为 2012 年 2 月 8 日至 2012 年 3 月 26 日，此部分工程量的人工费应调整 67-53=14 元/工日（53 元/工日为合同约定）（详见表 5）。2013 年 3 月 1 日后横道图所对应的施工内容为分户验收、室外总体阶段，没有实体工程量，不存在人工费调整。但 1#、4# 楼在 2013 年 3 月 1 日后存在部分实体工程量，人工费应调整为：74-67=7 元/工日。根据"因发包人分包单位进场造成的工期及延误等损失确认表"中，2# 楼于 2013 年 8 月 1 日主体结构验收完成，发包人认可 208 天损失，因与 2013 年 6 月 15 日竣工验收时间有脱节，鉴定单位无法调整人工费。

表 5　按横道图计算 2# 楼人工调整范围分析表

按发包方要求开工时间施工的横道图时间段（2011.10.12—2013.4.10，合计 550 天）	时间	2011.10—2011.11	2011.12—2012.1	2012.2—2013.2	2013.3—2013.4
	人工单价（元/工日）		一类工 56 二类工 53 三类工 50	一类工 70 二类工 67 三类工 63	
发包方延误 66 天后理论上的横道图时间段（2011.12.12—2013.6.13，合计 550 天）	时间	2011.12—2012.1	2012.2—2012.3	2012.4—2013.2	2013.3—2013.6
	人工单价（元/工日）	一类工 56 二类工 53 三类工 50		一类工 70 二类工 67 三类工 63	一类工 78 二类工 74 三类工 70
实际工程完成状况：主体结构及砌体工程全部完成；室内内墙粉刷完成，外墙粉刷 19 层以上已完成（横道图时间段 2011.12.12—2013.1.27）	调整人工的施工段	此区域不调整		该区域调整人工：一层至八层主体结构施工等，调整二类工数量 14905.91 工日，调整差价为 14 元/工日	工程处于分户验收，不发生人工消耗

横道图的开始时间为 2011.12.12，竣工时间为 2013.6.13，合同工期 550 天，表中阴影部分为调整人工的时间段及施工段

表 6　人工费调整汇总表

楼号			1#（工日）	2#（工日）	4#（工日）
第一阶段	一类工	70-56=14	/	/	/
	二类工	67-53=14	9686.85	14905.91	10824.5
	三类工	63-50=13	/	/	/

续表

楼号			1#（工日）	2#（工日）	4#（工日）
第二阶段	一类工	78−70=8	1682.51	/	/
	二类工	74−67=7	36524.68	/	25060.06
	三类工	70−63=7	/	/	/
合计人工费调整费用（元）			404748.74	208682.74	326963.21
包含管理费、利润、规费及税金等（元）			600801.96	309765.02	485338.48
合计（元）					1395905.46

鉴定意见中人工费提供选择性意见根据合同约定及《处理问题汇总表》意见"超合同工期外，确因发包人原因造成的那部分工程量人工费按当时政府相关文件进行调整"，人工费调整费用1395905.46元（见表6）。一审法院判决认为，人工费调整应按"监理批准的施工进度横道图、人工费调整节点图"进行调整，确定人工费应调整1395905.46元。承包人主张的人工费调整6088020.28元的计算时间段和标准没有事实和法律依据。

二审法院认为，关于人工费调整的时段范围应遵循合同双方真实意思表示。首先，双方合同约定："合同工期总日历数550日历天，合同签订后所有政府出台的调价文件在投标截止日2011年5月1日后一律不再调整。"上述约定中人工费的计价原则为合同约定工期内的人工费标准均不予调整；其次，在《待处理问题汇总》中双方约定"超合同工期外，确因甲方原因造成的那部分工程量人工费按当时政府相关文件进行调整"，可以看出《待处理问题汇总》中并未推翻施工合同的人工费计价原则，即人工费原则上不调整，仅在"超合同工期外"且"确因甲方原因"造成的工期延误期间的工程量人工费按实际调整；再次，与三张损失确认表中对《待处理问题汇总》中所称"确因甲方原因"延误的工期时间进行了具体确认。综合上述书面文件中的双方意思表示，双方约定的人工费可调整区间为"合同工期以外"的施工区间，并以双方确认的"因甲方原因"造成的延误天数为限。鉴定单位二审期间补充提交的《函》及附表显示，一审认定的人工费调整1395905.46元包含了合同工期内的施工时间，与双方约定不符，鉴定单位依据承包人主张的方法计算的人工费调整费用6088020.30元，符合双方约定，应予以纠正。

2. 承包人提出电渣压力焊、直螺纹接头单价取定问题

一是根据《待处理问题汇总》中双方确认意见"市场上找五个结算按加权平均"，所谓加权平均，必须要得到五个选项的权重，如果没有权重，鉴定单位无法作出鉴定结论。二是市场上找五个结算，双方也未作明确，根据我们当地市场上，大部分采用的是市场定价的方法，未采用套定额计价，但也不排除有一部分工程是采用定额计价。

鉴定单位在鉴定情况说明中加以说明，如果采用定额计价方法算术平均计算，则合计造价为5650860.6元，定额计价方式比市场定价方式增加3164506.53元。一审法院认为该约定不明确且无法操作，根据相关规定结合双方当事人参照市场价格的意思表示，按市场专业分包价格计价。二审法院认为，双方约定对采用市场价格得出"电渣压力焊、直螺纹接头"的单价这一计价原则

无异议，该项约定已明确排除了采用定额计价方式。故承包人上诉主张采用定额计价方式确定电渣压力焊、直螺纹接头的单价的上诉理由不能成立。在双方已有"按市场价格"计价的意思表示，但其约定的加权平均计算方法因缺少必要参数而无法适用的情况下，一审法院采纳按市场专业分包价格确定造价符合双方真实意思表示，予以支持。

3. 发包人提出垂直运输费、超高费、脚手架费用等措施费比例

因项目实施未能全部完成，属于半拉子工程，发包人认为措施项目中垂直运输费、脚手架费及超高费等不能等同于竣工完成时一样计算。根据发承包双方提出的异议，鉴定单位按照承包人施工范围包括发包方分包范围的比例造价先计入鉴定意见中，把不包含发包方分包范围的增加价款列入鉴定说明中加以说明，由法院裁决。一审法院认为，《待处理问题汇总》中"按实际完成工程量与承包人施工范围总工程量比例"进行计算，根据合同约定，承包人施工范围并不包括甲方分包范围，同时《待处理问题汇总》是双方解决善后具有补偿性质的约定，故应增加相应价款 1899430.23 元。二审法院支持一审法院的判决。

五、出庭作证情况

本案件比较复杂，双方当事人争议矛盾激烈突出，鉴定人分别于 2016 年 10 月 6 日、2016 年 10 月 25 日在一审法院对出具的造价鉴定意见书进行二次质询，2018 年 3 月 7 日在二审法院参加质询。双方当事人分别对鉴定意见书内容提出了各自的异议，鉴定单位对此作详细解释说明，对在庭上提交新的证据，鉴定单位进行庭后补充鉴定。

六、鉴定心得体会

1. 关于超工期及其人工费的司法鉴定

建设工程涉及人工费的调整，不能脱离双方施工合同的约定及双方真实意思的表示，结合本案例，如果不发生工程开工前或过程中延期，那么根据双方合同约定就不涉及人工费调整，在整个工程施工过程中所涉及人工费调整文件均不予执行，所发生的人工费调整风险均由承包人承担。但是，如果由于建设单位原因导致工程延期开工或在过程中因设计变更等原因导致停工后发生的人工费调整风险应由建设单位承担。我们在实际过程中应认真分析实际发生的延期情况及应由谁承担相应责任。为避免类似人工费调整的矛盾，建议承发包双方主体在建设工程招投标时或签订建设工程施工合同时，应明确人工费调整的具体办法以及调整的依据（如现场确认、施工组织设计、合同约定等），减少双方在结算时产生扯皮。

2. 关于电渣压力焊、直螺纹接头单价的司法鉴定

房地产企业一般都比较精明，他们会把给予承包人的利润是尽最大可能的压缩，特别像对于电渣压力焊、直螺纹接头等类似有专业分包项目，定额计价与市场专业分包价误差较大时，会在施工合同中明确约定施工过程中进行定价，甚至有的合同是直接把定价列入合同附件内作为结算依据。

3. 关于措施项目费中垂直运输费、脚手架及超高费等的司法鉴定

本案例中措施费引起的争议，一是因合同结算条款约定不明确，二是双方协商时也未能明确。如果《待处理问题汇总》中发承包双方协商确认意见"按实际完成工程量与承包人施工范围总工程量（不包含发包人的专业分包项目）比例"，可能就不会引起争议。

4. 注重鉴定回避情况

《司法鉴定程序通则》第二十条规定"司法鉴定人本人或者其近亲属与诉讼当事人、鉴定事项涉及的案件有利害关系，可能影响其独立、客观、公正进行鉴定的，应当回避。司法鉴定人曾经参加过同一鉴定事项鉴定的，或者曾经作为专家提供过咨询意见的，或者曾被聘请为有专门知识的人参与过同一鉴定事项法庭质证的，应当回避。"

从接受到法院委托，鉴定单位对照《司法鉴定程序通则》及《建设工程造价鉴定规范》（GB/T 51262—2017），并认真梳理了鉴定单位的服务咨询合同，不存在需要回避的相关情况，故无需回避。

5. 对当事人提出异议处理的技巧

（1）鉴定权是委托方赋予鉴定人的权利，鉴定人应坚持主持鉴定的原则，主持鉴定权并不因双方当事人对鉴定行为提出异议而改变。

（2）鉴定人应尽职尽责地履行听证义务，全面认真地听取双方当事人的异议主张、反驳申辩理由，并做好相应的记录。对当事人提出的听证要求，应认真、全面地进行列举，并做必要的回复解释说明。

（3）鉴定过程中鉴定人与当事人分歧的实质体现就是对一方有利而对另一方不利的后果。鉴定人无需与当事人在庭上进行辩论，鉴定人在司法中充当"技术法官"的角色，鉴定人与当事人的辩论实质上会形成鉴定人代替一方当事人进行争辩的不对称后果，同时也会使鉴定人和当事人之间形成情绪的对立。

专家点评

本案例为房地产开发项目结算争议项目，主要争议包括已完工程量、人工费调整、电渣压力焊和直螺纹接头单价、垂直运输费、脚手架及超高费等。本案主要鉴定难点是人工费调整和工期延期责任相关，只有发包方原因导致的工期延误才进行人工调整，而工期延期责任认定较难确定。

本案例工程造价鉴定的亮点在于人工费按照工期延期期间完成工程量对应当地人工费调价文件进行调整，是人工费调整和工期延期相结合的典型案例。工期鉴定是建设工程施工合同纠纷中较难鉴定的事项，目前国内尚无统一的计算工期延误责任的方法。案例中鉴定机构根据涉案项目实际发生的工期延误情况，出具了两种不同的超出合同约定工期期间的人工调整费用鉴定意见，为法院判决提供了专业意见。关于电渣压力焊、直螺纹接头单价，鉴定机构遵循合同当事人真实意思表示，按照市场价提供了专业鉴定意见，而非简单依据定额出具与合同相违背的鉴定意见，得到了法院的认可。关于措施项目费中垂直运输费、脚手架及超高费等，鉴定机构也分别按照定额规定和合同约定分别出具不同鉴定意见供法院判决参考，处理方法较为恰当。

不足之处，涉案项目合同工期550天，实际工期1021天，超合同工期471天。其中，根据鉴定资料已明确发包人责任造成的工期延长天数为274天。鉴定机构在进行超出合同工期外计算人工调整费用时，计算出了全部超合同工期的人工调整费用，没有再根据发包方和承包方的延期责任进行人工调整费用分担，虽然二审法院判决全部人工调整费用由发包方承担，但作为鉴定机构应在鉴定意见书中进行责任分担的相关说明。

中建精诚工程咨询有限公司　任双成

对某禽类加工车间及辅助用房工程造价司法鉴定

——江苏大华工程管理有限公司

周永军　徐宏光　陈寅

一、案情简介

承包人某工程有限公司（以下简称原告）与发包人某产业有限公司（以下简称被告），双方签订了《某禽类加工项目屠宰车间、冷库及辅助用房施工合同》（下称《施工合同》）。《施工合同》履行期间，因项目开工手续不全，造成项目施工处于断断续续状态，最后停工，原告退场。原告认为被告拖欠工程款，项目因故停工后拖延审计。原告于2020年10月30日向某法院对被告提起诉讼，案号为（2020）苏0115民初112025号。后双方达成《和解协议》，其中该协议第3条约定"如果在2020年12月31日前审计尚未完成，则被告在2021年1月25日前先按合同金额的80%（须扣除已付工程款）向原告支付工程款，待审计结束后七天内支付至审计结果数额90%的工程款，其余10%工程款在2021年6月30日前付清"；第6条约定"如果被告未按照本协议任一付款节点支付费用的，则一次性支付260万元违约金给原告，同时被告还应当按照合同约定支付逾期付款利息"。

现被告于2020年12月31日前未完成审计，且在2021年1月25日前未支付至3888.00万元（合同金额的80%）。被告未按照《和解协议》约定的时间支付工程款和违约金并支付逾期付款利息。同时根据《中华人民共和国民法典》第八百零七条规定，原告有权要求对本案建设工程折价或者拍卖的价款优先受偿。

因上述原因，原告于2021年3月18日向法院递交《民事起诉状》，寻求司法途径解决，并于2021年7月8日申请工程造价司法鉴定，申请鉴定事项为：对原告施工的某禽类加工项目的工程造价进行鉴定。原告申报结算金额为48705219.12元。某区法院立案的案号为（2021）苏0115民初4507号，经摇号确定委托我司对原告申请的该工程造价进行司法鉴定。

原、被告双方于2015年4月24日至2015年5月7日对本工程进行了招投标，并于2015年5月12日发出中标通知书，2015年5月15日签订本工程《施工合同》，内容包括某禽类加工项目屠宰车间、冷库及辅助用房土建及安装工程。

该工程建筑面积 31922.65m²，其中：屠宰车间及辅房建筑面积 18176.66m²、冷库建筑面积 13745.99m²。屠宰车间 1 层，辅房部分局部 2 层，冷库、封闭穿堂部分 3 层。合同价款 48600000.00 元，合同工期 116 日历天，合同开工日期为 2015 年 5 月 7 日，合同竣工日期为 2015 年 8 月 30 日。合同约定的工程质量标准为达到国家施工验收规范合格标准，合同价格形式为固定单价合同。

本项目实际开工日期为 2015 年 5 月 26 日，并于 2015 年 10 月 25 日完成主体验收。由于该工程未完成合同约定的全部施工内容，鉴定介入时尚未竣工验收。主体结构施工期间是 2015 年 5 月至 8 月。

二、案件争议焦点和造价鉴定难点

（1）本项目由于未完成合同约定范围及施工图纸的全部内容，除主体结构（包括钢结构）基本是成品外，现场装饰及安装部分施工内容基本处于半成品状态。需现场核实各区域、各楼层、各房间装修及安装实际完成工程量。

（2）原告申报结算时根据项目施工班组及功能分区情况，划分为四大区域，分别为土建 ABCF 区、土建 DEGH 区、钢结构、水电安装。各区域施工时间段不一致，工程量计算需要按不同区域进行拆分，人工及材料调差要逐一细化。

（3）竣工图纸（法院质证时被告提出竣工图纸未经核实）与清单子目特征描述的内容是否一致？现场施工与竣工图是否一致？隐蔽工程是否已全部完成？

（4）根据《施工合同》条款 10.4 变更估价的原则，签证单上必须有发包人代表、监理工程师、承包人（项目部）、工程造价跟踪审计单位四方的签字和盖章，同时各方签字必须签署日期，签证单必须编号，报发包人审批同意后，方可作为竣工结算的依据。目前提供的签证资料部分签字手续不全，对签证签字手续不全的，须分别整理归类。

（5）辅助用房地面增加的毛石混凝土、钢筋网布置间距，屋面防水层、找平层及保温层制作、冷库地面施工厚度，室外场地道路施工厚度等，均需现场取样核实。

（6）楼地面、天棚底面、内外墙及屋面变形缝实际施工完成工程量、材质及展开宽度与设计图纸及合同工程量清单是否一致需逐一统计核实。

（7）油漆工程中的墙面、柱面、天棚面现场有的仅批了 1 遍腻子、有的批了 2 遍腻子、有的已批好腻子没打磨、有的已批好腻子打磨、有的涂了 1 遍底漆、有的涂了 2 遍底漆、有的房间腻子或涂料批了一部分等各种情况，需对现场各种情况的工程量进行统计整合与造价拆分。

（8）一层室内地面排水沟，现场做法、深度、宽度与平面布置与提交法院的现场竣工图纸不符，需按现场实际情况逐一核实。

（9）当事人双方有争议的屠宰间地面耐磨面层表面固化剂实际施工范围及综合单价的鉴定。

（10）构造柱及圈梁现场是否按施工单位提交法院的现场竣工图纸布置？

（11）安装工程中现场布置的预埋、布线、材质、型号需按已完成工程量逐一核实。

（12）对合同内项目未完工程或发包人分包工程进行查询整理，并在鉴定中剔除。

三、鉴定情况

（一）司法鉴定委托人提供鉴定材料内容

鉴定申请书、起诉状、鉴定质证笔录、开庭笔录、《施工合同》、图纸会审、技术核定单、工程签证、核价单等工程结算资料、竣工结算总价书一册、投标报价书一册、竣工图纸质版（23页）一套、U盘一个等。

（二）工程造价司法鉴定情况

1. 鉴定过程

（1）我单位接受委托，签订承诺书，组织专业人员成立鉴定项目组、制定工作计划，审核送鉴材料，提出双方需补充的材料清单目录。

原告需补充提供：完整的施工合同原件的扫描件或清晰的复印件（原件备查）；招标文件及答疑、中标通知书；施工日志；重新送鉴的竣工图纸及重新计算的图形建模（鉴定时发现提交法院质证的图纸不是施工版的）；冷库区东侧外挑防撞墙做法、冷库区内侧止水节点做法；施工场地原地面标高的测量签证单；材料检验试验报告；与送审纸质结算文件内容一致的组价软件版（鉴定时发现原告提交的软件版与纸质版总价是一样，但里面的部分清单工程量及综合单价不一样）。

被告需补充提供：合同内项目未完工程或是否有发包人分包工程；甲供材的情况说明；施工场地原地面标高的测绘报告；2015年12月25日被告公司代交工程施工用电费98916.66元的票据；2016年8月拆除临时用电用水设施后原告在现场进行部分项目施工期间使用被告水电费用7950.00元的票据；施工期间的现场照片；已付工程款票据及统计明细。

鉴定项目组依据送鉴材料、补充资料计算相关工程量、计取综合单价、汇总工程造价，建立本工程造价框架，同时整理出需现场确认的相关事项及具体内容。

（2）被告提出建筑工程共性主要问题：

① 依据施工合同条款11.1，市场价格波动材料价格调整按《关于加强建筑材料价格风险控制的指导意见》（苏建价〔2008〕67号）执行。经统计测算2015年7、8月份完成的钢筋、混凝土的工程量符合约定的材料调差条件。依据钢筋及混凝土的材料试验报告、施工日志记录的时间确定当月各区域完成的工程量，加权平均计算出钢筋和混凝土的价差，计算结果：分部分项钢筋综合单价调减36.72元/t，C15混凝土材料价格调减23.50元/m^3，其他混凝土价格调减16.00元/m^3。

对2015年9、10月份完成的钢筋、混凝土的工程量材料价格调差，涉及工期延误责任的认定，同样2015年9、10月份完成的工程量人工价格调差也涉及工期延误责任的认定。经初步测算这段时间的钢筋、混凝土的工程量材料调差减少的金额与人工调差增加的金额均在10万元左右，经我鉴定机构与双方当事人（以下简称"三方"）协商，同意做不增不减处理。

② 屋面卷材靠墙侧边上翻高度根据图集节点应该按250mm考虑，钢压条收口现场实际未做。

原告认为图集节点中的 250mm 是屋面建筑做法成型面向上的高度，设计防水层在保温层、找平层的下面，上翻高度计算应包括保温层、找平层的厚度。现场勘察时未见钢压条，原告说本来已经做好了，被告重新做屋面防水时拆掉了（鉴定前被告在屋面上重新做了卷材防水层）。经三方协商，侧边节点高度增加屋面保温层、找平层施工厚度，计价时扣除钢压条辅材的费用。

③ 现场有多处管道施工时留下洞口未进行填充修复，被告要求扣除后期填充修复相应的费用。原告解释：洞口是被告自行组织分包单位后续施工时留下的，与原告无关。被告未能提供相关的佐证资料，也不再继续主张扣除此费用。

④ 门窗尺寸比门洞尺寸小，被告主张不能按门洞尺寸计算门窗工程量，经我鉴定机构与被告方沟通：根据合同条款 12.3 约定的计量方式，工程量计算规则按《建设工程工程量清单计价规范》（GB 50854—2013）（说明：该规范可查门窗计算规则），该规范约定门窗工程量按设计图示门窗洞口尺寸以面积计算，合同并没约定门窗按实际尺寸计算。

⑤ 现场是否发生二次平整，"三通一平"中的"平"是否由原告施工。由于鉴定时被告未能提供场地平整不是原告总包方施工的相关资料，也不再继续主张扣除此费用。

⑥ 屋面防水、保温、找平层现场实际做法与竣工图纸或工程量清单描述不符。由于屋面建筑做法属于隐蔽工程，鉴定时只能看到细石混凝土面层。经三方沟通并同意，按现场面积较大且标高不同的平屋面各取 1 个点进行破坏性取样抽检查看。

16.50m 标高的屋面做法抽检情况：清单项目特征描述防水层为 4.0mm 厚 SBS 改性沥青卷材两道，三方现场复核为 3.0mm 厚 SBS 改性沥青卷材两道；清单项目特征描述保温层为（100+50）mm 厚挤塑聚苯板（阻燃性），现场复核为（100+45）mm 厚挤塑聚苯板（阻燃性）；清单项目特征描述找平层为 20mm 厚 1∶2 水泥砂浆找平层 +20mm 厚 1∶3 水泥砂浆找平层，现场复核没做，但屋面结构层进行了原浆面抹光处理。

6.80m 标高的屋面做法抽检情况同上，抽查了两个点情况相同后，原告与施工班组核实确认以上做法，不再继续抽检。

根据以上抽检情况：调减两道 4mm 厚与 3mm 厚的 SBS 防水材料价差清单综合单价计 9.09 元 /m^2；调减 5mm 厚的聚苯板材料价差清单综合单价计 2.86 元 /m^2；调减两道找平层的清单综合单价计 25.09 元 /m^2。

⑦ 外墙变形缝、屋面变形缝现场实际只是镀锌铁皮和铁钉，铁皮展开宽度不足，未填充其余材料。三方现场复核，外墙变形缝内部未填充材料、变形缝镀锌铁皮展开宽度只有 0.22m。扣减填充防火岩棉，调整定额中镀锌铁皮含量后清单综合单价调整为 13.53 元 /m，屋面变形缝是采用的镀锌铁皮，重新组价后清单综合单价为 39.66 元 /m。

⑧ 内墙面粉刷厚度图纸设计及清单特征描述为（20+12）mm 厚，超出常规，并且混凝土墙、梁面未做粉刷。三方现场核实，同意墙面粉刷厚度统一按 20mm 厚计，调减墙面粉刷 12mm 厚砂浆材料费 3.20 元 /m^2。突出墙面部分的混凝土柱、梁面没有粉刷，吊顶标高向上的部位柱、梁、墙面绝大部分已粉刷完毕，没有粉刷的部位统计工程量时逐一扣除。

（3）被告提出建筑工程 ABCF 区主要问题：

① 建模图形算量的结构施工图中构造柱与按建筑说明布置的构造柱部分位置存在多余布置。

经三方针对可疑部位现场局部破损砂浆粉刷层抽检核实,建筑说明中墙长大于 5m 时布置的构造柱如遇有丁字型接头,结构施工图上标注的构造柱至墙长小于 5m 时,不再按建筑说明布置构造柱,按实调整图形量。

② 7～8 轴墙高未超过 3m 圈梁布置不合理。经与原告沟通确认现场没做圈梁,按实调整图形量。

③ 门洞底部建筑和结构的高差 5cm 应该扣除,经检查核实图形量楼层设置,不存在 5cm 扣除的问题。

④ 雨篷卷材上翻高度按 450mm 计取不合理,超过了雨篷侧板高度。三方现场核实靠墙边按 200mm 上翻计算,止水侧边按 130mm 上翻计算。

⑤ 内墙面变形缝中 P～AJ 轴应该为 12 处,车间屋面为钢结构,天棚梁底变形缝未做。按三方现场核实确认的工程量调整。

⑥ 地沟的长度、深度、宽度、断面、坡度、盖板布置与竣工图纸不符。本项目地沟数量多,布置范围广且分散,长短、高差、断面不一。三方现场逐一测量在竣工图纸上标注,然后加权平均计算出深度,按不同断面分类重新组价。地沟盖板没有按地沟通长全部布置,也是分断面逐一测量计算汇总。

⑦ 车间预留有转运洞口、二层 P～M 轴、AM～AJ 轴的房间内隔墙现场未施工、11～13 轴/AJ～AM 轴的房间,现场只有一扇门。三方现场复核按实扣除。

⑧ 制冷辅机房上部墙体取消,下部基础层墙体是否有做。三方现场核实已施工(此处现场还能看到,因地坪还没有全部完成)。

⑨ 穿堂、包装盘清洗存放、托盘包装间、速冻库地面做法中"0.5mm 厚 PE 膜防水层、2.0mm 厚聚氨酯防水涂料隔气层"现场没有施工。此处虽是隐蔽工程,但现场地面与墙体交界处周边均留有 15cm 的范围没有施工(预留墙面与地面交界处做墙面保温层时用)。0.5mm 厚 PE 膜防水层本身就能看到,2.0mm 厚聚氨酯防水涂料隔气层通过对接头部位地面施工层多点取样测量平均,一致同意按 1.5mm 厚计算,按定额子目 10-98 增减 0.5mm 厚调减聚氨酯防水涂料计 9.71 元 /m²。

(4)被告提出建筑工程 DEGH 区主要问题:

① 穿堂、包装盘清洗存放、托盘包装间、速冻库、保鲜库、-20℃冷藏库地面和穿堂楼面、冷链物流交易中心等现场是否全是抗静电地面,三方现场逐间核实调整工程量。

② AB～Y 轴 C3024 有 2 樘窗未施工,三方现场确认该窗已施工安装完成,后被告生产用的机械设备进场时拆除了(拆除的窗子还放在室内)。

③ 楼梯间是否满铺网格布,经三方现场确认只有图纸设计"丁"楼梯部位是满铺网格布的,按实调整结算。

④ 现场楼梯间墙面涂料未全部做完,30～31/AH～AK 轴楼梯间经三方现场确认并协商统一按批一遍腻子没有打磨考虑,按定额子目 17-168 重新组价后综合单价为 3.20 元 /m²。

⑤ 冷藏库混凝土楼地面厚度实际为 6cm,三方现场多点取样,确认平均厚度 7cm 与图纸要求混凝土面层 10cm 的差价,按定额子目 13-19 增减 5mm 厚调减 3cm 厚混凝土面层综合单价 20.47 元 /m²。

（5）被告提出建筑工程变更主要问题：

① 屠宰间地面耐磨面层表面固化剂的施工范围，竣工图纸标注与现场不符，经三方现场复核并确认，P～X/2轴线向右5m至22轴线、X～AA/16～22轴、AA～AJ/2轴线向右5m至22轴为耐磨面层表面固化剂的施工范围，按实际情况调整结算。

② 卫生间楼地面砖砌蹲坑不是原告施工的，经三方现场核实并确认只有二楼辅房卫生间蹲坑是原告施工的。

③ 冷库地面与墙面交界的四周翻边节点未找到设计做法，在图纸JS11左上角"-20℃冷藏库外墙与地面做法节点"等处有节点做法设计图。

④ 楼梯间地面面层不是原告施工的，原告回复：依据在原告提供的资料第150页工作联系单编号–某指挥–SYMG第004号。

⑤ 一层地面增加灌浆毛石的变更，被告质疑现场没有施工、提供资料是复印件、也没有业主代表签字。由于此处是隐蔽工程，双方说法不一，初步意见安排时间取芯确认，暂列争议，涉及金额200727.74元。

⑥ 变更联系单012号合同外土方、变更联系单030号屠宰车间地面钢筋由A8-150改为B12-150，目前提供资料均是复印件，没有业主代表签字。暂列争议，涉及金额961386.83元。

⑦ 以下变更联系单均缺监理、跟踪审计、业主代表签字，暂列争议，涉及金额合计243019.82元：

009号电控室内墙按要求开凿一扇门M1421费用；

010号开观光窗人工材料损耗；

011号辅助用房位置增设挡土墙；

013号防撞墙；

015号配合检测人工费；

017号楼梯变更增加；

018号砖砌体拆除及封堵；

021号耐磨地坪分色增加费用；

024号地面涂膜防水（聚氨酯漆两遍1.5mm厚）；

025号天棚满刮腻子；

026号找平层增厚+增加钢筋；

027号冷库重新开门洞。

⑧ 楼梯石材踏步面石材磨边现场实际已做，原告主张此项费用，没有相关设计或签证资料，暂列争议，涉及金额12979.54元。

⑨ 签证028号钢结构屋面开洞，缺监理、跟踪审计、业主代表签字，暂列争议，涉及金额11319.59元。

⑩ 大型生产加工设备进场预留洞口封堵是由谁施工的，双方意见不一，暂列争议，涉及金额20008.43元。拆除临时用水、用电计量设施后现场发生的水电费共计7950.00元，被告主张扣除此费用，原告说明是项目停工后被告组织的各分包单位在现场施工发生的费用与原告无关，暂列争议。

（6）被告提出安装给排水工程的主要问题：

① 设计图纸及清单热水管保温材质是离心超细玻璃棉双合管保温，外包镀锌铁皮，保温厚度50mm，现场材质厚度未达标。三方现场复核确认，热水管按现场镀锌钢管计算；保温按橡塑保温板30mm计算；外包保护层材料按铝箔计算。

② 穿楼板套管DN100在一、二层没有全部完成施工。三方现场复核确认，一层套管未计；穿墙套管未计；只计现场过梁套管；扣除套管安装中的辅材。

③ 清扫口有两个是DN75，设计要求都是DN100，设计材质是不锈钢，现场为塑料。三方现场复核情况属实，按现场实际情况调整结算。

④ 工程量清单中雨水管材质是内螺旋单壁消音塑料排水管，现场为普通PVC管。三方现场复核情况属实，按现场实际情况调整结算。

⑤ 工程量清单中埋地消防管防腐做法为刷冷底子油一道、石油沥青两道，现场未施工。经三方现场确认，该工程内容已施工。

⑥ 工程量清单中消防管油漆做法是刷樟丹一道、银粉两道，现场未施工。经三方现场确认属实，结算中扣除该油漆费用。

⑦ 现场穿墙、穿楼板、入户套管、屋面套管（填料材质离心玻璃棉和防水油膏填实封堵），现场未施工。经三方现场确认属实，结算中扣除套管安装中的辅材。

⑧ 二层洗脸盆设计要求全部为感应水龙头，现场实际是普通水龙头。经三方现场确认属实，扣除感应龙头，改为普通立式龙头，并修改价格。

⑨ 根据室内消火栓清单内容，整套箱体是包含灭火器的，现场无灭火器。三方现场复核情况属实，按实际情况调整结算。

⑩ 排水管清单已包含防火套管，不应单独算刚性防水套管。鉴定意见：螺旋单壁消音塑料排水管清单中包含防火套管，施工单位在组价中把这部分套管考虑到报价内，但现场这部分管材全部取消，使用普通UPVC塑料排水管，而塑料排水管清单项目特征中未对套管进行描述，防水套管应单独考虑。

（7）被告提出安装电气工程的问题：

① 一层照明平面图中，21~30轴至A~Z轴管、线、灯头盒未安装。三方现场核实，此处为明配管，导线及灯头盒施工完成，扣除结算中预埋管造价，按现场实际情况调整结算。

② 一层照明平面图中，包装盘清洗存放、外包装材料间、冻结车存放间、变配电间、制冷辅机房未穿线。三方现场核实，包装盘清洗存放、外包装材料间、冻结车存放间已穿线未装灯；变配电间、制冷辅机房未穿线，只计算预埋管的造价。

③ 二、三层照明平面图中，H~AH/29~30轴管、线、灯头盒未安装。三方现场核实，导线及灯头盒已按设计图纸施工完成。

（8）被告提出安装工程变更主要问题：

变更增加的雨水排水管安装、室外雨污废水接入排水管网、消防阀门更换、拖把池、热水器给水管等变更资料是复印件，且缺监理、跟踪审计、业主代表签字。暂列争议，涉及金额146238.99元。

（9）原告提出建筑工程主要问题：

① 变更联系单001号，按被告要求完成待建厂房周边的施工临时道路，按图纸会审记录第34条施工道路做法为：基层土压实、40cm厚块石垫层、20cm厚毛片垫层，应单独计价。

招标文件第六章73页条款二中的2描述：投标单位承担进场后场地规划，临时道路的硬化，临时搭建，临时围墙砌筑等。现场的平面布置，必须有分阶段的现场平面布置图并经监理和甲方确认（按土方开挖顺序、主楼及地库施工顺序布置现场塔吊、人货梯、临时厕所、各材料加工区、堆放区等，中标后此项禁止以任何理由进行索赔）。中标单位施工场地内的硬化路面、加工场地及临时排水考虑永临结合（按景观及市政管网图纸要求施工，使用过程中注意成品保护，移交前若损坏无条件修复且需质保），在室外工程等施工时破除或者中标单位需要再恢复的费用包含在合同总价中。

依据《江苏省建设工程费用定额》（2014版），总价措施费中文明施工措施费的范围包括施工操作场地的硬化费用。

临时设施费中的临时道路范围规定为：建筑物沿边起50m以内，多幢建筑两幢间距50m内，现场布置均未超出上述规定范围。

鉴于以上原因，鉴定不支持原告的主张。多次沟通解释后，最终原告同意了我鉴定机构的意见。

② 新增冷库地面与墙面四周翻边节点模板，施工断面宽7cm、高40cm。原告主张套用《江苏省建筑与装饰工程计价定额》（2014版）中1-87子目现浇竖向挑板、栏板，被告主张套用该定额中21-42圈梁模板子目。鉴于该断面节点施工工艺更接近于地沟做法，双方同意采用该定额子目21-92现浇地沟复合木模板。

③ 原告主张模板按含量计算面积。我司鉴定意见：定额中的模板含量是为了便于施工企业快速报价用的，不宜作为结算依据，且施工合同约定的计算规则也是按模板接触面积计算。多次解释沟通后，原告不再坚持该主张。

④ 楼地面伸缩缝计价不应全部扣除。楼地面伸缩缝虽然没有按照设计做法全部完成，但已布置了伸缩缝两侧与细石混凝土楼地面交界处预埋的30mm×30mm×3mm等边角钢，此角钢应予计价。核实了楼地面变形缝做法，建施12大样图中确有30mm×30mm×3mm的角钢预埋，三方现场核实，设计厚度3mm，实际施工只有2.5mm，按2.5mm厚度考虑预埋角钢费用。

⑤ 内墙柱、梁和砖墙面交接处实际施工有网格布，图形建模算量应该计算网格布。经三方现场复核，墙与柱、梁面平齐的部位确有网格布，突出墙面的柱、梁面接头部分均没有布置，按现场实际情况计算。

⑥ 混凝土柱超高部分模板统计分类，原告认为部分厂房柱模板（此处为钢结构屋面）应按独立柱计算。模板工程定额说明中对独立柱的定义是轴线未形成封闭框架的柱、梁、板，称独立柱、梁、板，本工程图纸设计轴线是封闭的，多次解释沟通后，原告不再坚持该主张。

（10）2021年11月10日，由某区人民法院组织我方及原、被告双方进行现场勘测、咨询问题、拍摄影像资料等工作，由于该工程施工未全部完成，需要鉴定的是现场已完工程的造价，根据庭审笔录，原告绘制的竣工图纸在法院质证时被告就提出没有经过审核，特别是装修部分需对竣工图纸上的内容、数据进行逐一核实，故鉴定过程中根据需要多次去现场核实已完成的工程量。

（11）结合竣工图纸、工程量清单、投标报价、工程签证等相关资料及原告申报的工程结算，鉴定工程造价。

（12）与原、被告双方当事人核对工程造价，当事人对鉴定征求意见稿多次发表意见，我司不断调整修正完善鉴定初稿，基本解决了双方当事人的争议问题，初步形成了没有争议问题的造价36592385.29 元。剩余未解决的争议问题主要是资料不完整和签字手续不全的工程联系单及工程签证，涉及金额合计 1587730.94 元，具体如下：

① 一层地面增加灌浆毛石的变更，被告质疑现场没有施工、提供资料是复印件、也没有业主代表签字。由于此处是隐蔽工程，初步意见安排时间取芯确认，涉及金额 200727.74 元。

② 变更联系单 012 号合同外土方、变更联系单 030 号屠宰车间地面钢筋由 A8-150 改为 B12-150，目前提供资料均是复印件，没有业主代表签字，涉及金额 961386.83 元。

③ 变更联系单 009 号电控室内墙按要求开凿一扇门 M1421 费用、010 号变更联系单（开观光窗人工材料损耗）、011 号变更联系单辅助用房位置增设挡土墙、013 号变更联系单（防撞墙）、015 号变更联系单配合检测人工费、017 号变更联系单楼梯变更增加、018 号变更联系单砖砌体拆除及封堵、021 号变更联系单耐磨地坪分色增加费用、024 号变更联系单面涂膜防水（聚氨酯漆两遍 1.5mm 厚）、025 号变更联系单天棚满刮腻子、026 号变更联系单找平层增厚+增加钢筋、027 号变更联系单冷库重新开门洞，以上资料均缺监理和跟踪审计签字、业主代表签字，涉及金额 243019.82 元。

④ 楼梯石材踏步面石材磨边现场实际已做，原告主张此项费用，没有相关设计或签证资料，涉及金额 12979.54 元。

⑤ 签证 028 号钢结构屋面开洞，缺监理、跟踪审计、业主代表签字，涉及金额 11319.59 元。

⑥ 大型生产加工设备进场预留洞口封堵是由谁施工的双方意见不一。暂列争议，涉及金额 20008.43 元。拆除临时用水、用电计量设施后现场发生的水电费共计 7950.00 元，被告主张扣除此费用，原告认为是项目停工后被告组织的各分包单位在现场施工发生的费用与原告无关。

⑦ 变更增加的雨水排水管安装、室外雨污废水接入排水管网、消防阀门更换、拖把池、热水器给水管等变更资料是复印件且缺监理、跟踪审计、业主代表签字，涉及金额 146238.99 元。

以上争议涉及金额合计 1587730.94 元。

（13）对资料不完整和签字手续不全的工程内容，涉及到隐蔽工程现场需取芯核实的，三方约定于 2022 年 6 月 8 日现场取芯，约定取芯人员暂由被告组织。6 月 8 日上午三方一起到现场时，原、被告双方提出暂缓隐蔽工程现场取芯，并跟进目前的鉴定结果，进行总造价协商。被告初步意见在鉴定现有总造价（含争议部分）38180116.23 元的基础上，减掉 2000000.00 元。由于原告工程造价调减涉及到 4 个独立的承包班组，各班组对减少总金额和内部如何分摊有不同意见。双方约定另行协商，并于五天后告知我司协商结果。

2022 年 6 月 13 日，被告电话告知我司，双方已约定在现有鉴定总价（含争议部分）38180116.23 元的基础上，同意扣减 1000000.00 元，约占鉴定现有总造价的 2.6%。我司电话核实原告，意见为仅同意 ABCF 区的土建造价在鉴定现有总造价（含争议部分）的基础上扣除 2.6%，

DEGH 区的土建以及钢结构和水电安装的工程造价不同意按 2.6% 扣减工程造价。对于原告反馈的不同意见，我司电话反馈被告，并提醒如不能协商一致，我司将考虑继续推进现场取芯。6 月 15 日，询问被告是继续协商还是推进隐蔽工程现场取芯，被告回复继续要求暂缓取芯，并表示双方当事人还在继续沟通。

2022 年 6 月 22 日，被告电话告知我司，双方最终协商结果：ABCF 土建和安装下浮 2.6%、钢结构下浮 2%、DEGH 区土建下浮 1%，原告已确认该调整方案。

由双方当事人以现有鉴定总造价 38180116.23 元（含争议部分 1587730.94 元）为基础，自行协商调整形成最终没有争议的鉴定总价 37606903.35 元，其中：ABCF 区 17246774.80 元，DEGH 区 15283166.16 元，钢结构 3587263.18 元，水电安装 1489699.21 元，并在我司出具的《工程造价司法鉴定确认单》上签字、盖章确认以上结果。

2. 鉴定依据

（1）当事人提供且经过质证的资料以及鉴定过程中双方补充的经对方认可的资料［依据《建设工程造价鉴定规范》（GB/T 51262—2017）中的 4.3.4 以及 4.3.5 条款，我鉴定机构组织双方当事人补充了部分证据资料］：《施工合同》、图纸会审、技术核定单、签证、核价单等工程结算资料、竣工结算总价一册、投标报价书一册、竣工图纸质版一套。

原告补充提供的资料：完整的施工合同原件的扫描件或清晰的复印件（原件备查）；招标文件及答疑；中标通知书；施工日志；重新送鉴的竣工图纸及重新计算的图形建模算量；冷库区东侧外挑防撞墙做法；冷库区内侧止水节点做法；施工现场原地面标高的测量签证单；材料检验试验报告；与送审纸质结算文件内容一致的组价软件版。

被告补充提供的资料：合同内项目未完工程或是否有分包工程及甲供材的情况说明；施工现场原地面标高的测绘报告；2015 年 12 月 25 日被告代缴工程施工用电费 98916.66 元的票据；2016 年 8 月拆除临时用电用水设施后原告在现场进行部分项目施工期间使用被告水电费用 7950.00 元的票据；施工期间的现场照片；已付工程款票据及统计明细。

（2）计价规范和计价定额：

①《建设工程造价鉴定规范》（GB/T 51262—2017）。
②《建设工程工程量清单计价规范》（GB 50500—2013）。
③《江苏省建筑与装饰工程计价定额》（2014 版）。
④《江苏省安装工程计价定额》（2014 版）。
⑤《江苏省建设工程费用定额》（2014 版）。

（3）本工程人工单价的取定依据：投标报价。

（4）本工程材料价格的取定依据：投标报价。

（5）本工程机械费的取定依据：投标报价。

（6）本工程其他取定依据：现场工程量核实记录，现场实际施工情况核实记录。

（7）现场勘验记录等。

3. 鉴定方法

（1）工程量按设计竣工图纸并对照现场实测数据进行计算；

（2）有投标单价按投标报价计取；

（3）签证工程造价，套用江苏省相关专业定额，人工单价及材料价格均执行投标价，无投标价的按信息价，无信息价材料依据市场询价、参考同类工程数据计取，相关费率、下浮率执行投标费率和下浮率。

4. 鉴定意见

双方协商确定性意见造价为：37606903.35 元，大写：叁仟柒佰陆拾万陆仟玖佰零叁元叁角伍分。

（三）案件当事人对工程造价司法鉴定意见异议问题

我司鉴定征求意见稿阶段，双方当事人分别多次提出调整意见（"鉴定过程"已具体描述），经我鉴定机构多次修改鉴定征求意见稿（详"鉴定过程"）后，协调双方就资料不完整和签字手续不全的工程联系单及工程签证引起的争议问题达成了妥协性意见，并签字、盖章确认最终鉴定结果 37606903.35 元，正式的鉴定意见书出具的是确定性鉴定结果，双方当事人不再有异议问题。

四、出庭作证情况

根据《建设工程造价鉴定规范》（GB/T 51262—2017）

5.1.4 条款："鉴定过程中，鉴定人可从专业的角度，促使当事人对一些争议事项达成妥协性意见，并告知委托人。鉴定人应将妥协性意见制作成书面文件由当事人各方签字（盖章）确认，并在鉴定意见书中予以说明。"

5.1.5 条款："鉴定过程中，当事人之间的争议通过鉴定逐步减少，有和解意向时，鉴定人应以专业的角度促使当事人和解，并将此及时报告委托人，便于争议的顺利解决。"

5.2.5 条款："工程造价鉴定的最终目的是尽可能将当事人之间的分歧缩小直至化解，为调解、裁决或判决提供科学合理的依据。"

在我鉴定机构运用专业知识和专业能力协调和组织下，双方当事人根据鉴定意见自行协商争议问题的处理，并经双方签字、盖章确认最终的鉴定结果，双方当事人对鉴定意见书不再有异议问题，法院及双方当事人均未要求我鉴定机构出庭质证。

五、心得体会

（1）司法鉴定项目，大多是因为双方意见分歧较大，或一方不配合审计，造成计价工作难以推进，从而寻求司法途径。这就要求鉴定人员对双方的争议内容进行认真梳理、充分沟通，逐渐理清争议问题所在，形成双方均能接受的鉴定意见，尽可能减少争议项的存在。

（2）原告提交鉴定资料时，对提交法院质证的图纸要自行核实是否是施工图纸，本项目结构工程图形建模工程量审查过程中发现基础部分设计与变更资料不一致，原告核实后发现提交法院质证的图纸是招标图，图形建模也是以招标图编制的，后重新提交施工图纸到法院质证，并依据施工图纸重新整理图形建模工程量。这种情况是不应该出现的,既影响了法院的审限时间和鉴定时效,也增加了鉴定工作量。

(3)对原告提交的竣工结算纸质版与软件版初步看总造价一致,鉴定时却发现012号变更联系单合同外土方的签证,鉴定审核后的软件版总价比纸质版还要高,询问原告后,得知是原告对造价软件版中的签证工程造价进行了人为调整,有些签证减少了一部分造价,有些签证增加了一些内容及造价,但送审总价与纸质版是一致的。这种情况很少出现,也不应该出现,最终商定还是以纸质版为准修正软件版的造价。

(4)本项目由于未完成施工合同约定范围及施工图纸的全部内容,除主体结构(包括钢结构)基本是成品外,现场装饰及安装施工内容基本处于半成品状态。需现场核实各区域、各楼层、各房间装修及安装实际完成工程量。三方现场核实工程量时需对每天现场计量的内容和确定的计价方案做到当天计量当天整理双方签字。这样就避免了以后扯皮不认账的情况,有利鉴定工作稳步推进。

(5)由于本项目未完成合同约定的全部施工内容,且原、被告双方存在的争议问题较多,鉴定初稿形成了确定性意见和供选择性意见两部分,即确定性意见金额合计36592385.29元,供选择性意见金额1587730.94元,争议造价约占总价的4.16%。鉴定收尾阶段,经我鉴定机构积极推进,促使原、被告双方多次协商解决争议问题,最终出具的鉴定意见书为双方签字、盖章确认的确定性意见金额合计37606903.35元,化解了争议问题和争议金额,没有上升到法院裁决层面去解决争议问题,依据鉴定意见书,该案最终以法院出具调解书的形式结案,在工程造价司法鉴定中这种做法是值得提倡的。

专家点评

该案例的背景:是因项目开工手续不全,造成项目施工处于断断续续状态,最后停工,拖欠工程款,诉讼后双方达成《和解协议》,未按照《和解协议》约定的时间支付工程款、违约金、逾期付款利息。再次诉讼到法院,故按程序对所涉项目进行造价鉴定的案例,最终能对鉴定意见达成一致。该案例的背景相对比较有典型性,也比较曲折。

鉴定机构在案涉工程造价鉴定过程中,能够充分运用《建设工程造价鉴定规范》(GB/T 51262—2017)中的相关规定,鉴定过程中多次与双方当事人沟通工程造价的技术问题,及时解决当事人之间的争议,尤其对众多的部分完工部分未完工的工程内容,能够多次勘察工程现场,并认真细致地对已完工部分进行统计分类,对工程造价按现场实际完工的内容进行造价计算调整,并与双方当事人及时核对调整结果,取得过程成果的累积,最终促使双方当事人协商解决争议造价,达成妥协,形成确定性意见。

在解决争议问题的对策中,鉴定人多次勘察工程现场,并认真细致地对已完工部分进行统计分类,对工程造价按现场实际完工的内容进行造价计算调整,剔除原告申报结算中的未完工程内容对应的造价;对手续不全的工程内容进行现场取样,以实际施工情况为依据,调整结算。

由于是未完工程,鉴定人能多次往返施工现场测量现场实际施工已完工程量,对委托人及双方当事人高度负责，对鉴定结果以及鉴定机构高度负责，对造价工程师职业高度负责。

尤其在鉴定收尾阶段，能够及时发现当事人的和解意愿，并积极跟进，推动双方当事人达成妥协性意见，并落实到书面签字、盖章确认最终鉴定结果，为法院最终出具调解书提供了既科学又充分的专业依据，将鉴定规范的相关规定充分运用到工作实践中。

能充分运用鉴定规范，自行组织当事人补充资料，并把双方当事人各自提供的补充资料及时展示给对方当事人，得到双方确认并同意后，作为鉴定依据，既缩短了法院的审限时间，减少开庭质证次数，也缩短了鉴定周期。

注意事项：作者是专业的造价鉴定人员，建议还需在文字上下功夫磨炼和雕琢，才会让好的典型案例更好地传播。

故：在鉴定人员认真专业的工作下，有协商确定性意见，是难得好结论。

该案例案件背景、技术手段、证据分析、鉴定过程等方面描述相对比较完整；

案例中采用的技术方法符合行业标准，技术手段准确且有效；

案例所用数据的来源可靠、完整，并提供了充分的证据支持；

案例所依据的法律法规符合司法鉴定的要求，遵循相关法律程序；

案例中焦点问题解决方案合理，案例中所提出的问题解决方法得当，符合专业技术要求；

案例中鉴定结论科学可靠，基于充分的数据和证据，推理合理，符合专业标准。

综上，该案例是比较成功的优秀工程造价鉴定案例。

北京普惠大成法律咨询有限公司　王建林

对某高速公路某标段 K231+555~K237+800 段路基土石方、排水防护及涵洞（或盖板通道）工程造价司法鉴定

——浙江中正工程项目管理有限公司

裘晓军　蔡顺勇

一、案情简介

2013 年 2 月 23 日，某建筑公司（以下简称"承包人"）将某高速公路某标段 K231+555～K237+800 段路基土石方、排水防护及涵洞（或盖板通道）工程（以下简称"受鉴工程"）分包给某土石方公司（以下简称"分包人"）施工。2013 年 2 月 28 日，某土石方公司与张某（以下简称"施工人"）签订《内部劳务承包合同》，将受鉴工程转包给施工人施工。

施工过程中，承包人认为施工人在约定工期内未能完成约定的施工任务，但根据施工人描述实际情况是受村民多次阻拦无法施工导致的，最终于 2015 年 3 月 24 日施工人停止施工，2015 年 3 月 24 日，承包人终止了与分包人签订的《路基工程施工承包合同》。

由于承包人、分包人、施工人之间对受鉴工程已完工部分尚未结算且双方结算价款相差极大，一直无法达成共识，2018 年 4 月 24 日，施工人依据《最高人民法院关于审理建设工程施工合同纠纷案件适用法律问题的解释（一）》第四十三条之规定，将分包人和承包人诉至人民法院，要求分包人和承包人结清受鉴工程已完工部分工程款项。

另外，上述《路基工程施工承包合同》因涉及违法分包，已被生效的民事判决认定为无效合同；然而，案涉《内部劳务承包合同》实质系分包人将该工程项目再次分包给实际施工人，依法同样属于无效合同。针对合同无效情况下的结算事宜，《中华人民共和国民法典》第七百九十三条及《最高人民法院关于审理建设工程施工合同纠纷案件适用法律问题的解释（一）》第二十四条规定，①如果工程已经施工完毕并且验收合格，可以按照合同约定价款或者实际完成的工程量进行结算，如果合同中有约定，则按照约定进行；②如果合同中没有约定或者约定不明确，则按照实际完成的工作量结算，但价款差额不予支付；如果工程已经施工完毕但验收不合格，承包方需要对工程进行修复，修复后的工程如果再次验收合格，可以按照上述方式结算，但发包方可以要求承包方承担修复费用。

二、案件争议焦点和造价鉴定难点

(一)案件争议焦点

(1)双方当事人对已完工部分工程量计量口径存在争议。被告认为原告于2015年3月24日停止施工,因此只同意计算截至2015年3月24日止三方签认的计量支付月报表中计量的工程量,即3-20期勾选内容(被告勾选);但原告认为三方签认的计量支付月报表存在迟报、漏报、按比例计算等情况,并不能完整反映出已完工部分的工程量,由于2015年3月26日某公证处与被告对受鉴工程已完工程形象进度做了保全并出具了公证书,因此被告提出需按受鉴工程的全路段完成工程量减去三工区现状保全公证书中所示未完成工程内容,得出已完工部分工程量。

(2)双方当事人对受鉴工程细目单价存在争议。被告认为《路基工程施工承包合同》附件《工程量清单》及清单说明中,已明确约定按工程细目单价进行计价;但原告认为《路基工程施工承包合同》在之前已生效的民事判决书中已被判定为无效合同,因此不能按《路基工程施工承包合同》附件《工程量清单》及清单说明中约定的工程细目单价进行计价,应按当时他方投标时的单价进行计价。

(3)关于3-20期计量支付月报表。被告提交的证据说明3-20期支付凭证中勾选的内容,认定是属于原告施工的;第一次开庭时被告又质证其中有些内容不是原告施工,要求扣除;原告认为自认的处分行为不容反悔,不予扣除。

(4)双方当事人对《质检资料》作为受鉴工程计量依据存在争议。被告认为显示施工时间是2015年3月25日之后的《质检资料》,对应的工程内容均不是原告施工的,应扣除;但原告认为鉴于现场《质检资料》的申报和填写时间存在滞后、补报等多种可能性,且日期在2015年3月25日之后的《质检资料》系被告单方申报及填写,原告并不知情,故仅凭《质检资料》上填写日期这一表象事实,不具有证明不是原告出场前施工完成内容的证据效力,只有与"现状保全"记录中未完内容相一致,才能形成证据链。

(5)双方当事人对某司出具未施工完成路段路基填挖方横断面图及断面测量表计量的挖土石方和土石混合料填筑工程的扣减问题存在争议。被告认为该司出具的未施工完成路段路基填挖方横断面图均符合现场实际情况,以及保全公证书提及的断面测量表中无测量数据和部分桩号段未测量的相应工程量均不是原告施工的,应全部扣除;原告认为该司无测绘资质且已生效的民事判决书查明三工区现状保全公证书不能作为计量的依据,则出具的未施工完成路段路基填挖方横断面图不具合法性,不能作为扣减依据。

(6)双方当事人对工程进度款计量凭证(《分包工程结算明细表》)作为补全依据存在争议。被告认为原告提交的工程进度款计量凭证(《分包工程结算明细表》)是复印件,单方制作的,是不真实的文件,并不应作为补全依据;但原告认为工程进度款计量凭证(《分包工程结算明细表》)内容都是被告已付给他方进度款的凭证,均有证据证明。

(7)双方当事人对安全措施施工费计取问题存在争议。被告认为根据《路基工程施工承包合同》附件五《安全生产、环境保护及文明施工责任书》第一条第2点:"安全生产专项资金的支付由甲方控制，如乙方安全环保和文明措施实际投入低于该项金额，甲方按乙方的实际投入支付，如乙方安全环保和文明措施实际投入高于该项金额，甲方按该项总额支付。"则原告需提供实际投入凭证才可以计取该费用；但原告认为根据《路基工程施工承包合同》附件五《安全生产、环境保护及文明施工责任书》第一条第7点："任何本应由乙方实施的安全、环保及文明施工工作而乙方未做，由甲方实施后，甲方将实施费用列给乙方，在当期结算单中扣除该费用。"现未见该扣款凭证，则可证明都是他方实施的，需要足额支付该笔费用。

（二）造价鉴定难点

（1）由于受鉴工程于2019年5月13日委托，当时受鉴工程已全部竣工并通车，且受鉴工程属于隐蔽工程，因此勘察现场难度极大。

（2）因受鉴工程为半途停工工程且更换了土石方施工单位，因此停工时现场实际的形象进度无法查明。

（3）双方当事人争议焦点极多且没有有力的证据支持，因此很难给出合理的鉴定意见。

（4）司法鉴定委托人委托事项多且杂，鉴定难度极大。

（5）司法鉴定委托人提供鉴定材料多且杂（10大箱资料），需要多种资料相互印证才可得出结果，鉴定工作量极大。

（6）由于被告方不配合补充鉴定材料，最后由司法鉴定委托人多次催促，出具限时补件函，才勉强补充材料，出具受鉴工程的工程造价鉴定意见书（征求意见稿）后，开庭时被告又提供了《质检资料》和某司出具未施工完成路段路基填挖方横断面图及断面测量表等材料（3大箱材料），导致鉴定时间严重延后，工作量增加且多次重复。

三、鉴定情况

（一）司法鉴定委托人提供鉴定材料内容

（1）司法鉴定申请书、民事起诉状各一份。

（2）司法鉴定委托书一份。

（3）路基工程施工承包合同及补充协议各一份。

（4）内部劳务承包合同一份。

（5）施工图设计文件一套。

（6）承包人单方委托某司出具的鉴定报告一份。

（7）施工人单方委托某司出具的鉴定报告一份。

（8）某公证处出具的公证书一份。

（9）三方签认的3-29期计量支付月报表一份。

（10）承包人支付施工人工程进度款计量凭证（即分包工程结算明细012）一份。

（11）《质检资料》一套。

（12）某司出具未施工完成路段路基填挖方横断面图及断面测量表。

（13）其他与本案有关资料。

备注：先后共收到司法鉴定委托人提供鉴定材料10大箱。

（二）工程造价司法鉴定情况

1. 鉴定过程

（1）2019年5月13日，我司接受某人民法院的委托，对某高速公路某标段K231+555～K237+800段路基土石方、排水防护及涵洞（或盖板通道）工程进行造价鉴定。

（2）查阅并熟悉司法鉴定委托人提供鉴定材料后，由于现有鉴定材料无法满足受鉴工程的鉴定工作，于2019年6月4日第一次发出提请委托人补充证据的函。

（3）于2019年9月20日，司法鉴定委托人提供补充的鉴定材料，查阅并熟悉后，开始开展鉴定工作，在鉴定工作中发现仍然缺少鉴定材料，鉴于受鉴工程鉴定工作的需要，于2019年11月15日第二次发出提请委托人补充证据的函。

（4）于2020年1月13日，司法鉴定委托人提供补充的鉴定材料。

（5）在鉴定过程中司法鉴定委托人又多次主动提供补充的鉴定材料，鉴定过程中也多次与法官当面沟通关于受鉴工程的鉴定情况及鉴定口径，由于被告方不配合补充鉴定材料，还陪同司法鉴定委托人去业主方调取资料。

（6）最终于2020年3月25日出具受鉴工程的工程造价鉴定意见书（征求意见稿）。

（7）出具受鉴工程的工程造价鉴定意见书（征求意见稿）后，司法鉴定委托人组织各方开庭，开庭时双方当事人提出了很多问题，由于时间有限，因此庭后以书面形式回复了双方当事人的问题，庭中被告又提供了《质检资料》和某司出具未施工完成路段路基填挖方横断面图及断面测量表等资料；庭中审判长表示同意在出具工程造价鉴定意见书之前，三方可以当面沟通及对账。

（8）第一次开庭后，又根据双方当事人提的问题及被告提供的资料重新梳理鉴定报告并与双方当事人聘请的专家辅助人多次共同沟通及对账后，最终出具受鉴工程的工程造价鉴定意见书。

2. 鉴定依据

三方签认的3-29期计量支付月报表、路基工程施工承包合同及补充协议、内部劳务承包合同、施工图设计文件、某公证处出具的公证书、被告支付原告工程进度款计量凭证（即分包工程结算明细表012）、《质检资料》、某司出具未施工完成路段路基填挖方横断面图及断面测量表等有关文件及资料。

3. 鉴定方法

（1）根据路基工程施工承包合同及补充协议、内部劳务承包合同、三方签认的3-29期计量支付月报表、被告支付原告工程进度款计量凭证（即分包工程结算明细表012）等资料查验、相互印证得出工作内容。

（2）三工区全路段完成路基土石方、排水防护及涵洞（或盖板通道）的工程量根据以下步骤计算：

① 3-29期计量支付月报表汇总得出基本工程量。

②3-29期计量支付月报表中显见未算至100%的，按100%补足工程量〔其中编号SG18标段-JLQ26-0012计量支付月报表中桩号K234+650-K234+890上路床30透水性材料、先导探灌孔（按地勘钻孔要求）和基底注浆、编号SG18标段-JLQ26-0011计量支付月报表中桩号K234+600处涵洞1-5.0×3.0显示前期已计量80%工程量，但实际前期未见80%工程量，按100%补足〕。

③根据被告分段结算支付原告工程进度款计量凭证（即分包工程结算明细表012）内容与3-29期计量支付月报表汇总的相应内容比照并作补全，力求客观完整反映三工区完成的工程量。

（3）三工区现状保全公证书中所示未完成工程内容且进入21-29期支付月报表的工程量根据以下方法计算：

①通过比照，直接计算出工程量；

②通过比照后不能直接计算的，参照施工图设计文件按比例或按实计算工程量；

③其中土石混合料填筑、挖土石方、涵洞附属工程参施工图设计文件工程。

（4）单价按合同单价和原告投标单价分别执行。

①按合同单价部分：其中209-1-e基础换填透水性材料无单价，参照205-3-e填筑透水性材料单价；420-1-a 1-2.0×2.0涵洞无单价，按与420-1-b 1-2.0×2.2涵洞对应的高度与单价比例确定单价；涵洞附属工程按定额计价；形象进度专项金按《路基工程施工承包合同》附件一《工程量清单》中的计算口径计取（小计总额的2%）。

②按投标单价部分：其中205-3-b先导探灌孔（按地勘钻孔要求）、205-3-c基底注浆、205-3-d土工格栅、505-1-b无纺布（400g/m^{2}土工布）、209-1-e基础换填透水性材料、20-1-a 1-2.0×2.0涵洞、205-3-x透水土工布、401-2-b岩溶逐桩地质钻探φ110mm无投标单价，参照其他子目投标单价与合同单价比例计算；涵洞附属工程按定额计价。

4. 鉴定意见

（1）依据现有法院移送的鉴定材料，某高速公路某标段K231+555～K237+800全路段路基土石方、排水防护及涵洞（或盖板通道）工程完成的工程量：

①按合同单价鉴定价款合计：陆仟肆佰捌拾贰万零伍佰柒拾伍元整（大写），64820575元（小写）；其中3-29期计量支付月报表基本工程量对应价款为51433511元，3-29期计量支付月报表中现发现的尚未完整反映实际完成工程量补全价款为13387064元。（详见表1）。

注：以上价款尚未包括安全措施使用费、形象进度专项金。

②按投标单价鉴定价款合计：陆仟柒佰玖拾壹万叁仟柒佰零捌元整（大写），67913708元（小写）；其中3-29期计量支付月报表基本工程量对应价款为53886286元，3-29期计量支付月报表中现发现的尚未完整反映实际完成工程量补全价款为14027422元。（详见表1）。

（2）对由被告代付代缴的保险费及其他费用查验情况：

①根据保险合同描述，某高速公路某标段工程的建筑工程一切险及第三者责任险的保险金额暂按中标价（336736302元）确定，工程完工决算后三个月内按决算价调整，保险费率为0.32%，保险费为1077556.17元。保险费分四期支付，被告实际缴纳至第三期，实际支付金额为969800.55元。

②根据保险合同描述，某高速公路某标段工程的建筑施工人员团体意外伤害综合保险按有效

合同价（303760275元）为基数，保险费率为0.7‰，保险费为212632元。被告实际已缴纳，缴纳金额为212632元。

③ 经查验，罚款金额为12700元；机械使用费为26337元；杂工费为31980元；水电费为65287元；税金为50000元。

（3）依据法院委托要求，原告出场时局部尚未完成但反映在第21期至29期三方签认《计量支付计量表》中的工程量，参照"三工区现状保全公证书"所示未完成内容与进行比照鉴定后得出：

① 如按合同单价鉴定，需扣除价款合计：伍佰零贰万伍仟叁佰伍拾柒元整（大写），5025357元（小写）（详见表1）。

② 如按投标单价鉴定，需扣除价款合计：伍佰贰拾陆万伍仟壹佰叁拾壹元整（大写），5265131元（小写）（详见表1）。

（4）另21-29期计量支付月报表中，有证据证明不是原告施工的工程量（K234+600双孔盖板涵），也予以扣除：

① 如按合同单价鉴定，需扣除价款合计：叁佰玖拾柒万壹仟伍佰叁拾贰元整（大写），3971532元（小写）（详见表1）。

② 如按投标单价鉴定，需扣除价款合计：肆佰壹拾陆万壹仟肆佰零贰元整（大写），4161402元（小写）（详见表1）。

表1 汇总表

序号	项目名称		按合同单价金额（元）	小计（元）	按投标单价金额（元）	小计（元）
1	3-29期计量支付月报表中三工区桩号段基本工程量	3-20期计量支付月报表中三工区桩号段基本工程量	33254649	51433511	34840682	53886286
		21-29期计量支付月报表中三工区桩号段基本工程量	18178862		19045604	
2	3-29期计量支付月报表现发现的尚未完整反映实际已完成工程量（三工区桩号段）	3-29期计量支付月报表中显示未算至100%的，按100%补足工程量	2669806	13387064	2797772	14027422
		被告支付原告工程进度款计量凭证（即分包工程结算明细表012）内容与3-29期计量支付月报表汇总的内容比照并作补全工程量	3405883		3568754	
		3-29期计量支付月报表中工程量漏计补全工程量	7311375		7660896	
	现有证据得出三工区完成工程量小计（1+2）			64820575		67913708
3	三工区现状保全公证书中所示未完成工程内容且进入21-29期支付月报表的工程量		-5025357	-5025357	-5265131	-5265131

续表

序号	项目名称	按合同单价金额（元）	小计（元）	按投标单价金额（元）	小计（元）
4	21-29期计量支付月报表中，有证据证明不是原告施工的工程量（K234+600双孔盖板涵）	-3971532	-3971532	-4161402	-4161402
	小计（1+2+3+4）		55823686		58487175
5	安全措施使用费（按现有证据计）	400000	400000	—	
6	形象进度专项金［暂按（1+2+3+4）×2%计］	1116474		—	
7	合计（1+2+3+4+5+6）		57340160		58487175

（4）待法院认定部分：

① 关于3-20期计量支付月报表，被告据提交的证据说明3-20期支付凭证中勾选的内容，认定是属于原告施工的；现被告质证其中以下内容不是原告施工，要求扣除：

关于非三工区桩号段工程量，原告认为被告自认的处分行为不容反悔。该部分内容价款，按合同单价鉴定价款为214141元；按投标单价鉴定价款为224380元。

关于3-29期计量支付月报表中二工区与三工区交界处工程量（K231+555盖板涵通道），原告认为被告自认的处分行为不容反悔。该部分内容价款，按合同单价鉴定价款为702257元；按投标单价鉴定价款为735831元。

关于被告认定的并进入3-20期计量支付月报表但保全公证书显示未施工的工程量，原告认为被告自认的处分行为不容反悔。该部分内容价款，按合同单价鉴定价款为231375元；按投标单价鉴定价款为242440元。。

关于被告认定的并进入3-20期计量支付月报表但保全公证书显示未施工的工程量，原告认为被告自认的处分行为不容反悔。该部分内容价款，按合同单价鉴定价款为231375元；按投标单价鉴定价款为242440元。

② 被告认为显示施工时间是2015年3月25日之后的《质检资料》，对应的工程内容均不是原告施工的；但原告认为鉴于现场《质检资料》的申报和填写时间存在滞后、补报等多种可能性，且日期在2015年3月25日之后的《质检资料》系被告单方申报及填写，原告并不知情，故仅凭《质检资料》上填写日期这一表象事实，不具有证明不是原告出场前施工完成内容的证据效力，只有与"现状保全"记录中未完内容相一致，才能形成证据链。该部分内容价款，按合同单价鉴定价款为6897342元；按投标单价鉴定价款为7227373元。

③ 关于参照某司出具未施工完成路段路基填挖方横断面图及断面测量表计量的挖土石方和土石混合料填筑工程的扣减问题。

被告认为该司出具的未施工完成路段路基填挖方横断面图应作为计量扣减依据；原告认为该司无测绘资质且已生效的某号民事判决书查明三工区现状保全公证书不能作为计量的依据，则出具的未施工完成路段路基填挖方横断面图不具合法性，不能作为扣减依据。该部分内容价款，按合同单价鉴定价款为2392763元；按投标单价鉴定价款为2505606元。

被告认为保全公证书提及的断面测量表中无测量数据和部分桩号段未测量的相应工程量均不是原告施工的，原告认为该司无测绘资质且已生效的某号民事判决书查明三工区现状保全公证书不能作为计量的依据，则出具的断面测量表不具合法性，不能作为扣减依据。该部分内容价款，按合同单价鉴定价款为 2711802 元；按投标单价鉴定价款为 2840524 元。

④ 被告认为原告提交的工程进度款计量凭证（《分包工程结算明细表 012》）是复印件，单方制作的，是不真实的文件，并不应作为补全依据。该部分内容价款，按合同单价鉴定价款为 3405883 元；按投标单价鉴定价款为 3568754 元。原告则要求被告向法院补充提交自认具真实性的《第 14 期分包工程结算明细表》作为三工区全路段完成路基土石方、排水防护及涵洞（或盖板通道）工程的补全依据。

⑤ 关于鉴定委托事项第 2 项所涉甲供主材费查验问题，如目前提供的物资调拨单均有效，甲供主材费为 7199252.9 元，应原告只认可俞某某签字的物资调拨单，不认可其他人员签字的物资调拨单，其中俞某某签字的物资调拨单甲供主材费为 4235270.23 元，其他人员签字的物资调拨单甲供主材费为 2963982.67 元。

⑥ 关于安全措施施工费计取问题，根据《路基工程施工承包合同》附件五《安全生产、环境保护及文明施工责任书》第一条第 2 点："安全生产专项资金的支付由甲方控制，如乙方安全环保和文明措施实际投入低于该项金额，甲方按乙方的实际投入支付，如乙方安全环保和文明措施实际投入高于该项金额，甲方按该项总额支付。"则原告需提供实际投入凭证；但根据第一条第 7 点："任何本应由乙方实施的安全、环保及文明施工工作而乙方未做，由甲方实施后，甲方将实施费用列给乙方，在当期结算单中扣除该费用。"现未见该扣款凭证，则可证明都是原告做的。由于该项费用证据不足，不知如何计量，暂只能依据被告支付原告工程进度款计量凭证（即分包工程结算明细表 012）中 400000 元进入鉴定价款，如果按被告支付原告工程进度款计量凭证（即分包工程结算明细表）分包合同金额计取，应计 1189896 元；如果按《路基工程施工承包合同》附件一《工程量清单》中的金额计取，应计 1217201 元；如果按《路基工程施工承包合同》附件一《工程量清单》中的计算口径（小计总额的 2%），则依最终判定造价（除安全措施使用费、形象进度专项金）的 2% 计取。关于形象进度专项金计取问题，现暂按汇总表序号（1+2+3+4）部分小计造价的 2% 计取，即 1116474 元；最终按判定造价（除安全措施使用费、形象进度专项金）的 2% 调整。

注：以上是按合同单价鉴定口径；如按投标单价鉴定，不需计取安全措施使用费和形象进度专项金。

⑦ 原告质证意见中提及：依法院调取的《某标段第 30 期期中财务支付证书》，发现 200 章路基工程至 30 期末财务累计支付价款与工程变更后的合同总金额尚有 869.8409 万元合同量未作反映；认为三工区全路段路基完成量还未补全，则要求以三工区路基占 18 标段路基工程的比重分摊并增补计入三工区全路段路基完成量。另原告认为第 12 期、14 期"分包工程结算单"显示变更后合同额为 66772291 元（不含变更后的双孔涵洞 3971532 元），证明三工区全路段路基工程完成量应在 7000 万元以上。

⑧ 原告质证意见中提及：依法院调取的《某标段第 30 期期中财务支付证书》，发现指挥部在

200 章路基工程之外单列支付 18 标段 100 章总则价款累计达 1377.3054 万元。要求按比例分摊并增补计入三工区全路段路基完成量。

（6）附注：

① 根据《路基工程施工承包合同》第十四条第 2 点，由于证据不足，不能判断甲供材料用量是否超出设计用量，超出设计用量部分的甲供材料费及采保费也无法扣除。

② 涵洞附属工程计价口径按《公路工程预算定额》（JTG/T B06-02—2007）、《公路工程机械台班费用定额》（JTG/T B06-03—2007）、《公路工程基本建设项目概算预算编制办法》（JTG B06—2007）、《关于印发〈某省公路工程概算预算编制补充规定〉的通知》（某交〔2008〕85 号），材料价格按《某交通建设工程质监与造价 2011 年 9 月》某地信息价及《某交通建设工程质监与造价 2011 年 7 月》外购材料信息价公路类别按一级公路取费，冬雨季按 Ⅱ 区 7 个月计，然后参被告投标价与业主招标控制价的比例下浮（-11.5%），在此基础上参照原告投标单价与被告投标单价的比例再次下浮（-15.87%）；以上口径得出按投标单价鉴定价款。合同单价鉴定价款参其他子目投标单价与合同单价比例计算。

③ 关于甲供主材费查验问题，合同附件六甲供材料一览表与物资调拨单中的单位不同，其中机制砂按 $1m^3$ 等于 1.78t、河砂按 $1m^3$ 等于 1.48t、碎石按 $1m^3$ 等于 1.5t 换算；河砂参黄砂单价计。

④ 关于三工区现状保全公证书中第（28）条，因无法判断实际施工情况，其他关联施工内容暂按基底注浆已完成工程量与总工程量（26 期计量支付月报表 0012 号）的比例扣除。

⑤ 本司法鉴定文书仅对本案司法鉴定委托书中的鉴定要求进行了检验、鉴别和判定，并作出了客观、独立、公正的鉴定意见，而未考虑承包人和分包人在《路基工程施工承包合同》中涉及的质量、造价、进度和其他违约规定的条款，也不涉及合同履行过程中承包人和分包人之间往来的财务费用。

⑥ 本司法鉴定书未考虑承包人和分包人双方其他的民事约定及本案鉴定费用等有关问题。

（三）案件当事人对工程造价司法鉴定意见异议问题

（1）关于《质检资料》部分内容价款放在待法院认定部分存在异议，被告认为显示施工时间是 2015 年 3 月 25 日之后的《质检资料》，对应的工程内容很明确不是原告施工的，应直接在鉴定意见中扣除；但原告认为鉴于现场《质检资料》的申报和填写时间存在滞后、补报等多种可能性，且日期在 2015 年 3 月 25 日之后的《质检资料》系被告单方申报及填写，原告并不知情，故仅凭《质检资料》上填写日期这一表象事实，不具有证明不是原告出场前施工完成内容的证据效力，只有与"现状保全"记录中未完内容相一致，才能形成证据链。

（2）关于参照某司出具未施工完成路段路基填挖方横断面图及断面测量表计量的挖土石方和土石混合料填筑工程的扣减问题放在待法院认定部分存在异议，被告认为该司出具的未施工完成路段路基填挖方横断面图应作为计量扣减依据；原告认为该司无测绘资质且已生效的某号民事判决书查明三工区现状保全公证书不能作为计量的依据，则出具的未施工完成路段路基填挖方横断面图不具合法性，不能作为扣减依据。

（3）关于甲供主材费查验问题放在待法院认定部分存在异议，被告认为甲供材料直接按物资调拨单的数据直接累计相加就可以；但原告只认可俞某某签字的物资调拨单，不认可其他人员签字的物资调拨单。

四、出庭作证情况

本案件有两次出庭作证，第一次出庭作证时间是鉴定意见书（征求意见稿）出具后，开庭时，双方当事人聘请的专家辅助人各自发表了自己的观点，由于受鉴工程的计量口径与最后的鉴定价款密切相关，所以争议极大，被告认为应采用加法，应由原告出场前完成的工程量（即3-20期计量支付月报表中勾选的工程量）加上有证据证明是由原告施工的其他内容累计相加得出，原告认为3-20期计量支付月报表中勾选的工程量不能完全体现其出场前完成的工程量，该资料为被告申报及确认，其并不知情，且存在工程量漏报、错报、迟报、按比例计算等多种可能性，则要求采用减法，即总工程量减去三工区现状保全公证书中所示未完成和有证据证明不是由其施工的工程量得出。针对该争议，休庭时也受审判长邀请参与共同讨论关于受鉴工程的计量口径，审判长认为若采用被告的计量口径，由于原告仅为该工程的分包施工人，能提供的资料极其有限，被告也不配合提供资料，所以对原告极其不利、不公平且很难得出真实的原告出场前已完成工程量；而若采用原告的计量口径，由于被告为该工程的实际承包人，所有资料经其办理，这样既能让其主动配合提供案件相关证据又可以得出真实的原告出场前已完成工程量，最后审判庭成员一致表决鉴定计量口径按原告的计量口径（同原鉴定委托书），之后双方当事人当庭发表各自的质证意见，由于质证意见多且杂，开庭时间有限，因此我方提出开庭结束后以书面形式回答质证意见。

第二次出庭作证时间是鉴定意见书出具后，该次回答了审判长及双方当事人提的所有问题，印象最深的是审判长提的问题：《质检资料》属于什么资料？我方回答：《质检资料》属于竣工验收资料。还有被告方提的问题：甲供主材费是如何得出的？我方回答：甲供主材费是根据《路基工程施工承包合同》甲供材料条款、甲供材料价格以及结合物资调拨单计算得出的，物资调拨单中的个别材料价格与《路基工程施工承包合同》甲供材料表中价格对应的单位不同，需要换算，具体的已在工程造价鉴定意见书中详细地说明。为什么对审判长提的《质检资料》印象深刻呢？因为《质检资料》是第一次开庭后被告才提交的证据，双方当事人对《质检资料》的证据效力有极大争议，因为《质检资料》也是由被告申报和填写，且时间存在滞后、补报等多种可能性，故仅凭《质检资料》上填写日期这一表象事实，不具有证明不是原告出场前施工完成内容的证据效力。

五、心得体会

城市里新的建筑如雨后春笋般不断涌现，城市变得更加漂亮，居住环境越来越美，配套的基础设施建设越来越完善，随着工程的不断增多，建筑市场空前繁荣，工程规模、体量等越来越大，涉及专业越来越多，工程参与各方都面临更大的挑战，随着国家对各个领域的管理工作不断完善、规范，在工程建设上要求工程参与各方人员要不断学习，才能适应出现的新技术、新发展。面对如此大规模的工程建设，面对建筑工程具有的个案、复杂等特殊属性，涉及各方参与项目的建设人员专业多、人员素质参差不齐。近年来，从法院受理的经济案件中涉及因建筑等工程造价纠纷问题引起的民事诉讼案件也逐年增多，在这样的背景下，在工程造价咨询行业中衍生出专门从事涉及工程造价司法鉴定业务的专业队伍，面对工程造价方面的司法鉴定，因其具有的证据资料不确定性以及复杂、严肃的法律特性，要求从业人员必须以公平、公正、科学、合法地从事相关司法鉴定，这也对从业人员在司法鉴定工作中的专业技术、协调能力提出了更高的要求。要求从业人员应是一个全面的复合型人才，不仅要懂工程专业技术、施工工艺，还要懂经济和法律知识，同时要具备良好的职业道德和责任感。

梳理近些年的司法鉴定工作实践，就工程造价司法鉴定过程中工作体会发表一些粗浅的认识，愿与同行一起探讨。

1. 认真把握鉴定资料的有效性

但凡涉及有关工程的司法鉴定，绝大多数都是原告与被告达不成一致意见，争议或矛盾较为严重，争议无法协商解决，只有一纸诉讼告到法院。工程造价的司法鉴定主要依据法院移交的原、被告提供的相关资料进行分析、计算及相应的判断，往往原、被告双方提供对自己有利的资料，而且资料中多数是造价问题和法律问题纠结在一起，分析鉴定资料的有效性、合法性对造价鉴定人员尤为重要，鉴定人员既要精通工程造价的专业技术，又要具有相关的法律知识，在工程造价的司法鉴定中通常有以下几个方面需要认真把握、以判断资料的有效性：其一、判别工程相关合同的有效性，其二、判别工程招投标文件的有效性，其三、判别有关工程施工过程中相关的现场签证的有效性，另外，对鉴定资料不完整如何把握和要求补充证据资料也是工程造价司法鉴定人员所必须具备的素质。

2. 造价和损失索赔的鉴定要方法恰当、合理，体现公平

对鉴定资料的整理分析与采纳，涉及当事人双方利益也是鉴定报告公平、公正的体现，鉴定方法的选择与运用是造价鉴定工作的关键，它可以直接影响到鉴定的结果。要求鉴定人员一定要具备很高的专业技术水平，涉及到工程造价的鉴定大致可分为形成的工程实体的工程量造价鉴定和其他损失费用的索赔，面对不同的造价鉴定应采取不同的司法鉴定方法。凡涉及进入仲裁或司法程序的工程，比较多的情况是因多方面原因中途停工的半拉子工程，对于造价部分鉴定的计算与工程审计计算大体相同，但关键是要很好地把握已完工程量的确认，而此部分工程量应是已完成的质量合格工程量或者是在工序合格的工程量，这就需要事前与原、被告双方协调沟通形成意见统一的书面资料，为后续工程造价鉴定能顺利完成提供保证。而对于其他损失索赔的司法鉴定，其鉴定工作更加繁杂，索赔内容包括人工费、机械费、材料费、管理费、利润、利息以及诉讼费、违约金等费用索赔，对此费用索赔很难有统一的标准，需要鉴定人员依据不同的情况，运用所掌握的专业知识、经验，本着公正、公平、合理的测算，以达到司法的公正。

3. 造价人员要摆正自身是专业技术人员的身份

造价人员在司法鉴定业务中只是专业技术人员而不是法官，案件判决由法官决定，鉴定人员只是利用自己的专业知识、工程管理经验站在第三方公平、公正的角度，帮助法官测算、确定、确认相关与工程有关的造价、费用等，为法院或仲裁机关提供相关专业咨询参考意见，具体判决谁是谁非是法院法官或仲裁员的事，鉴定报告书中措辞应尽量中性、客观、只叙述事实，不作猜

测,语言要简练、清晰,不拖泥带水。诸如以上案例中鉴定意见单独列出待法院认定部分,法官会根据我们鉴定报告的详细阐述,依据相关法律法规作出合理的判决。

4. 造价人员要区分司法鉴定和工程结算审核业务的不同

工程结算审核业务是常规性、普遍性的造价咨询业务,审核报告结论也具有唯一性,而司法鉴定报告则不同,当鉴定项目或鉴定事项内容事实清楚,证据充分,应作出确定性意见;当鉴定项目或鉴定事项内容客观,事实较清楚,但证据不够充分,应作出推断性意见;但当鉴定项目合同约定矛盾或鉴定事项中部分内容证据矛盾,需要分别按照不同的合同约定或证据,做出选择性意见,由委托人判断使用;而不能直接"以审代鉴",直接给出确定性意见。

5. 造价人员出庭时要准备充分,言语谨慎

造价人员经委托人通知,应当依法出庭作证,接受当事人对工程造价鉴定意见书的质询,回答与鉴定事项有关的问题,出庭前应做好准备工作,熟悉和准确理解专业领域相应的法律、法规和标准、规范以及鉴定项目的合同约定等,对与鉴定事项无关的问题,经委托人允许,可不予回答;诸如以上案例中面对质询由于一时无法回答,就可以提出庭后以书面形式回答。

6. 造价人员在鉴定工作中多与法官沟通

造价人员在当事人对鉴定范围、内容和要求有歧义时,不宜拒绝当事人的异议,贸然继续鉴定工作,而应及时向法官反映情况,并从专业角度协助当事人用专业术语准确地向法官表达出受鉴工程的鉴定范围、事项和要求,以供法官进一步明确鉴定内容。鉴定过程中,造价人员可从专业的角度,促使当事人对一些争议事项达成妥协性意见,并告知法官,造价人员应将妥协性意见制作成书面文件由当事人各方签字(盖章)确认,并在鉴定意见书中予以说明。另在鉴定工作中需要让法官清楚地了解鉴定情况及鉴定造价的形成,这对于法官最终判决是很有利的,以至于顺利解决受鉴工程的造价纠纷。

上述工作体会可能存在不成熟地方,也可能能力有限没有更深入的理解,希望与同行共同探讨,共同进步。

专家点评

该案例争议焦点交代清晰,主要涉及受鉴工程已完工部分工程款项而出现的工程量计量口径、工程细目单价、工程计量依据及安全措施施工费计取等问题存在争议。本案鉴定的难点主要是由于受鉴工程已全部竣工并通车,且受鉴工程属于隐蔽工程,因此勘察现场难度极大。因受鉴工程为半途停工工程且更换了土石方施工单位,因此停工时现场实际的形象进度无法查明。双方当事人争议焦点极多且无有力的证据支持,因此很难给出合理的鉴定意见。司法鉴定委托人委托事项多且杂,鉴定难度极大。

该案例鉴定过程详细,鉴定依据较充分。鉴定方法有理有据,主要采用直接计算出工程量或通过比照后不能直接计算的,参照施工图设计文件按比例或按实计算工程量等。鉴定方法的选择与运用是造价鉴定工作的关键,它可以直接影响到鉴定的结果。鉴定意见采用文字加表格形式进行体现,详细具体,每条鉴定意见均有详细阐述。案例中对当事人提出的工程造价司法鉴定意见

异议问题进行了解释说明，其中关于参照某司出具未施工完成路段路基填挖方横断面图及断面测量表计量的挖土石方和土石混合料填筑工程的扣减问题放在待法院认定部分存在异议，被告认为该司出具的未施工完成路段路基填挖方横断面图应作为计量扣减依据；原告认为该司无测绘资质且已生效的某号民事判决书查明三工区现状保全公证书不能作为计量的依据，则出具的未施工完成路段路基填挖方横断面图不具合法性，不能作为扣减依据。本案件有两次出庭作证，对每次出庭重点事项进行了详细说明，第一次出庭作证时就受鉴工程的计量口径展开激烈的争论，针对该争议，休庭时也受审判长邀请参与共同讨论关于受鉴工程的计量口径事宜，最后审判庭成员一致表决鉴定计量口径按原告的计量口径。

最后鉴定人分六个方面分享心得体会，既是对鉴定工作中的领悟、感悟，也是对鉴定工作的认识、总结和反思。从多个角度进行总结，其中包括出庭时要准备充分、言语谨慎和在鉴定工作中多与法官沟通等好的建议。该案例中证据的缺失和不足给鉴定工作带来很大的难度，需要鉴定人员依据不同的情况，运用所掌握的专业知识、经验，本着公正、公平、合理的测算，以达到司法的公正。

北京求实工程管理有限公司　吴玉珊

对某住宅小区未完工程造价的司法鉴定

——浙江育才工程项目管理咨询有限公司

梁喜 胡霞滨 梅景 朱海萍 张莹

一、案情简介

2018年12月，原告与某房产公司签订本案的总承包合同，约定由原告作为承包人实施某市某住宅小区项目，某市某住宅小区总建筑面积约为217615.78m^2，其中地下部分54396.68m^2，地上部分163219.1m^2。2019年8月，原告将某市某住宅小区所涉一次结构、二次结构工程分包给被告，分包合同价格形式为包工包料固定总价（除混凝土、钢筋原告提供外，其他均由被告提供），合同金额为9970万元，合同工期为764日历天，计划开工日期为2019年5月18日，计划竣工日期为2021年6月19日，实际开工日期为2019年5月28日～2019年6月14日，被告与原告委托的土方单位陆续做好交接后进场施工，并于2020年11月26日，主体结构工程验收完成，其后本项目停工。停工时，除14#楼外，其他项目的一次结构基本完成，二次结构大部分完成。2021年9月，某房产公司以原告原因为理由，发出解除合同通知，要求被告配合公证公司对施工完成界面进行公证并撤出场地。2021年11月，某市住房和城乡建设局组织某房产公司、原告、被告、相关劳务公司等单位，召开了本项目经济纠纷和复工事项的协调会，并形成了相关决议，要求某房产公司将争议款项打入共管账户后，被告撤出场地。2021年12月，原告为维护自身利益，以被告未能按约组织施工、造成工期延误及质量问题为由，诉诸法院，要求解除分包合同、被告退场及交还施工资料。

二、案件争议焦点和造价鉴定难点

（一）案件争议焦点

本案的争议焦点有三方面内容：未完工程界面争议、支模螺杆洞封堵争议和未被装修幕墙等专业工程使用的综合脚手架费用争议，具体情况为：

（1）原、被告双方各提供了一份未完工程界面资料，以哪份为准有争议。

原、被告双方均提供了涉案工程的未完工程界面资料。其中原告提供的未完工程界面资料经公证处公证，原告、某房产公司、某监理公司共同见证，时间为2021年9月24日，提供的资料包括公证处拍摄的公证视频资料，经原告、某房产公司、某监理公司共同见证的未完工程项目表格。被告提供的未完工程界面资料经原、被告双方签字，时间为2021年10月21日。因涉案项目已完工，无法勘察现场，经鉴定人比对，双方提供的未完工程界面资料不完全一致，原告提供的资料详细具体，被告提供的资料较为粗糙。因人民法院未明确以哪份界面资料为准，鉴定过程中，鉴定人分别按照双方提供的界面资料进行鉴定，并分列选择性结论供人民法院选择。

（2）模板施工过程中产生的对穿螺杆洞，封堵是否在分包合同范围内有争议。

分包合同、包干预算清单等资料内，均未明确螺杆洞封堵的施工责任主体，公证视频内可见，穿墙、穿梁的螺杆洞现场实际又未封堵，原、被告双方在鉴定过程中对螺杆洞封堵是否在分包合同范围内存在争议。因无相关规范、规程等文件规定螺杆洞封堵属于何工种工作内容，为保证鉴定工作的准确性，鉴定人向其他与本案无关的施工承包商进行了市场调研咨询，各承包商对该问题回复意见各不相同，如有些承包商认为应包含在木工工种的工作内容内，即应该包含在一次结构模板工程的范围内，有些承包商认为应包含在抹灰工种的工作内容内，即应该包含在粗装修抹灰的工作范围内。鉴于上述原因，经与承办法官沟通并征得承办法官同意后，鉴定人在鉴定报告内将此项作为选择性结论，由人民法院裁决。

（3）原告另行分包的装修、幕墙等工程未使用被告的综合脚手架，是否需要扣除被告的部分综合脚手架费用有争议。

原告认为施工期间，综合脚手架应为所有专业工程共同使用，现因装修、幕墙等未能使用，应在结算时扣除被告的部分综合脚手架费用。被告认为，对该问题分包合同内未作明确，投标和合同谈判过程中仅考虑了与合同内容相适应的脚手架费用，结算时也不应扣除任何综合脚手架费用。鉴定人查阅了施工合同和包干预算清单。施工合同规定在合理施工期间内各专业承包人免费使用被告搭设的脚手架，如超出被告搭设范围的，应为有偿服务；包干预算清单内单独列项了综合脚手架清单项目，其项目特征明确：工作内容仅包含二次结构及外装修全部完成的脚手架和内墙砌筑的脚手架。考虑到停工期间远远超出合理范围，同时参考《建设工程量清单计价规范》（GB 50500—2013）"清单的完整性应由委托人负责"的规定，鉴定人在鉴定报告内明确上述不支持扣减部分综合脚手架费用的事实，但应原告的强烈要求记录各方异议意见后，做选择性结论交由人民法院裁决。

（二）造价鉴定的难点

鉴定过程中的难点有鉴定范围的选择、算量计算方法和资料准确性等三方面内容。

1. 鉴定范围的选择方向

涉案工程的合同价格形式为总价合同，根据《建设工程造价鉴定规范》（GB/T 51262—2017）内5.10.7款的规定，总价合同解除后的合同价款，可按已完工程价款或合同总价款减去未完工程价款两种方式鉴定。因涉案工程停工前，大部分的合同内容已完成，人民法院选择了工作量较小的未完工程作为鉴定范围。

2. 算量计算方法

因未完工程均是零星的工程，只能手工计算工程量，不能用现行的软件算量，钢筋需要一根一根抽过去，混凝土也要一段一段算过去，砌体更是要对照结构图扣除梁、柱等与之相交的混凝土构件，计算过程完全回归到原来手工算量的阶段。为在规定时间内保质、保量地完成项目的鉴定工作，鉴定人在前期做好了工作计划，对每一个步骤的耗时进行了严格限制，尤其是针对手工算量方面，细致地估计了具体工作量，根据工作量合理安排相关人员作业，最终取得了比较好的效果。

3. 鉴定资料的准确性

这个难点是指原、被告双方提供的未完成界面资料里，工程量体现得不准确，例如某一段模板支模完成，混凝土没浇筑，计算时这一段到底多长，未完成界面资料里未体现，鉴定过程中需要图纸和公证视频比对，确定后才可以计算，工作效率比较低。鉴定人及时根据项目进展情况，增加专业人员，保时保质地完成了本项目的鉴定工作。

三、鉴定情况

（一）司法鉴定委托人提供鉴定材料内容

（1）司法鉴定申请书。

（2）起诉状。

（3）原告方提供的鉴定材料，包括：《分包合同》，用于证明原、被告双方的法律关系；解除通知书，用于证明原告通过法律程序要求解除合同；工期对账一览表，用于证明被告逾期事实；支付明细表，用于证明已付工程款情况；工程结算书，用于证明被告已完工程量情况；公证书，用于证明退场时工程现场情况；开工报告、土方现场移交单、主体结构工程质量验收单、工期对账单，用于证明被告逾期完工的事实；整改通知单及相应照片、现场照片，用于证明被告已完成工程的质量缺陷及修复费用；报案记录、情况说明，用于证明被告的设备、材料，长期占用工地，原告无法进场施工的事实。

（4）被告方提供的证据资料，包括：已完工程确认的通知两份、回复函两份，用于证明被告被退场的事实；验收通知书、验收记录、汇总表、签到表各一份，用于证明原告诉求的延期责任与事实不符；设计变更联系单，用于证明增加工程款项和增加工期的事实；粗装工程价款，用于证明粗装属合同外新增工程；扬尘监控视频系统、实名管理系统，用于证明项目实施过程中，安全文明管理规范变更导致现场增加费用的事实；补充协议、量差汇总表、直接发包预算书，用于证明固定总价合同价款的变化；销售节点赶工措施方案，用于证明原告原因导致项目赶工，需要增加费用；安全员实际到岗检查表、工程联系单两张、中止安全质量监督通知书一份，用于证明因原告质量问题，导致未复工的事实；其他索赔资料，用于证明被迫停工期间的损失；未完成工程界面资料，用于证明退场时，双方认可的界面事实。

（5）施工图纸（CAD 电子设计图纸）。
（6）被告方对原告《鉴定申请书》及鉴定检材的质证意见。
（7）原、被告双方对《鉴定报告》（征求意见稿）反馈意见。

（二）工程造价司法鉴定情况

1. 鉴定过程

（1）2022 年 8 月 4 日，接收鉴定资料，成立鉴定组，耗时 1 个工作日。
（2）2022 年 8 月 5 日，出具《鉴定方案》《要求当事人提交证据资料的函》，耗时 1 个工作日。
（3）2022 年 10 月 21 日，收到法院转交的当事人提交的证据资料。
（4）2022 年 10 月 24 日，因当事人未按要求提供证据资料，出具《要求当事人再次提交证据资料的函》，耗时 2 个工作日。
（5）2022 年 11 月 29 日，收到法院转交的补充资料。
（6）2023 年 1 月 3 日，出具《鉴定报告》（征求意见稿），耗时 25 个工作日。
（7）2023 年 2 月 9 日，收到原、被告双方的反馈意见。
（8）2023 年 3 月 8 日，出具鉴定报告，耗时 17 个工作日。

本项鉴定工作的时限要求为 60 个工作日，鉴定人总计耗时 46 个工作日，提前 14 个工作日完成鉴定工作。

2. 鉴定依据

（1）司法鉴定委托书。
（2）《最高人民法院〈关于人民法院对外委托司法鉴定管理规定〉》。
（3）《某省司法鉴定管理条例》。
（4）《某省高级人民法院某省司法厅关于规范司法鉴定机构受理人民法院委托鉴定案件的通知》。
（5）《某省司法厅关于修订〈某省司法鉴定机构受理鉴定委托规则〉的通知》。
（6）《某省高级人民法院某省司法厅关于进一步规范司法鉴定工作若干事项的意见》。
（7）《某市中级人民法院对外委托司法鉴定工作暂行规定》。
（8）《建设工程造价鉴定规范》（GB/T 51262—2017）及其相关法律法规。
（9）原、被告双方各自提供的未完成界面签证资料。
（10）分包合同及相关结算资料。
（11）质证意见及征求意见稿回复意见。

3. 鉴定方法

根据人民法院的委托事项载明，对本案的涉案金额进行鉴定评估。因该项目已完工，不具备现场勘验条件，我们依据原告提供的证据资料、被告对原告提供鉴定检材的意见、被告提供证据材料（双方共同签字）内容及设计图纸，按以下方法鉴定：

鉴于本案工程合同价格形式为总价合同，项目停工前，大部分的合同内容均已完成，经人民法院同意，本案的涉案金额采用先计算未完工程造价，再用合同总价减去未完工程造价的方法计算。

（1）未完工程量分别按双方提供资料及设计图纸计算，计算规则按分包合同约定计算：《建设工程工程量清单计价规范》（GB 50500—2013）及工程所在地清单规范中所描述的工程量计算规则计算，若《建设工程工程量清单计价规范》（GB 50500—2013）及工程所在地清单规范中没有适用的或能合理分解出或推断出的相应计算规则，则执行按图纸标示的理论净量作为相应工程量的规则。

（2）综合单价的计算规则：分包合同附件九"经双方确认的预算书"内有的单价，按"经双方确认的预算书"内含税综合单价计算；"经双方确认的预算书"内没有的单价，按照以下计价依据重新组价。计价依据分别为：

①《某省房屋建筑与装饰工程预算定额》（2018 版）。

② 取费标准：企业管理费、利润费率均按"2018 房屋建筑与装饰工程"中值费率计取；施工组织措施费计取安全文明施工基本费、二次搬运费、冬雨季施工增加费，费率均按"2018 房屋建筑与装饰工程"费率中值计取，其中安全文明施工基本费按"市区工程"计取。

③ 信息价按《某市建设工程造价信息》（综合版）2019 年 8 月份；无信息价的材料或设备采用市场询价。

（3）对于综合脚手架费用、垂直运输费用、水电费用三项内容，"经双方确认的预算书"内清单工程量按建筑面积计算，在建筑面积未变化的情况下，三项内容的未完工程量无法按规则计算，本次鉴定外墙脚手架拆除费用参照市场询价计入，其他参照原合同预算中相应费用占原合同预算比例分摊计算。

（4）切割钢丝绳、切割钢筋、切割钢管、拆除支架等项目价格按零星用工 400 元/天计算费用，内容包括切割、拆除并从楼上搬运至规定地点的全部费用。

（5）根据行业惯例，模板拆除项目按"经双方确认的预算书"内的模板工程人工费及机械费合价的 30% 计算。

4. 鉴定意见

鉴于本案原、被告双方各提供了一份未完成工程界面资料，其中被告提供的为原、被告双方共同签字确认的未完工清单；原告提供的为原告与第三方共同见证的未完工清单。因人民法院未明确以哪份界面资料为准，鉴定过程中，我们分别依据上述两份资料进行了鉴定，并形成如下结论供法院选择：

（1）选择性结论 1：依据原、被告双方共同签字的未完工清单，本项目合同内未完成项目金额为 3135369 元，人民币大写：叁佰壹拾叁万伍仟叁佰陆拾玖元整。

（2）选择性结论 2：依据原告与第三方共同见证的未完工清单，本项目合同内未完成项目金额为 4166032 元，人民币大写：肆佰壹拾陆万陆仟零叁拾贰元整。

（3）选择性结论 3：因分包合同内约定不明确，是否包含"支模螺杆洞封堵"我们无法确定，选择性结论 1 和选择性结论 2 内均未计入此笔费用，涉及金额为 613056 元。

选择性结论 3.1：如分包合同内包含支模螺杆洞封堵，选择性结论 1 和 2 内应按此金额计入，即选择性结论1的金额变更为3748425元，选择性结论2的金额变更为4779088元。

选择性结论3.2：如分包合同内不包含支模螺杆洞封堵内容，选择性结论1和选择性结论2金额不调整。

以下为选择性结论3的具体情况说明：

① 证据资料移交清单附件九：经"经双方确认的预算书"项目特征内，未见支模螺栓洞封堵的描述；

② 双方分包合同协议书内，未见支模螺栓洞封堵的描述；

③ 双方分包合同第二部分分包合同条款第二条第（一）款第8项（页数为第19页）内，描述为："生产过程中，所有经甲方批准的设计及在结构施工图纸上显示（包括不限于结构图纸、施工图纸、其他专业图纸、含规范、指定图集等）的预埋件、洞口预留、二次剔凿洞口的剔凿封堵、结构预留洞口（包括强弱电间、风道洞、消防通风洞口、新剔凿的洞口）的封堵、周边抹灰塞缝、对于结构墙体无论因何种原因形成的洞口封堵"，我们无法确定，上述所述的洞口封堵，是否包括支模螺栓洞的封堵。

我司对支模螺杆洞封堵的费用进行了计算，结果为原告的诉讼请求613056元应为合理价格，具体是否应计入由人民法院依法裁定。

（4）选择性结论4：对于综合脚手架费用扣减问题，原告在征求意见稿的异议回复内提出，此项脚手架应为装修、幕墙等专业施工单位共同使用部分，现因装修、幕墙等专业工程未能使用，应在结算时扣减被告部分综合脚手架费用，请求扣减的金额为4637229.48元。我司查阅了施工合同和包干预算清单，根据分包合同的规定，本项目脚手架在被告搭设期间，应免费提供给现场所有施工方使用，直至合理的延期期限，其中外墙脚手架至少保持6个月；对于装修、幕墙需要使用的脚手架，如满堂脚手架、内墙脚手架或天棚脚手架等，因与乙方承包范围无关，所以应为有偿搭设并使用；包干预算清单内单独列项了综合脚手架清单项目，其项目特征明确，工作内容仅包含二次结构及外装修全部完成的脚手架和内墙砌筑的脚手架；考虑到停工期间远远超出合理范围，同时参考《建设工程工程量清单计价规范》（GB 50500—2013）"清单的完整性应由委托人负责"的规定，鉴于上述理由，我司认为：对于原告提出的综合脚手架费用应按照主体＋粗装修的合同额进行扣减部分综合脚手架费用的意见，应与分包合同的约定不符。目前选择性结论1内已按：14#楼65363.7元、综合脚手架分摊费用1001.98元＋40476.36元＝41478.34元、外墙脚手架拆除费用595533.41元，小计为702375.45元计入，与原告的异议金额相差4022698.04元；选择性结论2内已按：14#楼65363.7元、外墙脚手架拆除费用595533.41元、综合脚手架分摊费用10027.18元＋52784.35元＝62811.53元，小计为723708.64元计入，与原告的异议金额相差3913520.84元。

选择性结论4.1：如法院认为应扣减部分综合脚手架费用时，选择性结论1的金额应在原来的基础上增加4022698.04元，选择性结论2的金额应在原来的基础上增加3913520.84元。

选择性结论4.2：如法院认为不应扣减部分综合脚手架费用时，选择性结论1、2的金额不变。

以下为选择性结论4依据资料，双方的分包合同具体内容：

① 协议书第二条2款（页数为第6页）的规定："费用中包含材料运输、搭拆、材料码放等所

有费用。乙方应搭设并维护一切必要的脚手架、挑平台并配以脚手板、安全网、护身栏杆、门架、马道、坡道、爬梯等。"

② 第二部分分包合同条款第二条第（一）款主体结构第 9 项（页数为第 19 页）："本分包工程结构施工期间的所有施工、防护所需的脚手架（包括但不限于结构脚手架、临边洞口防护等脚手架、外用电梯安装、斜道马道所需脚手架等）的租赁、卸车、搭设、整改、维护、拆除、清理、修理、退场装卸所需的人工等工作由乙方负责。"

③ 第二部分分包合同条款第二条第（一）款主体结构第 15 项（页数为第 20 页）："华东地区：提供现有的脚手架及安全防护，需无条件配合样板房、售楼部开放所需搭设的外架。所有已搭设完毕的脚手架应免费提供现场所有施工方使用，直至合理的延期期限。其中外墙脚手架免费提供至主体结构验收合格后至少 6 个月，并经甲方书面同意后方可拆除，乙方不得随意拆除。如现场其他分包商要求为其单独新搭设脚手架、操作平台，且此类脚手架与乙方承包范围内的工作无关，乙方须按甲方或该分包商的要求及时给予搭设，该项工作为有偿服务（其费用须得到甲方和该分包商书面认可，才能作为补偿的依据）。"

④ 附件九双方认可的预算书内序号 A9（页数为第 103 页）关于综合脚手架工作内容的规定："含：1. 全钢、钢管采用外径 48mm，壁厚 3.25～3.5mm 的焊接钢管；2. 扣件采用铸铁扣件，质量符合规定；3. 悬挑排栅应采用 12# 以上槽钢或工字钢；4. 平桥垫板采用成品钢筋网块；5. 安全网采用国标密目式安全网；6. 卸载采用 14-16# 钢丝绳；7. 搭设方式应符合《脚手架搭设规范》的相关要求；8. 包材料进退场计场内运输费；9. 包使用期间的加固维修和安全管理；10. 包工包料包质量包安全；11. 包含二次结构及外装修全部完成的脚手架；12. 包含内墙砌筑用脚手架。"

（三）案件当事人对工程造价司法鉴定意见异议问题

征求意见稿发出后，截至质疑期止，原告提出了异议，被告未提出相关异议。

1. 对原告关于现场零星剩余未做工程的计价方式异议的答复

申请方的异议为："现场剩余零星未做工程：U 型钢、工字钢拆除、槽钢洞、板面钢筋、钢管未切割、混凝土波纹管加固未拆、楼梯间位置临时护栏未拆除、模板拆除及外墙脚手架拆除等；回复意见应当按照单价 × 工程量计算。"

鉴定机构回复为：

（1）对于上述零星项目，因无合同价，鉴定报告内能参考《某省房屋建筑与装饰工程预算定额》（2018 版）的，按定额组价计入，不能套取定额的，按市场询价计入。

（2）板面钢筋、钢管切割、混凝土波纹管加固未拆、模板拆除，鉴定报告内均已计入，对于 U 型钢、工字钢拆除、槽钢洞、楼梯间位置临时护栏未拆除、外墙脚手架拆除等费用，鉴定报告内未计入，通过公证视频和照片对现场情况进行了复核，符合现场的实际情况，我司对鉴定报告进行了调整，具体详见鉴定报告。

（3）外墙脚手架的拆除面积，申请人异议附件一表格内汇总量和单体的工程量矛盾，我司根据公证视频的情况自行进行了统计，申请人附件一表格内的汇总量准确，我司对此部分单价也进行了核实，符合市场价。鉴于外墙脚手架的拆除费用包含在综合脚手架的费用内，同时外墙脚手架的拆除费用市场报价大于鉴定报告征求意见稿内按未完工程占固定总价的比例分摊综合脚手架的费用，即实际成本大于比例分摊金额，同意对鉴定报告内容进行修改：其中外墙脚手架的拆除费用按实际费用计入；内墙砌筑和混凝土的脚手架，因所遗留的均为比较小的局部，没办法具体计算相应的费用，我司按综合脚手架分摊费用的 1/3 计入了鉴定报告内。此条调整同时在原、被告双方共同签字的未完工清单造价内进行了调整。

（4）对于申请人附件一内所列的"墙锚固螺栓洞未封堵"费用疑问，鉴定人回复意见详见上文鉴定意见内选择性结论 3，此处不再重复叙述。

2. 对措施费分摊方式异议的回复

申请方的异议为：措施费分摊应该按照主体＋粗装修不含水电费、垂直运输及脚手架的合同额进行分摊。

鉴定机构回复：

（1）对于垂直运输费用的分摊，我司回复意见为：

原计算过程中漏计二次结构的合价，对此进行了调整，具体调整后的金额见相应测算表。

（2）对于综合脚手架的分摊问题，鉴定人回复意见详见上文鉴定意见内选择性结论 4，此处不再重复叙述。

四、出庭作证情况

因螺杆洞封堵、综合脚手架分摊问题，原告要求鉴定人出庭作证，鉴定人依据分包合同、行业通用惯例和鉴定工作中的调研咨询情况等，回答了原告和承办法官提出的相关问题，当庭做出相关解释，并阐述了自己意见，为法院审理办案作出了鉴定人的贡献。

五、心得体会

1. 建设工程造价鉴定范围的选择，应以查明事实为要

按照《最高人民法院关于审理建设工程施工合同纠纷案件适用法律问题的解释（一）》第三十一条："当事人对部分案件事实有争议的，仅对有争议的事实进行鉴定，但争议事实范围不能确定，或者双方当事人请求对全部事实鉴定的除外"，本案即为固定总价合同下的对争议事项的建设工程造价鉴定。对于固定总价建设工程造价鉴定范围，根据《建设工程造价鉴定规范》（GB/T 51262—2017）第 5.10.7 款的规定，可以选择已完工程作为鉴定范围，也可以选择未完工程作为鉴定范围。本案人民法院在委托过程中是根据工作量的大小、当事人申请及查明案件事实的需要来确定造价鉴定范围和方法，以节约鉴定时间和避免原、被告双方对抗情绪。本案中鉴定事项即对未完工程鉴定，工作量较小，时间较短，节约了司法资源，提高了社会效率，起到了"定分止争"的作用。

2. 有争议的鉴定材料应提交人民法院确认

《最高人民法院关于民事诉讼证据的若干规定》第三十四条"人民法院应当组织当事人对鉴

材料进行质证。未经质证的材料，不得作为鉴定的根据。经人民法院准许，鉴定人可以调取证据、勘验物证和现场、询问当事人或者证人"的规定可以看出，除人民法院允许外，鉴定过程中的证据资料均应由人民法院组织原、被告双方进行质证，质证后的资料方可作为鉴定依据。在本案中，鉴定人两次提出补充鉴定资料要求，主要原因是第一次提出后，原、被告双方也补充了部分资料，经人民法院组织质证后交给鉴定人后发现并不完整，为保证鉴定的准确和完整，鉴定人第二次要求补充鉴定材料。原、被告双方提交的资料，鉴定方均要求通过法院组织双方质证后转交，以保证鉴定依据的准确性。同时，本案的鉴定依据有两份，具体是以原告提供的界面资料为准还是以被告提供的资料为准，应由人民法院决定，因此鉴定人在未得到委托人明确意见情况下分别根据两份证据资料进行鉴定，并做选择性结论供法院审理参考。

3. 对当事人责任承担的决定，应由法院作出认定

鉴定过程中特别需要注意的就是，鉴定事项内容存在不充分、不明确或者矛盾，需要人民法院根据证据资料、原、被告双方的反馈意见、生活常识、逻辑推理等进行综合评判时，鉴定意见应根据鉴定规程的规定，分列确定性结论、推断性结论、选择性结论三类，供人民法院选择并做出最终的结论。鉴定人在鉴定过程中必须注意，司法框架下的鉴定必须避免"以鉴代审"现象。《最高人民法院关于审理建设工程施工合同纠纷案件适用法律若干问题的解释（二）》第二十三条"对鉴定意见的审核认定"内第三款："鉴定人对合同或者其他协议效力进行确认，或者对当事人责任承担进行认定，并在此基础上进行鉴定的，人民法院应当对合同效力或者当事人责任承担进行认定"，很好地规定了鉴定过程中的合同效力和责任认定主体应为人民法院。本案中，对于螺杆洞封堵的异议问题，因分包合同未明确，具体的承担责任主体，是否在分包合同范围内，鉴定人在明确了具体金额后做选择性的结论；扣减部分综合脚手架费用的异议问题，鉴定人虽不支持，但考虑到原告的强烈要求，鉴定人在表明自身专业意见后将此争议作为选择性结论，交由法院依法裁定。建设工程造价鉴定的鉴定意见应仅作为法院裁决过程中的造价证据使用。

4. 遵守鉴定流程，是鉴定工作质量的有力保障

在鉴定前期，鉴定人分析案件的具体情况，并根据分析结果编制了鉴定工作的方案，在方案内明确了鉴定目的、鉴定难点重点、鉴定方法、鉴定原则以及鉴定的人员组成，并在案件鉴定过程中，严格执行工作方案。这样既要求鉴定前期认真分析案情，理出重点难点，找出相应的解决办法，又要求后期在实施过程中，一丝不苟地执行制定的方案，使鉴定方案成为鉴定过程的行为准则，确保鉴定程序的准确和公正。本案的工作方案，鉴定人通过前期对工作量的分析，合理安排了每个人的计算范围，是提前完成本次鉴定工作的关键。

随后，根据鉴定工作的需要，列出了证据资料内缺少的部分，要求当事人给予补充，并限定了相应的时间。在撰写缺少部分时，应详细准确，通俗易懂，保证当事人可以准确理解证据资料需要补充提交的内容。例如本案中，鉴定人在要求补充资料的函内明确，要求补充经监理审批的施工组织设计（含进度计划）、经审图合格的施工图纸（含 CAD 电子版）等资料，增加了"经监理审批""经审图合格"定语后，对于资料的要求就更加明确了。

在实施过程中，鉴定人认为与承办法官的沟通、鉴定报告异议回复是建设工程造价司法鉴定中的两个重要过程：与承办法官的沟通，主要体现在法条理解上和事项处理上，对于难以把握的、

不能理解和处理的、复杂多样的问题，都可以与承办法官进行沟通，例如本案中，我们对螺杆洞封堵的处理，在出报告前，也是和承办法官做了沟通，既包括鉴定人的市场询价情况，也包括鉴定人对分包合同理解的情况，在征得承办法官的同意后，将此项列为选择性结论。对于鉴定报告异议回复，我们的看法是对我们鉴定报告的有益补充，因站的立场和角度不一样，各方的观点就会不一样，鉴定人站在公平、公正的立场上，应该在表明自己看法的同时，兼顾各方的情绪和看法，并根据反馈意见及时修正鉴定结论。

5. 努力做一名合格的建设工程造价鉴定人

由于司法鉴定的特殊性，一名合格的鉴定人，应具备自身领域的专业知识、法律知识、社会科学知识，并能熟练掌握，紧跟时代步伐，顺应实践发展，以满腔热忱对待鉴定工作；应具备较好的语言表达能力和沟通技巧，既能写得好鉴定意见、补充材料等文件，又能出得了庭，把自身的意见表达给法官、涉案各方；应具备奉公执法、尽职尽责的职业道德，勇于担当的职业精神和悲天悯人的道德情怀，最大限度地保证鉴定结果的准确性，为人民法院提供我们造价人维护社会公正的一份力量。让我们努力加油，做一名合格的建设工程造价鉴定人！

专家点评

本文是对某住宅小区分包工程未完成工程内容进行造价鉴定案例，这类造价鉴定项目虽标的额不大，但由于分包工程的停工往往会涉及总包、建设方等多方原因，分包工程本身采用市场化计价较为普遍，多为固定总价，其合同条款相对施工总承包合同而言往往较为简略，一旦发生停工问题，总、分包之间的合同争议也往往矛盾较为激烈。此类造价鉴定项目，对未完工部分是按固定总价扣减已完工程鉴定造价还是直接对未完工程进行造价鉴定？这也是易引发双方当事人对停工责任异议的地方。分包工作量范围涉及与施工总承包及其他分包商之间的工作界面问题、共用措施工程费用分摊等，更是造价鉴定中的疑难点，本案中脚手架费用分摊和支模螺杆洞封堵费用承担两项主要争议即是此种情况。上述两事项虽事实清楚，费用核定技术也不复杂，但涉及对当事人责任承担进行认定，在鉴定实践中最易产生"以鉴代审"风险。在本案造价鉴定中，鉴定人审慎分析了鉴定项目特点及相关鉴定工作量，经和主办法官积极沟通，对施工责任承担、履约责任合同认定分歧、工作界面证据资料不同等争议事项均按选择性意见进行处理，并对选择性意见的单列进行了专业分析。本案对类似分包工程造价争议鉴定的技术处理，具有很典型的借鉴参考作用。

在本案造价鉴定工作中，鉴定人站在公平、公正的立场上，在核清争议事实、表明专业观点的同时，在征求意见、法庭质证环节中能够兼顾各方的情绪和看法，客观对待，把鉴定报告异议回复作为对鉴定报告有益补充的观点和专业处理，不仅体现了专业鉴定人员奉公执法、尽职尽责的职业道德精神，也可以最大限度地保证鉴定结果的客观、准确，真正在造价争议案件解决中发挥了鉴定人"定分止争"的专业价值。

北京思泰工程咨询有限公司　马玉峰

某福利中心项目工程延期司法鉴定

——浙江中永工程咨询有限公司

蒋开灶　柯可　章林志　杜东辉

一、案情简介

（一）合同履行情况简介

某福利中心（施工总承包）项目（以下简称"涉案项目"）经法定招投标程序确定某市政建筑有限公司（以下简称"被告"）为中标人，发包人某市民政局（以下简称"原告"）与被告在2012年1月19日签订了涉案项目的《施工总承包合同》（以下称《施工合同》）。

工程内容及承包范围：涉案项目的土建工程（包括场地平整、桩基工程、基坑围护、建筑幕墙）、安装工程（包括给排水、电气、消防、暖通管线、室外给水）和室外配套工程，但不包括由原告另行发包的室内装饰、智能化、空调等专业工程。

涉案项目《施工合同》未明确具体计划开工日期及竣工日期，仅明确合同工期（签约）为720日历天。实际开工日期为2012年4月18日，则相应的计划竣工日期应为2014年4月8日。

2014年3月25日被告实施的主体工程通过验收。2015年3月25日，原告就涉案项目的室内装饰工程公开招标，并于同年6月24日与中标单位签订了施工合同，签约合同工期239日历天。室内装饰工程于同年10月18日开工，于次年7月30日通过验收，且无增项/甩项内容，实际工期293天，延期54天。原告于2016年7月向被告提供了环艺总平面图和植物配置总平面图，于2016年8月向被告提供了灯具布置图和灯具系统图，被告根据上述图纸施工相应的工作内容。2016年12月20日起，原告下属相关单位整体搬迁至涉案建筑内办公。2017年6月30日，原告组织相关参建单位对涉案项目进行了综合竣工验收，之后报某市住房和城乡建设局验收备案。

涉案项目主要时间节点详见表1。

表1 涉案项目主要时间节点统计表

序号	施工阶段	关键节点	节点日期	签约合同工期	延期天数	备注
1	主体工程施工阶段	实际开工	2012年4月18日	720	0	被告施工范围
		主体验收	2014年3月20日		290	
		实际竣工报告（两份）	2017年6月30日		1179	
			2015年5月8日		395	
		原告实际占用时间	2016年12月20日		987	
2	室内装饰工程准备及施工阶段	招标	2015年3月25日	239	不明	原告单独发包
		开工	2015年10月18日		564	
		验收	2016年8月10日		58	
3	室外配套工程施工阶段	原告提供环艺总平面图和植物配置总平面图	2016年7月	包含于主体工程合同工期	不明	被告施工范围
		原告提供灯具布置图和灯具系统图	2016年8月		不明	

（二）起诉背景及司法鉴定情况简介

涉案项目送审结算资料中的竣工验收日期超计划竣工日期3年多，竣工结算过程中因工期延误责任不明，且原、被告双方不能协商一致，导致结算审核单位无法出具审核报告，竣工结算工作久拖不决。原告为规避自身审计责任风险，于2020年5月27日向某市某区人民法院（以下简称"一审法院"）提起诉讼，请求：①被告向原告支付延期赔偿款450万元；②本案诉讼费用由被告承担。

案件审理过程中，本鉴定机构被选为本案的司法鉴定机构，考虑到本机构恰好是涉案项目的结算审核单位，一审法院就此征求了原、被告意见，双方当事人一致表示同意。2020年8月12日，一审法院向本鉴定机构发出《司法鉴定委托书》，委托本鉴定机构对涉案项目施工延期期限及原因进行鉴定。

本鉴定机构在分别征求原、被告双方意见且取得双方书面回复意见后，于2021年1月29日出具了关于本案的《鉴定意见书》，分别以2015年5月8日、2017年6月30日及2016年12月20日为竣工日期，计算各自对应的延期天数，并对工期延误原因进行了分析，以供法院判断使用。

2021年3月19日，一审法院就本鉴定机构出具的《鉴定意见书》进行了开庭质证，鉴定人员出庭作证。一审法院判决：一、被告（反诉原告）于本判决生效后十日内向原告支付延期赔偿款200万元；二、驳回原告（反诉被告）的其他本诉讼请求；三、驳回被告（反诉原告）的反诉诉讼请求。

原、被告双方均不服一审判决，并上诉至二审法院。

一审原告上诉请求：①撤销一审判决书第一项、第二项判决，并依法改判支持一审原告的全部诉讼请求；②一审和二审的案件受理费用由一审被告承担。理由：一审法院的判决结果与其事实认定存在矛盾，请求二审法院改判支持一审原告的全部诉讼请求并驳回一审被告的反诉请求。

一审被告上诉请求：①依法判决撤销原审第一项判决，驳回一审原告的诉请或发回重审；②依法判决撤销原审第三项判决，发回重审；③一、二审案件受理费等由一审原告承担。理由：①一审鉴定机构系案涉项目结算审核单位，应当自行回避而未回避，其出具的《鉴定意见书》无效，不能用作有效证据。原审判决依据无效证据作出的判决明显错误。②原审判决一审被告承担主体逾期工期违约金68万，明显属于割裂工期责任，断章取义。③原审判决一审被告承担室外景观逾期工期延误天数88天，违约金132万，没有任何依据。④一审原告之诉有违合同约定、诚实信用和公平原则，应予以驳回。

二审法院于2021年12月8日作出了终审判决，判决结果为：驳回上诉，维持原判。

二、案件争议焦点和工期鉴定难点

（一）争议焦点问题

1. 鉴定机构是否应回避

一审被告认为鉴定机构系案涉项目结算审核单位，依据《建设工程造价鉴定规范》（GB/T 51262—2017）中3.3.4"有下列情形之一的，鉴定机构应当自行回避，向委托人说明，不予接受委托：①担任过鉴定项目咨询人的；②与鉴定项目有利害关系的"之规定，一审鉴定机构因担任案涉项目的审价单位，应当自行回避不予接受委托，其不回避而作出的鉴定结论无效。而一审及二审法院均认为，鉴定机构系原告申请并经双方当事人一致同意后由一审法院选择并委托的，虽系涉案项目造价的咨询人，但属于依据双方一致意愿而委托鉴定，且鉴定机构具有合格的鉴定资质，不存在违法鉴定的情形。且双方当事人在一审开庭时，鉴定人针对双方当事人提出的问题进行解答及说明后，对鉴定报告进行了质证，故鉴定结论应作为法院审理案件的有效证据。

2. 实际竣工日期的认定

涉案项目存在两份《竣工报告》，由原、被告双方分别提供，且均为原件。原告提供的《竣工报告》显示涉案项目综合验收日期为2017年6月30日，被告提供的《竣工报告》显示的涉案项目验收日期2015年5月8日。且2016年12月20日起，原告下属相关单位整体搬迁至涉案建筑内办公，即原告自即日起开始占有涉案建筑，根据合同相关约定又可认定2016年12月20日为涉案项目的实际竣工日期。如此一来，涉案项目存在至少三个可能的竣工日期，那么哪个竣工日期才能被认定为涉案项目的实际竣工日期？

3. 具体的工期延误天数

由于涉案项目的实际竣工日期认定存在上述三种可能结果，故根据计划竣工日期2014年4月8日及各合同竣工日期计算的工期延误天数自然也会有三种可能结果。

4. 工期延误的原因及责任方

被告认为造成涉案项目工期延误的原因是多方面的，既有主观原因也有客观原因，工期延误的绝大部分原因在于原告，被告只应承担45天的延期责任，且在各方盖章的《竣工报告》中已明确。

原告认为是被告延误工期，未按时完成前置施工内容，进而导致后续的装饰工程进一步延误，被告以气候恶劣条件为由提出的工期顺延显属不能成立，中高考及创建全国文明城市等因素，同样不能作为工期顺延的条件，被告应承担工期延误的全部责任。

（二）鉴定难点问题

1. 在未认定重要证据的前提下，一审法院要求鉴定机构先出具意见

一审法院向鉴定机构直接移交的证据中包含两份《竣工报告》且均为原件，鉴定机构对其真实性无权认定，依据《建设工程造价鉴定规范》（GB/T 51262—2017）中 4.2.2 "委托人向鉴定机构直接移交的证据，应注明质证及证据认定情况，未注明的，鉴定机构应提请委托人明确质证及证据认定情况"之规定，鉴定机构提请一审法院明确质证及证据认定情况，一审法院未做出证据认定，并要求鉴定机构出具鉴定意见，供其判断使用。

2. 实际竣工日期的认定

因原、被告双方均提供了一份《竣工报告》，且所示实际竣工日期不一致，到底哪份竣工报告真实可信，鉴定机构无权对其真实性进行认定，也无权确定涉案项目的实际竣工日期，只能根据《建设工程造价鉴定规范》（GB/T 51262—2017）中 5.11.4 "当鉴定项目合同约定矛盾或鉴定事项中部分内容证据矛盾，委托人暂不明确要求鉴定人分别鉴定的，可分别按照不同的合同约定或证据，作出选择性意见，由委托人判断使用"之规定，作出选择性意见，由一审法院判断使用。

3. 工期延误原因分析

导致涉案项目延期的因素众多、错综复杂且相互影响，其中既有原、被告双方组织不力及管理不善等主观因素，也有台风、停电停水等客观因素。分析整体工期延误原因需要逐个定性分析各影响因素是原告原因还是被告原因、是否会导致工期延误，及定量分析各影响因素具体导致的延期天数。逐个分析各影响因素对工期延误的影响需要翔实的施工资料支撑，而本案的原、被告均未能提供满足上述需求的资料，从而导致逐个分析各因素对涉案工期延误的影响难以实现。

三、鉴定情况

（一）司法鉴定委托人提供鉴定材料内容

（1）委托人提供的诉讼状。
（2）《施工合同》。
（3）施工图纸。
（4）开工报告。
（5）竣工报告。
（6）施工组织设计（含工程计划进度表）。
（7）原、被告双方在工程实施过程中的各种往来函件等资料。

（二）司法鉴定情况

1. 鉴定过程

1）案件受理

2020年8月12日，一审法院向本鉴定机构发出《司法鉴定委托书》，委托本鉴定机构对涉案某福利中心项目施工延期期限及原因进行鉴定。本鉴定机构在初步了解本案案情后，接受委托，开始着手开展本案的司法鉴定工作。

2）鉴定资料接收（第一次）

随后，本鉴定机构收到委托人移交的本案卷宗，并签收各项工期鉴定资料，确认原、被告双方对相互提交的鉴定材料已发表质证意见。

3）发函要求补充鉴定资料

在充分消化吸收已接收鉴定资料的基础上，2020年9月，本鉴定机构发函至一审法院要求补充未提供的鉴定资料。

4）补充资料接收（第二次）

2020年11月，本鉴定机构收到本案当事人提交一审法院的各项工期鉴定资料（双方对补充的鉴定资料互相已发表质证意见）。

5）延期分析

2020年12月，本鉴定机构根据本案双方当事人提供的各类鉴定资料开展延期及原因分析。鉴定人员根据多方调查，获取本案的重要线索，提出实际竣工日期的第三种可能性，并就三种可能的实际竣工日期分别展开分析，计算各自对应的工期延误天数，分析各延期因素的原因及责任方。

6）出具征求意见稿

2021年1月，本鉴定机构提交《鉴定意见书》征求意见稿。

7）异议回复

2021年2月，本鉴定机构收到双方当事人提交的针对征求意见稿的书面回复意见，鉴定人员就双方的意见分别向双方当事人作出说明及释义。

8）出具鉴定意见书

2021年1月29日，本鉴定机构出具了关于本案的《鉴定意见书》正式稿。

9）出庭作证

2021年3月19日，本鉴定机构鉴定人员出席本案庭审会议，接受本案双方当事人和法院的询问。

2. 鉴定依据

（1）一审法院的司法鉴定委托书。

（2）《建设工程造价鉴定规范》（GB/T 51262—2017）。

（3）《中华人民共和国建筑法》。

（4）《中华人民共和国合同法》（现已废止）。

（5）《中华人民共和国民事诉讼法》。

（6）《最高人民法院关于民事诉讼证据的若干规定》。

（7）国家、省、市有关建设工程法律、法规及规范性文件。

(8)涉案项目的监理日志、施工日志、施工联系单。

(9)法院提供的诉讼状、《施工合同》、施工图纸、开工报告、竣工报告及原、被告双方在工程实施过程中的各种往来函件等。

3. 鉴定方法

1)工期责任鉴定的常规做法

(1)工期延误分类及责任担当。

对于工期责任,业界有着不同的理解和定义。

第一种:工期责任分三种情况,即工期顺延、工期延误及工程延期。工期顺延(发包人责任和不可抗力等原因)是指承包人按法律、法规规定和合同约定执行,可顺延的工期;工期延误(承包人责任)是指承包人组织不力或管理不善等造成不可顺延的工期(百度百科也定义工期延误为承包人责任);工程延期(不分责任)是指发包人或(和)承包人或(和)不可抗力等原因引起的工期变化,包括可顺延和不可顺延的工期。

第二种:根据《建设工程施工合同(示范文本)》(GF—2017—0201)的精神,工期延误分为发包人延误、承包人延误和客观原因(含不可抗力等因素)延误,相当于上一段落中的工程延期。发包人延误和客观原因延误(含不可抗力等因素)可顺延工期,承包人原因延误不可顺延工期。

第三种:《浙江省建设工程计价规则》(2018年版)5.0.6第2点规定"工期延长:承发包双方根据法律及合同约定,对'工期延误'这一事实状态所作的变更,即工期延误是事实,但因满足了法律规定或双方约定的某些条件,进而双方就该事件引起的延误天数予以延长工期达成一致,并不追究当事人的责任。工期延长期间,人工、材料、机械价格调整应根据合同约定计算",而《建设工程施工合同(示范文本)》(GF—2017—0201)和《建设工程工程量清单计价规范》(GB 50500—2013)中均无关于"工期延长"的定义,则工期延长应当理解为客观原因延误(含不可抗力等因素)而引起的工期顺延。

考虑到《建设工程施工合同(示范文本)》(GF—2017—0201)及《浙江省建设工程计价规则》(2018年版)的权威性和可操作性,本鉴定机构一般将工期延误分为发包人工期延误、承包人工期延误及客观原因(含不可抗力等因素)工期延误。各工期延误类别对应的工期顺延结果及责任人见表2所示。

表2 工期延误及责任担当对照表

工期延误类别	工期是否顺延	责任人
发包人工期延误	合同约定工期可顺延	发包人
承包人工期延误	合同约定工期不可顺延	承包人
客观原因(含不可抗力等因素)工期延误	合同约定工期可顺延 (应指计价规则的工期延长)	发包人

(2)工期相关词语定义及相互逻辑关系。

由于《建设工程施工合同(示范文本)》(GF—2017—0201)对工期方面规定相对不清晰,本鉴定机构为避免有关单位在使用我单位出具的咨询建议书(工期鉴定意见书)时,对工期相关词语定义存在不同理解，一般作如下定义，并在咨询建议书（工期鉴定意见书）中明确专用于本报告。

① 计划开工日期：是指合同协议书约定的开工日期（与通用合同条款约定一致）。

② 签约合同工期：是指发包人和承包人在合同协议书中确定的工期总日历天数。

③ 计划竣工日期：是指在合同协议书签约时确定的计划竣工日期（计划开工日期 + 签约合同工期 = 计划竣工日期）。

④ 合同开工日期：是指监理人按照《建设工程施工合同（示范文本）》（GF-2017-0201）第7.3.2项"开工通知"约定发出的符合法律规定的开工通知中载明的开工日期。

⑤ 合同工期：是指承包人按合同约定完成工程所需的期限，包括按照合同约定所作的期限变更。

⑥ 合同竣工日期：是指承包人完成合同协议书约定的工程所需的期限日期，包括合同履行过程中按合同约定发生的期限变化。（合同开工日期 + 合同工期 = 合同竣工日期）。

⑦ 实际开工日期：是指工程现场真实的开工工期，包括承包人原因导致的延误开工时间。

⑧ 实际工期：是指工程现场真实存在的工期，该实际工期包括承包人或发包人等原因导致的工期延误日期。

⑨ 实际竣工日期：按照《建设工程施工合同（示范文本）》（GF-2017-0201）第13.2.3项"竣工日期"约定确定的日期（实际开工日期 + 实际工期 = 实际竣工日期）。

⑩ 工期顺延（发包人和客观原因工期延误）：是指承包人按相关规定和合同约定执行，可顺延的工期（合同工期 – 签约合同工期）。

⑪ 工期延误（承包人工期延误）：是指由于承包人组织不力或管理不善等原因造成不可顺延的工期（实际工期 – 合同工期）。

⑫ 工程延期：是指发包人或（和）承包人或（和）不可抗力等原因引起的工期变化，包括可顺延和不可顺延的工期（实际工期 – 签约合同工期）。

不同工期相关词语定义及不同工期间的逻辑关系详见图1。

计划工期	合同履行工期	实际工期	工期责任担当
计划开工日期：在施工合同签订时确定的计划开工日期。 签约合同工期：发承包双方在施工合同中约定的工期总日历天数。 计划竣工日期：发承包双方在施工合同中约定的计划竣工日期。 计划竣工日期=计划开工日期+签约合同工期	合同开工日期：监理人按照合同第7.3.2项"开工通知"约定发出的符合法律规定的开工通知中载明的开工日期。 合同工期：承包人完成合同协议书约定的工程所需的总日历天数，包括合同履行过程中按合同约定发生的工期变化。 合同竣工日期：按照《建设工程施工合同示范文本》(GF-2017-0201)第13.2.3项"竣工日期"约定确定的竣工日期。 合同竣工日期=合同开工日期+合同工期	实际开工日期：真实的开工日期。 实际工期：完成工程真实的总日历天数。 实际竣工日期：真实的竣工日期。 实际竣工日期=实际开工日期+实际工期	工期顺延(发包人和客观原因工期延误)：承包人按相关规定和合同约定执行，可顺延的工期。(工期顺延=合同工期-签约合同工期) 工期延误(承包人工期延误)：由于承包人组织不力或管理不善等原因造成不可顺延的工期。(工期延误=实际工期-合同工期) 工程延期：发包人或(和)承包人或(和)不可抗力等原因引起的工期变化，包括可顺延和不可顺延的工期。(工程延期=实际工期-签约合同工期)

图1 工期相关名称定义及逻辑关系图

（3）工期延期责任量化方法。

目前流行的工期延期责任量化方法主要有英国工程法学会的方法及美国国际工程造价促进会的方法，具体方法及相互间的映射关系详见表3。

表3　英、美法务工期分析方法的映射

英国工程法学会	美国国际工程造价促进会
计划与实际竣工对比分析法	观察 Observational/ 静态 Static/ 整体 Gross（MIP 3.1）
	观察 Observational/ 静态 Static/ 周期 Periodic（MIP 3.2）
分窗口的计划与实际竣工对比方法	观察 Observational/ 动态 Dynamic/ 当期原样 Contemporaneous As–Is（MIP 3.3）
	观察 Observational/ 动态 Dynamic/ 当期分列 Contemporaneous Split（MIP 3.4）
	观察 Observational/ 动态 Dynamic/ 修改或重新创建 Modifiedor Recreated（MIP 3.5）
计划影响分析法 / 时间影响分析法	建模 Modeled/ 添加 Additive/ 单基线 Single Base（MIP 3.6）
时间影响分析法 时间切片窗口分析法	建模 Modeled/ 添加 Additive/ 多基线 Multiple Base（MIP 3.7）
实际竣工断裂分析法	建模 Modeled/ 扣减 Subtractive/ 单模拟 Single Simulation（MIP 3.8）
/	建模 Modeled/ 扣减 Subtractive/ 多基线 Multiple Base（MIP 3.9）
最长路径分析法	/

所有工期分析方法使用效果都会因人而异，因为无论是在工期鉴定意见书 / 咨询报告的编制还是解释方面，它们都涉及工期分析专家的判断要求。没有任何一个工期分析方法是绝对准确的，每种方法产生的答案的准确程度取决于其中所用数据的质量、假设的准确性以及工期分析专家所作的主观判断。不能简单说哪种工期分析方法是最好的，而应根据项目的实际情况选择最适合的方法。

2）涉案项目实际竣工日期的认定

涉案项目存在两份《竣工报告》，由原、被告双方分别提供，且均为原件。原告提供的《竣工报告》显示涉案项目综合验收日期为2017年6月30日，施工总日历天数为1899天，中途因故停工天数370天，实际工作天数1529天。被告提供的《竣工报告》显示的涉案项目验收日期2015年5月8日，施工总日历天数为1115天，中途因故停工天数350天，实际工作天数765天。经核对，两份竣工报告中打印部分内容均一致，仅涉及日期的手写内容不一致，其中被告提供的《竣工报告》中建设、监理及设计三家参建单位仅盖公章而未签署具体日期。

如此一来，涉案项目存在两个可能的竣工日期，那么哪个竣工日期才能被认定为涉案项目的实际竣工日期？需要结合案件实际情况作出具体分析。

① 被告在其主张的竣工日期2015年5月8日后，仍在陆续施工许多合同内的工作内容，故其主张的竣工日期不符合客观事实，存在争议。

② 原告在其主张的竣工日期2017年6月30日前已实际占用涉案建筑，但其主张的《竣工报

告》所显示的"装饰装修部分甩项（吊顶、地面、砖、饰面砖）"，也不符合客观事实，故其主张的竣工日期也存在争议。

鉴定过程中，本鉴定机构查明自2016年12月20日起，原告下属相关单位整体搬迁至涉案建筑内办公，即原告自即日起开始占有涉案建筑。而涉案项目施工合同约定"工程未经竣工验收，原告擅自使用的，以转移占有工程之日为实际竣工日期"，据此约定又可认定2016年12月20日为涉案项目的实际竣工日期。

综上，涉案项目的实际竣工日期又存在三种可能性，具体选择哪个日期作为涉案项目的实际竣工日期，应由一审法院对上述证据的"三性"质证并进行认定。在一审法院未质证并进行认定的前提下，本鉴定机构只能针对每一种可能的竣工日期推断其对应的工期延误期限及原因，作出供选择性意见及推断性意见，供一审法院判断使用。

3）涉案项目具体工期延误天数的计算

由于涉案项目的实际竣工日期认定存在上述三种可能结果，故根据计划竣工日期2014年4月8日及各竣工日期计算的工期延误天数也会有三种可能结果。

4）工期延误原因及责任方的认定

由涉案项目施工合同约定的工程内容及承包范围可知，原告仅负责实施原告提供的施工图纸所包含的涉案项目的土建工程（包括场地平整、桩基工程、基坑围护、建筑幕墙）、安装工程（包括给排水、电气、消防、暖通管线、室外给水）和室外配套工程，其他专业工程如室内装饰、空调、智能化等专业工程均由原告委托其他单位施工，多个施工单位交叉施工必然导致涉案项目延期原因错综复杂。

为了使涉案项目工期延误原因及责任方的认定更加清晰明了，可根据主体工程验收时间及原告方提供完整室外工程施工图时间将施工过程划分为三个阶段（即主体工程施工阶段、室内装饰工程准备及施工阶段、室外配套工程施工阶段），并逐个分析各阶段工期延误的原因并确定责任方。

（1）主体工程施工阶段：

根据一审法院提供的相关资料，涉案项目主体工程验收前，原告已提供完整的施工图纸等资料，主体工程计划验收时间为2013年6月8日，实际验收时间为2014年3月25日，工期延误290天，此阶段的工期延误主要由被告组织管理不善等原因而导致。

（2）室内装饰工程准备及施工阶段：

室内装饰工程（属原告另行发包的施工内容）原计划应于2014年3月26日进场施工，而实际进场时间为2015年10月11日，则进场时间延迟564天，该延误主要由原告工程组织管理不善或其他如台风等不可抗力客观原因而导致。

（3）室外配套工程施工阶段：

受原、被告双方提供资料完整性及其他单项施工交叉等情形影响，具体延期原因无法作出准确判断。根据提供的资料显示，上述主体工程即使不延误，原告于2016年7月提供环艺总平面图和植物配置总平面图以及2016年8月提供灯具布置图和灯具系统图，本工程也无法如期完工；提供图纸延误而导致工程延期，根据施工合同第23.2条约定应由原告承担。由于没有提供明确的图纸签收时间，现按 2016 年 8 月 1 日为原告提供完整图纸的日期进行计算：环艺总平面图内容、植物配置总平面图内容、灯具布置图及灯具系统图等施工内容按 15 天合理施工时间，后续安装工程调试、零星工程施工、收尾等工作时间按 38 天；根据施工合同第 24.2 条约定"工程未经竣工验收，原告擅自使用的，以转移占有工程之日为实际竣工日期"，竣工时间应按 2016 年 12 月 20 日认定，得出原告提供完整图纸等资料后因被告原因造成工期延误为 88 天。

5）工期延误责任承担的定量

（1）主体工程施工阶段：

该阶段因被告原因造成工期延误 290 天，根据施工合同约定的误期赔偿费标准（1.5 万元/日历天，最高限额 450 万元），原告主张被告应承担的误期赔偿费为 1.5（万元/日历天）×290（日历天）=435（万元），但该主体工程延误被告可在后续工程中赶工予以弥补。

而被告主张施工过程中双方协商过，上述工期延误被告承担 45 天，其余工期延误由原告承担。根据施工合同约定的误期赔偿费标准，被告愿意主动承担的误期赔偿费为 1.5（万元/日历天）×45（日历天）=67.5（万元）。

本案因证据不全，鉴定机构无法对工期延误责任定量，仅能提供选择性及推断性意见，供法院判断使用。

（2）室内装饰工程准备及施工阶段：

该阶段的工期延误责任全部由原告承担，因被告未主张增加费用及合理利润，故原告仅顺延合同工期，无需赔偿被告相应费用。

（3）室外配套工程施工阶段：

原告提供完整图纸等资料后因被告原因造成工期延误为 88 天，根据施工合同约定的误期赔偿费标准，原告应承担的误期赔偿费为 1.5（万元/日历天）×88（日历天）=132（万元）。

4. 鉴定意见

由于原、被告双方提供的依据不完整且对事实情况存有异议等情形，本鉴定机构根据一审法院委托书的鉴定要求，结合提供的各项资料，得出选择性及推断性鉴定意见，供一审法院判断使用。

1）计划竣工日期

涉案项目计划开工日期、合同开工日期和实际开工日期均为 2012 年 4 月 18 日，计划工期为 720 日历天，相应的计划竣工日期为 2014 年 4 月 8 日。

2）合同开工日期

根据原、被告双方的一致意见，确认涉案项目合同开工日期为 2012 年 4 月 18 日。

3）实际竣工日期（存在以下三种情形）

（1）按原告主张《竣工报告》所示的 2015 年 5 月 8 日为实际竣工日期。

原告提供的竣工报告（法院网站卷宗材料影像显示原件）显示竣工日期为 2017 年 6 月 30 日，而被告提供的竣工报告（法院网站卷宗材料影像显示原件）显示竣工日期为 2015 年 5 月 8 日，原、被告双方提供的竣工报告存有明显的不一致。我们比对原、被告双方提供的竣工报告，发现竣工报告的"打印字体"部分内容完全一致，其中竣工日期为 2017 年 6 月 30 日的竣工报告显示

"装饰装修部分甩项（吊顶、地面砖、饰面砖）"描述，不符合该日期的实际情况。

根据提供的资料显示，2017年6月30日应是建设工程竣工综合验收日期，并非施工合同范围该项目工程的竣工日期，且涉案项目在该日期前已经投入使用。

根据提供的资料显示，在2015年5月8日后，被告确实有许多项目在陆陆续续施工，但相应的关键工作应为室内装饰工程，而原告于2016年7月提供环艺总平面图和植物配置总平面图以及2016年8月提供灯具布置图和灯具系统图也说明了该情况。

综上，原告提供的竣工报告显示的甩项内容不符合该竣工日期的实际情况，且室内装饰工程二次招标文件发布延迟和设计图纸延期交付，且提前投入使用，在法院没有裁定哪份竣工报告有效的前提下，暂按被告提供的竣工报告显示的2015年5月8日为竣工日期。

（2）按涉案项目的综合验收时间2017年6月30日为实际竣工日期。

（3）按原告占用涉案建筑的时间2016年12月20日为实际竣工日期。

网上某市民政局＞民政资讯＞市级资讯"某市（某区）救助管理站整体搬迁新址"显示"12月20日起，某市（某区）救助管理站整体搬迁至某市综合福利中心大楼（某路299号）办公"，可以推定原告占用涉案建筑的时间为2016年12月20日，根据施工合同"工程未经竣工验收，原告擅自使用的，以转移占有工程之日为实际竣工日期"之约定，可将2016年12月20日视为实际竣工日期。

4）工程延误期限（见图2）

（1）如果按照上述的实际竣工日期为2015年5月8日，减去计划竣工日期2014年4月8日，工期延误395天。

（2）如果按照综合验收时间2017年6月30日为实际竣工日期，减去计划竣工日期2014年4月8日，工期延误1179天。

（3）如果按原告实际占用时间2016年12月20日为实际竣工日期，减去计划竣工日期2014年4月8日，工期延误987天。

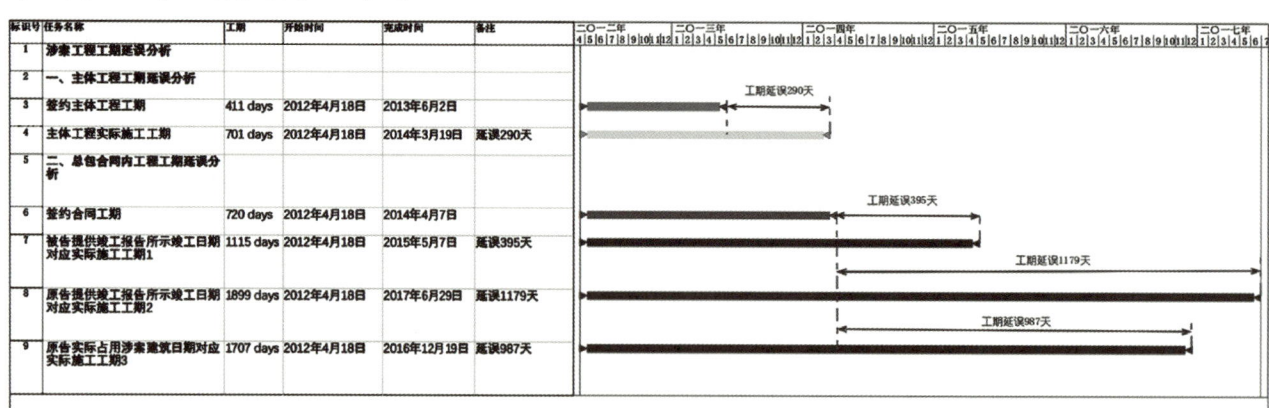

图2 工程延误期限分析图

5）工期延误原因分析

（1）根据2015年5月8日的竣工报告显示，中途因故停工天数为350天，但未涉及具体原因和责任方。室内装饰工程（属原告组织的二次招标施工内容）原计划应于2014年3月26日进场施工，而实际进场时间为 2015 年 10 月 11 日，则进场时间延迟 564 天；再加上被告主张的铝合金门窗深化、不可抗力（台风）、中高考以及创全国文明城市等因素影响工期。被告认为：双方协商过，原告原因承担 350 天，被告原因承担 45 天，后续由被告配合原告工作，相应延期由原告承担。故被告认为仅愿意承担 45 天延期责任，其他延误原因均由原告承担。

（2）根据提供的相关资料，主体工程计划验收时间 2013 年 6 月 8 日，实际主体验收时间 2014 年 3 月 25 日，主体工程验收延期 290 天，该部分工期延误主要由被告原因而导致，主体工程后续施工延误主要由原告或其他客观原因而导致；受原、被告双方提供资料及其他单项施工交叉等情形影响，具体延期原因无法作出准确判断。

（3）受原、被告双方提供资料完整性及其他单项施工交叉等情形影响，具体延期原因无法作出准确判断。根据提供的资料显示，上述主体工程即使不延误，原告于 2016 年 7 月提供环艺总平面图和植物配置总平面图以及 2016 年 8 月提供灯具布置图和灯具系统图，本工程也无法如期完工；提供图纸延误而导致工期延误，根据施工合同第 23.2 条约定应由原告承担。由于没有提供明确的图纸签收时间，现按 2016 年 8 月 1 日为原告提供完整图纸的日期进行计算：环艺总平面图内容、植物配置总平面图内容、灯具布置图及灯具系统图等施工内容按 15 天合理施工时间，后续安装工程调试、零星工程施工、收尾等工作时间按 38 天；根据施工合同第 24.2 条约定"工程未经竣工验收，原告擅自使用的，以转移占有工程之日为实际竣工日期"，竣工时间应按 2016 年 12 月 20 日认定，得出原告提供完整图纸等资料后因被告原因造成延期为 88 天。

（三）案件当事人对工期司法鉴定意见的异议

1. 原告意见及本鉴定机构回复意见

（1）本案鉴定思路存在错误。

本案鉴定已作出主体工程延误 290 天的情况下，应当根据被告前期施工能力，鉴定被告在其承包范围内完成后续工作所需的时间，据此得出被告实际完工所需时间，方能确定工期延误时间，按这种思路鉴定对双方来说才是公平合理的。

回复：工期延误应根据涉案工程的合同工期及实际开竣工日期进行确定，而非根据被告前期施工进度，计算其在后期不赶工情形下的理论竣工日期，从而得出其理论上的工期延误，这种思路是不科学的也是不公平的，因此不能被采用。本鉴定机构的职责仅是依据一审法院委托书的鉴定要求提供鉴定服务，因原、被告双方提供的证据不完整且对涉案事实的认定存有异议等情形存在，本鉴定机构无法认定涉案项目的实际竣工日期。在实际竣工日期无认定的前提下，本鉴定机构仅能针对三种可能的竣工日期逐一展开分析，计算各自对应的工期延误天数，分析各延期因素的原因及责任方，供一审法院判断使用。

（2）对暂以 2015 年 5 月 28 日为实际竣工日期的延误原因分析意见。

2015 年 5 月 8 日并非实际竣工日期，因该日期后被告仍在实际施工，并向原告申请支付进度款，工程客观上不可能已经实际竣工。原告二次招标的室内装饰工程时间晚于预期等并非导致工程整体工期延误的原因，而是被告延误工期，未按时完成前置施工内容，进而导致后续的装饰工程进一步延误。

（3）对暂以 2017 年 6 月 30 日为实际竣工日期的延误原因分析意见。

鉴定机构未对该情形下的延误原因作出具体判断，但是在分析时认为"主体工程后续施工延误主要由原告原因而导致"，原告认为该陈述没有证据依据也与客观事实不符，本案工程因被告内部管理不善等原因导致进度迟延，原告对于工程延误没有过错，后续工期延误也是被告前期工期延误所引发的必然结果，不能将后续工期延误原因归咎于原告。

（4）对暂以 2017 年 1 月 1 日为实际竣工日期的延误原因分析意见。

① 鉴定机构在分析延误原因时是建立在"主体工程即使不延误"的假设条件之下的，认为被告原因导致延误 100 日。原告认为，鉴定机构即便对于主体工程后的其他工程无法作出延误原因分析的，但对于"主体工程延误 290 天及该部分工期延误主要由被告原因导致"已经作出了相关的认定。因此，在综合分析延误原因时，应作出具体的分析意见，且该延误日期至少为"100 天 + 290 天中的大部分天数"。

② 如上分析，原告提交环艺、植物配置图纸时间晚于预期时间并非工程延误的原因，而是被告施工延误所导致的必然结果，不能以此来倒推原告对工程延误存在过错。

2. 被告意见及本鉴定机构回复意见

（1）主体工程计划验收时间 2013 年 6 月 8 日，实际主体验收时间 2014 年 3 月 25 日，主体工程验收延期 290 天，该部分工期延误主要由被告原因而导致，主体工程后续施工延误主要由原告所致。

回复：鉴定意见书（征求意见稿）中鉴定结果载明"主体工程验收延期 290 天，该部分工期延误主要由原告或其他客观原因而导致，受原、被告双方提供资料及其他单项施工交叉等情形影响，具体延误原因无法作出准确判断"；若被告主张主体工程后续施工延误主要为原告所致，需提供相关的材料证据给人民法院，经原告质证后，由法院转交本鉴定机构进行核实并调整鉴定意见书。

（2）后续工程计划竣工日期为 2016 年 9 月 25 日，而鉴定机构以 2016 年 12 月 20 日作为涉案项目实际竣工日期，得出被告原因造成本工期延误 88 天的结论，这与实际情况不完全相符，被告认为后续工程的延误责任完全在原告。

回复：我单位已查明 2016 年 12 月 20 日起，原告下属单位已整体搬迁至涉案建筑内办公，可推定原告实际占用涉案建筑的时间为 2016 年 12 月 20 日，根据施工合同的约定，可以认定该日期为涉案项目实际竣工日期，由此得出被告原因造成本工期延误 88 天的结论。如被告对乙方原因导致工期延误 88 天的结论存有异议，需提供相关的材料证据给一审法院，经原告质证后，由法院转交本鉴定机构进行核实并调整鉴定意见书。

四、出庭作证及鉴定意见采纳情况

1. 出庭作证情况

2021 年 3 月 19 日，一审法院关于鉴定意见书进行了开庭质证，由于本鉴定机构在《鉴定意见书》（征求意见稿）出具后即要求原、被告双方书面反馈意见，且作出了书面回复，庭审过程中，鉴定人对原、被告双方关于《鉴定意见书》的质证意见逐一答复。

2. 鉴定意见采纳情况

（1）二审法院认为本鉴定机构虽系涉案项目造价的咨询人，而本次鉴定属于依据双方一致意愿而进行鉴定，且具有合格的鉴定资质，不存在违法鉴定的情形，且双方当事人对鉴定报告在鉴定人员出庭针对双方当事人提出的问题进行解答及说明后进行了质证，故该鉴定结论应作为法院审理案件的有效证据。

（2）一审及二审法院均认定鉴定机构提出的原告实际占用涉案建筑日期2016年12月20日为实际竣工日期。

（3）一审及二审法院均采纳鉴定机构意见，认定室外配套工程施工阶段因被告原因造成工期延误88天，被告承担132万元赔偿责任；室内装饰工程准备及施工阶段工期延误由原告承担；主体阶段被告工期延误290天，但该延误被告可在后续工程中赶工弥补，且原、被告双方在2015年5月8日《竣工报告》中有被告承担45天的意思表示，综合考虑由被告承担68万元赔偿责任；被告合计承担200万元赔偿责任。

五、心得体会

（一）委托人不先认定有异议的证据材料时，鉴定机构如何处理

委托人提供经质证并认定的完整证据材料是鉴定机构提供客观、公正鉴定意见的必要条件，但在日常司法鉴定业务实践中，当事人因自身能力或出于维护自身利益的考量，要么不能提供完整的证据材料，要么双方提供的证据材料互相矛盾、存有异议，这部分证据材料在移交鉴定机构前，委托人应注明质证及证据认定情况，但委托人因自身工程业务知识的欠缺等原因，往往不能先行完成有异议的证据材料的认定工作，给鉴定机构的鉴定工作带来了极大的困难。遇到这种情况，鉴定机构应该如何处理？

《建设工程造价鉴定规范》（GB/T 51262—2017）中3.3.6规定："鉴定过程中遇有下列情形之一的，鉴定机构可终止鉴定：委托人提供的证据材料未达到鉴定的最低要求，导致鉴定无法进行的……"4.7.3规定："当事人对证据的真实性提出异议，或证据本身彼此矛盾，鉴定人应及时提请委托人认定并按照委托人认定的证据作为鉴定依据。如委托人未及时认定，或认为需要鉴定人按照争议的证据出具多种鉴定意见的，鉴定人应在征求当事人对于有争议的证据的意见并书面记录后，将该部分有争议的证据分别鉴定并将鉴定意见单列，供委托人判断使用。"

根据上述相关规定，鉴定机构应提请委托人明确质证及证据认定情况，委托人未做出证据认定，但认为异议材料不影响鉴定，要求鉴定机构就有关材料单列意见的，鉴定机构应将该部分有争议的证据分别鉴定并将鉴定意见单列，供委托人判断使用。如未经认定的有异议证据材料未达到鉴定的最低要求，确实影响鉴定的，鉴定机构可终止鉴定。

（二）工期鉴定的鉴定机构及鉴定人员如何确定

在工期鉴定领域，目前尚无资质管理方面的专门性规定，理论界对于工期鉴定应由造价机构

还是监理机构进行尚存争议。司法实践中目前以委托造价咨询企业进行工期鉴定为常规做法。《中华全国律师协会律师办理建设工程法律业务操作指引》第 5.6.3.2 提出"目前法律、行政法规并未对工期鉴定机构的资质做出相关规定，但由于工期鉴定一般牵涉工期延期后应承担的违约金、损失赔偿的数额，故以委托具有工程造价咨询资质的机构进行鉴定为宜"。《建设工程造价鉴定规范》（GB/T 51262—2017）也包含了工期鉴定的相关内容。因此，对于建设工程工期鉴定，目前在实践中应以委托造价咨询企业为宜。

工期鉴定工作不仅仅要求鉴定人掌握造价知识及相关法律知识，更需要鉴定人全面了解建设工程管理及施工技术的相关知识，对各专业工程施工内容、施工组织、施工工艺、施工顺序以及工程管理、合同管理等要熟悉，要求不可谓不高。为此，本鉴定机构在组建工期鉴定项目组时，会至少安排一名有施工现场工程管理经验或同时持有一级建造师（监理工程师）执业资格证书的鉴定人员，以最大限度地保证鉴定人的专业水平能满足鉴定工作的实际需求。

（三）工期咨询的必要性及相关业务的开拓

建设项目的实际施工过程中，施工周期长、涉及单位多、各工序交叉施工、参建方管理能力不足、不可预见条件等众多因素导致工期延误现象十分普遍，由此导致的工期延误争议也与日俱增。而工期延误认定具有很强的专业性，需要极为完善的证据支撑，但因发包人、承包人工期管理能力参差不齐，施工过程中没有及时保留证据的意识和能力，导致工期延误争议发生时通常无法提供完整的举证材料。故司法实践中极少有当事人能够对涉案自身的具体损失和对方的延期责任进行举证，从而获得裁判机构的有利支持，进而最大限度地维护自身的合法权益。加之大部分法官或仲裁员较为缺乏建设工程专业知识，难以从工程专业的视角厘清案件的来龙去脉，因此工期延误的定量分析便成为一个难题。此时若不借助专业的工期鉴定机构的力量，裁判者往往只能以证据不足为由不支持当事人的延期损失或停、窝工损失的主张，或者仅凭笼统分析，同时考虑双方的举证责任，并依据平衡双方利益等原则将责任粗略划分。

一般造价咨询公司的主要业务极少涉及工期鉴定，即便在组建鉴定项目组时，优先考有施工现场工程管理经验或同时持有一级建造师（监理工程师）执业资格证书的鉴定人员，因其在工期鉴定业务方面积累的相关知识及经验较为欠缺，仍不够专业，难以完全胜任复杂案件的工期鉴定工作。俗话说"术业有专攻""专业事应交给专业的人做"，为满足当前日益增加的工期咨询业务需求，本鉴定机构成立了综合咨询业务部，专门从事工期咨询等非常规造价咨询业务，让相关工程咨询人员在工期咨询领域不断深入钻研，成为足够专业的工期鉴定咨询人员，为客户提供真正专业的工期鉴定服务，从而进一步开拓工期鉴定业务领域。

（四）给工期鉴定机构及鉴定人的一些建议

鉴定机构应在证据充足的基础上，根据涉案项目的实际情况，立足于现有的证据材料，并运用专业的软件、选择适当的分析方法，尽可能采用更直观的展示手段，使裁判者更易读懂专业性较强的工期鉴定意见书。

同时，鉴定机构应避免以鉴代审，做到既不缺位也不越位，恰如其分地发表确定性意见、推断性意见或供选择性意见，力争为裁判者提供专业可信且恰到好处的鉴定意见，成为裁判者厘清工期责任的得力助手。

（五）充分发挥调解工作在司法鉴定中的积极作用

诉讼因其时间、精力、经济等成本高昂，并不是最佳的建设工程合同纠纷解决途径。诉讼过程中，无论是原、被告双方及其代理人，还是法官及其委托的鉴定人员，都要消耗大量的精力，承受巨大的压力。因此，鉴定人应该深入学习并深刻领会《最高人民法院办公厅 住房城乡建设部办公厅关于建立住房城乡建设领域民事纠纷"总对总"在线诉调对接机制的通知》（法办〔2023〕358号）文件的精神，在开展司法鉴定业务的过程中，尽量灵活运用自身的扎实的专业知识、丰富的工作经验和高超的调解技巧，公正、中立地为原、被告双方有效化解纠纷，以期促成双方在庭外达成和解或尽可能加快案件的顺利推进，降低相关方的诉讼成本，充分发挥调解在化解建设工程合同纠纷中的积极作用，有效促进社会的和谐与稳定。

专家点评

影响建设工程工期延误的风险因素众多、彼此关联，错综复杂，尤其是在工程各方合同约定不明，管理责任不清的情况下，对工期的司法鉴定尤为困难。本案例中遇到的难点是目前国内从业人员进行工期鉴定过程中经常遇到的共性问题，例如：双方均缺少签证依据、仅盖公章而未签署具体日期、竣工验收与竣工备案之间存在时间差等。

本案例的亮点在于：

从合同风险的角度提出了案例进行工期鉴定的基础方法，即提出对竣工日期认定的三个假设。在该案例中，由于合同约定不清是产生案例工期争议的根本原因〔涉案项目施工合同未明确具体计划开工日期及竣工日期，仅明确合同工期（签约）为720日历天〕，案例在工期鉴定的开始抓住了这一主要风险问题，提出涉案项目存在至少三个可能的竣工日期（2015年5月8日、2017年6月30日及2016年12月20日），在此基础上计算了各自对应的延期天数，并分析了其各自的工期延误原因。该案例所采用的倒推方法，可以为类似项目的工期鉴定提供借鉴。

目前国内的一些项目在进行工期鉴定过程中，会采用关键路径分析法，建立工期评估的数学模型来开展鉴定工作。上述工期鉴定方法，其效果实现的前提是基于良好的合同约定、高水平的项目过程管理及管理数据的质量。然而，在目前国内工程项目往往合同约定不清、项目管理水平参差不齐、管理数据难以完整溯源的情况下，使用完全定量化的工期鉴定方法，在界定项目中利益相关方工期延误的责任时，因其立足点不牢而显得说服力不足。

本案例的创新之处在于，鉴定机构充分考虑到了涉案项目现场的实际管理和数据收集水平，没有使用过于复杂的工期鉴定模型，而是使用了定性的方法，并对开展工期鉴定的维度和要素（计划工期、合同履行工期、实际工期、工期责任担当4个维度、15个要素）进行了清晰定义，为后续案例中工期利益相关方的责任界定提供了定性依据。例如，在案例中原告提出本案鉴定思路存在错误,认为在本案鉴定已作出主体工程延误290天的情况下,应当根据被告前期施工能力,鉴定被告在其承包范围内完成后续工作所需的时间,据此得出被告实际完工所需时间,方能确定工期延误时间。鉴定机构认为工期延误应根据涉案工程的合同工期及实际开竣工日期进行确定,而非根据被告前期施工进度,计算其在后期不赶工情形下的理论竣工日期,从而得出其理论上的工期延误,这种思路是不科学也不公平的,因此不能被采用。鉴定机构在委托方未认定实际竣工日期的前提下,仅能针对三种可能的竣工日期逐一展开分析,计算各自对应的工期延误天数,分析各延期因素的原因及责任方,供一审法院判断使用。

此外,本案例中也介绍了在进行工期鉴定过程中的关键因素:项目范围、项目阶段周期和里程碑事件、管理及施工界面定义、延期认定、证据范围、证据分析、责任判定、鉴定依据等,通过理解和学习这些因素,对于从业人员解决类似案例项目的工期争议问题有很强的借鉴意义。

天津理工大学　杨侃

某自动化设备车间工程造价重新鉴定

——济南盛恒项目管理咨询有限公司

任志强

一、案情简介

在 2014 年 6 月，某建筑公司（即原告本次鉴定的申请人，后文简称申请人）与某自动化设备有限公司（即被告本次鉴定的被申请人，后文简称被申请人）签署了工业园某自动化设备车间的建设工程施工总承包合同，包括建筑、装饰、安装、外墙幕墙、雨篷、钢结构、水电和消防工程，以及部分精装修工程。合同工期从 2014 年 6 月 16 日至 2014 年 10 月 15 日，合同总金额为 810 万元，未约定结算方式。2014 年 8 月，申请人和被申请人又签署了案涉某自动化设备车间外部的混凝土路面和排水等配套工程的施工合同，合同金额为 110 万元，未约定结算方式。

2015 年 7 月 1 日，申请人和被申请人又签订了一份补充协议书，重新明确了工程内容、承包范围、工期、质量标准、检验验收时间以及款项支付等事项，合同价款的调整约定"工程新增项目、设计变更引起的新增工程量清单项目，其造价须经甲方认可后方可施工，增加项目的款项支付计入工程总造价，增加项目可以根据实际情况增加工期"，案涉工程于 2015 年 10 月完工。

2020 年 6 月，申请人起诉被申请人并提出工程造价司法鉴定申请，一审法院委托某鉴定机构进行案涉项目全部工程量的工程造价司法鉴定，2020 年 7 月 17 日，一审鉴定机构出具鉴定意见书，鉴定造价为 19221590.45 元，是案涉工程施工总承包合同和补充协议合计金额 920 万元的 2 倍多。因此，一审法院判决被告支付原告 3583041.69 元及利息。被告不服，上诉至二审法院，二审法院维持一审法院原判。

被告再次上诉至省高院，省高院认为："根据原审在卷证据和已查明事实，双方当事人对涉案建设工程合同系固定总价合同且总价款为 920 万元没有异议，仅对工程增项及价款存在争议。原告一审的诉讼请求为请求判决被告支付工程款 3583041.69 元，包括涉案固定价款 920 万元中的未付款项及未在涉案合同中体现的工程增项部分价款。在此情况下，一审法院委托鉴定机构对涉案工程的实际工程总量及价款进行鉴定，不仅违反双方按照固定价结算工程款的合同约定，也与双方争议焦点不符，导致涉案工程增项及价款未查明，确有不当。"发回二审法院重审。申请人随后就工程增项和变更部分提出工程造价司法重新鉴定的申请，我鉴定机构接受再审法院委托对"涉案某自动化设备车间工程增项、变更部分工程量及价款"进行工程造价司法鉴定。

二、案件争议焦点和造价鉴定难点

（一）案件争议焦点

1. 工程增项、变更及价款问题

申请人坚决主张，该工程的总造价应当根据他们自行编制的《工程量确认书》和《工程结算书》进行计算，诉求的工程总造价为1278.3万元，包括两个固定总价合同920万元，以及工程增项、变更价款358.3万元。而被申请人仅认可工程增项、变更列项中的37.06万元。

2. "未计入项"与"漏项"争议

申请人坚持：因投标报价图纸与实际施工图纸不一致，有很多分部分项工程实际已经完成施工并验收合格，但并没有把投标报价中包含在内，应视为图纸已包含但合同价款没有涵盖的"未计入项"，这些"未计入项"的总造价共计244.7万元。

被申请人坚持：招标图纸和施工图纸完全是一致的，因两份工程施工协议均为固定总价合同，且实际施工内容均未超出《某自动化设备车间工程建筑结构施工图》范围之外，因此，任何遗漏的分部分项工程报价都应视为申请人自身的失误，不存在"未计入项"，并反对该部分的工程造价司法鉴定，否则就与省高院民事裁定书的有关内容相违背。

（二）鉴定的难点

1. 鉴定资料缺失严重

案涉工程造价司法鉴定材料严重缺失。在完成第一次鉴定之后，我鉴定机构仅收到的鉴定资料，包括一套《某自动化设备车间工程建筑结构施工图》、三份施工合同以及《追加变更明细表》和投标文件。其他关键的鉴定材料，包括招标文件、工程设计变更单、工程联络单、工程量确认单、施工组织设计方案、施工日志以及竣工后的相关资料、照片和录像等，均未能提供。

鉴定资料缺失的情况对于案涉工程的司法鉴定带来很多困难，特别是隐蔽工程或半隐蔽工程的鉴定，例如各种工业设备基础、钢筋工程、轨道基础以及各种类型的池槽等。

2. "未计入项"或"漏项"部分是否属于司法鉴定范围

经鉴定机构研究认为，鉴定范围的确定属于司法审判权范畴。"未计入项"或"漏项"部分是否属于案涉工程造价司法鉴定委托范围属于法律问题，需要由委托人事先澄清和确定，避免出现"以鉴代审"情况发生。另外，如委托人作出鉴定意思表示，如何准确甄别出哪些属于《某自动化设备车间工程建筑结构施工图》设计范围内并且已完成的，但投标报价中又没有该部分报价的分部分项工程，是摆在鉴定机构面前的复杂而细致的工作。

三、鉴定情况

（一）司法鉴定委托人提供鉴定材料内容

（1）我鉴定机构接受委托人委托，并向委托人送达《鉴定接受函》，同意对涉案"某自动化设备车间工程增项、变更及价款"进行鉴定。

（2）我鉴定机构鉴定人员前往接收与本案相关的所有鉴定资料。在仔细审阅和分析这些资料后，根据本次委托项目的独特性质、存在的争议焦点以及鉴定工作的主要重点，制定了一份全面而详尽的鉴定计划。

（3）对收到的鉴定资料进行初步整理和审查后，鉴定机构发现存在必要资料的缺失。为确保鉴定工作的准确性和完整性，鉴定机构立即向委托人以及双方当事人发出了一份正式的《要求当事人提交举证资料的函》。明确列出了我鉴定机构需要双方当事人补充提供的具体资料，以便进行更为全面和深入的工程造价司法鉴定，具体资料如下：

① 招标文件、工程量清单、控制价及答疑。

② 工程设计变更单、工程联络单、工程量确认单、签证单。

③《建设工程承包合同施协议书》《配套工程施工合同》《补充协议》。

④《配套工程施工合同》的报投标价单；厂区路面规划图（附施工工艺方案）；排水系统图（附施工工艺方案）。

⑤ 二审庭审提交的《追加变更明细表》。

（4）在委托人的组织下，双方当事人针对提交的鉴定材料进行了法庭质证。被申请人对的《追加变更明细表》中的37.06万元予以认可外，对申请人提交的所有其他鉴定材料均持否认态度。

（二）工程造价司法鉴定情况

1. 鉴定过程

（1）2022年5月31日，我鉴定机构决定接受委托人委托。

（2）2022年6月6日，针对委托鉴定工程项目专业特点，该项目涉及土建、安装和市政等多个专业领域，并存在一系列复杂且专业性强的工程造价争议。考虑到这些因素，我鉴定机构精心挑选了三名具有出色业务能力的一级造价师组成专门的鉴定小组。随后，制定了详细的鉴定方案和工作计划，以确保鉴定工作的准确性和专业性。

（3）2022年6月12日，我鉴定机构鉴定人员前往委托人技术室接收该项目有关鉴定资料。

（4）2022年6月13日，经过对提交鉴定资料的初步整理，我鉴定机构发现缺少必要的鉴定资料，遂向委托人及双方当事人提交《要求当事人提交举证资料的函》的要求。

（5）2022年6月29日，我鉴定机构鉴定人员去委托人接收补充举证的鉴定资料。

（6）2022年7月2日，我鉴定机构正式通知了双方当事人进行现场勘查。7月7日，我鉴定机构人员、主审法官、技术室主任等，以及双方当事人到达现场，共同进行了详尽的现场勘察。

在现场，我鉴定人员与双方当事人进行了一系列严谨的测量和测算，包括对工程量的核实和测量。为确保勘查结果的准确性和可靠性，我鉴定人员还进行了全面的影像记录和勘验记录。这些现场勘查记录经过申请人和被申请人的仔细审阅后，分别签字确认并表达了各自的意见和立场。

（7）2022年7月12日，我鉴定机构依据《某自动化设备车间工程建筑结构施工图》《现场勘验记录》《追加变更明细表》以及施工期间的建设工程计价文件等多项鉴定材料，计算出案涉工程的增项及变更部分的价款，"未计入项"或"漏项"部分的价款。基于上述分析和计算的结果，我鉴定机构形成了一份翔实的工程造价司法重新鉴定征求意见稿，并将征求意见稿发送给了申请人和被申请人，明确要求双方在规定的时间内提出各自反馈意见。

（8）2022年7月16日，我鉴定机构对申请人和被申请人提出的反馈意见进行了仔细的审查和核对，部分采纳了双方的合理意见，并据此调整了鉴定结果和鉴定意见稿。

（9）2022年7月20日，经过我鉴定机构内部审核和复核流程后，出具案涉"某自动化设备车间工程增项、变更及价款"工程造价司法重新鉴定意见书并递交给委托人。

2. 鉴定依据

（1）委托人委托鉴定书。

（2）委托方移交的庭审资料，包括质证笔录5份、质证意见4份。

（3）《建设工程造价鉴定规范》（GB/T 51262—2017）。

（4）《某自动化设备车间工程建筑结构施工图》《现场勘验记录》《追加变更明细表》、三份工程施工合同协议书、投标文件等。

（5）《某省建筑工程消耗量定额（2006）》《某省安装工程消耗量定额（2006）》《某省市政工程消耗量定额（2006）》《某省房屋修缮工程消耗量定额（2008）》《某省建设工程费用及计算规则（2011）》，施工档期当地信息价。

3. 鉴定方法

根据《建设工程造价鉴定规范》（GB/T 51262—2017）"5.4.2 在鉴定项目施工图或合同约定工程范围以外，承包人以完成了发包人通知的零星工程为由，要求结算价款，但未提供发包人的签证或书面认可文件，鉴定人应按以下规定作出专业分析进行鉴定：发包人认可或承包人提供的其他证据可以证明的，鉴定人应作出肯定性鉴定，供委托人判断使用；发包人不认可，但该工程可以进行现场勘验，鉴定人应提请委托人组织现场勘验，依据勘验结果进行鉴定"的条文。

（1）我鉴定机构对《追加变更明细表》进行逐项详细分析后，根据《现场勘验记录》，将增项和变更部分细分为以下三大类，便于进行合理的计量与计价。

对于能准确测量的工程量：如装饰、装修工程、门窗工程等工程量，我鉴定人员采用实测实量的方法。

另外，根据《建设工程造价鉴定规范》（GB/T 51262—2017）"5.1.2 鉴定人应根据合同约定的计价原则和方法进行鉴定。如因证据所限，无法采用合同约定的计价原则和方法的，应按照与合同约定相近的原则，选择施工图算或工程量清单计价方法或概算、估算的方法进行鉴定"的条文。

因无设计变更图纸，对于案涉工业厂房中各种型号的设备基础、轨道基础、各种规格的混凝土池、混凝土沟槽等构筑物，用实测实量的方法采集测量裸露在外的尺寸数据；但埋入地下部分的工程量，我鉴定机构采取了查询《构筑物抗震设计规范》（GB 50191—2012）、《建筑地基基础设计规范》（GB/T 50007—2011）与《某自动化设备车间工程建筑结构施工图》地面做法说明对照等方法，结合工程专业技术和经验推定出各构筑物埋深部分尺寸的最小值以及钢筋最少配筋量，以弥补数据不全的不足，将该部分鉴定出的造价做推断性意见使用。

对于已经部分建成但全部拆除的工程量，我鉴定人员创新地采用了倒推测算方法来推导出分部分项工程的鉴定金额。例如，在某自动化设备车间内新建厕所的工程造价计算中，双方均承认新建一个厕所然后又被拆除的事实，但双方对已拆除厕所形象进度的描述差距很大。申请人表示被拆除的厕所已经快封顶了，门窗框都安装到位了；而被申请人表示才砌了不到的半米高的墙，也无其他签证、照片影像资料佐证等。我鉴定人员根据双方当事人认可的水泥、红砖、沙子的数量，分别根据定额中砌筑砖墙子目的水泥、红砖的含量进行了反复倒推测算，据此推算出已拆除厕所的工程造价。

（2）对于案涉工程"未计入项"或"漏项"部分的工程造价是否进行司法鉴定范围的问题，我鉴定机构与委托人多次沟通后，委托最终人明确表示：省高院对案涉两个施工合同作出再审裁决的理由，应理解为"程序性固定总价合同"而非"实体性固定合总价合同"，故"未计入项"或"漏项"应当按双方当事人各自诉求分别予以鉴定，得出两种结算结果并作出选择性鉴定意见，供委托人使用。

根据《建设工程造价鉴定规范》（GB/T 51262—2017）"5.5.2 一方当事人对双方当事人已经签认的某一工程项目的计量结果有异议的，鉴定人应按以下规定进行鉴定：1 当事人一方仅提出异议未提供具体证据的，按原计量结果进行鉴定；2 当事人一方既提出异议又提出具体证据的，应对原计量结果进行复核，必要时可到现场复核，按复核后的计量结果进行鉴定"的条文，"未计入项"或"漏项"工程造价的鉴定方法如下：

鉴定机构以申请人提交的投标文件为基础，逐一与《某自动化设备车间工程建筑结构施工图》《现场勘验记录》以及《追加变更明细表》进行对比分析，列出《某自动化设备车间工程建筑结构施工图》所包含分部分项工程明细内容但在投标报价中没有包含的部分。针对上述"未计入项"或"漏项"的工程量，依据《某自动化设备车间工程建筑结构施工图》进行计算和核对后，计算得出相应的工程量，计价采用《某省建筑工程消耗量定额（2006）》《某省安装工程消耗量定额（2006）》以及《某省市政工程消耗量定额（2006）》和《某省建设工程费用及计算规则（2011）》、施工档期当地材料的信息价以及其他相关的造价调整文件，得出了"未计入项"或"漏项"部分的工程造价，但该造价并不能直接作为鉴定意见使用，仍需作进一步的修正（见表1）。

申请人的投标报价为888万元，而施工合同最终的金额为810万元。这78万元的差额，鉴定机构认为是双方当事人在合同谈判中经过一系列套价、还价和其他博弈后，申请人对被申请人的让利，换算成让利系数=（合同价/投标价）×100%。因此，在计算"未计入项"或"漏项"部分的工程造价时，应当再乘以让利系数（810/888）×100%=91.2%后的结果，作为最终的工程造价司法鉴定结果。

表1 "未计入项"或"漏项"工程造价对比表

序号	定额编码	子目名称	单位	工程量	被申请人诉求金额（元）	申请人诉求金额（元）	鉴定造价（元）
1	1-4-3×0.3	竣工清理	10m^3	11839.7	合同已包含	162638.02	48791.41
2	2-1-1	3：7灰土垫层地102	10m^3	18.823	合同已包含	280705.79	187137.91
3	9-5-203	不锈钢管栏杆	10m	3.542	合同已包含	7183.17	5525.52
4	……	……	……	……	……	……	……
5	……	……	……	……	……	……	……
…	……	……	……	……	……	……	……
25		钢平台	t	1.65	合同已包含	19305	9900
合计					合同已包含	2447115.38	800292.20

4. 鉴定意见

根据案涉工程鉴定证据情况及双方当事人相互协商一致情况，分别出具以下三种意见，分别是：

（1）确定性结论意见一：《追加变更明细表1》工程造价鉴定金额合计为370588.48元。

（2）推断性结论意见一：《追加变更明细表2》工程造价鉴定金额合计为119695.89元。

（3）选择性结论意见一："未计入项"或"漏项"部分，工程造价鉴定金额合计为800292.29元。

（4）选择性结论意见二："未计入项"或"漏项"部分，原合同已包含，不应另行计算，工程造价鉴定金额合计为0元。

（三）案件当事人对工程造价司法鉴定意见异议问题

（1）申请人的《某自动化设备有限公司某自动化设备车间工程结算书》是单方制作的虚假材料，不能采用的问题？

答复：根据《建设工程造价鉴定规范》（GB/T 51262—2017）"4.7.6 同一事项当事人提供的证据相同，一方当事人对此提出异议但又未提交新证据的；或一方当事人提供的证据，另一方当事人提出异议但又未提出能否认该证据的相反证据的，在委托人未确认前，鉴定人可暂用此证据作为鉴定依据进行鉴定，并将鉴定意见单列，供委托人判断使用"的规定，如果被申请人后续提交了额外的投标报价资料，并且这些资料经过双方当事人的法庭质证，鉴定机构将对此进一步地司法鉴定，并会提供两个选择性的鉴定意见，以供委托人参考和使用。

（2）对于"漏项"的计算过程，与申请人提供数量、单价等严重不符的问题？

答复：计算过程是依据双方质证过的施工图纸和申请人一一对照分部分项工程后计算得出的工程量，《某省建筑工程消耗量定额（2006）》《某省安装工程消耗量定额（2006）》以及《某省市政工程消耗量定额（2006）》和《某省建设工程费用及计算规则（2011）》，当地施工期间的材料信息价以及其他相关的造价调整文件得出的工程造价司法鉴定意见。

（3）现场勘验中，申请人无法提供地基图等资料，导致关键数据缺失，尤其是地基预埋板的坑深，数量众多，金额较大，不能靠估算的问题？

答复：根据《建设工程造价鉴定规范》（GB/T 51262—2017）"5.1.2 鉴定人应当根据鉴定项目证据材料是否完整、充分、详细，优先选择能准确进行鉴定的施工图预算（或工程量清单计价）方法，如受证据所限，可采用概算、估算的方法进行鉴定"的条文以及"5.4.1 在鉴定项目施工图（或竣工图）不齐或缺失，鉴定人应按以下规定进行鉴定：②建筑标的物已经隐蔽的情况下，鉴定人可根据工程性质、是否其他工程的组成部分等进行专业分析，作出推断性意见"的条文。

该部分工程造价鉴定仅涉及设备基础，地面上外露断面尺寸和数量分别是 800mm×800mm×6 个、1200mm×1500mm×16 个、1750mm×1300mm×4 个。被申请人提出设备基础的深度 200～300mm，但原地面在没有承载设备的情况下，建筑做法为：150mm 厚 3∶7 灰土；150mm 厚 C30 混凝土，累计深度已达到 300mm，所以设备基础的深度并考虑基础下垫层的厚度，总深度应当远大于 300mm，故没有采纳被申请人的意见。

（4）申请人没有提供任何证据来主张自己增项的问题？

答复：该部分工程造价鉴定工作是在双方部分达成一致的《追加变更明细表》基础上，就双方未达成一致的工程造价进行鉴定，运用施工期间执行的《某省建筑工程消耗量定额（2006）》《某省安装工程消耗量定额（2006）》《某省市政工程消耗量定额（2006）》《某省房屋修缮工程消耗量定额（2008）》及《某省建设工程费用及计算规则（2011）》进行测算后认定；同时，对于被申请人提出的其他鉴定要求，因鉴定材料不充分或缺失等原因，不予鉴定。

四、出庭作证情况

（一）接到委托人通知与庭前准备

在完成工程造价司法鉴定意见稿并对双方当事人提出的问题进行详细回复后，鉴定机构接到委托人的通知，要求于 8 月 4 日上午 9 点线上参加庭审。鉴定机构高度重视这一通知，立即组织相关鉴定人员进行庭前准备，以确保在庭审过程中能够明确、自信地回应各方问题。

（二）出庭作证与应对策略

庭审当天，鉴定人员按照委托人的要求准时出现在线上庭审平台。庭审过程中，被申请人从鉴定报告的"鉴定人声明"部分开始，逐条提出质疑要求鉴定机构解释，不仅包括了对鉴定意见稿中主要数据的详细质疑，还包括了原先未提出的疑问，鉴定人员对被申请人提出的问题，一一做出详细的答复，其答复策略如下。

（1）对于已在鉴定意见书中解释的问题：鉴定人员明确指出，这些问题在鉴定意见书中已有详细解释，并告知具体在第几页、第几条进行了分析和说明或可以直接照本宣科。

（2）对于鉴定人员记忆模糊或需要斟酌的问题：鉴定人员可以当庭表示，这些问题将在庭审结束后进行进一步的核实,并将以书面形式的回复邮寄给委托人,避免庭上出现鉴定人员因庭审经验不足、产生紧张情绪而导致的漏洞或错误。

(3)对于非技术性问题:鉴定人员可以明确表示,这类问题不属于技术鉴定范畴,因此有权拒绝回答,例如:被申请人询问鉴定人员是否与被申请人以前认识,是否之前有过业务合作等质疑,鉴定人员可以向委托人申请拒绝回答与涉案工程造价司法鉴定技术无关的问题。

庭审过程中,鉴定人员的专业性和细致准备得到了充分体现。通过明确、自信的回应,不仅解答了当事人的疑问,也赢得了法庭的信任。这次庭审经验进一步凸显了庭前准备的重要性,以及专业鉴定在解决工程造价争议中的关键作用。这次庭审经验也让鉴定人员更加明确,无论是在鉴定过程还是庭审过程中,专业性和科学性都是达到公正、客观鉴定结果的基础。这将为今后更多的工程造价司法鉴定案件提供宝贵的经验。

五、心得体会

(一)沟通促公正,避免"以鉴代审"

与案涉委托人进行充分的沟通是避免"以鉴代审"现象发生的关键一环。这可以确保鉴定人员准确地理解委托人对案件的基本判断和需求,从而避免提供超出其专业范围和权限的鉴定意见。

1. 专注问题,提高质量

与委托人沟通可以帮助鉴定人员更好地理解法律框架下的具体要求和限制,这是确保鉴定意见可靠性的基础。这有助于鉴定人员集中精力在委托人关心的问题上,而不是对案件进行全面的解读或推断。了解委托人对案件的基本判断和看法有助于鉴定人员更准确地进行专业、科学的鉴定工作。这种理解使得鉴定人员能在法律允许的范围内应用科学方法,从而提高鉴定意见的可靠性。

2. 明确界限,确保公正

委托人通常对案件有全面但非专业的理解,而鉴定人员则拥有专业但可能不全面的视角。例如:当委托人和鉴定人员对同一份证据有不同的解读时,通过沟通,双方可以达成一种多维度、多角度的共识,这不仅可以提高鉴定意见的质量,还能增加鉴定人员在法庭上的可靠性和说服力。通过与委托人的沟通,鉴定人员还可以更清晰地了解到哪些是需要鉴定的事实,哪些是需要委托人来判断的法律问题。这样可以避免鉴定人员做出主观的推断和解释,从而避免"以鉴代审"。同时,有效的沟通可以帮助鉴定人员避免提供与委托人判断不符或者超出鉴定范围的意见,确保鉴定工作的专业性和公正性,这一点对鉴定意见是否被采纳至关重要。

(二)专业公正,严谨科学

工程造价司法鉴定是一项综合性极强的专业工作,它不仅涵盖了技术、经济和法律的多个方面,而且还要求鉴定机构和鉴定人员具备高度的独立性、公正性和专业性。

(1)鉴定机构和鉴定人员都必须严格遵循公平、公正和实事求是的原则。这意味着所有的鉴定活动都应建立在委托人提供的鉴定资料基础之上的，并且自始至终地保持自身的专业性，不受任何外界因素的干扰和影响。

（2）工程技术和造价专业相结合是工程造价司法鉴定工作的核心手段。在工程造价鉴定过程中，通过运用这些专业知识和技术，鉴定人员能够进行深入、全面的分析，从而确保鉴定结论的科学性和准确性。每一个鉴定人员尤其要避免主观臆断是必须牢记的原则，任何基于个人观点或偏见的鉴定都是不可接受的，这样很容易导致鉴定结论失真，从而影响鉴定意见作为重要证据的可靠性。

（3）在工程造价司法鉴定过程中，逻辑推导起着至关重要的作用。鉴定人员需要通过清晰、严密的逻辑推导，将所有的数据和专业知识综合起来，形成一个既合乎科学又符合法律规定的鉴定结论。

（三）全面分析，精准鉴定

（1）在工程造价司法鉴定的过程中，需要根据涉案工程的具体特点进行全面而细致的分析。这一步骤不仅涉及到证据材料的厘清和整理，还需要明确工程造价司法鉴定的整体思路和方向。为了确保工程造价司法鉴定工作的科学性和准确性，应制定一份全面、详细的鉴定方案。

（2）在鉴定方案的基础上，再进行深入的研究和分析，以深入了解案件的焦点问题和鉴定要求。这一阶段的工作不仅需要鉴定人员具备丰富的专业知识和经验，还需要他们能够运用逻辑推理和分析能力，以确保鉴定结果的合理性和可靠性。

（3）在选择鉴定方法时，应优先考虑使用精算和细算的方法。这些方法通常更为精确和科学，能够更好地反映工程的实际造价。然而，如果受到证据不足或其他因素的限制时，也可以考虑使用其他如估算、倒算和测算等方法。这些方法虽然可能不如精算和细算精确，但在某些特定情况下，它们仍然可以提供一个相对合理和可接受的鉴定结果。

（四）庭前准备充分，应对有力

庭前准备是工程造价司法鉴定过程中一个至关重要的环节，它对于鉴定人员在法庭上的表现和最终鉴定结论的接受度有着直接的影响。因此，庭前准备必须是充分和细致的，主要从以下几个方面准备：

（1）鉴定人员需要对双方当事人关注的焦点问题进行全面的分析和研究，例如，在法庭上，有些律师会从法律的角度就某个焦点问题的鉴定方法或鉴定意见，向鉴定人员反复询问，企图找到鉴定人员回答的漏洞来推翻不利于其委托人的鉴定意见。所以事先准备好详尽的答复预案，这不仅包括对争议问题的深入了解，还需要对鉴定结论的推导过程进行明确和梳理。

（2）庭前准备也应包括对可能出现的意外情况进行预测和应对策略的制定。这样可以确保鉴定人员在面对突发问题或复杂情况时，仍能保持冷静，作出合理和科学的判断。充分的庭前准备还能增加鉴定人员的自信心，使他们在法庭上更加从容不迫，更有力地支持和维护自己的鉴定结论。

总之，庭前准备是确保工程造价司法鉴定顺利进行的关键一步。只有通过全面、细致的准备，鉴定人员才能在法庭上有效地应对各种问题和挑战，从而确保鉴定结果的公正性和准确性。

（五）透明公开，建信释疑

在工程造价司法鉴定中，公开鉴定结论形成的过程不仅是工程造价司法鉴定工作的公正性的体现，更是确保鉴定结果可信度和接受度的关键步骤。

1. 公开透明增信任

由于工程造价鉴定意见通常涉及大量数据的计算和计价，纸质版很难完全体现每个数据的形成过程，这就有可能增加双方当事人对鉴定结果的猜忌和误解。因此，鉴定机构应当采用公开、透明的方式进行鉴定结果的逻辑推导，如公开计价软件的计量、计价过程；主动要求双方前来核对工程量，核对工程计价等措施，以便让双方当事人更清晰地了解鉴定结论是如何一步一步形成的。在本次涉案项双方当事人征求意见时，被申请人就对鉴定意见中的部分"未计入项"的分项的综合单价提出了质疑，鉴定机构又请被申请人在庭下面对面推导并核对，逐一进行了解释和说明。

2. 沟通解疑虑

鉴定机构除了有责任公开和透明化鉴定流程外，同时与双方当事人等进行充分的沟通和澄清。这样做不仅能消除或降低各方对鉴定结果的疑虑，还有助于预先解决庭审中可能出现的问题和争议。例如：当被申请人对鉴定报告中的单价与其从网络上获取的数据不符时，鉴定机构向其阐明了某计价软件是经过山东省建设厅有关部门认证的，是具备合法性；同时，说明了这些差异是由于采用的省价、地市价、不同的价目表和材料价格等多方面因素造成的。

总之，通过主动公开鉴定流程和与双方当事人沟通，鉴定机构不仅提升了鉴定结果的可信度和接受程度，也进一步增强了自身的专业性和公信力。这种做法不仅有助于提高案件的公正性和效率，还能更全面地服务于司法公正的目标。

专家点评

该案例是重新鉴定的案例，全面展示了工程造价司法鉴定的复杂过程和多维度的考量。案例详细介绍分析了工程增项、变更及价款、"未计入项"与"漏项"争议等焦点难点问题，这些内容覆盖了工程造价司法鉴定中常见的争议焦点，提供了一个全景式的案例分析。

通过对案件背景的详细阐述，如合同签订、补充协议、工程完工、一审和二审判决等，读者可以清晰地了解到案件的全过程，使案例分析具有高度的情景再现性和教学性。

鉴定难点解析：面对鉴定资料缺失的难题，文章展示了鉴定团队如何通过各种方式补全信息、采用专业的方法推算出准确的鉴定结果，如对"未计入项"或"漏项"部分的处理方法，以及对于隐蔽工程或半隐蔽工程的特殊处理技巧。

实测实量与推算结合：文章详细描述了如何根据《建设工程造价鉴定规范》（GB/T 51262—2017）采取实测实量和推算相结合的方法来进行鉴定，这种方法既科学又具有实操性，对于同行具有很好的参考价值。法律框架下的专业鉴定：文章讨论了"未计入项"或"漏项"部分是否属于司法鉴定范围的问题，展现了作者在遵循法律框架下进行专业鉴定的法律意识和责任感。

法律问题与技术问题的区分：通过对司法鉴定中技术问题与法律问题的清晰区分，文章指出了鉴定过程中应如何正确处理法律框架内的问题，避免"以鉴代审"，保证了鉴定工作的合法性和有效性。该案例，如实根据案涉工程鉴定证据情况及双方当事人相互协商一致情况，分别出具以下三种意见，分别为确定性结论意见、推断性结论意见、选择性结论意见。

注意事项：作者是专业的造价鉴定人员，建议还需在文字上下功夫磨炼和雕琢，才会让好的典型案例更好地传播。

因此，该案例案件背景、技术手段、证据分析、鉴定过程等方面描述相对比较完整；案例中采用的技术方法符合行业标准，技术手段准确且有效；案例所用数据的来源可靠、完整，并提供了充分的证据支持；案例所依据的法律法规是符合司法鉴定的要求，遵循相关法律程序；案例中焦点问题解决方案的合理，案例中所提出的问题解决方案合理，符合专业技术要求；案例中结论鉴定结论科学可靠，基于充分的数据和证据，推理合理，符合专业标准。

综上，该案例是比较成功的优秀造价鉴定案例。

北京普惠大成法律咨询有限公司　王建林

某住宅小区已完工程及工程损失的工程造价司法鉴定

——河南龙华工程咨询有限公司

刘世杰　孟景　翟尧尧　左亚斐　周红敏

一、案例简介

2019年6月14日某建设集团有限公司（以下简称"原告"）作为承包方与某置业有限公司（以下简称"被告"）签订了《某市某住宅小区总包工程施工合同》（以下简称《施工合同》），《施工合同》约定：某商业小镇，包括1#、2#、3#、5#、6#、7#、8#、开闭所及地下车库（含桩基）项目，建筑面积为185766.82m^2，合同价含税暂定总价为2.85亿元。结算方式为按照合同计价清单中税后综合单价结算。因为双方签订上述合同时被告尚未提供完整的施工图纸，为赶工期，原、被告双方同意暂按照预估的工程造价作为合同价，待被告提供正式完整的施工图后，由原、被告双方按照合同约定的结算标准重新核定工程造价。

本案起诉状中表明：在合同履约过程中，被告不按照合同约定履行支付工程款义务，拖欠原告工程款，对原告构成违约，导致合同无法继续履行。

原告于2021年11月26日对《施工合同》施工范围内已完工程产值、相关过程影响费用、待支付工程款的利息费用向某市中级人民法院提出工程造价及工期延误、停工损失的司法鉴定申请。2022年4月22日，某市中级人民法院委托河南龙华工程咨询有限公司对涉案的已完工程款及工程损失进行工程造价鉴定。依据委托鉴定事项、移送案件材料等证据，在鉴定时效内出具了《工程造价鉴定意见书》。

二、案件争议焦点和造价鉴定难点

（一）争议的焦点

本案争议的焦点为工程索赔，主要涉及的有工期延误、窝工损失、政府扬尘管控索赔、新冠肺炎疫情防控费用、河南"7·20"特大暴雨索赔、停工后未退场索赔、无法续建索赔、可得利益损失索赔（未完工管理费及利润）共9项事项。

（二）鉴定的难点

（1）已完工程中双方有争议的事项涉及隐蔽工程，现有鉴定材料中无对应隐蔽工程的影像资料等相关证据；

（2）当事人提交的工程资料类别多、矛盾多。对于当事人提交的证据资料，例如单方证据、有矛盾的证据、未经质证的资料等，鉴定人对证据进行分析、鉴别和认定是本案鉴定中的难点。最终需要结合质证情况对证据的证明力作出判断，包括证据的真实性、可靠性和证据关联程度的强弱，决定是否采用某项证据作为鉴定证据。

三、鉴定情况

（一）鉴定依据

（1）《鉴定委托书》及委托人移送的鉴定材料以及鉴定过程中补充鉴定材料，包含但不限于：
① 《某市某住宅小区总包工程施工合同》。
② 某设计院有限公司设计的施工图及电子版图纸及相应图纸会审、现场签证单及变更资料。
③ 证据交换笔录、调查笔录。
④ 关于工期延误、停工损失等证据资料。

（2）《建设工程造价鉴定规范》（GB/T 51262—2017）。

（3）《河南省房屋建筑与装饰工程预算定额》（HA01-31-2016）、《河南省通用安装工程预算定额》（HA02-31-2016）及其配套解释。

（4）《河南省住房和城乡建设厅关于新冠肺炎疫情防控期间工程计价有关事项的通知》（豫建科〔2020〕63号）。

（二）工程造价司法鉴定情况

1. 鉴定过程

（1）2022年4月22日，鉴定机构接受委托，接收委托人案件移送资料。

（2）2022年4月27日，鉴定机构发出《关于鉴定委托的复函》《鉴定人员组成通知书》《提请委托人补充证据的函》。

（3）2022年5月30日，鉴定机构发出第一次《现场勘验通知书》；2022年6月1日进行现场勘验并形成《现场勘验记录》。

（4）2022年6月16日，鉴定机构接收委托人转交的部分补充证据资料及质证意见。

（5）2022年7月12日，鉴定机构发出第二次《现场勘验通知书》。

（6）2022年7月14日，鉴定机构进行现场勘验并形成《现场勘验记录》，接收委托人转交的部分补充证据资料及质证意见。

（7）2022年7月15日，鉴定机构发出关于对争议材料提请委托人认定函《鉴定工作函》。

（8）2022年7月25日，鉴定机构收到补充资料及质证意见。

（9）2022年8月12日，鉴定机构发出《工程造价鉴定征求意见书》。

（10）2022年8月18日，鉴定机构收到原、被告对《工程造价鉴定征求意见书》的《反馈意见》。

（11）2022年8月19日，鉴定机构发出《提请委托人延长鉴定期限的函》。

（12）2022年8月23日，鉴定机构发出《邀请当事人参加鉴定会议的函》。

（13）2022年8月24日至8月29日，鉴定机构开展与原、被告关于征求意见异议问题的核对会议。

（14）2022年8月30日，鉴定机构收到委托人移交的原告新补充资料及被告对其资料的质证意见。

（15）2022年8月31日至9月13日，鉴定人将关于异议问题对征求意见书修改完善。

（16）2022年9月20日，鉴定机构出具《工程造价鉴定意见书》。

2. 鉴定方法

本鉴定按照委托人的委托目的和要求，依据移送案件材料等，结合勘验现场，鉴定人按照总包界面划分范围核实本工程原告已完工程范围，计算出已完工程量，套用《施工合同》中合同计价清单中税后综合单价（元），对于《施工合同》约定的材料、人工等与计价有关条款调整得出已完工程价款，发表鉴定意见。对于《施工合同》合同计价清单中没有的综合单价，执行《河南省房屋建筑与装饰工程预算定额》（HA01-31-2016）、《河南省通用安装工程预算定额》（HA02-31-2016）计价。对于工程损失的计算范围，对原告在《申报鉴定项目汇总》第2项中主张9条工程损失进行分析。依据《建设工程造价鉴定规范》（GB/T 51262—2017）第5.11.4条规定，对于合同约定矛盾或鉴定事项中部分内容证据不充分的，做出选择性意见，单列其金额，供委托人判断使用。

3. 工程价款分析

（1）措施项目费用：鉴定人依据《施工合同》专用条款措施项目清单表，表格中的计价方式是措施费项目费用＝建筑面积×税后面积指标（已知）。鉴定人按每栋楼实际施工的层数计算已完工建筑面积，结合现场施工进度，按造价占比测算出实际现场进度比例，经测算：1#、2#、7#、8#及开闭所仅施工主体，二次结构及装饰施工量较少，按72%计入；3#、5#、6#主体已封顶，二次结构及装饰工程部分已施工，措施项目中外脚手架费（总包自用）及支撑钢筋等措施费用两项按100%计入，除此两项之外其他项按80%计入；地下车库主体、底板及外墙防水及保护层已施工，顶板部分已施工，完成比例按85%计入确定性意见。对于1#、2#、7#、8#及开闭所的28%；3#、5#、6#主体已封顶，二次结构及装饰工程部分已施工，措施项目中外脚手架费（总包自用）及支撑钢筋等措施费用两项之外其他项的20%；地下车库的15%的措施项目费用进行了测算。由于停工的责任原、被告意见不一致，与确定性意见的差价4629799.73元单列，作为选择性意见，供委托人判断使用。

（2）人工调差：依据《施工合同》专用条款人工费调差约定，应按照实际施工时间相关部门发布的人工价格指数进行调整人工费用。其中，水电安装分部分项工程量清单计价表中综合单价=主材费+施工费+税金，未明确人工费占施工费的比例，鉴定人根据《河南省通用安装工程预算定额》（HA02-31-2016）相应施工内容测算出人工费占施工费的比例，按60%进行人工调差计入确定性意见。

（3）桩基工程：从移交资料中了解到，原告与被告在实施过程中对专项工程签订过《补充合同2》《补充合同7》《补充合同9》，将桩基工程费用计入确定性意见。原告同时主张，桩基工程是由被告指定单位某基础建设工程有限公司及某建设工程有限公司施工，且在措施项目清单中约定按桩基工程费的3%计取桩基配合费。是否达到计取条件，双方对此意见不一致，鉴定人将此部分费用285821.42元单列，作为选择性意见，供委托人判断使用。

（4）施工图设计标明的混凝土C30以上有抗渗等级为P8的混凝土，《施工合同》专用条款中C30混凝土只有1个综合单价，未注明是否包含添加剂，按市场询价抗渗等级为P8的混凝土，材料价格增加10元/m³（税前），《施工合同》中综合单价未分别计价的责任原、被告意见不一致，鉴定人将此部分费用354385.51元单列，作为选择性意见，供委托人判断使用。

（5）砖胎模：主体工程中集水坑、下柱墩、独立基础及不同厚度基础的变截面斜面部位，原告主张已按经批准的《砖胎模施工方案》施工，被告主张原告未按砖胎模施工，且未见相关隐蔽验收资料，从现有资料中无法判断实际是否按砖胎模施工。鉴定人将上述部位的斜面按设计图纸做法100mm厚素混凝土垫层计入确定性意见，混凝土垫层与砖胎模的差价（即两者土方差价）740702.36元单列，作为选择性意见，供委托人判断使用。

4. 工程损失分析

原告主张的工程损失部分有9条，具体分析如下：

1）窝工、无证施工抢工损失

原告主张的此部分损失为：在《建设工程规划许可证》前进场产生的机械窝工费用、防尘网覆盖增加费、工人窝工补偿、补桩头费用、夜间施工电费增加费用。

分析鉴定材料得出，《建设工程规划许可证》发证日期2019年8月22日;《施工合同》在第一部分协议书第三条合同工期说明，其中，编号1工作：现场开工条件审查，通过开始时间2019年4月1日，完成时间2019年4月30日；编号2工作：施工设计组织通过审核，开始时间2019年5月6日，完成时间2019年5月31日；到编号7工作：首开批次首次分段结构验收完成，开始时间2019年8月15日，完成时间2019年8月21日。完成时间接近《建设工程规划许可证》发证日期2019年8月22日。且鉴定材料中未见《施工设计组织》和双方共同确认的窝工、无证施工时间。因证据不足，鉴定机构将此部分造价分别单列，作为选择性意见，供委托人判断使用。

（1）机械窝工费用（分两项单列）

对小挖机、中挖机、汽车吊窝工费，因提供的相关鉴定材料有原告及监理单位双方签字并盖章确认的窝工、无证施工时间，但均无建设单位签章。鉴定人按照经监理单位签认的原始工程量凭证计算，单价按照《施工合同》中零星工作限价单列，将此部分金额217852.6元单列，作为选择性意见，供委托人判断使用。

塔吊租赁从塔吊设备进场安装确认的正式投入使用时间至《建设工程规划许可证》的窝工费，由于仅提供原告、监理单位共同签认的窝工时间，但未见《施工设计组织》、无证施工时间且无建设单位签字盖章等资料,将此部分造价39900元单列,作为选择性意见,供委托人判断使用。

(2)防尘网覆盖增加费

由于上级频繁检查以及无证施工原因,土方无法一次性运出,反复出土、覆盖,防尘网反复覆盖造成多次损耗,提供的相关鉴定材料有因该事项导致的工程量表(有施工单位、监理单位签字并盖章,但均无建设单位签章)。因此部分索赔事项责任无法界定,故工程量按照经监理单位签字并盖章的工程量表计算,单价按照《施工合同》中零星工作限价裸土覆盖单价1.8元/m^2计算,此部分88450.02元单列,作为选择性意见,供委托人判断使用。

(3)工人窝工补偿费用

原告主张的钢筋工、木工、泥工窝工费,提供了相关鉴定材料有劳务分包施工合同、付款明细、结算单等相关资料,但结算单未签字盖章且无窝工明细。鉴定人按照结算单中班组窝工补偿费用1062775.16元单列,作为选择性意见,供委托人判断使用。

(4)补桩头费用

原告主张因断桩造成补桩头费用,工程量按照经施工单位、监理单位签字并盖章的工程量表,单价按照《施工合同》中零星工作限价计取。提供的相关鉴定材料显示相应增加的工程量表(有施工单位、监理单位签字并盖章,但无建设单位签字盖章),按现有资料计算47528.06元单列,作为选择性意见,供委托人判断使用。

(5)夜间施工电费增加

原告主张无证施工期间夜间施工发生的照明电费增加,工程量按照经施工单位、监理单位签字并盖章的工程量表,单价按照同期《某市建设工程造价信息》中电费单价0.58元/(kW·h)(不含税价)×1.09≈0.63元/(kw·h)(含税价)。提供的相关鉴定材料显示相应增加的电费工程量表(有施工单位、监理单位签字并盖章,但无建设单位签字盖章),将此部分费用17604.24元单列,作为选择性意见,供委托人判断使用。

2)新冠肺炎疫情防控费用

由于2020年初全国新肺炎疫情全面暴发,依据《河南省住房和城乡建设厅关于新冠肺炎疫情防控期间工程计价有关事项的通知》(豫建科〔2020〕63号),新冠肺炎疫情属于不可抗力,因疫情防控期间造成工程造价增加的费用计入税前工程造价。原告主张疫情索赔费用,包含疫情期间值班人员费用、防疫物料投入、复工费用增加、复工隔离费用、隔离区的建设,具体鉴定意见如下:

(1)疫情期间值班人员费用

2020年1月23日—2020年4月8日期间3个值班人员工资、防疫增加费,基本工资按照《施工合同》中零星工作限价中保安工资3000元/月,防疫增加费按照《河南省住房和城乡建设厅关于新冠肺炎疫情防控期间工程计价有关事项的通知》(豫建科〔2020〕63号)中明确的:"疫情防控期间未开工的项目,工地现场看护、防控监督管理等人员按40元/人/天增加防疫经费。"此项费用按照文件精神,应增加防疫经费,但由于值班人员数量无签字确认资料,双方未达成一致意见,将此部分费用31500元单列,作为选择性意见,供委托人判断使用。

（2）防疫物料投入

疫情防护用品费用（消毒液、酒精、喷壶、护目镜、防护服、垃圾桶、垃圾袋、口罩、手套、血压计、体温器等），依据《河南省住房和城乡建设厅关于新冠肺炎疫情防控期间工程计价有关事项的通知》（豫建科〔2020〕63号）中明确的"开复工后，施工企业用于疫情防控的体温检测仪器、设备、防护口罩、防护眼镜、消毒用品、日常预防药品等用品用具以及用于隔离防护的消毒室、观察室、现场医疗室、食品保障，垃圾分类处理和清运等费用，根据发承包双方签证，据实计取"，按照文件精神，将销货单据、发票涉及的实际发生金额，计入确定性意见。

（3）复工费用增加

现场每天安排专人记录体温、现场消杀、生活区消杀费用，依据《河南省住房和城乡建设厅关于新冠肺炎疫情防控期间工程计价有关事项的通知》（豫建科〔2020〕63号）中明确的，开复工后，施工企业用于隔离防护的消毒室、观察室、现场医疗室、食品保障，垃圾分类处理和清运等费用，根据发承包双方签证，据实计取。按照经施工单位、监理单位签字盖章资料将其涉及的实际发生金额，计入确定性意见。

（4）塔吊复检、安全网修复、杂工现场清理费用

依据《施工合同》"因发生不可抗力所需清理修复工作的责任与费用的承担，双方协议约定解决"，但现有资料无双方协议约定解决的相关资料证据，按照施工单位、监理单位签字盖章资料中的工程量及恢复做法计算并单列26600元，作为选择性意见，供委托人判断使用。

（5）复工隔离费用

原告主张373人复工后隔离14天费用，包含人员工资、期间生活费、核酸检测费。现有资料有原告主张的人员门禁出入证明及数量、工资、但无数量签字确认资料。由于双方对人员数量未达成一致意见，故数量按照原告主张数量，工资按照《河南省住房和城乡建设厅关于新冠肺炎疫情防控期间工程计价有关事项的通知》（豫建科〔2020〕63号）中明确的"因疫情防控确需隔离的人员工资按工程所在地最低工资标准的1.3倍计取"，将此部分金额339430元单列，作为选择性意见，供委托人判断使用。

（6）隔离区的建设

依据《河南省住房和城乡建设厅关于新冠肺炎疫情防控期间工程计价有关事项的通知》（豫建科〔2020〕63号）中明确，开复工后，施工企业用于隔离防护的消毒室、观察室、现场医疗室、食品保障，垃圾分类处理和清运等费用，根据发承包双方签证，据实计取。根据文件精神，对于集装箱费用、上下铺双人床、水井、抽粪费用、电费、光纤网费，按照提供发票、销货清单、转账记录确定实际发生金额，计入确定性意见；伙食费、水卫材料、临时排水管线各类水电配件、元器件，地面，防疫宣传栏、条幅，防疫站点遮阳帐篷，简装修、维修费等费用，因未提供相关证据资料，鉴定意见中不包括此费用。

3）工作面移交（延迟）影响

原告主张从2020年9月1日至2021年9月期间因工作面移交延迟、工程款无法兑付等原因引起的相关损失。《施工合同》在合同工期说明中的首开批次土建总包工作面移交开始时间应为2019年4月1日，合同中未显示最后批次土建总包工作面移交时间，依据首开批次天数推断，最

后批次土建总包工作面移交时间应为 2020 年 5 月 6 日。现有资料显示：3#、5#、6# 楼土方工作面移交时间为 2019 年 6 月 19 日，比计划工作面时间延误 79 天；1#、2# 楼为 2020 年 4 月 12 日，比计划工作面时间延误 342 天；7#、8# 楼为 2020 年 4 月 14 日，比计划工作面时间延误 344 天。具体详见图 1。

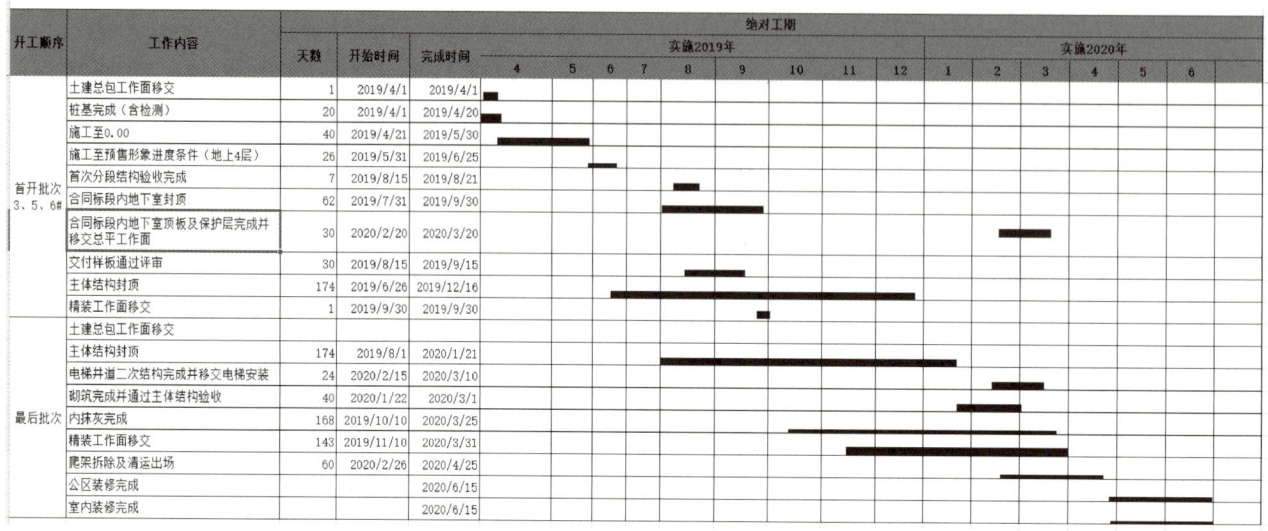

图 1　项目施工计划横道图

原告主张的从 2020 年 9 月 1 日至 2021 年 9 月期间因工作面移交延迟、工程款无法兑付等原因引起的相关损失，鉴定机构对涉及的以下四部分费用具体意见如下。

（1）项目直接成本中 1#、2#、7#、8# 楼人工费的上涨

依据《施工合同》人工费调差调整幅度在 3%（含 3%）以内的不调整，调整幅度超过 3% 的，对超过 3% 部分进行调整，增加地库基数；机械费调整在《施工合同》中未约定，不予调整。项目直接成本中 1#、2#、7#、8# 楼人工费的上涨，由于双方对工期延误造成的人工费上涨超出 3% 的责任有分歧，无法判定，将此部分金额 1555421.03 元单列，作为选择性意见，供委托人判断使用。

（2）原告主张的项目管理人员、保安、保洁工资等管理成本投入

依据《施工合同》中《乙方项目团队管理人员表》中列明的人员数量计算，即管理人员（项目经理）1 人、管理人员（项目经理以下）13 人。另保安、保洁人员数量在《施工合同》中未列明数量，按照原告主张的保安 2 人、保洁 1 人计算。人员工资按照《施工合同》中零星工作限价。鉴定人经查询施工合同确定管理人员数量，保安、保洁按照申请人主张的数量计算，将此部分金额 1188000.00 元单列，作为选择性意见，供委托人判断使用。

（3）原告主张的安全文明等措施费用增加投入

这部分主要包含安全施工费增加，文明施工费及环境保护费增加，临时设施增加投入，雨季、夜间施工增加费。安全施工费、文明施工费、临时设施和雨季、夜间施工增加费，原告的主张是（按照工期延误同比例）推算出来的和《施工合同》约定的计价方式（按单价、项计算）不一致。此部分费用已计入鉴定意见书中已完工程款措施费内，且已将原告主张全额计取与确定性意见的差价计入工程费单列，在工程损失章节不再赘述；安全施工费增加中，工期延长增加的保险费经

被告确认，若有证明资料则认可原告主张。经查实《施工合同》中合同计价清单中措施项目清单中其他项目工作内容中包含七项保险费，将保险期间 2020 年 8 月 29 日零时起至 2021 年 12 月 31 日 24 时的保险费 301259 元计入确定性意见；文明施工费及环境保护费增加投入中，对未交付的 1#、2#、7#、8# 楼工作面重复覆盖 5 次的费用，原告多次口头表述此部分有监理签字资料，但未见签字等有效资料，不具备计算损失的条件，本报告未发表意见；临时设施增加投入中，包括期间管理人员宿舍的租金、电费，大食堂的场地租金、餐费、电费，办公区办公用品、桶装水、电费、网费，交通差旅费用，由于双方意见不一致，且此项索赔责任的承担主体无法确定，按照票据、收据等资料计算合计金额 699012.48 元，单列作为选择性意见，供委托人判断使用。

（4）项目直接成本损失，即机械租赁类（塔吊延期）

经被告在询问会上的答复，应按鉴定人审核后的合理金额计入。经计算，按照塔吊应在场时长（合同约定的爬架拆除及清运出场完成时间 – 最后批次土建总包工作面移交开始时间）与实际在场天数（塔吊使用终止时间 – 实际塔吊进场时间），分析得出超期天数（详见表 1 塔吊使用天数分析表），单价按照《施工合同》中零星工作限价，此项计算金额 931520.70 元单列作为选择性意见，供委托人判断使用。

表 1 塔吊使用天数分析表

楼栋	合同内使用时间	塔吊进场时间	塔吊使用终止时间	塔吊在场租赁天数	超期时长（天）	折合月份
3# 楼、5# 楼	354	2019 年 8 月 15 日	2021 年 4 月 12 日	606	252	8.40
6# 楼	354	2019 年 6 月 28 日	2021 年 4 月 9 日	651	297	9.90
2# 楼	354	2020 年 4 月 16 日	2021 年 9 月 30 日	532	178	5.93
7# 楼	354	2020 年 5 月 9 日	2021 年 9 月 30 日	509	155	5.17
8# 楼	354	2020 年 8 月 1 日	2021 年 9 月 30 日	425	71	2.37

4）2020 年扬尘管控费用

《施工合同》约定："4. 非甲方原因以及因政府单方面原因（如大型政治活动管制、高考管制等），造成的现场被动停工，乙方应合理安排和统筹现场人员、材料、机具，采取力所能及的措施，尽量减少损失，所发生停工、机具租赁、占用等相关损失由乙方自行承担。"经查询统计，某省 2020 年—2021 年重点行业管控工作文件中扬尘管控实施时间为 2020 年 10 月 16 日 10：00 至 2020 年 12 月 31 日、2021 年 1 月 18 日 12：00 至 2021 年 1 月 25 日。由于双方对合同条款的适用性、约束性、有效性未达成一致意见，对期间涉及材料钢管、扣件等租赁费，单价按照《施工合同》中零星工作限价，其他未约定单价部分按照租赁单价，将其租赁费 308827.4 元单列，作为选择性意见，供委托人判断使用，分析详见表 2。

表 2　2020 年扬尘管控期间材料钢管、扣件结转工程量及天数汇总表

序号	租赁公司	材料名称	单位	2020年10月 工程量	2020年10月 管控时间（天）	2020年11月 工程量	2020年11月 管控时间	2020年12月 工程量	2020年12月 管控时间（天）	2021年1月 工程量	2021年1月 管控时间（天）
1	某单位1	钢管 8×3.5	m	62438.20	16	62438.20	30	62438.20	31	24735.60	6.5
2		管接头	个	300.00	16	300.00	30	300.00	31	283.00	6.5
3		可调顶托	套	2353.00	16	2353.00	30	2353.00	32	2353.00	6.5
4		空心顶丝	套	7022.00	16	7022.00	30	7022.00	33	7020.00	6.5
5		扣件	个	52419.00	16	52419.00	30	52419.00	31	52148.00	6.5
6		轮扣横杆	m	23802.90	16	23802.90	30	23802.90	31	23800.50	6.5
7		轮扣立杆	m	24630.75	16	24630.75	30	24630.75	31	24518.06	6.5
8		轮扣外套	m	7084.00	16	7084.00	30	7084.00	31	7073.00	6.5
9	某单位2	钢管	m	23211.00	16	23211.00	30	13993.20	31	9653.10	6.5
10		钢管	m			−4313.00	12			−4581.80	3
11		钢管	m			−4904.80	14				
12		钢管套头	个	270.00	16	270.00	30	270.00	31	270.00	6.5
13		接扣	个	2300.00	16	2300.00	30	2300.00	31	2300.00	6.5
14		扣件	个	26487.00	16	26097.00	30	26097.00	31	25878.00	6.5
15		轮扣架顶丝	根	2572.00	16	2572.00	30	2572.00	31	2572.00	6.5
16		转扣	个	496.00	16	496.00	30	496.00	31	496.00	6.5
17	某单位3	钢管	m	12645.30	16	19356.10	30	19356.10	31		
18		钢管	m	6710.80	14						
19		扣件	个	7650.00	14	9750.00	30	9750.00	31		
20		轮扣横杆	m	4743.60	16	12337.20	30	12337.20	31		
21		轮扣横杆	m	7593.60	7						
22		轮扣立杆	m	7767.10	16	10233.90	30	10233.90	31		
23		轮扣立杆	m	2466.80	7						
24		顶托	m	856.00	16	856.00	30	856.00	31		
25		顶托	支			2097.00	30	2097.00	31		

续表

序号	租赁公司	材料名称	单位	2020年10月		2020年11月		2020年12月		2021年1月	
				工程量	管控时间（天）	工程量	管控时间	工程量	管控时间（天）	工程量	管控时间
26	某单位4	钢管8×3.5	m	43798.20	16	46264.90	30	46264.90	31		
27		钢管8×3.5	m	2466.70	14						
28		扣件	个	300.00	7	300.00	30	300.00	31		
29		顶托	支	1644.00	16	1644.00	30	1644.00	31		
30		扣件	个	90.00	16	90.00	30	90.00	31		

5）2021年河南"7·20"特大暴雨损失

依据《施工合同》约定，日降雨量100mm以上属于不可抗力。对于2021年7月20日某市特大暴雨引起的相关损失，具体分为以下几个方面：

（1）2021年8月28日施工单位、监理单位签字资料显示，3#、5#、6#楼石膏工程剔凿与修复、地下室负二层及负一层局部泥浆清淤截至鉴定意见出具仍未发生，故鉴定意见未计入；

（2）未使用的石膏砂浆材料泡水损失，依据《施工合同》第57页第二十四章第3.1条"已施工之工程本身的损害由甲方承担；未动工之损害由乙方承担"，此部分应由施工单位自行承担，故鉴定意见未计入；

（3）泡水设备地磅、抽水泵、配电箱维修，依据《施工合同》第57页第二十四章第3.2条"造成乙方设备、机械及材料的损坏及停工等损失，由乙方承担"，故鉴定意见未计入；

（4）地下室水泵抽水、人工清理场地、人员进行防汛装沙袋土袋、采购砂石，依据《施工合同》"因发生不可抗力所需清理修复工作的责任与费用的承担，双方协议约定解决"，但截至鉴定报告，未见相关协议，故将此部分金额40315.8元单列作为选择性意见，供委托人判断使用。

6）2021年9月因无法续建损失

（1）人员遣返赔偿、劳务班组遣散费用

此部分费用在《建设工程造价鉴定规范》（GB/T 51262—2017）中第5.10.3条委托人认定发包人违约导致合同解除的，应包含撤离现场及遣散人员的费用。但结合本项目《施工合同》第十二章第5.2.1条："双方对直接经济损失的约定：……但不包括劳务人员遣散费用（……如标区全部暂停施工，且甲方要求乙方管理人员留守现场，则管理人员的工资费用需计入停工费用）、有条件退场的任何机械及周转材料的租赁费用、临时设施的费用、停工期间水电费用、承包人管理及财务费用、利润补偿等间接费用。"由于合同中已明确约定直接经济损失的范围，其他费用（如遣散人员费用）不另计算，故鉴定意见未计入。

（2）1#、2#、7#、8#楼铝模退场费

经询问，原告主张在2021年9月停工后，为减少损失，此批次楼栋的铝模已退场，但由于铝模为定制产品，一次性生产投入后，中途转用，主张按铝模原定整栋租赁总费用计算。依据鉴定

材料分析：铝模最长在场时长约为299天。铝模租赁合同使用期限为260天。1#、2#、7#、8#楼已完工程中包含铝模面积为185992.33m²。《施工合同》附件1合同计价清单中铝模（除楼梯外）税后主材单价22.345元/m²，铝模（楼梯）主材单价53.3元/m²。按租赁协议折合对应结算税后单价为：1#楼结算税后单价27.37元/m²，2#楼结算税后单价23.64元/m²，7#楼结算税后单价27.37元/m²，8#楼结算税后单价30.59元/m²。由于铝模退场租赁合同约定的其他材料未见，对应的损失不具备计算的条件，未发表鉴定意见。

（3）材料类损失，即现场留存材料类损失

原告主张的现场留存材料类损失，通过询问，原、被告同意双方清点后统一考虑，本报告未发表鉴定意见。

（4）对于现场留存钢筋

由于针对现场留存材料工程量未达成一致，缺少双方签字盖章相关资料，经现场勘验此部分事实存在。鉴定人按照入库单钢筋总重量扣除已使用钢筋总重量的差额289.71t，单价按照《施工合同》中钢筋主材费4500元/t计价，由于双方对后续处置未达成一致意见，故将此部分金额1303695元单列作为选择性意见，供委托人判断使用。

7）2021年9月停工后每月损失

原告主张，2021年9月30日停工后，截至起诉日，停工后发生的维护成本、电费水费、生活费、办公费、材料租赁费用、机械租赁费用、现场抽水费用、杂工等用工费用、管理人员宿舍租赁费、现场临设、材料等折旧费用应计算。

（1）停工后发生的维护成本（人员工资）

工地看护费用：按照《河南省建设厅关于印发建设工程中途停工损失补偿办法的通知》（豫建设标〔2003〕89号）计算工地看护费用。工地人员数量按经被告认可的数量1人，单价按照《施工合同》中零星工作限价计算，计算段为2021年9月30日至2022年2月28日（原告主张时间），此项金额15000.00元计入确定性意见。对于原告起诉后发生的索赔，由于原告主张的截止时间不断变化，鉴定人意见仅对工地看护人员按照《施工合同》约定的门卫工资3000.00元/月发表选择性意见，供委托人判断使用。

管理人员工资：由于未见到合同要求的甲方要求乙方管理人员留守现场的相关资料，且依据《施工合同》中附件4《乙方项目团队管理人员表》不含会计、后勤人员，即相应的管理人员（项目经理）、非管理人员（项目经理以下人员，包含技术负责人、施工员、预算员）。由于原告主张的截止时间不断变化，鉴定人意见仅对《施工合同》约定的管理人员工资（项目经理）1人×12000.00元/（人·月）、非管理人员工资（项目经理以下人员）3人×6000.00元/（人·月）发表选择性意见，供委托人判断使用。

（2）材料租赁费用（钢管、扣件、顶丝）

经被告确认，认可2022年1月20日三方签字的保全记录统计表。工程量按照三方签字的保全记录统计表，单价按照《施工合同》中零星工作限价。由于无法判断后续现场留存情况，鉴定意见书中此费用分为三部分：①2021年9月30日—2022年1月20日的材料租赁费80593.42元计入确定性意见；②2022年1月20日—2022年2月28日（原告主张时间）的材料租赁费

25976.39元计入确定性意见；③由于原告主张的截止时间不断变化，鉴定人意见仅对以上材料的租赁费666.06元/天发表选择性意见，供委托人判断使用。

（3）机械租赁费用（1#、2#、7#、8#楼爬架、塔吊）

经被告确认，认可2022年1月20日三方签字的保全记录统计表。工程量按照三方签字的保全记录统计，爬架单价按照爬架租赁协议中约定"如超期30日以外超过一个月的按照80元/机位/天进行计算"，塔吊单价按照《施工合同》中零星工作限价。由于无法判断其后续现场留存情况，鉴定意见书中此费用分为三部分：①2021年9月30日—2022年1月20日的机械租赁费用1683076.10元计入确定性意见；②2022年1月20日—2022年2月28日（原告主张时间）的机械租赁费用547521.00元单列，作为选择性意见，供委托人判断使用；③由于原告主张的截止时间不断变化，鉴定人对以上设备的租赁费421170.00元/月发表选择性意见，供委托人判断使用。

（4）现场地下室抽水费用

经询问确认，原告的主张是按照费用估算计入的，此部分未见建设单位下发开始、停止抽水指令性文件，无法计算。

（5）电费水费、生活费、办公费

按照提供的收据将2021年9月30日—2022年8月2日电费8463元单列作为选择性意见，供委托人判断使用。

（6）管理人员宿舍租赁费用

按照提供的收据将2021年9月30日—2022年1月30日房租5000元单列作为选择性意见，供委托人判断使用。

8）未完工部分管理费、利润

按照《施工合同》中清单单价，综合费（包含管理费、利润、规费）占税前综合单价百分比10%。管理费、利润分别占综合费（包含管理费、利润、规费）比例在《施工合同》中未约定，按照《河南省房屋建筑与装饰工程预算定额》（HA 01-31-2016）中管理费、利润分别占综合费（包含管理费、利润、规费）比例计算。

依据《建设工程造价鉴定规范》（GB/T 51262—2017）中5.8.5之规定："因发包人原因，发包人删减了合同中的某项工作或工程项目，承包人提出应由发包人给予合理的费用及预期利润，委托人认定该事实成立的，鉴定人进行鉴定时，其费用可按相关工程企业管理费的一定比例计算，预期利润可按相关工程项目报价中的利润的一定比例或工程所在地统计部门发布的建筑企业统计年报的利润率计算。"结合本工程按照投标报价中此部分的比例对未完工部分管理费、利润进行计算，即未完工部分管理费2737609.54元、未完工部分利润1592741.23元单列作为选择性意见，供委托人判断使用。

9）关于20份《施工合同》的费用

原告主张此部分包含两部分：一是过程中双方已达成一致意见的部分商票延期支付结息金额18639136.94元，包含在原主张的利息内；二是过程奖励350000.00元，包含在已完工程款奖励内。经深入分析，关于双方已盖章达成协议的《施工合同》及《补充合同》一共20份，即补充合同2—补充合同21，分别说明：

补充合同2、补充合同3、补充合同7、补充合同9，都属于对原承包范围的调整说明，此部分内容在鉴定意见书中已据实计算；

补充合同11显示："因甲方工程建设需要，经甲、乙双方友好协商，新增乙方承包范围，在原合同的基础上增加总价350000.00元。"原告主张此部分为奖励，且主张在已完工程款内，由于被申请人对此意见不一，故鉴定依据将350000.00元单列，作为选择性意见，供委托人判断使用；

待支付工程款的利息：除补充合同2、补充合同3、补充合同7、补充合同9、补充合同11外其他的15份补充合同协议内容及价款没有明确新增承包内容。原告主张仅主张了商票延期应支付的结息金额，此部分累计金额18639136.94元。经委托人沟通，利息的计算存在其他相关性，利息不在鉴定范围内，故未发表鉴定意见。

5. 当事人对鉴定意见异议及鉴定人处理情况

鉴定征求意见稿发出后，原、被告双方先后对有关问题提出疑问，主要问题及回复如下：

（1）未完工项目的措施费用（包括安全文明施工费）计取标准问题。

原告认为本项目开工以来，就严格按合同标准进行了措施费的投入，此投入为不可逆转，且为前期必须发生的措施投入，不受实际施工面积的影响。在克服各种不利影响下，仍坚持高要求高质量，获得了某市建筑工程质量标准化示范工地的荣誉，足以证明原告对措施的投入是足额的。

回复：经复核鉴定意见无误，原告提出的异议因缺乏计取依据及标准，原鉴定意见书中已作出说明，即：将原告主张的全额计取与确定性意见中按比例计取的差额单列，作为选择性意见，供委托人判断使用。

（2）对于贵司按照河南定额测算我司模拟清单单价中利润点的方式，我司不予认可。因定额计价和模拟清单计价的方式不同，既然鉴定机构按照河南省定额模式计算，我司申请按河南省定额的利润率来鉴定后续未完工部分的利润损失。

回复：经复核鉴定意见无误，原告提出的异议鉴定人已按合同约定，约定比例不明确部分，参照定额中各项占比进行计算，将计算结果单列作为选择性意见，供委托人判断使用。

（3）因铝模租赁均以栋号为租赁方式，因此铝模进场后，无论使用次数，在合同约定工期内，不因楼层减少而影响总体价款。项目建设中，建设单位从未告知我方无法续建风险，在我方多次函告的情况下仍未有任何正面回复，导致我司无法进行相关预案减少损失。因此铝模的后续费用205.7万元应据实承担。

回复：经复核鉴定意见无误，原告提出的异议鉴定人已于鉴定报告中做出详细分析，但最终基于铝模退场租赁合同约定的其他材料未见，对应的损失不具备计算的条件，未发表鉴定意见。

四、鉴定意见采用情况及出庭情况

经鉴定，涉案项目已完工程款及工程损失确定性意见为236452947.10元，选择性意见单独列项合计17894931.96元。

（一）鉴定意见采用情况

（1）对于鉴定意见中确定性意见，委托人认定情况如下：

在出具《鉴定意见书》后，委托人认为，鉴定机构程序合法，鉴定机构、人员均具有相应鉴定资格资质，该鉴定意见可作为定案依据，鉴定意见中所涉确定性意见2.36亿，予以采纳。

（2）对于争议项目的单列选择性意见，委托人认定情况如下：

① 桩基工程配合费单列285821.42元。委托人采用了单列意见，涉案桩基础工程是由被告另行交由他人施工，且双方措施清单中约定按照桩基础工程费的3%计算，结合涉案工程施工情况，该项费用285821.42元应予以计算。

② 关于2021年9月份停工后损失问题：对于工地看护、管理人员工资、材料租赁、机械租赁、水费、电费及管理人员宿舍租赁费用，系涉案工程停工后必然发生的费用，应予以计算，对于计算时长，为减少当事人诉累，计算至判决确定时即2023年2月1日为宜。对于该项费用金额，结合鉴定意见，考虑工地较大一人不能看管，应以二人为宜，机械设备、材料无法判断其后续留存情况以及原告亦具有及时止损义务的情况，从公平原则考虑，本院酌定该部分损失以1200000元为宜。

③ 其他选择性意见，委托人经调查取证，认为没有充分依据，未采纳。

（3）法院出具判决书后，原告针对争议项的单列意见选取向某省高级人民法院提出上诉，省高院驳回了上诉，维持原判。双方未再提出上诉。

（二）出庭情况

鉴定人在鉴定过程多次通过鉴定线下会议及腾讯视频会议，全面了解到双方争议事项的根本原因及想法，对于双方针对《征求意见书》的反馈意见也逐条进行了书面回复，双方对鉴定机构的争议问题处理方式并未再次提出异议，也并未申请鉴定机构出庭，庭审后鉴定机构通过电话回访委托人，委托人表明本案已出具了判决书，同时对本次鉴定机构出具的鉴定意见书给予了肯定，并在人民法院委托鉴定系统上给予了100分的评价（主要考评由以下18项组成详见图2线上系统评价信息）。

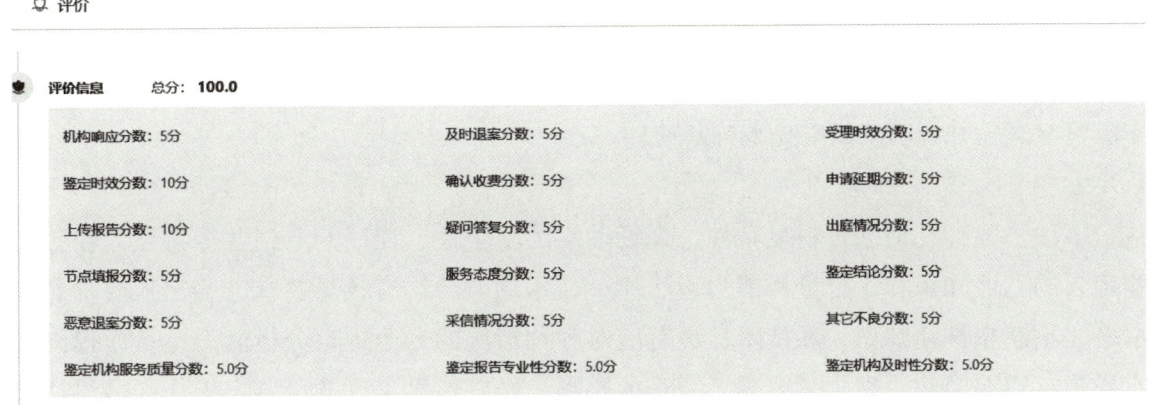

图2　线上系统评价信息

五、心得体会

1. 鉴定程序的重要性

鉴定过程应严格按照《建设工程造价鉴定规范》（GB/T 51262—2017）进行，仔细研究《建设工程造价鉴定规范》的 7 章和 16 个附录，采用法律法规与专业技术的有机结合，解决目前工程造价鉴定工作中的难点、疑点问题，更好地规范工程造价鉴定行为。

2. 规避以鉴定代审判

在鉴定过程中，切忌将鉴定工作等同于审判工作，在合同证据不力或依据不足且当事人无法达成妥协的条件下，擅自作出确定性意见；鉴定人对案件中的专门性问题，只能就案件事实作出鉴定意见，而不能对案件定性，或确定鉴定事项当事人的法律责任。鉴定人应将鉴定事项内容客观，事实较清楚，但证据不够充分，应作出推断性意见。将合同约定矛盾或部分内容证据矛盾，委托人暂不明确要求鉴定人分别鉴定的，可分别按照不同的合同约定或证据，作出选择性意见，供委托人判断使用。

3. 注意证据资料三性的判断

鉴定中涉及工程索赔事项比较多，鉴定机构是否有权对证据的合法性进行判断，证据资料签证文件上只有监理人员的签字，没有发包人的签字，该签证文件效力如何？对授权不明的工作人员的签证效力如何认定？

工程造价司法鉴定的鉴定材料鉴别和判断有困难的依据《建设工程造价鉴定规范》（GB/T 51262—2017）相关规定："4.7.3 当事人对证据的真实性提出异议，或证据本身彼此矛盾，鉴定人应及时提请委托人认定并按照委托人认定的证据作为鉴定依据。如委托人未及时认定，或认为需要鉴定人按照争议的证据出具多种鉴定意见的，鉴定人应在征求当事人对于有争议的证据的意见并书面记录后，将该部分有争议的证据分别鉴定并将鉴定意见单列，供委托人判断使用。""4.7.5 当事人对证据的关联性提出异议，鉴定人应提请委托人决定。委托人认为是专业性问题并请鉴定人鉴别的，鉴定人应依据相关法律法规、工程造价专业技术知识，经过甄别后提出意见，供委托人判断使用。""4.7.6 同一事项当事人提供的证据相同，一方当事人对此提出异议但未提出新证据的；或一方当事人提供的证据，另一方当事人提出异议但又未提出能否认该证据的相反证据的，在委托人未确认前，鉴定人可暂用此证据作为鉴定依据进行鉴定，并将鉴定意见单列，供委托人判断使用。""4.7.7 同一事项的同一证据，当事人对其理解不同发生争议，鉴定人可按不同的理解分别作出鉴定意见并说明，供委托人判断使用。"

4. 注重鉴定人员能力的提升

鉴定事项一般存在证据资料复杂性、现场勘察的隐蔽性、程序的严格性等特点，在鉴定过程中对鉴定人的专业知识和综合分析能力，法律+技术的融合均有较高要求，鉴定人要提高自己的专业水平，不断掌握新知识、新技术，具有应对各种情况的专业逻辑分析能力，从而提高工程造价鉴定质量，遵循合法、独立、客观、公正的原则，做好建设工程造价鉴定工作，最终达到委托鉴定目的。

专家点评

本文是对停工项目已完工程及停工损失进行工程造价鉴定的典型案例。由于工程索赔的单方性，通常会出现索赔方未按约定程序、时限进行申报或单方申报未得到相对方批复的情形，这将导致索赔责任方确认难；因索赔资料不齐全、相互矛盾或资料签批程序不完整，导致索赔费用计算依据缺失；在涉及停工损失补偿方面更是存在计算依据证据缺乏、诉求与实际损失差距大，导致索赔损失事实核定、费用计算方面疑难重重。尽管鉴定人结合证据质证情况，根据其真实性、可靠性和关联程度的强弱可以做出推断性或选择性意见，但在征求意见和法庭质证环节中也会产生大量对鉴定结果的异议和相应解释、处理工作，甚至当事人不断补充资料，要求补充鉴定，这对造价鉴定成果质量直接产生不利影响，由此增加的鉴定工作量对鉴定完成进度也形成严重制约。本案例就涉及工期延误、窝工损失、政府扬尘管控索赔、新冠肺炎疫情防控费用、河南"7·20"特大暴雨索赔、停工后未退场索赔、无法续建索赔、可得利益损失索赔（未完工管理费及利润）等索赔事项鉴定，鉴定人在鉴定中核清事实，对索赔证据资料进行专业判断、分析，结合合同约定、法规文件和行业惯例对鉴定事项进行抽丝剥茧——突破处理，逐项给出确定性意见或选择性意见。虽因证据资料限制，鉴定人对大量索赔事项给出了供法院参考的选择性意见，但对选择性意见单列进行了专业分析和论证，既减少了双方当事人对鉴定意见的异议产生，还对中院、高院法官后续审理上述索赔争议项提供了可靠的专业证据支撑，这应是本鉴定案例在人民法院委托鉴定系统上给予了100分高度评价的主要原因。

在本案造价鉴定工作中，鉴定人对政府扬尘管控、新冠肺炎疫情防控和河南"7·20"特大暴雨等不可抗力事件的索赔处理方面，也很值得行业借鉴参考。政策法规文件变化和不抗力事件这两类索赔事项，在建设工程行业中是普遍存在，尤其是过去几年在新冠肺炎疫情防控期间在建建设项目中，对于该不可抗力事件各地相关政府部门和建设行业主管单位都出台了一系列政策、法规文件，对工程现场管理和工程计价调整更是提出各种应急管控措施或指导意见。本案在新冠肺炎疫情防控索赔事项中涉及多项具体费用事项，鉴定人根据政策、法规文件的效力结合工程合同约定、现场签证和项目实际情况，在厘清事实的基础上作出了专业判断，对涉诉费用争议处理及分析较为全面、详细，可以为时下建设项目中普遍存在的类似问题的解决处理提供良好借鉴和宝贵经验。

北京思泰工程咨询有限公司　马玉峰

对某住宅"平方米单价固定价格承包方式"项目中止的工程造价司法鉴定

——河南省兴博工程管理咨询有限公司

闫丽　韩月猛　张茜茜　唐容　张曦

一、案情简介

（一）当事人基本情况

上诉人1（一审被告）：某省某置业有限公司（以下简称建设单位）；

上诉人2（一审被告）：某省某建设集团有限公司（以下简称施工单位）；

被上诉人（一审原告）：张某（以下简称实际施工人）。

（二）案情摘要

2013年12月，建设单位与施工单位订立建设工程施工协议书（平方米固定价格），将其开发的涉案项目一标段1#、2#、3#、5#住宅楼的土建、安装、装饰装修工程发包给施工单位，但实际由实际施工人施工。2014年6月，建设单位与施工单位按照招投标的中标通知书，另行订立了建设工程施工合同用于备案。2016年，实际施工人在已完成大部分工程的情况下撤场，并起诉主张其施工价款。

（三）司法途径

1. 案件诉讼程序

某中级人民法院（以下简称一审法院）→某高级人民法院（以下简称省高院）

2. 案件诉讼过程

（1）实际施工人诉讼至一审法院。

一审法院应实际施工人申请，对涉案工程造价委托某鉴定机构进行司法鉴定。鉴定单位接受一审法院委托后对相关工程资料进行了查阅、计算，根据法院委托书要求的内容及2014年6月订立的用于备案的建设工程施工合同，于2018年11月出具了工程造价司法鉴定意见书。一审法院于2018年12月对该诉讼作出了判决。

（2）一审被告不服一审法院判决。

一审被告建设单位不服一审法院判决，于 2021 年 6 月上诉至省高院。

（3）省高院受理此案。

省高院立案二审受理，根据相关法律法规规定，于 2021 年 6 月委托河南省兴博工程管理咨询有限公司（以下简称鉴定公司）对涉案项目 1#、2#、3#、5# 楼进行造价鉴定，要求以 2013 年 12 月订立的建设工程施工协议书为依据进行鉴定。

鉴定公司接受委托后对相关工程资料进行查阅，对工程量及价格进行鉴定，2021 年 9 月出具工程造价司法鉴定意见书。鉴定意见书包含多个选择性意见，省高院采信并结合鉴定意见书，综合考虑案件的实际履行情况，并特别注重双方当事人的过错程度和司法判决的价值取向等因素，对该诉讼作出了最终判决。

（四）合同履约情况

（1）2013 年 12 月，施工单位与建设单位订立建设工程施工协议书，本合同价款采用平方米单价固定价格承包方式确定，最终以实际面积决算。

（2）2014 年 6 月，施工单位与建设单位依据中标通知书，又订立了备案合同，合同以 13 清单、08 定额的计价方式。

（3）合同履约过程中，2016 年 11 月实际施工人在未完成承包责任书工作内容的情况下撤场；剩余未完工作内容建设单位组织施工完成。

（4）省高院委托对实际施工人施工范围的工程造价进行鉴定。

由此，引出本案的争议焦点以及鉴定难点：

① 实际施工人施工范围的工程造价如何计算？

② 建设单位施工范围（即实际施工人未施工部分）工程造价如何计算？

③ 在不脱离合同的前提下，以上两项造价如何计算才能合理准确？

二、案件争议焦点和造价鉴定难点

（一）案件争议的焦点

1. 多份合同的效力认定

（1）《建设工程造价鉴定规范》（GB/T 51262—2017）中"5.3.6 当事人分别提出不同的合同签约文本的，鉴定人应提请委托人决定适用的合同文本，委托人暂不明确的，鉴定人可按不同的合同文本分别作出鉴定意见，供委托人判断使用"明确了委托人要对合同效力进行认定。

（2）一审法院委托某鉴定机构对涉案工程造价进行司法鉴定时，认定应当以 2014 年 6 月建设单位与施工单位订立的备案合同确定工程价款，某鉴定机构据此作出截至 2016 年 11 月 24 日之前完成的工程造价的鉴定结果。

（3）省高院认定一审法院认定事实、适用法律有误，因此省高院在委托鉴定机构进行造价鉴定时，明确了要以2013年12月建设单位与施工单位订立的建设工程施工协议书为鉴定依据。

省高院意见：本案是实际施工人以实际施工人身份起诉施工单位、建设单位支付其施工应得工程价款。实际施工人与建设单位并无直接合同关系，只能依据其与施工单位之间订立的《项目承包责任书》约定主张其施工价款。该责任书关于实际施工人承包价款的约定实际指向施工单位与建设单位（业主方）最终结算价，即扣除管理费、代扣营业税后作为实际施工人的施工价款。

建设单位与施工单位分别于2013年12月、2014年6月订立了两份施工合同，故本案认定实际施工人施工工程价款的前提是确定施工单位与建设单位应当以哪份合同作为结算依据。一审法院认定应当以建设单位与施工单位之间2014年6月备案合同的中标合同价款确定工程价款。一审法院认定事实、适用法律存在以下错误：

第一，原审判决以"建设单位与施工单位在2013年12月协议书中明确约定，组成本合同的文件包括：中标通知书、通用条款。而在该合同通用条款中也明确约定招标工程的合同价款由发包人承包人依据中标通知书中的招标价格在协议书内约定。但双方未在招标合同后重新订立协议书"为由，以2014年6月中标合同作为结算依据，认定事实错误。经查，2013年12月协议书中虽然约定中标通知书为组成文件，但在专用条款中，就合同价款已经明确约定为"平方米单价固定价格承包方式"，合同附件一中更是对案涉项目四栋楼平方米造价分别进行了明确约定。而通用条款23.1原文为"招标工程的合同价款由发包人承包人依据中标通知书中的招标价格在协议书内约定。非招标工程的合同价款由发包人承包人专用工程预算书在协议书内约定"。建设工程施工合同格式文本中的通用条款是作为示范文本供当事人在订立合同时选择适用的，对该通用条款的理解应当是：如果双方订立协议是基于招投标方式，应按中标通知书作为合同价款，否则应当按专用条款双方协商的价格作为合同价款。双方2013年12月订立该合同时并未进行招投标程序，一审片面理解通用条款，将2014年招标时的中标通知书作为2013年12月标前协议就合同价款的约定，认定事实不清，与当事人约定不符。

第二，原审判决适用《最高人民法院关于审理建设工程施工合同纠纷案件适用法律问题的解释（二）》第一条"招标人与中标人另行签订的建设工程施工合同约定的工程范围、建设工期、工程质量、工程价款等实质性内容，与中标合同不一致，一方当事人请求按照中标合同确定权利义务的，人民法院应予支持"的规定，认定本案应当以实际施工人主张的中标合同价款确定工程价款，适用法律错误。上述司法解释规定中的中标合同应为有效合同，即中标合同应当是招投标程序合法且中标有效情况下订立。经查，本案中施工单位与建设单位2013年12月，就案涉工程订立建设工程施工协议书后，实际施工人就组织人员进场施工，2014年6月，建设单位与施工单位又按照中标通知书，订立了合同价为8800万元的建设工程施工合同并予以备案。案涉工程作为经济适用房，在合同订立时属于必须进行招投标的项目。原审判决并未审查上述两份合同是否存在违反《中华人民共和国招标投标法》规定禁止招标前就实质性内容谈判的情形，在对两份合同的效力问题未作出正确认定情况下，即适用上述司法解释规定认定中标合同为确定工程价款依据，适用法律错误。

2. 多方施工的价款确定

2013年12月，施工单位和建设单位订立的建设工程施工协议书在专用条款中，就合同价款已经明确约定为"平方米单价固定价格承包方式",在合同实际履行过程中,由于实际施工人中途退场,合同范围的工作内容并未全部完成,致使不能直接按照合同约定的价款方式进行结算。

《建设工程造价鉴定规范》(GB/T 51262—2017)中规定:"5.1.2 鉴定人应根据合同约定的计价原则和方法进行鉴定。如因证据所限,无法采用合同约定的计价原则和方法的,应按照与合同约定相近的原则,选择施工图预算或工程量清单计价方法或概算、估算的方法进行鉴定。"

经与法院主办法官沟通最终确定鉴定方法:按某省建筑安装工程量清单综合单价(2008)定额计算合同范围内工程造价,根据计算合同单方造价与定额单方造价比率,再进行计算实际施工人施工的已完工工程的合同造价和建设单位施工部分的合同造价。

(二)造价鉴定的难点

1. 施工界面的确定难度大

因实际施工人中途退场,现场存在未施工或者未完全施工的情况,但建设单位已委托其他单位将剩余部分施工完成并交付使用,对于实际施工人与建设单位委托其他单位施工的界面已无法通过现场勘验核实,施工界面的划分是本次鉴定难点之一。

2. 时间跨度长,增加鉴定难度

从2016年退场到2021年二审诉讼,时间跨度大,由于市场环境变化或资料保存等问题,给鉴定工作材料核价、计价依据选取等均增加难度。

3. 证据资料不完善,增加鉴定难度

1)纸质证据

(1)2013年12月,施工单位和建设单位订立的建设工程施工协议书附件二承包人主要施工项目清单一览表中,虽然对承包人施工的内容有粗略的描述,具体合同施工范围仍不是十分清晰,比如户内门及户内地砖(除厨卫)是否在合同范围内,此部分内容是否在合同范围内取决于交房标准是毛坯交付还是精装交付,因安置房交房标准不明确,导致对合同包含的施工内容有异议,因此鉴定意见书给出两种鉴定意见,供法院裁决。

(2)实际施工人提交的2016年11月的公证书以及公证视频,由于没有造价专业人员参与,对于现场施工的细节内容在视频中并没有完全体现,且公证书描述并不清晰,另外还需结合一审法院委托某鉴定机构按照2014年招投标备案合同进行鉴定所作的鉴定意见书进行判定。但不管是公证书或鉴定意见书,都不能完整体现当时的现场施工情况,从而增加鉴定难度。

2)电子证据

法院提供的鉴定材料均无电子版,尤其是无CAD图纸,只能依靠蓝图建模,且蓝图部分破烂模糊,给鉴定公司建模算量造成很大的困难,增加实际工作量。

三、鉴定情况

鉴定公司接受省高院委托后,按照司法鉴定委托书的委托目的和要求,对送鉴材料进行了详细的理解与分析,充分了解项目情况后,在现有资料和条件的基础上,具体开展了建筑面积计算、

工程计量与计价工作，并在司法鉴定委托书规定的时限内出具了工程造价鉴定意见书，主要鉴定情况如下。

（一）司法鉴定委托人提供鉴定材料内容

1. 鉴定材料

（1）2013年12月，施工单位和建设单位订立了建设工程施工协议书。

（2）建设单位提交的施工图纸。

（3）建设单位提交的单位工程质量保证资料（1#楼共7册、2#楼共5册、3#楼共3册、5#楼共4册）、地勘报告等施工资料。

（4）本案2016年一审中，一审法院委托某鉴定机构按照2014年招投标备案合同进行鉴定所作的鉴定意见书及已质证过的相关证据。

（5）实际施工人于2016年一审期间提交的2016年11月公证书。

（6）省高院民事审判庭二审案件质证笔录。

2. 委托鉴定目的和要求

以2013年12月施工单位和建设单位订立的建设工程施工协议书为合同依据，以建设单位提交的施工图纸、施工资料，以及本案2016年某市中级人民法院委托某鉴定机构按照2014年招投标备案合同进行鉴定所作的鉴定意见书及已质证过的相关证据为本次鉴定材料。鉴定范围为：

（1）对实际施工人施工的已完工工程进行造价鉴定。

以实际施工人于2016年一审期间提交的2016年11月公证书所确定的施工现状为准。

（2）对建设单位施工部分工程进行造价鉴定。

依据建设单位提交的2018年2月讨论、研究鉴定事项的会议记录为准，包括：土方工程、桩基工程；土方回填的土源；集中供水、排污工程；电梯、电梯门套、水电、消防；门、窗、护栏、室外落水管、内墙涂料及外墙涂料；厨房、卫生间防水；厨卫瓷片地砖洁具（马桶和面盆）。

（二）工程造价司法鉴定情况

1. 鉴定过程

（1）2021年6月25日，接受委托。

本鉴定单位在收到鉴定委托书之日起7个工作日内作出接受委托的决定，并书面复函省高院以下内容：①同意接受委托；②鉴定所需证据材料的清单；③鉴定工作负责人及其联系方式；④鉴定费用及收取方式；⑤承诺书等其他与鉴定工作相关的内容、事项。

（2）2021年6月28日，确定鉴定人员，发出鉴定工作计划书（鉴定方案）。

在接受鉴定委托，复函之日起5个工作日内，向省高院送达《鉴定工作计划书（鉴定方案）》及《鉴定人员组成通知书》，载明鉴定人员的姓名、执业资格专业及注册证号、专业技术职称；针对本鉴定事项，本鉴定单位确定由经验丰富的鉴定人及辅助鉴定人组成的鉴定团队进行鉴定。

（3）2021年7月1日，开展具体鉴定工作。

鉴定机构熟悉委托目的和要求、鉴定材料，确定合法的鉴定依据、鉴定方法、鉴定步骤等，按照《建设工程造价鉴定规范》（GB/T 51262—2017）的要求开展鉴定工作。

（4）2021年7月14日，发出现场勘验通知书并确定不进行现场勘验。

现场勘验通知书发出后，省高院落实现场情况：因本项目交付使用时间过长，现场既不能反映实际施工情况也不具备勘验条件，省高院征询建设单位、施工单位、实际施工人各方意见后确定本项目不进行现场勘验。

（5）2021年8月21日，出具工程造价司法鉴定意见书（征求意见稿）。

鉴定单位完成初步鉴定工作，出具工程造价司法鉴定意见书（征求意见稿），发出征求意见函，要求各方当事人在2021年9月3日24时前反馈意见。

（6）2021年9月3日，各方当事人对征求意见稿反馈意见。

建设单位对征求意见稿提交了反馈意见，施工单位、实际施工人无反馈意见。

（7）2021年9月14日，鉴定单位针对反馈意见进行回复。

（8）2021年9月22日，建设单位对反馈意见回复提出异议。

（9）2021年9月26日，鉴定单位对建设单位提出的异议进行回复。

（10）2021年9月27日，出具正式工程造价鉴定意见书。

2. 鉴定依据

（1）工程造价司法鉴定委托书。

（2）关于有关鉴定的相关函件。

（3）2013年12月施工单位和建设单位订立的建设工程施工协议书。

（4）建设单位提交的施工图纸、施工资料。

（5）本案2016年第一次一审中，一审法院委托某鉴定机构按照2014年招投标备案合同进行鉴定所作的鉴定意见书及已质证过的相关证据（含建设单位提交的2018年2月讨论、研究鉴定事项的会议记录）。

（6）实际施工人于2016年一审期间提交的2016年11月公证书所确定的现场施工现状资料。

（7）省高院民事审判庭二审案件质证笔录。

（8）国家、省、市发布的与工程造价司法鉴定有关的法律法规、标准、规范及规定。

（9）《某省建设工程工程量清单综合单价（2008）》（A建筑工程、B装饰装修工程、C安装工程、D市政工程）及综合解释等相关配套文件。

（10）材料价格：定额工程造价依据《某市工程造价信息》2013年第二季度信息价（4月、5月、6月平均价格）；实际施工人已施工部分的定额造价依据《某市工程造价信息》2013年第二季度信息价（4月、5月、6月平均价格），其中钢筋、水泥材料价格依据《某市工程造价信息》施工当期信息价，涨跌幅度超过5%时，对超出部分据实进行调整，只计差价部分。

（11）人工费价格：定额工程造价依据2013年第二季度某省建筑工程标准定额站发布的人工价；实际施工人已施工部分的定额造价依据2013年第二季度某省建筑工程标准定额站发布的人工价，对于施工当期人工费价格，涨跌幅度超过5%时，对超出部分据实进行调整，只计差价部分。

（12）安全文明施工费：执行《某省住房和城乡建设厅关于调整〈某省建设工程安全文明施工措施费计价管理办法〉中费用的通知》（某建设标〔2012〕31号）文件。

（13）规费：执行某省建设厅和某省发展和改革委员会文件（某建设标〔2008〕50号）。

（14）税金税率按3.477%计取。

（15）合同单方造价与定额单方造价下浮比率：《建设工程工程量清单计价规范》（GB 50500—2013）总则、工程变更等相关条款。

3. 鉴定方法

1）确定委托范围

（1）对实际施工人施工的已完工工程进行造价鉴定。

以实际施工人于2016年一审期间提交的2016年11月24日公证书所确定的施工现状为准。

（2）对建设单位施工部分工程进行造价鉴定。

依据建设单位提交的2018年2月讨论、研究鉴定事项的会议记录为准，包括：①土方工程、桩基工程；②土方回填的土源；③集中供水、排污工程；④电梯、电梯门套、水电、消防；⑤门、窗、护栏、室外落水管、内墙涂料及外墙涂料；⑥厨房、卫生间防水；⑦厨卫瓷片地砖洁具（马桶和面盆）。

2）确定施工界面

按照以下资料确定施工界面：

（1）实际施工人于2016年一审期间提交的2016年11月公证书所确定的现场施工现状资料。

（2）本案2016年一审法院委托某鉴定机构按照2014年招投标备案合同进行鉴定所作的鉴定意见书及已质证过的相关证据（含建设单位提交的2018年2月讨论、研究鉴定事项的会议记录）。

3）有关合同单方造价与定额单方造价下浮比率的计算方法

（1）依据某省建筑安装工程量清单综合单价（2008）说明中建筑面积计算规则，按原施工图确定涉案项目各楼栋的计算建筑面积 C，以 m^2 为单位。

（2）按涉案项目施工图设计文件计算各楼栋合同内全部工程量，依据某省建筑安装工程量清单综合单价（2008）定额，计算各楼栋合同范围内定额工程造价 B，以元为单位。

（3）计算涉案项目各楼栋合同范围内定额单方造价 $D=B/C$，以元/m^2为单位。

（4）计算涉案项目各楼栋合同范围内定额单方造价 D 与施工合同单方造价 A 的下浮比率 $E=(D-A)/D \times 100\%$，以 % 为单位。

（5）按定额计算实际施工人施工的已完工工程的定额工程造价，并根据各楼栋合同单方造价与定额单方造价下浮比率，计算实际施工人施工的已完工工程合同造价。

（6）按定额计算建设单位施工部分的定额工程造价，并根据各楼合同单方造价与定额单方造价下浮比率，计算建设单位施工部分合同造价。

4. 鉴定意见

2021年8月出具了涉案项目1#、2#、3#、5#楼工程造价鉴定意见书（征求意见稿），提交法院送原、被告双方征求意见，并对当事人提出的意见进行回复后，2021年9月出具了涉案项目1#、2#、3#、5#楼工程造价鉴定意见书。

因送鉴材料中对户内门、户内地砖（除厨卫）是否在合同承包范围内约定不明确，本次鉴定出具两种鉴定意见。

1）鉴定意见一：合同承包范围内包含户内门、户内地砖

（1）实际施工人施工的已完工工程造价。

① 按定额计算造价为62383683.52元。其中，1#楼工程造价为12633968.95元，2#楼工程造价为25090440.08元，3#楼工程造价为12498275.95元，5#楼工程造价为12160998.54元。

② 计算合同单方造价与定额单方造价下浮比率后造价为52243145.22元。其中，1#楼工程造价为10543047.09元，2#楼工程造价为20754812.03元，3#楼工程造价为10559793.35元，5#楼工程造价为10385492.75元。

（2）建设单位施工部分工程的工程造价。

① 按定额计算造价为26748968.87元。其中，1#楼工程造价为5158417.78元，2#楼工程造价为10302859.48元，3#楼工程造价为5681620.12元，5#楼工程造价为5606071.49元。

② 计算合同单方造价与定额单方造价下浮比率后造价为22415210.89元。其中，1#楼工程造价为4304699.64元，2#楼工程造价为8522525.36元，3#楼工程造价为4800400.84元，5#楼工程造价为4787585.05元。

（3）合同单方造价与定额单方造价下浮比率。

1#楼为16.55%，2#楼为17.28%，3#楼为15.51%，5#楼为14.60%。下浮比率计算详见表1。

表1 下浮比率计算表

序号	楼号	合同单方造价（元/m²）A	定额工程造价（元）B	建筑面积（m²）C	定额单方造价（元/m²）D=B/C	下浮比率（%）E=（D−A）/D
1	1#楼	1350.00	18296675.94	11310.36	1617.69	16.55%
2	2#楼	1340.00	36456689.60	22505.49	1619.90	17.28%
3	3#楼	1200.00	19309593.98	13595.97	1420.24	15.51%
4	5#楼	1200.00	18237317.63	12978.76	1405.17	14.60%

2）鉴定意见二：合同承包范围内不包含户内门、户内地砖（厨卫）

（1）实际施工人施工的已完工工程造价。

① 按定额计算造价为62383683.52元。其中，1#楼工程造价为12633968.95元，2#楼工程造价为25090440.08元，3#楼工程造价为12498275.95元，5#楼工程造价为12160998.54元。

② 计算合同单方造价与定额单方造价下浮比率后造价为54790916.94元。其中，1#楼工程造价为11040825.47元，2#楼工程造价为21743375.37元，3#楼工程造价为11092219.91元，5#楼工程造价为10914496.19元。

（2）建设单位施工部分工程的工程造价。

① 按定额计算造价为22489930.72元。其中，1#楼工程造价为4340908.90元，2#楼工程造价为8654445.83元，3#楼工程造价为4764866.21元，5#楼工程造价为4729709.78元。

② 计算合同单方造价与定额单方造价下浮比率后造价为19767196.34元。其中，1#楼工程造

价为3793520.29元，2#楼工程造价为7499942.76元，3#楼工程造价为4228818.76元，5#楼工程造价为4244914.53元。

（3）合同单方造价与定额单方造价下浮比率。

1#楼为12.61%，2#楼为13.34%，3#楼为11.25%，5#楼为10.25%。下浮比率计算详见表2。

表2　下浮比率计算表

序号	楼号	合同单方造价（元/m²）	定额工程造价（元）	建筑面积（m²）	定额单方造价（元/m²）	下浮比率（%）
		A	B	C	D=B/C	E=（D-A）/D
1	1#楼	1350.00	17471539.49	11310.36	1544.74	12.61%
2	2#楼	1340.00	34799463.58	22505.49	1546.27	13.34%
3	3#楼	1200.00	18383959.21	13595.97	1352.16	11.25%
4	5#楼	1200.00	17352500.79	12978.76	1336.99	10.25%

（三）案件当事人对工程造价司法鉴定意见异议问题

1. 异议焦点

合同交房标准不明确，平方米单价固定价格包含内容存在争议。

2. 异议内容及回复

1）建设单位异议

送鉴材料对户内门、厨卫的地砖是否包含在合同承包范围内约定是明确的，即含在合同承包范围内，具体证据如下：

2013年12月，施工单位和建设单位订立的建设工程施工协议书的附件二《承包人主要施工项目清单一览表》列明了分项工程名称并附有对应说明栏，最后一栏还以"施工图包含，以上未注明的部分"作为"其他"工程，对施工范围作了兜底性描述。

首先，名为"内外粉饰装饰工程"的分项工程，其说明栏载明：面砖镶贴属于该分项工程的施工内容，并未强调仅仅是厨卫地砖镶贴，按照正常思维逻辑应当理解为所有地砖。另外，鉴定依据的实际施工人于2016年一审期间提交的2016年11月24日公证书所附的《现场记录》载明公用部分地面地板砖已铺，印证了合同施工范围包括除厨卫外的地砖。

其次，名为"内外门窗工程"的分项工程，说明栏载明：全部施工项目内外门窗，显然是包括了户内门和户外门，另外，名为"入户防盗门"的分项工程对入户门进行了单列，从正常的思维逻辑出发，名为"内外门窗工程"的分项工程显然指的是户内门和户外门。

最后，名为"其他"的分项工程具有兜底的性质，对应的说明为：施工图包含以上未注明的部分。送鉴的施工图包含了户内门、厨卫的地砖。举例说明：在1#楼的图号为建施02、名为工程做法一览表、门窗表的施工图中，工程做法一览表序号2关于楼面3的做法载明，陶瓷地砖楼面，选用12标准图集楼201，适用范围为门厅、电梯厅、公共走廊、住宅室内、商业部分；在6#楼的图号为建施06、名为三层平面图的施工图中，户内的卧室门设计编号为M0921，厨卫门为 M0821，在建施 02 图的门窗表中也载明了选用的 12 标准图集 P78 PM1-0821 和参 P78 PM1-0921。

2）本鉴定单位回复

首先，名为"内外粉饰装饰工程"的分项工程，其说明栏载明：面砖镶贴属于该分项工程的施工内容，并未说明面砖镶贴范围。其次，依据实际施工人于 2016 年一审期间提交的 2016 年 11 月公证书所附的《现场记录》载明公用部分地面地板砖已铺，户内地面、墙面及屋顶为毛坯，仅能证明公区部分地面地板砖已施工，并不能印证合同施工范围包括除厨卫外的地砖。最后，如果户内地面、墙面及屋顶为毛坯，户内门也不应在合同范围内。另外，名为"内外门窗工程"的分项工程，说明栏载明：全部施工项目内外门窗，这里的内外划分界限应该是指外墙，外墙上的门窗为外门窗，外墙以内的门窗均为内门窗，这里的内门可以是公共部位的门，并不能说明是户内门。

关于 2013 年 12 月施工单位和建设单位订立的建设工程施工协议书的附件二《承包人主要施工项目清单一览表》最后一栏以"施工图包含，以上未注明的部分"作为"其他"工程，是否对施工范围作了兜底性描述，结合其第五、七栏"内外粉饰装饰工程""内外门窗工程"的说明进行分析，合同承包范围是否包含户内门、户内地砖（除厨卫）约定不明确。所以，鉴定意见书（征求意见稿）出具两种选择性意见，供法院裁定。

四、出庭作证情况

出具鉴定意见书时，结合送鉴项目情况，鉴定意见中把合同单方造价与定额单方造价的下浮比率、按定额计算的造价及按下浮比率后计算的造价等分别进行了费用单列，出具不同的选择性意见，以供法庭判断使用。委托人及各当事人对最终鉴定意见均无异议，均未要求本鉴定单位补充或修订鉴定意见，且当事人未要求出庭作证。

五、心得体会

（一）本案例的工作收获

1. 委托人及时行使职责权利，有利于加快鉴定意见的形成

依据《建设工程造价鉴定规范》（GB/T 51262—2017）中"4.7 证据的采用"的规定，与鉴定事项相关的行为效力、对证据中影响鉴定结论重大问题的处理决定等均应由委托人予以明确。

委托人根据诉讼案件情况，及时对以上问题进行法庭质证并确定证据的可采用性，对鉴定人合理使用鉴定方法、严谨出具鉴定意见等具有引导作用，同时也会缩短鉴定意见的形成过程、加快诉讼程序进程。

2. 鉴定人应具备复合型能力

（1）造价专业能力。

鉴定人必须具备相应的专业知识，这是鉴定人必备的首要条件。鉴定人要具备正确解读合同

条款的能力，要正确甄别合同相关的计量计价方法并运用。鉴定人要有一定的现场管理技术经验，要对施工界面、交房标准等有充分的认知能力，并能正确反映到造价层面。

（2）司法综合能力。

司法鉴定活动是在诉讼活动中进行的，许多鉴定业务与法律联系密切，鉴定人同时又是诉讼参与人，因此必须掌握一定的法律知识，所作的鉴定结论才能符合法律要求，才能严格履行鉴定人的职责。

鉴定人应具备对《建设工程造价鉴定规范》（GB/T 51262—2017）《司法鉴定程序通则》《最高人民法院关于审理建设工程施工合同纠纷案件适用法律问题的解释（一）》（法释〔2020〕25号）、《最高人民法院关于审理建设工程施工合同纠纷案件适用法律问题的解释（二）》（法释〔2018〕20号）等有全面认识和理解的能力。

（3）鉴定实践能力。

鉴定人应拥有丰富的鉴定案件实践经验，鉴定以事实为依据，即便案件证据再复杂，凭借实践经验对属于常识性的逻辑判断作出客观、合理的推断。秉承中立、公正、客观的原则，合理运用鉴定实践经验，对案件的鉴定意见作出严谨、规范的意见。

3. 鉴定意见书出具选择性意见的必要性

《建设工程造价鉴定规范》（GB/T 51262—2017）中规定："5.11.4 当鉴定项目合同约定矛盾或鉴定事项中部分内容证据矛盾，委托人暂不明确要求鉴定人分别鉴定的，可分别按照不同的合同约定或证据，作出选择性意见，由委托人判断使用。"

由此，鉴定单位出具鉴定意见时，可以依据鉴定规范，结合送鉴项目情况，分别作出不同的选择性意见，以供法庭判断使用。尽量避免出具鉴定意见后，由法官或当事人另行提出增加选择性鉴定意见的补充鉴定，这样可以缩短最终鉴定意见的形成进程，也可以适当加快诉讼进程。

4. 鉴定意见通俗化

近年来，建设项目类司法鉴定工作日益增多，由于司法鉴定机构面对的是非专业人员，而非专业人员一般不具有建设项目工程造价专业性的知识架构，所以在司法鉴定过程中，司法鉴定意见书不仅要体现造价的专业性，还需要用通俗的语言表达，能够使与案件相关的非专业人员理解和接受。

（二）本案例的社会意义

本司法鉴定案件所涉及的诉讼，体现出合同双方对合同的范围界定不清、单价界定不明、标准界定不严、资料管理不规范、施工界面划分不专业等事项，是直接导致合同产生司法纠纷的主要因素。通过本案件的梳理，本鉴定单位针对合同管理、资料管理及施工界面管理等提出相应意见。

1. 加强合同管理

（1）明确细化合同的承包范围

对于平方米单价包干合同，描述承包范围时，尽可能按照专业或分部工作事项展开进行描述承包内容，杜绝使用"图纸设计范围内包干"简单概括，毕竟图纸设计的内容深浅以及显示出的实施事项并非标准系统化的，对平方米单价包干合同的影响也是不可估量的。承包范围描述示例如下。

外墙面工程：外墙面、屋顶梯间机房、花架结构饰面、女儿墙、空调板、飘窗台板、厨房阳台板等装饰做法按图纸及工程规范进行包干。

（2）合理拆解合同的单价组成

对于平方米单价包干合同，单价不能仅描述合同平米单价，需要结合实际施工中可能会发生的施工范围不一致以及合同中止等情况，尽可能按照专业分部进行拆解明确，避免因合同范围部分调整，但单价是整体单价，不能准确核实调整部分的价格情况发生。单价拆解描述示例如下。

合同平方米单价为 XX 元 /m^2，其中：

① 框架柱模板制作及安装单价为 XX 元 /m^2；

② 二次结构钢筋制作及安装单价为 XX 元 /t；

③ 排水材料供应及安装单价 XX 元 /m^2。

（3）清晰界定合同的交房标准

施工合同中有关交房标准，多数界定不明，导致价款确定阶段产生众多有关施工范围及责任主体的争议，价款确定时由于现场资料的完整性、时效性或者相关人员的更换等情况，往往会无证可取，双方争执不下，严重拖延价款确定进程。

尤其是进入司法程序的项目，如交房装修标准不明确，在双方不能友好协商的环境下，会给法庭审判或造价鉴定过程中造成很大困扰。所以合同履约过程中，双方清晰界定合同的交房标准，也是对合同各方主体的保护。交房标准描述示例如下。

① 卫生间：

楼地面为 300mm×300mm 白色防滑地砖。

墙面为 300mm×450mm 白色釉面砖，贴至顶棚上 100mm。

顶棚为 300mm×300mm 银灰色铝合金集成扣板，配 300mm×300mm 镶嵌式吸顶灯。

设施为柱式洗脸盆、节水型坐便器、淋浴器（每户只安装一套，两卫户型主卧不安装）。

② 门窗：

单元门为枣红色钢质防盗门，安装对讲系统。

入户门为枣红色钢质防盗门。

户内门为普通烤漆木门，枣红色（填充禁止用蜂窝纸）。

厨房门为钛镁合金门，银色。

卫生间门为钛镁合金门，银色。

阳台门为白色塑钢推拉门。

③ 照明部分：

首层大堂及入口处为采用翘板开关，白色圆形 LED 吸顶灯。

电梯前室、走廊为采用声光控开关，白色圆形 LED 吸顶灯。

楼梯间采用声光控开关，白色圆形 LED 吸顶灯。

室内为有吊顶房间采用镶嵌式方形 LED 吸顶灯，无吊顶房间采用白色圆形 LED 吸顶灯。

2. 加强资料管理

结合多个进入司法程序的案例，多数产生纠纷的原因都是资料管理不规范，竣工结算或者过程结算时计算无可靠依据产生纠纷，或者诉讼阶段因为资料无可借鉴性导致举证困难。所以合同履行过程中，双方相关人员规范管理项目资料，及时留存计算凭证依据，强化档案全过程管理，推进档案数字化建设，提高资料完整性，对合同是否能顺利履约起到至关重要的作用。

3. 加强界面管理

描述准确的公证书对于施工界面的划分至关重要，对于工程造价的鉴定影响很大。由于公证人员多数不是造价专业人员，对现场施工界面的关注点不同，对于一些施工细节部位关注度不够，或者描述专业术语表述并不准确，对于施工界面的划分难度加大，因此涉及施工现场界面确认事项时建议造价人员全程参与，避免后期因界面划分不清楚而引起纠纷。

本司法鉴定案件鉴定过程中，有效结合相应规范条款及案件履约合同条款，最大程度保证鉴定意见的科学、客观和公正。本司法鉴定所涉及的问题在一定范围内具有普遍性，在一定程度上可供平方米单价固定合同等项目纠纷解决选择使用，具有一定的社会参考价值。

专家点评

该案例鉴定程序符合鉴定规范要求，法律问题、技术问题认定比较恰当，无"以鉴代审"的情况。鉴定原则、鉴定方法正确，鉴定工作在判决中起到较好的效果。案件为二审项目，争议问题涉及"平方米单价固定价格承包方式"项目中止但无合同单价组成明细，以及涉及多份合同的效力认定问题，争议事项具有典型性。对处理同类型的造价争议具有一定的借鉴意义。

施工合同（补充协议）效力，属法院审理权限范围，切记不能"以鉴代审"。案涉项目存在两份合同，一份是备案施工合同，另一份是施工协议书，两份合同之间具有实质性的差异。在本案中，法院明确要求按照施工协议书进行鉴定（我们在实际鉴定过程中，即使法院不明确，我们作为鉴定单位也一定提请法院）。这样不但避免出现"以鉴代审"的情况，也节约了鉴定的工作量和时间，降低了成本。

该案例依据《建设工程造价鉴定规范》（GB/T 51262—2017）中"5.11.4 当鉴定项目合同约定矛盾或鉴定事项中部分内容证据矛盾，委托人暂不明确要求鉴定人分别鉴定的，可分别按照不同的合同约定或证据，作出选择性意见，由委托人判断使用"，结合送鉴项目情况，分别作出不同的选择性意见，以供法庭判断使用，避免了出具鉴定意见后由法官或当事人另行提出增加选择性鉴定意见的补充鉴定，这样可以缩短最终鉴定意见的形成步骤，也可以适当加快诉讼进程。

该案例无"平方米单价固定价格"的明细，增加了鉴定难度，鉴定机构鉴定时，第一步按当地适用的定额及相关政策规定，计算出合同中约定的平方米固定单价的全部内容金额，从而计算定额单方造价；第二步计算每栋楼对应的合同单方造价与定额单方造价下浮比率；第三步根据各楼合同单方造价与定额单方造价下浮比率，再对照施工方实际完成的工程内容，确定完成内容全额占全部工作内容金额比例后，最终得出申请人已完成工程内容合同争议金额。鉴定人选用这种价格鉴定方法，虽然大幅增加了鉴定人自身的工作量，但最大限度地保证了鉴定结论的科学、客观和公正,得到了争议各方的普遍认同。

  本司法鉴定案件所涉及的诉讼,体现出合同双方对合同的范围界定不清、单价界定不明、标准界定不严、资料管理不规范、施工界面划分不专业等事项,是直接导致合同产生司法纠纷的主要因素。鉴定机构针对合同管理、资料管理及施工界面管理等提出相应的意见,为后续其他项目的实施提供了宝贵的经验和建议,起到了"以案促改"的作用,从而推动工程管理的高质量发展。

中和刚大工程顾问有限公司 杨利利

某市产业集聚区某路等四条道路及新增游园绿化项目工程造价鉴定

——河南世纪工程管理有限公司

吴忠 李藏 郭军艳 张威

一、案情简介

2017年3月18日，北京某集团有限责任公司（以下简称申请人）与某市产业集聚区发展投资有限公司（以下简称被申请人）就某市产业集聚区某路等四条道路及新增游园绿化项目签订了施工合同。合同约定由申请人承建被申请人投资的某路等四条道路及新增游园绿化项目，该项目包含四条道路两侧绿化以及A、B、C、D、E、F、G游园景观工程，资金来源为企业自筹，承包范围为施工图纸范围内的绿化、灌溉、景观、铺装、景观给水、景观电气等，承包方式为包工包料。施工合同约定采用单价合同，以《河南省建设工程工程量清单综合单价（2008）》为计价依据，绿化工程按实际栽种苗木的规格据实结算，市场价格波动将调整合同价格。合同工期为335日历天，计划开工日期2017年3月20日，计划竣工日期为2018年2月20日，实际开竣工日期与计划日期相符，于2020年9月28日通过竣工验收但未移交。

工程竣工后，申请人向被申请人提交结算资料及结算书，主张工程结算造价约20129万元，但被申请人迟迟未完成结算审核工作。于是申请人于2021年8月3日向法院提出诉讼请求，要求法院判令被申请人支付剩余工程款和利息、享有优先受偿权、承担诉讼费用。人民法院根据相关法律法规的规定，于2021年12月23日委托河南世纪工程管理有限公司（以下简称鉴定机构）对某市产业集聚区某路等四条道路及新增游园绿化项目工程造价进行司法鉴定。

鉴定机构接受委托后根据法院提供的送鉴资料，对工程现场进行详细勘验并形成书面记录，并根据送鉴资料和勘验记录对工程量进行逐项计算，于2022年9月8日出具了某市产业集聚区某路等四条道路及新增游园绿化项目工程造价鉴定意见书供人民法院裁决使用。

二、案件争议焦点和造价鉴定难点

（一）案件争议焦点

（1）申请人施工的工程量如何确定。

（2）工程款数额如何确定。
（3）利息应该如何计算。
（4）申请人优先受偿权是否应当支持。

（二）造价鉴定难点

（1）基础鉴材（竣工图）的确定。
（2）勘验时现场和竣工图不一致时工程量的确定。
（3）送鉴资料质证意见不一致时的处理。
（4）双方当事人在现场勘验时配合不积极。

三、鉴定情况

（一）司法鉴定委托人提供鉴定材料内容

（1）委托人法院出具的对外委托鉴定的委托书。
（2）《建设工程施工合同》。
（3）工程竣工图（纸质版及电子版）。
（4）竣工结算书。
（5）预算审定价。
（6）工程量确认单、现场签证单。
（7）工作联系函。
（8）苗木验收资料。
（9）开工、竣工报告。
（10）招、投标文件。
（11）材料认质认价单。
（12）已开发票。
（13）其他资料。

（二）工程造价司法鉴定情况

1. 鉴定过程

在司法鉴定过程中，鉴定机构始终遵循合法、独立、客观、公正的原则开展工程造价鉴定活动。鉴定过程包含接受委托、情况调查、提交资料、现场勘验、鉴定计算、征求意见稿核对、提交工程造价鉴定意见书等过程，本项目的具体运作过程如下。

1）接受委托

（1）2021年12月24日，鉴定机构收到人民法院委托鉴定信息平台发送的委托书，委托书中列明的委托事项为"对某市产业集聚区某路等四条道路及新增游园绿化项目工程造价进行鉴定"。

（2）2021年12月27日，鉴定机构到法院领取本项目的相关送鉴资料及质证笔录。送鉴资料包含一份民事起诉状、一份鉴定申请书、一份施工合同、一套结算书（共九册），结算书中不仅包含前期申请人向被申请人提交的结算书，还包含工程量确认单、现场签证单。其中证据目录中的竣工图，2021年12月3日在法院的组织下经双方质证认可后，由于法院担心纸质版竣工图丢失先返还给申请人，待鉴定机构需要时再提供。

（3）鉴定机构通过对送鉴资料的熟悉后，于2021年12月29日在法院委托鉴定信息平台上受理该项目，同时向法院提交补充资料的函，明确当事人需补充提供资料的清单明细。

2）情况调查

（1）送鉴资料的质证情况

① 被申请人对申请人提交的送审结算书不认可；对结算书中所附工程量确认单、现场签证单部分认可，部分不认可，具体其中哪些认可未提供明确意见，鉴定机构发函及在人民法院的组织下当面询问，提请被申请人明确质证意见，均未果。

② 2021年12月3日已经质证认可的竣工图，在2022年2月25日询问笔录中被申请人表述对竣工图不认可的意见，被申请人意见为竣工图中应加盖施工单位、监理单位、建设单位三方公章和竣工图章，而本项目竣工图中仅加盖竣工图章不符合要求，且竣工图中监理工程师签字为伪造。被申请人不认可申请人提供的竣工图纸，且也提供不出其他图纸。

（2）施工情况

施工合同中申请人的施工范围为四条道路两侧绿化以及A、B、C、D、E、F、G七个游园景观工程，实际施工为四条道路两侧绿化以及A、B、C、F、G五个游园景观工程，D、E两个游园景观工程取消施工。

（3）苗木差异情况

苗木进场报验单双方质证意见不一致，鉴定机构将苗木进场报验单、竣工图、勘验时现状对比后，发现存在以下几种情况：

① 苗木进场报验单中的种类与竣工图、勘验时现状均不相符。存在苗木进场报验单有的种类，而竣工图、勘验时现状没有的情况；也存在苗木进场报验单中没有的苗木种类，而竣工图、勘验时现状有的情况。

② 苗木进场报验单中的工程量与竣工图、勘验时现状均不相符。存在苗木进场报验单中的工程量比竣工图、勘验时现状少的情况。

（4）其他情况

合同主体分别为北京某集团有限责任公司与某市产业集聚区发展投资有限公司，但根据质证笔录显示实际业主为某市住房和城乡建设局。在资料质证过程中被申请人以送鉴资料中建设单位的签字人员非本单位工作人员为由对签字资料不予认可（后经证实为住房和城乡建设局工作人员）。

3）提交资料

① 受新冠肺炎疫情影响，鉴定机构分别于2022年1月21日、2022年1月25日在法院建立的微信群内下载补充鉴定材料及相应的质证笔录电子版。补充鉴定材料包含开竣工报告、认质认

价单、招投标文件（含已标价工程量清单）、竣工图电子版。

② 2022 年 2 月 25 日，鉴定机构到法院领取纸质版竣工图，并参与当日询问工作。

③ 受新冠肺炎疫情影响，2022 年 3 月 30 日，鉴定机构在法院建立的微信群内下载补充鉴定材料及相应的质证笔录电子版，补充鉴定材料为苗木进场验收资料。

④ 受新冠疫情影响，2022 年 5 月 27 日，鉴定机构在法院建立的微信群内下载补充资料、施工图电子版、工作联系函及相应质证意见。

⑤ 鉴定机构经过对委托人提供的所有送鉴资料进行熟悉、梳理后，认为已满足鉴定的基本要求，于是组织鉴定项目组进行讨论并制定鉴定方案，后将鉴定方案提交法院并展开鉴定工作。

4）现场勘验

现场勘验是工程造价鉴定的重要程序，是鉴定人员直观了解工程现状、保证鉴定工作客观公正的基础。本次鉴定现场勘验由人民法院组织，人民法院提前确定好现场勘验时间后由鉴定机构出具书面通知。在现场勘验前，鉴定人员认真准备，将审阅资料过程中关注的问题和当事人对鉴定资料有异议部分作为现场勘验的重点。

2022 年 6 月 13 日至 2022 年 6 月 17 日，在人民法院的组织下，鉴定机构与双方当事人共同对某市产业集聚区某路等四条道路及新增游园绿化项目进行现场勘验。在历时五天的勘验过程中，各方共同对现场苗木、小品等逐个核查工程量并及时拍照、录像取证，避免后续重复工作。现场勘验结束后，形成书面勘验记录，各参与方当场签字确认，及时固定勘验成果。

5）鉴定计算

现场勘验结束后，鉴定机构根据送鉴资料及现场勘验记录对涉案工程进行工程量的计算、计价等工作。

6）征求意见稿核对

鉴定机构于 2022 年 7 月 27 日出具了某市产业集聚区某路等四条道路及新增游园绿化项目鉴定意见书（征求意见稿）及征求意见函，征求意见函要求各方当事人在限定的时间内对鉴定机构出具的鉴定意见书（征求意见稿）提出反馈意见。2022 年 8 月 17 日，鉴定机构收到法院邮寄的双方当事人对鉴定意见书（征求意见稿）提出的反馈意见，并于 2022 年 8 月 24 日至 8 月 25 日在法院组织下与双方当事人针对其提出的反馈意见进行当面核对并形成书面核对记录，双方当事人当场签字确认，及时固定核对成果。

7）提交工程造价鉴定意见书

2022 年 9 月 8 日，鉴定机构根据征求意见稿的核对记录复核调整后出具鉴定意见书。

2. 鉴定依据

（1）委托人法院出具的对外委托鉴定的委托书。

（2）《建设工程造价鉴定规范》（GB/T 51262—2017）。

（3）《建设工程施工合同》。

（4）竣工图纸质版及电子版。

（5）工程量确认单、现场签证单、工作联系函等。

（6）现场勘验记录。

（7）核对笔录。

（8）招、投标相关资料。

（9）工程属地施工期间的工程造价信息。

（10）《建设工程工程量清单计价规范》（GB 50500—2013）。

（11）《河南省建设工程工程量清单综合单价（2008）》及其综合解释等文件。

（12）河南省造价管理部门关于人工、材料等调整的相关文件。

（13）其他相关工程造价政策性文件。

（14）国家及地方现行法律法规、规范性文件。

3. 鉴定方法

本次鉴定根据施工合同约定的计价原则和方法进行鉴定：①计量原则，工程量计算规则执行国家标准《建设工程工程量清单计价规范》（GB 50500—2013）、《河南省建设工程工程量清单综合单价（2008）》《河南省建设工程工程量清单综合单价（2008）综合解释》《河南省建设工程工程量清单综合单价（2008）综合解释（续）》、相关补充文件和有合同约束力的图纸、变更进行计量；绿化工程按照实际栽植苗木的规格据实结算。②价格调整原则，以工程属地施工期工程造价信息（没有的执行同期某市工程造价信息或发承包双方签认的价格确认文件）、价格指导文件及政府颁发政策性调整文件、苗木主材等信息价（没有的材料经发承包人双方市场询价确认）作为鉴定依据；政府或相关行业部门颁布或签发的人工、材料（含）辅材、机械、规费、税金等政策性费用调整文件，按文件进行调整。主要包含以下几个方面。

（1）基础鉴材（竣工图）的确定

由于被申请人对申请人提供的竣工图不认可，又无法提供其他图纸，经与人民法院及各方当事人沟通后达成一致意见：以该套竣工图为基础结合现场情况确定勘验工程量。后人民法院于2022年6月29日发函明确要求鉴定机构以竣工图纸为准并结合现场勘验情况、工程相关资料等综合开展鉴定工作，并提出鉴定机构依据专业技术和工作经验也无法认定的，将该部分项目进行单列。

（2）勘验时现场和竣工图不一致时工程量的确定

① 苗木部分：现场勘验时鉴定机构发现苗木施工现状与竣工图存在较大偏差，基于此种情况，申请人的意见为按照竣工图进行鉴定，竣工图中未显示但现场在申请人施工范围内的工程量也应计入，这是因为竣工图绘制不完善导致的；竣工图中显示，但部分地被及其他施工内容现场看不到，是因为被申请人维护不当等非申请人原因造成的。被申请人意见为竣工图中未显示但现场存在的，应由申请人另外提交证据资料证明是由其施工的；竣工图中显示但现场看不到的说明未施工，应不予计算；相同工作面竣工图工程量比现场勘验工程量少的，应由申请人另外提交证明资料，否则不予计算。

该项目施工时间为2017年3月至2018年2月，2020年9月通过竣工验收但未完成移交，竣工验收完至鉴定机构进行现场勘验中间间隔将近两年的时间。在这期间申请人认为其已施工完毕并通过竣工验收，后期养护不应由其承担，被申请人认为该项目虽然已竣工验收，但未移交，后期养护仍应由申请人承担，截至鉴定机构进行现场勘验时，该项目已近两年的时间未进行养护。

该项目为绿化项目，园林绿地的建成并不代表园林景观的完成，俗话说"三分种，七分养"，只有高质量、高水平的养护管理，园林景观才能逐渐达到完美的景观效果。若后期养护管理不到位，如浇水不及时，会导致树木成活率低；树木支架不牢，会导致栽植树木歪斜；除草不及时，会导致绿地杂草丛生；打药治虫不及时，会导致病虫害严重等质量问题。进行现场勘验时发现现场情况比较复杂，存在苗木死亡、缺少苗木、地被光秃等情况。

由于该绿化项目的可变性较强、现场情况较复杂、双方意见不一致，为避免出现鉴定机构"以鉴代裁"情况的发生，鉴定机构将此情况及时与法院及双方当事人进行沟通后确定了工作方法，各方共同以竣工图为基础对比现场情况逐项核实工程量。对竣工图与现场核实工程量一致部分列入确定性意见，竣工图与现场核实工程量不一致部分，将其差额进行单列，供委托人判断使用。

② 园建部分：以竣工图为基础结合现场勘验情况等进行鉴定，现场勘验未施工部分工程量不予计算。

（3）送鉴资料质证意见不一致时的处理

① 土方部分：申请人提供的送鉴资料工程量确认单中包含有原始高程数据、清渣后高程数据、回填后高程数据，但被申请人对此资料不予认可。首先被申请人认为建设单位的签字人员非本单位工作人员，后经证实为住房和城乡建设局工作人员；其次被申请人提交了其计算的工程量数据，与申请人申请的数据差额较大，而被申请人仅有工程量汇总数据，无相关数据明细资料；最后被申请人要求法院委托第三方鉴定机构对现场实际工程量进行重新测量鉴定。由于该项目自施工完毕至进行现场勘验鉴定之日止，中间间隔5年之久，地形地貌由于自然沉降、天气等原因造成的水土流失及其他客观因素，鉴定期内重新测量数据不能完全反映施工完毕时的真实情况。

为避免出现鉴定机构"以鉴代裁"情况的发生，鉴定机构将此情况及时与法院进行沟通后确定，鉴定机构对此部分不再进行现场勘验测量，根据送鉴资料中的工程量确认单进行鉴定，工程量确认单包含施工部位、出渣工程量、回填工程量，后附高程测量数据表。鉴定机构根据工程量确认单中的施工部位及高程测量数据表，使用专业软件分别计算出渣及回填工程量，而不是直接采用工程量确认单中描述的出渣工程量、回填工程量。工程量计算完毕后，根据不同工程量确认单中描述的外运距离分别汇总计算，个别确认单中未显示运距的，鉴定机构参照施工部位附近其他有运距的确认单进行计算并将此部分造价进行单列，供委托人判断使用。

② 签证部分：被申请人对申请人提供的送鉴资料中的现场签证单是部分认可，部分不认可，但未发表具体明确意见。现场勘验时，鉴定机构根据现场签证单中描述的事项逐项与现状进行对比核实，能直观看到的当场进行确认，有些能根据现场情况及鉴定人员工作经验判断能够确认的，尽量促使双方达成一致意见并形成书面记录，双方当事人确实达不成一致意见的其他情况，鉴定机构与法院沟通后将此部分造价进行单列，供委托人判断使用。

（4）计价的鉴定方法

① 计价原则：已标价工程量清单中有相同的，按照相同项目单价执行；已标价工程量清单中没有相同项目，但有类似项目的，参照类似项目单价执行；已标价工程量清单中没有相同项目，也没有类似项目的，根据合同约定的计量规则和计价办法及信息价格等进行计算。

② 人、材、机调整原则：根据合同约定以工程属地施工期间工程造价信息或材料认价单进行调整，施工期信息价及材料认价单中均没有的，鉴定机构按照投标价格进行计算。特别说明的是：合同约定绿化工程按照实际栽植苗木的规格据实结算，由于送鉴资料中能体现实际栽植苗木的规格相关资料不齐全，鉴定机构综合考虑后采用已标价工程量清单中的苗木规格进行计算。

③ 社会保障费问题：关于社会保障费是否应计取双方意见不一致。申请人意见为根据《河南省城乡和住房建设厅关于废止〈加强建设工程费用计价项目中社会保障费管理的意见〉的通知》（豫建建〔2016〕62号）第二条、第三条，本案工程造价中应计取社会保障费用；被申请人意见为该项目在招标阶段招标控制价中包含该部分费用，但原投标预算中未计取社会保障费，视为申请人对此项进行让利，故不应计取。由于送鉴资料中未包含申请人已缴纳社会保障费的任何证明资料，为避免出现鉴定机构"以鉴代裁"情况的发生，鉴定机构将此情况及时与法院进行沟通后确定，鉴定机构对此部分进行单列，供委托人判断使用。

④ 工程量偏差引起综合单价调整问题：被申请人意见根据《建设工程工程量清单计价规范》（GB 50500—2013）规定，当工程量偏差超过15%时，综合单价应予以调整。关于工程量有偏差时，综合单价是否进行调整及如何调整，施工合同均未进行约定。鉴定项目组讨论并与法院沟通后，认为被申请人提出的此项意见无计取依据，鉴定意见无法予以考虑。

4. 鉴定意见

鉴定机构于2022年9月8日出具了某市产业集聚区某路等四条道路及新增游园绿化项目鉴定意见书，鉴定意见根据该项目的实际情况及双方当事人的意见进行确定，包含确定性意见和选择性意见，具体鉴定意见如下：

（1）确定性意见

某市产业集聚区某路等四条道路及新增游园绿化项目含社会保障费工程造价为76704438.94元，不含社会保障费工程造价为75578511.06元。

（2）选择性意见

① 垃圾箱、提示牌的材料价格确认单双方当事人质证意见不一致，此部分材料价差调整费用为71613.00元。若按材料价格确认单计取，在上述确定性意见的基础上增加此项造价；否则上述确定性意见的工程价款不变。

② 现场勘验时死亡苗木的含社会保障费工程造价为140058.73元，不含社会保障费工程造价为138740.06元。若计取死亡苗木的费用，在上述确定性意见的基础上增加此项造价；否则上述确定性意见的工程价款不变。

③ 某大道、某路、A游园栽种后被移除苗木，被申请人意见为该部分苗木由申请人移除并栽种于他处，申请人意见为该部分苗木由其他单位进行移除。移除费用及苗木主材含社会保障费工程造价为-209197.60元，不含社会保障费工程造价为-210137.54元。若苗木移除不在申请人施工范围，上述确定性意见的工程价款不变；否则在上述确定性意见的基础上增加此项造价。

④ 部分苗木、垃圾箱及提示牌竣工图比现场勘验工程量多的含社会保障费工程造价为21906701.05元，不含社会保障费工程造价为21519752.86元。鉴定机构仅将此部分造价进行单

列，具体由法院裁决。若按竣工图工程量确定，在上述确定性意见的基础上增加此项造价；若按现场勘验工程量确定，则上述确定性意见工程造价不变。

垃圾箱、提示牌的材料价格确认单双方当事人质证意见不一致，此部分材料价差调整费用为3564.30元。若按材料价格确认单计取，在上述鉴定意见的基础上增加此项造价；否则上述鉴定意见的工程价款不变。

⑤ 根据申请人意见，部分苗木竣工图未显示现场勘验有的含社会保障费工程造价为1510420.40元，不含社会保障费工程造价为1492508.84元。鉴定机构仅将此部分造价进行单列，具体由法院裁决。若按竣工图工程量确定，则上述确定性意见工程造价不变；若按现场勘验工程量确定，在上述确定性意见的基础上增加此项造价。

⑥ 根据被申请人意见，部分苗木竣工图比现场勘验工程量少的含社会保障费工程造价为2228198.25元，不含社会保障费工程造价为2209953.09元。鉴定机构仅将此部分造价进行单列，具体由法院裁决。若按竣工图工程量确定，则上述确定性意见工程造价不变；若按现场勘验工程量确定，在上述确定性意见的基础上增加此项造价。

⑦ 工程量确认单、现场签证单的含社会保障费工程造价为84993258.47元，不含社会保障费工程造价为82579080.26元，由于工程量确认单、现场签证部分双方未达成一致意见，鉴定机构将此部分进行单列，供委托人判断使用（详见表1）。

表1 工程造价汇总表

序号	名称	含社会保障费工程造价（元）	不含社会保障费工程造价（元）	备注
1	确定性意见			
1.1	某市产业集聚区某路等四条道路及新增游园绿化项目	76704438.94	75578511.06	
2	选择性意见			
2.1	垃圾箱、提示牌的材料价格调整差额	71613.00		按材料价格确认单计取，在确定性意见基础上增加此项费用，否则不计取
2.2	现场勘验时死亡苗木	140058.73	138740.06	计算死亡苗木，在确定性意见基础上增加此项造价，否则不计取
2.3	某大道、某路、A游园栽种后被移除苗木	−209197.60	−210137.54	苗木移除不在申请人施工范围，此项造价不计取，否则在确定性意见基础上增加此项造价
2.4	部分苗木、垃圾箱及提示牌竣工图比现场勘验工程量多	21906701.05	21519752.86	按竣工图计算，增加此项造价，否则不计取
2.4.1	垃圾箱、提示牌的材料价格调整差额	3564.3		按材料价格确认单计取，在2.4条意见基础上增加此项费用，否则不计取

续表

序号	名称	含社会保障费工程造价（元）	不含社会保障费工程造价（元）	备注
2.5	部分苗木竣工图未显示现场勘验有	1510420.4	1492508.84	按竣工图计算，此项造价不计取，否则在确定性意见基础上增加此项造价
2.6	部分苗木竣工图比现场勘验工程量少	2228198.25	2209953.09	按竣工图计算，此项造价不计取，否则在确定性意见基础上增加此项造价
2.7	工程量确认单、现场签证单	84993258.47	82579080.26	

（三）案件当事人对工程造价司法鉴定意见异议问题

鉴定意见书征求意见稿出具后，双方当事人就有关问题提出异议，主要异议问题如下：

（1）部分工程量计算、综合单价计取问题

此类问题通过详细复核及与当事人双方核对后已经解决。

（2）社会保障费是否应计取问题

本项目投标报价未计取社会保障费，双方当事人对是否应计取社会保障费意见不一致，鉴定意见将含社会保障费和不含社会保障费的工程造价分别进行单列，具体由法院裁决。

（3）增值税异议问题

根据征求意见稿核对时双方质证认可的已开发票，对增值税进行补税额计算，并计入确定性意见内。

（4）工程量偏差超过15%时调整综合单价问题

被申请人提出，根据《建设工程工程量清单计价规范》（GB 50500—2013）约定"工程量偏差超过15%时，可调整综合单价"，由于送鉴资料中未显示工程量偏差时是否调整综合单价及如何调整，鉴定意见无计算依据，故未包含此部分。

四、出庭作证情况

鉴定机构在出具鉴定意见书前，先出具鉴定意见书（征求意见稿），要求双方当事人在限定时间内提出书面反馈意见。收到反馈意见后由审判庭组织召开鉴定工作专题会议，便于鉴定人更好地梳理双方的反馈意见并修改鉴定意见。

鉴定意见出具后，委托人没有要求鉴定人出庭作证。案件审理结束后，判决结果显示人民法院对鉴定机构出具的鉴定意见书予以确认，以鉴定意见作为认定该案工程价款的依据，该判决于2022年10月10日生效。双方当事人对判决结果均无异议，均未进行上诉，法院表示对鉴定机构的鉴定工作非常满意。

五、心得体会

1. 及时确定基础鉴材,为鉴定工作顺利开展奠定坚实基础

图纸是工程造价鉴定最基础的鉴定材料,在本案中,因被申请人单方原因对已经质证认可的竣工图又不认可,直接导致鉴定人缺少一项重要的基础鉴材。为了按照委托人要求按时完成鉴定工作,鉴定人多次与当事人进行沟通,发现当事人对此次鉴定工作的推动进度及是否能顺利完成双方态度差异较大,其中被申请人经历了四任领导班子的更换,对鉴定工作推进造成较大的影响。在了解双方当事人的实际情况后,鉴定人积极与当事人进行沟通,动之以情、晓之以理,在充分尊重双方当事人意见的基础上,鉴定机构提出以竣工图为基础材料结合现场勘验情况开展鉴定工作,得到了各方的认可。

2. 现场勘验细致周到,为工程量确定、遗留问题的解决创造了良好的基础条件

现场勘验工作在超乎寻常的 40 摄氏度高温下如火如荼地展开了,但理想是丰满的,现实是骨感的,在现场勘验过程中,发现相同部位现场与竣工图工程量大部分存在偏差,导致双方当事人分歧较大,被申请人多次提出终止勘验及鉴定。鉴定人用敬业精神和专业的工作态度感染了当事人,各方同意根据鉴定人提出的竣工图与现场一致的计入确定性意见,竣工图与现场差额部分进行单列的勘验方案继续进行勘验,最终在各方的积极配合、共同努力下,完美地完成了勘验工作。

3. 征稿核对、数据及时确认,为鉴定意见的出具提供了良好的先决条件

在历时近一周的核对中,当事人最开始分歧大、怨气重、消极配合,在鉴定机构的积极协调下,遵循客观、公正的执业原则,运用科学合理的鉴定方法,让当事人最终打消了顾虑并积极配合,爽快地在核对笔录上进行了签字确认,鉴定人根据核对笔录复核调整后出具鉴定意见书,直至案件结束也未收到人民法院要求鉴定机构出庭的函件。

4. 专业问题处理科学妥当,得到各方的高度认可

土方工程是绿化项目中涉及金额较大、情况较复杂的单项工程。本案中双方当事人对土方工程争议较大,申请人意见应按照送鉴资料中签字齐全的工程量确认单中汇总的工程量进行计算;被申请人意见应按照其提交的工程量汇总数据进行计算,但此汇总数据无相关数据明细资料。鉴定机构本着独立、客观、公正的处理原则,土方工程量根据送鉴资料中高程测量数据表,使用专业软件重新计算土方数据,依据重新计算的数据整理出鉴定结果,最终得到当事人双方的一致认可。

5. 扎实的专业能力,为案件的顺利审理加分

就本案来说,在双方当事人对质证资料意见不一致及意见不明确的情况下,鉴定机构通过分析送鉴资料及勘验现场,在鉴定过程中,鉴定人积极与当事人沟通,将双方的分歧最小化,促成双方争议的部分问题达成共识,得以有效解决并转化为确定性意见,该部分工程造价为 16270368.77 元,为委托人提供了良好的技术支持,在一定程度上减少了人民法院的审理压力,得到了人民法院的一致好评。

在工程造价鉴定过程中,双方当事人存在争议属于正常现象,但工程造价鉴定机构必须准确把握鉴定权和裁判权的界限。在充分熟悉、认真分析送鉴资料的情况下,工程造价鉴定人员也可运用专业的技术及经验，将当事人之间的争议通过鉴定逐步减少，并促成当事人达成共识。若双方当事人对争议部分确实达不成一致意见时，鉴定人员应当按照委托人的要求，根据当事人的争议事项列出鉴定意见，供委托人判断使用。

总而言之，工程造价鉴定是一项有着较大困难和复杂程度的工作，它本身具有不确定性，作为一名合格的工程造价鉴定人员，不仅要具有良好的职业操守、丰富的造价知识和工作经验，还应具有基础的法律法规、工程技术等方面的知识，同时也要了解各方当事人的利益所在、平衡点所在及其最关注的问题，促使当事人各方以客观的态度对待分歧，争取当事人的积极配合，最大限度地消除当事人对鉴定结果的疑虑，从而保证工程造价结论的科学性和公正性，同时得到委托人的充分信任，以便于工程造价纠纷的顺利解决。

专家点评

该案例中鉴定焦点、难点交代清晰，鉴定过程描述具体，鉴定依据齐全，鉴定方法有理有据。鉴定中对基础鉴材（竣工图）的确定、勘验时现场和竣工图不一致时工程量的确定、送鉴资料质证意见不一致时的处理、计价的鉴定方法等有一定的借鉴意义。其中对于土方部分在送鉴资料质证时双方意见不一致，为避免出现鉴定机构"以鉴代裁"情况的发生，鉴定机构将此情况及时与法院进行沟通后确定，鉴定机构对此部分不再进行现场勘验测量（间隔5年之久，地形地貌由于自然沉降、天气等原因造成的水土流失及其他客观因素，鉴定期内重新测量数据不能完全反映施工完毕时的真实情况），根据送鉴资料中的工程量确认单进行鉴定。鉴定机构根据工程量确认单提供的数据，使用专业软件分别计算相应工程量及相应造价并将此部分造价进行单列，供委托人判断使用。鉴定意见包含确定性意见和选择性意见，采用文字配合表格形式表述，直观明了。

案例中对当事人提出的工程造价司法鉴定意见异议问题进行了解释说明，其中被申请人提出，根据《建设工程工程量清单计价规范》（GB 50500—2013）约定"工程量偏差超过15%时，可调整综合单价"，由于送鉴资料中未显示工程量偏差时是否调整综合单价及如何调整，鉴定意见无计算依据。判决结果显示人民法院对鉴定机构出具的鉴定意见书予以确认，以鉴定意见作为认定该案工程价款的依据。最后鉴定人分五个方面分享心得体会，既是对鉴定工作中的领悟、感悟，也是对鉴定工作的认识、总结和反思。其中对于及时确定基础鉴材，为鉴定工作顺利开展奠定坚实基础方面，在本案中，因被申请人单方原因对已经质证认可的竣工图又不认可，直接导致鉴定人缺少一项重要的基础鉴材。因被申请人经历了四任领导班子的更换，对鉴定工作推进造成较大的影响。鉴定人积极与当事人进行沟通，动之以情、晓之以理，在充分尊重双方当事人意见的基础上，鉴定机构提出以竣工图为基础材料结合现场勘验情况开展鉴定工作，得到了各方的认可。

工程造价鉴定是一项有着较大困难和复杂程度的工作，它本身具有不确定性，需要工程造价鉴定人员，不仅要具有良好的职业素养及专业知识，同时也要了解各方当事人的利益所在、平衡点所在及其最关注的问题，最大限度地消除当事人对鉴定结果的疑虑，从而保证工程造价结论的科学性和公正性，同时得到委托人的充分信任，以便于工程造价纠纷的顺利解决。

北京求实工程管理有限公司　吴玉珊

对某国道某路段改建项目工程造价司法鉴定

——湖北正和工程咨询有限公司

王占峰　梁富运　何英花　邵忠奎　史伟锋

一、案情简介

（一）工程施工中标及合同签订、履行情况

2016年某月某日，被告（发包单位）向原告（承包单位）发出涉案工程中标通知书，中标价28700.00万元（数据已作适当处理，下同），中标工期730日历天。

2016年7月28日《检验申请批复单》记载，现场已进行某桥K5+151处"3#台-1#桩基"的钻孔施工，工程实际开工。

2017年某月某日，双方当事人签订《某市某国道某路段改建项目施工合同》（以下简称《施工合同》），合同协议书约定："承包人应按照监理人指示开工，工期为24个月。"

2017年某月某日，发包人在开工报告报审表中批准开工。

2019年某月某日，项目K0+000-K7+960、K14+600-K15+300、K18+813-K20+300段（共计10公里）达到通车条件。涉案工程半幅通车，投入使用。

2020年某月某日，项目K0+000-K7+960、K14+600-K21+308段（共计14.688公里）达到通车条件。涉案工程全幅通车，投入使用。

2021年某月某日，涉案工程办理《交工验收证书》，该证书载明，"K0+000—K21+320段工程质量评定为合格""三、遗留问题、缺陷的处理意见：2.凉亭加油站处右幅，因加油站未迁改，外侧应急车道70m未施工"。

2022年某月某日，承包单位（原告）、发包单位（被告）、监理单位三方签署第23期（最后一期）《中期支付证书》，共同确认已计量的工程价款为26200万元（未包括合同外材料调差费用）。

2022年某月某日，承包单位（原告）向发包单位（被告）发出最终结清申请单，2022年某月某日，该申请被发包单位（被告）退回承包单位（原告）。

2022年某月某日，承包单位（原告）向发包单位（被告）发函《关于当前需要贵方解决问题的函》和附件《工程结算书》，函件载明，"为了确保结算工作有效推进，急需贵方早日解决损失赔偿事宜""剩余未计量工程及变更合同外费用问题、工期延误、新冠疫情损失、部分材料调差费用贵单位始终未明确回复"。

（二）起诉背景

原告（承包单位）诉称，原告按被告要求进场施工后，由于被告办理规划审批手续、征地拆迁等进度严重滞后，遭遇到"环保风暴"、新冠肺炎疫情等事件，建筑材料价格持续暴涨，甚至翻倍，远超原告合理承受范围。双方多次协商材料调差事宜，被告也予以认可，并且确认了材料调差6700万元。但工程竣工至本案起诉，被告仍未支付上述材料调差费用。因被告原因还导致工期延误，涉案工程于2021年某月某日才完成交工验收手续，给原告造成了经济损失1540万元。新冠肺炎疫情暴发后，原告（承包单位）产生防疫费用20万元，应当由被告承担。工程竣工后，原告（承包单位）已经完成的工程价款为26900万元。被告仅支付了21300万元，尚欠剩余工程款5600万元。请求判令被告支付材料调差费用6700万元、工期延误损失1540万元、支付防疫费用20万元、剩余工程款5600万元，合计13860万元。

二、案件争议焦点和造价鉴定难点

（一）案件争议焦点

1. 材料调差争议焦点
（1）关于材料价格因物价波动变化时是否应调差。
（2）是否只有非承包人原因导致工期延误时发生的材料价格上涨才予以调整。
（3）是按市场价还是以信息价调整。
（4）结算审计未完成，是否达到调差价款支付条件。
（5）界定承包人及非承包人原因导致的工期延误及其对材料调差的影响。

2. 片石、石灰是否纳入材料调差问题
《施工合同》专用合同条款约定本项目只对用于永久工程的钢筋、水泥、钢绞线、沥青进行价差调整。

2019年某月某日，被告向湖北省某造价管理站发出的《关于某国道某路段改建工程项目建设中有关材料调差问题的咨询函》（以下简称《咨询函》）认可了建设所需的砂、碎石、片石、石灰等材料价格大幅上涨。

《咨询函》说明了片石、石灰等材料价格大幅上涨的事实，包含可以调差的意思，而合同约定片石、石灰不属于可调差范围，两者矛盾，双方当事人因此发生争议。

3. 沥青混凝土路面项目的单价问题
原告认为，挖除旧路面（沥青混凝土路面）项目的单价应当按照合同约定的单价34元/m²计

价，被告不认可老路铣刨超出合同工程量按合同单价结算，超出合同工程量清单数量15%以外的部分应按鉴定机构意见重新核定单价。

4. 工期延误引起窝工损失争议焦点

（1）本项鉴定申请相关的主要争议事项为工期延误引起窝工损失的事实是否存在。

（2）提供申请鉴定的费用是否与窝工损失相关。

（3）若经委托人认定，系非承包人原因工期延误导致稳定性管理费用增加，是否应由发包人承担。

5. 防疫费用争议焦点

（1）防疫费用是否须经发承包方签认，据实结算。

（2）原告申请的费用及提供的证据是否与本案关联。

6. 因合同约定与《建设工程工程量清单计价规范》（GB 50500—2013）规定不同，材料价差调整中形成的税金是否予以调整存在矛盾

《施工合同》专用合同条款约定："材料价格调差仅对材料本身引起的价格变化进行调整，对材料价格调整后引起的其他价格组成，如利润、规费、税金、管理费等的变化，不予调整。"

国家标准《建设工程工程量清单计价规范》（GB 50500—2013）第3.1.6条规定："规费和税金必须按国家或省级、行业建设主管部门的规定计算，不得作为竞争性费用。"该规范中的此条款为强制性条文。

按照上述清单计价规范规定，对材料价格调整引起的税金增加，应依据规定的税率与价差同步计取。

上述部分争议，在鉴定过程中因鉴定人提出专业意见，促使当事人达成共识而消除。

（二）造价鉴定难点

1. 在相关证据存在争议的情况下，界定承包人及非承包人原因导致的工期延误及其对材料调差的影响

有关指导性文件规定，非承包人原因工期延误引起的材料涨价由发包人承担。本案当事人均指系对方原因引起工期延误，且相关证据存在争议。界定承包人或非承包人原因导致的工期延误，涉及当事人法律责任的划分。根据《最高人民法院关于人民法院民事诉讼中委托鉴定审查工作若干问题的规定》《建设工程造价鉴定规范》（GB/T 51262—2017）有关规定，当事人责任划分及争议证据的采用应由委托人决定。

既要遵循上述有关司法鉴定职责范围的规定，又要在法院未对当事人责任划分及争议证据的情况下，根据《建设工程造价鉴定规范》（GB/T 51262—2017）的指引，对工期延误责任的归属，从专业鉴别、判断的角度提出建议，对可能存在的承包人工期延误责任对材料调差的影响提出专业判断意见，并对争议证据进行查证，是材料调差造价鉴定的难点。

2. 片石、石灰是否纳入材料调差问题

对《咨询函》的意思表示是否达成合意的判断，合同约定与《咨询函》效力的采信，与法律适用问题相交叉，成为该争议造价鉴定的难点。

3. 工期延误引起窝工损失的鉴定

原告提供的申请鉴定的费用证据是否与窝工损失相关，窝工损失是否实际存在；非承包人原因工期延误导致稳定性管理费用增加，是否应由发包人承担；当事人双方对费用如何认定意见不一致；对引起工期延误的原因判断，涉及当事人法律责任划分等，是工期延误损失鉴定的难点。

4. 防疫费用鉴定

原告未提供防疫费用证据，合同约定需据实审核结算，而疫情防控又是众所周知的事实，在此背景下对防疫费用进行鉴定，前述相关情况构成本项目造价鉴定的难点。

5. 材料价差调整中形成的税金

材料价差调整中形成的税金是否予以同步调整的相关依据存在矛盾，且涉及法律适用问题，是本项造价鉴定的难点。

三、鉴定情况

（一）司法鉴定委托人提供鉴定材料内容

（1）司法鉴定委托书。

（2）鉴定申请书。

（3）起诉状。

（4）答辩状、代理词。

（5）证据目录及证据明细、质证意见笔录、庭前会议质证笔录等。

（6）地质勘察报告。

（7）工程招、投标文件。

（8）中标通知书。

（9）施工组织设计。

（10）工程监理合同。

（11）建设工程施工合同（补充协议）。

（12）检验申请批复单、开工报告。

（13）施工图纸（竣工图纸）。

（14）图纸会审记录。

（15）设计变更单。

（16）工程签证单。

（17）工程变更。

（18）工程洽商记录。

（19）工程会议纪要。

（20）工程验收记录。

（21）单位工程竣工报告。
（22）单位工程验收报告。
（23）工程质量检测报告。
（24）公路工程交工验收证书。
（25）工程计量单。
（26）进度款支付单。
（27）合同约定的主要材料价格。
（28）侵权损害赔偿的有关资料。
（29）当事人存在争议事实相关材料。
（30）施工日报、施工月报、施工台账。
（31）监理月报、监理日报、监理现场巡视记录。
（32）现场取芯照片。
（33）某单位（原告）某国道某路段改建项目关于某分包单位结算相关事宜专题会议纪要。
（34）关于2019年某月份重点工作完成情况的通报。
（35）关于某国道某路段改建工程项目建设中有关材料调差问题的咨询函。

（二）工程造价司法鉴定情况

1. 鉴定过程

（1）向委托人（法院）发函接受委托。
（2）交接与本案鉴定委托范围相关的举证资料，向委托人发函要求当事人补充证据，以获取适当证据。
（3）熟悉委托方提供的司法鉴定相关资料和工程情况，确定鉴定方案。
（4）现场勘验核实：2023年某月某日，我司致函中院提请批准勘验现场，委托人于8月某日组织各方当事人现场勘验，形成勘验笔录。
（5）梳理当事人提交的证据材料，分析其内在逻辑及关联。
（6）合理选择工程造价鉴定的计价依据和方式。
（7）根据鉴定证据材料及现场勘验资料进行计量计价，计算鉴定范围内的工程量及工程价款，组织当事人进行工程量价进行核对。
（8）经委托人批准，就争议事实向当事人进行调查询问。
（9）出具涉案工程造价鉴定意见《征求意见稿》。
（10）向委托人发出《关于某案工程造价鉴定意见书出具情况的汇报》，向委托人项目督办人、承办人汇报各类鉴定意见（确定性意见、推断性意见、选择性意见），形成依据及方法。
（11）在出具征求意见稿后，深入进行三级复核，结合当事人反馈意见，在回复当事人异议的同时出具鉴定意见《修改稿》，供法院组织当事人质证、答疑。
（12）向委托人发出《关于提请明确有关争议证据采用等事项的函》，请求委托人就当事人对真实性、关联性提出异议的证据（工期延误相关资料、管理费用凭证、市场价调差监理签字单等）

作出决定；并根据《建设工程造价鉴定规范》（GB/T 51262—2017）4.7.1的规定请求明确，法院已经查明的事实、与鉴定事项相关的法律关系性质和行为效力、对证据中影响鉴定结论重大问题的处理决定。

（13）在鉴定工作各环节与委托人保持及时沟通，及时反馈鉴定进展。包括：当事人径直向鉴定机构补充鉴定材料时，鉴定机构按照鉴定规范要求予以拒收并及时向委托人报告情况，同时提示当事人应向法院提交证据资料并质证；当事人双方就工期延误的责任认定发生分歧时，鉴定机构及时书面函请委托人提出意见，委托人未作出明确答复时，在鉴定报告中予以说明；在针对证据材料不明确之处经报请委托人批准后，积极问询当事人，按照鉴定规范以书面形式向当事人进行调查询问。

（14）根据鉴定委托人要求，配合与本案有关的问询、庭前调查、质证、出庭等。

（15）出具正式的工程造价鉴定意见书。

（16）相关资料和工程造价鉴定成果文件整理归档。

2. 鉴定依据

（1）司法鉴定委托人提供的鉴定材料［详见三、（一）司法鉴定委托人提供鉴定材料］。

（2）鉴定机构组织当事人调查询问形成的询问笔录。

（3）法院组织当事人及鉴定机构进行现场勘验形成的勘验笔录。

（4）适用法律、法规、规章和规范性文件、规范、标准：

①《中华人民共和国民法典》。

②《中华人民共和国民事诉讼法》。

③《司法鉴定程序通则》（司法部令第132号）。

④《最高人民法院关于人民法院民事诉讼中委托鉴定审查工作若干问题的规定》（法〔2020〕202号）。

⑤《最高人民法院关于民事诉讼证据的若干规定》（2019年修订）。

⑥《最高人民法院关于审理建设工程施工合同纠纷案件适用法律问题的解释（一）》（法释〔2020〕25号）。

⑦《建设工程造价鉴定规范》（GB/T 51262—2017）。

⑧《建设工程造价鉴定规程》（CECA/GC 8—2012）。

⑨《湖北省工程造价经济纠纷鉴定业务导则》（试行）。

⑩《武汉市中级人民法院司法鉴定工作操作指引》。

（5）计量计价规范、标准等规范性、指导性文件：

①《建设工程工程量清单计价规范》（GB 50500—2013）。

②《公路工程标准施工招标文件（2009版）》（交公路发〔2009〕221号）。

③《建设工程造价咨询规范》（GB/T 51095—2015）。

④涉案工程实施期间湖北省适用定额、武汉市适用价格信息。

⑤《湖北省住房和城乡建设厅关于建设工程材料价格风险管控的指导意见》（2019年6月14日）。

⑥ 湖北省住房和城乡建设厅发布的《湖北省常态化疫情防控期间建设工程计价调整的通知》（厅头〔2021〕2067号）。

3. 鉴定方法

1）工程造价鉴定一般方法

（1）收集资料

交接与本案鉴定委托范围相关的送鉴资料，获取与案情相关证据，收集造价鉴定相关司法解释、计价计量规范等技术资料。

（2）审阅分析

熟悉案情，分析证据材料，梳理案件争议焦点、鉴定重点难点。

（3）现场勘验

在委托人组织下，同委托人及双方当事人一同就涉案工程进行现场勘验，签署勘验笔录。

（4）量价计算

根据确定的计量计价依据对涉案工程进行计量计价（含合同外设计变更及现场签证）。

（5）量价核对

组织诉讼当事人核对鉴定人计量计价初步结果。

（6）调查询问

① 针对不明确事实组织当事人进行询问调查。

《建设工程造价鉴定规范》（GB/T 51262—2017）第4.5.2条规定，根据鉴定需要，鉴定人可以询问当事人、证人，询问应制作询问笔录。

② 针对争议证据、法院决定事项向委托询问。

《建设工程造价鉴定规范》（GB/T 51262—2017）第4.7.3条规定，当事人对证据的真实性提出异议，或证据本身彼此矛盾，鉴定人应及时提请委托人认定并按照委托人认定的证据作为鉴定依据；第4.7.5条规定，当事人对证据的关联性提出异议，鉴定人应提请委托人决定。

（7）证据查证

利用专业优势，对施工日志、监理日志、监理月报、期中计量证书等工程资料进行比对、核实、分析。

（8）质证答疑

根据委托人要求，参加委托人组织的质证、询问、答疑、庭前会议、庭审。

（9）尽职报告

及时向委托人报告各阶段工作情况，随时提请答复和指导。

2）根据争议事项和证据查证情况，出具不同鉴定意见的方法

（1）当鉴定项目或鉴定事项内容事实清楚，证据充分，应作出确定性意见。根据指导性文件规定及合同约定，在鉴定职责范围内，对材料调差作出了有条件的确定性鉴定意见（工期延误的法律责任由委托人划分）。根据交通运输部《公路工程标准施工招标文件（2009版）》（交公路发〔2009〕221号）、《公路工程预算定额》（JTG/T B06—02—2007）、涉案工程招投标文件、施工合同及补充协议、施工图、竣工图、设计变更、工程签证单、现场勘验记录等资料，对施工合同结

算进行计量计价，将计量计价结果与原告、被告进行核对，达成统一后得出结算造价确定性鉴定意见。

（2）当鉴定项目或鉴定事项内容客观，事实较清楚，但证据不够充分，作出推断性意见。在对申请鉴定的防疫费用无支撑依据，证据不足的基础上，鉴于新冠疫情是众所周知的事实，实际已发生的情况较为清楚，根据疫情防控有关的政策文件规定，结合涉案工程实际，鉴定意见书给出了推断性意见。

针对申请鉴定的工期延误损失，鉴于工期延误已通过证据资料得以证实客观存在，延误事实较为清楚，且部分管理费用具有费用类型相对稳定、金额大小随工期的延长而增加的特性，但足以支撑工期延误损失事项及对应金额的证据尚不足，鉴定人针对送鉴资料中发承包人均已认定的管理费用中最稳定的部分，给出推断性鉴定意见。

（3）当鉴定项目合同约定矛盾或鉴定事项中部分内容证据矛盾，委托人暂不明确要求鉴定人分别鉴定的，可分别按照不同的合同约定或证据，作出选择性意见，由委托人判断使用。

因当事人依据的证据相互冲突，对材料价格调整引起的税金变化的处理结果不同。鉴定意见分析了相关依据及结果，作出选择性意见，供委托人判断参考。

3）具体鉴定意见的形成方法

（1）材料调差鉴定意见的形成

2019年6月14日，湖北省住房和城乡建设厅发布的《关于建设工程材料价格风险管控的指导意见》第七条规定："因非承包人的原因造成工期延误的，延误期间发生的材料价格涨跌的，上涨时，按上涨的价格调整合同价款。"

涉案工程施工期间，材料价格波动总体呈现上涨趋势，计算结果也显示，材料总价差为调增。故鉴定人认为，依据上述规范性文件，只能对非承包人原因造成工期延误时发生的材料价差予以调整。

对非承包人原因造成工期延误责任的认定，涉及当事人责任划分的认定。《关于人民法院民事诉讼中委托鉴定审查工作若干问题的规定》规定，对当事人责任划分的认定人民法院不予委托鉴定。《建设工程造价鉴定规范》（GB/T 51262—2017）第6.1.3条规定，鉴定意见书不得载有对案件性质和当事人责任进行认定的内容。因此，鉴定人不对非承包人原因造成工期延误责任进行认定，也不就其对材料调差费用的影响提出鉴定意见；鉴定人只对材料相关的专业技术问题提出专业判断，供委托人决定参考。故对材料调差作出了有条件的确定性鉴定意见（工期延误责任划分由法院决定）。

（2）结算造价鉴定意见的形成

根据交通运输部《公路工程标准施工招标文件（2009版）》（交公路发〔2009〕221号）、《公路工程预算定额》（JTG/T B06—02—2007）、涉案工程招投标文件、施工合同及补充协议、施工图、竣工图、设计变更、工程签证单、现场勘验记录等资料，进行计量计价。将计量计价结果与原告、被告计量计价结果进行核对，得出结算造价确定性鉴定意见（不含合同内材料调差）。

造价结算各章节计量计价的主要方法为，依据施工图、竣工图、经监理及发包方确认的现场核查单、鉴定过程中的现场勘验结果计量，合同内工程价款按合同单价计算；合同外工程量的单价依据工程变更单，按照合同类似子目单价等依据重新组价计取。其中：

① 总则部分。《施工合同》通用条款 17.1.5 条约定："总价子目的计量和支付应以总价为基础，不因第 16.1 款中的因素（物价波动）而进行调整。"故针对总则章的总价子目（包括工程保险费），专用条款无特殊约定时，本次按照合同约定价格计算。原告关于建筑工程一切险和第三者责任险的索赔金额，因属于合同清单内事项，鉴定意见书统一在合同清单造价内考虑。

② 路基、路面、桥涵、安全设施及预埋管线等实体工程部分。工程量方面，鉴定数量依据设计图纸设计文件计算数量及中间计量表、现场核查表，扣减合同外清单量及未施工工程量。例如：第 204-1-0 章开山石渣子项，各期计量台账认定开山石渣数量为 79194.35m³，但鉴定中发现有两段路基开山石渣无现场核查单，涉及工程量 7406.16m³，对此工程量予以核减，鉴定认定数量为 71788.19m³；单价方面，合同内项目为固定综合单价。合同外子项的单价认定方式如下：对于有合同单价的按合同单价计取；对于无合同单价但有类似合同子项可以参考的，参考合同类似子项单价；对于无合同类似子项的，按照公路定额重新组价。

（3）工期延误损失鉴定意见的形成

① 鉴定意见的总体形成。

第一步，经审阅经质证的费用明细及发票等证据材料，认定原告提供的证据与申请鉴定的 520 万元窝工损失不相关、不充分；通过鉴定分析，原告所称工期延误引起窝工损失的事实并不存在，对原告申请的窝工损失不予认定。

第二步，根据《建设工程工程量清单计价规范》（GB 50500—2013），在工程价款既定情况下，管理费的计取不变。鉴于部分管理费用相对稳定、随工期的延长而增加的特性，若经委托人认定，系非承包人原因工期延误导致稳定性管理费用增加，则宜由发包人承担。鉴定人针对送鉴资料中发承包人均已认定的管理费用中最稳定的部分，给出推断性鉴定意见。

② 若委托人认定属非承包人原因延误工期引起增加的稳定性管理费用的推断性鉴定意见。

鉴于双方对管理费用凭证争议较大，鉴定人根据送鉴资料中双方均已确认的资料和数据，计算基本的稳定性管理费用，作为有条件的推断性鉴定意见。

a. 基本的管理人员工资。

根据涉案工程施工组织设计第 3.2.2 机构框架图，涉案工程项目经理部配备由项目经理、项目副经理、总工程师等组成 10 人管理团队（按每个部门配备一个人的最低配备）。以经质证的 2016 年 9 月项目部管理人员工资，计算出月人均工资为 0.94 万元。按施工组织设计最低配备 10 人管理团队，一年的管理人员工资为 112.6 万元。

b. 承包人驻地建设费。

施工合同后附报价清单 104-1 显示，承包人驻地建设费合同价为 150 万元。合同工期两年，平均每年发生承包人驻地建设费 75 万元。

综上，工期延误一年发生的稳定性管理费用（基本管理人员工资及承包人驻地建设费）推断意见金额为 188 万元。

（4）防疫费用推断性鉴定意见的形成

① 对原告主张防疫费用的证据进行梳理。案涉工程施工期间遭遇新冠肺炎疫情，原告主张防疫费用，但仅列出了防疫费用总额，未提供防疫费用的具体费用明细清单、票据凭证、索赔报告等资料。结合施工期间的监理月报、施工现场照片等资料可判断，防疫费用发生的事实清楚，但据以计算费用的证据不足。

② 依据政策文件规定对防疫费用进行推断。鉴于新冠疫情是众所周知的不可抗力事件，案涉工程施工方在疫情期间采取防疫措施的事实较为清楚，故鉴定人参照相关政策文件，对2020年1月暴发的疫情经防控复工后直至完工期间发生的疫情防控合理费用作出如下推断：

湖北省住房和城乡建设厅2021年12月6日发布的《湖北省常态化疫情防控期间建设工程计价调整的通知》（厅头〔2021〕2067号）规定，常态化疫情防控措施费计取标准为，能计算出工日数的工程按5元/工日计算。

由于缺乏具体关于工日数量的签认资料，鉴定人采用定额测算法计算工日数。根据中期计量资料计算出2020年1月疫情发生并经防控复工后至项目完工期间完成产值金额为6680万元。本次鉴定总造价为25500万元，疫情发生后产值占比26.2%。从造价软件中提取的总造价中人工费总额为1819.06万元。故疫情发生后产生工程量对应人工费为：1819.06万元×26.2%=476万元。参照《湖北省常态化疫情防控期间建设工程计价调整的通知》（厅头〔2021〕2067号）文件，以人工费的3.88%计算常态化疫情防控措施18.5万元。

该金额未考虑《湖北省常态化疫情防控期间建设工程计价调整的通知》（厅头〔2021〕2067号）文发布前涉案工程项目实际防疫措施与文件规定的常态化防疫措施可能存在的差异，提请委托人参考。

（5）合同外调差材料范围争议选择性鉴定意见的形成

《施工合同》专用合同条款16.1.2约定本项目只对用于永久工程的钢筋、水泥、钢绞线、沥青进行价差调整。

2019年某月某日，被告向湖北省某造价管理站发出的《关于某国道某路段改建工程项目建设中有关材料调差问题的咨询函》认可了建设所需的砂、碎石、片石、石灰等材料价格大幅上涨。但双方当事人未就片石、石灰等材料调差达成一致。

鉴于片石、石灰不调差有合同约定为依据，调差有上述《咨询函》的自认作为依据，存在相互矛盾的证据，委托人未明确要求鉴定人分别鉴定的，根据《建设工程造价鉴定规范》（GB/T 51262—2017）5.11.4条规定，作出按被告意见调差0万元、按原告意见调差205万元两种选择性鉴定意见，供委托人判断使用。此外，参照鉴定规范5.7.6条关于鉴定人可提出建议的规定，基于促进当事人达成和解的考虑，从专业鉴别、判断的角度，提出取原、被告主张的折中方案即调差102.5万元的建议，最终由委托人根据当事人的举证判断确定。

（6）材料价差调整中形成的税金选择性鉴定意见的形成

合同约定，税金不随材料调差而调整；若遵循《建设工程工程量清单计价规范》（GB 50500—2013）的规定，税金应随材料调差而调整。

因相关依据矛盾，故根据不同证据作出选择性鉴定意见。

① 不支持税金同步调整的依据。

《施工合同》专用合同条款 16.1.2 约定："本项目材料价格调差仅对材料本身引起的价格变化进行调整，对材料价格调整后引起的其他价格组成，如利润、规费、税金、管理费等的变化，不予调整。"

《中华人民共和国民法典》第一百五十三条规定，违反法律、行政法规的强制性规定的民事法律行为无效。《建设工程工程量清单计价规范》（GB 50500—2013）不属于法律、行政法规范畴，该合同条款对应的民事行为有效。

② 支持税金同步调整的依据。

《建设工程工程量清单计价规范》（GB 50500—2013）第 3.1.5 条规定："规费和税金应按国家或省级、行业建设主管部门的规定计算，不得作为竞争性费用。"该规范为国家标准，"不得将税金作为竞争性费用"是其强制性条款。若从遵从行业规范而言，对材料价格调整中增加的税金，应当依据规定的税率按调整的价差同步调增。

《中华人民共和国民法典》第一百五十三条规定，违背公序良俗的民事法律行为无效。《全国法院民商事审判工作会议纪要》第三十一条规定："违反规章一般情况下不影响合同效力，但该规章的内容涉及金融安全、市场秩序、国家宏观政策等公序良俗的，应当认定合同无效。"

综上，因合同约定、《中华人民共和国民法典》、司法工作指导意见规定相互冲突，对材料价格调整引起的税金变化的处理结果不同，鉴定人提出选择性意见供委托人参考。

因涉及法律适用问题，鉴定人提请委托人判断，税金不随材料调差而调整，是否涉及市场秩序、国家宏观政策等。

4. 鉴定意见

1）确定性鉴定意见

本鉴定意见书将材料调差（不含调差范围争议）、结算造价作为确定性鉴定意见。

（1）材料调差费用有条件确定性意见（由委托人认定工期延误责任）为 5182 万元。材料调差费用的最终确认，依赖委托人对当事人责任划分的决定。上述鉴定意见未考虑可能存在的承包人工期延误责任对材料调差的影响。

（2）结算造价确定性鉴定意见（不含合同内材料调差）为 25500 万元。

2）推断性鉴定意见

本鉴定意见书将工期延误损失、疫情防控费用列入推断性鉴定意见。

（1）工期延误损失有条件推断性鉴定意见（由委托人认定工期延误责任）为 188 万元。

（2）疫情防控费的推断性鉴定意见为：18.5 万元。

3）选择性鉴定意见

本鉴定意见书将合同外调差材料范围争议和所有材料调差形成的税金列入选择性鉴定意见。

（1）关于合同外调差材料范围争议的有条件选择性意见（由委托人认定工期延误责任）。

选择性意见 1：按照被告提出的观点及方案，片石、石灰等材料调差选择性意见为 0 元。

选择性意见 2：按照原告主张的方案，片石、石灰等材料调差选择性意见为 205 万元。

以上选择性意见供委托人判断使用。另外，参照《建设工程造价鉴定规范》（GB/T 51262—

2017）5.7.6条关于鉴定人可提出建议的规定，基于促进当事人达成和解的考虑，鉴定人从专业鉴别、判断的角度，提出取原、被告主张的折中方案即调差102.5万元的建议，最终由委托人根据当事人的举证判断确定。

（2）关于材料价差调整中形成的税金的选择性鉴定意见。

选择性意见1：按合同约定，材料价差调整中形成的税金不予调整，该项鉴定选择性意见为0元。

选择性意见2：按《建设工程工程量清单计价规范》（GB 50500—2013）规定，税金不得作为竞争性费用（即必须依据规定的税率按工程造价同步计取），该项鉴定选择性意见为，合同内外材料调差形成的税金合计为176万元。

（三）案件当事人对工程造价司法鉴定意见异议

1. 原告关于不认可延误工期188天的异议

原告异议：由于被告交通运输局规划审批、征地拆迁工作的长期滞后，比如加油站至今都没有完成征地拆迁工作，导致案涉工程工期延误，故案涉工程工期延误责任在交通运输局。原告所指188天内实际大部分时间在施工。

鉴定人答复：原告所指被告原因引起工期延误，不影响对188天原告原因导致工期延误的认定。经鉴定人核查，相关施工记录记载且相互印证，原告在相关188天内停工、误工实际存在，原告所称完成产值，实际全部为188天内原告停工或返工的路面工程之外的其他工序所完成的产值。详见本案例其他相关内容。

2. 关于材料调差

原告异议：材料调差金额应全部由发包人承担，合同外材料调差应包括片石、石灰，且石屑单独计算材料调差，《指导意见》未要求扣减材料价差5%以内的风险费用。

鉴定人答复：

（1）关于材料调差金额应全部由发包人承担

材料调差金额是否应全部由发包人承担，涉及当事人法律责任划分，由委托人决定。

（2）关于合同外材料调差的范围

如前所述，原告坚持将片石、石灰纳入调差材料范围无合同依据，双方当事人未达成合意。鉴定人经分析，作出按照原告意见、被告意见、原、被告意见折中方案三种选择性意见。

（3）关于合同外材料调差总金额扣减5%的风险费用问题

合同明确要求扣减5%的风险费用。《指导意见》第7条并未要求扣减5%的风险费用，并不影响合同条款的效力。《建设工程造价鉴定规范》（GB/T 51262—2017）5.6.2规定，当事人因物价波动，要求调整合同价款发生争议的，合同中约定了计价风险范围和幅度的，鉴定人按合同约定进行鉴定。

3. 关于原告的误工损失

原告异议：鉴定意见应将2016年6月6日至2017年10月8日期间的原告的管理费损失计算出金额，并给出确定性意见。

鉴定人答复：

（1）关于原告所称误工损失 520.92 万元问题

① 关于原告提供的证据资料的相关性问题。

原告起初在送鉴资料中提供 2016 年 9 月一张职工工资表，其他票据信息不完整，无关联性。2023 年 2 月 24 日被告对原告提供的该组证据的质证意见为"三性均不认可"。

原告于 2023 年 9 月 12 日向法院补充提交了 2016 年 7 月至 2017 年 8 月的工资表在内的全套管理费财务凭证，经法院授权同意，鉴定人就此对被告进行询问调查，被告回复意见是"只认识部分人员。其他人员是否在场，我也不确定"。据此，鉴定人认为，原告补充的管理费用证据关联性不足。

② 原告申请鉴定的 2016 年 7 月至 2017 年 8 月损失并不存在。

经查，2016 年 7 月至 2017 年 8 月实际完成产值与原告自己编制的经审批的施工组织设计计划产值相当，原告的设备和人员投入已经通过产值计量得到回收，因而不存在相关损失问题。

若承包人超出施工组织设计要求安排设备人员导致窝工损失，由承包人自行承担。

（2）关于原告要求将管理费用增加作为确定性意见

如上所述，鉴于双方对管理费用凭证等证据争议较大，鉴定人无法按原告要求作出确定性鉴定意见。鉴定人只能根据送鉴资料中双方均已确认的资料和数据，计算基本的稳定性管理费用，作为有条件的推断性鉴定意见。

4. 其他问题

原告异议：对鉴定意见中部分清单的工程量、单价提出的异议。

鉴定人答复：对账中原告及鉴定机构就上述工程量、单价等问题已达成一致并签字确认，被告未对该核对结果提出反对意见。

四、出庭作证情况

接委托人通知，庭审时鉴定人就鉴定意见书出庭作证，分别就委托人、原、被告双方当事人关于鉴定意见书的询问作了细致的回答。

出庭作证期间，鉴定人根据有关规定及庭前会议意见强调，有关工期延误责任的认定，非鉴定机构职责，应由法院进行判断，双方当事人对此表示认可。

五、心得体会

1. 严格执行高院规定、鉴定规范规定，规范鉴定程序

从事司法鉴定时，应处理好法定职责和勤勉尽职、公允客观原则之间的关系，尽可能提供专业鉴别信息和技术服务，不作越权判断。

鉴定过程中，要处理好"鉴定"和"审判"的关系，严格按照委托范围进行鉴定，避免以鉴代审。有关当事人法律责任的划分和责任归属，可以站在造价专业角度给出分析，但最终应由法

官进行判断。

鉴定意见形成过程分析时，可引用相关法律条款，但对法律适用问题、法律效力等问题不作判断。

2. 对送鉴证据中不清楚的事实，可运用鉴定规范赋予的鉴定事项调查权开展调查询问

受当事人提供证据材料质量参差不齐的影响，委托人移交的证据材料往往存在缺失，事实不清。《建设工程造价鉴定规范》（GB/T 51262—2017）第4.5条规定，根据鉴定需要，鉴定人有权了解与鉴定事项有关的情况；鉴定人可以询问当事人、证人，询问应制作询问笔录。

本案中，涉案工程开工报告审批时间较实际开工时间滞后一年，从已有书面材料中无法获知原因。鉴定人运用《建设工程造价鉴定规范》（GB/T 51262—2017）赋予的"鉴定事项调查权"，经委托人授权同意后，就此问题对双方当事人均进行了询问，并形成了询问笔录，有力促进了对事实的查证。

3. 在法院主导事实认定和重大问题决定的制度框架下，鉴定机构在事实查证、专业判断等方面应充分发挥专业优势

《最高人民法院关于人民法院民事诉讼中委托鉴定审查工作若干问题的规定》（法〔2020〕202号）第二条规定，对当事人有争议的材料，应当由人民法院予以认定。《建设工程造价鉴定规范》（GB/T 51262—2017）第4.7.3条、第4.7.5条规定，当事人对证据的真实性、关联性提出异议，或证据彼此矛盾，鉴定人应及时提请委托人认定，并按照委托人认定的证据作为鉴定依据；第4.7.1条规定，鉴定机构应提请委托人对法院已经查明的事实、对证据中影响鉴定结论重大问题的处理决定予以明确，作为鉴定依据。

工程造价鉴定需要专门的造价咨询技能和知识，在上述由法院主导事实认定和重大问题决定的司法鉴定制度框架下，鉴定机构应当充分利用自己的专业优势，在证据分析、事实查证方面发挥积极作用。

4. 在事实清楚但证据不足情况下作出推断性意见，竭尽技术专长体现勤勉服务精神

在原告相关鉴定申请证据不足或未主动申请的情况下，主动对相关造价作出推断性意见，避免采取"现有证据不足，无法鉴定"的简单粗暴做法。

原告申请鉴定的20万元防疫费用缺少费用明细及支出证明，防疫措施发生的事实较清楚，但证据不够充足，鉴于新冠肺炎疫情是众所周知的事实，根据疫情防控有关的政策文件规定，采取定额测算法计算出合理的防疫费用，并出具推断性意见，供委托人判断使用。

5. 对工期责任归属的专业判断、证据查证等与委托人决定可能发生交叉的内容在鉴定意见书附注中说明

为避免当事人质疑"以鉴代审"，对涉及工期责任归属的专业判断、证据查证等与委托人决定可能发生交叉的内容，在鉴定意见书附注中说明。

6. 根据规范对无法修改的异议在鉴定报告中披露

《建设工程造价鉴定规范》（GB/T 51262—2017）第5.2.7条规定，当事人对鉴定意见书征求意见稿仅提出不认可的异议，未提出具体修改意见、无法复核的，鉴定机构应在正式鉴定意见书中加以说明。鉴定意见书是鉴定人独立、专业意见的体现，任何意见的作出和修改必须有依据，当事人对征求意见稿仅表示异议但未提出具体意见时，鉴定人不宜"推测"出具体修改意见和轻易修改结论，而应在正式报告中加以说明。此举有助于推动当事人认真对待征求意见稿，有异议时及时提出具体的修改意见，以便鉴定人准确把握是否调整鉴定意见。

专家点评

本案例为某路段改建项目工程造价司法鉴定。案例核心内容涉及材料调差、防疫费用争议、工期延误引起窝工损失、材料价差调整中形成的税金等造价鉴定问题。

本案例鉴定过程条理清晰，运用专业知识、技术手段，其法律合规性依据较强。证据分析、鉴定过程运用符合规范。特别是在合同外调差材料范围争议（建设所需的砂、碎石、片石、石灰等材料价格大幅上涨）及材料价格税金计取、合同外材料调差总金额扣减5%的风险费用等问题分析上，采取定额站咨询、不同规范的选择性分析等方法让鉴定结论更符合专业技术要求，从而保证结论的科学性。同时，鉴定机构采取的"各关键环节同步履行三级复核程序"和要求"法院对鉴定机构、鉴定人员的鉴定行为及鉴定意见进行监督"的方法对保证鉴定质量的公正、科学具有可借鉴性。

对工程造价鉴定的方法（包括计量计价、核对、调查询问）和鉴定过程紧密结合招标文件、合同条款、《中华人民共和国民法典》及《建设工程造价鉴定规范》（GB/T 51262—2017）、最高人民法院发布的《关于全国法院民商事审判工作会议纪要》、湖北省住房和城乡建设厅发布的《关于建设工程材料价格风险管控的指导意见》等相关法规规范。包括对合同外调差材料范围争议、对材料价差调整中形成的税金的选择性意见的运用；对常态化疫情防控费用的推断性意见的分析科学、合理。

案例中鉴定人的体会比较深刻，敢于对当事人提供证据材料质量参差不齐，采取主动质证并制作询问笔录；面对证据不足或未主动申请的情况下，结合涉案工程实际，采取选择性意见、推断性意见的鉴定。在鉴定过程中，严格执行有关规定及鉴定要求，并结合当事人的质疑，采取"合法、独立、客观、公正"的鉴定人立场。

案例在修改校正过程中，鉴定人积极配合，对鉴定分析过程尽可能提供更强有力的数据和证据支撑，案例包含增加与委托人沟通的内容，让鉴定意见更加严谨。特别是把片石、石灰等材料调差折中方案的选择性意见的裁决权让渡给委托人，以免落入"以鉴代裁"之嫌。

浙江浙坤工程管理有限公司　齐国舟

对某省市公路改扩建工程劳务分包司法鉴定

——湖北嘉宁工程咨询有限公司

杨军莲　沈超　严恒峰　柯文君　张其林

一、案情简介

2014年12月10日，某路桥工程有限公司（本案被申请人）与某公路建设指挥部签订某公路改扩建工程《合同协议书》，由某路桥工程有限公司承接该工程，合同总价款为6461万元。

2015年8月18日，该路桥工程有限公司将其项目中的桥梁工程以劳务分包的形式承包给某自然人（本案申请人），双方签订《桥梁工程劳务分包合同》，合同总价款290万元。

后因现场地质原因等，不断变更图纸，造成实际施工费用发生变化。双方多次协商无果，无法就最终结算金额达成一致意见，遂向约定的仲裁委员会提出仲裁诉求。

某仲裁委员会曾委托某咨询机构对其进行鉴定工作，出具了鉴定意见，后因各种原因鉴定意见未被采信，双方要求对争议事项申请重新鉴定。2021年3月15日，经仲裁委员会委托，由我公司（以下简称"鉴定机构"）对涉案的工程量发生变化部分价款予以重新鉴定。

二、案件争议焦点和造价鉴定难点

（一）案件争议的焦点

项目为某地桥梁工程建设工程，本案竣工图纸相对于双方签订劳务分包合同时的施工图纸发生了多次变更，主要变更事项为桥梁桩基深度变化、上部结构优化设计、下部结构混凝土标号变更等。现场实际施工过程中，原设计图纸中的桥梁锥坡未施工。双方对基本事实均未表示异议，但就工程量发生变化的部分的价款如何确定双方无法达成一致意见。

被申请人某路桥工程有限公司主张：双方已签订劳务分包合同，不含主材，为290万元总价包干，即为结算总价。并且现场存在未施工与少施工的情况，应对该部分价款进行扣减。

申请人主张：在原合同的基础上对变更部分的劳务费用据实结算，并追加合同外施工产生的劳务费用。

本案争议的焦点集中在以下几个方面：

（1）已完工工程量如何确定；

（2）变更工程量如何确定；

（3）措施费工程量如何确定；

（4）增减工程量如何确定；

（5）合同性质如何确定；

（6）劳务费用价格标准如何确定。

由于项目施工过程中发生多次变更，图纸版本多样，各版图纸工程数量不一致。施工过程记录资料缺失，合同清单工程量不明，导致在已完工工程量、变更工程量、措施费工程量、增加工程量等方面难以确定。本案劳务分包合同条款简略，未对变化工程量的计价标准作出约定，在合同性质的认定方面有多重解读方式，采用何种价格标准计算劳务费用也是本案争议焦点之一。

（二）造价鉴定难点

1. 劳务分包计价方式不明确

本案是一起典型的施工企业与自然人之间的劳务分包合同纠纷，劳务分包合同条款相较于现行建设工程施工合同文本来说较为简略，仅对"劳务总价"作出约定，对施工过程中可能发生的变更、变化事项及其计价形式约定不够明确，因此在产生劳务纠纷后往往碍于双方对合同条款的不同理解产生较大争议。涉案工程在实际施工过程中发生了非承包人原因引起的变更，由于劳务分包合同未对变更工程量的计价方式作出约定，如何确定变化工程量的价款，为本案造价鉴定的难点之一。

2. 鉴定证据不完整，与劳务分包个人沟通困难

鉴定证据不完整是本案造价鉴定的另一大难点。作为本案鉴定的核心证据，双方签订的《桥梁工程劳务分包合同》的附件工程量清单（含分项单价）缺失造成鉴定机构对劳务分包合同中约定的承包范围、结算单价难以确定，直接增加了鉴定机构的鉴定难度。对于承包人未施工的内容亦无明确的签证记录，其工程量的计算无据可依。由于劳务分包个人缺乏证据意识，申请人对己方施工合同约定以外的内容并未记录，如塔吊基础等不能提供有效的签证资料，给鉴定工作增加了难度。劳务分包个人仅对己方实际施工的内容比较熟悉，而对鉴定程序、合同条款等一概不知，鉴定机构与劳务分包个人难以取得有效的沟通，亦增加了鉴定工作的难度。

3. 鉴定范围不局限于工程量变化的部分

委托人虽然仅委托鉴定机构对涉案工程量发生变化部分价款予以鉴定，但结合整个案情来看，需要对涉案整个桥梁工程的劳务费用进行鉴定，以及该桥所在整个项目的造价也需要重新核实，本案的鉴定范围并不局限于委托人委托的鉴定范围，只有在整体工程造价得到尽可能还原的情况下，双方争议的焦点才能得到完整的呈现，鉴定机构才能全面、客观地分析，出具的鉴定意见才能更为完善、准确、合理。

4. 新冠肺炎疫情对鉴定工作的影响

本案自接受委托至出具正式鉴定意见处于新冠肺炎疫情"停工复产"特殊时期，各地区疫情

防控政策不一，鉴定机构在接受委托前期对接、收取鉴定材料、组织现场勘验、提交鉴定意见等过程中均受到不同程度的影响。原本需要现场交接处理事宜均需要通过线上沟通、线下邮寄的形式处理，降低了鉴定工作的效率，必须跨区域、现场进行的工作，如现场勘验等，则需要按当地疫情政策，提前申报、按时检测、全程追踪，按规定的要求进行鉴定工作。这对鉴定工作的顺利进行又是一种考验。

三、鉴定情况

（一）司法鉴定委托人提供鉴定材料内容

（1）《某地仲裁委员会委托鉴定（评估）的函》。

（2）《仲裁鉴定委托协议书》。

（3）双方申请书及前期庭审笔录、质证笔录。

（4）某路桥工程有限公司与发包方签订的《合同协议书》。

（5）某路桥工程有限公司与某自然人签订的《桥梁工程劳务分包合同》（缺少合同附件）。

（6）《一阶段施工图设计变更》图表及相关图纸。

（7）设计变更相关文件。

（8）《某工程竣工结算审核书》。

（9）《某工程施工招标投标预算书》。

（10）付款记录等其他资料。

（二）工程造价司法鉴定情况

1. 鉴定过程

2021年1月11日，某仲裁委员会向鉴定机构送达《某仲裁委员会委托鉴定（评估）的函》，询问是否接受委托。鉴定机构接受仲裁委员会的委托并提交送达《关于某仲裁委员会委托鉴定（评估）的复函》。

2021年3月15日，某仲裁委员会正式委托鉴定机构对本案涉案的工程量发生变化部分价款予以重新鉴定，按照《建设工程造价鉴定规范》（GB/T 51262—2017）规定，实施了必要的鉴定程序，组建鉴定小组，并向委托人提交送达《鉴定人员组成通知书》。同时，为规避并告知鉴定工作可能带来的风险，鉴定机构向委托人递交《鉴定风险告知书》，由委托人转交给双方当事人，告知鉴定申请人了解并熟悉鉴定可能承担的风险。

2021年3月16日，收到委托人提交经双方当事人质证的相关资料。

在对已有鉴定材料分析后，鉴定机构认为涉案双方签订的劳务分包合同工程量清单附件的缺失对本案的鉴定工作有一定影响，且进行现场勘验工作是必要的。

2021年3月31日，鉴定机构向某仲裁委员会发出现场勘验通知书，并书面函告双方当事人补充提交有关劳务分包合同附件等相关资料。

2021年4月8日，在委托人参与下，鉴定机构对涉案项目进行现场勘验并形成记录文件，双方当事人均参加并签字确认。

2021年4月23日，鉴定机构收到补充鉴定资料，双方当事人并未提交劳务分包合同工程量清单附件。

鉴定机构按照委托人提供的鉴定资料结合踏勘的实际情况进行鉴定，于2021年5月10日出具"某工程造价鉴定意见（征询稿）"，通过邮政快递的方式向委托人某仲裁委员会送达。

2021年5月13日，委托人某仲裁委员会签收。2021年6月1日，鉴定机构收到委托人通过快递方式向其转交的鉴定双方当事人对鉴定意见（征询稿）的回复意见。

2021年8月4日，鉴定机构针对涉案项目中的鉴定事项、鉴定回复意见讨论并形成定稿鉴定意见。

2. 鉴定依据

（1）《某地仲裁委员会委托鉴定（评估）的函》；

（2）《仲裁鉴定委托协议书》；

（3）《仲裁申请书》《仲裁反诉申请书》《专门问题鉴定申请书》；

（4）《建设工程造价鉴定规范》（GB/T 51262—2017）；

（5）《中华人民共和国民法典》《中华人民共和国招标投标法》等相关法律法规；

（6）《最高人民法院关于审理建设工程施工合同纠纷案件适用法律问题的解释（一）》（法释〔2020〕25号）；

（7）质证笔录；

（8）委托人提供经质证的材料证据；

（9）《现场勘验记录》（含必要的程序资料）；

（10）《公路工程标准施工招标文件》（交公路发〔2009〕221号）、《公路工程基本建设项目概算预算编制办法》（JTG B06—2007）、《公路工程预算定额》（JTG/T B06-02—2007）、《公路工程机械台班费用定额》（JTG/T B06-03—2007）、当地信息价格及其他配套资料。

3. 鉴定方法

本案案情较为复杂，双方当事人矛盾较为突出，由于涉及到劳务分包个人及农民工工资支付问题，双方在如何确定结算价款方面各持己见、僵持不下，并引发一系列其他问题，长此以往不利于社会稳定。双方在仲裁委员会的组织下进行了多次调解，仍然无法达成和解意见。为全面地了解案情、避免激化双方矛盾，经仲裁委员会同意，鉴定机构分别向当事人双方当面了解情况，与当事人耐心沟通，对案情进行细致的了解。鉴定小组内部开展了多次讨论会议，对现有的资料及案情焦点进行整理、梳理，分析本案的争议焦点，小组成员之间在充分地交换意见后形成一致意见，鉴定机构认为本案主要围绕以下两点开展鉴定工作：①工程量发生变化部分的计价方式；②增减工程量的确认方法。

《桥梁工程劳务分包合同》合同条款"第一条（四）工程数量：实际结算数量依据技术计量规定，以可计量的施工设计图纸数量并经甲方确认的已完合格工程数量为准，不符合技术计量规定的将视其已包含在相关单价或费用之中，不再另行计量……""第三条合同价款（一）……本合同价款实行总价包干……（二）分项单价如下：见工程量清单（附件）……（三）技术计量的规定：8、本合同单价不含税金……""第八条（一）本合同工程设计变更所发生的数量增加或减少，其单价不变，仍执行合同工程量清单单价……"质证笔录中被申请人对其由申请人某路桥工程有限公司提供的 2015 年 8 月 6 日的《一阶段施工图设计变更》以及依据 2015 年 8 月 18 日签订的《桥梁工程劳务分包合同》的真实性认可。

《桥梁工程劳务分包合同》第一条（三）承包内容：图纸范围内的……，T 型梁预制场地硬化等工作……《一阶段施工图设计变更》图纸中不含合同约定的 T 型梁预制场地硬化、塔吊基础工程项目。

《桥梁工程劳务分包合同》第一条（三）……承包方式：乙方为劳务分包，不含主材：钢材、水泥及外加剂、砂、碎石、波纹管、钢绞线、橡胶支座、伸缩缝、钢板。含施工用的全部机械设备及操作人员工资（如架桥机、塔吊、脚手架及扣件、龙门吊、拌合站、吊车、施工中所有的钢模及木模、张拉机、钢筋加工机械等）及除上述甲方所供材料以外的所有辅材（如焊条、焊管、套管、扎丝），各种劳保用品、施工照明设备、电缆线及三炸物资费用（含钻孔管理费）等和所有施工人员及管理人员，电费挂表使用，按度计取。

鉴定申请人未提供合同约定的"工程量清单（附件）"等事项的鉴定资料。结合双方签订的《桥梁工程劳务分包合同》，分包合同对工程施工的工作内容、甲供材料种类作了明确的规定，但关键性证据"工程量清单（附件）"缺失，使得具体施工范围、工程量、单价不能明确，工程量变化部分的价款难以确定。但将涉案桥梁工程视为整个公路改扩建工程的一部分，而不是作为孤立的项目存在，分析与整体项目的关联性、连续性，结合原施工图纸、设计变更、整体项目预算清单等资料来分析，可以推断出本合同劳务分包范围与整体项目合同约定范围之间的联系，并用合理的技术手段使之相关联。

对于现场实际未施工、少施工的情况，鉴定机构认为在签证资料的欠缺的前提下，进行现场勘验工作是必要的，可以对工程实际施工情况有个整体的把握，对未施工、少施工的内容进行现场确认，再结合施工图、设计变更，可以计算确定未施工、少施工的工程量。申请人已施工合同外的内容，如塔吊基础，未能提供有效的签证资料，鉴定机构在现场勘验中予以核实，并结合当事人陈述、庭审情况等综合确定。

分包合同未明确变更估价原则，双方当事人在对本合同是单价合同还是总价合同的定性问题上分歧很大，鉴定机构在对本合同的性质理解方面参考了《工程造价术语标准》（GB/T 50875—2013），其中 3.3.7 规定，单价合同是指发承包双方约定以工程量清单及其综合单价进行合同价款计算、调整和确认的建设工程施工合同。涉案项目经现场踏勘确定已正常通车使用。

综上，鉴定机构依据合同约定、庭审质证记录、《工程造价术语标准》（GB/T 50875—2013）规定以及正常通车的客观事实。涉案项目为合格工程并已交付使用，符合《工程造价术语标准》（GB/T 50875—2013）规定的单价合同特征。鉴定意见可按照单价合同鉴定，即工程量按照《一阶段施工图设计变更》以及相关变更资料据实结算鉴定，已有项目单价按照合同约定第三条合同价款（二）工程量清单（附件）对应的分项单价鉴定，约定不明以及未约定单价按照申请人投标单价水平以及《桥梁工程劳务分包合同》原则鉴定计算。

同时，《工程造价术语标准》（GB/T 50875—2013）3.3.6 规定，总价合同是指发承包双方约定以施工图及其预算和有关条件进行合同价款计算，调整和确认的建设工程施工合同。涉案项目合同条款符合《工程造价术语标准》（GB/T 50875—2013）总价合同特征，鉴定意见可按总价合同原则结合工程变更情况进行调整。

《建设工程造价鉴定规范》（GB/T 51262—2017）5.3.5 规定："鉴定项目合同对计价依据、计价方法约定条款前后矛盾的，鉴定人应提请委托人决定适用条款，委托人暂不明确的，鉴定人应按不同的约定条款分别作出鉴定意见，供委托人判断使用。"5.11.4 规定："当鉴定项目合同约定矛盾或鉴定事项中部分内容证据矛盾，委托人暂不明确要求鉴定人分别鉴定的，可分别按照不同的合同约定或证据，作出选择性意见，由委托人判断使用。"

综上，鉴定意见（征询稿）按照单价合同原则以及总价合同原则分别计算其鉴定委托书委托的变更增加造价、变更减少造价，出具选择性鉴定意见，供委托人选择判断使用；当事人未提供合同约定的工程量清单附件，其单价无法确定，鉴定意见可按照法律规定，以及行业惯例原则进行鉴定。在鉴定意见（征询稿）中增加鉴定意见建议，即按照招投标时间段定额标准结合投标文件确定的材料价格进行鉴定。鉴定意见（征询稿）具体如下：

（1）关于鉴定申请人所涉鉴定事项按照三种方案鉴定。

方案一：按照"劳务合同价格+投标总则费用分摊+变更增加–变更减少"的原则进行鉴定，所涉措施费用预制场、塔吊基础单列。

① 合同约定劳务费用 2900000.00 元。

② 变更增加劳务费用 414435.48 元。

③ 变更减少劳务费用 346717.38 元。

方案二：按投标水平一致原则结合实际已完工工程量鉴定，鉴定劳务费用 3691382.74 元；所涉措施费用预制场、塔吊基础单列。

方案三：按招投标时间段定额标准结合投标文件确定的材料价格进行鉴定（不含税金），鉴定劳务费用 3902620.31 元。所涉措施费用预制场、塔吊基础单列。

（2）工程措施预制场地、塔吊费用按照二种方案鉴定单列（注：合同约定内容含措施项目预制场以及塔吊基础施工内容，投标文件中清单项不含，经验推断，预制场按桥梁面积二倍考虑，塔吊基础内配钢筋）。

方案一：按投标水平一致原则鉴定费用 456605.36 元。

方案二：按招投标时间段定额标准结合投标文件确定的材料价格进行鉴定（不含税金），费用 487550.73 元。

（3）关于鉴定被申请人某路桥工程有限公司申请鉴定涉案费用。

① 未完成的项目鉴定意见费用金额 85357.04 元。

② 少施工的项目鉴定意见费用金额 121568.79 元。

在收到双方当事人对鉴定意见（征询稿）反馈意见后，鉴定小组针对涉案项目中的鉴定事项、鉴定回复意见进行了集中讨论，结合本案实际情况，一致认为本合同更符合总价合同特征，在对鉴定意见（征询稿）进行调整、修改后，出具正式鉴定意见。

《建设工程造价鉴定规范》（GB/T 51262—2017）5.11.1规定，鉴定意见可同时包括确定性意见、推断性意见或选择性意见。在鉴定事项事实清楚、证据充分的情况下作出确定性鉴定意见；在事实较为清楚，但证据不够充分的情况下作出推断性意见。

鉴定意见依据《桥梁工程劳务分包合同》《某工程施工招标投标预算书》《某公路改扩建工程竣工结算》《一阶段施工图设计》《合同协议书》《工程变更申请/批复单》《施工现场会签表》资料进行鉴定。

《最高人民法院关于审理建设工程施工合同纠纷案件适用法律问题的解释（一）》（法释〔2020〕25号）第十九条规定："当事人对建设工程的计价标准或者计价方法有约定的，按照约定结算工程价款……"

鉴定意见对甲供材料及乙方应承担的材料系按照《桥梁工程劳务分包合同》约定的内容及范围计算鉴定。

综合现场踏勘、庭审记录及相关资料，推断《某工程施工招标投标预算书》中的涉案预算清单为《桥梁工程劳务分包合同》"工程量清单（附件）"，鉴定意见对《一阶段施工图设计变更》工程量进行复核计算，复核工程量与《某工程施工招标投标预算书》中的涉案预算清单进行对比分析，推断差额工程量为《桥梁工程劳务分包合同》"工程量清单（附件）"以外内容，不为《桥梁工程劳务分包合同》所含内容，对于不为《桥梁工程劳务分包合同》所含内容部分确定为增加施工内容，按照《桥梁工程劳务分包合同》总价原则计算，并对投标预算中的投标单价扣除合同约定甲供材料价格，形成劳务分包合同单价。

《桥梁工程劳务分包合同》合同条款"第三条（三）8、本合同单价不含税金……"，鉴定意见为不含税价格。

参照《建设工程工程量清单计价规范》（GB 50500—2013）9.3.1条规定，承包人报价浮动率可按下列公式计算：

招标工程：承包人报价浮动率 $L=(1-中标价/招标控制价)\times 100\%$

非招标工程：承包人报价浮动率 $L=(1-报价值/施工图预算)\times 100\%$

《桥梁工程劳务分包合同》约定总价为2900000.00元（无工程量清单明细）；2014年11月8日，被申请人提供的《某工程施工招标投标预算书》造价64462541.00元，2014年12月10日，被申请人所签《合同协议书》签约合同价64612500.00元（无明细）。

依据《建设工程工程量清单计价规范》（GB 50500—2013）条规定计算报价浮动率为：承包人报价浮动率 $L=(1-签约合同价/投标预算)\times 100\%=(1-64612500.00/64462541.00)\times 100\%=-2.33‰$。

由于涉案当事人未提供《桥梁工程劳务分包合同》中的工程量清单（附件），鉴定事项《投标预算书》《合同协议书》无法对应一致，且签约价高于投标价，鉴定意见依据被申请人提供的《某工程施工招标投标预算书》明细进行计算，并按照投标水平一致原则，将计算结果通过投标报价浮动率还原到被申请人与工程发包方签订合同的水平，作为最终推断结果，即鉴定意见按照签约价与投标价综合计算上浮比例2.33‰计算确定。

4. 鉴定意见

（1）未完成项目、少施工项目（某路桥工程有限公司鉴定申请事项）：

① 合同未完成项目鉴定意见为 74105.90 元。

② 合同少施工项目鉴定意见为 121852.05 元。

（2）工程量变化增加费用推断鉴定意见为 67875.89 元（已扣除合同价款 290 万元；未做、减少项目费用，因未提供鉴定基础数据资料，鉴定意见工程量参投标预算推断形成）。

（3）单列预制场地硬化、塔吊基础费用推断鉴定意见为 126287.12 元（已按投标预算价扣除合同约定的甲供材费用，因未提供鉴定基础数据资料，鉴定意见依据现场踏勘、庭审记录结合当事人陈述综合确定）（详见表 1）。

表 1　工程造价鉴定意见明细表

序号	项目名称	内容说明	金额（元）	按投标价与合同价比率 2.33‰上浮后金额（元）	涉案工程量发生变化造价（元）	备注
一			未完成项目、少施工项目（某桥工程有限公司鉴定申请事项）			
1.1	未完成的项目	锥坡劳务费用金额	73933.63	74105.90	74105.90	—
1.2	少施工的项目	桩基实际施工深度减少数额和劳务费金额	121568.79	121852.05	121852.05	少施工工程量为 ϕ1800mm 挖孔灌注桩 86m（相应减少的工程量为 HPB300 光圆钢筋 1407.29kg，HPB400 光圆钢筋 14128.80kg）
二			推断涉案工程量变化增加费用鉴定意见（未提供鉴定依据）			
2.1	合同约定劳务费用		2900000.00	—		—
2.2	变更图工程量与投标预算工程量对比增加劳务费用		414435.48	415401.11	67875.89	—
2.3	变更图工程量结合工程变更申请/批复单、施工现场会签表与投标预算工程量对比减少劳务费用		268567.02	269192.78		—
2.4	变更图工程量结合现场实际情况与投标预算工程量对比未做劳务费用		78150.35	78332.44		—
三			单列预制场地硬化、塔吊基础费用推断鉴定意见（未提供鉴定依据）			
3.1	措施项目	综合现场踏勘、庭审笔录当事人陈述确定	125993.56	126287.12	126287.12	—

(三)案件当事人对工程造价司法鉴定意见异议问题

1. 某路桥工程有限公司对工程造价司法鉴定意见异议

(1)鉴定意见稿总体违背事实。

答复:① 鉴定意见已按照委托内容及要求对涉案变化部分价款进行鉴定并修改鉴定意见。② 鉴定材料未提供《桥梁工程劳务分包合同》约定的"工程量清单(附件)",推断《某工程施工招标投标预算书》中的涉案预算清单为《桥梁工程劳务分包合同》"工程量清单(附件)"内容,《一阶段施工图设计变更》工程量与《某工程施工招标投标预算书》中的涉案预算清单工程量进行对比,其差额工程量推断为《桥梁工程劳务分包合同》对应《一阶段施工图设计变更》变更(增加、减少)的施工内容,按照《桥梁工程劳务分包合同》总价原则,对投标预算中的投标单价扣除合同约定甲供材料价格,形成劳务分包合同单价结合鉴定资料出具鉴定意见。

(2)鉴定意见稿三种鉴定方法违背合同及事实异议。

答复:鉴定意见对征询稿所采用鉴定方案在鉴定意见中已调整并修正。因未提供相关增加工程造价的相关证据材料,鉴定意见按照投标水平一致并结合《合同协议书》原则鉴定上调2.33‰。

2. 申请人对工程造价司法鉴定意见异议

(1)申请人仅对征求意见稿中方案三表示认可。

答复:申请人认可按照定额标准原则计算的鉴定意见,因按照定额标准计算非委托决定且不符合合同约定,鉴定意见不予纳入。申请人对《工程造价鉴定意见(征询稿)》中的"方案一""方案二""未完成项目、少施工项目"等意见未作回复且未提供相关鉴定资料,按照《建设工程造价鉴定规范》(GB/T 51262—2017)5.2.5规定:鉴定意见在出具正式鉴定意见之前,应提请委托人向各方当事人发出鉴定意见书征求意见稿或征求意见函,征求意见函应明确当事人的答复期限及不答复行为将承担的法律后果,即视为对鉴定意见书无意见。《工程造价鉴定意见(征询稿)》中规定:涉案当事人未在规定时间内提出书面反馈意见以及不同意见的佐证材料,按无异议出具正式鉴定意见;因申请人未提供相关佐证鉴定材料,鉴定意见对《工程造价鉴定意见(征询稿)》中的相关内容不予纳入,对《工程造价鉴定意见(征询稿)》纳入鉴定意见内容予以特别注明"未提供鉴定依据",由仲裁庭裁决。

四、出庭作证情况

本案在鉴定过程中,鉴定机构就双方争议问题及处理办法多次与委托方进行沟通,审理过程中,仲裁庭未提出鉴定机构出庭作证且双方当事人未向仲裁庭提出鉴定机构出庭作证的请求,本案件造价鉴定人未进行出庭作证。

五、心得体会

随着社会经济的发展,工程建设行业日益繁荣。然而,由于工程项目涉及的利益关系复杂,常常导致纠纷的产生。在仲裁涉及建设工程的仲裁案件中,工程造价鉴定报告作为一种重要的证据形式，对于解决工程纠纷具有不可替代的作用。

工程造价鉴定报告是由专业机构或专业人士根据工程建设合同、施工图纸、预算书等文件，结合现场勘察情况，对工程造价进行评估并出具的报告。报告旨在为各方提供关于工程造价的专业意见，以协助解决工程纠纷。

工程造价鉴定报告具有以下功能：

（1）提供证据支持。工程造价鉴定报告是仲裁程序中重要的证据之一，在调解中，工程造价鉴定报告可以作为证据使用，支持当事人的主张。同时，也可以为法院或仲裁机构提供参考依据。可以提供证据支持，帮助仲裁庭了解案件事实和争议焦点。鉴定报告通过对工程项目的造价进行评估，为仲裁庭提供可靠的证据支持，帮助仲裁庭做出公正的裁决。

（2）提高仲裁效率。工程造价鉴定报告可以帮助仲裁庭确定争议焦点，从而更好地把握案件的核心问题。鉴定报告通过对工程项目的造价进行评估和分析，可以发现其中的争议点和疑点，为仲裁庭提供参考，帮助仲裁庭确定案件的争议焦点，提高仲裁效率。

（3）辅助仲裁庭裁决。工程造价鉴定报告可以辅助仲裁庭做出裁决。鉴定报告通过对工程项目的造价进行详细的分析和评估，为仲裁庭提供了专业的技术支持和参考，帮助仲裁庭做出更加公正、合理的裁决。同时，鉴定报告还可以为仲裁庭提供有关工程项目的背景资料和相关信息，有助于仲裁庭更好地了解案件背景和事实。

（4）规范当事人行为。由于工程造价鉴定报告的权威性和客观性，双方当事人可以在调解中达成一致，确保当事人在仲裁程序中遵守规定和程序，避免再次产生纠纷。鉴定报告的出具需要遵循一定的程序和规范，当事人需要配合鉴定机构进行评估和分析，不能随意更改或虚构数据。这种规范化的程序可以确保当事人在仲裁程序中遵守规定和程序，提高仲裁程序的公正性和可信度。

另外，结合本次鉴定工作经历，归纳以下几点经验感悟与鉴定工作的从业人员分享交流。

1. 在有限证据材料下，灵活出具确定性意见、推断性意见、选择性意见

《建设工程造价鉴定规范》（GB/T 51262—2017）中规定鉴定意见可同时包括确定性意见、推断性意见或供选择性意见。鉴定过程中，鉴于涉案双方当事人主张诉求不一致、专业能力不相同，可供鉴定人使用的证据材料往往具有片面性、不完整性。因此需要鉴定人具有专业的执业素质，严格按照鉴定规范进行鉴定工作，对委托人提交的经过质证的材料进行全面、专业的分析，在鉴定事项事实清楚、证据充分的情况下作出确定性鉴定意见；在事实较为清楚，但证据不够充分的情况下作出推断性意见；在鉴定项目合同约定矛盾或鉴定事项中部分内容证据矛盾，委托人暂不明确要求鉴定人分别鉴定的，可分别按照不同的合同约定或证据，作出选择性意见，但要避免"以鉴代裁"的情况发生。

本案涉案双方对施工过程中发生的基本事实均无异议，但对于相较于合同签订时期工程量发生变化部分的价款如何确定产生较大分歧。在缺乏施工过程资料、合同工程量清单附件等关键证据材料的情况下，鉴定人应结合已有的资料进行分析，推断该劳务分包合同涉及的施工范围与该标段预算清单中该桥的工程量一致，对比分析实际已完工程量与预算清单工程量之间的联系，进而区分计算合同工程量、变化部分工程量。由于缺乏签证资料，无法对未施工工程量予以核实，需要鉴定人按照鉴定规范的要求，进行现场勘验程序来确定。

2. 劳务分包案例中专业造价知识与实际现场情况的结合

"劳务分包"作为建设工程施工过程中较为常见的施工形式，在过程进度结算、竣工结算中易产生经济纠纷，在建设工程司法鉴定案例中屡见不鲜，该类案件中，发包人与劳务分包公司甚至劳务个人签订的合同条款比较简单，在发生劳务纠纷后可供参考的处理纠纷依据有限，可供使用的计价依据、计量依据近乎于无，给鉴定带来诸多困难。

为了尽可能全面地还原双方实际发生的劳务费用，鉴定人需要具有专业的执业水平，本着"有约从约"的原则，对合同中约定的施工范围、甲供材料种类严格把握，在合同未约定结算形式、计价原则的情况下，深刻认识、理解合同内容，结合合同发生时期适用的计量规则、计价规范、取费标准，得出鉴定意见，供委托人使用。

3. 认真履行鉴定程序的必要性

工程造价鉴定是指鉴定机构接受人民法院或仲裁机构委托，在诉讼或仲裁案件中，鉴定人运用工程造价方面的科学技术和专业知识，对工程造价争议中涉及的专门性问题进行鉴别、判断并提供鉴定意见的活动。工程造价鉴定是一项司法活动，经过质证的鉴定意见书一经采用，将作为证据使用，成为一份法律文件。其严肃性、重要性不言而喻，而鉴定意见的形成，需要严格遵循司法鉴定程序。鉴定小组的成立、鉴定人员的选用、鉴定证据的移交、鉴定期限的遵守、出庭质证等各个环节均需要按规范执行，鉴定人接受相关人员的监督、质疑，任何环节的不专业、不规范行为均将破坏鉴定意见的合法性、有效性。鉴定人在进行"技术性"工作中，还应牢记"程序性"的必要意义。按程序进行司法鉴定活动是鉴定人应具备的基本素质。

4. 认识鉴定工作带来的风险及意义

工程造价鉴定是一项严肃、专业的司法行为，要认识到鉴定工作带来的风险及重要意义。工程造价鉴定是具有风险的，这一风险不单单指带给鉴定申请人的风险，例如鉴定意见存在不被采信的风险、鉴定意见存在不明确的风险、鉴定意见存在与申请人的愿望不一致的风险、鉴定意见可能存在不能客观反映真实情况的风险、委托鉴定事项或申请鉴定事项不当的风险、对自行委托鉴定提出异议的风险、鉴定材料不真实或不合法的风险、对已不利的鉴定意见被采信并承担鉴定费用的风险等。如果不提高风险意识，对鉴定人自身也具有相应的风险：鉴定人要对已出具的鉴定意见负责，承担鉴定意见不严谨给当事人造成损失而索赔的风险；鉴定人要做好保密工作，承担鉴定信息泄露给当事人带来不良影响而追偿的风险；鉴定人要遵纪守法按程序进行鉴定活动，承担鉴定过程中给鉴定人个人造成违法行为的风险。

提高风险意识，才能更好地落实鉴定人的责任，认识到鉴定工作的重要意义。由于原告、被告双方对某些问题所掌握的证据不同、理解认识不同，争议双方容易产生对立情绪，鉴定机构需慎重处理这些问题，谨记鉴定机构不是审判机关，不能以鉴定代替审判。对于争议问题，鉴定机构无法进行判断的，将争议事项鉴定意见单列表述，由人民法院依据根据查明的事实，判断使用。

5. 对鉴定人综合素质的要求

工程造价鉴定需要具备经济性、法律性和技术性，这就要求鉴定人员具有较高的业务素质、业务技能，同时具备法律知识和实际工作经验，并有较强的分析、解决问题的能力。区别于传统工程造价活动，工程造价鉴定对鉴定人的综合素质要求更高，不仅需要鉴定人在工程造价领域中有较高的执业水平，还需具备灵活运用法律专业知识的能力，熟知司法鉴定流程。鉴定人要能熟练理解、结合、使用法律、造价、经济等相关专业的知识，按程序进行鉴定工作，出具专业、准确的鉴定意见。同时，鉴定人需要有清晰的逻辑思维、准确的表述能力，能将鉴定思路、专业知识、鉴定意见完整、正确地呈现给委托人，让委托人能准确地理解与采信。

工程造价鉴定是一项繁杂的工作，接触的鉴定材料信息庞杂，涉案双方基于自身立场等原因给鉴定人的信息往往比较片面、不完整，此时作为鉴定人，需要站在公正中立的角度去处理涉案事务，得出自己的判断。在双方矛盾较大不愿配合鉴定工作时，需要耐心细致地去与当事人沟通，方便鉴定工作的开展。

从事鉴定工作，需要鉴定人不怕苦、不怕难，用诚恳耐心、认真负责、严谨专业的态度，严格按照《建设工程造价鉴定规范》（GB/T 51262—2017）规定的规则去解决相关问题，出具的鉴定意见才能中立、客观、可信。

专家点评

该案例中争议焦点交代简要清晰，造价鉴定难点交代具体并辅助说明，鉴定过程按时间节点描述具体，鉴定依据齐全，鉴定方法有理有据。鉴定机构主要围绕工程量发生变化部分的计价方式和增减工程量的确认方法以上两点开展鉴定工作。同时对现场实际未施工、少施工的情况，鉴定机构在签证资料欠缺的前提下，进行现场勘验工作。鉴定意见（征询稿）提供按照单价合同原则以及总价合同原则分别计算，按照三种方案进行鉴定。双方当事人对鉴定意见（征询稿）进行反馈，鉴定小组集中讨论后，一致认为更符合总价合同特征，在对鉴定意见（征询稿）进行调整、修改后，出具正式鉴定意见。鉴定意见对依据的规范条文、司法解释、计价规定进行详细描述。鉴定意见包含确定性意见和推断性意见，采用文字配合表格形式表述，直观明了。案例中对当事人对工程造价司法鉴定意见异议问题进行一一答复，其中对被申请人提出鉴定意见稿三种鉴定方法违背合同及事实异议。答复鉴定意见对征询稿所采用鉴定方案在鉴定意见中已调整并修正。因未提供相关增加工程造价的相关证据材料，鉴定意见只能按照投标水平一致并结合《合同协议书》原则鉴定上调比例。

最后，鉴定人从多个方面分享心得体会，既是对鉴定工作中的领悟、感悟，也是对鉴定工作的认识、总结和反思。其中对于劳务分包案例中专业造价知识与实际现场情况的结合，因大多劳务分包合同条款比较简单，在发生劳务纠纷后可供参考的处理纠纷依据有限，可供使用的计价依据、计量依据近乎于无，给鉴定带来诸多困难。需要鉴定人具有专业的执业水平，本着"有约从约"的原则，对合同中约定的条款，深刻认识、理解合同内容，结合合同发生时期适用的计量规则、计价规范、取费标准，得出鉴定意见。

工程造价鉴定是一项繁杂的工作，接触的鉴定材料信息庞杂，涉案双方基于自身立场等原因给鉴定人的信息往往比较片面、不完整，此时作为鉴定人，需要站在公正中立的角度去处理涉案事务，得出自己的判断。同时用诚恳耐心、认真负责、严谨专业的态度，严格按照《建设工程造价鉴定规范》（GB/T 51262—2017）规定的规则去解决相关问题，出具的鉴定意见才能中立、客观、可信。

北京求实工程管理有限公司　吴玉珊

某公共服务中心大楼项目工程造价司法鉴定

——永道工程咨询有限公司

王圣祥 徐敏芳 张向明 杨楚燕

一、案情简介

某施工单位就一公共服务中心大楼分别与某物业公司、经济联合社签订《建设工程施工合同》（以下称《施工合同》）。施工单位与某物业公司的《施工合同》于2016年7月签订，约定按发包人提供的招标文件、施工招标图纸及招标过程中发出的相关文件承包，工程内容详见施工招标图纸及工程量清单，合同总价5279万元，地下建筑面积计算包干单价3150元/m²、按地上建筑面积计算包干单价1100元/m²，最终双方按政府部门实测建筑面积结算；与经济联合社（后查明：物业公司、经济联合社合作建设该项目）的施工合同于2016年11月签订，约定按招标文件、招标图纸及招标期间的补充资料进行大包干，详见施工图纸及预算清单，合同总价2350万元，项目单价详见承包人的投标报价书。

项目于2016年12月开工，2018年11月通过竣工验收，后因工程结算发生争议，施工单位依约申请仲裁，并申请对涉案工程新增工程量及变更工程量进行造价鉴定。

二、案件争议焦点和造价鉴定难点

（一）案件争议焦点

（1）适用的合同文本存在争议。涉案工程存在两份合同，约定的合同价款和结算方式存在较大差异，与物业公司的合同总价为5279万元，执行建筑面积包干单价，按政府部门实测建筑面积结算；与经济联合社合同总价为2350万元，按招标文件、招标图纸及招标期间的补充资料进行大包干，工程变更按执行合同约定的工程量清单单价。两份合同均没有提供工程量清单明细。物业公司主张按照与物业公司合同约定执行，即工程量为建筑面积，包干单价1100元/m²；施工单位主张按照与经济联合社合同约定执行，即工程量按实计算，执行合同约定的定额计价依据。双方对适用合同文本的争议是本案的焦点问题。

（2）新增及变更工程的事实资料存在争议。项目存在没有审批手续的较大变更。例如，项目报建为10层，施工过程中物业公司要求施工单位按照11层进行建设，待验收后具备加高女儿墙封顶、达到实建11层的目的，加建工程没有规范的审批手续和施工图纸，监理公司没有对与加建工程有关的工作联系函、变更通知单等签署意见，双方对加建工程量计算依据存在较大分歧。

（二）造价鉴定的难点

（1）新增及变更工程的计价标准。与物业公司合同约定按地下建筑面积计算包干单价3150元/m^2、按地上建筑面积计算包干单价1100元/m^2，但没有具体的工程量清单，导致缺少变更新增工程的计价依据和标准。

（2）新增及变更工程的施工图纸。项目报建为10层，施工过程中物业公司要求施工单位按照11层进行施工，加建工程没有规范的审批手续和施工图纸，监理公司没有对与加建工程有关的工作联系函签署意见。室外广场的铺贴材料存在较大变更，由于广场形状不规则且没有施工图纸，存在已铺贴、未铺贴、铺贴已拆除等多种情形，如何确认工程量是本案的另一个难点。

（3）隐蔽工程费用的扣除。施工单位认为地下室防水工程已施工完成，坚持理由为"工程通过验收说明防水工程已经按照要求实施，否则不能通过验收"。物业公司以地下室照片、监理工程师出具的情况说明等证明材料，提出地下室未施工防水工程，要求扣除防水工程费用。双方均无法提供有效的证明材料，难以通过现场勘查查明事实并进行测量。

（4）变更取消工程费用的扣除。与物业公司合同约定工程量按建筑面积计算执行包干单价，但没有工程量清单明细，导致变更取消的天面造型骨架玻璃幕墙工程费用是否扣除，双方分歧很大但都没有充分依据。施工单位主张合同承包范围未包括该工程内容，包干单价不含该工程费用，不能扣除该工程费用；物业公司主张合同范围包括该工程内容，包干单价含该工程费用，实际未做须扣除该工程费用。由于合同内缺少工程量清单，难以判断天面造型骨架玻璃幕墙工程是否属于合同约定的工程内容，难以计量计价。

三、鉴定情况

（一）委托人提供的鉴定材料内容

（1）司法鉴定委托书。

（2）仲裁申请书、仲裁反申请书及质证意见（无开庭笔录）。

（3）《施工合同》、施工图纸（少量）、设计变更通知单、工作联系函、施工许可证、建设工程质量监督报告、停工整改通知书、竣工验收证明、竣工结算书等相关工程资料。

（4）鉴定材料存在以下问题：

① 两份《施工合同》的效力未经仲裁认定，没有明确鉴定适用的合同文本。

② 部分送鉴材料的三性问题存在争议，仲裁庭未予以认定。

③ 两份《施工合同》均没有工程量清单明细或投标报价书。

④ 开工日期存在矛盾。建设工程质量监督报告载明的开工日期为 2014 年 12 月 19 日，建筑工程安全生产标准化评定结果告知书载明的开工日期为 2016 年 12 月 15 日。

⑤ 缺少加建工程的施工图纸。关于 10 层加建到 11 层的女儿墙、电梯井及机房等加高的实际施工内容，相关工作联系函有施工单位签字盖章、物业公司负责人签字，物业公司或经济联合社未加盖公章，监理公司未签署意见，设计院未出具相关施工图纸。

⑥ 设计变更通知单、工作联系函、竣工验收证明、施工图纸（少量）及设计变更通知单（非加建工程）等证据材料显示的建设单位均为经济联合社，未体现物业公司，建设单位只有个人签名，没有建设单位盖章。

⑦ 现场监理工程师提供的情况说明（复印件）显示，施工单位未做地下室顶板防水工程，监理公司没有盖章。

（二）工程造价鉴定过程

（1）接受鉴定委托，组成工作团队。我司收到某仲裁委员会的《司法鉴定委托书》（2021 年 10 月 15 日）和送鉴材料 1 宗，书面回复接受委托，并附鉴定人员组成名单、资质证明材料、预收鉴定费、需补充的证据材料清单等。

（2）理清鉴定工作思路，提高鉴定工作效率。由于要求不清、资料缺陷，鉴定人向委托人发出《关于司法鉴定委托有关事项的函》，并在委托人回复和补充资料的基础上，拟定了鉴定原则，针对每一鉴定事项归类证据材料、分析争议要点、拟定鉴定方法，形成《工程造价鉴定方案一览表》。

（3）征求当事人对鉴定原则和方案的意见。鉴定人通过委托人，征求双方当事人对鉴定原则及《工程造价鉴定方案一览表》的意见，委托人和双方当事人未对鉴定原则和方案提出不同意见。

（4）进行现场勘查。鉴定人按照《工程造价鉴定方案一览表》开展鉴定工作，向委托人发函提请组织现场勘查。在委托人的组织下，对现场已完成的鉴定事项进行了详细的查验、测量、记录，形成了现场勘查记录，经双方当事人核实后各方代表签字确认。

（5）进行量价核对，形成鉴定初稿。鉴定人按照《工程造价鉴定方案一览表》、现场勘察记录和专业机构测绘报告计算工程量，逐一计算鉴定事项的造价，汇总形成鉴定总价，并通过委托人组织量价核对，形成鉴定初稿。

（6）征求双方意见，出具鉴定意见书。2023 年 5 月，鉴定人出具了工程造价鉴定意见书（征求意见稿），经委托人征求双方意见，并收到双方当事人对工程造价鉴定意见书（征求意见稿）的质证意见，通过认真复核逐一书面回复，同时出具工程造价鉴定意见书。

四、鉴定中主要事项的说明

（一）分析采用适用的合同文本，确定鉴定原则

施工单位提供了两份合同，两份合同总价与结算方式差异较大，仲裁没有对合同效力进行认

定。根据《建设工程造价鉴定规范》（GB/T 51262—2017）第 5.3.6 条"当事人分别提出不同的合同签约文本的，鉴定人应提请委托人决定适用的合同文本，委托人暂不明确的，鉴定人可按不同的合同文本分别作出鉴定意见，供委托人判断使用"之规定，鉴定机构面临两种选择：一是提请委托人明确适用的合同文本，优点是直接明了、工作量小，但存在委托人暂不明确的风险；二是分别按两份合同文本为依据进行鉴定出具选择性意见，优点是可以回避鉴定机构的责任风险，缺点是鉴定工作量大、成本高。

鉴定小组注意到：①物业公司与经济联合社于 2015 年 6 月 15 日签订的租赁合同显示，双方共同建设 1 栋综合大楼；②项目投资主体为经济联合社和物业公司，不属于依法必须招标项目；③施工单位先与物业公司签订施工合同，通过招投标流程中标后又与经济联合社签订施工合同，存在招标人与投标人串通投标、中标无效的嫌疑；④物业公司提供的收据及银行回单显示，物业公司多次向施工单位支付工程款；⑤设计变更通知、工作联系函等工程资料显示建设单位为经济联合社，有物业公司的人员签字，但两个单位均没有盖章；⑥仲裁申请书陈述有"事实上物业公司是投资案涉工程的实际建设单位""物业公司变更设计图纸及要求增加工程""申请人（施工单位）与被申请人一（物业公司）签订《建筑工程施工合同》是双方的真实意思表示"等文字表述；仲裁反申请书陈述有"物业公司与施工单位签订《建设工程施工合同》"的文字表述，没有关于施工单位与经济联合社签订合同的文字表述；⑦施工单位于 2022 年 6 月 7 日提供的质证意见：与物业公司合同为实际履行合同，按该合同进行工程施工与结算；⑧与物业公司合同专用条款第 86 条约定：本合同双方约定作主合同进行施工及结算依据，另中标合同与某经济联合社签约第二份报建合同（某公共服务中心工程）不作施工结算依据。

鉴定小组合议后推断认为与物业公司合同应为实际履行合同，一方面提请委托人认定合同效力，一方面积极制定鉴定原则，拟定了"以与物业公司合同为依据的鉴定原则"：按照鉴定面积包干价鉴定结算价款，即符合建筑面积计算规范、能计算建筑面积的鉴定事项，计算建筑面积执行合同约定包干单价；不符合建筑面积计算规范、不能计算建筑面积的鉴定事项，按清单计价规范和工程量清单计算规范计算工程量，按定额等计价依据测算单价；因当事人提供证据材料不足导致的不利后果由其自行承担。该鉴定原则在《工程造价鉴定方案一览表》中明确并发函经委托人征求施工单位、物业公司、经济联合社等当事人的意见，当事人各方均未提出异议，为后续鉴定工作的开展提供了依据。

（二）拟定《工程造价鉴定方案一览表》，征求双方当事人意见

鉴定小组针对双方当事人申请的鉴定事项，逐一梳理双方提供的证明材料及质证意见，分析争议要点并提出具体的鉴定方法，形成《工程造价鉴定方案一览表》，并通过委托人书面征求双方当事人意见。双方当事人对鉴定方案较为认可，并相应补充了部分证据材料；对缺少证据材料的，以现场勘查记录为依据。

鉴定工作开展前，鉴定人积极推动鉴定工作、在证据资料分析的基础上，拟定鉴定方案并征求双方当事人意见，对鉴定原则、工作方案等达成共识，程序合理合法，工作透明度高，能有效避免鉴定工作偏差，能减少双方当事人对鉴定意见的质询，既能保证鉴定工作效率也能节约鉴

成本。

《工程造价鉴定一览表》内容包括施工单位证明材料及质证意见要点、物业公司证明材料及质证意见要点、鉴定人分析争议要点和鉴定方法。涉案工程鉴定事项共13项，摘要如下：

（1）首层扶梯中厅加屋盖工程。具体内容详见表1工程造价鉴定方案一览表（摘要）（1）。

表1　工程造价鉴定方案一览表（摘要）（1）

序号	鉴定项目	施工单位证明材料及质证意见要点	物业公司证明材料及质证意见要点	鉴定人分析争议要点	鉴定方法
一	增加工程（施工单位要求鉴定）				
1	首层扶梯中厅加屋盖工程	1.实际工程量为121.2m²，同意按图纸及实际工程量进行审核。2.《增减工程造价汇总表》的备注：不存在误差的，我方同意鉴定机构按照施工图以及现场勘查数据为准	1.物业公司根据图纸计算的工程量为98.8m²，对变更通知单6、7无异议。2.对变更通知单6、7无异议，但对于001中的图有异议。3.《增减工程造价汇总表》的备注：计算面积有误	双方对变更通知单的三性无异议；对单价1100元/m²无争议，对建筑面积有争议	执行《建筑工程建筑面积计算规范》（GB/T 50353—2013）、以变更通知单附图结合现场勘查记录计算建筑面积；执行合同约定上的地上建筑面积单价1100元/m²

（2）DT4电梯增加至天面工程，具体内容详见表2工程造价鉴定方案一览表（摘要）（2）。

表2　工程造价鉴定方案一览表（摘要）（2）

序号	鉴定项目	施工单位证明材料及质证意见要点	物业公司证明材料及质证意见要点	鉴定人分析争议要点	鉴定方法
一	增加工程（施工单位要求鉴定）				
2	DT4电梯增加至天面工程	1.物业公司提出DT4电梯井增加至天面，不包括在合同施工范围，要求现场鉴定。2.《增减工程造价汇总表》的备注：不存在重复计算，可按照施工图以及现场勘察数据核对工程量	1.对变更通知单10无异议；合同范围内包含电梯机房，不应重复计算。2.对变更通知单10无异议，但对于DT4电梯井的图纸有异议。3.《增减工程造价汇总表》的备注：合同范围内包含电梯机房，不应重复计算	双方对变更通知单的三性无异议，对是否属于合同范围并计算增加费用有争议	电梯机房应属于合同范围，但变更增加了层数，应按照《建筑工程建筑面积计算规范》（GB/T 50353—2013）计算增加层建筑面积；建筑面积增加区域外的变更，依据竣工图纸和发包图纸的差异计算增减工程量，套用定额计算增减价款，有签证按照签证办理

（3）增加第六层上至天面的中空面积及 T6 上至天面工程。具体内容详见表 3 工程造价鉴定方案一览表（摘要）(3)。

表 3 工程造价鉴定方案一览表（摘要）(3)

序号	鉴定项目	施工单位证明材料及质证意见要点	物业公司证明材料及质证意见要点	鉴定人分析争议要点	鉴定方法
一	增加工程（施工单位要求鉴定）				
3	增加第六层上至天面及 T6 上至天面工程	1. 物业公司要求取消中空露台，并将第六层加建至天面层，产生铝窗安装以及 T6 增高至天面等费用，属于增加工程。2.《增减工程造价汇总表》的备注（略）	1. 模板拆装已包含在包干单价中，不应重新计算；T6 楼梯位置合同已按建筑面积包干。2. 对变更通知单 9 无异议，但对于中空及 T6 的图纸有异议。3.《增减工程造价汇总表》的备注（略）	双方对变更通知单的三性无异议，按合同单价计算增加层费用无争议，对建筑面积的数量有争议，对计算模板、植筋等费用有争议	执行《建筑工程建筑面积计算规范》（GB/T 50353—2013），以变更通知单说明及附图结合现场勘查核实增加层数及每层建筑面积。根据补充证据材料分析是否计算模板安拆钢筋制作安装、大理石面层、不锈钢扶手等费用

（4）天面层加建工程。具体内容详见表 4 工程造价鉴定方案一览表（摘要）(4)。

表 4 工程造价鉴定方案一览表（摘要）(4)

序号	鉴定项目	施工单位证明材料及质证意见要点	物业公司证明材料及质证意见要点	鉴定人分析争议要点	鉴定方法
4	天面层加建工程	1. 加高女儿墙包含铝窗安装，应计算铝窗安装以及电梯井增高等费用，电梯井加高不包含在合同中，由鉴定单位到现场勘查测量确认。2.《增减工程造价汇总表》的备注（略）	1. 对工作联系函 13 及附图无异议；电梯井增加层位置已有机房，没有发生造价增加。增加一个机房和女儿墙加高费用。2. 无联系函及变更通知。3.《增减工程造价汇总表》的备注（略）	对计算方法及建筑面积包干内容存在争议，施工单位要求按现行市场价格计取，物业公司要求按合同单价计算，另计算女儿墙增加部分的造价	以变更通知单说明及附图结合现场勘查核实增加层数及每层建筑面积。通过现场勘查核实女儿墙增加部分是否封顶。若封顶，计算建筑面积，按合同单价执行；若不封顶，按实计量、定额测算单价

（5）地下地上增加消防墙体工程、二层以上增加电梯花岗石门套工程、增加每层电梯门口水刀拼花地砖、增加室外雨水井及管道工程、T6和T7前室墙及排风井拆墙工程。以增加每层电梯门口水刀拼花地砖为例，具体内容详见表5工程造价鉴定方案一览表（摘要）（5）。

表5 工程造价鉴定方案一览表（摘要）（5）

序号	鉴定项目	施工单位证明材料及质证意见要点	物业公司证明材料及质证意见要点	鉴定人分析争议要点	鉴定方法
一	增加工程（施工单位要求鉴定）				
7	增加电梯门口水刀拼花地砖	1.物业公司要求将电梯门口地面砖改贴水刀拼图花抛光地砖，后将该地砖铲掉。2.《增减工程造价汇总表》的备注（略）	1.对增加每层电梯门口水刀拼花地砖有异议，无联系函及变更通知。2.《增减工程造价汇总表》的备注（略）	未提供工作联系单或设计变更通知，物业公司认为包含在建筑面积单价中	对照发包图纸确定是否属于工程变更；如属于工程变更，由施工单位提供做法及实际完成情况，经质证确认后作为鉴定依据，必要时现场勘查核实

（6）室外广场铺贴工程。具体内容详见表6工程造价鉴定方案一览表（摘要）（6）。

表6 工程造价鉴定方案一览表（摘要）（6）

序号	鉴定项目	施工单位证明材料及质证意见要点	物业公司证明材料及质证意见要点	鉴定人分析争议要点	鉴定方法
一	增加工程（施工单位要求鉴定）				
8	室外广场铺贴工程	1.物业公司将"广场贴砖"变更为"广场贴大理石"，材料增加费不包含在包干单价范围内。已经铺设混凝土、部分大理石，后要求撤掉已经铺设的大理石另行委托，导致施工单位将已购入的大理石退货。2.《增减工程造价汇总表》的备注（略）	1.合同已包含室外广场铺贴工程。2.对工作联系单无异议，但工作联系单仅为确认铺筑位置及标高，不涉及工程造价增加。3.《增减工程造价汇总表》的备注（略）	双方对工程联系单的三性无异议，缺少变更图纸。施工单位认为室外地面应按现行市场价格计取石材地面及垫层、土方等造价；物业公司认为合同包含室外广场铺贴工程，不涉及工程造价增加	物业公司要求将广场贴砖变更为广场贴大理石，计算大理石与广场砖的材料价差，根据发包施工图中地面标高、垫层厚度及实际地面标高等证据材料，分析是否计取土方、垫层的变更价款

（7）铝合金门窗（钛金色）与铝合金门窗（银白色）差价。具体内容详见表7工程造价鉴定方案一览表（摘要）（7）。

表7 工程造价鉴定方案一览表（摘要）（7）

序号	鉴定项目	施工单位证明材料及质证意见要点	物业公司证明材料及质证意见要点	鉴定人分析争议要点	鉴定方法
一	增加工程（施工单位要求鉴定）				
11	铝合金门窗（钛金色）与铝合金门窗（银白色）差价	1.物业公司要求将铝合金门窗的银白色改为电脉钛金色、Low-e中空玻璃改为Low-e中空镀膜玻璃、玻璃外层镀膜电脉钛金色一层，导致费用增加，工作联系单12以及设计通知201701可以证实。2.《增减工程造价汇总表》的备注（略）	1.三性予以确认；不涉及工程量的增减，镀金色工程与原工程金额一致。2.需核对工作联系单12的原件。3.《增减工程造价汇总表》的备注（略）	三性无异议；施工单位认为应计算铝合金型材银白色变更为钛金色及玻璃镀膜的差价；物业公司认为不涉及工程造价增减	由施工单位提供相应的原施工图做法及实际完成情况的证明材料，并经物业公司质证。遵照合同约定的工程范围、变更事项等，分析是否计取变更差价，现场核实工程量

（8）未做地下室顶板防水。具体内容详见表8工程造价鉴定方案一览表（摘要）（8）。

表8 工程造价鉴定方案一览表（摘要）（8）

序号	鉴定项目	施工单位证明材料及质证意见要点	物业公司证明材料及质证意见要点	鉴定人分析争议要点	鉴定方法
二	减除工程（物业公司要求鉴定）				
1	未做地下室顶板防水	1.已施工完成，已通过验收。2.对"地下室顶板照片"三性不予确认。3.对"地下室顶板防水工程预算价汇总表"三性不予确认，防水工已经完工，不存在扣减问题。4.《增减工程造价汇总表》的备注（略）	1.地下室顶板防水工程未做。2.根据物业公司提供的地下室顶板照片可以证明施工单位未完成地下室顶板防水工程。3.《增减工程造价汇总表》的备注（无）	物业公司认为未做地下室顶板防水，应扣除该项工程费用；施工单位认为已经施工完成并通过验收，不应扣除该项工程费用	双方应进一步补充证据材料。如不能补充，鉴于防水工程属于隐蔽工程，鉴定机构将依据现有工程资料、验收资料及相关规范标准等进行推断鉴定

（9）取消原天面造型骨架玻璃幕墙 MQ9~MQ12。具体内容详见表9 工程造价鉴定方案一览表（摘要）（9）。

表9　工程造价鉴定方案一览表（摘要）（9）

序号	鉴定项目	施工单位证明材料及质证意见要点	物业公司证明材料及质证意见要点	鉴定人分析争议要点	鉴定方法
二			减除工程（物业公司要求鉴定）		
2	取消原天面造型骨架玻璃幕墙 MQ9~MQ12	1.属于增加工程，不属于合同工程范围，不存在扣减的问题。2.对"天面造型骨架玻璃幕墙 MQ9、MQ10、MQ11、MQ12预算价汇总表"三性不予确认。3.《增减工程造价汇总表》的备注（略）	1.天面造型带骨架玻璃幕墙 MQ9、MQ10、MQ11、MQ12未做。2.提供施工图纸二张，证明涉案的施工图纸中有天面造型带骨架玻璃幕墙。3.《增减工程造价汇总表》的备注（略）	双方对未施工的事实无分歧，对是否属于合同建筑面积包干单价范围存在分歧	物业公司提供发包的施工图纸，鉴定人对照图纸分析是否属于合同范围。若属于合同范围，应按图计算工程量，执行合同约定的计价依据测算单价，扣减该部分工程费用；若不属于合同范围，不应扣减该部分工程费用

（三）关于专项勘验测量的说明

双方当事人对于室外广场施工的事实内容予以确认，但对工程量存在较大争议。由于缺少图纸资料、广场面积较大且不规则，工程量计算缺乏直接有效的依据。鉴定小组认为，造价鉴定机构现场勘查的目的在于了解项目情况、核实施工内容，解决"有无的问题、事实分歧问题"，现场勘察应以造价工程师的执业技能为限。本项目广场工程没有图纸资料且形状不规则、需要专项勘察测量为工程计量提供依据，属于另一个专业领域的工作，超越了造价鉴定的范围。

我司发函提请由委托人组织现场勘查、并另行由双方当事人协商确定或仲裁委员会指定第三方专业机构进行专项勘验测量。在委托人的组织下，第三方测绘机构对室外广场进行测绘，出具了《某市某区某大道某号广场面积测绘技术报告》，报告显示"测绘机构事先在现场室外地面工程布置图中所示的花岗岩地面范围进行具体点位确认并在地面标识，对已确认的范围进行测量，测绘面积为 2765.93m^2，详见面积图"。双方当事人分别对该测绘技术报告发表了质证意见，对测绘技术报告三性无异议。该测绘报告为鉴定广场工程量提供了有效依据。

（四）主要鉴定意见

《建设工程造价鉴定规范》（GB/T 51262—2017）第 5.11.1 条规定，鉴定意见可同时包括确定性意见、推断性意见或供选择性意见。根据送鉴材料、补充证据、现场勘查及测绘情况，鉴定小组区分不同情况给出了确定性意见、推断性意见和供选择性意见，具体如下：

（1）首层扶梯中厅加屋盖工程，属于合同外增加内容。根据现场勘查记录表、双方补充确认的图纸计算建筑面积，执行合同约定的建筑面积包干单价，鉴定金额 108680.00 元，确定性意见。

（2）DT4 电梯井增加至天面工程，属于合同外增加内容。根据现场勘查记录表、双方补充确认的图纸计算建筑面积，执行合同约定的建筑面积包干单价，鉴定金额 93808.00 元，确定性意见。

（3）增加第六层上至天面的中空面积及 T6 上至天面工程，属于合同外增加内容。根据现场勘查记录表、双方补充确认的图纸计算建筑面积，执行合同约定的建筑面积包干单价，鉴定金额 945516.00 元，确定性意见。

（4）天面层加建工程，属于合同外增加内容。① DT2、DT3、DT5、DT6 共 4 个电梯井加高部分，根据送鉴材料、工程联系单 14、现场勘查记录、双方补充图纸等，加高后工程量按自然层计算建筑面积，执行合同约定的建筑面积包干单价，鉴定造价 30767.00 元，确定性意见；②女儿墙加高部分，送鉴未提供施工图（建筑图、结构图、建筑做法等），根据双方当事人答辩意见，结合现场勘查记录，按《某省建筑与装饰工程综合定额（2010）》和 2016 年 7 月某区域人材机价格信息进行测算，鉴定金额 371685.83 元，推断性意见。

（5）地下地上增加消防墙体工程，属于合同外增加内容。根据现场勘查记录表、双方补充确认的图纸、工程联系单等计算内墙砌筑、一般抹灰工程量，按《某省建筑与装饰工程综合定额 2010》和 2016 年 7 月某区域人材机价格信息进行测算，鉴定金额 51075.41 元，推断性意见。

（6）二层以上增加电梯花岗石门套工程，属于合同外增加内容。根据现场勘查记录表计算电梯石材门套、石材侧面工程量，按《某省建筑与装饰工程综合定额（2010）》和 2016 年 7 月某区域人材机价格信息进行测算，鉴定金额 9884.11 元，推断性意见。

（7）增加每层电梯门口水刀拼花地砖，属于合同外增加内容。根据现场勘查记录表计算瓷砖楼地面、门槛石、瓷砖踢脚线等计算工程量，按《某省建筑与装饰工程综合定额（2010）》和 2016 年 7 月某区域人材机价格信息进行测算，鉴定金额 39875.50 元，推断性意见。

（8）室外地面装饰工程，属于合同约定允许调整价款的变更内容。根据现场勘查记录表、测量单位提供的测绘资料等计算广场砖地面、花岗岩地面工程量，按《某省建筑与装饰工程综合定额（2010）》和 2016 年 7 月某区域人材机价格信息进行测算，鉴定金额 532407.76 元，推断性意见。

（9）增加室外雨水井及管道工程，施工单位未能提供实际施工的资料，鉴定金额为 0.00 元，确定性意见。

（10）T6 和 T7 前室墙及排风井拆墙工程，属于合同约定允许调整价款的变更内容。根据现场勘查记录表、双方补充确认的图纸、工程联系单等，计算内墙砌筑、一般抹灰、内墙拆除、开孔（打洞）、金属百叶窗等工程量，按《某省建筑与装饰工程综合定额（2010）》和 2016 年 7 月某区域人材机价格信息进行测算，鉴定金额 3815.81 元，推断性意见。

（11）铝合金门窗（钛金色）与铝合金门窗（银白色）差价，属于合同约定允许调整价款的变更内容。根据现场勘查记录表、双方补充确认的图纸、工程联系单等计算铝合金玻璃幕墙工程量，按《某省建筑与装饰工程综合定额（2010）》和 2016 年 7 月某区域人材机价格信息进行测算，鉴定金额 331548.32 元，推断性意见。

（12）未做地下室顶板防水，地下室防水工程属于合同约定的工程内容。鉴定小组合理推断：防水工程属于隐蔽工程，无法通过现场勘查核实工程量。根据相关标准规范，地下室防水工程属于强制性施工内容。涉案工程的地下室顶板位于室外标高以下，且本工程已经通过验收且交付使用，说明地下室顶板防水工程已施工完成，物业公司未能提供其委托第三方施工的资料，出具推断性意见，扣除金额为0.00元。

（13）取消原天面造型骨架玻璃幕墙MQ9～MQ12。由于本合同文件缺失关键证据材料"2016年7月16日工程量清单"，同一套图纸中的MQ1～MQ8由施工单位施工且在建筑面积单价包干范围内，鉴定小组合理推断：MQ9～MQ12应属于合同约定的工程内容，实际未施工应扣除相应工程费。工程量按物业公司提交的设计院盖章图纸计算，按《某省建筑与装饰工程综合定额（2010）》和2016年7月某区域人材机价格信息进行测算，扣除金额为451260.66元，推断性意见。

（五）当事人对工程造价鉴定意见的异议及回复

共收到施工单位回复意见5条，经鉴定小组核查调整2条、维持3条；共收到物业公司、经联合社回复意见4条，经经鉴定小组核查调整2条、2条不属于委托鉴定事项。鉴定小组对回复意见逐条分析、回复，具体分析如下：

（1）施工单位对"变更4——天面层加建工程"工程项目存在异议，认为该鉴定意见书存在漏项。①女儿墙加高部分：经核查送鉴材料、现场勘查记录、补充材料，补充DT2、DT3、DT5、DT6共4个电梯井加高部分的工程量，调整计算女儿墙加高部分的工程量；②天面层加建工程：经核查送鉴材料、工程联系单14、现场勘验记录、双方补充图纸等，没有漏项。

（2）施工单位对"变更5——地下地上增加消防墙体工程"的工程量存在异议。经核查，工作联系函18只表述了消防修改的内容，未附具体修改部位的图纸标注，现场也不具备勘验条件。《鉴定意见书（征求意见稿）》是按双方当事人2023年3月29日质证确认的图纸，结合工作联系函18的内容计算工程量。综上所述，维持《鉴定意见书（征求意见稿）》意见。

（3）施工单位对"变更6——二层以上增加电梯花岗石门套工程"工程量计量方式存在异议。经核查，施工单位未提供施工图、工作联系函、材质等资料，工程量按现场勘查记录表的实测工程量，价格按《某省建筑与装饰工程综合定额（2010）》和2016年7月某区域人材机价格信息进行测算，维持《鉴定意见书（征求意见稿）》意见。

（4）施工单位对"变更7——二层以上增加每层电梯门口水刀拼花地砖"的工程量存在异议。经核查，《鉴定意见书（征求意见稿）》只计算了1层，属于漏算，调整工程量按10层计取，调整后推断性意见金额为39462.87元。

（5）施工单位对"变更10——T6和T7前室墙及排风井拆墙工程"的工程量存在异议。经核查，结合现场勘查记录表的内容计算工程量，鉴定已扣除新砌墙体位置处门洞的工程量。施工单位所述工程量未扣除新砌墙体位置处门洞的工程量，维持《鉴定意见书（征求意见稿）》意见。

（6）物业公司对新增工程量及变更工程量4、5、6、7、8、10、11出具推断性意见金额不予认可。经核查，第4、5、6、7、8、10、11是根据送鉴材料、补充材料，结合现场勘查记录表出具的推断性意见，原则性维持不变。其中第 4、7 项鉴定意见根据回复意见进行了调整。

（7）物业公司对取消原天面造型骨架玻璃幕墙 MQ9、MQ10、MQ11、MQ12 鉴定推断金额 0.00 元有异议。经核查，根据送鉴材料、补充图纸等资料，结合合同约定的工程内容承包范围、施工图纸及现场勘查记录，调整鉴定意见如下：由于本合同文件缺失关键证据材料"2016 年 7 月 16 日工程量清单"，同一套图纸中的 MQ1 ~ MQ8 由施工单位施工且在建筑面积单价包干范围内，鉴定小组合理推断：MQ9 ~ MQ12 应属于施工合同的工程内容和承包范围，实际未施工应扣除相应工程费。工程量按物业公司提交的设计院盖章图纸计量，价格按《某省建筑与装饰工程综合定额（2010）》和 2016 年 7 月某区域人材机价格信息进行测算，扣除金额为 451260.66 元，推断性意见。

五、出庭作证情况

2023 年 8 月 8 日，鉴定小组接到委托人通知要求：本案将于 8 月 15 日开庭审理，请鉴定人携带授权委托书及鉴定人资质证明、有效身份证明等出庭质证。

由于鉴定时间较长，鉴定过程中多次反复，本案 3 名鉴定人在庭审前对鉴定过程、争议焦点、鉴定意见、鉴定原则、计算底稿、意见回复等进行了复盘回忆，详细梳理了整个项目资料，做足了出庭质证前的准备工作，并根据委托人要求于 8 月 15 日按时到达指定地点等候。

庭审过程中，经仲裁要求进入庭审现场，主裁要求双方当事人对工程造价鉴定意见书进行质询。争议双方主要对以下三项提出质询，鉴定人分别给予了解释和回复。

1. 关于"变更 4- 天面层加建工程"工程项目是否存在漏项的问题

《鉴定意见书》中"变更 4——天面层加建工程"包括两部分，一部分是确定性意见，鉴定金额 30767.00 元；另一部分是推断性意见，鉴定金额 371685.83 元；二者可以叠加，二者之和构成"变更 4- 天面层加建工程"的鉴定意见，不存在漏项。

2. 关于 MQ9 ~ MQ12 是否属于《施工合同》工程内容的问题

《鉴定意见书》中"MQ9 ~ MQ12"为推断性鉴定意见。双方对未实际施工的事实予以认可，问题的关键在于建筑面积包干价是否包括上述工程内容。由于合同没有工程量清单明细，我司基于图纸建筑面积包干的角度进行推断，原施工图纸有 MQ9 ~ MQ12 的设计，且 MQ1 ~ MQ8 已经由施工单位施工，故而推定"MQ9 ~ MQ12"为建筑面积单价包干范围，未施工应予扣减。

3. 关于对"4、5、6、7、8、10、11 出具推断性意见金额"不予认可的问题

根据质证资料及现场勘查，4、5、6、7、8、10、11 的工程内容客观存在，合同对上述内容价款的约定确实存在不具体明确的情况。根据《建设工程造价鉴定规范》(GB/T 51262—2017) 第 5.11.3 款"当鉴定项目或鉴定事项内容客观，事实较清楚，但证据不够充分，应作出推断性意见"之规定，鉴定人可以根据现有的资料作出推断性意见。根据《建设工程造价鉴定规范》(GB/T 51262—2017) 第 5.3.4 条"鉴定项目合同对计价依据、计价方法没有约定的，鉴定人可以向委托人提出'参照鉴定项目所在地同期适用的计价依据、计价方法和签约时的市场价格信息进行鉴定'的建议，鉴定人应按照委托人的决定进行鉴定"之规定，鉴定小组就鉴定原则和鉴定方

法通过《工程造价鉴定一览表》已经向委托人及双方当事人征求了意见，上述几项的推断性意见亦是执行《某省建筑与装饰工程综合定额（2010）》，鉴定意见符合客观事实和《建设工程造价鉴定规范》（GB/T 51262—2017）。

庭审过程中，仲裁员未就造价鉴定意见提出质询，也未提出补正要求。质询结束，鉴定人离开庭审现场。庭审期间及结束后，委托人未要求鉴定人在庭审笔录上签字。因仲裁规则，委托人不对外公布仲裁结果。2023年10月上旬，经向仲裁委经办秘书了解，其告知已经结案。

六、心得体会

1. 以事实为基础，通过程序确认实际履行合同

送鉴材料中存在两份《施工合同》，仲裁没有给出合同效力的认定。与经济联合社合同总价与中标通知书金额一致（2350万元），其约定的结算方式为：新增或变更工程按实计算工程量，执行工程量清单单价，但实际该合同没有工程量清单明细或投标报价书。若将该合同作为鉴定依据，需要补充招标文件及答疑、招标图纸、投标报价书、竣工图等工程资料。鉴定初期，鉴定项目负责人根据《最高人民法院关于审理建设工程施工合同纠纷案件适用法律问题的解释（一）》（法释〔2020〕25号）第二条规定将该合同作为鉴定依据，未提请委托人对合同效力进行认定，犯了以鉴代审的错误，由于双方当事人始终没有提供所要求的补充资料，鉴定工作陷入僵局。

与物业公司合同总价为5279万元，其约定的结算方式为：按建筑面积计算工程量执行建筑面积包干单价（地上1100元/m^2），新增或变更工程执行当地定额，该合同没有工程量清单。若将该合同作为鉴定依据，招标文件及答疑、招标图纸、投标报价书、竣工图等工程资料不属于关键证据材料，需要补充加建工程的施工图纸，并结合现场勘察确定工程事实和工程量。

由于两份合同分别约定的合同总价差额高达55%，且约定的结算方式不同，如果未经仲裁认定或双方当事人质证，盲目按与经济联合社合同约定的结算方式进行鉴定，不仅因证据缺失增加鉴定难度，鉴定结果也将出现重大偏差。

对于司法鉴定项目，在法院或仲裁委未对证据材料进行三性认定或质证的情况下，鉴定人如果发现证据材料存在问题，特别是合同效力未经委托人认定或双方当事人质证，应提请法院或仲裁委进行认定或组织质证，也可根据自己对证据材料的三性分析拟定针对性的鉴定工作方案并征求委托人及双方当事人意见，待委托人及双方当事人回复无异议后作为鉴定依据，防止以鉴代审。

2. 了解诉讼或仲裁请求，明确鉴定事项范围

因工程款拖欠导致建设工程施工合同纠纷疑难案件，较多通过诉讼或仲裁途径解决。案件审理过程中，因双方当事人对工程造价存在较多分歧，需要进行工程造价鉴定。鉴定人应重视对民事起诉状、仲裁申请书、开庭笔录等送鉴材料的详细查阅，关注双方的主张、所陈述的事实和理由、质证意见等，列出争议要点；查阅鉴定委托书、鉴定申请书及工程资料，了解其是否列明鉴定事项范围或所列事项范围是否存在分歧。如发现鉴定事项范围不明或分歧较大，应发函要求委托人明确。

例如本案工程存在未经审批将10层加建到11层的情况，没有完整的加建工程施工图纸，且

缺失合同预算书或投标报价书，无法按常规的工程量清单计价方式进行计价。鉴定人通过认真查阅仲裁申请书（或民事起诉状）、开庭笔录、质证意见、鉴定委托书、工程合同等送鉴材料，找准争议要点，明确鉴定事项，并据此拟定合理的鉴定方案，并执行既定的鉴定方案，才能做到事半功倍。

3. 注重工程技术知识的运用，为合理推断奠定基础

涉案工程往往缺失关键证据材料作为鉴定依据，需要鉴定人员注重工程技术知识的运用，对鉴定事项做出合理推断并出具推断性意见。在证据缺失的情况下，有助于法院或仲裁委提高办案工作效率，有利于维护当事人的合法权益。

例如本涉案工程关于地下室顶板防水工程未施工，物业公司仅提供了部分难以辨识的照片；也补充了现场监理工程师关于地下室顶板防水工程未施工的情况说明（复印件，没有监理公司盖章）。鉴定认为，地下室顶板防水工程属于隐蔽工程，以工程技术知识为基础，并查阅防水工程施工规范、验收规范等规定，地下室防水工程属于强制性施工内容；涉案工程已经通过验收且交付使用，说明地下室顶板防水工程已施工完成；物业公司未能提供其委托第三方施工的资料，因此出具推断性意见。在缺失关键证据材料的情况下，如果仅以所提供的照片或现场监理工程师的情况说明为依据，出具扣除地下室顶板防水工程费用的鉴定意见是不妥当的。

4. 注重鉴定工作方案的作用，用鉴定工作方案指导鉴定工作的开展

本项目鉴定工作初期，原项目负责人没有针对具体情况编制鉴定工作方案，导致鉴定工作陷入僵局。经过鉴定小组再次对送鉴材料进行梳理，根据双方当事人书面明确的鉴定事项、补充证据材料和质证意见，分析争议要点，理清鉴定思路并逐项编制鉴定方案，确定了以与物业公司合同为依据的鉴定原则，发函征求意见得到了委托人及双方当事人的认可。鉴定小组按照既定的鉴定工作方案开展现场勘察、计量计价等工作，顺利完成了鉴定工作。

通过编制鉴定工作方案，在委托人及双方当事人无异议的前提下，按照既定的鉴定工作方案，并履行规范的鉴定工作程序，可以减少双方当事人对鉴定意见的质询，从而提高鉴定工作效率、保证鉴定成果质量、节省鉴定工时成本。

专家点评

一个项目签订多个合同文本的情形在工程实践中屡见不鲜，本案的特殊在于施工单位先后与物业公司、经济联合社分别签订施工合同。尽管发包人不同，但本质仍然属于多个合同文本的情形，有一定的代表性。本案的鉴定有以下做法值得借鉴性：

一是通过征求意见的程序确定鉴定原则和鉴定方案。根据《建设工程造价鉴定规范》（GB/T 51262—2017）第 5.3.6 条"当事人分别提出不同的合同签约文本的，鉴定人应提请委托人决定适用的合同文本，委托人暂不明确的，鉴定人可按不同的合同文本分别作出鉴定意见，供委托人判断使用"之规定，鉴定人应提请委托人决定适用的文本，但实践中委托人一般不会明确适用的合同文本。为了有效地解决多个合同文本的适用问题、提高鉴定效率，鉴定人依据移交资料、文本约定、履约资料等，在关注合同有效性的同时以实际履行合同为线索，提出了适用合同文本的建

议、拟定了鉴定原则和鉴定方案，并通过委托人征求双方当事人意见，从而固定本案的鉴定原则和鉴定方案。鉴定人对适用文本的分析合情合理，当事人未提出异议，当事人如提出异议应有相应的法律依据及事实依据。本案的做法对多合同文本情形下的鉴定有一定参考性。

二是本案的《工程造价鉴定方案一览表》具体明确。本案的《工程造价鉴定方案一览表》从施工单位证明材料及质证意见要点、物业公司证明材料及质证意见要点、鉴定人分析争议要点、鉴定方法等四个方面逐一对鉴定事项进行了分析，内容清晰、思路明确、公开透明，不仅为鉴定人具体鉴定工作的开展提供了明确指引，而且能够起到引导当事人认清争议问题的作用，有利双方认可鉴定意见和最终化解矛盾，做到案结事了。

三是鉴定人较好地把握好了现场勘验的鉴定工作边界。鉴定机构现场勘验的目的在于了解项目情况、核实施工内容，解决"有无的问题、事实分歧问题"，现场勘验应以造价工程师的执业技能为限。鉴定中没有图纸资料、需要通过勘验测量为工程计量提供依据，勘验测量属于另一个专业领域，超越了造价鉴定勘验的范围。鉴定人准确地把握了鉴定工作边界，提请委托人由双方当事人协商确定第三方测绘机构进行专项勘验测量，符合《建设工程造价鉴定规范》（GB/T 51262—2017）第 4.3.6 条的规定。

鉴定意见的结论清晰、有理有据，鉴定人对当事人的异议分析较为合理、符合行业特点和专业技术，可读性强，值得推荐。

中国建设工程造价管理协会法律委员会　周明科

某输变电及污水处理场项目工程造价司法鉴定

——广东省国际工程咨询有限公司

雷敏　李卫平　黄伟　程建辉　潘甜

一、案情简介

（一）合同履约情况

某石化建设公司（承包人，以下简称"申请人"）与某能源公司（发包人，以下简称"被申请人"）分别于2016年4月、2017年6月签订了《110kV总变电所输变电工程施工合同》和《污水处理场、安全水池施工合同》，合同约定由申请人对被申请人的工程项目进行施工总承包建设，并约定工程固定总价包干，合同价款为6726万元，除合同专用条款另有约定外，合同总价在承包范围内不作任何调整。

110kV总变电所输变电工程项目：2016年3月被申请人通过邀请招标的方式确定申请人为中标人，2016年4月签订施工合同。施工合同主要承包内容：110kV变电所配电装置楼、110kV变电站主变压器设备安装以及相关的电缆敷设、配电装置等。工程起诉时除局部电缆沟盖板、变电站建筑室外部分未施工外，图纸中的内容现场大部分均已施工完毕，整个项目完成率约90%。

污水处理场、安全水池项目：2017年4月被申请人通过邀请招标的方式确定申请人为中标人，2017年6月签订施工合同。施工合同主要承包内容：污水处理场隔油池、生化池、二沉池、沉淀池、曝气生物滤池、安全水池等构筑物及相应安装工程。工程起诉时，现场大部分构筑物主体已经施工完毕，个别构筑物还未施工，部分抹灰未施工，大部分安装未施工，整个项目完成率约80%。

（二）起诉背景

在施工合同履行过程中，申请人以被申请人严重拖欠工程进度款为由，于2019年10月向被申请人发出关于解除上述两项施工合同的通知。申请人认为，在施工合同解除前，已按合同约定完成了承包范围内的大部分工程量，以及合同范围外的签证工程量的施工，仅少部分工程量未完成。鉴于被申请人已被某市中级人民法院（以下简称"中院"）于2019年10月裁定项目重整。申请人于 2019 年 12 月向法院指定的破产管理人提交了债权申报资料，包含案涉工程结算书，但破产管理人对该结算书及申报债权不予确认，申请人遂向该中院提起案涉工程施工合同纠纷诉讼，要求支付施工合同项目项下剩余工程结算款 4265 万元，并向该中院申请两项施工合同按照已完工程价款进行工程造价鉴定。

被申请人反诉，在施工合同解除前，已按合同约定按时支付了工程进度款 4964 万元。申请人存在严重拖延施工、工期的违约行为，施工期间被申请人曾多次发函要求加快施工进度，但申请人消极应付，导致工程拖延至今仍未完成。被申请人要求申请人支付工期延期违约金 6600 万元。

中院于 2021 年 5 月委托我司对两项施工合同项下的所有已完施工内容（包括合同内及合同外的施工内容）进行工程造价鉴定。

二、案件争议焦点和造价鉴定难点

本案涉工程为新建项目，部分工程未完工，申请人要求支付已完成施工部分的剩余结算款，但双方当事人并未对工程结算价款进行核对或确认，故在我司工程造价鉴定意见书征求意见稿发出前，双方当事人并无具体关于结算价款的争议事项，仅集中在对证据资料真实性、合法性、关联性存在分歧。

（一）本案争议焦点

（1）被申请人对申请人提供的现场签证、工程联络单、设计变更通知单等证据资料的真实性、合法性、关联性不予认可。

被申请人认为部分现场签证资料仅有监理单位、发包人工程管理中心、承包人的签字或盖章，无发包人费控中心造价工程师签字及意见，对签证资料的合法性有异议。

被申请人认为部分现场签证资料，发包人工程管理中心签字时间距申报时间延迟一年多，且多份签证在同一天集中签字，对签证资料的真实性有异议。

被申请人认为工程联络单、设计变更通知单未按规定转化成现场签证单，无法确认现场是否已按变更通知单的要求实施完成，对工程联络单及设计变更通知单资料的合法性有异议。

（2）部分现场签证与合同包干价内容重复。

在造价鉴定单位阅读送鉴资料的过程中，发现有相当一部分现场签证的内容与合同包干价的内容重复，建议对重复部分不予计费，申请人认为签证内容属实，证据材料有效，应予计算。

（3）未施工项目工程量扣减方式的争议。

本案涉工程存在部分工程内容未施工完成，未施工内容相对整个项目占比较小，根据送鉴资料，造成合同解除项目未完工的责任划分不明确，不属于鉴定范围。鉴定单位采用了按合同约定的变更计费原则，对合同内未施工部分进行扣减，双方当事人对此均无异议。但被申请人对未施工部分工程量是按投标文件的工程量扣减，还是按施工图计算出来的工程量扣减，存在较大争议。

（4）乙供材料转甲供材料单价扣减方式的争议。

根据送鉴资料，被申请人于 2018 年 1 月发出了主题为"对申请人函件的回复"的工作联系函，函件主要内容为"不同意申请人将未施工的生化池等分离出来交由其他单位施工，但考虑到申请人的实际困难，被申请人同意将上述工程所需的钢筋由乙供材料改为甲供材料，相应费用从总价合同中扣除，双方签订补充协议"。送鉴资料未提供申请人发出的工作联系函，亦未提供该部分钢筋由乙供材料转甲供材料的补充协议，乙供材料转甲供材料的扣减方式也无约定。

我司建议采用按合同价进行扣除，并说明造成乙供材料转甲供材料的责任划分及承担不属于鉴定范围，由中院另行认定，被申请人不予认可，要求按采购价进行扣除。

（二）本案工程造价鉴定难点

本案涉工程因存在部分工程未施工完成，但对未施工完成的具体内容双方并未达成一致意见，确定未施工的工程内容成为本案工程造价鉴定的难点，且项目单体较多，内容琐碎繁杂，现场勘验工作量大，认定困难。

三、鉴定情况

（一）司法鉴定委托人提供鉴定材料内容

（1）诉讼相关文件：申请人提交的民事起诉状、被申请人提交的民事反诉状、申请人提交的工程造价鉴定申请书。

（2）工程造价鉴定相关文件：

① 招标文件、投标文件、施工合同、开工报告；

② 申请人提供的工程结算书；

③ 招标图纸、施工图纸（纸质、电子版）；

④ 工程联系单、工程签证单、设计变更通知单、乙供设备材料认质认价单；

⑤ 施工进度款发票、意外伤害保险发票；

⑥ 施工组织设计/（专项）施工方案报审表、施工进度计划报审表；

⑦ 建设项目交工技术文件资料；

⑧ 变电站调试报审报验表、10kV 配电间试验照片、110kV 主变试验照片、录像，试验数据照片；

⑨ 申请人采购合同、分包合同、部分现场照片；

⑩ 商品混凝土材料价格上涨相关资料；

⑪ 双方当事人提供的其他与工程造价有关的资料。

（二）工程造价司法鉴定情况

1. 鉴定过程

1）受理、资料接收

2021 年 5 月 13 日，在中院组织下，双方当事人对申请人提交的资料进行证据认定，移交被鉴定项目施工图纸、签证单、联系单等纸质资料及电子（光盘）资料。我司对资料进行初步梳理，并判断能否接受本案工程造价司法鉴定。

2021年5月17日，中院出具司法鉴定委托函。

2021年5月18日，我司回函接受委托。

2021年5月28日，我司收到中院移交的案涉项目鉴定资料的质证意见。

2）资料核对

2021年7月22日、2021年8月10日，我司针对已收到的鉴定资料，列出需要补充资料详细清单及需明确的事宜等，函告中院。

2021年9月1日，在中院接收双方当事人移交已经质证的补充资料。

3）现场勘验

2021年9月13日—14日，在中院授权下，我司与双方当事人共同勘验本案项目现场。

2021年9月23日，我司收到双方当事人确认的现场勘验记录表001。

2022年6月9日，在中院授权下，我司与双方当事人第二次勘验本案项目现场。

2022年7月12日，我司再次收到双方当事人确认的现场勘验记录表002。

4）征求意见稿

2021年11月12日，我司向中院提交本案涉项目工程造价鉴定意见书征求意见稿。

5）异议回复

2022年3月10日，我司就双方当事人对征求意见稿的意见进行回函。

2022年10月11日，我司再次对双方当事人的意见进行回函。

6）庭前会议

2022年12月7日，中院组织双方当事人及我司召开庭前会议，就案涉项目的工程造价鉴定意见书进行质证，我司接受本案双方当事人和中院的询问，并就有关争议问题的鉴定意见进行说明。

7）工程造价鉴定意见书

2022年12月12日，我司出具本案涉项目工程造价鉴定意见书。

2. 鉴定依据

（1）鉴定委托书：中院委托的工程造价委托鉴定书，明确了本次工程造价鉴定的范围及按时提交鉴定报告的要求。

（2）证据材料：本案双方当事人提交经过质证的证据材料；部分有异议的证据材料，我司提请委托人认定；对于委托人没有认定的证据材料，我司按取舍原则出具选择性意见，供委托人判断使用。

（3）司法鉴定规范、条款：2005年2月28日第十届全国人民代表大会常务委员会第十四次会议通过、自2005年10月1日起施行的《全国人民代表大会常务委员会关于司法鉴定管理问题的决定》《司法鉴定通则2016》（中华人民共和国司法部令第132号）、《建设工程造价鉴定规范》（GB/T 51262—2017）、《最高人民法院关于审理建设工程施工合同纠纷案件适用法律问题的解释（一）》（法释〔2020〕25号）等。

（4）《施工合同》约定相关计价规范、文件：《建设工程工程量清单计价规范》（GB 50500—2013）、《电力建设工程预算定额（2013版）》《石油化工安装工程预算定额》（2007版）、《广东省建筑装饰工程综合定额2010》及相关配套文件、施工期《某市工程造价信息》等。

3. 鉴定方法

（1）对真实性、合法性、关联性有争议的证据资料的采用

本案涉项目存在大量现场签证资料，有承包人、监理单位、发包人工程管理中心签字或盖章，但大部分均无发包人费控中心签字及意见，经过质证后，被申请人不认可签证资料的有效性。

我司首先提请委托人进行认定，在委托人没有认定的情况下，为避免大量重复工作，推进鉴定进程，根据《最高人民法院关于审理建设工程施工合同纠纷案件适用法律问题的解释（一）》第二十条"当事人对工程量有争议的，按照施工过程中形成的签证等书面文件确认。承包人能够证明发包人同意其施工，但未能提供签证文件证明工程量发生的，可以按照当事人提供的其他证据确认实际发生的工程量"的规定，对有监理单位及发包人签字或盖章（即使无发包人费控中心签字或盖章）的签证按合同约定进行计费。发出征求意见稿之后，被申请人对此并未提出异议，大大减少了出具选择性意见的重复工作量。

设计变更通知单经过双方当事人质证后，被申请人以无签证资料证明申请人已按变更要求施工完毕为由，对变更资料的有效性不予认可。我司首先提请委托人进行认定，在委托人没有认定的情况下，对施工现场可见的变更内容采取了现场勘验的方式，并通过现场勘验记录，促使双方当事人签字确认；对施工现场已隐蔽的变更内容采取施工顺序逻辑性进行判断，对部分内容进行了确定；其余无法确认的内容，在申请人没有补充证明资料的情况下，不予计取。双方当事人对此均无异议。

（2）部分签证内容与合同总包价重复部分费用的扣除

本案涉项目招标时采用招标图纸，申请人按招标图纸进行投标，中标签订施工合同后，被申请人出具了施工图纸，申请人按施工图纸进行施工。部分签证内容为申请人提出施工图纸中工程量表的工程数量少计，并对工程量表中少计的工程量进行了签证。

我司认为，在施工图纸对比招标图纸无变化的情况下，图纸中的工程量表仅为参考使用，申请人在投标时应按图纸内容进行工程量的核算，工程量计算误差属于总价包干合同不调整造价的范围，不应重复计取相关费用。征求意见稿发出之后，申请人对此有异议，因此，我司在正式意见中按两种计算方式出具了选择性意见，供委托人判断使用。具体情况详见表1。

表1 有争议部分签证的鉴定意见一览表

序号	争议问题名称	按申请人意见		按被申请人意见		鉴定建议	
		金额（元）	说明	金额（元）	说明	金额（元）	说明
一	申请人对签证单有异议部分	804234.05		0.00		0.00	

续表

序号	争议问题名称	按申请人意见		按被申请人意见		鉴定建议	
		金额（元）	说明	金额（元）	说明	金额（元）	说明
1	签证单HC110变012	150684.00	不属于总包范围，应计	0.00	同意鉴定意见	0.00	属于总包范围，不应计
2	签证单HC110变017（除卫生间楼面做法修改以外部分）	164205.00		0.00		0.00	
3	签证单HC110变018	16360.00		0.00		0.00	
4	签证单023	3252.00		0.00		0.00	
5	签证单025	226553.00		0.00		0.00	
6	签证单026	11828.00		0.00		0.00	
7	签证单027	36350.00		0.00		0.00	
8	签证单028（第3-7条）	38926.00		0.00		0.00	
9	签证单029	17828.00		0.00		0.00	
10	签证单032	30804.00		0.00		0.00	
11	签证单033（第二部分）	42014.00		0.00		0.00	
12	签证单036	1695.00		0.00		0.00	
13	签证单041（第2条）	3190.00		0.00		0.00	
14	签证单042	4682.00		0.00		0.00	
15	签证单044	35478.00		0.00		0.00	
16	签证单045	8258.00		0.00		0.00	
17	签证单019	12127.05		0.00		0.00	
二	被申请人对签证单有异议部分	328046.33		0.00		328046.33	
1	签证单001第二条内容	2661.00	同意鉴定意见	0.00	属于总包范围，不应计	2661.00	不属于总包范围，应计
2	签证单010	14474.00		0.00		14474.00	
3	签证单019	59318.00		0.00		59318.00	
4	签证单HC110变004	55535.00		0.00		55535.00	
5	签证单HC110变005	35360.00		0.00		35360.00	
6	签证单HC110变011	74137.00		0.00		74137.00	不属于总包范围部分应计，同时扣除属于总包范围部分的费用
7	签证单HC110变014	1720.00		0.00		1720.00	

续表

序号	争议问题名称	按申请人意见		按被申请人意见		鉴定建议	
		金额（元）	说明	金额（元）	说明	金额（元）	说明
8	签证单HC110变015	58748.00	同意鉴定意见	0.00	属于总包范围，不应计	58748.00	不属于总包范围，应计
9	签证单HC110变024-1	10691.00		0.00	属于总包范围，不应计	10691.00	不属于总包范围部分应计，属于总包范围部分不应计
10	签证单008（机械进退场费）	5168.89		0.00	属于总包范围，不应计	5168.89	不属于总包范围，应计
11	签证单010	5905.63		0.00		5905.63	
12	签证单011	4327.81		0.00		4327.81	
三	合计	1132280.38		0.00		328046.33	

（3）未施工项目内容的确定

本案涉项目存在部分工程未施工的内容，因项目单体较多，电缆布置路径较长，已施工及未施工界面确认困难、工作量大。我司主要采用以下方法确定：

首先，发函提请委托人要求双方当事人对未施工内容进行详细罗列，并提交未施工内容的清单。我司收到双方当事人提交的清单内容后进行了梳理，对双方当事人意见一致部分直接采用。

其次，双方当事人对未施工内容意见不一致的，在委托人授权下，与双方当事人现场勘验，并通过现场勘验记录，促使双方当事人签字确认，我司对已确认的内容直接采用。

最后，双方当事人存在争议的未施工内容，在双方均未进一步提交证据资料的情况下，我司在鉴定意见中单列费用，供委托人判断使用。

（4）未施工工程费用、工程量扣减方式

本案涉项目为固定总价合同，我司按"包干合同价－未施工部分造价＋现场签证造价＋设计变更造价"的方法进行鉴定。因未施工内容占比相对较少，合同解除责任划分及承担未明确，我司建议未施工部分按合同约定的变更原则计费，双方当事人对此未提出异议。但在未施工内容扣减工程量的问题上争议较大，被申请人要求按合同工程量进行扣除，我司认为固定总价合同在合同签订完成后，合同双方风险分配完毕，招标人承担价格的风险，投标人承担工程量的风险。合同工程量为投标人投标时对整个项目综合考量的结果，不能作为扣减的依据，应按施工图纸重新计算出的工程量进行扣减。经过多次双方当事人来函，鉴定单位复函，以及庭前会议的沟通，最终被申请人对此无异议。

（5）乙供材料转甲供材料的材料单价扣减方式

根据送鉴资料，本案涉项目实际有部分钢筋由乙供变更为甲供，因送鉴资料未提供相关费用如何扣减的补充协议，甲供材料的扣减方法没有确定，双方当事人亦没有再次提交证据材料。我司认为造成乙供材料转甲供材料的责任划分不明确，责任承担无法界定，本鉴定建议按"合同材

料单价 × 工程量"的方式进行扣除，被申请人不予认可，要求按采购价进行扣除。鉴于双方当事人对此争议较大，我司按双方当事人各自扣除意见（即"合同材料单价 × 工程量"和"采购单价 × 工程量"两种方式）出具了选择性鉴定意见，供委托人判断使用。

4. 鉴定意见

本项目未完工，无竣工验收相关资料，不能判定工程质量是否合格。本次鉴定是在已完工程质量合格的前提下出具的司法鉴定意见，主要如下：

1）输变电工程

（1）确定性意见部分，案涉项目已施工内容工程造价为 27293726.25 元。

（2）部分签证，我司认为属于合同包干价范围不应计取，申请人认为应予计取，此部分费用单列，按申请人意见鉴定造价为 792107.00 元，供委托人判断使用。

（3）部分签证，被申请人认为属于合同包干价范围不应计取，申请人认为应予计取，此部分费用单列，按申请人意见鉴定造价为 61979.00 元，供委托人判断使用。

（4）部分未施工项目，双方当事人有争议，此部分费用单列，扣减鉴定造价为 142800.00 元，供委托人判断使用。

（5）甲供材领料未归还、考核罚款部分，双方当事人有争议，此部分费用单列，扣减鉴定造价为 189800.00 元，供委托人判断使用。

2）污水处理场工程

（1）确定性意见部分，案涉项目已施工内容工程造价为 31883685.04 元。

（2）部分签证，被申请人认为属于合同包干价范围不应计取，申请人认为应予计取，此部分费用单列，按申请人意见鉴定造价为 15402.33 元，供委托人判断使用。

（3）乙供材料转甲供材料，申请人认为应按合同价扣除，被申请人认为应按采购价扣除，鉴定单位按双方当事人各自诉求出具体选择性意见，分别为：按合同价扣除费用为 9267995.93 元，按采购价扣除费用为 10983035.54 元，供委托人判断使用。

（4）考核罚款部分，双方当事人有争议，此部分费用单列，扣减鉴定造价为 131100.00 元，供委托人判断使用。

最终，中院判决书，我司鉴定意见中确定性意见全部采纳；争议部分，涉及造价的问题，法院全部采纳了我司的建议。

（三）案件当事人对工程造价司法鉴定意见异议问题

1. 对申请人所提异议的回复

（1）现场签证增加室内给排水工程管道的卡箍及管件工程量的费用。

回复：经查阅施工图纸与招标图纸，两套图纸内容一致并无变更。施工图纸工程量一览表中，部分卡箍、管件的工程量与实际有偏差，作为一个有经验的承包商，应意识到图纸的工程量表仅为设计参考量，在投标阶段应按设计总说明、平面布置图及系统图及时复核工程量，并考虑在投标价中。根据招标文件第四章投标报价要求第 26 条计价工程量说明："投标人在招标报价时由于自身原因发生漏报、错报（小于图纸实际工程量）等情况，一律视为对本项目投标报价的优惠考虑，结算时不予调整。"鉴定认为此签证单的内容均属于合同总价包干范围，不应再另行计费。鉴于申请人对此有异议，按委托人要求，鉴定将此签证单按合同约定的结算原则计算，费用单列，供委托人判断使用。

（2）商品混凝土价格上涨引起的费用增加。

回复：本项目开工时间为 2016 年 7 月 7 日，根据合同约定的工期 110 天，竣工时间应为 2016 年 10 月 24 日，而项目实际至今未完工。根据申请人提供的商品混凝土涨价的相关资料，其时间范围为 2017 年 12 月 16 日至 2018 年 12 月 5 日，已超出了合同工期的时间范围，因本项目工期延误责任划分不明，且被申请人对此资料的有效性有异议。根据现有证据资料，鉴定暂不予计算此部分费用。

（3）乙供材料转甲供材料的保管费用。

回复：本项目投标时无甲供材，根据被申请人发出的工作联系函，项目进展到一定阶段，被申请人考虑到申请人的实际困难，同意将一部分钢筋由乙供修改为甲供，此修改带来的相应费用扣除及是否计取保管费用并没有协商一致。根据现有证据资料，本次鉴定暂无法给出计算保管费的确定性意见。按委托人要求，鉴定将此费用单列，供委托人判断使用。

（4）设计变更签证单架空层综合脚手架的费用。

回复：根据《电力建筑工程预算定额（2013 版）第一册 建筑工程》第 13 章脚手架工程工程量计算规则第 1 条规定"综合脚手架按照建筑物、构筑物的建筑体积以立方米为单位计算工程量"；"附录 B 电力建设工程建筑体积计算规则"第 3.2 条规定"多层建筑物首层建筑体积应按照其外墙勒脚以上结构外围水平面积乘以首层建筑物高度计算，首层建筑物高度从室内地面计算至二层楼板建筑顶面"。本次设计变更为 −1.8m ～ −0.03m 架空层由原有土方回填修改为架空，并不涉及首层建筑物高度的变化，脚手架的工程量并无增减。签证中，双方虽然已确认了综合脚手架工程量，但是费用是否计算无法达成一致意见，且此部分属于合同包干范围，按合同结算原则，计算费用依据不足，不予计算。

（5）施工图纸与招标图纸差异部分计算原则不予认可。

回复：施工蓝图与招标图对比差异部分鉴定计算原则为，根据双方当事人确认的两套图纸进行对比，相应增减造价按合同约定的结算原则进行计算。施工蓝图与招标图不一致的内容，属于设计变更的范畴，鉴定征求意见稿处理原则与设计变更的处理原则是一致的，已实施部分按合同结算原则予以计算，未实施部分进行扣除。并不存在申请人所提出的前后矛盾处理方式不一致的情况。

2. 对被申请人所提异议的回复

（1）未施工工程扣除费用应按投标文件工程量及价格扣除。

回复：本项目为招标图纸固定总价包干合同，根据招标文件的要求，以及固定总价合同性质，投标工程量无论错漏结算均不调整，此工程量为投标人考虑自身因素或多或少，工程量的风险由投标人承担。故，本次鉴定施工图纸对比招标图纸造价差异、设计变更、工作联系单、现场签证、未施工项目的计算，无论对应的投标工程量或多或少或无，均按照施工图纸（或招标时的施工图纸）计算工程量或工程量差值，价格按照合同约定计算，完全符合双方当事人签署的施工合同，以及最高人民法院相关法律解释文件的精神。被申请人仅对未施工项目中，投标工程量大于图纸工程量的情况，要求按投标工程量扣减，不但有失偏颇，还违背了施工合同及最高人民法院相关法律解释文件的精神，鉴定不予采纳。

（2）乙供材料转甲供材料按采购价进行扣除。

回复：鉴于双方当事人对此争议较大，且双方均未提供关于如何扣减乙供材料转甲供材料费用的证据资料，鉴定按委托人要求，根据双方当事人各自诉求，分别按申请人要求（按投标价），以及被申请人要求（按采购价）进行扣减，费用单列，供委托人判断使用，具体详见表2。

表2　乙供材料转甲供材料费用扣除鉴定意见

序号	争议问题名称	按申请人意见		按被申请人意见	
		金额（元）	意见	金额（元）	意见
1	乙供材料转甲供材料扣除费用	−8667908.21	按合同价（除税价）扣除	−11019911.68	按采购价（含税价）扣除
2	甲供材料保管费	130015.62	按1.5%计取保管费	0.00	不计保管费
3	税金	−768410.33	—	0.00	—
4	乙供材料转甲供材料扣除费用合计	−9306302.92	—	−11019911.68	—

（3）建议由申请人继续履行合同，否则承担后期施工、报验及竣工验收等所发生的一切费用，此费用按工程结算金额的10%扣除。

回复：不属于鉴定范围。

（4）因外线电缆沟盖板未施工，存在安全隐患，市建设局责令限期施工，多次发函，但申请人未返场组织施工，被申请人要求以委托外单位发生的费用双倍处罚扣减造价。

回复：不属于鉴定范围。

（5）生物滤池未施工项目，应同时扣减原投标文件011与014中曝气生物滤池的钢栏杆；应按投标文件20%的比例扣减未施工项目的综合脚手架、模板支撑、垂直运输的费用。

回复：原投标文件钢栏杆有两处报价，根据合同约定，鉴定按图纸计算工程量，综合单价按两处报价的较高单价进行扣减，核实无误。生物滤池未施工部分为后浇带混凝土及顶部管廊结构，外墙综合脚手架按外墙投影面积计算，根据正常的施工工艺，综合脚手架不因后浇带位置未施工而不设置，鉴定不予扣减。模板支撑费，根据定额规定此费用已含在模板费用中，鉴定已扣除模板费用，投标人出于自身情况多报的模板支撑、垂直运输费用不予扣除。

四、出庭作证情况

2022年12月7日，中院组织双方当事人及我司召开庭前会议，就案涉项目的工程造价鉴定意见书进行质证，我司接受本案双方当事人和中院的质询，就争议问题进行回答及说明。在中院已充分了解双方争议问题，并就争议问题征求鉴定单位意见的基础上，本案法院未要求我司出庭。

五、心得体会

1. 正确理解鉴定范围，加强与委托人沟通

在接受鉴定委托后，应认真分析送鉴材料、梳理案情，正确理解委托范围是鉴定工作的首要任务，严格杜绝超范围鉴定，因为增加或缩小鉴定范围就意味着增加或减少当事人一方的诉讼请求，是对当事人诉讼权利的侵犯，因此客观正确地理解委托范围十分重要。在充分了解案情和委托范围后，分析案涉项目鉴定的争议点，对争议较大事宜，需及时与委托人进行有效沟通，按委托人认定出具鉴定意见，避免鉴定单位自行判断带来的重复工作。如果委托人不发表认定意见，再按双方争议分别出具鉴定意见，供委托人判断使用。

2. 证据材料需经质证、认定后方能作为鉴定依据

工程造价鉴定的案件，通常当事人会按有利于自身诉求，向法院（或仲裁机构）提交一些有针对性的证据材料，这些证据材料对鉴定造价来说，有可能是不完善的，往往还会由鉴定单位开列目录需双方当事人提供延伸的证据材料。而这些延伸的证据材料同样需要经过法庭（或仲裁机构）质证，鉴定单位切不可直接从当事人接收资料，甚至自行决定是否作为鉴定结论所需依据进行适用，这种行为本质上是鉴定单位代替法庭（或仲裁机构）行使质证权，是鉴定单位的越权行为。

因此，无论是当事人提交给法院（或仲裁机构）的证据材料，还是直接由鉴定单位接收的证据材料，未经过委托人主持的质证，均不可能成为证据材料而对案件的法律事实产生影响。故作为鉴定报告的依据，证据材料只有进行质证后，方可予以适用。

3. 避免以鉴代审，确保鉴审分离

以鉴代审指在工程案件诉讼、仲裁过程中，鉴定人超越委托范围，或者超越鉴定职权擅自确定鉴定事项的范围、依据、标准、方法，乃至认定纠纷当事人责任，处理争议事项，作出鉴定意见，并被裁判者（法官或仲裁员）采信作为裁判依据的现象。

鉴定人员在鉴定过程中应严格按照委托人就查明事实的专门性问题作出科学、专业、公正的鉴定意见，而不应替代审判人员确定鉴定范围、确定鉴定依据，也不应代行法院（或仲裁机构）的证据采信、法律适用等审判职权。

例如，有监理单位签字盖章但无发包人签字的签证单，发包人对证据资料的有效性有异议，根据司法解释认定签证资料有监理签字即为有效，自行决定计算有监理签字盖章的签证费用，并列入鉴定的确定性意见中，本质上就是以鉴代审，越过法院（或仲裁机构）对证据资料的有效性进行认定采纳。比较好的处理方法应是根据鉴定规范，先要求委托人进行认定，如果委托人不出认定意见，可将此部分费用单列，供法院（或仲裁机构）判断使用。

4. 切忌代替一方进行举证，干涉当事人举证

法律实践中，在双方当事人对证据材料有异议时，鉴定单位应依据鉴定规范，提请法院（或仲裁机构）组织进行现场勘验。现场勘验呈现的事实，需双方当事人确认一致，且需经法院（或

仲裁机构）认定方能作为鉴定结论适用的依据。法律原则规定"谁主张谁举证"，除了法庭在法律特别规定的情形下可以收集证据外，非诉讼当事人的其他个人、团体、组织均无权擅自向法院（或仲裁机构）提供证据。同时，法律规定，负有举证责任的一方应当主动按时提交相关证据。若不能提供或未按时提供，将承担举证不能的不利后果。鉴定单位如直接采用未经双方当事人确认及法院（或仲裁机构）认定的现场勘验记录，本质上是越过鉴定单位的中立立场代替一方当事人进行举证，从而打破了双方当事人法定的举证责任分配。

5. 当面核对，力求在征求意见稿阶段最大限度地减少争议

各方当事人对鉴定初稿核对过程中，当面沟通交流更有利于鉴定单位深入了解案情焦点，了解双方争议事项各自坚持的理由，最大限度在对数的过程中发现鉴定意见书的错误，及时修正鉴定意见。同时，也能在本阶段从技术角度上尽力说服双方，减少争议，推动法院（或仲裁机构）判案的进程。因此，涉及到较多量价组成或争议问题的鉴定项目，鉴定单位在法院（或仲裁机构）授权范围内，应尽量采取当面沟通核对鉴定初稿的方式，对数确定的事宜建议双方当事人签字确认，避免相同问题反复提出异议，提高鉴定效率。

6. 出庭作证或参加庭前会议，应做好准备工作

因建设工程的特殊性、复杂性，各种工程诉讼案争议问题较多，错综复杂，鉴定单位在出庭作证（或参加庭前会议）前，应提前做好准备工作。建议与委托人进行充分沟通，提请委托人要求双方当事人在出庭前列举各自争议，充分理解争议问题，准备好答复内容。在出庭（或参加庭前会议）时，冷静且有理有节，避免因准备不充分而紧张出错，导致鉴定报告专业性受质疑。同时需注意尽量避免定性回复双方当事人辩护律师的诱导性问题，对于律师提出的一些不属于鉴定范围的事项，可不予回复。

专家点评

本案例是典型的固定总价包干合同实施过程中未完成合同约定工作内容的工程造价司法鉴定。通过较全面地分析造价鉴定的争议问题、难点问题，为读者提供了解决问题的方式，望能起到抛砖引玉的作用。

案涉项目的主要造价争议问题、鉴定难点及解决问题的方式如下：

（1）当事人一方对现场签证、工程联络单、设计变更通知单等证据资料的真实性、合法性、关联性不予认可

本案涉项目存在被委托人认为大量现场签证、工程联系单等资料签字不齐全的问题。鉴定人采取先提请委托人进行认定，在委托人没有认定的情况下，根据法律相关解释文件，对有监理单位及发包人签字或盖章的签证按合同约定进行计费。

关于对设计变更通知单承包人是否执行的问题。鉴定单位在委托人没有认定的情况下，对施工现场可见的变更内容，采取了现场勘验的方式，当事人现场签字确认；对已隐蔽的变更内容采取施工顺序逻辑性进行判断，进一步对争议的部分内容进行了确定；其余无法确认的内容，在当事人无补充证明资料的情况下，相应当事人承担举证不能的不利后果，鉴定不予计取。

（2）部分现场签证与合同包干价内容重复的处理问题

关于本案涉项目部分签证与合同包干内容价重复问题。因部分重复问题具有一定的隐蔽性，鉴定人利用专业知识区分出来，并按重复部分不予计费的方式出具征求意见稿。在当事人争议较大的情况下，鉴定人按双方诉求出具选择性意见，并同时出具鉴定单位建议。

（3）对未施工项目工程量扣减方式争议的处理问题

未施工项目工程量扣减方式属于造价专业性问题。鉴定人严格按施工合同约定，以及图纸固定总价包干合同的风险分担特点，未施工项目的工程量无论投标文件少计或多计或不计，均按招标图纸计算出来的工程量（而不是投标文件的工程量）进行扣除，并耐心回复当事人函件及当面沟通，有理有据，最终当事人无异议。

（4）乙供材料转甲供材料单价扣减方式争议的处理问题

本案涉项目乙供材料转甲供材料的问题，属于施工过程中因特殊原因进行的变更，但在变更的同时，双方并未约定如何进行扣减，鉴定人按双方当事人各自诉求出具选择性意见，供委托人判断使用。

（5）现场勘验的处理问题

现场勘验认定的处理方式是，先要求双方当事人分别列举清单，意见一致直接采纳，签字确认；不一致部分再现场勘验，对于不能达成一致意见的内容，出具选择性鉴定意见，供法官判案参考使用。

（6）确定未施工部分计价方式的处理问题

本案涉项目未施工部分，因工程量占比较小，鉴定人建议按合同约定的变更计价原则计算造价，双方当事人无异议。相比按未施工部分占固定总价比例的计价方式进行鉴定，提高了鉴定效率。

此案例鉴定工作思路清晰、过程完整，规范且严谨，总结心得体会到位，法律意识较强，具有一定的主动推进案件进程的精神，值得借鉴。

北京金和通工程咨询有限公司　田华伟

某码头工程项目未完工程预期利润司法鉴定

——中量工程咨询有限公司

陈金海　陈丽军　郑子英　唐显忠　丁燕梅

一、案情简介

承包人：某港航局

发包人：某物流公司

双方争议事实涉及合同签订情况及相关约定。

2017年4月7日，承包人经发包人组织的招投标程序，成为某码头工程一期工程（简称涉案工程）的中标单位。同年4月，双方签订《某码头工程一期工程合同》（简称合同），合同为固定单价合同，签约合同价为44839200元，其中主要条款如下：

（1）合同专用条款第1.5.1约定，"承发包人按固定单价合同方式确定承包合同价格。

（2）合同专用条款第16.1约定，"物价波动引起的价格调整方式：仅对钢材、商品混凝土材料予以调差，按照《某市建设工程材料信息价》中相关材料单价，根据2015年第八期信息价与施工期中每月信息价的平均值在工程结算时按实调整。价差＝施工期可调差材料量×（施工期中每月信息价的平均值–2015年第八期信息价）×（1+税率）"。

（3）合同专用条款第17.3.5.1约定，"开工后至结算支付前，每个月在收到承包人提供的等额增值税专用发票后支付一次工程进度款，支付额度为应付工程款的70%（扣留的30%工程款中包括质量保证金、民工工资保证金、安全文明施工保证金等）的金额再扣除应扣回的预付款、材料款等金额"。

（4）合同专用条款第22.2.1约定，"发包人未能按期支付工程进度款，按银行同期贷款利率向承包人支付逾期付款违约金。违约金计算基数为发包人的全部未付进度款额，时间从应付而未付该款额之日起算起（不计复利）。逾期违约金限额为合同价的2%"。

（5）合同通用条款12.2约定，"由于发包人原因引起的暂停施工造成工期延误的，承包人有权要求发包人延长工期和（或）增加费用，并支付合理利润"。

（6）合同通用条款17.3.3第2项约定，"发包人应在监理人收到进度付款清单后的28天内，将进度应付款支付给承包人。发包人不按期支付的，按专用条款的约定支付逾期付款违约金"。

（7）合同通用条款第 22.2.2 约定，"……发包人收到承包人通知后的 28 天内仍不履行合同义务，承包人有权暂停施工，并通知监理人，发包人应承担由此增加的费用和（或）工期延误，并支付承包人合理利润"。

（8）合同通用条款第 22.2.3 款约定，"（2）承包人按 22.2.2 项暂停施工 28 天后，发包人仍不纠正违约行为，承包人可向发包人发出解除合同通知。但承包人的这一行动不免除发包人承担的违约责任，也不影响承包人根据合同约定享有的索赔权利"。

二、合同履行情况及争议

合同签订后，承包人于 2017 年 4 月开始入场施工。2018 年 5 月 24 日，发包人所采购预应力管桩（PHC 桩）的厂商已经出现桩靴供应问题，导致承包人运桩船部分空载。在承包人向发包人多番提示风险后，2018 年 6 月 2 日，承包人的运桩船抵达管桩厂运桩，厂内仍无足量存货供应，导致运桩船、打桩船窝工，承包人随即发函要求发包人支付停滞费损失。2018 年 7 月 1 日，承包人在完成发包人能够提供的 116 根 PHC 管桩的搭设工作后，发包人完全停止了 PHC 管桩的供应，工程已经完全处于停工状态。

在工程施工期间，承包人按照合同约定共向发包人请款五笔工程进度款，发包人只按时支付了第一笔进度款的 70%；在承包人向发包人于 2019 年 1 月 17 日发出《关于某某码头工程急需解决问题的函》（港航局某码头工程〔2019〕1 号）文件催促发包人支付工程进度款后，发包人才于同月 25 日支付第二笔、第三笔进度款的 70%，第四、五笔进度款至今仍未支付。2019 年 6 月 10 日，承包人向发包人发函通知解除合同并办理结算。

承包人认为，双方签订的合同合法有效，对双方均具有约束力，双方均应遵照履行。现发包人拖欠工程进度款及材料调差费用，且不及时供应 PHC 管桩，导致合同无法继续履行，造成承包人停窝工损失及可得利益损失。为确保承包人的合法权益，特依据合同约定的仲裁条款提起仲裁。

在涉案项目仲裁过程中，申请人就涉案工程以下事项向仲裁机构申请评估鉴定：①发包人向承包人支付材料调差费用 634900.15 元；②发包人向承包人支付未完工程的预期合理利润〔根据《水运建设工程概算预算编制规定》（2019 年版）及《沿海港口建设工程概算预算编制规定》利润率为 7%〕共 2560276.21 元〔（44839200-8263825.57）×7%〕。具体项目详见附件（仲裁申请书）进行工程造价司法鉴定。

三、案件争议焦点和造价鉴定难点

（一）案件争议焦点

（1）合同未有关于预期利润的约定，是否可以计算。

（2）承包人申请按定额相关利润率计算未完工程的预期利润，是否合理。

（二）造价鉴定难点

（1）合同未约定预期利润的计算，鉴定机构如何确认计算依据。

（2）仲裁机构按申请人提出的定额利润率进行委托是否合理，鉴定机构是否要根据规范提出其他鉴定方式。

四、鉴定情况

（一）司法鉴定委托人提供鉴定材料内容

仲裁申请书及增加仲裁申请书、庭审笔录、施工合同、工程项目清单、合同约定主要材料清单、质证意见、施工图纸、会议纪要、材料信息价等资料。

（二）工程造价司法鉴定情况

1. 鉴定过程

（1）2021年9月，鉴定机构收到仲裁机构出具的《工作联系函》及部分送鉴材料。

（2）2021年9月，鉴定机构向仲裁机构出具受理函。

（3）2021年11月，鉴定机构收到仲裁机构出具的《委托鉴定协议书》，随即开展鉴定工作。

（4）2021年11月，鉴定机构根据仲裁机构要求出庭参与送鉴材料的质证。

（5）2021年12月，鉴定机构收到仲裁机构转交的鉴定补充资料。

（6）2022年1月，鉴定机构向仲裁机构提交《提请委托人明确鉴定依据的函》，提请委托人明确未完工预期利润的鉴定除了委托内容要求外是否根据规范《建设工程造价鉴定规范》（GB/T 51262—2017）第5.8.5条规定，提供选择性意见供其判断使用。委托人回复可提供选择性意见。

（7）2022年3月，鉴定机构收到仲裁机构出具的双方当事人的回复函。

（8）2022年3月，鉴定机构向仲裁机构递交了《工程造价鉴定意见书征求意见函》和《某物流码头一期工程造价鉴定意见书征求意见稿》。

（9）2022年4月，鉴定机构收到仲裁机构转交的双方当事人对征求意见稿的异议。

（10）2022年4月，鉴定机构向仲裁机构递交了《某某码头一期工程造价鉴定意见书》。

2. 鉴定依据

（1）《仲裁机构工作联系函》。

（2）仲裁机构提供的送鉴资料。

（3）《建设工程造价鉴定规范》（GB/T 51262—2017）。

3. 鉴定方法

（1）本次项目鉴定范围以《仲裁机构工作联系函》要求的鉴定范围为准。

（2）根据合同专用条款第16.1条，"物价波动引起的价格调整方式：仅对钢材、商品混凝土材料予以调差，按照《某市建设工程材料信息价》中相关材料单价，根据2015年第八期信息价与施工期中每月信息价的平均值在工程结算时按实调整"。

（3）材料调差的工程量，依据双方当事人确认的共五期已完成产值6401811.46元对应的钢材、商品混凝土材料工程量为基础进行计算。

（4）价差＝施工期可调差材料量×（施工期中每月信息价的平均值－2015年第八期信息价）×（1+税率）。说明：施工期调差材料量按定额消耗系数计算消耗量，信息价采用市场中档价格确定，如信息价没有的，参考省内其他市信息价，省内其他市信息价没有的参考其他省市信息价。

（5）税率按9%计取。

（6）关于鉴定依据和已完工产值的确认问题。鉴定机构向委托人发函《提请委托人确认鉴定依据的函》：①根据委托人2021年9月14日向我司出具的《工作联系函》中关于委托我司的鉴定事项2"发包人向承包人支付未完工程的预期合理利润（根据《水运建设工程概算预算编制规定》（2019年版）及《沿海港口建设工程概算预算编制规定》利润率为7%）共2560276.21元〔（44839200-8263825.57）×7%〕。具体项目详见附件（仲裁申请书）"中对于预期合理利润的计算问题，请委托人明确是否直接按照"根据《水运建设工程概算预算编制规定》（2019年版）及《沿海港口建设工程概算预算编制规定》利润率为7%"进行鉴定。还是由我司根据《建设工程造价鉴定规范》（GB/T 51262—2017）等有关规定作出不同鉴定结果供委托人判断使用。待委托人明确后，我司将根据委托人的意见出具鉴定结果。②涉案项目已完成部分造价是否为8263825.57元，请提供经双方确认的结算书（需提供纸质版和计价软件版，并备注软件名称）和计算稿（需提供纸质版和电子版，并备注软件名称）。

（7）未完工程的预期利润计算依据：①根据《中华人民共和国民法典》第五百八十四条规定："当事人一方不履行合同义务或者履行合同义务不符合约定，造成对方损失的，损失赔偿额应当相当于因违约所造成的损失，包括合同履行后可以获得的利益；但是，不得超过违约一方订立合同时预见到或者应当预见到的因违约可能造成的损失。"②根据《建设工程造价鉴定规范》（GB/T 51262—2017）第5.8.5条规定："因发包人原因，发包人删减了合同中的某项工作或工程项目，承包人提出应由发包人给予合理的费用及预期利润，委托人认定该事实成立的，鉴定人进行鉴定时，其费用可按相关工程企业管理费的一定比例计算，预期利润可按相关工程项目报价中的利润的一定比例或工程所在地统计部门发布的建筑企业统计年报的利润率计算。"③双方当事人对于涉案项目的停工及延期责任归属有争议，我司仅根据仲裁机构委托内容作出鉴定意见供裁决判断使用。

（8）未完工程的预期利润计算基础：涉案工程施工合同价为44839200.00万，扣除双方当事人确认的已完成产值6401811.46元，预期利润计算基础金额为38437388.54元（44839200.00元－6401811.46元＝38437388.54元）。

（9）预期利润的计算方法：

① 由于本次鉴定未收到委托方关于当事人双方事先对预期利润计算的约定资料，本次鉴定暂不作约定计算方法分析。

② 本次鉴定采用参照估算法。即参照相关条件、时期相近、情况相似，本着公平、合理的原则，以兼顾当事人的利益进行估算鉴定。

③ 本次鉴定提供三种鉴定结果供委托人判断使用，方案一根据《水运建设工程概算预算编制规定》（2019年版）及《沿海港口建设工程概算预算编制规定》利润率为7%计取；方案二参考采用工程所在地统计部门发布的企业统计年报的利润率计取；方案三参考建筑行业上市公司公布年报的财务报表统计的利润率计取。

4. 鉴定意见

根据鉴定依据和鉴定意见，本项目的鉴定结果如下：

（1）已完工程材料调差，鉴定金额为367637.02元（叁拾陆万柒仟陆佰叁拾柒元零贰分）。

（2）未完工程预期利润，提供三种鉴定结果供委托人判断使用。

① 方案一参考《水运建设工程概算预算编制规定》（2019年版）及《沿海港口建设工程概算预算编制规定》规定的利润，以基价定额直接费、其他直接费、间接费之和为基础，利润按7%计算。鉴定未完工程预期合理利润为2514595.51元（38437388.54元/107%×7%=2514595.51元）（贰佰伍拾壹万肆仟伍佰玖拾伍元伍角壹分）。

② 方案二参考某市统计局统计的《2018年统计年鉴》"5-21总承包和专业承包建筑企业主要财务指标（2017—2018年）"。如表1所示。

表1 承包和专业承包建筑企业主要财务指标（2017—2018年）

损益及分配	项目	
	2017年	2018年
营业收入（万元）	6586888	7194441
利润总额（万元）	303372	488522
利润率（利润总额/营业收入）	4.61%	6.79%

统计2017年度、2018年度有关企业统计年报中利润率分别为4.61%、6.79%，平均利润率为5.70%，鉴定未完工程预期合理利润为：38437388.54元×5.70%=2190931.15元（贰佰壹拾玖万零玖佰叁拾壹元壹角伍分）。

③ 方案三根据建筑行业上市公司公布年报的财务报表统计，其利润率如表2所示。

表2 建筑行业上市公司公布年报的财务报表

上市企业	年度	营业收入（万元）	归属于上市公司股东的扣除非经常性损益的净利润（元）	利润率
中国铁建	2017年	680981127	14770950	2.17%
	2018年	730123045	16695417	2.29%
中国建筑	2017年	1054106503	31824170	3.02%
	2018年	1199324525	37535578	3.13%
中国中冶	2017年	243999864	5466980	2.24%
	2018年	289534523	6152241	2.12%

续表

上市企业	年度	营业收入（万元）	归属于上市公司股东的扣除非经常性损益的净利润（元）	利润率
中国交建	2017年	49087212	2544904	5.18%
	2018年	48280434	2655327	5.50%
平均利润率	—	—	—	3.21%

由上表所得，建筑行业上市公司近两年的平均利润率为3.21%。

鉴定未完工程预期利润为：38437388.54元×3.21%=1233840.17元（壹佰贰拾叁万叁仟捌佰肆拾元壹角柒分）。

（三）案件当事人对工程司法鉴定意见异议问题

（1）承包人对鉴定意见无异议。

（2）发包人认为对于未完工程预期利润，鉴定机构比较客观地列举了3种方案，但是，因为可得利润本身就具有明显的个体差异，个体的针对性越精准，相对结果越客观。鉴定应按统计的数据中就有明确的中国铁建的数据，2017年利润率为2.17%，2018年利润率为2.29%，而本案承包人就属于中国铁建下属企业，因此，应当按照中国铁建的平均利润率2.23%［（2.17%+2.29%）/2=2.23%］作为预期利润相对更为客观。因此，根据鉴定机构的计算方法，本案未完工程预期利润，最高为38437388.54元×2.23%=857153.76元。

鉴定机构回复：

（1）根据《中华人民共和国民法典》第五百八十四条规定，当事人一方不履行合同义务或者履行合同义务不符合约定，造成对方损失的，损失赔偿额应当相当于因违约所造成的损失，包括合同履行后可以获得的利益；但是，不得超过违约一方订立合同时预见到或者应当预见到的因违约可能造成的损失。

（2）根据《建设工程造价鉴定规范》（GB/T 51262—2017）第5.8.5条"因发包人原因，发包人删减了合同中的某项工作或工程项目，承包人提出应由发包人给予合理的费用及预期利润，委托人认定该事实成立的，鉴定人进行鉴定时，其费用可按相关工程企业管理费的一定比例计算，预期利润可按相关工程项目报价中的利润的一定比例或工程所在地统计部门发布的建筑企业统计年报的利润率计算"的规定。

（3）双方当事人对于涉案项目的停工及延期责任归属有争议，我司仅根据仲裁机构委托内容，未完工程预期合理利润本次鉴定提供三种鉴定结果供委托人判断使用，方案一根据《水运建设工程概算预算编制规定》2019年版及《沿海港口建设工程概算预算编制规定》利润率为7%计取；方案二参考采用工程所在地统计部门发布的企业统计年报的利润率计取、方案三参考建筑行业上市公司公布年报的财务报表统计的利润率计取。

五、出庭作证情况

（1）承包人认为，承包人主张未完工工程预期合理利润具有法律和事实依据，仲裁庭应按方案一对承包人的主张予以支持，具体理由如下：

① 承包人提起本案仲裁时，第五项仲裁请求所主张的未完工工程预期合理利润是根据《水运建设工程概算预算编制规定》（2019年版）及《沿海港口建设工程概算预算编制规定》中规定的利润率7%计算的；在本次鉴定中，鉴定机构作出的鉴定结果方案一即采纳了以上承包人计算未完工工程预期合理利润的依据，可见，承包人主张未完工工程预期合理利润依据正确，客观合理，符合行业惯例。

② 对于未完工工程预期合理利润，承包人与发包人在施工合同中对其计算法没作具体约定，就应当按照国家公布的定额标准进行计算，而《水运建设工程概算预算编制规定》（2019年版）及《沿海港建设工程概算预算编制规定》中所规定的利润率7%，即为国家颁布的定额标准，在全国范围内具有普遍的代表性，应当作为计算未完工工程预期合理利润的标准。

③ 关于方案三，是根据建筑行业上市公司公布年报的财务报表统计利润率，不具有合理性及代表性，不应适用本案，理由为：①涉案项目为水工项目，理应按照《水运建设工程概算预算编制规定》（2019年版）及《沿海港口建设工程概算预算编制规定》进行计算。②方案三中的建筑行业是综合性企业，其营业范围包含房建、市政、铁路、水工、投资等各项板块，然而这些板块的利润率均不相同。其中，中国铁建主营业务为铁路施工，中国交建主营业务为水上水下施工，从两企业的利润率来看，水工项目利润明显高于其他施工板块。

（2）发包人对鉴定意见中关于未完工工程预期利润的计算以及出具三种方案的依据有异议，认为涉案工程不存在预期利润且利润属于个体特征较强的事项无法进行鉴定，鉴定机构出具三种方案亦无依据，不同意该鉴定意见。

（3）鉴定人回复仅根据委托人的委托要求出具鉴定意见供判断使用。根据《中华人民共和国合同法》（现已作废）及《建设工程造价鉴定规范》（GB/T 51262—2017）的相关规定，对未完工程预期利润作出选择性意见。

六、心得体会

1. 对于鉴定委托事项不明确或者不完善的需要提请委托人明确，充分沟通了解委托人的审理要求，配合作出能供判断使用的鉴定意见

（1）鉴定事项、范围的确定权属于审判权。《建设工程造价鉴定规范》（GB/T 51262—2017）第3.2.2规定，委托人向鉴定机构出具鉴定委托书，应载明委托的鉴定机构名称、委托鉴定的目的、范围、事项和鉴定要求、委托人的名称等。《最高人民法院关于民事诉讼证据的若干规定》（2019修正）第32条中规定，人民法院在确定鉴定机构后应当出具委托书，委托书中应当载明鉴定事项、鉴定范围、鉴定目的和鉴定期限。根据上述规定，鉴定委托书应载明鉴定事项（需要通过鉴定予以认定的专门性问题）和鉴定范围（具体对哪些争议事实进行鉴定），而委托书是由仲裁机构出具，其内容自然应由仲裁机构来确定。鉴定活动的范围应限于委托书载明的鉴定事项和鉴定范围。鉴定人对委托书载明的鉴定事项和鉴定范围有疑问的，应当及时与委托人沟通，不得擅自扩大鉴定范围。

（2）鉴定依据的确定权属于审判权。《建设工程造价鉴定规范》（GB/T 51262—2017）第2.0.13对鉴定依据做了定义，鉴定依据指鉴定项目适用的法律、法规、规章、专业标准规范、计价依据。采用不同的鉴定依据，对造价数额有重大和直接的影响，因此鉴定依据的确定对鉴定工作来说尤为重要。在当事人对鉴定依据存在争议的情况下，鉴定人应提请仲裁机构作出决定后再开展鉴定。鉴定机构也可以从专业角度提出相应建议，供仲裁机构参考。

（3）鉴定方法的确定权属于审判权。《建设工程造价鉴定规范》（GB/T 51262—2017）第5.1.2规定，鉴定人应根据合同约定的计价原则和方法进行鉴定。如因证据所限，无法采用合同约定的计价原则和方法的，应按照与合同约定相近的原则，选择施工图算或工程量清单计价方法或概算、估算的方法进行鉴定。该规定似乎是将鉴定方法的确定权交给了鉴定人，但这是建立在双方当事人对鉴定方法不存在争议的前提下。一旦双方当事人对鉴定方法存在争议，则应按照该规范第5.3至5.10的规定处理。例如，《建设工程造价鉴定规范》（GB/T 51262—2017）第5.3.3规定，鉴定项目合同对计价依据、计价方法约定不明的，鉴定人应厘清合同履行的事实，如是按合同履行的，应向委托人提出按其进行鉴定；如没有履行，鉴定人可向委托人提出"参照鉴定项目所在地同时期适用的计价依据、计价方法和签约时的市场价格信息进行鉴定"的建议，鉴定人应按照委托人的决定进行鉴定。从该规定可以看出，在出现合同争议的情况下，鉴定人可以向仲裁机构提出处理建议，但作出决定的仍是仲裁机构。《最高人民法院关于审理建设工程施工合同纠纷案件适用法律问题的司法解释（一）》第十九条规定，因设计变更导致建设工程的工程量或者质量标准发生变化，当事人对该部分工程价款不能协商一致的，可以参照签订建设工程施工合同时当地建设行政主管部门发布的计价方法或者计价标准结算工程价款。《建设工程造价鉴定规范》（GB/T 51262—2017）第5.3.4规定，鉴定项目合同对计价依据、计价方法没有约定的，鉴定人可向委托人提出"参照鉴定项目所在地同时期适用的计价依据、计价方法和签约时的市场价格信息进行鉴定"的建议，鉴定人应按照委托人的决定进行鉴定。从上述司法解释和技术规范的规定来看，在出现合同漏洞的情况下，确定按套取定额的方法进行鉴定的权力属于仲裁机构。

（4）鉴定过程中对合同理解争议的确定权属于审判权。合同中关于计量计价的方式和依据的约定前后矛盾，或者合同关于计量计价的方式和依据的约定有不止一种解释的，则涉及到合同条文的解释问题，这属于事实认定和法律适用问题，属于审判权的范围。《建设工程造价鉴定规范》（GB/T 51262—2017）第5.3.5规定，鉴定项目合同对计价依据、计价方法约定条款前后矛盾的，鉴定人应提请委托人决定适用条款，委托人暂不明确的，鉴定人应按不同的约定条款分别作出鉴定意见，供委托人判断使用。

（5）鉴定材料的确定权属于审判权。与人体损伤程度鉴定、笔迹鉴定等不同，工程造价鉴定意见的质量很大程度上取决于双方当事人"输入"的质量，即鉴定资料的完整性。因此，《最高人民法院关于审理建设工程施工合同纠纷案件适用法律问题的司法解释（一）》第三十三条规定，人民法院准许当事人的鉴定申请后,应当组织当事人对争议的鉴定材料进行质证。针对当事人对证据的"三性"提出的异议,仲裁机构应当进行实质性审查,并决定是否移交鉴定机构作为鉴定依据。仲裁机构"筛选"鉴定材料的行为,属于行使审判权。

2. 要正确认识预期利润鉴定的合法性与可行性

预期利润损失也称为"可得利益损失"。根据《中华人民共和国民法典》第五百八十四条规定,当事人一方不履行合同义务或者履行合同义务不符合约定,造成对方损失的,损失赔偿额应当相当于因违约所造成的损失,包括合同履行后可以获得的利益;但是,不得超过违约一方订立合同时预见到或者应当预见到的因违约可能造成的损失。

预期可得利益的本质是一种信赖利益,从损失的性质上将属于间接损失而非直接损失,其基本法律特征为:

1)可期待性

可期待性指在订立合同时,根据合同的性质、目的、具体条款等内容,双方可以对合同履行完毕后取得的利益产生心理预期,但却因违约行为导致无法实现该心理预期,从而给守约方造成间接损失。

2)将来性

将来性指该可得利益要靠后续对合同的履行来实现。鉴于此,在违约行为造成合同无法履行或无法全面履行的,无法获得该利益或造成该利益部分损失。

3)可预见性

可预见性是一种相对确定性,即,即便该可得利益不能准确确定,但应该是在一个能够预见到的范围内,不能无限放大。该预见性,根据《中华人民共和国民法典》以及已失效的《中华人民共和国合同法》的规定,限定在不得超过违约一方订立合同时预见到或者应当预见到的因违约可能造成的损失。

2009年最高人民法院发布的《关于当前形势下审理民商事合同纠纷案件若干问题的指导意见》(以下简称《指导意见》)第三部分规定,从可得利益损失的类型划分、限定规则适用以及举证责任分配三个方面为仲裁机构认定可得利益损失提供了指引。

关于可得利益损失的类型划分。根据交易的性质、合同的目的等因素,指导意见明确将可得利益损失主要分为生产利润损失、经营利润损失和转售利润损失等类型。其中,生产设备和原材料等买卖合同违约中,因出卖人违约而造成买受人的可得利益损失通常属于生产利润损失。承包经营、租赁经营合同以及提供服务或劳务的合同中,因一方违约造成的可得利益损失通常属于经营利润损失。先后系列买卖合同中,因原合同出卖方违约而造成其后的转售合同出售方的可得利益损失通常属于转售利润损失。

关于限定规则的适用。《指导意见》明确,仲裁机构在审理认定可得利益损失金额时,应当综合运用可预见规则、减损规则、损益相抵规则以及过失相抵规则等,从非违约方主张的可得利益赔偿总额中扣除违约方不可预见的损失、非违约方不当扩大的损失、非违约方因违约获得的利益、非违约方亦有过失所造成的损失以及必要的交易成本。

关于举证责任的分配。《指导意见》指出,违约方一般应当承担非违约方没有采取合理减损措施而导致损失扩大、非违约方因违约而获得利益以及非违约方亦有过失的举证责任；非违约方应当承担其遭受的可得利益损失总额、必要的交易成本的举证责任。对于可以预见的损失，既可以由非违约方举证，也可以由裁判者根据具体情况予以裁量。

整体看，《指导意见》通过类型化可得利益损失、积极引导适用限定规则、明确举证责任的分配等方式，为各地仲裁机构认定可得利益损失的成立、具体赔偿金额以及举证问题提供了一定的方向性指引，较大程度上改善了可得利益损失在合同纠纷中认定比例偏低的局面。

3. 可得利益的鉴定，应该有合法科学的计算依据

可得利益损失是指在生产、销售或提供服务的合同中，生产者、销售者或服务提供者因对方的违约行为而受到的预期纯利润的损失。通常而言，常见的可得利益损失包括生产利润损失、经营利润损失、转售利润损失等。计算和认定至少应当采取三个规则：

其一，可预见规则。即《中华人民共和国合同法》第一百一十三条第一款规定的违约方在缔约时应当预见的因违约所造成的损失。包括合理预见的损失数量和根据对方的身份所能预见到可得利益损失类型，例如守约方是生产企业，那么通常违约方应当预见到生产利润损失，而不应预见到转售利润损失。

其二，减损规则。即《中华人民共和国合同法》第一百一十九条规定的守约方应当采取适当的措施防止损失的扩大。该规则的核心是衡量守约方为防止损失扩大而采取的减损措施的合理性问题。减损措施应当是守约方根据当时的情境可以做到且成本不能过高的措施。

其三，损益相抵规则。当守约方因损失发生的同一违约行为而获益时，其所能请求的赔偿额应当是损失减去获益的差额。该规则旨在确定受害人因对方违约而遭受的"净损失"。通常而言，可以扣除的利益包括：标的物毁损的残余价值、本应支付因违约行为的发生而免予支付的费用、守约方本应缴纳的税收等。

基于以上三个规则，可得利益赔偿的损失的计算公式基本是：可得利益损失赔偿额—可得利益损失总额—不可预见的损失—扩大的损失—受害方因违约获得的利益—必要的成本。裁判者应当注意到可得利益损失认定中的举证责任分配问题。违约方应当负担守约方没有采取合理减损措施而导致损失扩大、守约方因违约而获有利益的举证责任；守约方应当负担其所受到的可得利益损失总的数额、必要的交易成本的举证责任。至于不可预见的损失，则可以由守约方举证，也可以由裁判者自由裁量。此外，在存在法定的欺诈经营的场合、因违约导致人身伤害、死亡及精神损害场合以及当事人订立合同时约定了损害赔偿的计算方法等场合，则不应当适用可得利益损失赔偿规则。

专家点评

工程造价的确定是技术与契约相结合的结果，既要考虑造价本身的专业性，又要考虑当事人的合同约定。由于工程造价的单一性、动态性、专业性、契约性，再加上不同项目参加者基于不同的立场，存在着不同甚至对立的诉求，造成工程造价确定的复杂性。同时，由于建筑市场竞争日趋激烈，加之建设各方法律意识的增强，建筑工程造价纠纷案件逐年上升，使得建设工程造价纠纷引发的案件成了人民法院、仲裁机构的"疑难杂症"，尤其是对于没有完成最终结算的项目，

往往需要借助工程造价专业人员和相关机构，对待证事实的专门性问题进行鉴别和判断，并出具工程造价鉴定意见来辅助委托人对待证事实进行认定，因此，工程造价鉴定工作就成为审理建设工程合同纠纷案件的重要内容。该案例是基于项目中途停工或者解除合同后承包方对未完工程预期利润索赔的典型案例。鉴定机构在鉴定过程中有以下三大亮点。

1. 鉴定程序的合规性、严谨性

（1）鉴定准备。根据《建设工程造价鉴定规范》（GB/T 51262—2017）第3.6.1条"鉴定人应全面了解熟悉鉴定项目，对送鉴证据要认真研究，了解各方当事人争议的焦点和委托人的鉴定要求。委托人未明确鉴定事项的，鉴定机构应提请委托人确定鉴定事项"，鉴定机构在鉴定准备阶段就了解各方当事人争议的焦点和委托人的鉴定要求，及时提出相关疑问，为后续鉴定工作的推进奠定基础。

（2）鉴定依据。根据《建设工程造价鉴定规范》（GB/T 51262—2017）第4.2.3条"鉴定机构对收到的证据应认真分析，必要时可提请委托人向当事人转达要求补充证据的函件"以及4.7证据的采用等相关规定，鉴定机构根据双方当事人对证据三性认定的情况，分包作出确定性意见和选择性意见供委托人判断使用。

2. 对"预期利润"的计算方法进行充分分析，其意见具有较强的参考性

根据《建设工程造价鉴定规范》（GB/T 51262—2017）第3.3.2条"鉴定机构接受鉴定委托，对案件争议的事实初步了解后，当对委托鉴定的范围、事项和鉴定要求有不同意见时，应向委托人释明，释明后按委托人的决定进行鉴定"，鉴定机构站在协助委托人审理案件的基础上，秉承合法、独立、客观、公正的原则，对鉴定委托事项提出疑问并且在征得委托人同意的情况下，作出选择性意见供判断使用。鉴定机构并不是做个简单的计算器，而是对鉴定委托事项进行充分分析，结合案件审理需要的情况下，向委托人提出合理建议。本案例中，鉴定机构对"预期利润"的计算方法进行了充分分析，充分体现了鉴定机构的专业性和作为，其分析对其他类似的鉴定具有较强的参考价值。

3. 精确把握审判权与鉴定权的划分，避免以鉴代审

鉴定机构在本次鉴定中明确造价问题和法律问题的界限，清晰地认识到仅对专业性问题依据相关法律法规、工程造价专业技术知识，经过甄别后提出意见供委托人判断使用。对于鉴定依据和鉴定意见的采纳等法律问题，及时书面提请委托人明确，而不是主观地按照惯用经验办事出现以审代鉴的情况。

造价鉴定人员应着重提请委托人明确问题。就鉴定过程中涉及到审判职权的问题，如合同效力认定、鉴定范围、鉴定依据、鉴定方案选择要在鉴定工作开始之初可以向委托法院发出《征求意见函》，提请委托法院作出决定。这样做既可以减少因法院事后查清要求变更鉴定方案产生的重复工作，又有利于防止"鉴非所争，判非所请"，以维护造价鉴定的公信力。

造价鉴定意见属于《中华人民共和国民事诉讼法》规定的证据之一，工程造价鉴定意见是认定案件事实的重要证据，可以帮助人民法院、仲裁机构查清案件事实，有助于维护当事人合法权益、化解市场矛盾、促进社会和谐，是构建法治国家、和谐社会不可或缺的专业咨询活动。

北京大成律师事务所　蓝仑山

对某小区住宅、商业外墙 GRC 装饰构件拆除及拆除后外墙面修复的工程造价司法鉴定

——广西信达友邦工程造价咨询有限责任公司

磨安伟　林文婷　周文程　何正越　李莉

一、案情简介

2012 年 11 月 6 日，被告某防水材料有限责任公司（以下简称被告）与第三人某投资有限公司（以下简称第三人）签订《GRC 预制构件及浮雕制作安装工程合同》（以下简称《GRC 及浮雕合同》），并于 2016 年 1 月验收。2013 年 1 月 7 日第三人股东会决议注册成立原告某地产有限公司（以下简称原告），原告全面接管涉案楼盘项目。

2019 年年底，原告发现涉案楼房 GRC 构件中金属配件热镀扁铁未达到《GRC 及浮雕合同》第 4.7 条的约定标准且涉案楼房 GRC 构件均出现开裂脱落现象。原告向被告邮寄《工作联系函》，要求被告承担保修责任，对开裂脱落的 GRC 构件进行维修，但均与被告联系无果。为避免发生安全事故，原告不得已委托案外人高空蜘蛛人公司进行拆除，案外人高空蜘蛛人公司分别于 2020 年 7 月 28 日、2021 年 1 月 28 日对小区旧 GRC 拆除修复工程进行投标。2020 年 12 月 24 日原告对案涉楼宇 GRC 装饰线条进行拆除及修复。

被告称原告起诉后被告到工程现场查看大部分工程原告已经进行了拆除，被告对原告与原告所称的拆除公司的合同履行情况不清楚，被告原来施工的内容已经基本全部拆除只剩下部分零星的未拆除。涉案工程的质量保修期已经届满，被告对涉案工程并不具备保修的义务，涉案工程超出质保期后所产生的质量问题并非被告原因造成，原告要求被告承担赔偿责任没有事实和法律依据。

原告为维护自身合法权益向法院提起诉讼，并向法院申请对由原告拆除 GRC 装修装饰工程外墙装饰材料并重新装修所产生的相关费用进行鉴定，由法院委托广西信达友邦工程造价咨询有限责任公司（以下简称鉴定公司）对小区 GRC 装饰装修工程外墙装饰的材料脱落所导致原告拆除其 GRC 装修装饰工程外墙装饰材料并重新装修所产生的相关费用进行鉴定。

二、案件争议焦点和造价鉴定难点

（一）案件争议焦点

案件争议焦点1：外墙GRC构件脱落是否是因被告施工质量问题造成的，是否应由被告承担赔偿责任。

原告认为涉案小区外墙GRC构件脱落是因被告施工质量问题导致，因GRC构件脱落存在较大的安全隐患，原告书面催告被告进行拆除，被告不予理会，为避免发生安全事故，原告不得已委托案外人高空蜘蛛人公司进行拆除，产生拆除修复费用。而被告认为其承包施工的涉案小区外墙GRC预制构件及浮雕制作安装工程是通过正常验收合格后交工的，外墙GRC构件脱落事实发生在工程质保期外，合同质保期明确约定为两年，超出质保期后所产生的质量问题并非被告原因造成，原告并没有提供证据予以支持，原告要求被告承担赔偿责任没有事实和法律依据，且脱落的根本原因是设计缺陷，外墙挂贴GRC构件属于不合理的设计，与施工质量无关，故其不应承担任何责任。经审理，法院认为涉案工程需要进行造价鉴定，原告方分别申请了GRC构件脱落原因鉴定和拆除GRC装修装饰工程外墙装饰材料并重新装修的费用鉴定。

案件争议焦点2：外墙GRC装饰构件拆除及拆除后外墙面修复的工程造价。

原告主张按其与案外人高空蜘蛛人公司签订的施工合同及结算价，但被告并不认可。

（二）造价鉴定难点

本鉴定项目因送鉴资料中能体现GRC构件拆除、外墙面修复施工情况、施工方法的证据资料非常有限，具体拆除和修复的施工方法、施工天数等不够明确，故造价鉴定的难点为如何确定本案GRC构件拆除及修复的计价依据和计价方式。

涉案小区为超高层建筑，外墙GRC线条涉及13栋楼，其中2栋为28层、5栋为30层、4栋为31层、2栋为32层，GRC线条主要分布在外墙面、老虎窗和各栋楼的坡屋面处。委托本案件的工程造价鉴定时，涉案的拆除和修复工作已完成95%，剩下未拆除的GRC线条数量比较少，是原告为造价鉴定需要而保留的。拆除外墙GRC线条产生的费用主要是高空作业的技术措施费，拆除GRC线条及修复外墙面本身的费用相对较小。但从拆除修复施工队退场到委托工程造价鉴定日期时间已过去较久，现场只能看到外墙面修复后的效果，施工过程的各项情况已无法采用现场勘查的方式核实，施工过程采用的设备、机械均已撤场，且当事人无法提供实际施工的技术方案或实际施工发生费用的相关证据材料，通过现场勘查的方式也无法核实施工过程所采用的高空作业措施。

三、鉴定情况

（一）司法鉴定委托人提供鉴定材料内容

（1）司法鉴定委托书、民事起诉状、司法鉴定申请书、审判笔录、送鉴资料的质证意见。

（2）原告与被告的施工合同、竣工验收意见书、结算书、涉案楼栋竣工图纸和电子版图纸等。

（3）原告与案外人高空蜘蛛人公司的施工合同、施工合同补充协议、投标文件、报价单、施工过程照片、拆除修复工程已完成工程量汇总表、工程款支付申请表、检验报告、产品合格证等。

（4）法院委托第三方鉴定机构出具的本项目房屋安全鉴定报告。

（二）工程造价司法鉴定情况

1. 鉴定过程

1）鉴定准备阶段

2022年5月27日，接收委托书及送鉴资料，经仔细查阅送鉴资料，因证据资料有限无法确认具体鉴定范围、鉴定内容、鉴定方法等，为节约各方当事人补充及质证鉴定资料的时间，同时也便于鉴定公司对案件更好地了解相关情况，为后续鉴定做好准备工作，2022年6月1日向法院发出现场勘查通知书。2022年6月10日在法院的组织下，鉴定公司与原告、被告进行了现场勘查，通过询问当事各方，初步确认本案原告拆除GRC构件及修复外墙面的范围、拆除及修复的主要内容、原告主张的施工方法等，并形成现场工作底稿给当事人签字。2022年6月13日向法院发出补充资料的函。2022年6月30日收到法院转交的补充资料。2022年7月5日、7月11日收到法院转交的质证意见，经鉴定公司查阅送鉴资料并初步判断可以承接该委托事项，2022年7月13日向法院发出关于鉴定委托的复函、鉴定人员组成通知书、鉴定工作计划书、鉴定费用支付通知书及关于明确相关事项的函。2022年7月25日收到当事人支付的鉴定费用。

2）案情调查阶段

当事人交齐鉴定费用后，鉴定公司正式开展鉴定工作，根据原有接收的资料进行分析，在原已初步罗列的资料汇总情况中继续对整体的项目资料进行完善汇总整理，如列出资料名称、包含内容、提交人、质证意见、资料计算处理方式、备注说明等，可直接形成指导计算的文件。编制鉴定项目小组交底，明确相关的鉴定委托事项、鉴定范围、鉴定计价依据、计算过程注意事项、现场勘查注意事项等，作为中心指导鉴定计算的核心鉴定思路文件，同时依照委托事项要求的时限安排工作，根据鉴定工作需要随时增加调配人员。按制定的鉴定思路进行初步计算后列出现场勘查需落实的问题，2022年7月28日向法院发出现场勘查通知书，2022年8月3日、4日在法院的组织下与当事人进行了现场勘查，并形成现场工作底稿给当事人签字。

3）鉴定实施阶段

勘查现场后，2022年8月5日向法院发出补充资料的函。2022年8月19日收到法院转交的补充资料。通过详细计算工程量、计取单价等过程逐步完成鉴定成果，2022年8月29日出具造价鉴定的征求意见稿。

4）出具鉴定报告阶段

2022年9月1日收到法院转交的质证意见。2022年9月7日收到法院转交原告、被告对征求意见稿的反馈意见。在复核当事人的征求意见稿反馈意见后，经与法院沟通后，按委托人要求出具鉴定意见书。

2. 鉴定依据

（1）人民法院司法鉴定委托书。

（2）《最高人民法院关于适用〈中华人民共和国民法典〉时间效力的若干规定》（法释〔2020〕15号）。

（3）《中华人民共和国合同法》（现已废止）。

（4）《最高人民法院关于审理建设工程施工合同纠纷案件适用法律问题的解释》（法释〔2004〕14号）。

（5）《最高人民法院关于审理建设工程施工合同纠纷案件适用法律问题的解释（二）》（法释〔2018〕20号）。

（6）《建设工程造价鉴定规范》（GB/T 51262—2017）。

（7）《司法鉴定程序通则》（中华人民共和国司法部令第132号）。

（8）《关于颁布2013年〈广西壮族自治区建筑装饰装修工程消耗量定额〉的通知》（桂建标〔2013〕39号）。

（9）《关于颁布〈广西壮族自治区建筑工程拆除消耗量定额〉的通知》（桂建标〔2011〕19号）。

（10）《自治区住房城乡建设厅关于颁布2016年〈广西壮族自治区建设工程费用定额〉的通知》（桂建标〔2016〕16号）。

（11）《关于调整建设工程定额人工费及有关费率的通知》（桂建标〔2015〕5号）。

（12）《自治区住房城乡建设厅关于调整建设工程定额人工费及有关费率的通知》（桂建标〔2018〕19号）。

（13）《关于执行旧定额工程的人工费调整指导意见》（桂造价〔2018〕26号）。

（14）《自治区住房城乡建设厅关于调整建设工程计价增值税税率的通知》（桂建标〔2019〕12号）。

（15）《建设工程工程量清单计价规范》（GB 50500—2013）、《〈建设工程工程量清单计价规范（GB 50500—2013）〉广西壮族自治区实施细则》《建设工程工程量计算规范（GB 50854～50862—2013）广西壮族自治区实施细则（修订本）》、2013年《广西壮族自治区建筑装饰装修工程消耗量定额》、2011年《广西壮族自治区建筑工程拆除消耗量定额》及2016年《广西壮族自治区建设工程费用定额》。

（16）法院移交的各项证据资料及相应的质证意见等。

3. 鉴定方法

本涉案项目小区建筑属于超高层建筑，要把外墙的GRC线条拆除并修复外墙面需要复杂、专业的高空作业技术及安全保障措施，故措施费用是本次鉴定的主要内容。因本项目能用于计算鉴定内容的证据资料非常有限，涉案小区现场各栋楼外立面只能看到外墙面修复后的效果，施工过程采用的设备、机械均已全部撤场。在没有确定的拆除和修复的施工图纸及施工方案，双方当事人也无法对拆除GRC构件及修复外墙面各事项共同确认的情况下，是不能按常规的鉴定方式进行本次工程造价鉴定的，故鉴定公司根据本案件的特点及难点，制定如下鉴定思路：

1)接受鉴定委托前,采用现场勘查的方式了解案件情况

在委托法院下达委托书后鉴定公司暂时无法判断是否能接受鉴定委托,根据《建设工程造价鉴定规范》(GB/T 51262—2017)第4.6.2条"鉴定人认为根据鉴定工作需要进行现场勘验时,鉴定机构应提请委托人同意并由委托人组织现场勘验",经与委托人沟通后同意安排进行鉴定前的现场情况勘查工作,组织鉴定公司及当事人共同到现场进行案情调查工作。经鉴定公司现场勘查涉案小区各栋楼情况,并与当事人直接面对面沟通,鉴定公司初步了解原告的施工情况和施工方法,及被告对本次鉴定的意见,初步确认原告拆除GRC构件及修复外墙面的范围、拆除及修复的主要内容、原告主张的施工方法等,进一步推动了鉴定工作的进行。

2)确定鉴定方法

原告主张涉案拆除和修复费用应按其与案外人高空蜘蛛人公司签订的施工合同及结算价计算。被告认为该合同与被告无关,被告并不是该合同的当事方,该合同仅能说明原告和案外人存在合同关系。根据《建设工程造价鉴定规范》(GB/T 51262—2017)第5.1.2条"鉴定人应根据合同约定的计价原则和方法进行鉴定",因被告非涉案工程原告与案外人高空蜘蛛人公司的施工合同的当事方,故鉴定公司不能直接采用该合同进行鉴定。根据《建设工程造价鉴定规范》(GB/T 51262—2017)条文说明第5.1.2条"工程造价确定具有多次性和动态性的特点,其准确度是一个由粗到精逐步实现的过程。在实践中,一些工程造价鉴定由于证据所限(如施工图或竣工图不全等)不能采取施工图计算的方式进行鉴定,但仍可采用设计概算、估算的方法进行鉴定,减少或避免不能鉴定的现象",经过接受鉴定委托前的案情调查后鉴定公司认为本案鉴定适合采用工作量估算的方法,参考类似高空作业项目和咨询专业的高空作业公司,在委托人组织下,鉴定公司与当事人、委托人沟通协调,经当事人现场确认按现行广西壮族自治区工程造价的相关计价依据进行计算,根据《建设工程造价鉴定规范》(GB/T 51262—2017)第5.11.3条,鉴定公司出具推断性鉴定意见。

3)制定现场勘查计划

鉴定公司根据已收到的涉案小区各楼栋图纸和现场施工过程图片,结合第一次的现场案情调查的现场勘查记录、现场照片和原告方陈述的现场施工方法等,对涉案各楼栋鉴定范围内的所有GRC构件做全面分析研究,将需要向当事人确认的问题提前列出,并做好现场勘查计划,为二次现场勘查做好充分的准备,保证毫无遗漏地完成现场勘查工作。现场勘查时,逐一落实鉴定内容在各楼栋的不同立面、不同楼栋位置和不同造型等的施工方法。

4)确认实际采用的施工方法及施工措施

请求委托人协调当事人安排实际参与涉案工程拆除GRC构件及修复外墙面施工的相关人员到场与鉴定机构一起勘查现场。通过现场勘查GRC构件在各楼栋分布情况,询问施工人员了解涉案各楼栋拆除和修复的具体施工情况,并与送鉴资料中相关的各楼栋现场施工过程图片资料进行比对分析,确认施工时拆除外墙GRC装饰线条、老虎窗GRC线条、坡屋面GRC线条等和修复外墙面采用的具体施工方法及措施、投入作业人员的情况和进场机械的使用情况。

经了解,本涉案项目现场实际施工时,施工方法根据各楼栋的不同立面造型、楼栋所处的位置、作业高度、拆除和修复内容的位置和数量多少等来确定,主要施工方法有蜘蛛人高空作业施

工、安装吊篮施工（有作业平台）、高空作业升降车施工（有作业平台）三种方式。鉴定公司将各楼栋外立面图、施工过程的照片和现场勘查实际各楼栋外立面的情况三者对比，对施工人员陈述的施工方法进行合理性分析判断，并咨询专业的高空作业公司后，确认已施工的各楼栋及确定尚未施工的剩余部分外立面拆除和修复的作业方式和施工措施。

5）确定单价的计算方式

本项目属于特殊的高空作业施工项目，施工措施费没有相关可借用的定额，应根据实际施工情况采用市场询价的方式进行定价。经过咨询专业的高空作业公司，了解类似项目高空蜘蛛人、高空吊篮、高空作业升降车和相应的安全保障工作的市场价格进行计算。拆除及修复的实体工程如人工拆除外墙GRC装饰线条、对GRC构件附着的外墙面重新抹灰、刷外墙涂料等，按广西壮族自治区工程造价的相关定额等来计算单价。

6）确定工程量的计算方式

根据各楼栋外立面图、施工过程的照片、现场勘查实际各楼栋外立面情况、各楼栋所处位置和GRC构件分布情况，通过咨询专业高空作业公司，了解高空蜘蛛人、高空吊篮和高空作业升降车的工作效率、施工部署等情况，分别对已施工及剩余部分采用蜘蛛人高空作业施工、吊篮内站人施工、高空作业升降车站人施工三种方式的施工措施工作量进行测算；拆除GRC构件和修复外墙面的实体工程量则根据原、被告GRC工程的结算工程量、送鉴资料结合现场拆除修复的完成情况进行计算。

经过上述确认的施工方式，测算出相应的工作量或工程量，套用经调查的合理市场价格、信息价和相关计量计价规范等，计算得出本次委托的造价鉴定意见。

4. 鉴定意见

本次鉴定由于当事人提交的证据资料有限，没有可计算工程量的相关材料，但事实还是比较清楚的。根据《建设工程造价鉴定规范》（GB/T 51262—2017）第5.11.3"当鉴定项目或鉴定事项内容客观，事实较清楚，但证据不够充分，应作出推断性意见"的规定，故鉴定公司根据实际情况出具了推断性鉴定意见。

根据现场实际完成情况，大部分GRC构件拆除及拆除后外墙面修复工作已施工完成，少部分还未拆除、未修复，该未拆除、未修复的内容后续是否由原告负责施工在出具鉴定报告时还未确定，为便于法院审理案件，鉴定机构将鉴定意见分为已经施工完成和还未施工两部分内容的造价，供法院根据审理情况使用，对应的工程造价及具体说明分别如下：

1）已施工完成部分

住宅、商业GRC装饰构件拆除及拆除后外墙面修复工程——已拆除、已修复部分的工程造价为2267248.60元，详见下表1。

2）尚未施工部分

住宅、商业GRC装饰构件拆除及拆除后外墙面修复工程——未拆除、未修复部分的工程造价为173580.79元，该造价需根据法院的审理情况使用，详见下表2。

表 1 工程造价鉴定意见汇总表（1）

序号	项目名称及内容	鉴定造价（元）	备注
一	住宅、商业 GRC 装饰构件拆除及拆除后外墙面修复工程——已拆除、已修复部分	2267248.60	该部分内容包含截至 2022 年 8 月 4 日现场勘查时，已拆除的住宅及商业 GRC 装饰构件（包含装饰线条、老虎窗、浮雕与装饰块、斗拱、花钵、罗马柱等）、老虎窗顶部混凝土保护层的拆除、垃圾清运等工作内容的相应造价，及拆除 GRC 装饰构件、老虎窗顶部混凝土保护层后已完成修复外墙面的修复工作内容的相应造价，上述内容根据证据资料并结合现场勘查情况进行计算，不包含未施工部分单列内容的造价，具体勘查情况详见《现场勘验底稿》（2022 年 8 月 4 日）

表 2 工程造价鉴定意见汇总表（2）

序号	项目名称及内容	鉴定造价（元）	备注
二	住宅、商业 GRC 装饰构件拆除及拆除后外墙面修复工程——未拆除、未修复部分	173580.79	截至 2022 年 8 月 4 日现场勘查时，现场 19# 楼住宅、20# 楼住宅、部分商铺（包含 19#、20#、23#、24#、27#、31# 楼的商铺）有部分 GRC 装饰构件未拆除且未做外墙面修复、部分拆除了但未完成外墙面修复（主要包含装饰线条、老虎窗、浮雕与装饰块、斗拱、花钵、罗马柱等），因上述内容尚未实际施工，故将上述未拆除的 GRC 装饰构件、老虎窗顶部混凝土保护层后续拆除时发生的拆除、垃圾清运等工作内容和拆除后修复外墙面的修复工作内容的造价单列，供法院判断使用。如经确认该内容后续由原告负责，则计该造价；如该内容后续非原告负责，则不计该造价

（三）案件当事人对工程造价司法鉴定意见异议问题

（1）原告提出"有作业平台的部位是计算哪些内容？是否已包括施工作业外架、安全网、人工拆除作业的安全保护措施等费用？超高空作业人工降效费用的计算？"鉴定公司答复：①有作业平台的部位包括使用高空作业升降车、使用吊篮等位置；②对应的安全保护措施等费用已在吊篮、高空作业升降车的单价中综合考虑；③超高空作业人工降效费用已在吊篮、高空作业升降车的台班及单价和采用蜘蛛人进行拆除、修复的工日及单价中综合考虑。

（2）被告提出：不认可该征求意见稿的鉴定意见及工程造价数额。征求意见稿中所列的高空作业升降车、吊篮、蜘蛛人等措施均无有效证据证明实际采用了这些措施，也没有充分证据或理由必须采取这些措施；报告中所显示的单价、工程数量不客观、不合理，且高出市场价格。征求意见稿自行陈述因所计算的措施费因"证据不够充分"，所以出具的鉴定意见为"推断性意见"，结合本案情况，原告并未提供有效证据其采取了这些措施，并且被告也提出异议的情况，该"推断性意见"不应成立，也不应被计算入鉴定总价的问题。鉴定公司答复：鉴定公司是按工程造价鉴定的程序进行本次鉴定，根据《建设工程造价鉴定规范》（GB/T 51262—2017）第 5.11.3 条"当鉴定项目或鉴定事项内容客观，事实较清楚，但证据不够充分，应作出推断性意见"的规定出具推断性鉴定意见，工程造价的计算方式详见《工程造价鉴定意见报告书》中的计算方式说明，根据委托鉴定要求进行鉴定供委托人审理使用。

四、出庭作证情况

本案件鉴定公司对当事方的异议逐一进行书面回复后，当事人均未再提出异议，也未要求鉴定公司出庭质证。

五、心得体会

工程造价鉴定项目具有争议情况复杂、证据资料欠缺和专业性强等特点，需要鉴定人具有一定的法律知识及较强的专业技术能力、沟通能力和分析解决问题的能力，在证据资料有限的情况下为委托人解决专业问题。通过本次鉴定，我们的心得体会如下。

1. 鉴定人必须具备足够的专业技术能力

本鉴定项目属于工程质量保修期外的拆除修复工程，但也能代表工程保修期工程修复费用扯皮的典型案例，在实际的工程承包合同履行中，存在着比较常见的现象，有的承包单位在保修期内对交工的工程不闻不问，质量问题出现后要么直接不理，随业主自行去修复并自行在保修金中扣除，要么推卸责任不予理睬，由于影响建筑物的使用功能，业主也没有办法只能先自行修复，修复产生的费用往往又没保留相关证据，最终承包商不予确认，于是就产生了扯皮，这种现象在现实生活中屡见不鲜。为对这部分的修复费用进行鉴定，鉴定机构需要有足够的专业技术能力才能将费用进行合理地计算，达到解决争议的目的。

2. 鉴定人必须具备较强的组织沟通协调能力

本项目属于特殊的高空作业，需要复杂的安全技术措施。按规定该种高空作业方式需要事先组织编制施工措施技术方案并严格审批把关，并在实施中严格执行，但由于本案中双方当事人均未能提供该方面的证据材料，使得鉴定工作相对复杂，鉴定人员必须具备足够的专业知识和市场调查询价及较强的沟通协调能力，才能通过各种渠道、方法客观地计算出该种特殊的施工方法的合理造价。

3. 鉴定机构必须严格按照鉴定范围和业务经营范围出具鉴定意见

本案项目涉及工程质量责任问题，超高层建筑外立面挂贴GRC线条，项目已过了保修期，现发生了线条脱落的情况，是属于施工单位的责任还是属于设计单位设计不合理的责任，双方各执一词，均认为是对方的责任。作为造价鉴定机构首先要明确自己的立场和站位，明确质量问题不属于造价鉴定的范围，即使鉴定人员有足够的相关专业技术能够判断孰是孰非，但依然没有权利超出委托范围对质量问题发表意见，需严格在委托书要求的鉴定范围和鉴定机构业务经营范围内发表鉴定意见，否则就属于以鉴代审。在实际的工程造价鉴定中，有的鉴定机构并不能够严格把握这点，超权利范围发表意见或对应由委托人裁决的事项自行判断作出鉴定意见，从而导致以鉴代审的现象发生。

4. 鉴定人必须熟练掌握、正确理解并合理运用鉴定规范

因当事人的证据资料缺乏，鉴定机构不应直接认为无法鉴定。鉴定公司平时在与我区各级法院的沟通中得知，这几年需要进行工程造价司法鉴定的案件逐年增多，但最令法院头疼的是委托鉴定的退件率居高不下，使得建设工程案件的审理难度加大。我们认为，产生这个情况的根本原因是鉴定机构的水平参差不齐，很多鉴定单位对工程造价鉴定规范和程序不熟悉。之所以建设工程案件当事人要通过司法程序解决问题，就是因为资料的问题产生扯皮，由于资料缺失、相互矛盾或不严谨导致歧义的产生，所以工程造价鉴定的业务注定与正常的工程预结算有本质的区别。有的鉴定机构接到委托材料后，认为资料不全无法正常计算，或者有畏难情绪就直接退件了。其实《建设工程造价鉴定规范》（GB/T 51262—2017）中的条文对司法鉴定过程中可能存在的大部分问题都有了对应的规定，只要通过对规范的充分学习，读懂弄通，很多问题都会迎刃而解。比如鉴定规范条文说明第 5.1.2 条"工程造价确定具有多次性和动态性的特点，其准确度是一个由粗到精逐步实现的过程。在实践中，一些工程造价鉴定由于证据所限（如施工图或竣工图不全等）不能采取施工图计算的方式进行鉴定，但仍可采用设计概算、估算的方法进行鉴定，减少或避免不能鉴定的现象"的规定，在没有图纸或其他不得已的情况下，采用估算的方法也是可能解决问题的；又如该规范第 5.11.1 条～第 5.11.3 条，针对鉴定中的事实与证据的各种情况，应对应出具"确定性意见""推断性意见"和"选择性意见"。所以在平时的工程造价鉴定中，在证据资料不充分的情况下，鉴定人需根据现有证据资料、案件情况和现场勘验情况进行综合研究分析，通过市场调研了解行业通用施工方法，从另一个合理的角度为委托人和当事人有依有据地解决专业性问题，只有穷尽一切办法都不能解决时与委托人充分沟通后才能以"送鉴资料达不到最低鉴定要求"为理由进行退件。

5. 鉴定人必须重视和认真准备现场勘查工作

因工程造价鉴定项目具有争议情况复杂、证据资料欠缺和专业性强等特点，鉴定公司近几年参与的众多鉴定项目中，许多当事人无法提交和实际施工相符的施工图纸或计算资料，这就需要鉴定人具有极强的专业能力、沟通能力、充足的现场勘查经验、现场判断和应变能力，鉴定人对各类型鉴定项目制定出合适的现场勘查方法和勘查计划，现场勘查时进行有效的沟通，对当事人的争议点通过专业能力进行协调化解，根据现场实际施工完成情况作出具体分析并记录，根据案件特点和有限的资料完成鉴定工作，不能仅以无法提供施工图纸或计算资料作为理由进行退件，法院和当事人就是需要鉴定机构提供专业能力为其解决专业性的问题。

6. 鉴定人必须做到公平公正、不偏不倚

工程造价鉴定是建设工程领域中一项至关重要的工作，它通过对工程项目从设计、施工到竣工全过程的成本进行科学、准确的计算和评估，为各方参与者（包括建设单位、施工单位、监理单位及政府监管部门等）提供了一个公平公正的价值衡量基准。当造价鉴定意见客观公正时，能够确保各方经济利益得到合理保障，从而有效预防和解决因造价争议引发的各种矛盾与冲突，降低诉讼风险，提升社会秩序稳定性。

7. 鉴定人必须公平客观地出具鉴定意见

公正客观的工程造价鉴定行为能够增强市场信任，推动行业健康发展。公正客观的工程造价

鉴定可以树立行业的权威性和公信力，使得建设项目在公开透明的环境下运作，增强了投资者的信心，也有利于营造良好的市场竞争环境。这样不仅能吸引更多投资进入建筑行业，推动行业规模扩大和技术进步，还能通过规范化、标准化的操作流程，提高整体工程建设效率，进而对社会经济发展产生积极影响。

8. 工程造价鉴定在节约社会资源，提高社会效益中的体现

如果造价鉴定不公或失误，可能导致项目成本虚高或偏低，不仅浪费了宝贵的建设资金和社会资源，还可能因成本原因造成工程质量隐患甚至安全事故。而客观公正的工程造价鉴定则有助于合理配置和高效利用资源，促使建设项目达到预期的社会效益和经济效益，有利于社会整体和谐稳定。

9. 工程造价鉴定能够促进法治建设，完善社会治理

公正的工程造价鉴定是依法治国理念在工程领域的具体体现，它遵循法律规范，尊重合同约定，强化了契约精神和规则意识，对于推进社会治理体系和治理能力现代化具有重要意义。通过规范化的造价鉴定程序，能够在司法实践中更有效地解决工程纠纷，实现公平正义，进一步巩固社会和谐稳定的基石。

专家点评

该案例中鉴定焦点和难点表达清晰，鉴定过程描述具体，鉴定依据齐全，鉴定方法得当。该案例是工程质量保修期外的拆除修复工程，是工程保修期工程修复费用项目的典型案例，在实际的工程承包合同履行中，承包单位在保修期内对已完工并移交的工程出现质量问题后不予理会或者随业主自行解决，对这部分的修复费用如何进行认定及怎么处理是现实中普遍存在的问题。本案例通过现场勘查、专业技术分析、市场调研咨询等方法，给我们在今后处理类似问题提供了很好的启示和启发。

针对本案例外墙 GRC 构件脱落是否因被告施工质量问题造成的，是否应由被告承担赔偿责任这一争议焦点，不属于造价鉴定的范围，作为本案例的造价鉴定机构首先明确了自己的立场和站位，明确质量问题不属于造价鉴定的范围，即使鉴定人员有足够的相关专业技术能够判断孰是孰非，依然没有超出委托范围对质量问题发表意见，严格按照委托书要求的鉴定范围和鉴定机构业务经营范围发表鉴定意见，避免了"以鉴代审"。

针对本案例计价依据和计价方式的确认问题，本案例的造价鉴定机构在鉴定资料缺乏的情况下，通过将各楼栋外立面图、施工过程的照片和现场勘查实际各楼栋外立面的情况三者对比，以及对施工人员陈述的施工方法进行合理性分析判断，并咨询专业的高空作业公司后，确认外立面拆除、修复的作业方式和施工措施，进而进行价格计算，出具了推断性意见，为委托人和当事人有依有据地解决专业性问题，为矛盾的解决提供了科学和专业的鉴定意见。

该案例鉴定机构在接收委托书及送鉴资料后，仔细查阅送鉴资料，发现证据资料有限，无法确认具体鉴定范围、鉴定内容、鉴定方法时，为节约各方当事人补充及质证鉴定资料的时间，也便于鉴定公司对案件更好地了解，为后续鉴定做好准备工作，向法院及时发出现场勘察通知书。

在法院的组织下，鉴定公司与原告、被告进行了现场勘查，通过询问当事各方，初步确认本案原告拆除GRC构件及修复外墙面的范围、拆除及修复的主要内容、原告主张的施工方法等，并形成现场工作底稿给当事人签字。通过现场勘查和充分的沟通，大幅地缩短了鉴定的时间，也减少了沟通成本，本案例的高效沟通处理方式具有学习借鉴意义。

中和刚大工程顾问有限公司　杨利利

对某化工项目已完工工程造价司法鉴定

——中兴铂码工程咨询(重庆)有限公司

王东 杨博 李振宇

一、案情简介

某化工项目,于 2020 年 8 月通过协商方式签订施工合同,合同价格形式为固定总价,金额为 8000 万元,建筑面积约 1.3 万 m^2,包括 26 个单体项目。合同承包范围包括:土建工程、钢结构基础工程、土石方工程、厂区围墙工程、厂区道路工程、设备基础工程、地面及围堰防腐工程、外管架基础工程、强夯工程、给排水专业、电气专业、暖通专业、消防专业,以及所有建(构)筑物、设备的预留孔、预埋件、二次灌浆。

施工期间,当事人双方因土石方工程、桩基工程、防腐工程和主体工程的增加费用和桩基检测费用发生争议,协商无果,情况不断恶化,进而引发治安事件和工程停工。2021 年 4 月,原告(发包人)发函通知被告(承包人)解除合同及补充协议,并向当地人民法院提起诉讼,请求法院支持解除合同、原告退场并向原告支付赔偿违约金 800 万元。

被告认为,一是原告以强势地位,迫使被告签下不利地质条件的风险、材料涨价风险、桩基检测费用、200 万元以内的变更费用由被告承担等显失公平的合同条款;二是在施工过程中原告延期交付施工图纸;三是原告未按照合同约定支付工程款;四是单方面要求被告撤场并解除合同。于是,向本诉原告提出反诉,要求在原告已支付约 4700 万元的基础上追加工程款约 3300 万元及撤场费约 80 万元。

受当地法院委托,我公司对该项目已完工的工程造价进行鉴定。

二、案件争议焦点和造价鉴定难点

(一)案件争议焦点

鉴定人在详细分析鉴定资料后,认为原告、被告双方的争议金额较大,争议焦点主要集中在土石方工程增加费用、超前钻探费用、桩基检测费用、桩基超深增加费用和撤场费等五点,具体背景情况及双方意见如下。

1. 土石方工程增加费用

在土石方工程施工过程中，根据被告的测算，标高"-0.300以上"的土石方工程量比投标报价书中的工程量增加了79391.01m³，增加金额为2799951.20元。于是提出增加相应费用。

被告认为：原告在投标报价期间未提供地勘报告和完整的施工图纸，导致被告估算的工程量出现巨大偏差，增加了工程成本。因此，增加的费用应由原告承担。

原告认为：合同明确约定，工程报价单中的挖填方量与实际施工出现偏差，由乙方承担，且不再追加费用。土石方工程量偏差属于被告的风险范围，增加费用应由被告承担。

2. 超前钻探费用

在桩基施工阶段，为查明桩底持力层情况并指导旋挖桩施工，确定原设计的桩基密度与长度是否满足要求，经被告、监理单位、地勘单位等几方召开的旋挖成孔灌注桩基础施工专题会议，确定按桩基总量的30%进行超前钻探。被告委托第三方勘察机构对桩基进行了检查测定。

被告认为：在招投标阶段，未取得地勘报告、施工图纸通过审查，导致被告无法了解地质情况。因此，超前钻探费用应由原告承担。

原告认为：合同明确约定，一切与施工建设及检验有关的检验、检测等，应由乙方负责办理，费用由乙方承担。因此，该费用应由被告承担。

3. 桩基检测费用

双方的施工合同约定，一切与施工建设及检验有关的检验、检测等，应由乙方负责办理，费用由乙方承担。

被告认为：桩基检测费用不属于工程成本的范围，应由原告承担。

原告认为：根据合同约定，桩基检测费用应由被告承担。

4. 桩基超深增加费用

根据超前钻探结果，调整了施工方案并增加旋挖成孔灌注桩工程量，导致施工费用的增加。于是被告提出增加费用要求。

被告认为：原设计的桩基长度均不能满足要求，增加的旋挖成孔灌注桩工程量导致被告大幅增加了相关费用支出，继续适用固定总价的结算条款将损害承包人的合法利益。

原告认为：合同约定工程报价单中的旋挖桩工作量与实际施工出现偏差，由乙方承担，且不再追加费用。旋挖桩工作量偏差属于被告的风险范围，增加费用应由被告承担。

5. 撤场费

在双方发生纠纷、项目停工时，被告尚有临时设施、施工设备、周转材料、未使用的建筑材料和设备等在施工现场。如果确认双方解除合同，需要进行撤场，而双方对撤场费的责任方意见不一致。

被告认为：施工过程中原告单方面行使合同解除权，导致合同解除，根据合同约定的"发包人应为承包人撤出提供必要条件，并按责任承担以上所发生的费用"条款，撤场费应由发包人予以负担。

原告认为：被告未按计划施工，严重拖延工期，导致原告后续施工、安装项目进度拖延；被告纵容下属工人闹事，酿成治安事件，导致工程停工。在无法补救的情况下，原告发函通知被告解除合同，被告应对合同解除承担责任，撤场费由被告承担。

（二）造价鉴定难点

经过鉴定人对鉴定资料的梳理后发现，一是鉴定对象为未完工工程，未取得双方认可的已完界面划分资料；二是由于是固定总价合同，合同未明确变更、新增项目的具体计价方式；三是被告的施工内容除合同内的之外，还包括合同之外的部分；四是投标报价资料不完整，缺失综合单价分析表。结合上述案情，鉴定人认为本案有如下难点。

1. 如何合理甄别合同范围，准确适用计价原则和方法

在被告已完工工程中，有原合同范围内的工程内容，有"合同图纸"与"施工图纸"之间的差异，有工程量偏差，还有原告指令增加的工程内容以及其他原因发生的工程量变化，关系错综复杂。

根据合同约定、相关文件和技术标准的要求，不同工程范围应当适应不同的计价原则和方法。工程范围的划分还涉及到双方的合法权益、合同的严肃性和鉴定意见的客观性和公正性，需要鉴定人仔细推敲，准确划分工程范围，合理选择适用的计价原则和方法，这是本案的鉴定难点之一。

2. 在固定总价合同下，未完工工程适用计价方法的准确性

对于采用固定总价合同的未完工程，实务中有两种鉴定方式：

一是《建设工程造价鉴定规范》（GB/T 51262—2017）第5.10.7条提出的鉴定方式，若承包人违约导致合同解除，按照工程所在地同时期适用的计价依据计算未完工程价款，再以合同总价减去未完工程款价款计算，若发包人违约导致合同解除的，按照工程所在地同时期适用的计价依据计算已完工程价款。

二是《某市高级人民法院关于建设工程造价鉴定若干问题的解答》（某高法〔2016〕260号）第11条提到的鉴定方式，根据工程所在地的建设工程定额及相关配套文件确定已完工程占整个工程的比例，再以固定总价乘以该比例来确定已完工程造价。这种鉴定方式既能反映当事人通过合同表达出的真实意思，也能反映施工的客观情况。

上述两种方式鉴定产生的结果是不同的，哪种方式更为合理，需要鉴定人根据案情分析结果来进行确定。

3. 在固定总价合同条件下，如何保证"进度超前"的安全文明施工费计算的合理性和准确性

本案的安全文明施工费计算存在以下难点：

一是在建设工程中，大部分费用项目与施工进度基本吻合，但安全文明施工费相对特殊，存在"不同步"的现象，与施工进度相比有一定的超前。一般情况下，承包人在前期准备及施工时，会发生部分安全文明施工费用于全部拟建工程的。从适用于本案的当地建设行政主管部门的文件《某市城乡建设委员会关于印发〈某市建设工程安全文明施工费计取及使用管理规定〉的通知》（某建发〔2014〕25号）也可以印证这一点，文件要求"建设单位在签订施工合同后至工程开工前，应将50%的安全文明施工费拨付给施工单位，余下安全文明施工费按施工进度支付"。

二是本案的鉴定资料（投标报价）不完整，缺乏明细表，即使能够分析出哪些清单项目用于用于全部拟建工程，也难以确定其在整个安全文明施工费中的占比。

现行的规范、规程及工作指引均未明确未完工程安全文明施工费的计算标准及分摊方式，这是本案的难点之一。

4. 已完工界面划分工作琐碎、工作量大、协调难度大

本工程涉及 26 个单体项目，施工进度差异明显，大多数单体完成了主体结构工程，正在施工砌体及抹灰工程，小部分单体基础已完成。

当事人对已完工程界面划分未达成一致，存在较大争议。

被告认为原告违约解除合同，导致项目被迫停工，因此，被告从实际行动上，消极配合厘清已完工程施工界面。

根据委托人的要求以及考虑到该项目对地方经济的带动作用，如何快速、全面和准确地完成现场勘验是本项目鉴定的难度之一。

三、鉴定情况

（一）司法鉴定委托人提供鉴定材料内容

鉴定材料内容详见表 1。

表 1　鉴定材料表

序号	资料名称	主要内容	数量
1	起诉状	原告的诉讼请求	1 份
2	反诉状	被告的诉讼请求	1 份
3	工程造价鉴定申请书	① 发包人申请对涉案项目已完成部分的工程造价进行司法鉴定； ② 承包人申请对涉案项目已施工工程进行造价评估	2 份
4	司法鉴定委托书	① 对某化工项目已完成部分的工程造价进行司法鉴定； ② 对某化工项目已施工工程进行造价司法鉴定	2 份
5	施工合同	内容包括： ① 协议书； ② 通用条款； ③ 专用条款	1 份
6	补充协议	主要条款包括： ① 乙方工程报价单有遗漏的工程量，乙方负责完成，且不追加费用； ② 乙方充分研究了地勘报告，并进行了实地考察核实，已清楚认识了地块现状，若工程报价单中的挖方量、填方量、旋挖桩工作量与实际施工时出现偏差，由乙方负责，且不追加费用； ③ 实际实施过程中，若实际施工图纸与原报价图纸不符或有新增项目，导致工程款增加，按实际图纸和实际新增工作量出具并经甲方确认后，与甲方定价（有报价的按报价，无报价的与甲方协商）签证，增加价款低于 200 万元（大写：贰佰万元整）的，乙方不再追加工程款；增加价款超出 200 万元部分甲方应予以支付； ④ 本工程一切与施工建设及验收有关的检测、检验等，应由乙方负责办理，费用由乙方承担	1 份

序号	资料名称	主要内容	数量
7	施工说明	各单体工程在总包与分包之间的界面划分	1份
8	图纸文件	① 投标报价图纸； ② 合同图纸； ③ 施工图纸； ④ 图纸修改； ⑤ 桩基数量差异图纸	1套
9	庭前会议笔录	① 双方当事人对证据保全和争议焦点的意见； ② 双方对证据的质证意见	2份
10	质证笔录	双方对证据的质证意见	1份
11	清算工程量明细	承包人提供，有发包人质证意见	1份

（二）工程造价司法鉴定情况

1. 鉴定过程

（1）了解鉴定对象基本情况，明确鉴定范围和鉴定要求，接受鉴定委托。

（2）签署鉴定人承诺书。

（3）在委托人组织下，与双方当事人一同现场勘察，确认已施工界面，形成踏勘记录。

（4）编制鉴定方案与工作计划。

（5）委派专业技术过硬的鉴定人组成鉴定工作小组。

（6）梳理补充资料清单。

（7）开展鉴定工作。

（8）出具鉴定意见书征求意见稿，向当事人征求意见。

（9）根据收集的意见逐条拟定回复意见，完善正式鉴定意见书。

（10）出庭质证。

2. 鉴定依据

本案开展鉴定的依据详见表2。

表2　鉴定依据资料表

序号	资料名称	主要内容
1	鉴定委托书	委托人出具的"鉴定委托书"，说明鉴定事项和鉴定要求
2	证据材料	当事人提交经过质证并经委托人认定可用作鉴定的证据材料
3	适用规范、文件	①《建设工程造价鉴定规范》（GB/T 51262—2017）； ②《司法鉴定程序通则》（中华人民共和国司法部令〔2016〕132号）； ③《最高人民法院关于审理建设工程施工合同纠纷案件适用法律问题的解释（一）》（法释〔2020〕25号）； ④《某市高级人民法院关于建设工程造价鉴定若干问题的解答》（某高法〔2016〕260号）； ⑤ 某市建设工程造价鉴定执业指引

续表

序号	资料名称	主要内容
4	适用定额及相关配套文件	①《某市房屋建筑与装饰工程计价定额》(CQJZZSDE—2018); ②《某市市政工程计价定额》(CQSZDE—2018); ③《某市构筑物工程计价定额》(CQGZWDE—2018); ④《某市通用安装工程计价定额》(CQAZDE—2018); ⑤《某市建设工程费用定额》(CQFYDE—2018); ⑥ 相关配套文件; ⑦ 某市建设工程造价信息
5	现场踏勘记录	鉴定人及双方当事人现场踏勘的记录

3. 鉴定方法

根据本案工程范围相关复杂的情况,并结合合同约定、相关文件和技术标准的要求,鉴定人将已完工工程划分为三个部分,一是固定总价合同内已施工部分,二是变更部分,三是合同外增加工程。三部分内容的具体鉴定方法如下。

1) 固定总价合同内已完工部分

该部分采用全面计算法和现场踏勘相结合的鉴定方法,按《某市高级人民法院关于建设工程造价鉴定若干问题的解答》(某高法〔2016〕260号)规定的固定总价乘以完工比例的鉴定方式计算工程造价。

工程范围:包括施工合同、补充协议、施工说明中约定的承包范围对应"合同图纸"及相关资料的具体工程内容,"合同图纸"不完善的项目按"施工图纸"或其他相关资料。已完工程的范围即上述范围的已完成部分;整个工程的范围包括上述全部内容,即合同订立之时的工程范围。

工程量的鉴定:按"合同图纸"和2018年某市相关计价定额的工程量计量规则分别计算出已完工程和整个工程的工程量。已完工程的工程量需同时参照现场勘察记录、双方当事人确认的"清算工程量明细"确定。

工程造价的鉴定:首先,根据已完工程和整个工程的工程量,按2018年某市相关计价定额及某市建设工程造价信息(2020年8月份)分别计算出对应的价格;然后,以已完工程的价格除以整个工程的价格得到完工比例;最后,用固定总价乘以完工比例得到固定总价合同内已完工部分的工程造价。

具体计算公式如下:

固定总价合同内已完工部分的工程造价 = 固定总价 × (已完工程的价格 / 整个工程的价格)

2) 变更部分

该部分采用全面计算法和现场踏勘相结合的鉴定方法,参照《最高人民法院关于审理建设工程施工合同纠纷案件适用法律问题的解释(一)》(法释〔2020〕25号)第十九条和《某市高级人民法院关于建设工程造价鉴定若干问题的解答》(某高法〔2016〕260号)第十一条的计价方式。

鉴定范围:包括"合同图纸"与"施工图纸"间的差异部分、变更资料、双方当事人确认的"工程量确认单"。

工程量的鉴定：按2018年某市相关计价定额的工程量计量规则计算。

工程造价的鉴定：按2018年某市相关计价定额及某市建设工程造价信息（2020年8月份）计算。

3）合同外增加工程

该部分采用全面计算法和现场踏勘相结合的鉴定方法，参照《最高人民法院关于审理建设工程施工合同纠纷案件适用法律问题的解释（一）》（法释〔2020〕25号）第19条和《某市高级人民法院关于建设工程造价鉴定若干问题的解答》（某高法〔2016〕260号）第11条的计价方式。

工程范围：双方当事人通过相关资料确认的合同外增加工程。

工程量的鉴定：按2018年某市相关计价定额的计量规则计算。

工程造价的鉴定：按2018年某市相关计价定额及某市建设工程造价信息（2020年8月份）计算。

上述三部分的鉴定方法对比见表3。

表3 鉴定方法对比表

序号	固定总价合同内已施工部分	变更部分	合同外增加工程
工程范围	① 施工合同、补充协议、施工说明中约定的承包范围对应"合同图纸"及相关资料的具体工程内容； ② "合同图纸"不完善的项目按"施工图纸"或其他相关资料	① "合同图纸"与"施工图纸"间的差异部分； ② 变更资料的内容； ③ 双方当事人确认的"工程量确认单"	双方当事人通过相关资料确认的合同外增加工程
工程量的鉴定	按2018年某市相关计价定额的计量规则分别计算出已完工程和整个工程的工程量	按2018年某市相关计价定额的计量规则计算	
工程造价的鉴定	① 按2018年某市相关计价定额及某市建设工程造价信息（2020年8月份）分别计算出对应的价格； ② 固定总价合同内已完工部分的工程造价 = 固定总价 ×（已完工程的价格 / 整个工程的价格）	按2018年某市相关计价定额及《某市建设工程造价信息》（2020年8月份）计算	

4. 鉴定意见

（1）在实施了上述鉴定程序和方法后，形成确定性意见如下：

某市某化工项目已完成（已施工）的工程造价为46721972.61元，详见表4。

表4 鉴定造价汇总表

序号	项目名称	鉴定造价（元）	备注
1	合同范围内已完工造价	45998271.19	完工比例57.50%
2	变更已完工造价	1078186.42	—
3	合同外增加工程已完工造价	1645515.00	—
4	合同约定变更、新增扣减	−2000000.00	
合计	—	46721972.61	—

（2）在实施了上述鉴定程序和方法后，形成如下选择性意见，供法院选择使用。根据测算增加安全文明施工费（含临时设施费）174812.00元。

（3）对于被告认为的"争议事项"，而鉴定人认为根据合同约定不应计算的内容，在与委托人沟通后，按被告的诉求进行了单列。具体内容如表5。

表5　争议事项列表

序号	事项名称	工程造价（元）
1	桩基工程量偏差	7608417.85
2	土石方工程量偏差	2799951.20
3	超前钻探及桩基检测费用	4364462.56
	合计	14772831.61

注：以上三项数据均系被告在提交鉴定资料和回复鉴定意见（征求意见）提出的，非鉴定金额或数据。

5. 鉴定分析重点

1）合理划分工程范围，准确适用鉴定计价原则和方法

本案涉及已完工程有原合同范围内的工程内容，有"合同图纸"与"施工图纸"之间的差异，有工程量偏差，还有原告指令增加的工程内容以及其他原因发生的工程量变化。根据合同的风险分配和工程造价理论，应当分别采用不同的计价方法。但本案施工合同对合同价款调整、变更和新增工程的计价方法均未作出明确的约定。

根据相关文件和技术标准的要求，委托人认定合同有效的，鉴定人应根据合同约定进行鉴定；合同对计价依据、计价方法没有约定的，鉴定人可向委托人提出"参照鉴定项目所在地同时期适用的计价依据、计价方法和签约时的市场价格信息进行鉴定"的建议，鉴定人应按照委托人的决定进行鉴定。

结合上述案情和相关规定，鉴定人仔细推敲各种工程范围适用的计价原则和方法。最终决定分为三个部分，一是固定总价合同内已施工部分，二是变更部分，三是合同外增加工程，具体工程范围划分详见表3。这种划分方法，既维护了双方的合法权益和合同的严肃性，又保证了鉴定意见的客观性和公正性。

2）仔细甄别，合理选用造价鉴定方式

对于本案可采用的两种鉴定方式，《建设工程造价鉴定规范》（GB/T 51262—2017）第5.10.7条和《某市高级人民法院关于建设工程造价鉴定若干问题的解答》（某高法〔2016〕260号）第11条的鉴定方式，看似都适用于固定总价合同的未完工程，被告在鉴定过程中也极力主张按《建设工程造价鉴定规范》（GB/T 51262—2017）的方式进行鉴定。

通过鉴定人的仔细甄别，发现该造价鉴定规范提出的鉴定方式，是以委托人认定合同已解除并确定了违约责任方为前提。事实上本项目鉴定时双方合同并未解除，且法院也尚未判定违约责任方，因此本项目鉴定不适用《建设工程造价鉴定规范》（GB/T 51262—2017）的鉴定方法。

最终，鉴定人参照《某市高级人民法院关于建设工程造价鉴定若干问题的解答》（某高法〔2016〕260号）第11条、司法鉴定技术规范《建设工程司法鉴定程序规范》（SF/Z JD0500001—

2014）第 7.1.11 条的条文说明的鉴定方式，并参考了最高人民法院《新建设工程施工合同司法解释（一）理解与适用》一书中有关"固定总价鉴定方法"的意见，确定使用实际完工百分比法确鉴定合同范围内已施工的工程造价。

实际完工百分比法更能客观反映原总价合同内已施工的工程造价，兼顾了合同双方的真实意思和实际完工比例，更彰显造价鉴定的客观性。

3）合理考虑安全文明施工的"进度超前"

在鉴定原总价合同内已施工的工程造价时安全文明施工费（含临时设施）已同比例计入。鉴定人考虑到被告在前期准备及施工时，可能会发生部分安全文明施工费是用于拟建整个工程，但没有相应资料无法鉴定准确金额。出于公平和客观的角度，鉴定人根据专业经验，按合同固定总价中未完部分安全文明施工费的 20% 估算约 174812.00 元，作为选择性意见，供法院参考使用。

4）土石方工程增加费用、桩基超深费用的鉴定

在委托人和双方当事人都认为合同有效的前提下，根据合同约定"乙方充分研究了地勘报告，并进行了实地勘察核实，已清楚认识了地块现状，若工程报价单中的挖方量、填方量、旋挖成孔灌注桩工作量与实际施工时出现偏差，由乙方负责，且不再追加费用""不受材料市场价格涨跌及其他风险（包括但不限于土石方开挖、混凝土浇筑、塌方等所有风险）而增减合同价款"的规定，合同条款明确约定上述费用应当由被告承担。因此，鉴定人未计算土石方工程增加费用和桩基超深费用。

5）超前钻探费用、桩基检测费用的鉴定

在委托人和双方当事人都认为合同有效的前提下，根据合同约定"本工程一切与施工建设及验收有关的检测、检验等，应由乙方负责办理，费用由乙方承担"的规定，合同条款明确约定上述费用应当由被告承担。因此，鉴定人未计算超前钻探费用和桩基检测费用。

6）撤场费

鉴定委托书的委托事项为涉案项目已完成部分（已施工部分）的工程造价进行司法鉴定，被告提出的撤场费用，不在本次鉴定范围内，因此，不在鉴定意见书中体现。

7）现场踏勘应对策略

委托人要求鉴定机构在承接项目 5 日内完成现场踏勘，并明确告知，发包人已安排重新招标的施工单位进场施工，要求鉴定人一次性完成现场勘验。鉴定人员围绕"最大限度调解各方当事人争议"为初衷，本着"客观、公平、合理查清事实"的原则。克服了劳务工人围追堵截、多次中断踏勘进度、滞留会议室，无法完善签字流程等困难。通过照片、视频、文字等形式准确记录，并与当事人进行有效的沟通和交流，还原已完工程界面。最终，鉴定人员凭借过硬的专业素养、良好的沟通技巧顺利完成现场踏勘工作，形成了对后期鉴定工作至关重要的现场勘察记录。

（三）案件当事人对工程造价司法鉴定意见异议问题及鉴定回复

（1）被告提出图纸变更导致增加项目部分，应参照报价材料中的单价乘以 90.9%（合同签约总价 8000 万元，承包人第一次报价 8800 万元），根据承包人实际工程量计算工程款。

鉴定人回复：本项目资金来源为发包人自筹，不属于大型基础设施、公用事业等关系社会公

共利益、公众安全的项目，并非国家规定的必须招标的情形，实际项目也是通过双方洽谈的形式商议合同实质性内容，施工合同及补充协议中并无变更和新增项目造价下浮的相关约定。鉴定人员依据《最高人民法院关于审理建设工程施工合同纠纷案件适用法律问题的解释（一）》（法释〔2020〕25号）计算变更和新增项目工程造价，遵循合同约定。

（2）承包人提出由于发包人原因，承包人发生清单外2799951.20元土石方转场费用，但发包人未予以签证，对此项争议，鉴定机构未体现在意见书中。

鉴定人回复：依据施工合同补充协议第七项第3条内容"乙方充分研究了地勘报告，并进行了实地勘察核实，已清楚认识了地块现状，若工程报价单中的挖方量、填方量、旋挖桩工作量与实际施工时出现偏差，由乙方负责，且不再追加费用"，明确表示承包人清楚现场地形地貌，实际施工时出现偏差，应视为承包人应承担的风险，不再追加费用。

（3）承包人提出：超前钻及桩基检测费用4364462.56元未鉴定，承包人发生该费用是确定的、有充足依据的，对于该项费用的最终承担方有争议，鉴定人应根据相应资料将该费用列为选择性意见供委托人参考。

鉴定人回复：不是未鉴定，而是依据施工合同补充协议第十五项"本工程一切与施工建设及验收有关的检测、检验等，应由乙方负责办理，费用由乙方承担"的约定内容，合同范围内旋挖成孔灌注桩的超前钻及桩基检测费用已综合考虑到合同总价中。

四、出庭作证情况

正式鉴定意见书出具后，法院组织了开庭质证，本案两名鉴定人和两名鉴定辅助人出庭作证。鉴定人就双方当事人对鉴定报告所提出的问题进行了回复，对于在庭上无法直接回答和需要查询计算底稿的问题，鉴定人提出庭后书面回复，得到了法庭的允许。开庭一周后鉴定人将书面回复邮寄给法院，在随后的一段时间里，在电话中回复了法院对鉴定报告的相关问题。

在判决结果中，法院基本采信了我公司的鉴定意见，考虑项目的各种情况，法院判决中，一是对合同约定变更、新增扣减金额200万元按完工比例进行了折算，二是超前钻探和桩基检测费用，按被告自述的桩基实际米数对应其负担的费用按比例进行了分摊。具体判决结果见表6。

表6 判决结果汇总表

序号	项目名称	鉴定造价（元）	备注
1	合同范围内已完工造价	45998271.19	完工比例57.50%
2	变更已完工造价	1078186.42	
3	合同外增加工程已完工造价	1645515.00	
4	合同约定变更、新增扣减	-1150000.00	按完工比例57.50%
5	增加安全文明施工费	174812.00	
6	超前钻探和桩基检测费用分摊	232372.99	按被告负担比例分摊
	合计	47979157.60	

五、心得体会

（1）鉴定前一定要制定好详细可行的鉴定方案，并经批准后实施。鉴定方案是指导整个鉴定的纲领性文件，在收到鉴定委托书及鉴定材料后，要认真熟悉研究分析，了解案情，编制完整的鉴定方案，内容包括梳理案件基本情况、项目争议焦点，项目组成员分工，鉴定方法，注意事项等。本项目在未竣工情况下解除施工合同及补充协议，双方当事人积怨较深，对完工界面无法达成一致，现场勘查显得尤为重要，鉴定人根据图纸、签证以及变更资料，现场确认承包方施工的部位是工程造价鉴定的工作重点，将成为重要的计算依据，直接影响鉴定意见。应由委托人组织现场勘查，在委托人、鉴定机构、原告、被告四方见证的情况下，拍摄和录制现场影像资料，详细记录施工部位、现场状态。如预留预埋、隐蔽工程等现场无法勘验的施工内容，应采用询问等方式进行记录。

（2）固定总价合同已完工程造价鉴定采用正确的鉴定方法至关重要。鉴定方法的确定对鉴定人的专业要求较高，不仅仅是造价本身专业能力要求高，还需要对《建设工程造价鉴定规范》（GB/T 51262—2017）、《最高人民法院关于审理建设工程施工合同纠纷案件适合法律问题的解释》（法释〔2004〕14号）、《最高人民法院关于审理建设工程施工合同纠纷案件适用法律问题的解释一》（法释〔2020〕25号）等要有深刻的理解并能熟练准确地运用，积极与委托人沟通，精准定位鉴定机构的角色，避免"以鉴代审"，公正不带倾向性地帮助委托人测算、确定、鉴定工程造价。

（3）本次鉴定体现出造价人员要深入施工现场的重要性，作为合格的鉴定专业人员，应熟悉施工操作规程和技术标准，根据设计、施工图等有关技术资料，熟悉工程拟定的施工方法、施工顺序、作业组织形式、机械设备选型、技术组织措施等。施工组织设计和施工方案对工程成本支出影响很大，这就要求专业人员更加认真对待，做到"多看、多问、多思考"。"多看"就要多看工程的施工组织方案、施工工艺流程、现场的实际情况等；"多问"就是对于工程造价预算中不常遇到的较边缘的工程问题，或是对自己经验不充分的问题不匆忙作定论，要向现场的施工管理人员进行多咨询，了解分析清楚后再确定造价依据；"多思考"，定额仍是目前建筑市场确定造价的主要依据，但也应客观地认识到定额不可能囊括全部市场。由于新工艺、新材料的不断涌现，工程现场的特殊情况及实际施工工艺与定额子目中的不符合之处，都使得定额子目缺项。新单价的测算成为目前造价中不可避免的工作，这都需要造价人员认真地根据现场施工工艺编制补充子目，做到依据事实出具公平合理的造价成果文件。

（4）鉴定人员要善于总结。得失的总结是成长的一个过程，对企业来说，通过总结过去，可以完善管理制度、优化管理流程，帮助组织内部建立知识网络，但造价人员往往缺失的就是对原来经验和不足的梳理和总结。项目上都不愿意暴露问题，等问题不得不揭开的时候，已经无能为力了；一个项目完工，没有总结，没有复盘，或者总结和复盘说客观问题的多，说主观问题的少，项目遇到的一些坑，等下一个项目实施的时候还会遇到，并且坑会越来越深。比如本案涉及到的未竣工项目安全文明施工费（包括临时设施费）计算的问题，就是鉴定人员分析研判以往项目在不同施工阶段的已施工项目建筑面积与安全文明施工费用，鉴定出本项目安全文明施工费，供委托人参考，如果没有前期总结记录，本次鉴定将难以圆满完成。造价人员要把遇到的、想到的、听到的、看到的及时记录下来，再根据自己的经验和理解去及时进行总结，通过一个个项目的不断积累，逐渐形成庞大的知识系统。总结沉淀久了，会形成管理思路，会建立知识体系，以后不管是做全过程工程咨询项目，还是做工程造价司法鉴定项目，定会受益匪浅。

专家点评

　　本案例为化工项目土建工程，单体工程较多，承发包双方未经过招投标程序直接协商签订承包合同，且合同价为包干总价，在施工过程中，发包方以拖延工期为由与承包方解除合同。发包方和承包方分别向法院提起诉讼和反诉，分别要求支付违约金和工程款。

　　本案例对案情、造价鉴定工作范围、争议焦点、工作难点、鉴定方法、鉴定过程和结果进行了非常明确的阐述。本案例项目的特点是未完工程，且合同价为包干总价，造价鉴定工作具有代表性，其鉴定方法和鉴定过程值得借鉴。

　　从合同履行的实际角度出发，将工程范围合理地划分为三个部分，分别适用不同的计价方法，与合同约定和计价原理相适应，为后续的鉴定工作的展开奠定了良好的基础。正是基于工程范围的合理划分，使鉴定方法更加清晰、合理。

　　对于包干价合同产生的争议，造价鉴定方法的选择极为重要。本案例开始造价鉴定时，委托人并没有明确合同的违约方，因此，如果按照《建设工程造价鉴定规范》（GB/T 51262—2017）第 5.10.7 合同解除争议的鉴定条款规定鉴定已完造价依据不足且会造成更大的争议。鉴定人员经过分析，采用了更合理的比例法确定已完工程造价，使得鉴定工作更加顺利。

　　对于未完工程中，按项计价的措施费用的鉴定也是工程造价鉴定工作的难点之一。其计算方法要根据现场实施情况，合同价的明细组成综合考虑计算。本案例综合考虑了施工进度、现场措施项目完成的内容以及已完工程的比例确定了未完工程中临时设施费用的金额。

　　另外，在现场勘验质量要求高、时间紧张的情况下，鉴定人通过合理的工作组织，克服了各种不利条件，恪守职业道德，最终高质量高效地完成了勘验工作，可供类似案例参考。

　　案例还总结了本项目鉴定工作的心得体会。看似简单的鉴定过程，其实造价人员是付出了艰苦努力，包括方案的确定、现场勘查、沟通协调、出庭质证等等，其目的也是为了鉴定结论的公平、合理、客观。

北京天宏九丰工程造价咨询有限公司　白凤英

对某旅游综合体项目工期争议司法鉴定

——华益工程顾问有限公司

林宗开　马伶俐　杨焕帮　杜波

一、案情简介

某房地产公司（原告）与某装饰公司（被告）双方签署《游客中心精装修工程合同》《美食广场精装修工程合同》和《度假酒店精装修工程合同》，原告将游客中心、美食广场、度假酒店精装修工程承包给被告。履约过程签订《游客中心补充协议》（以下简称《补充协议》），新增冬季游客中心室外走廊装修，装修面积约1300m²，具体包含地面石材铺贴、灯具安装等。

期间双方产生纠纷，原告向法院提起诉讼要求被告支付逾期违约金，其中《游客中心精装修工程合同》《美食广场精装修工程合同》和《度假酒店精装修工程合同》分别为200万元，合计600万元。被告则向法院申请对其施工的游客中心、美食广场、度假酒店项目中增加工程量的部分所需工期进行鉴定。

工程现状：已验收并移交使用。

华益工程顾问有限公司（以下简称鉴定机构）受某法院（以下简称法院）委托，对游客中心、美食广场、度假酒店项目中增加工程量的部分所需工期进行鉴定（工程质量及造价等鉴定工作，由法院另案委托其他鉴定机构）。

二、案件争议焦点和工期争议鉴定难点

（一）案件争议焦点

1. 原告主张

（1）判令被告向原告支付工期延误的违约金暂计200万元（暂计至2019年8月13日约920万元，原告暂主张200万元）。

（2）判令被告承担案涉工程的整改、修复费用暂计100万元（具体数额以鉴定结论为准）。

（3）本案诉讼费、鉴定费由被告承担。

2. 被告主张

案涉工程虽超出合同约定时间，但与被告无关，系原告所致，具体如下。

（1）施工过程中原告增加了很多施工内容，如下。

《游客中心精装修工程合同》约定：合同金额9050000元，装饰施工面积3320m²，工期为2018年7月15日至2018年10月13日；同时原、被告双方又就室外走廊装修签署了《游客中心补充协议》，新增施工项目面积为1300m²，价格为1520000元；另外，被告又完成了原告发出的25份工作联系单所增加施工项目。

美食广场：被告又完成了原告发出的8份工作联系单所增加施工项目。

度假酒店：被告还完成了原告发出的27份工作联系单所增加施工项目（其中包含实际施工面积增加639m²）。

（2）被告在实际施工中，时常出现施工条件不具备，致被告无法施工的情形。

（3）原告严重拖欠工程进度款。

（4）原告就案涉工程所主张整改及修复费用缺乏事实基础，没有法律依据。

综上，案件争议焦点为案涉工程延长工期及对应责任的争议（此处略去其他与本案委托内容无关的案件争议焦点）。

（二）案件工期争议鉴定难点

（1）本案系同一个委托鉴定项目，同一个发包方和同一个精装修施工方的关系下，同一个年度及同一个小岛区域的3个精装修工程施工合同，存在统筹施工关联性等，既不可忽略同时间空间环境下可调剂、兼顾及互补等一切主动减少停窝工损失（含工期）等错综复杂的因素，更不可简易叠加所需工期。

（2）除了依据下述案例提及实操鉴定路径与办法，本案运用全专业、全维度和全周期等综合思维考量影响工期的各种条件，将案涉三个项目融合陈述。

（3）案涉项目均为零星增加工程，缺失各专项施工方案，难以运用完整的网络图进行相关工期的分析。

案涉3个项目搭接与交错施工产生的鉴定难点，摘选度假酒店工程原、被告双方主张举例如下。

1. 原告主张

（1）判令被告向原告支付工期延误的违约金暂计200万元（暂计至2019年8月13日约920万元，原告暂主张200万元）。

（2）判令被告承担涉案工程的整改、修复费用暂计100万元（具体数额以鉴定结论为准）。

（3）本案诉讼费、鉴定费由被告承担。

摘录其中部分：证据一《中标通知书》、证据二《度假酒店精装修工程合同》证明，①本合同按装饰面积进行综合包干（含税），合同价即结算价，除经原告认可确认的设计变更外其余均无需调整。②本案尚未超过质保期，且存在质量问题，质保金不应支付。③涉案工程约定工期为114天，因被告原因不能按照协议约定的竣工日期或工程同意顺延的工期竣工，原告有权按照合同总价，每逾期一天按合同暂定总价款千分之三进行罚款。④双方对工程质量有争议，由双方同意的工程质量检测机构鉴定，所需费用及因此造成的损失，由责任方承担。

证据三《工程罚款通知单》、证据四《工作联系单》证明：①被告施工过程中多次违反合同约定，原告多次向被告发函要求整改修复，但被告拒不修复。②因被告违反合同约定产生的相关罚款，应从工程款中予以扣除。

证据五《承诺书》、证据六《院子精装修质量问题汇总单》证明：被告施工工程存在严重质量问题及工程逾期，相关维修费用及违约金应由被告承担。

2. 被告主张

在案涉度假酒店工程实际施工中，实际施工量已经远超过合同约定的工程量。根据主合同2.1约定：合同价即是结算价，如发生签证变更，合同内有价格的按合同价执行，合同内没有的报价内容按海南省行政主管部门提供的造价信息或某市市场价双方协商处理。合同为总价包干合同，除经原告认可确认的设计变更外其余均不作调整，然而在施工过程中，实际施工面积增加至 5200m²，还有应原告要求的 27 份工作联系单所增加施工项目。针对上述内容，被告一方面已向法院在被告诉原告主张工程款案件中［案号：（2021）琼 0271 民初 1007 号］申请工程造价鉴定，另也在本案中向法院申请就工程量增加部分所需的工期鉴定，故案涉工程虽超期但与被告无关。

被告在实际施工中，时常出现施工条件不具备的情况，致被告无法施工。①依据 2018 年 6 月 7 日形成的《工作联系单》（编号 002）被告向原告以工作联系单的形式告知项目因土建、空调、消防、机电等存有严重施工滞后问题，导致被告无法开展大面积施工；及存有大量石材、木饰面、玻璃、不锈钢等甲供材料无法及时到位且需要现场加工严重影响工期。②依据《工作联系单》（编号 003）被告告知原告需及时处理弱电、排气扇、卫生间马桶处墙体开裂、脚手架拆除及客房区分面材料变更致基层方案迟迟未确定等问题。③工程量增加的《工作联系单》（编号 005）出具时间为 2018 年 8 月 9 日，因全日制餐厅顶面完成面标高变更，与原告沟通因施工面积增加。④《工作联系单》（编号 023），出具时间为 2019 年 4 月 11 日；项目已保洁完成处于待交付状态，因客房台盆品质问题是厂家问题，被告应原告要求更换，并同意该增加部分的工程量。

原告严重拖欠工程进度款。依据 2018 年 12 月 18 日《工程联系单》（编号 016）：被告实际完成合同范围内的工程量已达 80%，原告进度款支付比例为 37.12%，及 2018 年 12 月 31 日再次向原告催促进度款。综上，案涉工程虽超期，但主要因为上述三方面而导致，且该三方面均非被告导致，故原告主张违约金的诉请不应成立。

上述摘录自庭审笔录关于度假酒店工程的部分内容，游客中心、美食广场的工程情况基本类似，略。

综上，原告主张被告责任：质量问题且整改修复不及时不到位、管理不当、劳动力不足。被告主张原告责任：补充协议增加合同外工作内容、增加合同外工作、未按期支付工程进度款、未及时提供工作面、甲供材品质问题或未及时供应，三个合同工期关系图详见图 1 和图 2。

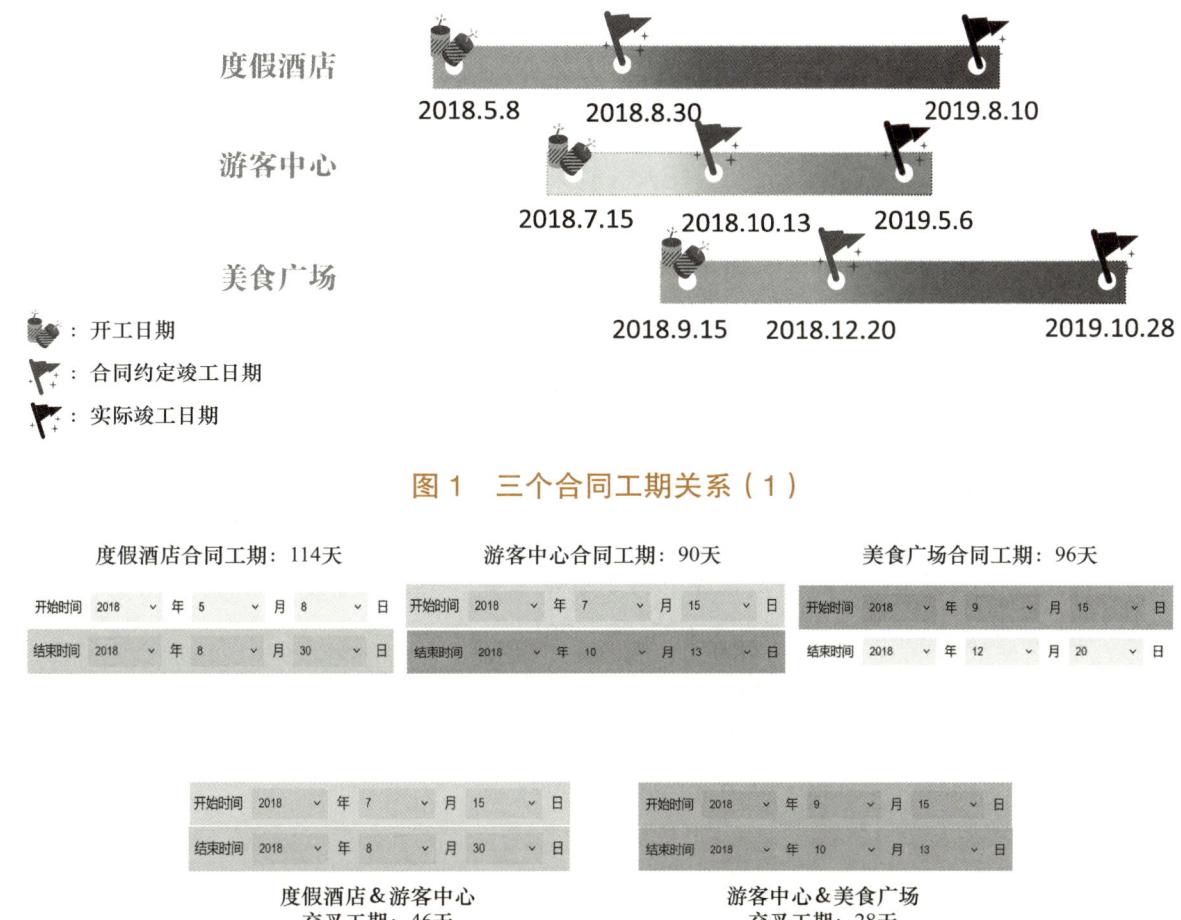

图1 三个合同工期关系（1）

图2 三个合同工期关系（2）

三、鉴定情况

（一）司法鉴定委托人提供鉴定材料内容

（1）合同文件：法院委托鉴定书、主合同及补充协议及履约过程相关往来函件，包含但不限于与工期有关的文件如竣工图、工程签证和工程联系单等。

（2）诉讼相关其他文件：工期鉴定申请书、庭审笔录、相关证据质证笔录及经质证的相关证据材料等。

（二）工期争议司法鉴定情况

1. 鉴定过程

2022年09月26日，鉴定机构收到法院送达的委托鉴定书。

2022年09月30日，鉴定机构向法院报送了关于工程造价鉴定机构执业资质状况及指派鉴定人员报告、鉴定收费报告、提请补充证据函等文件。

2022年10月18日，鉴定机构收到当事人缴纳的鉴定费。

2023 年 02 月 20 日，鉴定机构收到委托人法院第一次移交的补充鉴定材料。

2023 年 03 月 24 日，鉴定机构依法进行现场勘查并形成记录。

2023 年 03 月 29 日，鉴定机构第二次向法院提请补充鉴定材料的函。

2023 年 06 月 02 日，鉴定机构收到委托人法院第二次移交补充鉴定材料。

2023 年 06 月 30 日，鉴定机构向法院出具《工期鉴定意见书》（征求意见稿）。

2023 年 07 月 21 日，鉴定机构收到法院移交当事人对征求意见稿的回复意见。

2023 年 07 月 27 日，鉴定机构向法院出具《对当事人提出异议的复函》。

2023 年 07 月 27 日，鉴定机构出具《工期鉴定意见书》（正稿）。

2. 鉴定依据

（1）本案的《司法鉴定委托书》及相关送鉴材料。

（2）《中华人民共和国民法典》。

（3）《最高人民法院关于民事诉讼证据的若干规定》等其他相关政策文件。

（4）《建设工程造价鉴定规程》（CECA/GC 8—2012）。

（5）《建设工程造价鉴定规范》（GB/T 51262—2017）。

（6）《建设工程项目管理规范》（GB/T 50326—2017）。

（7）《建筑施工组织设计规范》（GB/T 50502—2009）

（8）《工程网络计划技术规程》（JGJ/T 121—2015）。

3. 鉴定方法

在司法鉴定实践中，对于工期索赔的计算方法经常存在争议。我国主要有直接法和比例法两种。在法院判决中直接法使用比较多，主要通过查阅协议、监理日记、工程联系单、会议纪要等施工过程资料记载的内容确定补偿天数，一般容易得到双方的认可。而比例法常用于鉴定单位对工期延误的计算，其采用新增工程费用占施工合同总价的比例或者新增工程量与原计划工程量的比例类推工期应占的比例。在国外，常用的工期延误计算方法主要有网络分析法以及关键路径法，该两种方法计算相对比较准确，但前者需详细的进程记录以及原始网络计划，后者需详细的同期记录并定期更新网络计划。

鉴于案涉项目资料不完整，以上通常做法并不完全适用。经鉴定机构综合分析，根据经质证的送鉴材料，如合同开竣工日期、实际竣工验收时间、每份签证签发时间及关联往来函件中涉及的时间节点、每份签证发生时可同期穿插施工情况、工作面情况、施工难易程度等各相关因素，结合现场勘察情况，沿着案涉三个项目开竣工时间轴拆解分析与推进，并参考标准施工工艺等装修工程施工可能涉及的综合因素，三位鉴定人员根据各自的专业经验背靠背匹配实际所需增加的工期，再综合各鉴定人员意见，形成最终匹配工期。具体过程如下。

1）排除法

首先采取套用国家颁布的工期定额进行测算法，其次采用套用海南省相关定额计取对应人工消耗量的方法，最后运用模拟流水式排班作业法，此三种方法均因无法对案涉项目中增加工程量的部分所需工期进行合理合法鉴定而被排除。

2）拆解分析法

鉴定机构为清晰明了，对案涉三个项目的共性问题、差异问题、逻辑问题以及勾稽关系等进行拆解分析，如表 1 所示。

表 1 原告与被告签订的案涉项目三个合同

案涉项目	主合同约定					补充协议			备注
	签约日期	开工时间	竣工时间	合同工期（日历天）	主要工程内容	签约日期	增加工期	主要工程内容	
游客中心	2018年	2018年7月15日	2018年10月13日	90	1. 包括不限于招标图纸上的墙地砖铺砖、天花吊顶、涂料、防水、墙面隔断、衣柜、储物柜、水电安装、场地保洁、垃圾清理（运送至甲方在XD指定地点）、成品保护、背景墙施工等。2. 以甲方确认的施工图纸为准。具体包括精装修工程所需的施工、材料及设备的供应（由甲方负责供应的物料除外）、加工制作、安装、实验、测试直至竣工验收交付使用和日后本工程所需的服务及维修保养等全部内容，以及图纸未明确的隐含工程、成品保护、清洁等；包工包料（甲供部分除外）、包安全、包质量、包工期、包环保评估和包验收。3. 承包人须全面负责工程承包合同范围内的全部工程内容，并对本工程合同范围内的工期、质量及成本承担责任，以及履行合同规定的其他义务	无	有，但未填写具体日期	新增冬季游客中心室外走廊装修，装修面积约1300m²，具体包括：地面石材铺贴、灯具安装等	具体开工日期以开工令为准
美食广场	2018年	2018年9月15日	2018年12月20日	96		无	无	无	
度假酒店	2018年	2018年5月8日	2018年8月30日	114		无	无	无	

3）扣题聚焦法

基于本案委托鉴定书明确委托鉴定机构对增加工程量的部分所需工期进行鉴定，结合上述统筹、拆解与分析，进一步采取扣题聚焦法，即仅考虑被告接到该增加工程后常规的组织备料时间，未考虑案涉项目前期相关手续、资金支付情况、甲供材与工作面移交情况、平行专业分包是否如期进场等委托内容以外的因素。

为了达到扣题聚焦效果，将案涉项目每个合同所增加工程相关信息摘录梳理如表2所示。

案例1，依据送鉴材料，从合约及法律逻辑着手进行工期鉴定。

关于吊顶钢架转换层的施工，被告诉求"根据客房的三层、餐厅、书吧、接待台位置吊顶钢架转换层的工作内容，现我司向贵司上报工程签证单，请贵司及时确认批复"注明：①本签证事由中的"贵司"为原告，"我司"为（被告）；②本签证仅被告签名盖章，监理及原告均未签名盖章。

鉴于该合同协议条款约定"第三条工程承包范围及装修标准2.2包括了图纸未明确的隐含工程"，以及合同条款第一条词语定义及合同文件的第9点承包人工作第（3）条"承包人已经对施工场地进行勘验，对工程施工现场的现状以及一切影响投标价格的其他因素有了全面和充分的了解，包括在施工期间可能发生的扰民或民扰事件，确认以现状接受施工场地，费用已含在合同总价中，故承包人以不清楚施工现场情况提出额外索赔或延长竣工期限的要求不获考虑"的规定。

综合上述合同约定，该签证不予考虑增加工期。

案例2，运用时间轴对某签证增加工程量的部分所需工期进行鉴定。

（1）工作内容：一层A区档口1至档口6，一层B区明档及酒水吧，二层A区中餐、西餐及服务台，二层B区服务台厨房厂家二次深化施工区域的布管布线工作（电气部分）。

（2）附件（上报）工程量。

配管部分：PVC-32管900.1m、管内配线（WDZ-BYJ-16）1000m和开凿（50×50）490.5m等；接线盒284个、开关安装6个、插座安装162个；各种灯具350套；动力配电箱安装：1F（X01-X08，2EX1）、2E（X08，X09，010，X04.EX1）动力箱共14套；风机控制箱安装：共13套。

（3）做法为按变更图纸施工。

（4）联系单签发时间为2018年12月19日。

（5）签证上报时间为2018年12月19日。

（6）匹配工期思路。

① 常规的施工组织安排：与合同内施工内容穿插施工，不考虑图纸深化及等待时间；

② 本签证实施时间：根据送鉴材料显示，该签证发生在合同约定完工日期之前；

③ 本签证同期的其他工作：按合同内容实施中；

④ 是否可以穿插施工等：可以。

（7）匹配增加工期（日历天）：鉴定人员综合以上因素，分别鉴定匹配增加工期，鉴定人员A为7天、鉴定人员B为10天、鉴定人员C为15天。

表2 案涉项目每个合同所增加工程相关信息摘录

序号	签证编号	签证内容	涉及工程量	分析过程	诉求增加工期	鉴定增加工期	合同约定开工日期	2018年					合同约定竣工日期			2019年			移交时间	《移交单》签署时间
							8月 26	9月 15	10月 10 15	11月 10 15	12月 1 8 15 19	20	1月 10 15	2月 3月 10	4月 5 17	4.23—5.2	5.2—10.20	10月 21	28
1	001	二层B区相关拆改施工	二层B区改造部位需拆除及后期恢复部分工程量收方单	二层设计规划做卫生间处的瓷砖地面拆除（含基层铲除，基层清理后涂刷界面剂）	5个月	15天													
2	002	新增美食广场外走道施工	没有工程量确认单，报价清单上有工程量	地面6天、踢脚线窗台板1天、吊顶6天、涂料5天、水电3天	5个月	21天													
3	003	二层A区吧台钢架基层拆除后重新焊接	二层A区西餐台原钢架拆除246.81m	二层A区西餐台原钢架拆除246.81m，拆1天，重做2天	10天	9天													
4	004	美食广场二层B区新增两膀活动屏风隔断	U型隔断屏风储存柜尺寸：长900mm×宽1000mm×高4000mm	U型隔断屏风储存柜：1.5天；储存柜尺寸：长900mm×宽1000mm×高4000mm；储存柜个数：2个	10天	5天													
5	005	一层A区档口1至档口6、一层B区明档及酒水吧，二层A区中餐、二层A区西餐及服务台	配管部分：PVC-32管为900.1m；PVC-25管为3326.6m	配管配线部分：4天；开凿（50mm×50mm）：4天；动力配电箱安装：2天	15天	10天													

续表

序号	签证编号	签证内容	涉及工程量	分析过程	诉求增加工期	鉴定增加工期	合同约定开工日期 2018年 8月26 / 9月15 / 10月10,15 / 11月15 / 12月1,8,15,19,20	合同约定竣工日期 / 2019年 1月10,15 / 2月3月 / 4月5,17 / 4.23—5.2 / 5.2—10.20	《移交单》移交时间/鉴署时间 10月21,28
6	006	一层A区档口1至档口6，一层B区明档及酒水吧，二层A区中餐、西餐及服务台，二层B区服务台	无工程量确认单，有费用明细	2天，工期叠加，不另行计算	2天	2天			
7	008	一层、二层B区火锅餐桌电源插座定位安装	配管部分：(PPC20管) 共计796.9m；局部地面开凿(30×30)共计32m	2天，工期叠加，不另行计算	2天	2天			
8	012	电气配管、配线部分已完成一层，二层电气施工。由于空调单位设备进场较晚		3天	10天	3天			
9	2019-079	关于XD美食一层工作间调整及配电间通道门洞，二层进厨房门		2天	2天	2天			
10	2019-102	关于XD美食20轴至16轴拆除事宜			0	0			

根据第三方鉴定整理应补工期：共计311天
第三方鉴定补工期：共计69天

说明：上方深蓝色为施工方诉求工期/下方黑色为第三方鉴定工期，工作交叉、叠加、工作量、工作互相影响，是否影响关键线路的工期只计算一次

关键词：关键线路，套价工日，工作交叉、叠加、工作量、工作互相影响，是否影响关键线路

（8）最终匹配增加工期：11 日历天。详见表 3 和图 3。

表 3 匹配增加工期

实际增加工期（日历天）集思广益背靠背、求同存异立中正				平均工期	签证发生时间	备注
鉴定人 A	鉴定人 B 方案 1	鉴定人 B 方案 2	鉴定人 C		该签证发生在合同工期最后 1 个月（2018 年 9 月 15 日—2018 年 12 月 20 日，共 96 日历天）	工作联系单中，建设单位项目部意见：按施工图纸立即施工，不能影响 DSD 的整体竣工日期
7 日历天	鉴定人 B 最终放弃方案 1	10 日历天	15 日历天（仅针对此签证中的水电部分，施工 5 日历天、配电箱等成套订货周期 10 日历天。不考虑深化等待时间）	11 日历天		

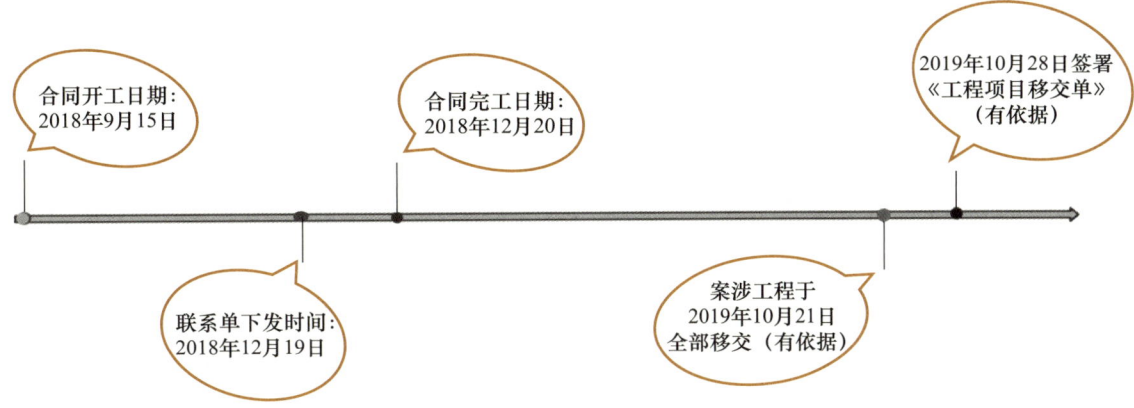

图 3 时间轴（为了精准匹配工期，每个增加工作分别制作一个时间轴）

4. 鉴定意见

鉴定机构针对送鉴的游客中心 24 份签证、度假酒店 26 份签证、美食广场 7 份签证和 2 份联系单，结合工程动态进展情况进行工期鉴定，对被告在案涉项目中增加工程量的部分所需工期鉴定结论为：美食广场 64 天，游客中心 42 天，度假酒店 54 天，假如法院或双方当事人对鉴定依据有所补充，鉴定机构将据实重新鉴定匹配工期。

（三）案件当事人对工期司法鉴定意见异议问题

本案当事人对鉴定机构出具的《工程鉴定报告》提出了异议，鉴定机构及时对当事人提出的异议逐一回复如下。

1. 针对原告对鉴定报告（征求意见稿）的反馈意见的回复

（1）原告意见 1：关于对工程项目工期延误的鉴定资质意见。

根据《建设工程司法鉴定程序规范》（SF/Z JD0500001—2014）的规定，建设工程造价（工期）争议鉴定具体类别分为：建设工程造价鉴定，建设工程工期鉴定，建设工程暂停施工、合同的终止、不可抗力相关事项鉴定，从贵司的营业执照中并未发现有"建设工程工期鉴定"的经营范围；没有工期鉴定资质的证明材料。

鉴定机构回复 1：《建设工程造价鉴定规范》（GB/T 51262—2017）规定的鉴定范围包含工期索赔争议的鉴定，鉴定机构按规定执业并无不妥。

（2）原告意见 2：关于超出执业权限所作出的鉴定意见是否有效的意见。

如中介公司未能提供有效的资质证明，我方则认为应根据《工程造价咨询企业管理办法》规定，超越经营及资质等多方面原因承接造价业务的，出具的工程造价成果文件无效。

鉴定机构回复 2：关于资质及经营范围的回复同上；法院依法委托，鉴定机构根据《建设工程造价鉴定规范》（GB/T 51262—2017）以及相关法律法规出具专业的鉴定意见，供法院判案参考。

（3）原告意见 3：关于对工程项目工期延误的鉴定方式的意见。

鉴定机构对于工期鉴定只按签证提交时间、采用常规施工组织安排人员按定额人工消耗量、不考虑当时施工情况、施工方案、施工日志、当时施工进度计划等简单推算增加工期明显是错误的，原因如下：

① 施工方收到通知在规定 48 小时内既不拒绝施工又没申请延长合同工期则视为认可，因此无故延长几个月才施工，拖延工期完全是施工方的责任，不能计算增加工日；

② 鉴定单位采用没通过甲方、乙方、监理三方共同确认工程量确认单来推算增加工期不合理，我方也不接受；

③ 我方认为工期是建立在施工进度计划基础上的，属于专业工程技术问题，建设工程工期是承包人依据工程技术规范及其施工经验编制的并经发包人批准的施工进度计划，按照特定的工艺流程和组织关系严格有序地完成全部分项工程所需要的期间，进度计划通常包括甘特图（横道图）、网络进度计划等，其中大中型工程建设项目一般采用网络进度计划（包括双代号网络图、单代号网络图、双代号时标网络图、单代号搭接网络图等）；

④ 因此，判断某个影响事件是否造成工期延误，需要专业工程技术知识，在施工进度计划中，一些分部分项工程处于关键线路上，构成关键工作，而另一些分部分项工程则处于非关键线路上，属于非关键工作，承包人完成进度计划中全部关键工作所需的时间即建设工程总工期，关键工作一旦受到某事件影响导致延误，必将造成总工期延误，而非关键工作只有在受到延误超过其总时差时才会导致总工期延误，但从中介提供的鉴定材料中并未见其材料；

⑤ 鉴定单位鉴定结论无施工日记做佐证，然后套用定额消耗量工日的方式十分不妥，首先实际用工是否有这么多，无从考证（无施工日记），其次套用定额消耗量更是离谱。

鉴定机构回复 3：鉴定结论不予调整，原因如下。

① 工期鉴定意见书中第五条第 4 点"本次鉴定工程工期的技术路线及方法"已明确，根据经质证的送鉴材料，如合同开竣工日期、实际竣工验收时间、每份签证签发时间及关联往来函件中涉及的时间节点、每份签证发生期间、同期可穿插施工情况、工作面情况、施工难易程度等各相关因素，结合现场勘察过程，绘制时间轴进行分析判断，参考标准施工工艺等可能涉及的综合因素，三位鉴定人员根据各自的专业经验背靠背匹配实际所需增加的工期，综合各鉴定人员意见，形成最终匹配工期；

② 工期延误的责任不在鉴定机构的鉴定范围，由法院进行判决；

③ 关于原告反馈"送鉴材料中没有甲方、监理、施工三方共同确认工程量确认单……"的法律效力由法院进行判断，鉴定机构仅根据送鉴材料、现场勘查记录按相关规定出具专业的鉴定意见，供法院判案时参考；

④ 鉴定机构非本项目全过程施工管理单位，鉴定机构严格依据《建设工程造价鉴定规范》（GB/T 51262—2017）以及相关法律法规出具专业的鉴定意见，按照上述回复3的鉴定路线和方法进行鉴定，供法院判案参考；

⑤ 在此次鉴定方法中，鉴定机构并未采信测算的定额消耗量。

（4）原告意见4：关于工期延误的时效性确定的意见：

①《中华人民共和国标准施工招标文件》（2007年版）中第四章第一节通用合同条款第23.1条规定，承包人应在知道或应当知道索赔事件发生后的28天内，向监理人递交索赔意向通知书，并说明发生索赔事件的事由，承包人未在前述的28天内发出索赔意向通知书的，丧失要求追加或延长工期的权利；

② 甲乙双方合同中也有明确规定，由于承包人及鉴定机构所提供的资料中并未发现有此类资料，故我方认为工期延误索赔的时效性已过，且工人用工数量没有证据证明，且无施工日记、工期索赔的资料作为佐证，则我方认为是无效的，不予认可。

鉴定机构回复4：鉴定结论不予调整，原因如下：

① 工期延误的时效性由法院进行判决，不在鉴定机构的鉴定范围；

② 鉴定机构受法院委托，针对游客中心24份签证、度假酒店26份签证、美食广场7份签证和2份联系单涉及工程内容，采取回复3的鉴定路线和方法，对案涉项目中增加工程量的部分所需工期进行鉴定并出具专业的鉴定意见，供法院判案参考。

2. 针对被告对鉴定报告（征求意见稿）的反馈意见的回复

（1）被告意见1：对某装饰工程有限公司在案涉"游客中心精装修工程"项目中增加工程量的部分所需工期进行鉴定的征求意见稿的书面意见：

① 针对本次鉴定工程工期的技术路线及方法，由贵院裁定，本代理人亦于庭审发表代理意见；

② 本次鉴定系"案涉工程增加工程量部分所需工期进行鉴定"，就本项目新增工程量部分包含两部分，其一为增加室外走廊装修面积为1300m²；另为24份工程签证，本鉴定就增加室外走廊装修面积1300m²的工程量并未鉴定所需工期，本代理人认为：原先双方约定的工期是主合同约定范围内工程量，就主合同外的新增工程量理应鉴定所需工期，所以恳请贵院要求鉴定机构针对室外走廊装修面积1300m²的工程量进行工期鉴定。

③ 针对24份工程签证单的书面意见以庭审答辩意见为准。

鉴定机构回复5：针对被告意见1，鉴定结论无需调整，原因如下：

① 未见相关庭审意见，无法回复。

② 原、被告双方订立的补充协议内容为"一、新增部分中第3、增加部分总工期为天，自2018年_月_日至2018年_月_日止，具体进场时间以甲方书面通知为准。二、本补充协议与

原合同有冲突时，本补充协议范围的工作内容以补充协议为准。本补充协议未载明部分，按原合同条款执行"，鉴定机构查阅主合同及补充协议，均未见上述增加工期的相关材料，不能以鉴代判。如后续有补充送鉴材料且法院判定应该对其增加工期进行鉴定的，鉴定机构将依据相关材料进行鉴定，供法院参考。

③ 未见相关庭审答辩意见，无法回复。

（2）被告意见2：对某装饰工程有限公司在案涉"度假酒店精装修工程"项目中增加工程量的部分所需工期进行鉴定的征求意见稿的书面意见：

① 针对本次鉴定工程工期的技术路线及方法，由贵院裁定，本代理人亦于庭审发表代理意见；

② 本次鉴定系"案涉工程增加工程量部分所需工期进行鉴定"，就本项目新增工程量部分包含两部分，其一为实际施工面积（5200.3m^2）远超约定的施工面积（4526.90m^2）；另为26份工程签证。本次鉴定就实际施工面积大于约定面积并未鉴定所需工期，即新增638.4m^2工程量所需的工期鉴定；

③ 针对26份工程签证单的书面意见以庭审答辩意见为准。

鉴定机构回复6：针对被告意见2，鉴定结论无需调整，原因如下。

① 未见相关庭审意见，无法回复；

② 鉴定机构通过竣工图与施工图对比得知，被告反馈增加施工面积已经体现在签证单025新增布草间、后厨、地下室及公区走道中，签证单025已经匹配增加工期15个工日；

③ 未见相关庭审答辩意见，无法回复。

（3）被告意见3：对某装饰工程有限公司在案涉"美食广场精装修工程"项目中增加工程量的部分所需工期进行鉴定的征求意见稿的书面意见。

① 针对本次鉴定工程工期的技术路线及方法，由贵院裁定，本代理人亦于庭审发表代理意见；

② 针对7份工程签证单的书面意见以庭审答辩意见为准。

鉴定机构回复7：针对被告意见3，鉴定结论无需调整，原因如下。

① 未见相关庭审意见，无法回复；

② 未见相关答辩意见，无法回复。

综上，鉴定机构受法院委托对案涉项目中增加工程量的部分所需工期进行鉴定并出具专业的鉴定意见（正稿），如后续再收到补充资料，鉴定机构将依据补充资料重新鉴定，供法院判案参考。

四、出庭作证情况

已判决，但过程未通知出庭。

五、心得体会

鉴于国内目前尚无工期争议司法鉴定的行业规范或标准流程，在当事人质疑造价咨询企业超出执业权限情况下，本鉴定机构依然坚定信心、依法依规做出鉴定且效果良好，特分享如下几点体会。

（1）在严重缺乏过程资料的情况下识别误区，排除工期定额测算、当地定额人工消耗量测算，并摒弃过度依赖理想化施工组织设计下的网络图模式。

（2）大胆运用全维度和全专业等思维模式，如开发建设管理思维、项目管理含监理、施工管理、工程成本结合现行法律法规、司法解释等顾问思维。如本案根据时间节点分为合同工期和合同工期届满至验收移交签收日期两阶段，现场勘察资料中显示被告认为签证单所增加内容不影响整体工期的，依据《最高人民法院关于民事诉讼证据的若干规定》（2019修正）第三条"在诉讼过程中，一方当事人陈述的于己不利的事实，或者对于己不利的事实明确表示承认的，另一方当事人无需举证证明。在证据交换、询问、调查过程中，或者在起诉状、答辩状、代理词等书面材料中，当事人明确承认于己不利的事实的，适用前款规定"的规定，故该签证无需延长工期。

（3）鉴定机构通过探索运用"扣题、聚焦、拆解及总结闭环"的鉴定路径具体如下：

① 案例1中关于吊顶钢架转换层的施工是否需要增加工期，需要合约及法律逻辑方面的综合考量。

② 案例2需要胆大心细，更需要丰富的工作阅历、全面的专业知识和综合的思维模式，加上精心且翔实的准备工作如勘察现场预案等，才能取得较好工期争议鉴定效果。

③ 鉴定机构回复5中补充协议未填写交付日期衍生出新的歧义，也涉及到工作面及关键节点达成情况、建设节奏关联成本以及资料完整合格、时效性、关联性等全维度思维。

④ 延展其他常规项目的工期争议司法鉴定，尚需同步考虑水文地质气象、不可抗力等自然条件以及履约过程诸多不确定因素。参建各方应主动综合考虑工艺、工序顺序和时间、根据施工组织的班组人员来确定可能交叉流水施工等情况，主动赶工并积极采用减少延误工期的一切综合措施，摒弃等靠要或者事后索赔等消极思维，否则将因纠纷升级至司法程序，最终两败俱伤。

专家点评

工期是否可以进行鉴定、如何进行鉴定一直是工程诉讼仲裁案件中的难点。不少法官或仲裁员认为工期不能以鉴定的方式进行处理，当然，也有一些案件进行了有益的尝试。

本案例就是一个典型的工期鉴定的案例。而且，本案例系同一个委托鉴定项目，同一个发包方和同一个精装修施工方的关系下，同一年度、在同一小岛区域的三个精装修工程施工合同零星增加工程所产生的搭接与交错施工，存在同时空环境下可调剂、兼顾及互补等一切主动减少停窝工损失（含工期）等错综复杂的因素，且缺失各专项施工方案，难以运用完整的网络图进行相关工期的分析，更不可简易叠加所需工期。

鉴于国内目前尚无工期争议司法鉴定的行业规范或标准流程，鉴定人排除传统工期鉴定方法，采用"扣题—聚焦—拆解—闭环"的方法，梳理出共性问题、差异问题、逻辑问题以及勾稽关系，同时通过详细梳理资料，沿着开竣工时间轴拆解分析与推演了三个合同工期关系图，形成鲜明对比，一目了然。

鉴定人既参考标准施工工艺等装修工程施工可能涉及的综合因素，又统筹考虑三个精装修施工合同之间的联动性，运用全专业全维度全周期的思维，兼顾及互补错综复杂的因素，将三个项目融合考量，并大胆创新根据鉴定人员的专业经验背靠背匹配实际所需增加的工期，形成最终匹配工期。

本案例最大的特点是在对案件相关事实进行充分了解之后，基于案件事实，充分尊重事实，以更加客观真实的方法进行工期鉴定，而不是过分借助所谓的工期方法或理论，过分借助实践中并不真实完整的进度计划去按照某种可能并不符合实际的模型进行工期分析，这种思维模式和经验很有分享价值。

北京大成律师事务所　蓝仑山

某工业厂房项目工程造价司法鉴定

——开元数智工程咨询集团有限公司

吴绍康 谭尊友 潘敏

一、案情简介

2020年8月，受某法院的委托，我司对某化工建工有限公司（承包人）与某纸业股份有限公司（发包人）《关于某造纸厂工程建设工程施工合同纠纷》一案（以下称本案）进行工程造价鉴定。项目开工日期为2016年5月26日，项目未经竣工验收发包人便已实际使用，双方商定的竣工日期为2017年9月7日。

因施工期间双方对商品混凝土价格计取合同约定的内容理解不一、材料价格异常涨价、挖孔桩塌方产生大量修复费用、对定额套项理解的差异、签证数据前后矛盾等原因，导致发承包双方对项目结算金额存在较大分歧，一直未达成一致意见，承包人遂起诉至法院，要求发包人支付某工业厂房建设项目剩余工程款。在诉讼过程中，发承包双方均向法院申请鉴定，发包人主张需扣除承包人未按照设计图纸施工的部分工程价款，承包人申请对整个工程价款进行鉴定。受托鉴定项目的工程价款按照承包人起诉主张的金额约1.07亿元。

二、案件争议焦点及造价鉴定难点

（一）案件争议焦点

接到此鉴定委托以后，我司对项目资料进行了全面的梳理及分析，通过承包人提交的结算编制报告、发包人提交的结算审核报告、质证意见及其他证据材料可以看出，除了发包人主张的承包人未按照设计图纸施工需要扣除工程量以及签证中工程量明显有矛盾、签证事项事实虽属实但不应计取费用的之外，双方对于工程量的争议并不大，主要争议焦点在于商品混凝土价格认定、屋架预制构件价格认定、签证中存在多方案、签字不全、数据矛盾等事项的定性上面，归纳本案造价鉴定的争议焦点如下：

（1）商品混凝土价格如何计取？

（2）屋架（混凝土）预制构件价格如何计取？

（3）独立基础超深换填相关签证是否有效？

（4）旋挖桩塌方工程造价是否认定？

（5）桩动、桩声检测费由谁承担？

（二）造价鉴定难点

（1）旋挖桩塌方、挖孔桩、独立基础超深换填等相关签证分别存在多方案、同一签证资料前后数据矛盾、签字不全等问题，应如何处理，尤其是在于所签认事项无法通过现场核实的情况下，对于工程签证的鉴定应如何进行。

（2）商品混凝土价格如何计取问题，针对合同条款约定不明能否通过会议纪要修改合同约定，会议纪要是否经双方现场代表或授权代表签字后便可直接采用，当会议纪要签字表达的内容有歧义时又是否可以确定双方已达成一致意见。

（3）屋架预制构件材料认价后改变材料组织实施方式应如何确定价格。

（4）发包人提出承包人未按照设计图纸施工应如何处理，尤其对于钢筋等隐蔽工程应如何核实现场实际情况。

（5）如何将鉴定意见中涉及多种选择要素及其相关联项简单明了地表达，方便委托人选择。

三、鉴定情况

（一）司法鉴定委托人提供鉴定材料内容

在委托鉴定时，委托人向我司移送了以下资料：

（1）《建设工程施工合同》及相关洽商文件、会议纪要。

（2）竣工图。

（3）工程签证单、设计变更通知单、工程联系单。

（4）往来函件、第三方报价文件。

（5）鉴定送审结算书（承包人）、竣工结算审核报告（发包人）。

（6）桩基验收记录。

（7）施工过程及竣工资料。

（8）监理日志。

（9）施工组织设计及专项施工方案。

（10）桩基检测合同、检测报告等。

（11）未按施工图纸施工现场照片。

（12）质证意见及庭审笔录等。

上述所有证据资料均为委托人组织发承包人双方质证后转交于我司的材料。

（二）工程造价司法鉴定情况

1. 鉴定过程

鉴定过程中，结合本案具体情况，我司实施了包括收集鉴定依据、熟悉图纸资料、踏勘现场、核算工程量、量价核对、询问当事人、提请委托人确认、内部复核、对争议事项会审等必要的鉴定程序。具体实施程序如下：

（1）编制接受委托复函及缴费通知、收取鉴定费用。

（2）接收鉴定资料。

（3）编制《鉴定人员组成通知书》提请委托人送达双方当事人，并告知其有权提出回避。

（4）熟悉证据资料，分析项目情况，编制鉴定方案。

（5）对证据资料中存在的问题提请鉴定委托人向当事人转达补交鉴定资料的函件及补交资料清单。

（6）针对鉴定内容及鉴定资料提请委托人组织现场勘验。

（7）询问双方当事人项目相关情况，制作询问笔录。

（8）实施具体的量价等定量与定性的鉴定工作。

（9）组织当事人双方对量价进行核对。

（10）出具鉴定意见征求意见稿，征求双方当事人意见。

（11）收到各方复函后，对各方复函意见进行复核并完善、修订鉴定意见，再报经委托人同意后出具正式鉴定意见书。

（12）配合委托人要求出庭接受质询与答复。

（13）退还借阅证据资料及鉴定资料公司存档。

2. 鉴定依据

本案鉴定依据主要包含如下内容：

（1）鉴定委托书。

（2）当事人双方签字确认的质证意见。

（3）当事人双方签字确认的询问纪要。

（4）签订的《建设工程施工合同》、会议纪要及相关洽商文件。

（5）经质证经双方认可或者委托人确认证据效力的所有证据材料，包含项目竣工图纸、施工组织设计及专项施工方案、隐蔽验收资料、施工过程及竣工资料、往来函件。

（6）当事人双方签订的《建设工程施工合同》约定的相关定额及配套调整文件。

（7）现场勘验记录。

（8）相关法律法规规定，主要包括《建设工程造价鉴定规范》（GB/T 51262—2017），《司法鉴定程序通则》（中华人民共和国司法部令第132号），《最高人民法院关于人民法院民事诉讼中委托鉴定审查工作若干问题的规定》（法〔2020〕202号）。

3. 鉴定方法

鉴定过程中除了按照竣工图计量计价鉴定外，结合本案造价鉴定的难点，还主要涉及工程签证争议、商品混凝土价格计取认定、屋架预制构件价格认定、未按图纸施工部分的造价计算等问题的鉴定，以及当鉴定意见中同时包含多种选择要素时如何让委托人一目了然地了解鉴定意见并方便委托人选择，针对不同的问题我们采取了不同的方法。

就工程签证争议鉴定而言，它既属于造价争议的常规争议点也属于造价鉴定的难点之一，我司根据《建设工程造价鉴定规范》（GB/T 51262—2017）的规定，结合多年的实践经验总结出工程签证争议鉴定的思维方式，如图1所示。

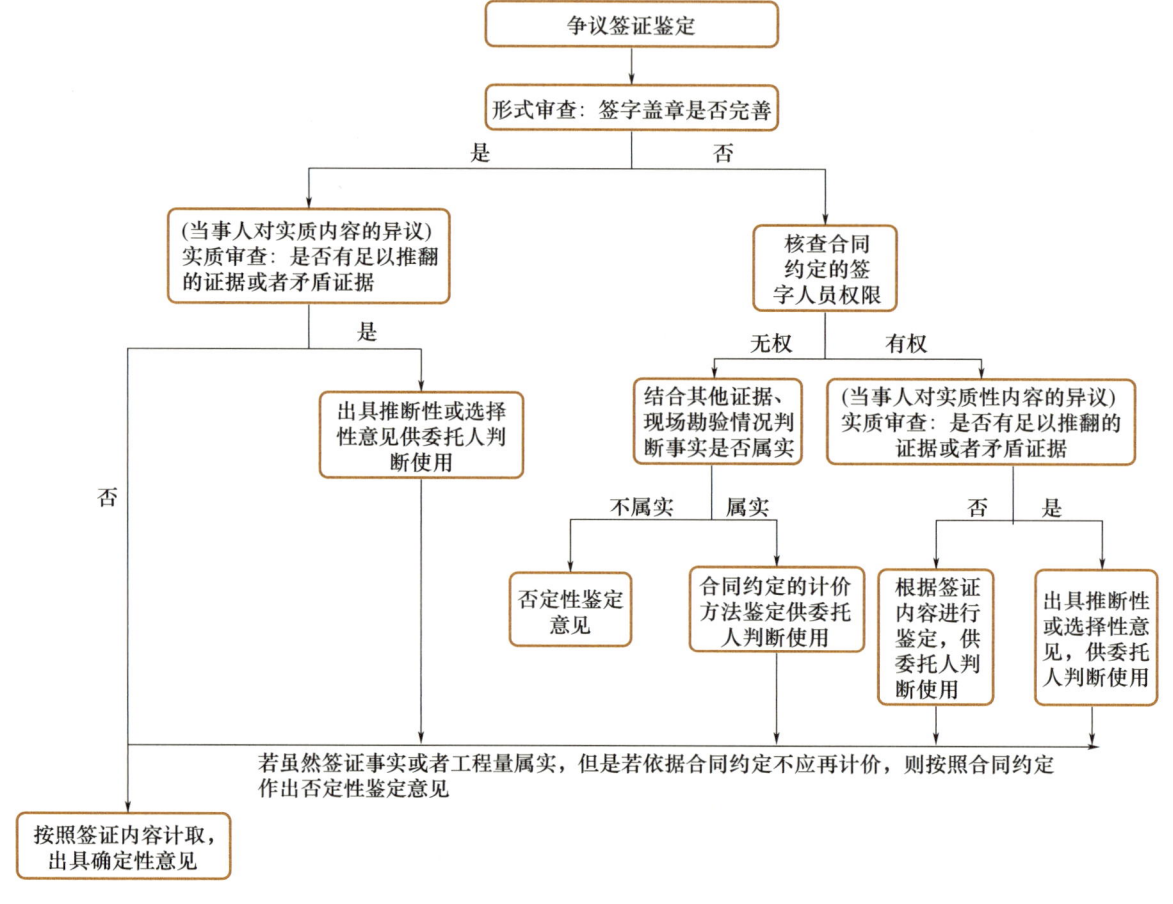

图1　工程签证造价鉴定思维图

在案涉项目的鉴定难点中，有4个问题均与签证相关，我司也采用了前述工程签证造价鉴定思维图所展示的思维方式处理争议，有效处理了相关争议鉴定，下面详述主要问题的鉴定方法。

1）旋挖桩塌方签证中存在多个施工方案

根据承包人2016年5月30日编制、经发包人2016年6月8日审批通过的《机械旋挖钻孔灌注桩施工方案》，其中施工工艺及施工方法中规定，"5.2 钻机时需安装钢护筒，5.8.8 施工用的钢护筒回收，在灌注结束后、混凝土初凝前拔出"。承包人于2016年5月30同时编制《旋挖钻孔灌注桩坍塌专项施工方案》提交发包人，发包人于2016年6月8日审批通过，此方案中无钢护筒的做法。两方案存在差异。

在灌注桩的实施过程中，承包人未安装护筒，此后旋挖桩塌方，旋挖桩塌方涉及的工程量经监理人、发包人现场代表签认。承包人认为应按照旋挖桩塌方签证中的工程量计取价款。但发包人认为：旋挖桩塌方工程量签证虽经发包人现场代表签字确认，但其仅为对现场事实的见证，是否应该计取价款应根据合同约定办理，承包人在施工过程中未按照《机械旋挖钻孔灌注桩施工方案》要求的埋设护筒的方法进行施工，未埋设钢护筒，因塌方增加的费用应由承包人自行承担。承包人认为：其提交的《旋挖钻孔灌注桩坍塌专项施工方案》的内容已明确修改施工方式为不埋设护筒，此方案已经发包人审批通过，因此，塌方增加的费用应按照旋挖桩塌方签证的工程量按实计取。

鉴定方法：提出我司观点，第一，从时间上看，《机械旋挖钻孔灌注桩施工方案》与《旋挖钻孔灌注桩坍塌专项施工方案》为同时提交并同时审批通过的，两者是并行关系而不是代替关系；第二，从内容上看，《旋挖钻孔灌注桩坍塌专项施工方案》的内容主要阐述的是防止塌方的施工质量控制措施，而并未改变《机械旋挖钻孔灌注桩施工方案》的施工工艺及施工方法。因此，承包人仍应按照《机械旋挖钻孔灌注桩施工方案》的施工工艺及施工方法进行施工；第三，擅自改变埋设护筒的施工工艺及施工方法对于施工质量势必会造成较大程度的影响。

但由于证据材料的认定应由法院确定，《旋挖钻孔灌注桩坍塌专项施工方案》是否应被认定为发包人同意承包人不埋设护筒施工，以及塌孔的原因究竟该归责于谁均应由法院认定。因此，我司将此部分签证所涉及的金额列入争议部分供委托人判断使用。

2）挖孔桩工程签证中前后数据矛盾

挖孔桩工程签证单中，所有签证单均经过监理人、发包人代表签字并加盖公章，其中有一份签证单后附的现场收方记录及孔桩收方记录统计表与孔桩土石分布数据不一致，相互矛盾。发包人认为从数据不一致的这份签证单可以推断出所有与挖孔桩相关的签证单都是不准确的，涉及挖孔桩内容的所有签证单都不应计取，应按照地质勘察报告估算挖孔桩相关数据。

鉴定方法：地质勘察报告仅为体现地质情况的基础资料，其并不能反映每根桩的实际开挖情况，每一根孔桩的开挖深度应以现场确认的满足地基承载力要求深度为准，因此挖孔桩相关工程量按照工程签证单及后附现场收方记录、孔桩收方记录统计表的数据计入鉴定意见，对于其中一份的工程签证单按照不利于承包人的孔桩收方记录统计表的数据计入鉴定意见。

3）独立基础超深换填签证中签字不全

独立基础超深换填的相关签证单部分签字齐全、部分签字不全，仅有监理签字、无发包人授权代表签字，未加盖发包人公章。发包人认为根据合同约定凡涉及到费用的补充协议、甲方指令、工程联系单、工作联系函、变更单、签证单、施工组织技术方案、认价单、工程洽商会议纪要等，均须以甲方指定负责人及加盖公司公章的签证单的形式，才能作为双方结算的依据，签证单中无发包人授权代表签字和加盖公章的均不能计算价款，承包人则认为监理是发包人委托的现场代表，已签字确认独立基础超深换填实施的事实及相应工程量，应予以计价。

鉴定方法：合同约定的理解涉及法律问题，应由委托人最终决定，将签字齐全的按实计入鉴定意见，签字不全（指仅有监理签字，无发包人授权代表签字，未加盖发包人公章）部分作出推断性意见，此部分签证所涉及的金额列入争议部分，供委托人判断使用。

4）脚手架措施增加做法签证是否计取

搭设脚手架时由于回填土较厚，又因当地雨水较多，且二层层高较高，板厚也较厚。为保证安全，承包人制作施工方案报请发包人审核，即在回填土上增加C20混凝土垫层后再在其上搭设脚手架，监理及发包人均签字同意按照承包人提出的方案实施，后承包人实际按照方案实施。承包人主张合同价款中并未包含增加C20混凝土垫层的相关费用，应按照变更计入合同价款。发包人认为安全防护措施费定额已包含了与脚手架搭设相关的所有费用，不应再单独计取与此相关的费用。

鉴定方法：根据《关于某省2004版五部计价定额有关问题的综合解释》的说明，安全防护措施费定额已包含的费用为在正常施工条件下，采用合理施工工艺所发生的常用安全生产设施的费用。如脚手架中安全网的设置等。又根据04定额章节说明"其他措施项目费"中的说明"为确保施工安全需要而发生的其他安全措施费用，按实际发生或经批准的施工组织设计（或施工方案）计算"，因此增加C20混凝土垫层的三张签证按实计入鉴定意见。

5）商品混凝土价格计取

发承包双方签订的《建设工程施工合同》约定："材料价差按《某市工程造价信息》的施工期间前80%的工期月份颁布价格进行平均。"在施工过程中，承包人认为《建设工程施工合同》约定的商品混凝土价格采用施工期间《某市工程造价信息》发布的信息价远低于市场价，故向某市住房和城乡建设局书面申请自建预拌商品混凝土搅拌站，后某市禁现工作领导小组办公室于2016年7月14日复函承包人："请你单位严格按某府办函〔2015〕14号、34号文件精神使用预拌混凝土，结算价格按某市市场价据实结算。"基于此，承包人于2016年8月8日致函发包人要求对商品混凝土进行认质认价。发承包双方于2016年8月19日召开会议，并现场通过电话询价，最终确定以某商品混凝土公司所报价格进行结算，并附核价表，各方签字盖章均齐全。

此后，发包人于2017年1月22日就商品混凝土价格认定事宜召开会议，并制作"关于签证资料的会议纪要"，纪要中载明："乙方要求甲方市场询价并另行签字，事后经甲方调查，发现某市信息价中有关于商品混凝土的价格信息……双方一致同意关于商品混凝土事项，有信息价的按信息价执行，没有信息价的按市场价执行……"但承包人授权代表签字时表示"以最终达成的补充协议为结算依据"，此后双方并未签订关于商品混凝土价格计取的任何补充协议。

在诉讼中，各方主张对《建设工程施工合同》中约定的《某市工程造价信息》理解不同，承包人主张某市并未发布合同约定的《某市工程造价信息》，而仅有某省发布的信息价中该市区的价格。经查，某省仅发布了《某省建设工程造价信息》中某市区的信息价，而并无《某市工程造价信息》。承包人主张应按照双方认价的价格计取，发包人主张应按照双方就此问题签署的会议纪要中明确的"有信息价的按信息价执行，没有信息价的按市场价执行"原则计取。

鉴定方法：我司认为，基于承包人在向某市住建局发函申请自建搅拌站的函件中可以看出，在施工过程中，承包人对《某市工程造价信息》的理解与发包人的理解是一致的，即某省发布的信息价中某市区的价格，但基于双方对合同约定不明时应如何适用以及双方是否在认价后又通过会议纪要的形式达成了否定认质认价的一致意见，属于法律问题，应由委托人认定。因此，最终按照发承包双方认质认价和《某省建设工程造价信息》中某市区的信息价分别计算，作出供选择性的鉴定意见，供委托人判断使用。

6）屋架预制构件价格计取

承包人于2016年8月18日致函发包人提出由于合同约定的定额中无成品预制构件所适用的项目，要求对"成品预应力屋架、成品预应力屋面板、成品预应力雁形板"进行认价，发承包双方于2016年8月19日召开会议，并在会议现场通过电话询价，最终确定以某钢结构公司所报价格进行结算，并附核价表，签字盖章均齐全。承包人认为屋架预制构件应按照认价计取。发包人提出认价时是以成品价格进行认价，但此后实际是由承包人将制作预制构件的相关机械、材料等运至施工现场，并在施工现场进行预制，而并非询价的某钢结构公司制作的，合同约定的定额中有适用于现场制作预制构件的定额项，应按照定额进行计价。

鉴定方法：我司认为由于承包人致函发包人时提出本项目设计图纸要求为"成品预应力屋架、成品预应力屋面板、成品预应力雁形板"预制构件，需外购，而双方也就外购成品预制构件的价格进行了认价，但发包人提出前述预制构件并非由某钢结构公司制作，实际由承包人自己在现场制作，同时承包人也未提供实际支付给某钢结构公司价款的证明材料，因此，根据现有证据材料无法确定此部分预制构件是否由某钢结构公司实施。若本项目预制构件确实由某钢结构公司，属于外购。根据某省住房和城乡建设厅发布的《关于某省2004版五部计价定额有关问题的综合解释》文件的相关解释，我司认为不适宜于套用《某省建筑工程计价定额》（2004版）中预制混凝土构件的相关定额来计取相关费用，但最终是否采纳此项意见应由委托人最终决定，鉴定时我司将按现场预制定额套价出具供委托人选择的意见之一。

其次，某钢结构公司在施工现场制作预制构件与成品外购，施工方法确有差异，存在价格差异。某钢结构公司距案涉项目施工地点约300km，我司根据市场询价，成品预制屋架按照10500元/榀计算运输费用；成品预应力屋面板、成品预应力雁形板等按照每车运输32t、4000元/车计算运输费用并予以扣除。由于施工方法改变而相应减少的大件成品预制构件运输费用，由于现有证据中未提供某钢结构公司人员在现场制作预制构件所增加的差旅费、设备费等证据材料，未计算施工方法改变而增加的相应费用。最终将以认价价格扣除成品构件运费的计算出的价款作为供委托人选择的意见之一。

因此，由于屋架预制构件价格的认定同时涉及到法律问题，最终应由委托人决定，我司按照认价价格、现场预制定额套价、以认价价格为基础扣除成品构件运费三种方式分别计算，供委托人判断使用。

7）承包人未按照设计图纸施工

发包人提出承包人部分项目未按照设计图纸的要求施工，比如抹灰厚度不够、部分纱窗未按照设计要求安装、某些部位钢丝网并未实施、膨胀带未加附加钢筋、马凳筋间距不合格、因承包人未按设计施工出现开裂等质量问题，发包人提交了对前述情况的影像资料，但影像资料大部分均未体现制作时间，不能明确是施工过程情况还是完工后的情况，地点也不能明确确定为案涉项目现场，因此承包人明确表示不予认可。

鉴定方法：基于本项目未经验收但发包人实际使用的实际情况，区分以下三种情况分别鉴定：①对于发包人提出的因承包人未按照设计施工造成质量问题的事项属于质量鉴定范畴，我司无权鉴定，予以剔除；②对于虽经使用但不影响现状核实的部分（比如钢丝网实施情况、抹灰情况等）通过现场勘验进行核实，各方根据现场实际情况予以确认并按实计入鉴定意见；③对于膨胀带加固钢筋、马凳筋间距等需要专门仪器检测的部分，告知发包人委托有资质的第三方另行检测，并将检测结果提交委托人，我司将根据委托人对于检测部分是否进行补充鉴定的决定进行鉴定。

8）鉴定意见可视化表达

结合鉴定难点鉴定方法的分析，我司出具的前述第（5）项商品混凝土价格计取、第（6）项屋架预制构件价格计取鉴定意见均为供选择性意见，商品混凝土有按信息价和按认价两种选择，屋架预制构件有按认价、按定额套价、按认价扣减运费三种选择；将这两个要素同时考虑将会有6个组合，同时在价格计取认定中还包含着认价材料是否总价下浮、采管费是否计取、税金需要相应调整等关联问题，因此如用文字表述的话，逻辑较为复杂，难以清晰地表达，我司设计出将鉴定意见按照需选择事项以及由此涉及的关联项均包含的表格供委托人选择，具体如下表1；而对于签证签字不全、签证旋挖桩塌方等争议问题出具推断性意见的则单独列表，同时由于前两项签证均涉及到商品混凝土，则区分商品混凝土按认价和按信息价，具体如表2。

表1 某工业厂房项目工程造价鉴定供选择性意见

序号	单项工程名称	金额（元）						备注
		屋架预制构件按认价		屋架预制构件按现场预制		屋架预制构件按认价的基础上扣除运费		
		商品混凝土按认价	商品混凝土按信息价	商品混凝土按认价	商品混凝土按信息价	商品混凝土按认价	商品混凝土按信息价	
1	*厂房	59130150.07						
2	*车间	29238990.09						
3	*库房	15450493.23						
4	签证工程	1386945.67						
5	增加税金	1526561.75						
6	扣减金额	0	8873633.09	4895181.14	13865191.43	992990.00	992990.00	
一	合计	106733140.81	97859507.72	101837959.67	92867949.38	105740150.81	96866517.72	
二	其他增减事项							
2.1	商品混凝土、屋架预制构件采管费	-1659479.24	-471673.9	-1659479.24		-2131153.14	-471673.9	如委托人认为不应计采管费则应在"一、合计"基础按此行扣减

续表

序号	单项工程名称	金额（元）						备注
		屋架预制构件按认价		屋架预制构件按现场预制		屋架预制构件按认价的基础上扣除运费		
		商品混凝土按认价	商品混凝土按信息价	商品混凝土按认价	商品混凝土按信息价	商品混凝土按认价	商品混凝土按信息价	
2.2	商品混凝土、屋架预制构件参与总价下浮	−2178066.50	−619071.99	−2178066.50		−2797138.49	−619071.99	如委托人认为应参与总价下浮则应在"一、合计"基础按此行扣减
2.3	其中还未开票金额涉及税金	1817253.86	1084568.56	1413064.59	672421.54	1735263.86	1002578.56	此行金额已包含在"一、合计"金额中，供委托人根据原告后期实际可开票情况判断是否扣除，若最终认定工程总价款金额有变，此金额也会随开票金额变化而变化

表2 某工业厂房项目工程造价鉴定争议部分推断性意见

序号	单项工程名称	金额（元）		备注
		商品混凝土按认价	商品混凝土按信息价	
1	签证签字不全部分	1104374.23	775624.61	
2	签证旋挖桩塌方	1429937.53	1156894.14	
3	桩动测检测、桩声测检测费	96100.00		

4.鉴定意见

综合前述分析，由于商品混凝土价格作为主要材料价格，每一单位工程中全部涉及，因此无法就某一单位工程或单项工程作出确定性的意见，因此，综合考虑预制构件认价如何计取、合同约定认价部分不参与下浮、采管费是否计取、税金跨段等多个因素，作出了6个供选择性意见，具体鉴定意见详见表1；对于签证签字不全、签证原因归责等证据存在瑕疵的事项列为争议，作出推断性意见供法院参考，具体鉴定意见详见表2。

（三）案件当事人对工程造价司法鉴定意见的异议问题

鉴定意见征求意见稿作出后，承包人提出少部分异议，发包人提出了较多异议，但围绕的重点仍然是前面所述的争议焦点问题。我司对双方所提出的异议一一复核，对于确属失误的项予以修正，对于属于需要委托人认定的列为争议的事项仍按照争议列出，然后制作书面回复意见提交法院转交当事人并将其纳入鉴定意见中作为附件。

四、出庭作证情况

委托人在收到我司的正式鉴定意见后，组织了开庭审理，要求我司鉴定人员出庭参与质证，在对鉴定意见质证的庭审过程中，我司先就鉴定意见及重要问题做了简要的介绍，此后分别接受了原告、被告、法官的询问，各方询问的重点仍是围绕着前述所列的争议问题，由于我司鉴定意见是供委托人选择性的意见，表格较为复杂，法官也就鉴定意见表格中的内容进行了较为深入的询问，包括我司依据的哪些证据材料、如何计算的、我司的意见等，同时就发包人申请对桩基长度进行检测的相关事项也询问了我司的意见。

五、经验总结与体会

鉴定机构作出的鉴定意见往往作为委托人裁判的重要证据，其准确、客观与否直接关系着当事人的切身利益。但由于受建设工程造价鉴定事项复杂、专业性强、过程证据资料不充分、证据资料矛盾、法律与专业问题同时存在等多方面因素的影响，在实际解决建设工程施工合同价款纠纷案件中，为防止"以鉴代审"，往往无法直接作出非常确定的鉴定意见，但从委托人的角度来说，可能希望鉴定人出具的鉴定意见更多的是确定性的意见，那么鉴定人在鉴定过程中如何做到不"以鉴代审"又达到委托人要求的鉴定应有的深度，值得深思。经过对上述案例分析，我司总结出以下经验：

1. 送鉴证据材料是否可作为鉴定依据，应分情况而定

对于送鉴材料，并非所有证据材料均可作为鉴定依据，原则上委托人移交的当事人双方无异议的证据材料可直接作为鉴定依据，但对于当事人对证据的真实性、关联性提出异议时，原则上应提请委托人认定或决定，鉴定人不能自行决定证据的采纳与否，同时还应区分情况而定。当一方当事人提出证据为复制件或者与其他证据相矛盾，对证据的真实性提出异议时，此时应提请委托人认定，若委托人暂不认定，可根据双方的争议意见分别鉴定并将鉴定意见单列，供委托人决定。当一方当事人对证据的关联性提出异议时，原则上应提请委托人决定，委托人认为是专业性问题并请鉴定人鉴别的，鉴定人应依据相关法律法规、工程造价专业技术知识，经过甄别后提出意见，供委托人判断使用。总而言之，对于真实性存疑的证据材料应"谨慎"使用，对于关联性有异议的证据应"甄别"使用。具体到本案中，比如，当事人一方提交的未按图施工照片、第三方机构提供的桩基检测报价清单，由于另一方当事人对关联性提出异议，提请委托人决定但委托人暂未决定是否使用，我司经过鉴别后未直接使用此部分证据材料作为鉴定意见，而是分别通过现场勘验、市场询价的方式进行鉴定，并在鉴定意见中作了说明。

2. 在出具供选择性意见时，最好提前与委托人沟通，并就专业问题给出鉴定人的观点，鉴定过程中应对案件所涉法律问题积极与委托人沟通

根据《建设工程造价鉴定规范》（GB/T 51262—2017）的规定，选择性意见是由于合同约定矛盾或证据矛盾，为使鉴定工作不至于停顿，鉴定人只好分别按照不同的合同约定或证据作出不同的可供选择的意见供委托人判断使用。从程序上说，对于证据有矛盾的，应先由人民法院认定后再交由鉴定人选用，虽然目前现实情况是，在鉴定前委托人大多不会就证据的效力进行认定，但对于影响较大的争议证据材料或者合同争议应提前与法院沟通，尊重法律赋予委托人的权力，委托人如不认定证据效力，再出具供选择性的意见供委托人选择，以免最后出具意见时，委托人看到复杂的供选择性意见难以消化。整个鉴定过程中应加强与委托人的沟通，方能出具准确而又符合要求的鉴定意见。

3. 专业性较强的问题不宜作出选择性意见，除非委托人明确要求

工程造价鉴定并非简单的按图计算或者按现场实际情况计算，还存在"鉴别""判断"等专业性较强的行为活动，切忌不经鉴别、判断就直接作出选择性意见供法院参考。比如当定额说明不清时定额子目的选用问题、土石比确定问题等。专业性较强的问题本就是属于鉴定人需通过专业知识解决的问题，不能以当事人主张不同，就直接按照当事人的主张分别作出鉴定意见供委托人选择。就本案而言，鉴定难点中的第（3）项挖孔桩工程签证中前后数据矛盾能否用地勘报告数据计算挖孔桩的判断、第（4）项脚手架措施增加做法签证中相应增加的做法的价款是否包含在安全防护措施费定额中，均为专业问题，鉴定人应按照专业判断直接作出鉴定意见。

4. 鉴定意见的可视化表达，有助于简化复杂问题，方便委托人准确理解鉴定意见

对于选择要素较多的供选择性意见均建议以表格、图表等形式，与文字表述一一匹配，以便清晰明了地表达，方便委托人准确理解鉴定意见，并作出选择。实际上，可视化表达，不只是清晰表达供选择性意见复杂问题的好办法，对于简化逻辑关系复杂（比如工期鉴定中使用甘特图）、专业性较强（本案例中说到的埋设钢护筒对防止灌注桩坍塌的作用）的争议问题均具有非常重要的作用，出具鉴定意见时，我们要多借助可视化表达方式，使得鉴定意见既准确清晰又简单明了，最大程度地协助委托人准确理解争议，进而解决争议。

专家点评

本案例涵盖了工程造价纠纷产生的一些典型风险诱因，例如建筑材料价格异常涨价、施工过程中产生的材料成本，合同双方对建筑价格计取约定内容理解不一致，对定额套项理解有差异、签证数据前后矛盾等。案例对于在进行造价司法鉴定过程中如何解决上述问题提供了可以借鉴的最优实践。

案例的亮点在于：

（1）案例创新性地提出了工程签证造价鉴定思维图

案例从对有争议的工程签证进行签字盖章的形式审查入手，分别从权限和证据的两个维度制定了如何出具确定性意见、推断性或选择性意见，以及否定性意见的思维导图。该思维导图充分体现了项目管理、造价控制和法律要求的结合，对于以后从业人员在对有争议的工程签证进行司法鉴定的过程中具有很强的借鉴意义和适用价值。

（2）解决商品混凝土价格计取的争议问题

在解决这个问题的过程中，鉴定方针对双方的争议，提出了应区分专业问题和法律问题，为有效解决商品混凝土价格的计取提供了基本思路，即按双方合同约定：有信息价的按照信息价执行，没有信息价的按市场价执行。信息价适用度的争议问题属于法律问题，解决此类法律问题，应按照双方认可标准分别计算，做出供选择性鉴定意见。

由于商品混凝土无法界定其具体的使用施工范围，鉴定方提出了系统的鉴定方案，从商品混凝土信息价和认价的两种选择入手，提出了6个组合要素的思路，关联了总价下浮、采管费是否计取、税金需要相应调整等问题，提出了关于商品混凝土争议项造价鉴定供选择性意见。

类似于商品混凝土工程造价争议的产生往往具有政策性强、施工周期长、涉及的利益相关方主体各有其较强的利益诉求，而且在施工过程中施工交错复杂的特点。因此，为了能有效地解决同类争议问题，通过可视化表达与文字表述一一匹配的工作方法（表格、图表等），对于清晰明了地向争议各利益相关方表达在分析过程中的专业性和科学性具有非常重要的作用。在出具鉴定过程较为复杂的意见时，鉴定机构应多借助可视化表达方式，使得鉴定意见既准确清晰又简单明了，最大程度地协助委托人准确理解争议，进而解决争议。

（3）解决旋挖桩塌方工程的造价争议问题

在解决这个问题的过程中，鉴定方通过对签证内容的追溯和审核，提出了在该案例中旋挖桩存在不同施工方案，即是否安装钢护筒。根据两个方案的提交时间和技术逻辑判断两个方案属于平行关系，而不是前后的替换方案。在做出上述专业判断的基础上，鉴定方将此部分签证所涉及的金额列入争议部分供委托人判断使用。

天津理工大学　杨侃

对某绿化景观工程项目工程造价司法鉴定

——贵州皓天工程造价咨询有限公司

刘群　张光祥　邱恩　罗孟英　唐丽君

一、案情简介

原告：某建筑工程有限公司

被告：某置业有限公司

原、被告双方于2019年10月1日签订《某工程项目一期1～6号楼景观绿化工程施工合同》，约定被告将其开发的建设项目一期1～6号楼景观绿化工程发包给原告施工，工程内容为包工、包料、包工期、包安全文明施工等；工程暂定总价为600万元，包括完成全部工程内容所需的一切费用；工程竣工验收合格1个月内，原告必须将本工程完整结算资料送至被告审核，被告在收到原告完整竣工结算资料后30天内出具初审意见。在合同履行过程中（2019年11月1日至2021年4月14日期间），双方又先后签订了《某工程项目一期1～6号楼庭院内基层土方回填及人工回填种植土分包合同》《某工程项目一期1～6号楼零星古建施工合同》《某工程项目一期1～6号楼零星古建施工合同补充协议》《某工程项目样板区绿化养护合同》《某工程项目一期1～6号楼围墙外市政景观及零星工程合同》《某工程项目一期1～6号楼水泵维修合同》等一系列合同或补充协议。

原告诉称：因石材价格上涨，2019年12月26日，被告通过《工作联系单》同意某工程项目一期景观绿化工程在原合同价的基础上增加1872092.77元。2020年6月20日，因反季节种植苗木造成存活率降低，被告通过《现场签证费用确认单》同意增加支付原告养护费10000元。2020年12月25日，原、被告双方通过《现场签证审批单》《签证通知单》《工程量确认单》确认原告为被告完成建设项目二期土方工程，工程价款为228927.25元。2021年4月21日，在《工程内部竣工验收报告》中，被告对原告上述合同履行、竣工资料内容与移交等检查结果意见为已完成，监理单位验收意见为合格，被告的意见为同意验收（其中，某工程项目一期景观绿化工程被告的意见为已完工）。2021年4月29日，原告将工程结算资料报送给被告，被告未依约在2021年5月29日前出具初审意见，拒不与原告进行工程结算。

被告辩称：被告收到结算资料后，按合同约定聘请了造价师对原告提交的资料进行核实，因不可抗力的原因，原、被告都属于某省的人员，2021年7月20日，某省部分地区发了大水，在洪水结束后又出现新冠肺炎疫情，所以造成了被告聘请的造价师2021年9月才来到现场，被告也向原告发出了核算的邀请。根据被告所委托的第三方造价机构所测算的工程量及工程造价，与原告提交的工程造价相差很大。因此，被告申请法院委托有资质的鉴定机构对涉案工程进行工程量及工程造价的鉴定。

二、案件争议焦点和造价鉴定难点

本案司法鉴定过程中，原、被告双方针对以下几份合同、协议、工程联系单及签证等各持不同意见。

（一）《某工程项目一期1~6号楼景观绿化工程施工合同》

第二条第2款：本工程承包暂定总价为人民币600万元，此承包总价包括完成全部工程内容所需发生的一切费用。工程竣工结算时，除因设计变更、签证引起的增加工程量及费用调差外，经合同双方确认的合同总价不变（合同附件有原告自行编制的清单报价表及设计施工图）。第七条的第3款：本工程质保及养护期两年；第5款：所有关于工程量及工程价格的核定与调整，必须由甲方指定代表及监理签字加盖甲方公章方能生效；第7款：结算时可以调整的内容为经甲方签字认可的《工作联系单》允许调整，价格参照原投标综合单价组价分析；第8款：甲方及监理确认过乙方提出的设计变更或签证的工程量允许调整，价格参照原投标综合单价组价分析。第八条第1款：乙方必须严格按照确认后的设计施工图纸、设计说明和双方确认的施工组织设计及国家现行规范、规程和建安工程质量验收标准精心组织施工。第十二条第10款：所有分部分项验收、工程完工验收、材料验收都必须加盖甲方印章方能生效和作为结算资料，仅有个人（无论甲方任何人员）签字的前述验收资料不发生效力，且不能作为结算资料。第十四条第3款：本合同在实施过程中未经甲方书面授权，任何个人不得代表甲方就本合同有关的权利和义务作出承诺或说明，乙方主张权利的任何要求均以书面形式直接呈送给甲方，并经甲方盖章确认方为有效。

针对本合同，原、被告双方争议焦点及鉴定难点如下。

（1）景观石的工程量计量的问题

争议焦点：原、被告双方对景观石的计量方式存在争议，原告主张，该合同为总价合同，景观石已按图施工完成，不应扣减。且在施工过程中，原告已按投标清单质量购入景观石，但被告认为景观石太多影响美观，原告便将多余的景观石移至本工程围墙之外的空地中，原告2022年3月15日向法院提供了三张图片。被告主张，原告提供的图片均无被告的签字盖章。而根据原告与被告的合同第七条第5款，工程量的约定与调整必须加盖甲方（被告）的公章方能生效。被告对于原告提供的关于景观石移弃图片三性均不认可。原告投标清单上报的景观石总质量为1269t（某工程项目一期1~13号楼景观绿化工程景观石共计工程量），而被告现场实际测量景观石质量仅为356t（某工程项目一期1~13号楼景观绿化工程景观石共计工程量），实际质量与投标清单质量存在极大差异，故要求将差异部分的景观石工程造价予以扣除。

造价鉴定难点：鉴定人根据上述情况综合分析认为，从合同角度看，该合同为总价合同。合同第八条第1款约定：乙方必须严格按照确认后的设计施工图纸、设计说明和双方确认的施工组织设计及国家现行规范、规程和建安工程质量验收标准精心组织施工。但设计图中未标注景观石规格、型号，仅在平面布置图中标出示意图。鉴定人无法核实景观石的图示工程量（质量）。从委托人移交的证据材料分析，《原告工程量清单报价表》属被告提交，该报价表中景观石有相应单位为吨的工程量和对应的单价和合价。原告质证意见为"对投标清单三性无异议"。鉴定人通过现场踏勘，施工现场景观石数量满足设计施工图纸要求。对于景观石质量，由于现场景观石数量极多，部分隐蔽较深，且部分体积较大、质量较重，有些景观石埋在装有较深水的景池底部，还有些景观石组成庞大的假山。需要的测量工具和测量技术要求很高，工作量非常大、破坏性也很大，且业主已入住，安全防护措施很难得以保障。原、被告双方对测量的人机费和恢复费用也未能达成一致意见。所以，要想获取景观石的实际质量难度极大。加之原告2022年3月15日提供了一些关于景观石被遗弃的图片，图片上显示在涉案工程的不远处堆放了很多景观石。现场勘验时，参与各方在原告的指认下共同察看了堆放这些景观石的地方，但该地块已改他用，景观石已不复存在。所以，鉴定人无法判断现场景观石的实际质量与投标清单中景观石的质量是否相符。因此，双方当事人争议的焦点问题是包干范围是按设计施工图还是按投标清单，鉴定人很难作出专业判断。

（2）石材价格调整的问题

合同履行期间，原、被告双方于2019年12月26日办理《工作联系单》，内容是因石材价格上涨，被告通过《工作联系单》同意某工程项目一期景观绿化工程在原合同价的基础上调增1872092.77元，石材调差《工作联系单》已经原、被告双方及监理方签字盖章，并形成审核意见。

争议焦点：原告主张，材料采购前经发包人或其代表签批认可的，应按签批的材料价格进行鉴定。被告主张，该联系单显示施工时期发生在2019年10月20日至2020年10月1日，在此期间《某省建设工程造价信息》中的石材价格并未涨价，且常规调差只调材料价，该《工作联系单》不仅调整材料价还调整人工、运费、辅材、利润、税金，故该联系单与事实不符，与合同主条款违背，且该《工作联系单》的签字人员均已离职，施工过程中签字人员涉嫌与原告共同串通欺骗被告财物，这种不符合常规的调价方式明显是人为造假，不应计入鉴定意见。

造价鉴定难点：经鉴定人查询与梳理，该《工作联系单》所示的施工时段《某省建设工程造价信息》中的石材确实不存在涨价的情况，但该联系单已经原、被告双方及监理方签字盖章，被告审核意见为，该工程属特殊时期，且为赶工期，同意价格调差。且按照合同约定，联系单签章手续已完善，符合合同费用增加约定，应该计入工程造价。鉴于该情况，鉴定人无法采用专业知识判断其真实性，即无法判断该项调差是否真实发生。

（3）反季节种植增加养护费的问题

2020年6月20日，原、被告双方办理《现场签证费用确认单》，内容是因反季节种植苗木造成存活率降低，被告同意增加支付原告养护费100000元。

争议焦点：原告主张，《工作联系单》及《现场签证费用确认单》手续齐全，符合合同费用增加约定，此项应计入工程造价。被告主张，合同约定"所有关于工程量及工程价格的核定与调整，必须由甲方指定代表及监理签字并加盖甲方公章方能有效"，该《工作联系单》未盖甲方公章，不应该计取。

造价鉴定难点：经鉴定人梳理，原、被告双方签订的合同对"反季节种植增加养护费"未作约定，合同第七条的第5款约定：所有关于工程量及工程价格的核定与调整，必须由甲方指定代表及监理签字并加盖甲方公章方能有效，而该《工作联系单》虽然签字齐全，但甲方未盖公章。《现场签证费用确认单》工作内容是否发生过或应计取多少费用，鉴定人无法采用现场勘验或其他方式获取相关信息，所以，是否需要计入工程造价，鉴定人无法进行专业判断。

（二）《某工程项目一期1~6号楼围墙外市政景观及零星工程合同》

第二条第2款：本合同采用固定总价包干，包干总价取整合计为1500000元。其中，一期围墙外景观为647933元、零星工程暂定为852775元，最终合同总价按本合同约定的结算方式结算。合同固定价已包括但不限于材料费、加工费、安装费、施工措施费、保险费、运输费、二次搬运费、管理费、税金等全部费用，结算时不再调整。第六条第1款：①工程以固定总价包干模式，结算不再调价；③所有关于工程量及工程价格的核定与调整，必须由甲方指定代表及监理签字加盖甲方公章方能生效；⑥结算时可以调整的内容：在工程施工过程中经甲方签证认可的联系单允许调整，价格参照原投标综合单价组价分析。

争议焦点：原告主张，原告已提交了《某工程项目一期1~6号楼围墙外市政景观及零星工程合同》、内部验收报告、工程量清单、隐蔽性资料及经质证的电子版签证单，足以认定原告履行了合同全部约定，应计入工程造价。被告主张，合同6.1.3约定所有关于工程量及工程价格的核定与调整必须由甲方指定的代表及监理签字并加盖甲方公章方能生效，但原告提供的经质证的电子版签字资料，既没有监理人员签字又没有甲方盖章，还没有纸质版原件，属于无效的签证单。故不应计入工程造价。

造价鉴定难点：经鉴定人梳理，原告所提供的经质证的电子版签证单，有甲方人员签字，甲方未盖公章，签证单的日期在合同签订日期之前，鉴定过程中鉴定人与原告沟通，原告称是先施工完成，再补充签订合同，工作内容实际发生，现工程已投入使用，且质证资料中有内部验收合格报告、工程量清单、隐蔽性资料。该项零星工程以总价合同包干，部分为隐蔽工程，部分为零星工程，鉴定人已无法通过现场勘验获取签证单中的工作内容是否发生，无法根据现有条件判断工程内容是否按合同清单完成，给鉴定工作带来极大困扰。

（三）2020年12月25日，被告与原告通过《现场签证审批单》《签证通知单》《工程量确认单》确认原告为被告完成某工程项目二期完成土方工程工作，工程价款为228927.25元

争议焦点：原告主张，二期签证属于实际发生内容，要求作出鉴定。被告主张，《某工程项目一期1~6号楼景观绿化工程施工合同》约定"所有关于工程量及工程价格的核定与调整，必须由甲方指定代表及监理签字并加盖甲方公章方能有效"，二期零星签证虽经被告签字，但未盖章，且二期签证本不在现有合同范围内，不予认可。

造价鉴定难点：经鉴定人梳理，二期零星签证是属于合同范围以外的工作，原、被告双方已在签证单上签字，但未盖甲方公章。正常情况下，二期签证不在主合同范围内，不应受《某工程项目一期 1～6 号楼景观绿化工程施工合同》约束。但被告方主张，只要是签证，都应执行合同。经鉴定人核实，主合同对合同范围外的工作未作说明。

（四）其他工作内容的争议，经鉴定人根据专业技术知识及相关规范、法规进行沟通解释，打消了原、被告双方的疑问，化解了原、被告之间的争议，不断让双方妥协或达成一致意见

（1）原告在现场勘验过程中主张部分苗木属于后期增加的，属于合同范围外工作内容，主张将增加苗木记入勘验笔录。由于当时无法判断原告所述是否属实，在原告的指认下，鉴定人将原告所主张增加的苗木记入勘验笔录，并注明是原告主张。在出具《鉴定意见书（征求意见稿）》时，原告未针对增加苗木补充提供任何鉴定材料，被告对增加苗木不予认可，所以鉴定人在《鉴定意见书（征求意见稿）》中将增加苗木所对应的工程价款作为选择性鉴定意见进行单列。对此，原告提出异议，原告认为增加苗木已经过原告、被告、鉴定机构现场勘验并签字确认，不应采取单列的方式，应按确定性意见计入原告工程价款内。《建设工程造价鉴定规范》（GB/T 51262—2017）5.4.2 规定："在鉴定项目施工图或合同约定工程范围以外，承包人以已完成了发包人通知的零星工程为由，要求结算价款，但未提供发包人的签证或书面认可文件，鉴定人应按以下规定作出专业分析进行鉴定：1 发包人认可或承包人提供的其他证据可以证明的，鉴定人应作出肯定性意见，供委托人判断使用；2 发包人不认可，但该工程可以进行现场勘验，鉴定人应提请委托人组织现场勘验，依据勘验结果进行鉴定。"

该争议原告未提供相关证据材料，且被告不予认可，现场虽然能勘验到，但是否为原告施工，鉴定人无法进行专业判断。鉴定人依据上述规范条款与原告沟通，原告最终对其主张的苗木增加相应工程价款作为选择性意见进行单列表示同意。

（2）景观铺装中并不存在水泥稳定碎石，鉴定人在鉴定意见中扣除相应水泥稳定碎石费用。原告认为，《某工程项目一期 1～6 号楼景观绿化工程施工合同》为总价包干合同，投标清单中多算、漏算、错算除约定外均不能调整，原告已按照设计图纸要求完成合同承包内容，在验收合格并书面确认已按合同履行的前提下，不应扣除相应工程价款。鉴定人与原告沟通，本合同虽为总价合同，但实际所完成的工程内容若与图纸不相符时，费用应作相应扣除。鉴定工作需要客观公正、实事求是，保证双方当事人的合法权益。原告最终对该项鉴定意见未再提出其他异议。

（3）被告提出，根据原、被告双方签订的《某工程项目一期 1～6 号楼景观绿化工程施工合同》第七条第 17 款约定：承包人报送结算款时不得超报、虚报，如审减率超过 5%，超出部分对应价款的 1% 作为违约金从结算款中扣除；针对此条，被告依然坚持按双方签订的合同处理，即超出部分对应价款的 1% 作为违约金从结算款中扣除。

经鉴定人梳理并给予被告答复：该合同条款是对乙方（原告）送审、甲方（被告）审核结算工程价款的约定，双方并未通过此种方式完成工程结算。鉴定机构根据委托事项要求开展鉴定工作，鉴定工程量依据竣工图等现有资料结合现场勘验数据计算，鉴定价款依据合同约定计价方式计算。被告所提异议是在原、被告双方按合同约定完成送审和审核过程后，才适应审减率超过合同约定，扣除相应款项作为违约金。被告后期未针对该项争议再另提异议。

三、鉴定情况

（一）司法鉴定委托人提供鉴定材料内容

（1）《司法鉴定委托书》电子版、鉴定申请书及民事起诉状、质证笔录等电子版资料等。

（2）《某工程项目一期1～6号楼景观绿化工程施工合同》《某工程项目一期1～6号楼庭院内基层土方回填及人工回填种植土分包合同》《某工程项目一期1～6号楼零星古建施工合同》《某工程项目一期1～6号楼零星古建施工合同补充协议》《某工程项目样板区绿化养护合同》《某工程项目一期1～6号楼围墙外市政景观及零星工程合同》《某工程项目一期1～6号楼水泵维修合同》及补充协议。

（3）《工程签证单》《工作联系单》《现场签证审批单》《签证通知单》《工程量确认单》。

（4）投标总价清单及结算书。

（5）设计施工图、竣工图、工程隐蔽资料。

（6）《工程内部验收报告》。

（7）种植土回填前原始地面高程数据、回填后地面高程数据。

（二）工程造价司法鉴定情况

1. 鉴定过程

2021年11月8日，鉴定机构收到某人民法院《司法鉴定委托书》及附送材料电子档，同日，鉴定机构向委托人复函同意接受委托，随即成立了由一级造价工程师刘某、张某某、邱某及鉴定辅助人员罗某某、唐某某组成的工程造价鉴定小组，并签署了《鉴定人承诺书》。

2021年11月9日，鉴定机构向委托人提交《提请委托人通知当事人提交证据材料的函》。

2021年12月24日、2022年1月18日，鉴定机构分两次收到委托人移交的鉴定材料（已质证），含纸质版和电子版。

2022年2月24日—25日，在委托人的组织下，鉴定人刘某、张某某及辅助人员罗某某、唐某某在原告代理人、被告授权代表的共同参与下进行了现场勘验。现场勘验笔录经各方签字确认，作为鉴定依据。

2022年3月7日—9日，在委托人的组织下，鉴定人员与原、被告双方代表共同进行第二次现场勘验。

2022年3月10日，鉴定机构向委托人提交《鉴定期限承诺函》。

2022年4月2日，鉴定机构向委托人提交《鉴定意见书（征求意见稿）》及《征求意见函》，并要求各方当事人在收到征求意见稿后在委托人确定的期限内提出书面反馈意见。

2022年4月25日，鉴定机构收到原、被告双方对《鉴定意见书（征求意见稿）》提出的书面反馈意见。

2022年5月6日，经委托人同意，鉴定机构通知双方当事人于2022年5月9日前到鉴定机构进行工作核对。

2022年5月9日，原、被告双方与鉴定机构鉴定人进行工作核对，核对工作至2022年5月11日结束，核对记录经原、被告双方签字确认。

2022年6月6日，鉴定机构向委托人提交《鉴定意见书》。

2022年6月30日，鉴定机构收到原、被告双方对《鉴定意见书》提出的书面反馈意见。

2022年7月27日，鉴定机构向委托人提交关于原、被告双方对《鉴定意见书》提出的书面反馈意见回复。

2022年8月17日，接委托人通知，鉴定人到法院参与对《鉴定意见书》和对原、被告双方异议回复进行质证，并将鉴定资料退还给委托人。

2022年8月25日，鉴定人将案涉工程鉴定意见书及相关材料存档。

2. 鉴定依据

1）相关法律、法规、司法解释等

（1）《中华人民共和国民法典》。

（2）《中华人民共和国建筑法》。

（3）《中华人民共和国民事诉讼法》。

（4）《最高人民法院关于适用〈中华人民共和国民事诉讼法〉的解释》（法释〔2022〕11号）。

（5）《最高人民法院关于民事诉讼证据的若干规定》（法释〔2019〕19号）。

（6）《最高人民法院关于适用〈中华人民共和国民法典〉时间效力的若干规定》（法释〔2020〕15号）。

（7）《最高人民法院关于审理建设工程施工合同纠纷案件适用法律问题的解释（一）》（法释〔2020〕25号）。

（8）其他相关规定。

2）相关技术规范、标准等

（1）《建设工程造价鉴定规范》（GB/T 51262—2017）。

（2）《某省园林绿化工程计价定额》（2016版）、《某省通用安装工程计价定额》（2016版）、《某省市政工程计价定额》（2016版）及其配套文件。

3）委托人提供的鉴定材料。

3. 鉴定方法

1）鉴定范围说明

某法院委托鉴定事项为：对某工程项目一期1～6号楼景观绿化工程的工程量及工程造价进行司法鉴定。

鉴定过程中，根据被告提出的补充申请，委托人同意将《某工程项目一期1～6号楼庭院内基层土方回填及人工回填种植土分包合同》《某工程项目一期1～6号楼零星古建施工合同》《某工程项目一期1～6号楼零星古建施工合同补充协议》《某工程项目一期样板区绿化养护合同》

《某工程项目一期 1~6 号楼围墙外市政景观及零星工程合同》《某工程项目一期 1~6 号楼水泵维修合同》所涉工程造价纳入本次鉴定范围。

2）工程量计算依据

原告已施工的工程量依据委托人所移交经过质证的施工图、竣工图、隐蔽及其他相关资料，结合现场勘验记录的工程施工情况计算。

3）计价方法和依据

根据双方当事人签订的相关合同约定的计价方式分别计价。鉴定材料不完整或相互有矛盾时，鉴定人及时与委托人沟通，并征得委托人同意后，按照委托人要求，根据当事人的争议事项，出具选择性鉴定意见，供委托人判断使用。

鉴定过程中，鉴定人从专业的角度，促使当事人对一些争议事项达成一致意见，逐渐减少当事人之间的争议。本案例只将原、被告双方争议较大、鉴定较难的部分摘录出来，其余已在鉴定过程中征得双方当事人的认可。

4. 鉴定意见

本次鉴定涉及一期 7 个合同项目及二期零星签证，共计 8 项鉴定内容，各项鉴定意见如下（为了更加直观，选择性鉴定意见部分除逐条列明外，最后还另附表格汇总说明）。

（1）《某工程项目一期 1~6 号楼景观绿化工程施工合同》所涉工程造价。

① 可确定部分。

合同总价为 6000000 元，合同范围内应扣减的工程造价为：

a. 景观石 1254511.20 元（因双方当事人对是否扣减存在争议，故鉴定人将该项鉴定意见单列，由委托人根据当事人举证情况进行认定，详见下述第 2 单列部分）。

b. 未按图施工的石材、石笋及景观绿化死缺苗涉及金额为 538915.57 元。现场勘验发现，部分石材和石笋未按图纸施工，应按现场实际情况作相应扣减。景观绿化存在死缺苗情况，双方达成一致按"死缺苗清点"签证进行扣减。以上涉及的 1~13 号楼扣减的总金额为 1077831.14 元（其中，扣除死缺苗金额为 214634.10 元；扣除石材、石笋金额为 863197.04 元），因现场无法按照实际区域扣减，故按某工程项目一期 1~6 号楼和某工程项目一期 7~13 号楼各扣减 50% 考虑，则 1~6 号楼扣减金额为：1077831.14 元 /2=538915.57 元（其中，扣除死缺苗金额为 107317.05 元；扣除石材、石笋金额为 431598.52 元）。

从而，可确定部分的工程造价为：6000000 元（合同总价）−1254511.20 元（景观石合同价）−538915.57 元（扣除石材、石笋及死缺苗金额）=4206573.23 元。

② 单列部分。

a. 景观石。被告主张，原告投标时上报的景观石总质量为 1269t（某工程项目一期 1~13 号楼景观绿化工程景观石共计工程量），而被告主张其现场实际测量景观石质量为 356t（某工程项目一期 1~13 号楼景观绿化工程景观石共计工程量），实际质量与投标时的质量存在极大差异，要求将差异部分的景观石相应金额给予扣除，经鉴定人根据报价清单（包含量和价）和被告主张其实测工程量计算，涉及的某工程项目一期 1~13 号楼景观石工程量差异部分扣减的金额总计 1324248.17 元。因现场无法按照实际区域扣减，鉴定人根据某工程项目一期 1~6 号楼与某工程项目一期7～13号楼景观石价款按相应比例扣除，即1～6号楼按70%扣除（即扣除金额为：1324248.17元×0.7=926973.72元），7～13号楼按金额的30%扣除（即扣除金额为1324248.17元×0.3=397274.45元）。

原告主张该项已按图施工完成，不应扣减。经现场勘验清点，景观石数量（按堆计算）满足设计图纸要求。鉴于双方当事人对此项争议较大，故鉴定人将该项按原、被告主张分别计算并单列。按原告主张计算，该项为1254511.20元（即景观石对应合同价）。按被告主张计算，该项为：1254511.20元（景观石对应合同价）–926973.72元（扣除差异部分金额）=327537.48元。

b. 增加苗木。原告主张现场增加的部分苗木属于合同总价外内容，应增加相应工程造价，但被告不予认可，故鉴定人将该部分工程造价单列。该部分工程造价为16822.66元。

c. 反季节种植苗木养护。原告在征求意见稿反馈意见中主张，因反季节种植苗木增加养护费用的签证，已经被告签字确认，应予增加相应工程造价。经鉴定人核实，该签证签字齐全，但未经被告盖章，而合同约定"所有关于工程量及工程价格的核定与调整，必须由甲方指定代表及监理签字并加盖甲方公章方能有效"，故鉴定人将该部分工程造价单列。该部分工程造价为100000元。

d. 该合同所涉石材价格调差。《工作联系单》签证金额1872092.77元。双方当事人对是否计取调差费用存在争议，原告主张该联系单签证齐全（已签字并经被告盖章确认），应按《工作联系单》签证金额1872092.77元计取。但现场勘验时被告主张该《工作联系单》存在不实情况（被告认为属于虚假资料），不应计取调差费用。经鉴定人分析，该项调差存在如下问题：其一，本工程施工期为2019年10月20日—2020年10月1日，经查阅《某省建设工程造价信息》相关石材价格，施工期内并不存在石材涨价；其二，常规调差只调材料价格，但该联系单不仅调整了材料价格，还增加了人工费、运费、辅材费、利润和税金；其三，合同约定"工程竣工结算时，除因设计变更、签证引起的增加工程量及费用调差外，经合同双方确认的合同总价不变……结算时可以调整的内容：在施工过程中经甲方签字认可的联系单可以调整"。鉴于上述情况，鉴定人无法判断该项调差是否真实，故将该部分工程造价单列，供委托人判断使用。该部分工程造价为1872092.77元。

（2）《某工程项目一期1～6号楼庭院内基层土方回填及人工回填种植土分包合同》所涉工程的工程造价按合同约定计算为224579.01元。

（3）《某工程项目一期1～6号楼零星古建施工合同》所涉工程的工程造价按合同约定计取为1100000.00元。

（4）《某工程项目一期1～6号楼零星古建施工合同补充协议》所涉工程的工程造价按合同约定计取为305400.00元。

（5）《某工程项目一期样板区绿化养护合同》所涉工程的工程造价按合同约定计取为99000元。

（6）《某工程项目一期1～6号楼围墙外市政景观及零星工程合同》所涉工程造价：

① 可确定部分（即市政景观绿化部分）：按合同约定总价包干金额647933元，扣减死缺苗部分工程造价（32131.59元）后，该部分工程造价为615801.41元。

② 单列部分（即零星工程部分）：合同约定零星工程暂定总价为852775元。合同约定"所

有关于工程量及工程价格的核定与调整，必须由甲方指定代表及监理签字并加盖甲方公章方能有效"，原告提供的经质证的电子版签证单签字齐全，汇总金额与合同暂定总价一致，但未经被告盖章，故鉴定人将该部分工程造价单列，供委托人判断使用，该部分工程造价为 852775 元。

（7）《某工程项目一期 1～6 号楼水泵维修合同》所涉工程造价，当事人仅提供了水泵购买发票（发票金额 9160.00 元，发票显示的购买时间在合同签订前），未提供与水泵维修相关的其他资料。鉴定人无法确定该水泵购买费用是否为合同约定的水泵维修费用，故将该部分工程造价单列，供委托人判断使用，该部分工程造价为 9160.00 元。

（8）某工程项目二期零星签证：在委托人移交的鉴定材料中，有部分关于二期工程的零星签证（经被告签字，未盖章）。原告主张，二期签证属于实际发生内容，要求作出鉴定。被告主张，二期签证本不在现有合同范围内，不予认可。经征询委托人意见，委托人要求将二期零星签证涉及的工程造价单列，该部分工程造价为 228927.25 元。

某绿化工程项目选择性意见汇总如表 1 所示。

表 1　某绿化工程项目选择性意见汇总表

序号	合同	内容	原告主张 金额（元）	原告主张 理由	被告主张 金额（元）	被告主张 理由
1	《某工程项目一期 1～6 号楼景观绿化工程施工合同》	景观石	1254511.20	已按图施工完成	327537.48	实际质量与投标清单质量存在极大差异，应扣除差异金额
		增加苗木	16822.66	增加的部分苗木属于合同总价外内容	0	无依据
		反季节种植苗木养护	100000.00	因反季节种植苗木增加养护费用的签证，已经被告签字确认	0	不符合合同约定，该工程联系单未盖甲方公章，不应该计取
		石材价格调差	1872092.77	该联系单签证齐全（已签字并经被告盖章确认）	0	该联系单存在不实情况
2	《某工程项目一期 1～6 号楼围墙外市政景观及零星工程合同》	零星工程签证	852775.00	已提交内部验收报告、工程量清单、隐蔽性资料及经质证的电子版签证单，足以认定原告履行了合同全部约定	0	原告提供的经质证的电子版签字资料，既没有监理人员签字又没有甲方盖章，还没有纸质版原件，属于无效的签证单
3	二期	二期零星签证	228927.25	二期工程的零星签证经被告签字，属于实际发生内容	0	二期签证本不在现有合同范围内，该份签证既没有监理人员签字又没有甲方盖章，不予认可

（三）案件当事人对工程造价司法鉴定意见异议问题

鉴定意见书征求意见稿和正式稿出具后，双方当事人先后就有关问题提出异议，主要异议问题如下：

（1）景观石包干范围按设计施工图还是按投标清单，双方各持不同意见。

（2）石材调差签章齐全，原告主张手续齐全，实际发生，应计入工程造价，被告主张施工期石材并不存在上涨，且调价方式存在问题，属于虚假材料，不应计入工程造价。

（3）零星工程，原告主张，原告已提交的《某工程项目一期1～6号楼围墙外市政景观及零星工程合同》、内部验收报告、工程量清单、隐蔽性资料及经质证的电子版签证单足以认定原告履行了合同全部约定，应计入工程造价。被告主张，根据该合同6.1.3条"所有关于工程量及工程价格的核定与调整必须由甲方指定的代表及监理签字并加盖甲方公章方能生效"的约定，原告提供的经质证的电子版签字资料既没有监理人员签字又没有甲方盖章，还没有纸质版原件，属于无效的签证单，不应计入工程造价。

（4）某工程项目二期零星签证（经被告签字，未盖章）。原告主张原告已提交经被告签字的二期土石方签证，而被告并未提出相反证据证实该签证为虚假。要求作出鉴定。本项涉及金额228927.5元。被告主张，二期签证本不在现有合同范围内，在双方无合同的基础上，该份签证通知单既没有监理人员签字又没有甲方盖章，与我方无任何关系，不予认可。

四、鉴定人出庭作证情况

鉴定过程中，鉴定人保持与委托人及各方当事人进行沟通，很多专业问题都已在沟通中不断解决。2022年8月17日，根据法院通知，鉴定人出庭参与对《鉴定意见书》和原、被告双方所提异议的质证，质证过程中，进一步解决了原、被告双方对鉴定意见提出的专业问题。

五、鉴定意见采纳情况

（1）根据某人民法院出具的民事判决书，人民法院全部采纳了鉴定机构作出的确定性鉴定意见。

（2）根据某人民法院出具的民事判决书，人民法院对鉴定意见书中选择性意见采纳情况如下。

① 关于《某工程项目一期1～6号楼景观绿化工程施工合同》：

a.景观石工程款数额问题，鉴定过程中，经现场勘验，景观石数量满足设计图纸要求，且该工程已交付使用，因此，本案应当按照合同约定的质量计算工程款为1254511.20元；被告主张景观石质量不符应作相应扣减无依据，本院不予采纳。

b.石材价格调差问题。被告在《工作联系单》盖章确认石材价格调整增加金额1872092.77元，符合合同约定，应予确认。

c. 增加苗木费用、反季节种植苗木养护费用，该签证单虽然经过被告工地现场人员签名，但未经被告盖章确认，不符合合同约定，诉讼过程中被告也予以否认，故本院不予采信。

②《某工程项目一期 1～6 号楼围墙外市政景观及零星工程合同》，零星工程部分造价问题，合同约定零星工程暂定总价为 852775 元，原告提供的签证单签字齐全，汇总金额与合同暂定总价一致，签证单未经被告盖章，但被告在工程内部竣工验收报告中对原告完成合同约定的情况检查结果签名为：完成，并盖章同意验收，因此应当认定原告已按照约定完成工程，双方未提供增减内容，故该部分工程造价应认定为 852775 元。

③ 二期零星签证工程。该工程双方未签订书面合同，该零星签证工程签证单经被告方项目负责人签字确认，双方并未约定必须经被告盖章确认，因此应当予以认定该签证单。该部分工程造价为 228927.25 元。

六、心得体会

本项目鉴定意见人民法院采纳情况较好，通过本案的工程造价司法鉴定经历，鉴定人对如下问题深有体会：

（1）在鉴定过程中了解当事人的争议焦点及委托人的判案要点是非常重要的环节，熟悉鉴定证据后，根据双方当事人的争议焦点，找到他们争议的平衡点，是解决双方矛盾的关键所在。鉴定人不仅要有专业的技术素养，还要有良好的沟通能力、协调能力。本案当事人对征求意见稿、正式稿均多次提出了书面反馈意见，鉴定人通过与委托人、当事人的沟通、解释，问题均得到了较好解决。

（2）严格按照委托人的委托事项及范围进行鉴定。案涉项目的委托鉴定范围与申请的鉴定范围不一致时，要及时与委托人沟通，进一步明确鉴定范围。鉴定人不能对委托人委托的范围自行决定，也不能擅自增减鉴定范围。本案鉴定过程中，鉴定人不断与委托人和申请人针对鉴定范围进行沟通，最终，根据被告提出的补充申请，委托人同意将《某工程项目一期 1～6 号楼庭院内基层土方回填及人工回填种植土分包合同》《某工程项目一期 1～6 号楼零星古建施工合同》《某工程项目一期 1～6 号楼零星古建施工合同补充协议》《某工程项目一期板区绿化养护合同》《某工程项目一期 1～6 号楼围墙外市政景观及零星工程合同》《某工程项目一期 1～6 号楼水泵维修合同》所涉工程造价纳入本次鉴定范围。

（3）由于工程造价鉴定既是工程造价咨询业务技术性工作，同时也是司法审判证据链的组成部分。因此，工程造价鉴定必然有其二者结合的特点，表现出工程造价鉴定所具有的技术路线和工作程序。其基本程序可分为两个阶段。第一阶段的首要任务是收集工程造价鉴定的事实依据，具体环节有委托受理、查阅案卷、收集证据（如现场勘验）、出具《鉴定意见书（征求意见稿）》等几个方面；第二阶段的主要目的是通过当事人对《鉴定意见书（征求意见稿）》提出的异议，邀请原、被告双方一起核对《鉴定意见书（征求意见稿）》中争议问题，将双方争议逐一化解，最终形成鉴定意见。

（4）鉴定意见书中列示争议问题的选择性意见，充分保障当事人诉权。将争议问题给出具体金额，性质的确定寻求法律层面解决问题，更能保证客观、公正，避免"以鉴代审"，且能推进鉴定进度。工程造价司法鉴定是一项专业技术性工作，而工程造价司法鉴定面对的很多问题，在技术层面本身就是多解或无解的，唯有在法律层面才可以有效解决，因此列示争议问题及选择性鉴定意见是较好的方法，也符合现行《建设工程造价鉴定规范》（GB/T 51262—2017）的规定。

（5）由于建筑工程建造周期较长，很多单位的档案管理不够严谨完备，很难提供完整的竣工图及结算资料，很多证据需要通过现场勘验来收集。因此，现场勘验环节对鉴定工作非常重要，需注意以下几点：

① 现场勘验前，需做好充分准备。应将需要现场解决的问题逐条整理出来，带上相关证据材料及现场勘验工作中需要用到的测量工具；

② 工程造价司法鉴定过程中，及时通过影像记录形式固定阶段性协商成果，避免因当事人的反悔而造成鉴定工作的重复劳动；

③ 对于证据缺失问题，可采用相关各方现场实测实量，按照测量结果绘制施工草图，并要求参与各方在测量结果及现场勘验笔录上签字确认。

（6）证据的收集与采用问题，鉴定人或鉴定机构不能单方接收当事人任意一方的证据材料，所有证据材料必须交到法院，并由法院组织原、被告双方进行质证后，再由法院将质证后的鉴定材料和质证笔录提交给鉴定公司作为鉴定依据。当事人对证据的真实性提出异议或证据本身彼此矛盾时，鉴定人应及时提请委托人认定，并按照委托人认定的证据作为鉴定依据。若委托人认为需要鉴定人按照争议的证据出具多种鉴定意见的，鉴定人将该部分有争议的证据分别鉴定并将鉴定意见单列，供委托人判断使用。

专家点评

本案例为绿化景观工程造价鉴定。案例案情表述翔实、清晰，焦点、难点问题交代明晰、详尽。特别是对景观石质量，由于现场景观石数量多、部分隐蔽较深，且部分体积较大较重，需要的测量工具和测量技术要求很高；联系单签章手续的真实性问题及围墙外市政景观、零星工程等鉴定人无法现场勘验，鉴定人根据专业技术，依据相关规范法规及证据链进行沟通解释，积极努力化解了当事人之间的争议，让双方妥协并达成一致意见。

针对景观铺装中并不存在水泥稳定碎石，鉴定人依据实际完成的工程内容扣减相应水泥稳定碎石费用；双方签订的工程合同中约定"承包人报送结算款时不得超报、虚报，如审减率超过5%，超出部分对应价款的1%作为违约金从结算款中扣除"属于结算审核条款，不适用于工程造价鉴定，不扣除相应款项违约金。以上鉴定内容可以看出鉴定人在有理有据的前提下，依照客观公正、实事求是的原则与双方当事人积极沟通，并取得理解，达到了良好的鉴定效果。

本鉴定案例难能可贵的地方是鉴定人始终不回避问题，保持与委托人、各方当事人积极沟通，使原、被告双方提出的异议在沟通中不断解决。并且法院对鉴定意见采纳情况较好，人民法院全部采纳了鉴定机构作出的确定性鉴定意见，对单列和选择性意见采信情况进行了详尽说明，对鉴定人了解案情和鉴定意见的质证、采用情况起到了很好的参考作用。

案例中鉴定人的心得体会言简意赅。当委托鉴定范围与项目申请人所要求的鉴定范围不一致时，要及时与委托人进一步沟通明确，包括补充申请鉴定。真正让鉴定人成为委托人的助手，鉴定意见书起到"证据"作用，从而辅助委托人进行裁决。另外积极化解当事人之间的争议问题，"定分止争"，也是当前鉴定人应有的积极立场。

最后选择性意见文字说明增加了用表格形式表达使整个案例数据更加直观、明了。但案例中对部分证据的关联性分析不够深入，如对景石和签证价的分析说明等，如添入此部分内容的论述，将会使案例更专业、严谨。

浙江浙坤工程管理有限公司　齐国舟

某棚户区改造项目 1#—7# 楼修复工程造价司法鉴定

——贵州省建筑设计研究院有限责任公司

雷忠意　乔瀚林

一、案情简介

原告：某建设工程有限公司

被告 1：某建设投资有限公司

被告 2：某房地产开发有限公司

被告 3：某建材有限公司

该案为原告于 2018 年 3 月 27 日起诉三被告。2014 年 8 月 8 日，原告与被告 1 签订了《建设工程施工合同》，被告 1 将某项目安置点土石方场平工程、基础工程、土建工程、装饰装修工程、安装工程、小区绿化、道路和配套设施等发包给原告进行施工。2014 年 11 月 5 日，被告 1 向原告发出《证明》称已将项目土地使用权转让给被告 2，土地使用权已归被告 2 所有。被告 1 将项目土地使用权转让给被告 2 后，2014 年 11 月 6 日，原告与被告 2 签订《某项目施工承包框架协议》约定由原告承包该项目的土石方、边坡支护、房屋建筑、市政道路（含桥梁）、防水、水电安装等工程，被告 3 作为该项目所涉权利义务的担保人。为了进一步细化双方权利义务，2015 年 6 月 8 日，原告与被告 2 签订该项目《建设工程施工合同》；2016 年 4 月 8 日，原告与被告 2 签订了该项目 6#、7# 楼《建设工程施工合同》，合同签订后，原告施工并完成了约 10 万 m^2 工程量。原告主张被告 1、被告 2 以资金周转困难为由不支付工程款，故原告起诉法院主张判令三被告支付其工程款、违约金、停工损失、利润损失及利息，被告方则主张其施工质量不合格，不应按原告主张的金额支付，并应扣除不合格工程修复所需要的费用。

在本案诉讼过程中，本案对案涉工程先后进行了已完涉案工程工程造价鉴定、工程质量鉴定，以及不合格工程修复造价鉴定工作，我方在本案中主要负责的就是第三项"修复造价鉴定工作"，具体鉴定事项为针对质量鉴定机构提出的不合格工程进行修复设计并同步出具修复造价鉴定意见。

二、案件争议焦点和鉴定难点

（一）案件争议焦点

本案原告主张被告未按照合同约定支付工程款，且合同履行期间将案涉项目交予第三方进行施工，导致原告无法继续施工，故申请法院判令被告支付其工程款及停工损失。被告则主张其施工质量不合格，应扣除将其修复至合格标准所需发生的费用。双方就最终的工程款金额无法达成一致意见。

（二）鉴定难点

本案的鉴定事项为对涉案项目 1#—7# 楼进行修复方案设计及修复费用鉴定。

1. 难点一：与质量鉴定机构配合及理解不一致

本案涉及鉴定事项较多，各机构配合及案件理解不一致。进行修复设计及造价鉴定的前提和依据是质量鉴定机构出具的质量鉴定报告，但是我方收到法院移交的由前期质量鉴定机构出具的质量鉴定报告《司法鉴定报告》（质检字〔2020〕第 JD-194 号），主要是定性存在哪些质量不合格内容，未给出具体不合格部位。故在第一次鉴定现场勘验中被告 2 对质量不合格范围提出异议，无法进行勘验，最终在法院的组织和要求下，质量鉴定机构提供了《某棚户区改造项目 1#—7# 楼不合格内容统计表及修复部位总说明》，我方根据此内容再次进行了现场勘验，并出具了修复设计方案及造价鉴定。由于质量鉴定机构补充提供的《某棚户区改造项目 1#—7# 楼不合格内容统计表及修复部位总说明》是根据抽查检测出具的说明，不是全面检测出具的不合格部位及不合格内容统计，故在我方出具正式意见报告后，被告 2 向法院提出，质量鉴定机构不是全面检测，是通过抽查检测得出的结论，存在质量检测不合格部位不全面的问题，要求质量鉴定机构进行全面检测。在法院组织下，我方、质量鉴定方等各方当事人开庭确认由质量鉴定机构在前面抽查基础上进行全面检测，并出具补充报告，我方再根据补充报告出具补充修复设计及造价鉴定意见。由于当事人对鉴定的需求在最开始的认知不充分，未理解质量鉴定的定性结论与全面检测出所有不合格部位的差异，导致进行了多次鉴定，造成鉴定时限拉长。

2. 难点二：修复方案依据的选定及修复方案的确定

根据收到的鉴定资料，涉案标的物的施工图纸日期为 2015 年，而本次修复鉴定日期为 2020—2021 年，施工图纸中所依据的部分规范已经被新规范代替，且内容有所变化。故修复方案依据的选定则划分出了两条思考路线：

（1）涉案项目修复的日期为 2020—2021 年，如考虑到实施修复的日期，则需按照最新的规范作为依据选用合适的修复方案；

（2）当事人主张涉案项目施工质量不合格，工程款中需扣除修复至原设计标准所需发生的费用。在此前提下，则需按照原施工图的规范标准作为依据选用合适的修复方案；

每个路线所出具的修复方案及修复工程造价必然会产生不一样的结果，因此，对于哪一种思路更加适合本次鉴定,是本次鉴定的一大难点。

3. 难点三:修复方案的选用应同时结合现场实际情况及其他因素

为确保出具的修复方案具有落地性及合理性,不会产生过度修复及修复不足的情况,需要设计修复人员在根据规范的前提下,充分考虑施工难度及施工成本后,合理确定修复的具体措施及范围。

4. 难点四:修复工程量的测量

现场勘验时,我方需根据确认的修复措施对修复工程量进行现场测量。由于涉案的楼栋及不合格部位较多,为保证修复鉴定工作的完整性,我方需对每一个不合格部位的修复工程量及措施工程量进行单独测量,并形成勘验记录,故测量的工作量非常大;其次,由于涉案楼栋部分已经投入使用,且外立面的脚手架已拆除,部分区域如塔楼外立面以及已入住的住户内的测量具有相应难度;另外,案涉工程现场已入住并形成了小区商业,不合格部位零星、琐碎,测量难度大,进行了长达一个月的现场测量工作。

5. 难点五:修复方案的具体形式

由于本项目不合格部位的数量及种类较多,如何准确、易懂地表述修复方案的修复方式、修复范围,并使其成为修复造价鉴定的计算依据是本案的一大难点。

6. 难点六:措施费的取定

由于案涉工程现场大部分已经投入使用,在修复过程中关于措施费如何取定也较为困难。

三、鉴定情况

(一)司法鉴定委托人提供鉴定材料内容

由于本项目是修复设计造价鉴定案例,在鉴定材料的收集和提交方面,我方经仔细研究委托内容及确认鉴定方式后,向委托人提交了本项目的《补充资料函》,并收到如下鉴定资料:

(1)涉案项目的施工合同及补充协议。

(2)涉案项目的施工图纸纸质版及电子版(含结构、建筑、电气、给排水)。

(3)现场设备确认单及平面图。

(4)涉案项目的《建筑工程质量鉴定意见书》。

(5)涉案项目的已完工程造价的《造价鉴定意见书》。

(二)工程造价司法鉴定情况

1. 鉴定过程

(1)2020年7月8日收到人民法院委托。

(2)2020年7月13日向法院提交了《关于工程修复造价鉴定需提供的资料清单》。

(3)2020年7月15日收到第三方公司移交的施工图、施工合同及补充协议。

(4)2020年7月20日与被告2签订了工程造价鉴定委托书。

（5）2020年7月20日收到法院移交的某项目工程造价鉴定意见书。

（6）2020年7月28日收到法院移交的某项目工程造价补正鉴定意见书。

（7）2020年8月12日在法院组织下，与原告、被告2进行了现场勘验，由于被告2对申请质量鉴定机构出具报告中的质量不合格范围有异议，故无法进行现场勘验工作。

（8）2020年9月2日收到工程质量检测公司补充提供的《某项目1#—7#楼不合格内容统计表及修复部位总说明》。

（9）2020年9月8日，因送鉴资料时间较晚，无法在委托要求时间内完成鉴定工作，向法院提交了《关于某项目1#—7#楼修复工程造价鉴定工作延期申请函》。

（10）2020年9月21日—2020年9月25日在法院组织下，与原告、被告2进行了现场勘验工作，原告在到达现场后向法院质证后，不参加现场勘验工作。

（11）2020年11月9日，因修复工程设计图编制较为复杂，无法在委托要求时间内完成鉴定工作，向法院提交了《关于某项目1#—7#楼修复工程造价鉴定工作延期申请函》。

（12）2020年12月4日出具征求意见书，2021年1月4日收到法院送达的被告2于2020年12月16日回复《某项目1#—7#楼修复工程造价鉴定（征求意见）的回复函》，原告于2020年12月18日回复《针对修复工程造价鉴定征求意见书回复意见》，被告1于2020年12月10日回复《关于〈某项目1#—7#楼修复工程造价鉴定征求意见书〉的书面反馈意见》，被告3于2020年12月18日回复《关于〈某项目1#—7#楼修复工程造价鉴定征求意见书〉的回复意见》。2021年1月25日对回复意见作出书面回复，并出具正式鉴定意见书。

（13）2021年7月12日收到人民法院送达的工程质量检测鉴定公司出具的建筑工程质量补充鉴定意见书。

（14）2021年7月28日我方与被告2签订了《工程造价补充鉴定协议书（合同编号：2020-Z88-附1）》。

（15）2021年8月12日收到被告2预缴鉴定费，开始开展补充鉴定工作。

（16）2021年8月17日至2021年9月9日在法院组织下进行现场勘验工作。

（17）2021年9月17日因补充鉴定现场勘验工作繁琐，设计方案工作量大，向法院提出了延期申请。

（18）2021年9月30日完成补充鉴定征求意见稿。

（19）2021年10月28日收到法院送达的被告2于2021年10月15日回复《关于某项目1#—7#楼修复工程造价补充鉴定征求意见书（省建院价鉴2020-08号附1）、修复方案说明的质证意见》，原告于2021年10月25日回复《关于某项目1#—7#修复工程造价补充鉴定征求意见的回复》，被告1于2021年10月13日回复《关于〈某项目1#—7#楼修复工程造价补充鉴定征求意见书〉的书面反馈意见》，被告3于2021年10月15日回复《关于某项目1#—7#楼修复工程造价补充鉴定征求意见书（省建院价鉴2020-08号附1）、修复方案说明的质证意见》。

（20）2021年10月29日对回复意见做出书面回复，并出具补充鉴定正式意见书。

2. 鉴定依据

（1）人民法院委托鉴定函。

（2）对外委托鉴定工作函。

（3）人民法院移交鉴定资料。

（4）鉴定笔录：

① 人民法院 2018 年 9 月 19 日质证笔录。

② 人民法院 2019 年 5 月 10 日质证笔录。

③ 原告质证意见（针对被告 3 提交的证据）。

④ 原告质证意见（针对被告 1 提交的证据）。

⑤ 现场勘验记录。

⑥ 民事起诉状。

（5）计价定额及配套文件：

① 《贵州省建筑与装饰工程计价定额》（2016 版）、《贵州省通用安装工程计价定额》（2016 版）、《贵州省市政工程计价定额》（2016 版）、《贵州省园林绿化工程计价定额》（2016 版）。

② 相关配套文件：《关于重新调整贵州省建设工程计价依据增值税税率的通知》（黔建建字〔2019〕121 号）、《关于调整贵州省建设工程计价依据规费费率的通知》（黔建建字〔2019〕317 号）。

③ 《贵州省建设工程造价信息》。

（6）工程质量检测鉴定公司出具的《司法鉴定报告》（质检字〔2020〕第 JD-194 号）及补充提供的《某项目 1#—7# 楼不合格内容统计表及修复部位总说明》。

（7）《某项目工程造价鉴定意见书》（价鉴〔2020〕009 号）及《某项目工程造价补正鉴定意见书》[价鉴〔2020〕009 号（补）]。

（8）工程质量检测鉴定公司出具的《建筑工程质量补充鉴定意见书》（质检字〔2021〕第 JD-100 号）。

（9）修复设计依据：

① 涉案项目 1#—7# 楼的设计施工图。

② 国家建筑标准设计图集《住宅建筑构造》（11J930）。

③ 其他相关的法规，现行国家标准、行业标准、技术要求等。

3. 鉴定方法

1）主要鉴定步骤

（1）熟悉鉴定资料，核查原、被告双方对该鉴定工程项目的主要争议，就原、被告鉴定内容进行确认，梳理对应资料。

（2）进行现场勘验，出具初步修复方案及测量修复工程量。

（3）根据现场勘验情况，依据送鉴资料，汇总分析，出具详细修复方案。

（4）根据方案及工程量出具修复工程造价。

（5）出具鉴定意见书。

2）鉴定原则

根据提供的施工图（纸质版）和施工图（电子版）（纸质版图纸与电子版图纸有冲突的地方，

以纸质版图纸为准）以及工程质量检测鉴定机构出具的《司法鉴定报告》（质检字〔2020〕第 JD–194 号）、《建筑工程质量补充鉴定意见书》（质检字〔2021〕第 JD–100 号）及补充提供的《某项目 1#—7# 楼不合格内容统计表及修复部位总说明》，我公司设计人员对质量鉴定报告所确认的不合格内容及修复部位进行了现场勘测工作，并结合施工图按原设计及原设计的标准出具修复工程设计方案，造价鉴定人根据出具的修复设计方案依据贵州省 2016 版五部计价定额，出具修复工程造价鉴定意见。

3）鉴定难点分析

针对本案鉴定过程分析的难点，鉴定人组织所有参与鉴定工作的人员，并申请设计、造价等相关专家进行内部合议，一一分析处理办法，最终达成一致意见。

针对难点一，我公司积极地向主审法官、当事人发出书面说明，明确最初质量机构出具的报告，在进行修复设计时，缺少哪些主要内容的鉴定结论，并告知设计修复的前提必须是质量全面检测报告。对于当事人提出的要求，设计人员在现场判断质量是否合格已超出设计的权限，质量是否合格应是由专业的质量鉴定机构出具结论。并通过主动与法院、质量鉴定机构及当事人积极沟通，达成共识。

针对难点二，根据质量鉴定机构提供的鉴定报告描述，多数质量不合格描述都是不符合设计要求。由于本案所涉项目实施时间与诉讼时间相隔较长，在诉讼期内部分设计标准发生变化，但原施工图也是经过质量监督站审核通过的图纸。经过相关专家和鉴定人讨论，进行质量不合格的修复费用应是修复至原设计图纸要求发生的费用，不是达到诉讼期的设计标准要求。我方在确定鉴定思路后向法院说明了具体鉴定方法，法院也认可我方按此方法鉴定。

针对难点三，由于本案案涉工程部分已经投入使用，我方在组建鉴定人团队时，选择均是具有现场施工管理经验的专业人员，可以合理地结合现场实际现状出具修复方案。

针对难点四，我方对此难点组成的鉴定人必须具备现场施工经验、现场测量工作经验的人员组成鉴定团队，进行精确的现场测量工作。

针对难点五，由于本案项目所涉质量、设计、造价等多专业、多行业的配合，且在鉴定过程中考虑到本项目部分区域涉及的不合格内容及种类较多，为使其具有简单、易懂、便利的特性，便于法院、各方当事人及鉴定方等多方的沟通和更好地解决本案争议，最终的修复方案我方以"说明＋图纸＋表格"的形式进行表达，说明对涉案项目的整体修复方案进行阐述，图纸对修复的部位、检测报告对应的位置、不合格内容、整改措施通过索引的形式进行标出，而具体该部位的修复工程量及做法则以表格的形式进行表达，并在图纸中标注出表格的位置。总的来说，通过说明即可了解本项目修复方案的整体情况，通过图纸则可了解修复的具体部位及内容，通过表格则可了解本项目所有的修复工程量。

针对难点六，我方组成的鉴定人员必须具备现场施工管理经验，结合现场实际，如可以利用电梯已投入使用等因素，合理地确定修复需采用的施工措施。并在造价鉴定费用计算时，根据确定的措施方案出具措施造价鉴定意见。

4. 鉴定意见

1）修复方案概述

（1）建筑专业：

① 外墙不合格项整改，正立面窗户较多，且不平整，施工办法采用搭脚手架，山墙面窗相对较少，立面平整，则从屋顶搭吊篮施工。

② 不合格的玻璃幕墙全部拆除，按原设计图施工安装。

③ 外墙面保温，原设计外墙外保温的，结合现场，修复方案改为内保温做法，以免造成外墙漏水。

④ 门窗部分内容，按检查报告，安装不合格部分，拆除重新安装；玻璃不符合设计要求部分，拆除替换，并按原设计图施工安装。

⑤ 内墙面、顶板露筋、渗水等工程做法种类较多，修复方案详见工程做法附表。

⑥ 屋面防水，根据检测报告、现场勘验。清理表面至结构基层，按原设计防水做法进行处理。

⑦ 修复方案抹灰厚度有两种情况，第一种为墙面垂直度不合格的，抹灰从基层做起，挂玻纤网，再抹灰，抹灰厚度则以原设计施工图选用的图集的做法的厚度为准。第二种为墙面平整度不合格的，抹灰是从原抹灰层进行修复，根据某项目 1#—7# 楼《司法检测鉴定报告》（质检字〔2020〕第 JD-194 号）检测结果表看，不平整度允许偏差值为 4mm，不合格内容实测偏差值绝大数在 5～9mm 范围内，本次修复方案抹灰厚度为 10mm，根据选用的图集，图集不需挂玻纤网，能达到标准要求的。

⑧ 1#、2# 楼电梯前室地面有高差，鉴定报告给出全部不合格，原设计图纸因前室为开敞前室，未设置有窗户，设置高差为 3cm 防水线，因存在直接高差，存在一定安全隐患，修复方案已将设计的高差防水线整改为坡道，人以免绊脚跌倒，消除安全隐患。

⑨ 吊顶，住宅电梯前室施工有吊顶的，垂直度不合格的全部拆除重新吊顶，平整度不合格的吊顶，只铲除面层，重新抹灰达到平整度后，再刷涂料。

⑩ 电梯门套，根据检测报告、现场勘验。密封不足、未抛光的情况，采用补打密封胶、抛光处理；破损部分，拆除后按原设计做法进行处理。

⑪ 栏杆与扶手部分，主要问题为涂膜局部脱落、锈蚀、污染，处理方案为除锈后再刷防腐漆。

⑫ 住宅楼梯间水泥砂浆地面空鼓、浮浆、开裂，商业楼梯间、露台地砖地面空鼓、破损，根据检测报告、现场勘验，采用清理层面之后按原设计工程做法处理。

（2）给排水专业：

① 消防管道未刷漆，未刷漆部分重新按照设计刷漆。

② 管道支（吊）架锈蚀，除锈后再重新刷漆。

③ 生活水箱容积与设计不符，对现有水箱容积扩容且调整水箱水位。

④ 消火栓箱缺失水枪、水带、卷盘，按照原设计补充。

⑤ 喷淋头安装位置与设计不符，拆除局部管道及喷淋头后，重新按照原设计安装。

⑥喷淋头数量与设计不符，拆除局部管道及喷淋头后，重新按照原设计施工。

⑦消防电梯坑排水管道未施工，按照原设计进行补充。

（3）电气专业：

①消防电气设备不能正常使用问题，整个项目（1#—7#楼）的电气消防系统的设备及线缆需重新按原设计安装。

②部分桥架安装位置及规格与设计不符问题，需按原设计重新安装。

③线束规格型号与设计不符问题，需按原设计更换。

④敷设方式与设计不符（主要表现为设计暗敷，实测KBG管明敷）问题，明敷的KBG管需刷防火漆。

⑤照明灯损坏或缺失问题，按原设计更换或补充。

⑥槽或孔洞未封堵，部分需做防火封堵，部分需封堵底盒孔洞。

⑦桥架、桥架连接件、KBG管锈蚀，需打磨锈蚀部分，刷防锈漆。

⑧各机房、配电间、电井接地未安装，需补充安装上述电气用房接地。

（4）暖通专业：

①所有尺寸不满足设计要求的风管，需拆除并重新安装，涉及的法兰、支（吊）架等风管管件均需拆除后按图纸重新购置材料并安装。

②风机、静压箱、防火阀等信息缺失不能正常使用的暖通设备，需拆除并重新购置安装。

③对锈蚀的支（吊）架及接头扁铁进行手工除锈St3级处理，然后刷二道红丹防锈漆、再刷二道调和漆，歪斜的支（吊）架重新安装。

④烟管被桥架、喷淋穿越的地方拆除并重新安装，桥架及喷淋进行避让。

具体整改内容、部位及工程量，详见修复方案图纸或设计鉴定方案工程做法及附表。

2）修复造价概述

（1）2020年修复造价鉴定的主材价格选用《贵州省建设工程造价信息》2020年第10期毕节地区信息价，2021年修复造价鉴定的主材价格选用《贵州省建设工程造价信息》2021年第9期毕节地区信息价，毕节地区中缺项的参考贵阳地区信息价，贵阳地区缺项的通过中国建材在线、广材网、慧讯网等方式市场询价计入。

（2）建筑垃圾外运及弃土费参照本案已完工程造价鉴定单位出具的《某项目工程造价鉴定意见书》（价鉴〔2020〕009号）中确认的土方外运距离6.4km计取，弃土费5元/m^3计取。

（3）铝合金幕墙拆除重新施工安装部分，因原施工图无详细节点大样，无龙骨布置图，只有平面示意图，故修复造价鉴定参照本案已完工程造价鉴定单位出具的《某项目工程造价鉴定意见书》（价鉴〔2020〕009号）中协议价计取，即1#、2#楼为747元/m^2，3#楼为680元/m^2计取。

本次修复造价鉴定总金额为22806748.41元，其中2020年根据工程质量检测鉴定有限公司出具的《司法鉴定报告》（质检字〔2020〕第JD-194号）及补充提供的《某项目1#—7#楼不合格内容统计表及修复部位总说明》出具的鉴定金额为7402892.43元，2021年根据补充提供的《建筑工程质量补充鉴定意见书》（质检字〔2021〕第JD-100号）出具的补充鉴定金额为15403855.98元，具体金额明细详见表1。

表1　某项目1#—7#楼修复工程造价鉴定汇总表

序号	单项工程名称	金额（元）
一	2020年第一次鉴定	7402892.43
1	1#—5#楼地下室	404360.27
1.1	建筑工程	248020.18
1.2	地下室电气	72773.14
1.3	地下室暖通整改	72946.27
1.4	地下室给排水修复工程	10620.68
2	1#楼	3638164.24
2.1	建筑工程	3316979.26
2.2	1#楼电气	219473.21
2.3	1#楼暖通整改	11067.52
2.4	1#楼给排水修复工程	90644.25
3	2#楼	1441181.25
3.1	建筑工程	1307577.88
3.2	2#楼电气	88075.11
3.3	2#楼暖通整改	4528.69
3.4	2#楼给排水修复工程	40999.57
4	3#楼	483452.7
4.1	建筑工程	400439.8
4.2	3#楼电气	51140.52
4.3	3#楼暖通整改	11045.84
4.4	3#楼给排水修复工程	20826.54
5	4#楼	348245.92
5.1	建筑工程	299184
5.2	4#楼电气	38902.62
5.3	4#楼暖通整改	10159.3
6	5#楼	273596.89
6.1	建筑工程	242271.29
6.2	5#楼电气	22135.63
6.3	5#楼暖通整改	38.66
6.4	5#楼给排水修复工程	9151.31
7	6#楼	459306.02

续表

序号	单项工程名称	金额（元）
7.1	建筑工程	450624.12
7.2	6#楼电气	3783.94
7.3	6#楼给排水修复工程	4897.96
8	7#楼	354585.14
8.1	建筑工程	333816.18
8.2	7#楼给排水修复工程	20768.96
二	2021年对补充范围的鉴定	15403855.98
1	1-5#楼地下室	3470296.52
1.1	建筑工程	1101661.1
1.2	地下室电气	838396.53
1.3	地下室暖通修复	1101889.29
1.4	地下室烟道修复	8319.65
1.5	地下室给排水修复工程	420029.95
2	1#楼	3448616.15
2.1	建筑工程	2662179.75
2.2	1#楼电气	655385.68
2.3	1#楼烟道修复	1130.79
2.4	1#楼给排水修复工程	129919.93
3	2#楼	2778041.95
3.1	建筑工程	1999304.28
3.2	2#楼电气	651673.34
3.3	2#楼烟道修复	1143.22
3.4	2#楼给排水修复工程	125921.11
4	3#楼	1439638.76
4.1	建筑工程	1185998.91
4.2	3#楼电气	223797.93
4.3	3#楼烟道修复	2803.6
4.4	3#楼给排水修复工程	27038.32
5	4#楼	1462263.29
5.1	建筑工程	1217756.56
5.2	4#楼电气	216128.04

续表

序号	单项工程名称	金额（元）
5.3	4# 楼烟道修复	4010.93
5.4	4# 楼给排水修复工程	24367.76
6	5# 楼	844744.8
6.1	建筑工程	746599.48
6.2	5# 楼电气	78138.36
6.3	5# 楼烟道修复	1309.6
6.4	5# 楼给排水修复工程	18697.36
7	6# 楼	784944.29
7.1	建筑工程	589390.84
7.2	6# 楼电气	157361.15
7.3	6# 楼给排水修复工程	38192.3
8	7# 楼	1299804.65
8.1	建筑工程	1197914.08
8.2	7# 楼电气	81818.03
8.3	7# 楼给排水修复工程	20072.54
9	扣除第一次鉴定做法变化造价	-124494.43
9.1	建筑工程	-51548.16
9.2	地下室暖通整改	-72946.27
	合计	22806748.41

（三）案件当事人对工程造价司法鉴定意见异议问题

我方发出征求意见稿后，当事人针对报告内容的异议问题主要有四类：

（1）涉案项目部分达不到原设计标准、不合格内容未在报告内有体现，属于鉴定漏项。

（2）对报告内部分工程量及材料价格有异议。

（3）对报告内部分项目的计价内容有异议。

（4）对修复金额的责任归属问题有异议。

我司收到当事人异议后，立即组织了专家进行研讨。针对当事人提出的异议，专家团队进行了详细的分析，对当事人提出的异议进行了逐条书面回复，同时根据当事人提出的异议中合理的部分进行了必要的修正，以确保最终的鉴定结果公正、合理。

四、出庭作证情况

我方根据委托内容要求出具征求意见稿后，在法院组织下，我方同当事人针对征求意见稿中的内容参与了法庭质证，对当事人提出的疑问、异议进行答疑及回复，质证情况概述如下。

1）2020年第一次鉴定质证情况

（1）被告提出：涉案项目多个部位（如部分屋面防水卷材未施工、抹灰不平整等）存在不合格，但征求意见稿中未体现修复方案及金额。

我方质证如下：我方的修复依据为法院移交的《司法鉴定报告》（质检字〔2020〕第JD-194号）及补充内容，修复方案已按照上述报告中给出的不合格内容及部位进行了修复设计，故不存在遗漏。

（2）被告提出：修复工程未考虑垂直运输费用，应当列入计算。理由：施工部位比较分散，定额考虑的材料二次转运费不能满足施工作业的需要。

我方质证如下：修复工程属于局部修复，并且建筑的电梯已投入使用，可用电梯进行垂直运输，故不计算垂直运输费。

（3）被告提出：内外墙抹灰厚度均为20mm厚，返修鉴定中的厚度有误。

我方质证如下：修复方案原则为按原设计施工图的标准进行修复。原设计施工图建筑设计总说明中《装修材料表》工程做法选用的图集为国家建筑标准设计图集《住宅建筑构造》（11J930），本次修复方案继续按照该标准，图集中抹灰厚度为多少，修复方案就为多少，完全符合标准。

（4）被告提出：地下室找坡计量存在错误、抹灰层拆除套项存在问题。

我方质证如下：会后复核后回复。

（5）被告提出：材料价格（如钢化玻璃、干挂石材、外墙涂料、防火门、防盗门、地砖、墙砖等）应按之前的造价鉴定的材料价计入。

我方质证如下：因为是修复造价鉴定，应以现行修复时期的材料价格信息为准，不应该是施工期的价格信息。

（6）被告提出：铝合金平开门主材未输入价格，应当列入计算。

我方质证如下：现场勘察铝合金门并未损毁，只是安装不合格，只是拆除后重新安装。

（7）被告提出：天棚龙骨及饰面拆除应套用金属龙骨、石膏板面拆除定额。

我方质证如下：根据《司法鉴定报告》（质检字〔2020〕第JD-194号）显示是木龙骨吊顶，并且根据修复方案只是取下面层，对木龙骨补刷防火涂料，拆除面层涂料重新粉刷，并不是拆除重做。

2）2021年补充鉴定质证情况

当事人只是在征求意见稿时提出了书面异议，我方对异议进行了书面逐条回复，此后的开庭并未通知我方出庭作证。

五、心得体会

本案自接收鉴定委托之日起至鉴定结束，历时一年零三个月，跨度之长其中的因素不仅仅是因为鉴定工作量大，更是由于本案涉及的修复范围广，在设计及造价领域均需要多个专业（建筑、给排水、电气、暖通）共同配合才能完成。同时，修复需要结合现场实际情况，并不能仅限于图纸，需要进行多方的考量。其次，在第一次修复鉴定结束后，当事人仍主张涉案项目部分不合格内容未包含在质量检测报告内，因此申请了第二次不合格内容的质量检测与修复造价鉴定，由此造成了鉴定时限的延长。

纵观本案，修复方案的大前提是质量检测，其出具内容的全面与否直接影响后续修复方案及修复造价，因此质量检测报告的准确性与完整性对后续我方的鉴定工作起到非常重要的作用。故在鉴定初期，我方及时向法院发函，告知检测单位采用抽样的方法出具的报告并不能用于我方的鉴定工作，应对涉案项目进行完整的质量检测后出具的报告才能用于本案鉴定事项。

修复方案编制过程中，除了原施工图的规范、标准、要求，还应考虑现场实际情况，在现场勘验时将设计、造价两个领域共同结合，以此达成修复内容、修复范围、修复措施的合理性、实操性、经济性。

考虑到本项目部分区域涉及的不合格内容及种类较多，为使其具有简单、易懂、便利的特性，最终的修复方案我方则以"说明＋图纸＋表格"的形式进行表达，说明对涉案项目的整体修复方案进行阐述，图纸对修复的部位、检测报告对应的位置、不合格内容、整改措施通过索引的形式进行标出，而具体该部位的修复工程量及做法则以表格的形式进行表达，并在图纸中标注出表格的位置。总的来说，通过说明即可了解本项目修复方案的整体情况，通过图纸则可了解修复的具体部位及内容，通过表格则可了解本项目所有的修复工程量。

综上所述，本案是在建设工程鉴定案例中较为复杂的一个案例，本案涉及质量鉴定、造价鉴定、修复设计及修复造价鉴定多个鉴定工作。在本次案例中我方发现，如果只是传统的质量鉴定，质量鉴定机构只需要根据规范抽查后做出质量合格与否的定性结论即可，但是如果需要进行后续的修复设计及修复费用鉴定，那必须采用全面检测方法，检测出所有的不合格部位，才能指导下一步鉴定工作。在本案中，最初提供的质量鉴定报告就是质量鉴定机构按常规抽样出具的不合格内容部位的鉴定报告，我方在第一次鉴定中提出该报告是根据抽样检测出具，并未完全反映全部的不合格部位，但在第一次鉴定中当事人并未引起重视，当事人也不愿意给质量鉴定机构补偿鉴定费，故在第一次鉴定出具意见后，当事人又以此为由提出了补充鉴定，导致进行了二次鉴定，造成时间上的浪费。在这种复杂的案例中若法院或当事人一开始就提出质量鉴定诉求，应追问当事人是否要进行修复设计或修复造价鉴定，如有，在鉴定委托时就可以更加详细地描述委托事项，可以有效地避免重复鉴定，缩短鉴定时效。

专家点评

本案属于对已完工项目因存在质量缺陷而进行的修复工程进行造价鉴定，涉诉案件比较复杂，涉及对已完工程造价鉴定、工程质量鉴定和工程质量缺陷修复设计及相应修复工程的造价鉴定四方面工作。前述已完工程造价鉴定、工程质量鉴定以及质量缺陷修复设计方案均是对修复工程进行造价鉴定的前提条件。本案受制于前期工程质量鉴定的抽检定性鉴定结果不满足修复设计及其造价鉴定需要，在修复工程造价鉴定过程中出现了补充质量鉴定、补充修复工程设计及其造价鉴定等大量反复工作，修复工程的造价鉴定历时一年零三个月，重复鉴定造成的工作量大幅增加、时间跨度也大幅延长。对存在质量缺陷的已完工程进行造价鉴定是工程鉴定工作中的大概率事件，是对工程进行修复或是对质量缺陷部分折价计算工程价款往往也是诉讼双方当事人的争议焦点。纵观本案，对修复工程造价鉴定依据是修复设计方案，而设计方案的大前提是对已完工程首先进行全面的质量检测，检测内容的全面与否直接影响后续修复方案及其修复造价，质量检测报告的准确性、完整性对后续造价鉴定工作起到非常重要的作用，此案在这些方面的处理很值得行业鉴定人员今后在承办此类造价鉴定项目时借鉴。

在本案修复工程造价鉴定中，鉴定人及时发现前期工程质量鉴定的定性结论与全面检测出所有不合格部位的差异问题，提出需对工程进行全面质量检测和对全部不合格工程部位按修复至原设计图纸要求的修复鉴定技术路线，对修复方案选取以"说明＋图纸＋表格"的表达方式，以便于法院、各方当事人与鉴定人在本案造价争议中的沟通和互动，有力推动了本案争议问题的解决。选择具备现场施工、测量工作经验的专业人员组成鉴定团队，进行精确的现场测量工作，为本项目解决修复范围争议奠定了坚实基础；采用可落地实施的修复施工工艺和技术措施，按鉴定同期的现行定额和信息价的造价鉴定技术处理，既可以避免引发过度修复认定新分歧，也可以简便、快速地确定修复工程的合理造价。尤其是在建筑垃圾外运及弃土、铝合金幕墙拆除重新施工安装等鉴定事项中，鉴定人更是参考了同案对已完工程造价鉴定机构的鉴定结论意见，为委托人审理本案同类事项统一了鉴定证据标准，也减少了当事人对修复工程造价鉴定意见潜在的分歧风险，上述本案对修复工程造价鉴定中的问题处理，可以为行业开展类似项目造价鉴定提供良好的工作借鉴和参考经验。

北京思泰工程咨询有限公司　马玉峰

对某矿区选厂工程项目工程造价司法鉴定

——华昆工程管理咨询有限公司

王建南　汪松森　尹加发

一、案情简介

（一）合同签订及履行情况

2012年11月，原告某建设公司（承包人）与被告某矿业有限公司（发包人）就某矿区3000t/d选厂工程建设签订了《建设工程施工合同》（以下称《施工合同》），该合同约定发包工程设计范围为：①场地"三通一平"工作；②选矿生产工程，原矿堆场、破碎车间、粉矿堆场、磨矿车间、氰化浸出车间、解析电积及炭再生车间、磁选车间、铁精矿过滤车间、空压站等；③公用及辅助生产设施；④行政、福利设施工程。承包范围：以上①~④项设计范围内所有工程的土建、安装、单机调试及无负荷联动试车内容的施工（设备供应商承担安装的除外），包工、包料、包质量、包工期、包安全。本工程为固定费率发包方式，根据发包方提供的施工图及固定费率进行取费。

2012年12月1日，监理单位下达开工令，项目正式开工。期间新增挡墙工程、机耕道路工程、边坡防护工程等合同外内容。2014年6月15日，工程竣工。2014年12月9日，通过发包人母公司内部竣工验收并交其使用。2014年12月，承包人向发包人上报了竣工结算资料。

（二）纠纷背景

涉案工程竣工完成后，原、被告双方就已完工程的竣工结算审核及费用（经第三方咨询机构审核出具）存在较大争议，长达三年多的时间里多次沟通协商未达成一致意见。2019年4月，原告向某人民法院提起诉讼。

为合理确定该涉案工程的工程造价，某人民法院司法技术处委托我公司对该工程的工程量及工程造价进行鉴定。

二、案件争议焦点和造价鉴定难点

（一）案件主要争议焦点

该案中原、被告双方在办理工程竣工结算时就结算金额无法达成一致意见，争议主要事项如下。

（1）关于材料价格如何计取（按《材料询价表》中价格计取，还是按行业价格信息计取）。

原告认为：应按经施工单位、监理单位、建设单位、矿业公司四方签署的《材料询价表》中材料单价进行计价结算。证据材料为：2013年3月至2014年7月建设期间，涉案项目的建设单位、监理单位、施工单位、矿业公司共同签字盖章的9份《材料询价表》。

被告认为：应按照某省建设工程造价管理协会发布的信息价进行计价结算。其主张依据为：根据《施工合同》"当材料价格涨跌幅大于±5%时，按实调整"的约定，本涉案项目应进行两次询价来确定，9份《材料询价表》中价格仅为某一个时点的有瑕疵的价格，且《材料询价表》中价格远远高于某省建设工程造价管理协会发布的信息价及现场询价（被告在工程竣工后召开了询价问题会议，并单方进行了二次询价，该询价结果未取得原告签认），也远高于施工期被告母公司其他类似项目的施工主材价格，询价表中材料价格与市场客观情况不符，也与合同约定不符，不能作为工程造价结算依据。

（2）关于机械台班中燃料动力费价差是否计入管理费及利润计算基数。

原告认为：应根据《施工合同》专用条款第23.1.5条"合同履行期间，若定额政策更改或遇政策调价，仅按省部级相关文件执行"及《某省建筑工程消耗量定额（2003）》的相关说明"本定额中的人工、材料、机械台班单价是省基价区的基期预算价格，简称'基价'，在编制预算、拦标价、投标报价或办理竣工结（决）算时，可按工程造价管理部门发布的市场价格或参照当时当地的市场价格及相关规定调整组价"的规定，应当将机械台班中燃料动力费调整，调整部分应包含管理费及利润。

被告认为：《施工合同》合同价款中已计取了本项目的管理费及利润，在合同承包内容未发生变化的情况下，机械台班中涉及的电、柴油、汽油予以计取价差，但价差不应计取管理费及利润。

（3）关于木模板增加的措施费是否应当据实结算。

原告认为：项目施工过程中，建设单位、监理单位、施工单位已经签字盖章确认了木模板的《施工现场实际情况确认单》，应按《施工合同》专用条款第23.2.1条"定额以外的特殊措施费用，按施工方上报的专业方案，经甲方审核确认后确定具体措施费用"的约定予以按签证工程量办理结算。

被告认为：木模板应按照施工合同约定的计价方式中定额规定的模板消耗量计取模板措施费，不应调整。依据为：合同约定按照《某省建筑工程消耗量定额（2003）》进行计价，该定额中已配套考虑了木模板消耗量，不应另行调整计取。

（4）关于半成品H型钢构件制作费及运费调整基数计取（是按签证单数量计取，还是按竣工图数量计取）。

原告认为：在钢结构工程中的半成品 H 型钢构件是在某市的加工厂中制作成半成品 H 型钢构件后运输到施工现场进行安装的，因此应该计取半成品 H 型钢构件的运输费。证据为《运费实际情况确认单》和《工程施工实际情况确认单》，对半成品 H 型钢构件运距及运费进行了确认。该两份确认单建设单位签字人员非发包人派驻工程师，但有总监代表签字和盖章。

被告认为："磨矿车间进场材料清单数量"上的热轧 H 型钢的数量不能作为结算依据，应按竣工图纸工程量 172.613t 计取。竣工资料中"磨矿车间竣工资料第二分册第一卷第 80 页'工程进场材料/构配件清单'被篡改，两种热轧 H 型钢'HN400×200×8×13'和'HN300×150×6.5×9'被删除，其进场数量分别为 112t 和 21t"。证据为竣工资料中的"产品质量证明书""见证记录"和竣工图纸。

（5）关于是否将"基础超深换填费用"计量并计入结算。

原告认为：对于基础超深换填费用，应按工程量签证单中确认的工程量进行计量计价。证据为：项目施工过程中签署的 25 份关于基础超深换填的工程量签证单。

被告认为：不应计取该部分费用。证据为：批准的施工组织设计中也"不允许超挖"，且原告提供的 25 份工程量签证单属技术事实签证，不应计量结算。

经鉴定人员查证，原告提供的 25 份工程量签证单均非发包人派驻现场人员签字，但均有建设单位其他人员签字并盖章，并且有合同约定的监理单位委派的工程师签字和盖章。

（6）关于是否存在使用商品混凝土以及是否按商品混凝土结算。

被告认为：因本涉案项目水泥、砂石等材料询价价格较高，商品混凝土价格比按询价材料计算的自拌混凝土价格便宜得多，本项目除少量低标号混凝土为现场搅拌外，其他混凝土均为商品混凝土，应按商品混凝土结算。证据为竣工资料中的"混凝土浇灌申请书"和"混凝土浇灌证明"均载明有商品混凝土字样，以及施工现场搅拌站上有"某省某公司的标识"。

原告认为：本项目所有混凝土均为自拌混凝土，应按自拌混凝土结算。证据为：①施工组织设计中明确混凝土采用现场搅拌；②设备报审表中明确有混凝土搅拌站、混凝土运输车；③材料报审表中有水泥、混凝土用砂、混凝土用石、混凝土配合比设计试验报告；④监理单位出具的《情况说明》。

（二）造价鉴定难点

（1）项目已施工完成多年，现场地形地貌、交通条件等环境改变，原施工时（主要为国省道、乡村道路）的道路状况与鉴定时（已建成高速公路）的道路状况、运输路径不同，这给本次鉴定中关于材料运距取定带来了困难。

（2）《施工合同》约定"本工程投入施工所用材料由投标人自行采购（钢材、水泥、砂石、火工材料、安装主材等由施工方采购的材料价格，由建设单位、监理单位、施工单位进行市场询价后确定，其他零星材料参考当月《某省建设工程材料、设备价格信息》某州部分的相关材料价格。当材料价格涨跌幅大于 ±5% 时，据实调整"，实际履行过程中，原、被告双方未按照合同约定进行基期、结算期等多次询价定价，仅在项目施工时开展了一次询价工作，且该询价价格与同期市场价（信息价）存在差异。面对过程资料不完整、不规范，如何依法合规地、公允合理地确定该项目结算材料价格是本涉案项目鉴定工作的一大难点。

（3）机械费中的燃料动力费材料的调整方式，《施工合同》及合同主体双方均未对材料调差原则及计算方式作相应约定；以往类似项目实施过程关于燃料动力材料调差处理中，有的项目计列了管理费及利润，有的项目未计列，基于对合同调差条款及定额说明的理解差异，行业内人员之间对该问题的处理一直存在不同意见；作为《某省建筑工程消耗量定额（2003）》的法定解释单位，某省住房和城乡建设厅科技与标准定额处一直没有发布明确的处理意见。如何结合涉案项目实际情况依法合规、客观公正、公允合理地处理本案结算中燃料动力材料费调整是本次鉴定工作的难点之一。

（4）送鉴材料中存在就同一事项不同意见的技术资料及证据材料不够齐全等情况，如：①原告提供了关于基础超挖换填的签证单，被告提供了关于"不允许超挖"施工组织设计；②原告提供了被告下属职能部门签证的电价证明材料，被告提供了施工期间实际缴纳电费发票。原、被告双方均就各自的主张举证了相应证据材料，对送鉴材料的公平性、有效性判断以及如何使用相应证据材料并发表鉴定意见是一大难点。

三、鉴定情况

（一）司法鉴定委托人提供的鉴定材料

（1）司法鉴定委托书。
（2）有关原、被告方关系的合同、协议文件。
（3）原、被告双方提交的图纸、签证及其他相关施工管理文件、材料等相关证据材料。
（4）庭审笔录及质证笔录。

（二）工程造价司法鉴定情况

1. 鉴定过程

（1）接受委托阶段。

2019年9月20日，我公司收到了某人民法院司法技术处的司法鉴定委托书，在对案件进行初步了解后回函接受委托。

（2）资料收集阶段。

2019年9月23日，我公司引导双方当事人对竣工资料进行梳理，从中提取与鉴定工作有关的鉴定资料，并形成目录后提交委托人组织双方当事人质证。随着鉴定工作的深入，应我公司鉴定人员要求，双方当事人又陆续提供了一批鉴定资料，并于11月23日至25日由委托人组织进行了质证。

（3）争议梳理及分析阶段。

经过对原、被告双方送鉴资料的全面分析计算并会商后，我公司于2019年12月27日形成了鉴定意见书征求意见稿，并征求了双方当事人的意见。期间与双方当事人进行了多次沟通交流，根据双方当事人诉求在法院的组织下，对工程项目进行了现场踏勘。2020年4月23日，我公司就双方争议较大问题整理汇总形成《需提交法庭相关问题的函》，2020年4月30日，法庭对该函列示的争议事项专门开庭组织双方当事人交换意见，并对双方当事人补充提交的相关证据进行质证。该次庭审过程中，委托人还要求当事人对缺漏的证据材料在限定日期前补充提交。

（4）鉴定意见书出具阶段。

经过与法院、双方当事人进行充分的沟通交换意见后，我公司根据后续各方观点及补充的证据材料对鉴定意见书（征求意见稿）进行了调整，于2020年6月1日，出具了本涉案项目的工程造价鉴定意见书正式稿。

2. 鉴定依据

（1）司法鉴定委托书。

（2）《建设工程造价鉴定规范》（GB/T 51262—2017）。

（3）有关原、被告方关系的合同、协议文件。

（4）原被告双方提交的图纸、签证及其他相关施工管理文件、材料等相关证据材料。

（5）庭审笔录及质证笔录。

（6）《关于发布施行某省2003版建设工程造价计价依据的通知》及相关配套文件。

（7）中国有色金属工业协会发布的《有色金属工业工程建设预算定额》（中色协综字〔2008〕010号）及相关配套文件。

（8）《某省公路基本建设项目估算概算预算编制办法补充规定》。

（9）《某省建设工程材料、设备价格信息》。

3. 鉴定方法

经对该案案情分析讨论后，结合多年从业经验，该案的鉴定方法主要采用"根据合同约定的计价原则和方法计算＋根据当事人争议事项单列鉴定意见"的方法进行鉴定。具体如下。

（1）工程量计算。

根据竣工图纸、与工程量有关的相关鉴定材料，参考双方结算审核过程中无争议的工程量进行计算。

（2）材料价格取定。

我公司根据《施工合同》条款约定、双方提供证据材料、双方争议焦点事项、信息价、同地区类似项目材料价、市场价格等资料充分研究、大量调研对比分析后，并就双方提交的证据材料及价格的合法合规性、有效性、公允合理性以及结合项目实际情况如何依法合规、公允合理地进行计算工程造价在公司内部进行了充分讨论。经讨论后我公司认为根据不同类别材料价格取证的难易程度（钢材、水泥、施工用电、火工材料等材料可通过价格信息较好取证，砂石材料因地域、时间、运输条件等较难取证）、不同渠道价格（询价表价格、信息价、类似项目采购价、市场价）差异情况分别整理后向委托人报告，由委托人决定。具体处理如下：

钢材、水泥及施工用电等材料价格的取定，根据法院要求分别以四种材料价格取值方式计取计算，即第一种方式，钢材、水泥按批价，施工用电按信息价计取；第二种方式，钢材、水泥按批价，施工用电按动力部批价计取；第三种方式，钢材、水泥按信息价加运费，施工用电按信息价计取；第四种方式，钢材、水泥按信息价加运费，施工用电按动力部批价计取。

其余材料按以下方式计取：有批价的按批价计取；没有批价的按照施工期间的《某省建设工程材料、设备价格信息》某州部分的相关材料价格或定额中的预算价计取。

以上钢材、水泥、施工用电信息价的取定方式为：由于在提供的鉴定材料中，没有各个单项工程的具体开竣工时间，因此只能根据竣工资料中钢材、水泥的施工期间的时间段的平均价格，加上州市区到项目工地的运费取定。

H型钢、C型钢运费按施工过程中确定的运价2.4元/（t·km）计取，其余的钢材、水泥参按《某省公路基本建设项目估算概算预算编制办法补充规定》中的公路货物运价表中二类货物的运价0.73元/（t·km）计取。

州市区到项目运距计取：我们通过现场勘验并结合项目实施时段材料运输所经区域道路状况、材料运输车辆习惯行走路线分析后综合运距按86km计取。

（3）关于机械台班燃料动力费价差是否计入管理费及利润计算基数的鉴定。

因该问题没有明确的处理意见，多年来该问题一直为行业内争议事项之一。为能够结合本涉案项目实际情况依法合规、公允合理地发表鉴定意见，我公司采取鉴定方法为：通过我公司造价数据库收集整理多年来我公司接触到的相关项目（含招标控制价编制、结算审核）关于燃料动力费计算时对管理费及利润的处理原则、向法定解释单位请教咨询、了解分析类似项目或公司的交易习惯等。

在与法院沟通后，我公司按照燃料动力费计入或不计入管理费和利润的计费基数计算管理费和利润，得到管理费和利润的两种不同的计算结果，供法院判断使用。

（4）其他争议，按照常规方法根据争议情况在鉴定报告中列出不同的计价结果，供法院判断使用。

4. 鉴定意见

经过我公司根据双方当事人认可并提供给我公司的图纸、资料、相关鉴定材料及法庭质证笔录的要求进行分析、计算，并与委托人沟通后，根据材料价格不同的取定方式，提出多种方案的选择性鉴定意见供委托人判断使用，鉴定意见及金额如表1所示。

表1 鉴定金额汇总表

序号	工程内容	方案一	方案二	方案三	方案四
		水泥、钢材按批价计入（元）		水泥、钢材按价格信息计入（元）	
		电（信息价）0.68元/千瓦时	电（批价）1.38元/千瓦时	电（信息价）0.68元/千瓦时	电（批价）1.38元/千瓦时
1	土建工程	256494103.14	257470495.32	252946159.47	253922551.57
2	安装工程	82578014.15	82662760.65	81520093.32	81604832.55
3	钢结构工程	68024881.24	71355980.72	65277198.73	68608298.18
3.1	主体	60408115.81	63441875.43	58049958.95	61083718.56
3.1	签证	7024828.70	7296903.28	6680161.18	6952235.75

续表

序号	工程内容	方案一	方案二	方案三	方案四
		水泥、钢材按批价计入（元）		水泥、钢材按价格信息计入（元）	
		电（信息价）0.68元/千瓦时	电（批价）1.38元/千瓦时	电（信息价）0.68元/千瓦时	电（批价）1.38元/千瓦时
3.1	制作余量	591936.73	617202.01	547078.60	572343.87
4	合计	407096998.53	411489236.69	399743451.52	404135682.30

上述鉴定意见中含双方争议事项鉴定金额，请委托人根据以下情况说明综合判断后使用。争议处理说明具体为：

（1）关于机械台班中燃料动力费价差调整存在争议的处理说明。

燃料动力费价差的调整方式，根据本次鉴定所使用的《某省建筑工程消耗量定额（2003）》的相关说明"本定额中的人工、材料、机械台班单价是省基价区的基期预算价格，简称'基价'，在编制预算、拦标价、投标报价或办理竣工结（决）算时，可按工程造价管理部门发布的市场价格或参照当时当地的市场价格及相关规定调整组价"的规定，并且在相关主管部门没有发布其他相关规定的前提下，本次鉴定是按燃料动力费直接计入的方式进行计算的。若按仅计取燃料动力费价差的方式计算，则需扣减相应差额。按照表1所示的四种鉴定结果分别需扣减的金额如下：方案一需扣减10351296.47元，方案二需扣减12055882.33元，方案三需扣减10351294.22元，方案四需扣减12055872.72元。

（2）关于半成品H型钢构件制作费及运费调整争议问题的处理说明。

根据《工程进场材料/构配件清单》及《工程材料/构配件/设备报审表》记录，对于用钢板加工成H型钢半成品构件的部分，我公司计算了H型钢的制作费，并根据《运费实际情况明确单》及《工程施工实际情况确认单》中确认的H型钢半成品构件运价及运距计算了相应运费。对该部分制作H型钢构件的钢板单价，则扣减了相应的运费；对于报审表中记录为直接以H型钢进场的材料，由于批价中没有H型钢的批价，我公司是依据《某省建设工程材料、设备价格信息》中某州价格加上相应运费进行计取计算的。

被告方提出的磨矿车间成品H型钢进场数量的差异，最终请法院进行裁决。若法院认可被告方补充提出的磨矿车间进场材料清单，即成品H型钢进场数量为153.8t，则需在燃动费是否作为管理费和利润计费基数、施工电价的计费价格取定裁决的基础上扣减相对应的金额。H型钢进场数量差异影响金额，根据四种情况分别如下：①燃动费计费，电按信息价影响金额837600.63元；②燃动费计费，电按批价影响金额929113.54元；③燃动费补差，电按信息价影响金额831496.87元；④燃动费补差，电按批价影响金额905208.59元。

5. 对原、被告双方争议问题的处理情况

（1）关于材料价格如何计取（按《材料询价表》中价格计取，还是按行业价格信息计取）。

基于材料价格如何计取属于工程造价确定的必要的、关键的条件，但本案项目合同约定内容不全面完整，合同履行过程中基础资料不规范，双方就已有技术资料的使用及材料价格计取争议较大。为此，我公司对整个涉案鉴定材料分析并充分与原、被告双方沟通交流后，将双方争议事项、主张观点及经对比分析不同观点间的差异金额整理汇总后提交给委托人，由委托人再次组织双方进行法庭辩论。法庭辩论过程中，鉴定人、原告、被告均充分表述各自观点及意见，分析了各种观点和方案的可行性、合理性、客观性，最终法院表明由鉴定人按照双方签认价格及市场询价分别出具多种工程造价，由法庭判断使用。

（2）关于施工电价如何计取。

基于施工单价如何计取属于工程造价确定的必要的、关键的条件，双方就已有技术资料的使用及材料价格计取争议较大。为此，我公司对整个涉案鉴定材料分析并充分与原、被告双方沟通交流后，将双方争议事项、主张观点及经对比分析不同观点间的差异金额整理汇总后提交给委托人，提请委托人再次组织双方进行法庭辩论。法庭辩论过程中，鉴定人、原告、被告均充分表述各自观点及意见，分析了各种观点和方案的合规性、合理性、客观性，最终法院表明由鉴定人按照动力部门证明价格及相关部门公布的价格（鉴定人根据合同约定据实调整及定额说明"本定额中的人工、材料、机械台班单价是省基价区的基期计算价格，简称基价，在编制预算、拦标价、投标报价或办理竣工结算时，可按照工程造价管理部门发布的市场价格信息或参照当时当地的市场价格及相关规定调整组价"陈述）分别出具鉴定意见，由法院判断使用。

（3）关于机械台班中燃料动力费价差是否计入管理费及利润计算基数。

因该问题没有明确的处理意见，多年来该问题一直为行业内争议事项之一。为能够结合本涉案项目实际情况依法合规、公允合理地发表鉴定意见，我公司采取如下鉴定方法：

首先，通过我公司造价数据库收集整理多年来我公司接触的相关项目（含招标控制价编制、结算审核）关于燃料动力费计算时对管理费及利润的处理。在编制招标控制价时，机械台班燃料动力费价差通常不计入管理费及利润计算基数，某市定额站也有类似的规定；在结算审核时，按合同约定办理，但不同项目中有的合同约定机械台班燃料动力费价差计入管理费及利润计算基数，有的合同约定不计入管理费及利润计算基数。

其次，我公司还拜访了某省住房和城乡建设厅科技与标准定额处，向相关专家人员进行了请教，并结合本涉案项目的实际情况与相关专家人员充分探讨。

最后，我公司还结合本项目情况（项目性质、相关合同主体）就类似项目处理、同一公司交易习惯等开展了分析，并结合原告提供证据反映本涉案项目的同一块施工场地上另一"4000t/d选厂工程"项目合同当事人也为本案原、被告双方，合同双方办理工程结算时机械台班燃料动力费价差计入管理费及利润计算基数。

针对本项目形成的《关于某省2003版计价依据中机械台班燃料动力费价差计入管理费及利润计费基数问题的分析说明》报送委托人，并逐一向委托人汇报解释。

基于本项目《施工合同》中未就燃料动力调差的原则、费用计算方式等作明确约定，在与法院沟通后，我公司按照燃料动力费计入或不计入管理费和利润的计费基数计算管理费和利润，得到管理费和利润的两种不同的计算结果，供法院判断使用。

（4）关于木模板增加的措施费是否应当据实结算。

鉴定人经结合送鉴材料、原、被告双方意见并会议商议后，《施工现场实际情况确认单》已由建设单位、监理单位签认，且签认单中载明"现场实际情况，浇筑混凝土的施工措施支模系统材料损耗：支模系统材料平均周转使用 1.5 次，材料使用量按'模板专项施工方案'计算"，根据合同第 23.2.1 条"定额以外的特殊措施费用，按施工方上报的专业方案，经甲方审核确认后确定具体措施费用"的约定，鉴定人根据上述签证调整了木模板的消耗量（按照支模系统材料平均周转使用 1.5 次计算），单价按照批价计取，但在鉴定意见中作特殊说明。

（5）关于半成品 H 型钢构件制作费及运费调整基数计取。

基于双方就已有技术资料的使用及资料是否被篡改等争议较大。为此，我公司对整个涉案鉴定材料分析并充分与原、被告双方沟通交流后，将双方争议事项、主张观点及经对比分析不同观点间的差异金额整理汇总后提交给委托人，提请委托人再次组织双方进行法庭辩论。法庭辩论过程中，鉴定人、原告、被告均充分表述各自观点及意见，最终法院表明由鉴定人根据掌握的材料和现场情况作出鉴定，原、被告双方均同意。

我公司根据双方确认的送鉴材料分析后，根据竣工图纸无法判断使用的是半成品还是钢板加工成的 H 型钢，只能根据《工程进场材料/构配件清单》及《工程材料/构配件/设备报审表》记录，对于用钢板加工成 H 型钢半成品构件的部分，我公司计算了 H 型钢的制作费，并根据《运费实际情况明确单》及《工程施工实际情况确认单》中确认的半成品 H 型钢构件运价及运距计算了相应运费。对该部分制作 H 型钢构件的钢板单价，则扣减了相应的运费；对于报审表中记录为直接以 H 型钢进场的材料，由于批价中没有 H 型钢的批价，我公司是依据《某省建设工程材料、设备价格信息》中某州价格加上相应运费进行计取计算的。但对于被告方提出的磨矿车间成品 H 型钢进场数量的差异，我公司将进场数量差异影响金额分别单列，由法院判断使用。

（6）关于是否将"基础超深换填费用"计量并计入结算。

基于送鉴材料中前后材料对关键责任区分有差异，出现两个版本（一个不允许施工单位超挖，一个同意施工单位超挖），过程中又办理了四方签证，但双方对此导致超挖原因及责任争议较大。为此，我公司对整个涉案鉴定材料分析并充分与原、被告双方沟通交流后，将双方争议事项、主张观点及经对比分析不同观点间的差异金额整理汇总后提交给委托人，提请委托人再次组织双方进行法庭辩论。法庭辩论过程中，鉴定人、原告、被告均充分表述各自观点及意见，最终法院表明由鉴定人根据双方的举证、签证进行鉴定，最终由法院判断使用。

（7）关于是否存在使用商品混凝土以及是否按商品混凝土结算。

基于原、被告提交的送鉴材料中均涉及第三人与混凝土拌制相关，根据现有材料鉴定人无法判断项目使用混凝土的生产性质为自拌还是商品混凝土，而双方争议较大。为此，我公司对整个涉案鉴定材料分析并充分与原、被告双方沟通交流后，将双方争议事项、主张观点及经对比分析不同观点间的差异金额整理汇总后提交给委托人，提请委托人再次组织双方进行法庭辩论。法庭辩论过程中，鉴定人、原告、被告均充分表述各自观点及意见，最终法院表明在没有新的证据证实下，只能按现有证据认证原告使用第三人搅拌站生产，由鉴定人根据现有证据进行鉴定。

（三）案件当事人对工程造价司法鉴定意见异议问题

鉴定人根据鉴定工作的开展情况出具了鉴定意见书征求意见稿，依规向当事人征求意见，双方当事人均提出了相关意见，鉴定人结合当事人相关意见及证据材料调整完善后形成鉴定意见书质证稿后，双方当事人对鉴定意见书终稿再无其他意见。

四、出庭作证情况

本案于某年 7 月 31 日开庭，根据法院通知，鉴定人员依法出庭接受质证，接受当事人对工程造价鉴定意见书的质询。质证前，鉴定人向委托人要求当事人提交所需回答问题清单，根据各问题准备了相应回复意见及证据材料。质证时，鉴定人有针对性地回答了当事人提出的关于工程造价鉴定的质询事项。根据质证情况对工程造价鉴定意见书进行了补充说明，并形成了最终的鉴定意见书。

五、鉴定意见的采信情况及审判结果

（一）法院对鉴定意见的采信情况

（1）关于材料价格如何计取（按《材料询价表》中价格计取，还是按行业价格信息计取）。

法院认为：本案涉及由施工方采购的材料繁多，合同也约定主要材料价格询价后由参建各方进行确定，但未进行多次询价后进行确认的责任并不单是施工方原因，发包人也具有一定的责任；根据合同约定和案件的客观实际，本案材料价格对于具备市场询价的钢材和水泥按价格信息计价，其余材料不具备市场询价条件的按照"有批价的按批价计取，没有批价的按照施工期间的《某省建设工程材料、设备价格信息》某州部分的相关材料价格或定额中的预算价计取"原则进行计价。

（2）关于施工电价如何计取。

法院认为：被告下属的动力部门出具的《证明》不能代表是被告的真实意思表示，该证明内容与合同约定的定额计价相矛盾，故不能采纳动力部门出具的用电单价进行计价；鉴定机构依据合同的约定按信息价格中电价价格计取，符合合同约定和客观实际，本院予以确认，故施工电价采纳鉴定意见中的按信息价。

（3）关于机械台班中燃料动力费价差是否计入管理费及利润计算基数。

法院认为：本案中合同并未对此进行约定，属于约定不明；但双方在相同项目上先后签订了 3000t/d 选厂工程和 4000t/d 选厂工程，4000t/d 选厂项目工程双方已完成结算，且对燃料动力费价差部分计取了管理费及利润，基于项目的同一性质和遵循双方合作的交易习惯，本案参照前述项目工程的结算方式，视为双方对燃料动力费用价差部分计取相应管理费及利润已达成合意，应予计取。原告的主张和鉴定机构的意见符合涉案项目工程的实际，本案予以采纳。

（4）关于木模板增加的措施费是否应当据实结算。

法院认为：本案木模板增加措施费用的调整，符合合同"定额以外的特殊措施费用，按施工方上报的专业方案，经甲方审核确认后确定具体措施费用"的约定，且有三方签字盖章的现场确认单载明予以确认，故鉴定机构以此调整了木模板的消耗量是正确的，应予采信。

（5）关于半成品 H 型钢构件制作费及运费调整基数计取。

法院认为：针对该问题原告方进行了合理的释明，鉴定人员对半成品 H 型钢构件的实际使用情况也亲临现场进行实地勘查，并结合经过双方签字确认的记录进行计价，分出半成品部分和成品部分，具有客观实际性；而被告主张的以竣工图上标识的数量作为结算依据，不能体现出实际施工过程的客观真实性；故该问题应按鉴定意见书中分类计取，不再扣除被告提出的磨矿车间成品 H 型钢进场数量的差异影响金额。

（6）关于是否将"基础超深换填费用"计量并计入结算。

法院认为：施工组织设计、施工技术方案并不能代表实际施工行为，施工方根据地理地质条件进行现场施工，并有四方签字确认的工程量，该施工的事实和工程量应予确认，并作为计价的依据；被告在签字确认现场签证后又细究施工行为的不当缺乏客观逻辑性，本院不予采纳。按鉴定机构计算的基础超深换填费用采信。

（7）关于是否存在使用商品混凝土以及是否按商品混凝土结算。

结合各方意见，鉴定人按委托意见按自拌混凝土费用计列后，法院认为原告主张的使用第三人搅拌站生产混凝土的证据更充分，被告关于涉案项目使用了部分商品混凝土、应按商品混凝土计价的辩解理由与事实不相符，按鉴定机构计算的自拌混凝土费用予以采信。

（二）审判结果

一审法院经过对原、被告双方争议事项结合各方意见分析判断后，鉴定机构出具的四个鉴定意见中，应采纳第三种方式计价的鉴定结论，即钢材、水泥按信息价、施工用电按信息价，鉴定结果为：工程总造价为 39974.345152 万元。二审法院复审后维持一审法院审判意见。

六、心得体会

（1）严格依据委托范围开展鉴定工作，避免超范围鉴定或者超范围回复当事人有关问题。

司法纠纷案件中当事人双方往往涉及合同价款结算、合同履约、款项支付等多方面纠纷事项，作为工程造价鉴定的咨询服务单位，一般委托人委托书中仅对工程造价及停工损失委托鉴定，鉴定人应当紧扣委托书中载明的委托范围开展鉴定工作，并根据委托人要求发表鉴定意见。工作开展过程（含庭审）中，当事人会根据各自的利益主张提出涉案中的合同违约索赔、欠款利息追偿等事项，鉴定人不应对不属于委托鉴定范围的事项开展鉴定工作及发表意见。

（2）关于合同约定不清晰，又无明确的政策依据的争议性问题处理。

本案鉴定工作中，当事人双方签署的《施工合同》中对于工程造价材料价格计取、材料价差调整原则及计算方式、合同外新增工程的结算原则等均未作全面的、清晰的、可行的约定，项目施工过程中也未精细管理、没有进一步完善合同结算所需技术资料或达成新的补充协议，直至项目竣工后办理结算时方才暴露问题、产生争议。该类问题往往也是鉴定工作中的一大难点。

以本案中"机械台班中燃料动力费价差用是否计取管理费及利润计算基数"争议事项的处理总结。对应合同约定不清、现行政策依据规定不明的争议事项，应结合项目送鉴材料、当事人意见及现场勘验情况，充分了解项目实际，尽可能复盘项目时点情况；同时，调研同行业、同地区、同公司的类似项目的建设结算情况，结合行业惯例或企业的交易习惯综合分析后，在与委托人充分沟通交流的情况下，依法合规、客观公正、公允合理地发表鉴定意见。

（3）关于合同约定不清晰、证据材料存在瑕疵、双方争议较大、争议问题较多的处理。

本案鉴定工作中，双方当事人就工程价款结算争议事项较多，并且提供的鉴定材料中存在同一事项不同意见的技术资料及证据材料不够齐全等情况；鉴定人与双方当事人沟通后仍无法就鉴定材料的使用、鉴定方法的确定依法合规地作出选择。为此，鉴定人将当事人双方争议事项、各自主张观点、差异金额、存在问题整理汇总后上报委托人，提请委托人组织开庭质证，法官、鉴定人、双方当事人共同就争议事项充分发表各自意见，在法院充分了解情况后，由法院对证据材料的使用、是否补充证据材料、鉴定工作开展及鉴定意见出具等作出明确意见。以便促使当事人双方在开庭质证过程中减少争议，也使鉴定工作更清晰明了，为鉴定人避免了与当事人间的就争议事项的反复低效沟通，提高了鉴定工作效率。同时，也减少了鉴定人在开庭时接受质证的问题。

专家点评

该案例中，鉴定单位较为清晰地总结出双方六个方面的主要争议焦点，包括关于材料价格如何计取（按材料询价表中价格计取，还是按行业价格信息计取）、关于机械台班中燃料动力费价差是否计入管理费及利润计算基数、关于木模板增加的措施费是否应当据实结算、关于热轧H型钢制作费及运费调整基数计取（是按签证单数量计取，还是按竣工图数量计取）、关于是否将"基础超深换填费用"计量并计入结算、关于是否存在使用商品混凝土以及是否按商品混凝土结算等，并对每个争议焦点涉及的双方主要争议问题、鉴定难点、处理思路等进行了叙述，具有较好的借鉴价值。

例如：关于机械台班中燃料动力费价差是否纳入管理费及利润计算基数，实务中存在不同的理解和做法。本案中，涉及到机械台班中的燃料动力费价差部分，鉴定机构并不是机械地按照双方的意见分别出具鉴定意见，而是开展了大量的调研工作，包括查询相关案例、咨询当地的标准定额处，结合项目情况就类似项目处理、同一公司交易习惯等开展了分析，并提交了《关于某省2003版计价依据中机械台班燃料动力费价差计入管理费及利润计费基数问题的分析说明》专门的分析报告，为法院依法裁决提供较为充分的依据。

关于热轧H型钢制作费及运费调整基数计取，鉴定单位根据现场记录，区分了成品和半成品，对于半成品构件部分，计算了H型钢的制作费和相应运费。同时对制作H型钢构件的钢板单价则扣减了相应的运费；对于成品部分，则依据《某省建设工程材料、设备价格信息》中价格加上相应运费进行计取计算的。鉴定单位的处理思路较为全面、细致，也基本符合案件的实际情况。

鉴定单位在该案的鉴定过程中注重与法院积极沟通，针对证据材料不齐全、证据材料间存在冲突，鉴定人在与双方当事人沟通后仍无法确定鉴定材料的使用、具体的鉴定方法的情况下，将双方争议事项、各自主张观点及经对比分析不同观点间的差异金额整理汇总后提交给法院，由法院就争议事项组织双方进行质证、辩论，并由法院对证据材料的使用、是否补充证据材料、鉴定工作开展及鉴定意见出具等作出明确意见，也在一定程度上化解了鉴定单位自身的风险。

鉴定单位在心得体会中，针对合同约定不清晰，又无明确的政策依据的争议性问题处理，提出应结合项目送鉴材料、当事人意见及现场勘验情况，充分了解项目实际，尽可能复盘项目时点情况；同时，调研类似项目的建设结算情况，结合行业惯例或企业的交易习惯后进行综合分析，也具有很好的启发意义。

中航勘察设计研究院有限公司　檀中文

对某大型仓库项目工程造价司法鉴定

——鸣森项目管理咨询有限公司

魏明　韦尧艳　谭勇　胡晓黎　潘金梅

一、案例简介

2021年，某投资开发公司将一大型仓库工程发包给某施工单位，签订了《建设工程施工合同》（以下称合同），约定合同价格采用"固定总价+变更签证"的形式。项目完工后投入使用，双方在结算中产生争议。投资开发公司认为，施工单位未按图纸施工，施工中存在偷工减料和有部分工程未完成施工等问题，导致工程出现重大质量和安全隐患，应从合同价款中扣除相应费用；施工单位认为，应该按照合同约定的方式进行竣工结算，除施工过程中各类变更外，还要加上因工程变更原因增加的费用。

双方就工程竣工结算价款未能达成一致意见，施工单位向项目所在地人民法院提起诉讼，要求投资开发公司支付剩余工程款。法院受理案件后，施工单位申请对涉案项目变更增加的工程造价进行司法鉴定，投资开发公司申请对涉案项目未按照施工合同完成和变更减少的工程造价进行司法鉴定。

二、案件争议焦点和造价鉴定难点

（一）案件争议焦点

（1）灌注桩是否应增加费用。施工单位认为，根据施工资料机械成孔验收记录，部分灌注桩长度已经超出合同工程量，超出部分应增加费用。投资开发公司认为，成孔灌注桩的工程量已经包含在合同范围内，不应该额外增加工程量和造价。

（2）挡墙拆除和增加挡墙工程量是否属于增加费用。施工单位认为，挡墙拆除和增加挡墙的工程量未包含在合同中，属于合同外增加部分，根据工程联系单可以证明其发生的事实和具体完成的工程量。投资开发公司认为，工程联系单手续不完整，相关事实和工程量没有经过建设单位的确认，建设单位没有在工程联系单上签字盖章，因此对于增加的工程量不予认可。

（3）地下管道迁改工程量是否属于合同总价范围。施工单位认为，由于仓库建设位置原因，原有的地下管道需要拆除，并迁改到仓库施工范围之外，属于合同外增加工程量。投资开发公司认为，增加管道工程量已经包含在合同总价范围内，不应该额外增加工程量。

（4）室外地坪因变更增加和减少的工程量。施工单位认为，室外地坪工程做法发生变更，由原来300mm厚的3：7灰土变更为100mm厚的砂石垫层和250mm厚的5%水泥稳定碎石，应按照变更增加相关费用。投资开发公司认为，室外地坪工程合同中要求施工面积为16000m^2，项目现场实际施工面积为12658m^2，另外室外地坪伸缩缝填缝未施工，相关减少的工程量应该从合同价中扣减。

（5）地下室增加工程量是否属于合同总价范围。施工单位认为，地下室B轴向北侧外扩5m增加工程量和21个承台等工程量属于变更增加部分。投资开发公司认为，地下室外扩5m部分和21个承台增加工程量不属于变更已包括在合同总价范围。

（6）屋面及卸货雨棚檩条的设计变化是否属于钢结构优化。屋面及卸货雨棚檩条设计施工图规格为XZ300×85×25×4.0，现场实际施工为XZ300×80×20×2.0。施工单位认为，檩条规格XZ300×80×20×2.0属于钢结构优化图，按照合同约定优化图包含在合同总价范围内，不应按照实际施工扣减工程量。投资开发公司认为，檩条规格XZ300×85×25×4.0属于审查合格图纸，现场施工檩条按照规格XZ300×80×20×2.0完成，而此规格的图纸不是建设单位认可的优化图纸，工程量发生变化的部分应该扣减。

（7）地面基层未施工部分是否应该扣减造价。施工单位认为，室内地面垫层、钢筋网片、20mm厚水泥砂浆找平层、280mm厚碎石垫层、珍珠岩保温层未施工部分虽然在施工图范围内，但在签订合同前双方已经知道要变更，所以在合同报价中就没有包括这部分的价格，因此此项内容不属于合同总价范围内，不应该扣减相应造价。投资开发公司认为，地面基层未施工部分已包含在原施工图纸范围，后因变更此项内容没有施工，按照合同约定的施工图范围已经包括这部分工程，因此在结算时应该扣减未施工的工程造价。

（二）造价鉴定难点

（1）在固定总价合同中甄别现场实际施工的工程量是否属于总价范围。固定总价合同是一种常见的合同类型，主要适用于简单、规模较小的工程项目。本案涉及的是大型仓库工程，施工工期长，变更多，结构形式复杂，固定总价合同可能无法准确反映实际情况和变化因素的影响，有一定的局限性，合同类型是造成双方当事人产生争议的原因之一，甄别现场实际施工的工程量是否属于总价范围成为本案的关键和难点，需要参考相关的图纸和技术规范鉴定工程量。如果有特别要求或特殊工艺，则需要进行相应的调整，根据合同约定、工程联系单、变更单、签证等相关证据材料，以及通过与双方当事人问询和现场勘验综合判断工程量和价格。

（2）证据彼此矛盾的鉴定事项。本案中有许多的争议项目，由于鉴定项目证据资料不足并且双方当事人提供的图纸不一致。比如地下室21个承台的图纸，投资开发公司提供的图纸中已经包括了21个承台的工程量，而施工单位提供的图纸中未包括21个承台的工程量；另外地面基层未施工部分虽然在施工图范围内，施工单位认为在签订合同前双方已经知道要变更，所以在合同报价中没有包括这部分的价格，因此此项内容不属于合同范围内；钢结构工程的优化图纸双方当事人提供的图纸不一致等。上述证据资料的矛盾，给鉴定人的鉴定工作带来了困难。

（3）计量和计价争议的鉴定。一是合同采用固定总价合同形式，虽然约定了工程量按照《房屋建筑与装饰工程工程量计算规范》（GB 50854—2013）和《通用安装工程工程量计算规范》（GB 50856—2013）计算，但未约定变更签证的组价依据和信息价格，组价依据和工料机价格的确定存在标准不明的问题。二是本案中存在大量的变更签证，当事人一方对记载的数据存在异议的情况下，需要鉴定人提请法院组织现场勘验计算工程量，现场勘验过程中需要注意区分合同内工程量和变更签证工程量，防止重复计算或漏算，必要时需要借助专业工具和仪器进行测量，比如本案中需要测量室外地坪面积，由于室外地坪面积达 10000m^2 以上，且形状不规则，需要借助 RTK 测量技术进行工程量的计算。鉴定人运用专业知识，通过必要的技术手段，可以促使双方当事人解决工程量的计算争议。如何合理确定变更签证的工程造价是双方当事人争议的主要矛盾。

三、鉴定情况

（一）司法鉴定法院提供鉴定材料内容

（1）司法鉴定委托书。
（2）鉴定事项申请书。
（3）法院开庭笔录。
（4）法院证据质证笔录。
（5）双方当事人签订的《建设工程施工合同》。
（6）涉案工程的施工图纸、工程联系单、工程预算书。

（二）工程造价司法鉴定情况

1. 鉴定过程

（1）法院向鉴定机构发出司法鉴定委托书并移交证据材料。
（2）鉴定机构对委托书中的鉴定范围、内容以及案件争议的事实初步了解，并接受鉴定委托。
（3）鉴定机构对法院提供的证据资料进行整理、查阅，制定鉴定实施方案，组织能胜任鉴定项目专业要求并具有司法鉴定经验的注册造价工程师实施鉴定工作。
（4）根据鉴定项目的特点收集适用于鉴定项目的法律、法规、规章和规范性文件。
（5）提请法院补充证据，补充案件涉及的施工图纸、工程联系单和合同预算书。
（6）鉴定机构对涉案项目中的工程量进行计算，按照合同约定组价。
（7）鉴定机构安排专业人员配备设备对涉案项目的现场进行勘验，厘清争议事实，完成现场勘验工作。
（8）根据证据、现场勘验记录和计算数据，编制鉴定成果文件。
（9）鉴定意见书送达给法院，法院向双方当事人征求意见，鉴定机构回答异议。

2. 鉴定依据

（1）合同约定的价格形式为"固定总价＋变更签证"。

（2）工程量鉴定依据：在施工图纸、工程联系单和现场勘验记录基础上，按照合同约定的变更条款以《房屋建筑与装饰工程工程量计算规范》（GB 50854—2013）和《通用安装工程工程量计算规范》（GB 50856—2013）计算工程量。

（3）价格依据：合同的专用条款中未约定变更工程计价方式，鉴定人参照通用条款，已标价预算书有相同项目的，按照相同项目价格；无相同项目但有类似项目的，参照类似项目的价格；无相同项目及类似项目价格的，按照变更发生时工程所在地同时期适用的计价依据计算。

3. 鉴定方法

（1）固定总价合同中，需要对风险范围以外的工程造价进行鉴定的，根据合同约定的风险范围以外的合同价格的调整方法确定工程造价。鉴定人首先应按合同约定的计价原则和方法进行鉴定，如遇到无法采用合同约定的计价原则和方法的，可按照与合同约定相近的原则，作出选择性或推断性意见。本案合同的专用条款中未约定变更工程计价方式，鉴定人参照通用条款，已标价预算书有相同项目的，按照相同项目价格；无相同项目但有类似项目的，参照类似项目的价格；无相同项目及类似项目价格的，按照变更发生时工程所在地同时期适用的计价依据计算。

（2）鉴定项目为固定总价合同，主要对工程变更部分进行鉴定，变更工程量以现行国家相关工程计量规范规定的工程量计算规则计量，按照合同中约定的《房屋建筑与装饰工程工程量计算规范》（GB 50854—2013）和《通用安装工程工程量计算规范》（GB 50856—2013）计算工程量。

（3）根据案情将双方当事人争议事项要分别列出，逐一分析提出专业意见。针对争议事项鉴定人可从专业角度促使双方当事人达成一致意见，争议通过鉴定逐步减少。

（4）由于涉案工程争议多，项目复杂，需要经过现场勘验才能查清事实，为鉴定提供依据。鉴定人勘验现场前要通知法院组织实施，会同各方当事人共同参加。鉴定人要将勘验情况和结果作好笔录，由勘验人、当事人签字确认。

4. 鉴定意见

（1）灌注桩工程。依据机械成孔验收记录，桩长不仅有超出合同工程量，也有少于合同工程量，不能只考虑超出部分增加的费用。鉴定人按照施工记录计算出灌注桩的工程量与合同工程量基本一致，双方当事人现场确认鉴定人计算的工程量且无异议，施工单位不再要求增加相关费用。

（2）挡墙工程。经过查看合同和施工图纸，未说明有挡墙拆除和增加的挡墙项目，但通过现场勘验发现在施工部位确实有拆除的部分挡墙和新建挡墙，双方当事人在勘验现场的时候也认可该事项确实发生。因此可以判断挡墙工程量属于合同范围以外额外增加的工程量，虽然工程联系单签字盖章不齐全，但是经过问询投资开发公司也对该事项进行了认可，该项费用可以按照零星工程给施工单位计取额外增加的费用。地下室部位排水沟挡墙拆除增加的工程造价为10921.22元。

（3）综合管沟迁移工程。通过现场勘验和问询地下管道迁改的工程确实存在，双方当事人都认可相关事实，施工图纸中也没有相关设计和说明。但是在查阅合同价格明细中发现管道迁改的工程量和价格已经包含在其中，由此可以判断在双方当事人签订合同前，施工单位已经提前知道有此项费用将在施工期间发生,所以在合同总价中包含了该项费用,在随后的问询过程中施工单位也承认了此事。因此该部分管道迁改的工程量属于施工单位的合同风险范围,不应额外增加费用,应按照合同价格计取。最终经双方当事人现场确认综合管沟迁移内容属于合同内工程量,不再增加费用。

(4)地下室回填部位挡土墙增加事项,双方当事人无异议,涉及增加工程造价为9547.24元。

(5)室外地坪工程。经过问询和现场勘验,室外地坪工程因变更原因有增加的工程量也有减少的工程量,鉴定过程中要结合现场实际完成的情况,综合计算增加和减少的工程造价,按照合同约定的价格计算出实际施工的造价。经双方当事人现场确认室外地坪按实际施工面积12658.47m² 计算。16000m² 室外地坪工程的合同金额为2778031.39元。按照现场实际施工面积计算室外地坪工程造价,因室外地坪面积减少了3341.53m²(16000m²-12658.47m²=3341.53m²),从合同金额中减少579227.74元;因室外地坪伸缩缝填缝材料未施工,在12658.47m² 合同金额基础上减少3671.15元;因室外地坪做法变更在12658.47m² 原做法金额基础上增加590986.82元;所以室外地坪工程按照现场实际施工面积计算的造价为:2778031.39元 −579227.74元 −3671.15元 +590986.82元 = 2786119.32元。

(6)工程联系单LZHYXZ-015中冷库增加混凝土地坪工程量,东侧增加聚乙烯丙纶布防水布工程量,卸货平台增加金刚砂面层工程量,西侧散水增加挡土墙工程量,增加9座排水井工程量,增加安装雨水管工程量,增加沟槽开挖工程量,增加配电室工程量等,双方当事人对上述事项无异议,涉及增加的工程造价为191417.82元。

(7)因配电室及B轴南北两侧雨水管部位变更,雨水管变更增加工程量,防火桥架增加工程量,角钢增加工程量,增加栓联开关1个,增加吸顶双管灯2套等,双方当事人对上述事项无异议,涉及增加的工程造价为10156.98元。

(8)因配电室挪位置增加BYJ-8×1.5电线工程量,增加RVS-2×2.5报警联动线工程量,DN20钢管穿线管工程量,增加烟感探测器1个,增加THA5124应急灯1个,增加安全出口疏散指示1个,增加配电箱1台,管道电伴热工程量,增加BYJ-3×2.5电线工程量,增加RVS-2×2.5报警联动线工程量,增加SC15穿线管工程量,增加电动阀门控制箱6台,THA5123输入输出模块12个等,双方当事人对上述事项无异议,涉及增加的工程造价为31290.32元。

(9)地下室顶板照明增加事项,双方当事人无异议,涉及增加的工程造价为2841.00元。

(10)南北侧卸货平台挡土墙增加事项,双方当事人无异议,涉及增加的工程造价为187736.92元。

(11)屋顶排烟窗、提升外门和防火卷帘减少事项,双方当事人无异议,涉及减少的工程造价为86721.06元。

(12)冷库部位地面做法变更未施工25cm级配碎石减少事项,双方当事人无异议,涉及减少的工程造价为60019.67元。

(13)未施工A/1-4轴卸货平台减少事项,双方当事人无异议,涉及减少的工程造价为31253.17元。

(14)未施工提升外门的防撞杆减少事项,双方当事人无异议,涉及减少的工程造价为

1438.8 元。

（15）施工单位认为存在窝工事项，投资开发公司对窝工事项不认可。通过现场勘验和证据资料无法确定工程量，故无法计算工程造价，当事人同意不做鉴定。

（16）工程联系单 GSLH-001 地下室增加了一跨，跨距 5m。施工单位认为，地下室 B 轴向北侧外扩 5m 增加工程量属于变更增加部分。投资开发公司认为，地下室外扩 5m 部分不属于变更已包括在合同范围。鉴定人分析，提供的施工图纸其中涉及地下室的范围和内容不一致，不能确定该项工程量是否包括在合同总价范围，需要双方当事人补充证据资料，并由法院认定并按其认定进行鉴定，法院未及时认定的情况下，为了保证鉴定的正常进行，鉴定人将此部分单独列出并计算出造价供法院判断使用。所以鉴定人作出以下选择性意见由法院选择，一是该项内容属于变更增加部分的情况下，增加工程造价为 229619.41 元；二是该项内容不属于变更增加部分的情况下，涉及增减工程造价为 0 元。

（17）地下室增加 21 个承台。施工单位认为，地下室增加 21 个承台属于变更增加部分；投资开发公司认为，21 个承台已包含在合同范围。鉴定人分析，双方提供的施工图纸其中涉及地下室的范围和内容不一致，不能确定该项工程量是否包括在合同范围，需要双方当事人补充证据资料，并由法院认定并按其认定进行鉴定，法院未及时认定的情况下，为了保证鉴定的正常进行，鉴定人可将此部分单独列出并计算出造价供法院判断使用。所以鉴定人作出以下选择性意见由法院选择，一是该项内容属于变更增加部分的情况下，增加工程造价为 56173.77 元；二是该项内容不属于变更增加部分的情况下，涉及增减工程造价为 0 元。

（18）屋面及卸货雨棚檩条设计施工图规格为 XZ300×85×25×4.0，现场实际施工为 XZ300×80×20×2.0。施工单位认为，檩条规格 XZ300×80×20×2.0 属于钢结构优化图报价，包含在合同范围，不应扣减工程量；投资开发公司认为，檩条规格 XZ300×85×25×4.0 属于审查合格图纸，现场施工檩条按照规格 XZ300×80×20×2.0 完成，工程量变化应该扣减。鉴定人分析，根据双方当事人签订的建设工程施工合同，第一部分合同协议书的工程承包范围为"以审查合格后的施工图纸所示的内容，钢结构工程以优化图为准，其他工程以双方另行约定为准"。因此双方争议的焦点在钢结构工程是否按照优化图施工，双方当事人提供的证据相互矛盾，双方需要向法院举证确定优化图纸，并由法院认定并按其认定的图纸进行鉴定，如法院未及时认定的情况下，为了保证鉴定的正常进行，鉴定人可将此部分单独列出并计算出造价供法院判断使用。所以鉴定人作出以下选择性意见由法院选择，一是该事项按照优化图施工在合同范围内，涉及增减工程造价为 0 元；二是该项内容属于变更减少部分，减少工程造价为 1830985.85 元。

（19）4-18/A-B 轴地面基层未施工。施工单位认为，此项内容不在合同范围内，不应该扣减；投资开发公司认为，此项内容在合同范围内，应该扣减。鉴定人经查看合同报价，确实没有地面基层的价格。在鉴定过程中，当事人提出新的证据，另一方当事人对新证据不认可，因此需要法院确认其证明力，如法院未及时认定，鉴定人将分别鉴定供法院判断使用。所以鉴定人作出以下选择性意见供法院选择，一是该项内容不属于合同范围的情况下，涉及增减工程造价为 0 元；二是该项内容属于变更减少部分的情况下，减少工程造价为 1804663.92 元。

（三）案件当事人对工程造价司法鉴定意见异议问题。

（1）鉴定意见书中"屋面及卸货雨棚檩条设计施工图规格为 XZ300×85×25×4.0，现场实际施工为 XZ300×80×20×2.0"存在异议，投资开发公司认为该事项不应归入有争议的部分，应当直接从总工程造价中扣除。理由为自始至终并没有向法院提交经设计部门盖章签字及第三方出具的审核报告，或由业主和监理认可的优化图纸。根据《中华人民共和国建筑法》第五十八条的规定"建筑施工企业对工程的施工质量负责。建筑施工企业必须按照工程设计图纸和施工技术标准施工，不得偷工减料。工程设计的修改由原设计单位负责，建筑施工企业不得擅自修改工程设计"和《建设工程质量管理条例》第二十八条的规定"施工单位必须按照工程设计图纸和施工技术标准施工，不得擅自修改工程设计，不得偷工减料。施工单位在施工过程中发现设计文件和图纸有差错的，应当及时提出意见和建议"。施工单位对已施工的檩条材料规格并没有提交强度计算书，其偷工减料使工程存在安全隐患。

鉴定机构回复，在鉴定过程中施工单位又补充了屋面及卸货雨棚檩条的施工图纸，补充的图纸与之前的图纸彼此矛盾。其争议的焦点在于优化图纸的有效性，如果施工单位后提供的施工图纸经法院认可为该项目的优化图纸，按照合同约定该部分属于合同范围，不能扣减相应的造价。如果这部分图纸不被法院所认可，则不属于合同范围，应扣减相应的造价。所以鉴定人按照争议的证据分别进行鉴定，并将鉴定意见单独列出供法院判断使用。至于当事人提出的质量问题，如果当事人已验收合格或已投入使用了该工程，工程结算按合同约定进行鉴定。如果已竣工未验收且当事人未投入使用该工程，工程质量争议可以申请工程质量鉴定，分清当事人的质量责任后，分别按照工程造价鉴定意见由法院判断使用。

（2）鉴定意见书中"4-18/A-B 轴地面基层未施工"当事人认为该事项不应归入有争议的部分，应当直接从总工程造价中扣除。

鉴定机构回复，由于双方当事人对该事项有争议，合同报价中确实没有这部分的报价。双方当事人向法院举证由法院判断该项内容是否属于合同范围，在法院未认定前，鉴定人按照争议证据出具鉴定意见供法院判断使用。

（3）鉴定意见书中当事人对室外地坪工程造价存在异议。

鉴定机构回复，经鉴定人复核后与当事人逐项沟通，向其解释工程量计算过程、定额组价方式和费用计取依据，消除了当事人的疑虑，当事人对室外地坪工程造价予以认可，鉴定意见书中的工程造价数据未发现问题。

四、出庭作证情况

本案中双方当事人共计争议 19 项，鉴定人经过了解案件背景，分析争议原因，与双方当事人进行有效沟通，通过向其解释合同条款，分析合同价格，从证据资料入手结合现场勘验，使双方当事人对其中 15 项争议达成一致并认可了鉴定人出具的意见，比如解决双方当事人在灌注桩、挡墙工程和地下管道迁改工程中关于合同范围的争议，另外当事人也都认可了由鉴定人计算的工程造价。在鉴定意见出具后积极回复当事人提出的异议，双方当事人对鉴定意见也予以认可。对于鉴定中部分证据矛盾的事项，鉴定人分别按照证据作出选择性意见由法院判断使用。法院审理过程中，双方当事人未申请鉴定人出庭作证。

五、心得体会

（1）发挥鉴定人专业优势，逐步减少双方当事人争议。

首先根据案件内容明确双方争议的焦点问题、争议的性质、复杂程度等因素，选择具有相关领域经验和能力的专业人员进行鉴定。在鉴定过程中，鉴定机构和鉴定人应当保持中立的立场，不受任何利益或偏见的干扰，以确保鉴定结果的客观性和公正性。有效的沟通是解决争议的关键，通过法院的组织协调，鉴定人与双方当事人建立良好的沟通渠道，及时了解他们的需求和意见，并与他们共同协商解决问题的方案。本案中涉及了很多需要增加和减少的工程造价，起初双方由于对合同理解不一致和对专业的不了解造成很多争议。通过开庭笔录可以看出，双方各自的诉求对方都不认可，使得案件审理无法正常进行，只能通过司法鉴定来解决。鉴定人扮演着独立、客观、专业的角色，安排具有丰富的行业经验和专业知识的鉴定人，能够根据实际情况，对争议项目进行全面、准确的分析和判断。通过细致的调查和科学的分析，对争议项目进行逐一解释，澄清模糊点，明确责任方，进而减少争议项目。鉴定人的专业解读不仅有助于双方达成共识，而且为项目的最终造价提供了有力的依据。鉴定人根据实际情况，给出公正、合理的建议，确保项目造价的公正性和客观性。

（2）证据欠缺的情况下完成鉴定工作。

鉴定人根据现有的资料厘清案件事实，公平公正地进行鉴定，保障各方的合法权益。但是在鉴定过程中常常会遇到证据欠缺的情况，这就给鉴定工作带来困难。由于工程建设项目复杂多样、施工周期长、专业性强、单一性等特点，当事人在项目实施过程中又不注重资料的收集整理，致使在诉讼过程中不能提供有效的证据材料，无法直接证明其完成的工程量。鉴定人可以通过专业手段尽量还原事实，经过组织现场勘验计算工程量作出鉴定。但对于已经隐蔽或者已经灭失的工程通过现场勘验不能完成鉴定工作，这就需要鉴定人发挥专业特长，积极与双方当事人沟通了解项目实施过程中的情况，从中分析整理出关键线索，一方面促使当事人对一些争议事项达成一致性意见。比如在本案鉴定之前双方当事人对拆除的挡墙、地下管网的迁改各自提出的意见都不认可，经过现场组织勘验，虽然拆除的挡墙已经灭失，但根据拆除痕迹可以计算出工程量。通过鉴定人现场专业的解释和协调，双方当事人达成了一致意见；地下管网的迁改工程已经隐蔽，但是通过分析投标报价里的内容，可以推断出在合同签订前施工单位已经知晓了此事，经过与施工单位的解释说明，施工单位采纳了鉴定人的意见，此项内容不再作为争议项目。另一方面在证据欠缺的情况下有些事实确实无法还原，鉴定人与当事人说明情况后作出否定性鉴定。总之，在证据欠缺的情况下鉴定人应发挥专业特长，从现场勘验和现有的证据材料中找出相关线索，尽可能地解决双方当事人的争议，将争议问题减小到最少，鉴定人尽可能地促使当事人和解，以便争议得以顺利解决。

（3）鉴定人在鉴定过程中需要注意的事项。

在诉讼过程中，工程造价鉴定对确定与工程有关的争议事实、经济损失以及确定当事人的权利和义务具有深远的影响。在建设工程施工合同纠纷中，当事人往往对工程价款产生争议，工程造价鉴定可以帮助双方确定合理的工程造价，为法院提供可靠的依据，所以鉴定人要准确计算涉案工程的造价，从而有效解决双方在工程价格上的分歧，有利于案件的公正解决。另外鉴定人通常要具备专业的工程知识和实践经验，对涉案工程进行深入分析，为法院提供权威的技术支持。再就是鉴定人要清楚自己在鉴定工作中的作用，鉴定人不是"裁判员"，要把握好鉴定尺度，不能以鉴代判。比如合同约定不明或矛盾时，鉴定人应提请法院决定并按其决定鉴定。当事人对证据有异议，法院在未作出认定的情况下，鉴定人可根据自己的专业判断分别出具鉴定意见，既尊重了法院的权力，又能保证鉴定工作的正常进行。

（4）司法鉴定是一项复杂且专业的工作，需要鉴定人运用专业能力作出鉴定促成争议顺利解决。

工程造价司法鉴定工作不仅要求鉴定人具备扎实的工程造价知识，还需要深入了解相关的法律法规和拥有丰富的司法实践经验。首先，鉴定人必须充分了解案情，包括涉案工程的背景、合同条款、施工过程等。这些信息的获取需要鉴定人认真审阅案件材料，对于不清楚的地方要及时和法官沟通，询问当事人或律师，确保掌握完整、准确的信息。其次，鉴定人要具备正确、科学的鉴定方法。工程造价司法鉴定工作需要遵循科学、公正、客观的原则，在鉴定过程中要注意运用工程造价的相关理论和方法，如工程量清单计价、定额计价等，同时还要注意根据实际情况选择合适的鉴定方法和程序，如在证据欠缺的情况下的鉴定，合同、计量、计价等争议的鉴定。再次，鉴定人要有较强的沟通和协调能力。工程造价司法鉴定工作涉及到多个方面，包括工程、法律、财务等，鉴定人需要与法官、当事人、律师等各方面进行有效的沟通和协调，确保鉴定工作的顺利进行。鉴定人还需要善于引导当事人理性对待鉴定结果，促成和解或调解。最后，鉴定人要注重证据的收集。工程造价司法鉴定工作的结果必须要有充分的证据支持，鉴定人需要在鉴定过程中注重收集各种证据材料，如工程图纸、合同、变更、签证、验收记录等，并经过当事人质证认可，法院确认了证明力。

专家点评

总价包干合同是一种较为常见的合同价款类型，总价合同在大型建设项目适用中往往因为变更多、工期长等引发造价争议，本案就是一个例证，具有一定的典型性。

根据本案施工合同"合同总价＋变更签证"之约定和《最高人民法院关于审理建设工程施工合同纠纷案件适用法律问题的解释（一）》（法释〔2020〕25号）第二十八条"当事人约定按照固定价结算工程价款，一方当事人请求对建设工程造价进行鉴定的，人民法院不予支持"之规定，鉴定的关键在于确定总价范围内变更、总价范围外的变更签证等价款的确定。

鉴定人在变更项目多、内容类型多的情况下，很好地把握好了项目鉴定的工作思路，逐一对施工单位提出的变更签证增加事项是否有资料支撑、是否属于合同外增加进行分析判断，逐一对建设单位提出的变更减少或未施工事项是否有资料支撑、是否属于合同总价范围内进行分析判断，为确定性鉴定意见、选择性鉴定意见的出具奠定了基础。

鉴定人很好地把握好了工程造价与相关标准的关联，在施工图的基础上理解总价包干的内容结合了工程所在地同时期适用的法律法规、技术规范与相关标准。工程量方面，施工过程中的程序性工作内容、过程性施工内容原则上属于合同总价范围内，不作为变更签证予以鉴定增加费用，并通过现场勘验、使用专业工具和仪器进行测量，运用专业知识和必要的技术手段，提高鉴定成果的准确性和可信性；计价方面，对于约定不明或没有约定的项目，参照了已标价预算书有相同或类似项目的价格；无相同项目及类似项目价格的，按照变更发生时工程所在地同时期适用的计量、计价依据计算，符合《建设工程工程量清单计价规范》（GB 50500—2013）和《最高人民法院关于审理建设工程施工合同纠纷案件适用法律问题的解释（一）》（法释〔2020〕25号）第十九条的规定。

鉴定人为了双方当事人能够积极有效解决争议事项，保障鉴定意见的客观性、公正性，在法院组织下与当事人保持了有效沟通，使得部分争议在鉴定过程中就形成共识（譬如桩基础工程量），达到了解决矛盾、减少纠纷的效果，值得学习推广；对证据资料反映不完整、不清楚、有矛盾的地方，或者通过调查了解、补充证据予以明确，或者提请法院决定，在法院未明确的情况下以选择性意见方式出具意见，避免"以鉴代审"、恪守鉴定本分。

鉴定意见的结论清晰、有理有据，鉴定人对当事人的异议分析较为合理、符合行业特点和专业技术，可读性强，值得推荐。

中国建设工程造价管理协会法律委员会　周明科

对某电厂 2×1000MW 机组项目分包工程造价司法鉴定

——宁夏正业通工程咨询有限责任公司

李翔　徐万军　温鸿江

一、案情简介

本案原告为某建设公司（分包单位），被告为某建设集团公司（总包单位），被告通过公司内部招标确定原告为分包单位，双方签订《某电厂 2×1000MW 机组项目专业分包合同》及 T01、T02、T04 三个单项合同（以下简称 T01、T02、T03 分包合同）。分包内容主要是各建筑物、构筑物中的混凝土、钢筋、模板、预埋件、钢结构等工程的施工，其中混凝土和钢材为被告方供货，其余材料为原告自行采购。施工过程中又增加了砌体封闭、墙面装饰等工程内容，但未签订分包合同或协议。

工程完工后，原、被告双方因结算争议较大无法进行，原告方诉至法院。某人民法院委托宁夏正业通工程咨询有限责任公司对涉案的分包工程造价进行鉴定，要求鉴定的内容有：

（1）某电厂机组 I 标段工程，包括该工程内的侧煤仓间、锅炉、送风机、电除尘基础、引风机房、水平烟道及支架等工程。

（2）某电厂机组 B 标段工程，包括该工程内 T4、T5 运转站、碎煤机室、输煤栈桥、入炉煤取样间、拉紧间等工程。

（3）某电厂机组化学水处理系统建筑工程。

（4）采制样间、轻车衡（地磅）基础、管控楼、综合管架、封闭煤场基础、砌筑工程及零星工程。

二、案件争议焦点和造价鉴定难点

（一）案件争议焦点

1. 分包工程量确定的依据

本项目中多项内容存在分包，原告实际施工的范围划分不清，只能依据证据资料进行鉴定，但双方现场管理不规范，证据资料数据前后不一致。原告提供了一份结算书，附有建设单位签字确认的工程量计算表，此表中只有初审量但无终审量，被告认为还未到结算节点，表格中的初审量仅为进度款支付的依据，不能作为结算工程量。原告又提供了部分进度预算书，该进度预算书中有被告审批工程量，原告认可进度预算书中的事实但不认可该工程量，认为该进度预算不完善，且结算书与进度预算中内容前后矛盾；现原告坚持按结算书中的工程量进行鉴定，但被告认为上述资料均为施工过程资料，且均为原告提供，不予认可。工程量依据哪个资料为依据进行计算，数据前后不一致如何处理，成为本案的争议焦点。

2. 深基坑大体积素混凝土换填的价格

鉴定事项中，图纸设计侧煤仓间基础与锅炉基础下设素混凝土换填，原、被告双方对混凝土基础下方的"混凝土换填"的综合单价持不同意见。原告提出上述换填工程均是在离地面高度4m至6m处浇筑混凝土长方体，既要搭设施工作业平台又要支设模板，是按大体积混凝土要求施工，因此混凝土换填项目的施工难度高于钢筋混凝土独立基础，故应在钢筋混凝土独立基础综合单价（220元/m^3）的基础上，考虑一定的难度调整系数，原告主张乘以1.4确定混凝土换填项目的综合单价。被告提出原告在施工时大部分是直接在土坑里进行素混凝土换填，应按素混凝土换填子目考虑综合单价。鉴定机构查阅行业造价管理部门的相关定额解释，发现前后矛盾解释不清晰，针对上述情况，如何确定该项目的综合单价成为了争议的焦点。

3. 合同清单中另计价项目是否应该计算

由于分包工程招标不规范，被告自行制作的工程量清单表格进行招标，很多项目特征描述为空，如将基础垫层、锅炉螺栓固定支架、设备二次灌浆列为另计价项目，现原告主张基础垫层和设备二次灌浆需另行计价，被告不认可；经鉴定机构核实所对应的概算定额中基础工程已包含基础垫层，设备基础含高强灌料，但计价表中的第二部分又将基础垫层、锅炉螺栓固定支架、设备二次灌浆列为另计价项目；是否另行计入成为了争议的焦点。

（二）造价鉴定难点

1. 鉴定资料繁杂，逻辑关系混乱

此鉴定事项中涉及单位工程较多，收到的鉴定资料中图纸多达300多页，进度预算65份、变更联系单及设计单45份、合同4份、外包申请单17份、涉案单位工程20多个，鉴定资料数量巨大。而且总包单位对分包单位管理混乱，工程中的资料杂乱，证据资料数据前后不一致。所以厘清资料关系、制定鉴定思路方法，是鉴定人员面临的第一个难题。

2. 分包工程量清单描述不清楚，争议较多

分包工程招标工程量清单为总包单位自行编制，规范不严谨，项目特征描述不清楚，造成原、被告双方理解偏差较大。例如钢筋混凝土独立基础仅描述为基础材质为钢筋混凝土，是否包含垫层、模板、运输等内容都没有进行描述，部分分项工程项目特征描述为空，原、被告双方都站在对其有利的角度上发表意见，如何理解项目子目包含的工作内容是鉴定人员的一个难点。

3. 原、被告矛盾较大，互不配合

当事人矛盾较大，在鉴定初期有肢体冲突，鉴定过程中互不配合，让鉴定过程异常困难。在发表意见时双方都不以事实为基础，只发表对自己有利的意见，互不妥协，很难达成一致意见。为

了减少争议，鉴定机构需花费大量的时间查阅资料，还要协调双方关系，防止矛盾激化，让鉴定过程能够按照《建设工程造价鉴定规范》（GB/T 51262—2017）顺利开展下去是本鉴定的一个难点。

4. 争议问题错综复杂，形成一份简洁清晰的鉴定意见较难

本鉴定事项中鉴定资料签字盖章不规范，各种情况不一：如有签字盖章齐全的合同；未加盖公章的合同；工程量多算、漏算不准确；原、被告双方又对上述资料互不认可，造成争议问题错综复杂。在鉴定最后，形成一份逻辑关系清晰的鉴定意见书也是一个难点。

三、鉴定情况

（一）司法鉴定委托人提供鉴定材料内容

（1）司法鉴定委托书。

（2）委托人出具的法庭笔录、质证笔录。

（3）《某电厂 2×1000MW 机组工程专业分包合同》及 T01、T02、T04 分包合同、砌体封闭与墙面装饰综合单价表。

（4）竣工结算书和进度结算书。

（5）原告出具的造价鉴定申请书、工程造价说明、结算书。

（6）原、被告双方分别于 2017 年 3 月 25 日和 2017 年 3 月 26 日往来函件。

（7）2015 年 8 月由某电力设计院有限公司出具的工程施工图纸。

（8）21 份图纸会审记录、2 份设计变更单、1 份内部工作联系单、1 份专题会议纪要、3 份工程联系单、17 份外包申请单。

（9）委托人 2022 年 9 月 6 日转交的原、被告双方后续提供的补充证据及双方反馈的质证意见。

（10）现场照片、8 张 A4 图纸。

（11）其他相关鉴定材料。

（二）工程造价司法鉴定情况

1. 鉴定过程

（1）接受委托，了解涉案工程情况，接收经委托人质证后的相关鉴定材料。成立鉴定小组，制定鉴定实施方案。

（2）熟悉图纸、合同等有关鉴定材料，对缺少的材料通过委托人告知原、被告双方进行补充。

（3）2022 年 5 月 6 日，同委托人、原告、被告双方有关人员一起到现场实地勘验，了解工程情况，询问与鉴定事项有关的当事人，同时进行必要的测量，并形成相应的记录或影像资料。

（4）2022 年 7 月 21 日，鉴定机构通知原告、被告方前来沟通并核对相关鉴定事项。

（5）2022 年 8 月 10 日，鉴定机构向委托人提交鉴定意见书征求意见稿，2022 年 8 月 18 日、19 日鉴定机构分别收到原告、被告对鉴定意见书征求意见稿的反馈意见。

（6）根据双方的反馈意见，鉴定机构对征求意见稿进行了认真梳理，2022年8月22日至25日分别与原告、被告双方委派的授权人员进行了沟通和核对，在沟通和核对过程中，原、被告双方又另行补充了经质证后的鉴定资料。

（7）根据沟通和核对情况及相应补充质证资料，鉴定机构依据复函中的异议及相应证据对征求意见稿逐一进行复核，修改完善，经三级复核后，出具正式司法鉴定意见书。

2. 鉴定依据

（1）法律、法规等依据：

① 国家现行有关法律、法规、规章及相关标准的规定。

②《司法鉴定程序通则》（中华人民共和国司法部令第132号）。

③《工程造价咨询企业管理办法》（中华人民共和国建设部149号部令）。

④《建设工程造价鉴定规范》（GB/T 51262—2017）。

（2）工程技术资料：

①《某电厂2×1000MW机组工程专业分包合同》及T01、T02、T04分包合同、砌体封闭与墙面装饰综合单价表。

② 施工图纸。

③ 竣工结算书、进度结算书。

④ 原、被告双方往来函件。

⑤ 现场勘验记录。

（3）计价依据：

①《电力建设工程工程量清单计算规范火力发电工程》（DL/T 5369—2011）。

②《电力建设工程概算定额》（2013年版）、《电力建设工程预算定额》（2013年版）、《火力发电工程建设预算编制与计算规定》（2013年版）、《关于颁布〈电力建设工程概预算定额价格水平调整办法〉的通知》（定额〔2014〕13号）。

③ 电力工程造价与定额管理总站发布的《关于发布2013版电力建设工程概预算定额价格水平调整的通知》（定额〔2014〕1号）、《关于发布2013版电力建设工程概预算定额2015年度价格水平调整的通知》（定额〔2015〕44号）、《关于发布2013版电力建设工程概预算定额价格水平调整的通知》（定额〔2016〕50号）。

④《关于做好2016年度住房公积金缴存基数核定工作的通知》（宁房资管〔2016〕13号）、《关于阶段性降低社会保险费率的通知》（宁人社发〔2016〕86号）。

⑤ 2015年第4期《宁夏工程造价》、2016年第2、4期《宁夏工程造价》信息文件。

3. 鉴定思路和方法

（1）分类整理鉴定资料。

因资料繁杂，鉴定机构安排专业人员对证据认真分析、记载；依据鉴定委托书内容，分类整理合同，以及合同所对应的鉴定事项。对整理不清的在委托人的允许下，请当事人前来核实；对于资料不完整的，提请委托人向当事人转达要求补充证据的函件，具体整理情况详见表1、表2。

表 1　鉴定事项统计表

委托书要求鉴定内容	项目名称	对应合同
鉴定事项 1	侧煤仓间、锅炉、送风机、电除尘基础、引风机房、水平烟道及支架等工程	T01 分包合同
鉴定事项 2	T4、T5 运转站、碎煤机室、输煤栈桥、入炉煤取样间、拉紧间等工程	T02 分包合同
鉴定事项 3	化学水处理系统建筑工程	T04 分包合同
鉴定事项 4	采制样间、轻车衡（地磅）基础、管控楼、综合管架、封闭煤场基础、砌筑工程及零星工程	无施工合同，但部分内容有综合单价表或价格确认单

表 2　合同情况统计表

序号	合同名称	是否招标	合同签订日期	合同合约定开竣工日期	合同盖章情况	合同工作内容	合同附件情况
1	《某电厂 2×1000MW 机组工程分包合同》	是	2015 年 8 月	开竣工日期按双方另行签订的单项合同约定执行	合同双方签字盖章齐全	具体施工项目按照双方另行签订的单项合同的相关约定执行	仅为质量验收证明、质保期满证明、保证金退还签证式样表
2	T01 分包合同	是	未注明合同签定日期	2015 年 8 月 28 日至 2016 年 12 月 30 日	仅有某施工公司负责人签字，但未加盖公章	包括混凝土工程、钢筋工程、模板工程、预埋件、钢结构工程	附分部分项综合单价表，该计价表签订日期为 2015 年 8 月 16 日，该单价表双方签字盖章齐全
3	T02 分包合同	是	2016 年 6 月 23 日	2016 年 3 月 20 日至 2016 年 10 月 20 日	合同双方签字盖章齐全		附分部分项综合单价表
4	T04 分包合同	否	未注明合同签定日期	2016 年 8 月 10 日至 2016 年 12 月 4 日	合同双方签字盖章齐全		附分部分项综合单价表
5	砌体封闭与墙面装饰工程	否	无施工合同，但有"砌体封闭与墙面装饰综合单价表"	无开竣工日期	该单价表中双方签字盖章齐全	单价表中反映工程内容有砌体封闭、内外墙面装饰涂料	原、被告双方在 2016 年 8 月 1 日签订的"砌体封闭与墙面装饰综合单价表"，该单价表双方签字盖章齐全

（2）分析鉴定资料、确定鉴定范围、工程量计算方法。

因案件争议焦点 1，鉴定机构依据现有的鉴定资料，仔细分析核实，有以下情况：

① 在提供的鉴定资料中，有 58 份进度结算书、5 份竣工结算书、2 份未明确施工进度或竣工结算的结算书，上述结算书封皮原告与被告均已签字盖章，所附工程量计算表中反映初审量和终审量，且表格下方附有被告所设部门，即分管经理、工程管理部、工程负责人、技术负责人、施工技术员五部门签字的位置，经核实上述签字人为被告方代表，签字人数为 3~5 人，以上鉴定资料简称进度结算书。

② 依据某施工公司出具的结算书所附建筑安装工程量计算表中仅反映初审量，未反映终审量，且该计算表格下方附有被告所设部门（即分管经理、工程管理部负责人、工程负责人、技术负责人、施工技术员五部门）签字的位置，经核实上述签字人为被告方代表，签字人数为 5 人，以上鉴定资料简称结算书。

③ T02 分包合同中，合同施工范围包括拉紧间工程，但提供的鉴定资料中无施工图纸也无相关进度结算书，同时某施工公司出具的结算书中也未反映此部分内容。

④ T02 分包合同中，合同施工范围包括入炉煤取样间工程，经核实原告与被告双方签字盖章的相关进度结算书（序号 63）反映的内容仅为砌筑抹灰工程；且某施工公司出具的结算书中反映的内容也仅为砌筑抹灰工程；现原告提出入炉煤取样间工程为合同内工程，已按合同约定施工范围全部施工，含框架结构及砌筑抹灰工程，框架结构在进度预算书未反映是因为资料遗失；被告提出仅为砌筑抹灰工程。

⑤ 封闭煤场基础工程施工图纸中设计有挡煤墙工程和混凝土独立基础，但原告与被告双方签字盖章的相关进度结算书（序号 8、12、13）反映的内容仅为混凝土独立基础工程，且某施工公司出具的结算书中反映的工程量也仅有 4023.75m³ 的混凝土独立基础工程和 369.08t 钢筋制作安装。现原告主张图纸中设计的所有基础均为原告施工，其公司出具的结算书缺少此部分内容是因为原告预算员工作失误漏算，相关进度结算书无此部分内容是因为资料不全；被告认为此部分由被告另行发包，不予计算。

上述五种情况，经鉴定机构仔细分析核实对比，被告提出的 T01、T02、T03 分包合同中约定的部分内容已由其他施工单位施工缺少依据（没有提供任何资料），依据现有的鉴定资料，该鉴定工程虽为分包工程，施工完工后原、被告双方虽没有形成最终工程量确认表，但原告与被告双方签字盖章的相关进度结算书（共 65 份）反映确有工作内容；按照相关施工合同包括的工作内容（T01、T02、T04 分包合同工作内容均包括混凝土工程、钢筋工程、模板工程、预埋件、钢结构工程），本次鉴定施工范围依据某施工公司出具的结算书，并结合原告与被告双方签字盖章的相关进度结算书（共 65 份）反映的内容进行界定，其中各鉴定事项中的相关工程量依据施工图纸计算。

因拉紧间工程无任何资料支撑证明是否施工，经与原告沟通协调，拉紧间未施工，故本次鉴定造价中不含拉紧间工程内容。

对于入炉煤取样间工程，鉴定机构无依据核实框架结构是否为原告施工，现依据施工图纸将框架主体结构及砌筑抹灰工程均给予计算，并分别列项，供委托方裁定。

对于封闭煤场中挡煤墙工程和混凝土独立基础工程，鉴定机构依据施工图纸计算出混凝土独立基础和基础钢筋以及挡煤墙工程中的混凝土条形基础、条形基础钢筋、砖基础、圈梁、砌体工程量分别为9408.72m³、854.97t、199.2m³、6.93t、66.33m³、47.81m³、179.28m³，因依据缺乏，鉴定机构无法核实施工图纸中所有基础工程量及挡墙工程是否为原告施工，故将结算书中4023.75m³的混凝土独立基础工程和369.08t钢筋制作安装的工程量与此部分之外的工程量单独列项，供委托方裁定。

（3）分析有施工合同的鉴定事项，依据合同约定的计价原则和方法确定计价标准及单价。

对于鉴定事项1、2、3，结算单价依据合同中相关条款，按以下方式计算：

① 投标报价中有相同或相近项目的，按其投标报价中的综合单价计算。

② 投标报价中无相同或相近项目的，对于鉴定事项1、2（T01、T02分包合同），按以下原则执行：

a. 采用发包人确认变更综合单价下浮10%作为投标人变更价格。

b. 不足部分执行《电力建设工程预算定额》（2013年版）和《火力发电工程建设预算编制与计算规定》（2013年版）（缺项采用最新的且现行的当地地方定额）。其中，临时设施费及企业管理费按相应取费标准的40%计取，利润不得计取；采用以上规则编制预算下浮10%计算变更费用。

c. 对于鉴定事项1材料价格按当期当地价格执行，即2015年第4期《宁夏工程造价》某地区价格信息。

d. 对于鉴定事项2材料价格按当期当地价格执行，即2016年第2期《宁夏工程造价》某地区价格信息。

e. 经核实，发包人确认变更综合单价无相关鉴定资料，鉴定机构在鉴定时按上述b至d条原则进行鉴定。

③ 投标报价中无相同或相近项目的，对于鉴定事项3（T04分包合同），按以下原则执行：定额参考《电力建设工程预算定额》（2013年版）（缺项采用当地地方定额及配套取费）。人工费按照《关于发布2013年版电力建设工程概预算定额价格水平调整的通知（定额〔2014〕1号）（电定总造〔2014〕1号）文件进行调整。允许调整的材料种类执行预规及其相关文件规定，机械价差执行电力定额现行调价文件，材料价差调整按变更执行当月当地造价信息价格调整（即2016年第4期《宁夏工程造价》某地区价格信息），价差只计税金。取费按照《火力发电工程建设预算编制与技术标准》（2013版）计取。编制预算总价经审核后，审核后建筑工程下浮10%作为变更的价格。

（4）分析无相关施工合同的鉴定事项，确定计价标准及单价。

① 对于鉴定事项4〔即采制样间、轻车衡（地磅）基础、管控楼、综合管架、封闭煤场基础、砌筑工程及零星委托工程〕，经分析核实该项鉴定内容无相关施工合同，但除轻车衡（地磅）基础及零星委托工程以外其他均有相应的进度结算书，鉴定机构依据某施工公司出具的结算书所附建筑安装工程量计算表并结合施工图纸进行计算工程量。

② 对于鉴定事项4，部分鉴定方法需结合2017年3月26日某建设集团公司给予某施工公司"回复函"内容进行分析说明，具体分析如下：

a. 依据该"回复函"第6条相关答复所反映的内容，采制样间、轻车衡（地磅）基础、管控楼、综合管架四项工程为T02分包合同漏项内容，其中采制样间、轻车衡（地磅）基础、管控楼结算方式按T02分包合同约定条款内容计算；综合管架按2016年11月21日，原、被告双方签订的"价格确认单"中第三项内容中的综合单价计算。

b. 依据该"回复函"第4条相关答复所反映的内容，封闭煤场基础为漏项内容，其中封闭煤场基础单价依据2016年11月21日，原、被告双方签订的"价格确认单"中第二项内容中的综合单价计算。

③ 对于砌筑工程中"砌体封闭"综合单价依据原、被告双方在2016年8月1日签订的"砌体封闭与墙面装饰综合单价表"计算，该单价表双方签字盖章齐全。

④ "砌体封闭与墙面装饰综合单价表"中反映内外墙面装饰综合单价为60元/m²，该综合单价包括施工内容：墙面清理、墙面基层与底层抹灰、挂网（各种形式网片）、装饰面层、刷油漆面等明示或者暗含的工作内容，含税、材料大包；现依据相关进度结算书（序号53至序号56）反映的施工内容，砌筑工程中仅有砌体封闭和墙面抹灰两项内容，无墙面粉刷内容；根据《电力建设工程预算定额》（2013年版）、2016年第4期《宁夏工程造价》信息文件测算，内墙抹灰工程综合单价为33.54元/m²，外墙抹灰综合单价为33.08元/m²，本次鉴定事项中与之相关的分项工程综合单价均按此测算的下浮价格计算。

⑤ 零星委托工程中相关工程量依据被告出具的"建筑安装工程分包申请单（合同附件）"进行计算，其中，零星用工单价按T02分包合同第二十条款内容计算，即80元/工日（含税）；其他分项单价按T02分包合同约定的结算方式进行计算。

（5）分析争议项内容，确定解决方法。

① 对混凝土基础下方的"混凝土换填"的综合单价解决方法。

原告提供局部的施工照片为证（如图1，图2），主张混凝土基础下方的"混凝土换填"综合单价按钢筋混凝土独立基础综合单价×1.4难度系数确定单价；被告认为，原告提供的照片仅为局部内容有该种情况，大部分情况都是直接在土坑里进行素混凝土换填，且提供的该照片是否为本项目的施工内容，无法分辨，应按素混凝土换填子目考虑综合单价，但未提供任何依据。

图1 局部施工照片（混凝土换填前）

图2 局部施工照片（混凝土换填后）

上述说法经鉴定机构核实，T01分包合同中钢筋混凝土独立基础综合单价所对应的定额子目包括清理基层、浇筑混凝土垫层与基础，如按原告主张的综合单价明显不合适，且调整难度系数也无任何依据；经核实图纸设计基础下方为素混凝土换填，且对应的计价依据中有素混凝土换填子目，但对素混凝土换填没有进行定性说明；之后鉴定机构又查阅了某工程造价信息网的相关答复，但对该情况的前后答复不一致，一种答复是："换填素混凝土子目含量中没有钢筋材料，换填混凝土材料与基础混凝土材料强度不同，因此换填混凝土工程不能执行独立基础定额。"另一种答复是："建议结合工程实际情况，执行混凝土基础较为适宜。"结合上述分析，鉴定机构无法核实原、被告的说法，以及当时的施工工艺，故鉴定机构分别按独立基础、素混凝土换填两种方法进行造价鉴定，供委托方判断使用。

② 对鉴定造价中是否计入基础垫层和设备二次灌浆的争议。

原告提出 T01 分包合同所附清单计价表中，部分分部分项工程量清单约定设备基础的项目特征中含二次灌浆，但在"另计单价项目"中约定了设备二次灌浆清单项及基础垫层项，应另行计价，并附双方往来邮件说明被告曾发布的该标段拦标价 1449875 元过低，原告曾于 2015 年 8 月 10 日以电子邮件形式向被告方提出调整基础、设备灌浆的单价；2015 年 8 月 12 日被告方以邮件回复，调整了部分项目内容综合单价且同时列明了另计单价的项目及综合单价，经调整后拦标价为 15159830 元。被告认为设备基础综合单价包含二次灌浆内容，独立基础综合单价包含垫层内容，故另计单价项目是考虑单独施工设备二次灌浆及基础垫层时发生时结算的单价。

经核实 T01 分包合同附件清单计价表中基础工程已包含基础垫层，设备基础含高强灌料，但计价表中的第二部分又将基础垫层、锅炉螺栓固定支架、设备二次灌浆列为另计价项目，依据原告提供的邮件追溯，邮件确实有调价过程，但双方对另计价项目具体真实意图没有进行阐明，另外清单计价表中另计价项目仅有综合单价无工程量，如表 3 所示，对于上述情况，鉴定机构另行计算了另计价项目，并单独列项，供委托方判断使用。

表 3 T01 分包合同分部分项工程量清单报价表

序号	项目名称	工作内容	项目特征	计量单位	工程量	金额		备注
						综合单价（元）	合价（元）	
	普通钢筋制作、安装	GT7-23	1. 钢筋种类：HPB300、335、400 2. 规格：综合考虑	t	23	950.00	21850	1. 直径20mm及以上螺纹接头包含在综合单价中 2. 甲供钢筋
二	另计单价项目							
1	基础垫层			m³		70		
2	锅炉螺栓固定支架			t		1800		
3	设备二次灌浆			m³		1200		

4. 鉴定意见

本工程鉴定意见分为确定性意见和选择性意见，具体鉴定意见如下所述：

1）确定性意见

通过上述分析，鉴定机构依据施工图纸并结合现有鉴定资料，鉴定事项 1、事项 2、事项 3 鉴定造价合计为 22569178 元，具体各项鉴定造价详见表 4。

表 4 鉴定事项 1～3 造价鉴定汇总表

序号	项目名称	鉴定造价（元）
一	鉴定事项 1	15758713
1	侧煤仓间框架主体结构工程	8926952
2	锅炉基础工程	3043610
3	送风机主体结构及一次风机基础工程	1373905
4	电除尘基础工程	453610
5	引风机房基础、水平烟道及支架工程	1960636
二	鉴定事项 2	6065333
1	T4 转运站框架主体结构工程	989848
2	T5 转运站框架主体结构工程	2762120
3	碎煤机室框架主体结构工程	1443579
4	输煤栈桥混凝土柱梁板工程	869786
三	鉴定事项 3	745132
1	含煤废水池工程	268979
2	化学水室外管沟工程	134175
3	化验楼零米设施	65944
4	生活污水池工程	104285
5	除盐间零米设施	171749
四	合计（一＋二＋三）	22569178

2）选择性意见（该意见分为四部分，具体意见如下）

（1）第一部分，鉴定事项 4，即采制样间、轻车衡（地磅）基础、管控楼、综合管架、封闭煤场基础、砌筑工程及零星委托工程。

该项鉴定内容无相关施工合同，但依据 2017 年 3 月 26 日某建设集团公司给予某施工公司"回复函"第 4 条、第 6 条相关答复所反映的内容，封闭煤场基础、采制样间、轻车衡（地磅）基础、管控楼、综合管架等五项工程为清单漏项内容；砌筑工程无合同但有原、被告双方在 2016 年 8 月 1 日签订的"砌体封闭与墙面装饰综合单价表"；上述内容中采制样间、管控楼、综合管架、封闭煤场基础、砌筑工程均在相关进度结算书及结算书中有反映；轻车衡（地磅）基础工程与零星工程无施工合同和进度结算，但结算书中有初审量；通过上述分析，将鉴定事项 4 分为四种类型：

① 无施工合同，但为清单漏项部分且有图纸、有进度结算，并且结算书中有初审量的部分，含采制样间主体结构工程、管控楼主体结构工程、综合管架主体结构工程、封闭煤场混凝土独立基础工程（结算书中工程量），此部分鉴定造价为 2502450 元。

② 无施工合同，但有图纸、有进度结算且结算书中有初审量的部分，含砌筑工程，此部分鉴定造价为 3048771 元。

③ 无施工合同和进度结算，但为漏项部分且有图纸并且结算书中有初审量的部分，含轻车衡（地磅）基础工程，此部分鉴定造价为 89737 元。

④ 无施工合同、现场签证和进度结算，但有外包申请单及结算书中有初审量的部分，含零星工程，此部分鉴定造价为 94361 元。

上述四种类型鉴定造价合计为 5735319 元，以上情况原告提出：上述情况虽无施工合同但均有施工图纸，其中采制样间、管控楼、综合管架、封闭煤场基础为清单漏项内容，且上述内容及砌筑工程既有进度结算又有结算初审量，说明事实已发生，应给予计算；对于无进度结算但为漏项部分且结算书中有初审量的工程，如轻车衡（地磅）基础工程，说明事实已发生，也应给予计算；对于零星工程虽无变更签证但已按施工图纸及外包申请单内容施工；上述说法被告不予认可，被告认为上述内容原告仅施工了部分工程量；以上说法是否属实，鉴定机构无法核实，现单独列项，供委托方判断使用，具体各项鉴定造价详见表 5。

表 5　鉴定事项 4 意见汇总表

序号	项目名称	鉴定造价（元）	备注
一	无施工合同，但为清单漏项部分且有图纸、有进度结算，并且结算书中有初审量的部分	2502450	
1	采制样间主体结构工程	509413	
2	管控楼主体结构工程	398048	
3	综合管架工程	463090	
4	封闭煤场混凝土独立基础工程	1131899	结算书中工程量
二	无施工合同，但有图纸、有进度结算且结算书中有初审量的部分	3048771	
1	砌筑工程	3048771	
1.1	T4 转运站砌筑工程	467750	
1.2	T5 转运站砌筑工程	558979	
1.3	管控楼砌筑工程	401837	
1.4	入炉煤取样间砌筑工程	339813	
1.5	碎煤机室砌筑工程	646107	
1.6	引风机室砌筑工程	536743	
1.7	运转层配电间砌筑工程	97542	

续表

序号	项目名称	鉴定造价（元）	备注
三	无施工合同和进度结算，但为漏项部分且有图纸并且结算书中有初审量的部分	89737	
1	轻车衡（地磅）基础工程	89737	
四	无施工合同、现场签证和进度结算，但有外包申请单及结算书中有初审量的部分	94361	
1	零星工程	94361	
1.1	2#锅炉房120T塔吊基础工程（外包申请单序号13项）	71845	
1.2	零星用工（外包申请单序号1至9项）	9520	
1.3	零星工程（外包申请单序号10至12项、17项）	12996	
五	小计（一）+（二）+（三）+（四）	5735319	

（2）第二部分，是否为原告施工的争议，该部分为四种类型：

① 有合同、图纸设计，但无进度结算且结算书中无初审量的部分，含入炉煤取样间主体结构工程、C-5输煤栈桥框架工程，此部分鉴定造价为531740元。

② 无施工合同，但图纸工程量超出结算书中初审量部分，含封闭煤场独立基础工程，此部分鉴定造价为1507334元。

③ 无施工合同、进度结算及结算书，但施工图纸已设计此部分，含封闭煤场挡煤墙工程，此部分鉴定造价为125218元。

④ 无施工合同、进度结算，但有结算初审量部分，含T01合同中锅炉基础22个沉降观测点安装、送风机房基础44沉降观测点安装，此部分鉴定造价为3300元。

上述四种类型鉴定造价合计为2167592元，以上情况原告提出：对于入炉煤取样间主体结构工程和C-5输煤栈桥框架工程本身就属于T02分合同中的施工范围，且已施工，进度结算书和结算书中无初审量是鉴定资料缺失；对于结算书中差额量（如：封闭煤场独立基础工程）或结算书中未计入部分（封闭煤场挡煤墙工程），上述内容原告均已施工，差额量和结算书中未计入部分是原告预算人员工作失误原因造成；对于66个沉降观测点，原不属于原告安装范围，是被告另行委托原告分别在锅炉钢架及送风机钢架上安装的；但被告认为上述部分均不是原告施工，由被告另行委托其他单位施工；以上说法是否属实，鉴定机构无法核实，现单独列项，供委托方判断使用，具体各项鉴定造价详见表6。

表6 鉴定意见汇总表

序号	项目名称	鉴定造价（元）	备注
一	有合同、图纸设计，但无进度结算且结算书中无初审量的部分	531740	鉴定事项2（T02分包合同）
1	入炉煤取样间主体结构工程	463868	

续表

序号	项目名称	鉴定造价（元）	备注
2	C-5输煤栈桥框架工程	67872	
二	无施工合同，但图纸工程量超出结算书中初审量部分	1507334	鉴定事项4
1	封闭煤场独立基础工程	1507334	超出结算书工程量部分
三	无施工合同、进度结算及结算书，但施工图纸已设计此部分	125218	
1	封闭煤场挡煤墙工程	125218	
四	无施工合同、进度结算，但有结算初审量部分	3300	鉴定事项1（T01分包合同）
1	沉降观测点	3300	
五	小计（一）+（二）+（三）+（四）	2167592	

（3）第三部分，基础垫层和设备二次灌浆的争议。

因鉴定机构无法核实被告方对于另计价项目的具体真实意图，如果给予另行计价，则增加造价231470元，现将各分项内容单独列项，供委托方判断使用，具体各项鉴定造价详见表7。

表7 基础垫层和设备二次灌浆鉴定意见

序号	项目名称	鉴定造价（元）	备注
一	基础垫层	70802	鉴定事项1（T01分包合同）
二	设备二次灌浆	160668	鉴定事项1（T01分包合同）
三	小计（一+二）	231470	

（4）第四部分，基础素混凝土换填工程的争议。

因当时施工情况鉴定机构无法核实，且原、被告的说法不一致，现按两种方法进行造价鉴定，第一种方法按独立基础计算造价为1559038元，第二种方法按被告的说法（素混凝土换填）计算造价为1108360元，现将两种方法单独列项，供委托方判断使用，具体各项鉴定造价详见表8。

表8 基础素混凝土换填鉴定意见

序号	施工工艺类型	侧煤仓基础素混凝土换填工程（元）	锅炉基础素混凝土换填工程（元）	合计（元）	备注
1	按独立基础工艺计算造价	316744	1242294	1559038	鉴定事项1（T01分包合同）
2	按素混凝土换填工艺计算造价	225181	883179	1108360	鉴定事项1（T01分包合同）

（三）案件当事人对工程造价司法鉴定意见异议问题

2022年8月10日，鉴定机构向法院提交鉴定意见书征求意见稿，以征求当事人双方意见，原告针对征求意见稿提出15条反馈意见，被告提出9条反馈意见，经汇总整理主要涉及工程量计算、计价原则应用、施工界限、往来账目等问题。对于上述问题，鉴定人员逐条梳理并邀请当事人前来再次进行核对，对于鉴定机构确属错误的，鉴定人员有则改之；对于正确的鉴定人员耐心解释，寻找各种依据进行佐证，同时在鉴定意见书中以一问一答形式进行详细回复，其中回复结果均在沟通时已告知当事人。

四、出庭作证情况

2022年12月25日，接法院通知，鉴定人员需在2023年1月7日依法出庭接受当事人对司法鉴定意见书的质询，回答与鉴定事项有关的问题。出庭前委托人向鉴定机构提交了当事人所需回答的问题，鉴定人员逐一甄别，并准备相关资料及答复稿件，在出庭作证环节中，鉴定机构依据《建设工程造价鉴定规范》（GB/T 51262—2017）相关规定，依法、客观、公正、有针对性地回答与鉴定事项有关的问题，对于需要深入补充说明的问题，经委托人允许提交了正式的关于"请鉴定人补正或补充鉴定意见函"的回复。

五、心得体会

本鉴定项目为分包工程，鉴定造价金额不高，但是鉴定内容较多，事项复杂，故本次鉴定时长达6个月，本次鉴定中，笔者深刻体会到以下几点：

（1）注重鉴定资料的完整性。

本次鉴定开始阶段，原、被告双方就提交了大量鉴定资料，征求意见出具后，原告与被告相继又补充了质证资料，该鉴定资料对鉴定结果影响较大，因此完整的司法鉴定资料能使鉴定人及时、准确地做出判断，客观、公正地做出工程造价鉴定结果。司法鉴定过程中，鉴定人员切不可忽视每一份鉴定资料，发现缺少资料要及时通知委托单位补充，如果资料丢失或双方都不能提供，只能依据现有资料鉴定，需要在鉴定意见书中说明。

（2）质证笔录须仔细研读。

在司法鉴定过程中，委托人移交的质证笔录，必须要仔细、数遍地研读，关注争议焦点，研究解决办法。质证笔录正确的研读，不仅可以使鉴定人员了解双方当事人对双方证据资料的不同看法，而且对梳理案情有很大的帮助。尤其在出具鉴定意见时，可以准确地定性争议部分与非争议部分，从而避免在征求意见阶段双方当事人出现较大歧义，影响鉴定工作的顺利实施。

（3）认真对待当事人对征求意见稿的回复意见。

当事人对司法鉴定征求意见稿的回复意见，鉴定人员一定要认真对待，不能盲目自信，要逐条研究核实。因鉴定人技术上的原因要尽快修改，不能将错就错；因证据链的原因，要求当事人尽快补充证据，确有必要，可与委托人沟通后，延长鉴定时间；因当事人理解上的差异，要尽可能以合同约定内的政策法规、计价标准、相关配套解释予以解释，切不可囫囵吞枣，以免在庭审时或其他阶段引起隐患，致使鉴定机构造成不良影响。通过此次鉴定，鉴定人员不卑不亢、不厌其烦、以诚相待的态度不仅能使当事人信服，而且还是整个项目顺利实施的润滑剂。

（4）鉴定过程中须妥善处理矛盾点。

本鉴定双方当事人各持己见，争议较多。为了将当事人之间的争议通过鉴定逐步减少，鉴定人员花费了大量的时间在相关网站寻找蛛丝马迹。同时反复查阅鉴定资料和鉴定依据，认真聆听当事人的诉求，仔细研读当事人通过委托人转交的质证函及证明材料，通过自身专业知识和法律知识促使当事人和解，逐步减少争议。为了减少征求意见稿出具后当事人的异议，鉴定机构在出具征求意见稿之前，邀请当事人前来沟通核对，并对每个阶段性成果提请当事人提出书面意见或签字确认。对无法达成一致意见的，鉴定人分别按照不同的合同约定或证据，做出选择性意见，由委托人判断使用。

（5）鉴定人员须具备过硬的专业知识和协调沟通能力。

本鉴定事项较为复杂，鉴定过程长，双方当事人矛盾很大。此时不仅需要鉴定人员具备较强的专业知识，而且还需要有良好的协调沟通能力。在鉴定过程中，鉴定人员通过专业能力、敬业精神和热情耐心的服务，尽可能化解双方矛盾，促使鉴定工作顺利实施。司法鉴定工作虽然难度较大，但是对于造价专业人员，也是锻炼专业能力、积累经验和提升综合素质能力的最好的机会。

专家点评

本案例鉴定人能够严格按照《建设工程造价鉴定规范》（GB/T 51262—2017）开展鉴定工作，工程造价鉴定工作程序严谨、合规，保证了鉴定程序的合法性。此案例中鉴定思路和鉴定方法分析是一个亮点，清晰且有条理，按照发现问题、分析问题的递进思路去找出解决问题的方法，过程中既有表格，又有对比图片，值得其他鉴定人员学习并拓展思路。

本涉案例项目为大型工业项目，为一个典型的涉及分包工程造价鉴定的典型案例。在大型工业项目中，总承包单位主要承担施工主厂房和安装工程，将大量土建工程承包给分包单位，但在施工过程中由于管理不规范而产生纠纷的情况在工程中比较常见。其产生问题的主要原因有以下几点：①总承包单位内部招标不规范，不执行《建设工程工程量清单计价规范》（GB 50500—2013），同时也不聘请专业的造价咨询公司进行工程量清单编制，造成总包单位自行编制的工程量清单描述不清，同时错项、漏项较多，结算时容易产生纠纷；②工业项目中的建筑物、构筑物、设备基础、管道支架、管道沟槽井室等多而杂，总承包单位为了赶工期，将其分包给多家分包单位施工，造成工作界面划分不清晰，结算时施工界限难以区分；③总承包单位对和分包单位在施工过程中管理薄弱混乱，没有秩序及相应的管理制度，造成在施工过程中相关的签证手续不完善，对完成工作量也不能及时确认。由于以上原因，总承包单位与分包单位在结算时产生纠纷也就不可避免。

本案例就存在上述特点，资料不充分、争议问题错综复杂，给鉴定工作带来很大难度。该鉴定公司接受委托后，克服困难，将复杂的资料分类整理并制成表格便于查阅，同时对证据之间的关系及矛盾争议点逐一分析梳理，制定出完整的鉴定思路和鉴定方法，通过专业技术分析及计算，最终将各种情况分别进行鉴定，并形成一份简洁清晰的鉴定意见，提交主办法官裁定，很好地解决了上述这个难问题。

本案例在心得体会中提到了双方当事人各持己见，互不妥协，存在对立情绪，给鉴定工作带来了很大困难。但鉴定人员为了将当事人的争议逐步减少，在鉴定过程中花费了大量的时间认真查阅资料，耐心认真聆听当事人的诉求，积极与双方当事人及主办法官沟通，通过自身的专业知识、敬业精神和耐心热情的服务，取得各方的信任，促使鉴定工作最终顺利完成。从而也体现了所以工程造价司法鉴定不仅要求鉴定人具有过硬的专业知识对造价争议问题进行鉴别判断的能力，还要求鉴定人员具有协调沟通解决矛盾问题的能力。

本案例具有一定的典型性，在造价鉴定方面，也具有很好的引导作用和借鉴意义。

北京金和通工程咨询有限公司　田华伟

某城市综合体已完项目的工程造价司法鉴定

——龙达恒信工程咨询有限公司

杨柏林　张本清　郑荣芹

一、案情简介

（一）工程项目简介

该城市综合体项目，地上建筑分为1#楼（29层）、2#楼（6层）、3#楼（29层），地下4层，建筑面积共118500m^2。其中2#楼与1#、3#楼的1～6层连通为商业区，1#楼7～29层为办公楼，3#楼7～29层为公寓楼。图纸设计中地基基础采用强风化云母岩为持力层，筏板基础，框架核心筒结构，建筑高度119.75m。

（二）合同履行情况

某实业有限公司（以下简称"发包人"）与某建筑工程有限公司（以下简称"承包人"）在2012年7月24日签订《某城市综合体工程施工总承包合同》（以下称合同），工程承包范围：除电梯、强配电及专业设备等进行专业分包外，包括施工图纸所标明的土建、安装（含水电暖、消防、智能化）及室外配套工程。合同开工日期：2012年（具体甲方提前十天通知），竣工日期：初定裙房以下（含6层）于2013年5月底达到发包人精装修条件，总体工程于2014年5月底竣工（详细节点工期待正式开工后商定）。合同价款金额暂定价：约贰亿元人民币（具体以结算金额为准）。合同约定计价方式为定额计价，采用2003版《山东省建筑工程消耗量定额》、2003版《山东省安装工程消耗量定额》，其中钢筋、商品混凝土为甲供材；乙供主要材料参照信息价进行下浮计价。

因施工过程中存在承包方垫资情况，发、承包双方就进度款支付产生争议，引起承包方停工，加之现场实际情况延误，导致工程不能按期竣工。发、承包人双方经协商，对原合同的计价条款、进度款支付等达成一致意见，签订《补充协议》后再行继续施工。

《补充协议》签订后工程恢复施工。期间，双方仍因施工进度及工程款问题发生矛盾，经多次协商未果，最终发包方向承包方送达了《解除"某城市综合体工程"施工合同通知书》，要求承包方于 2015 年 4 月 30 日撤离施工场地，发包方将案涉工程交由其他施工方继续建设。发、承包双方工程结算过程中争议较大，难以达成一致，承包人依法提起诉讼。

（三）诉讼过程介绍

2015 年 10 月 23 日，承包人向一审法院提起诉讼，主要诉求为：

（1）发包人支付剩余工程款 79852724.08 元及相应利息。

（2）发包人赔偿其停工损失 8893256.21 元。

（3）发包人返还承包人遗留在工地上的财产，价值 7392619.27 元。

（4）确认承包人在工程款 79852724.08 元的范围内对该城市综合体工程拍卖、变卖后的价款享有优先受偿权。

一审诉讼期间，承包人提交《工程造价鉴定申请书》，要求对涉案工程已完工程造价进行司法鉴定。

2016 年 12 月，一审法院对我司下发司法鉴定委托书，正式委托我司对案涉工程进行造价鉴定。鉴定范围为承包人已施工工程。此后，承包人又提交《关于工程造价鉴定范围的说明》，声明双方当事人对基坑支护及降水、土方挖运弃的工程造价无争议，不需进行鉴定。

2017 年 6 月 20 日，我司出具《工程造价鉴定意见》征求意见稿。按照法院的要求出庭作证，因发、承包双方对《工程造价鉴定意见书》征求意见稿存疑，要求进行核对，我司按法院委托分别与发、承包双方核对。2018 年 3 月 10 日，我司出具了《工程造价鉴定意见书》正式稿及《工程造价鉴定补充意见书》，并再次出庭作证。

一审法院依据双方提交的资料、《工程造价鉴定意见书》及《工程造价鉴定补充意见书》、开庭审理过程中双方答辩情况，进行事实认定后，作出一审判决。

发、承包双方因对一审判决结果中涉及工程款金额及利息均不服，双方均上诉至二审法院，并对涉案工程提出了新的诉求。二审法院经过审理，于 2019 年 8 月 27 日作出终审判决。

二、案件争议焦点和造价鉴定难点

（一）案件争议焦点

该案件的争议焦点围绕着对已完成工程的造价确定，造价鉴定工作也是对已完成工程进行计量和计价。在计价工作中产生的争议焦点如下：

（1）抗浮锚杆项目的价格发包人主张定额组价偏离市场价，承包人坚持按合同约定执行定额组价，涉及金额偏差约 102 万元。

（2）对于垂直运输定额子目套项，承包人主张按基础筏板顶标高开始计算建筑物高度，发包人主张按定额计算规则以正负零开始计算建筑物高度，不同的计算方法相应带来定额项目套项的偏差，从而影响工程造价。

（3）装饰工程未竣工完成，发包人主张仅计列主体工程垂直运输，装饰工程垂直运输费用不应计列。承包人主张装饰工程已施工90%以上，应全部计取。

（4）工程排污费承包人主张按规定费率计算，发包人主张按实际缴纳金额和缴纳凭证计算。

（5）发包人主张工程造价不应包含甲供材；钢筋卸车费等无签证依据资料的不应计入工程造价。承包人主张按合同约定都应计入工程造价内。

（6）对部分项目现场施工内容存在争议，且部分为隐蔽工程和地下工程，该部分工程发包人主张未施工或不合格不应计价。承包人主张已施工应按图纸做法全部计价。

（二）案件造价鉴定难点

（1）该工程未完成全部合同内容，且未形成全面有效的已完工程证明资料，发、承包双方对工程的局部位置是否已施工或施工工程量存在分歧。这样鉴定工程量的计算需先确认已施工范围、节点等，对于整体性工程局部未施工的，采取先全面计算该工程量，再对部分未施工内容进行扣减的方法得出鉴定工程量。部分工程为隐蔽工程，且后续工程存在其他单位进场施工，现场勘验对工程量的确认难度较大。

（2）合同计价采用定额计价方法，主体工程、二次结构工程的不同楼层采取了不同的人工单价和材料信息价进行计价。该合同的计价方式，需在鉴定计价时根据各施工段划分计价文件、分别进行调价取费。

（3）合同约定的包干项目或整体措施项目费用是对整体工程而言，该工程未完成全部施工内容，对部分已完包干项目和整体措施项目费用的计取，合同中无相关条款约定。对此类费用的鉴定需查阅大量类似项目数据，并结合现场进度、实际施工、合同约定和定额计取规定等进行综合分析，鉴定难度较大。

（4）发、承包双方当事人均对鉴定意见征询稿中的工程量提出异议，主张与鉴定机构进行核对，其中核对涉及的计量项目多，鉴定时间把控难度大。

（5）本项目中途清场，双方对立情绪较大，增加了鉴定过程中沟通难度。

三、鉴定情况

（一）司法鉴定委托人所提供鉴定材料内容

1. 鉴定证据资料接收

委托人法院转交的鉴定证据资料，见表1。

表1 鉴定证据资料清单

序号	证据名称	份数	原件或复印件	备注
1	《某城市综合体工程施工总承包合同》及《补充协议》	4份	原件	
2	施工进度情况有关资料			

续表

序号	证据名称	份数	原件或复印件	备注
2.1	工程形象进度描述	1份	复印件	
2.2	承包人主张的形象进度说明	1份	复印件	
2.3	发包人主张的形象进度说明	1份	复印件	
3	庭审笔录	2份	复印件	
4	全套工程施工图纸	1份	原件	
5	有关的图纸会审记录	1份	复印件	
6	施工中的设计变更资料	1份	复印件	
7	甲供材的材料表	1份	复印件	
8	有关的工程联系单	1份	复印件	
9	材料定价单资料	1份	复印件	
10	工程签证及有关说明	1份	复印件	
11	有关的会议纪要、洽商记录等资料	4份	复印件	
12	质证意见	1份	复印件	
13	庭审笔录等资料	1份	复印件	
14	进度款支付资料	1份	复印件	
15	施工方案资料等	1份	原件	

2. 质证情况

（1）调查笔录中发、承包双方对合同、工程图纸等无异议；发包人对于工程形象进度描述和现场照片等部分内容不认可；对于隐蔽验收资料，发包人表示为技术资料不应作为审核工程造价依据，且资料为复印件；对部分签证、批价、联系单等未达成一致认可意见。

（2）质证意见中发包人对部分签证内容，因缺少签字、资料等原因，不认可。

（3）质证笔录中发包人对部分材料批价，因未施工不认可。对配电箱等因只安装了壳体，不完全认可。

在造价鉴定时需对资料质证情况进行分类，对于无异议资料可直接作为依据资料进行计算，列入确定工程造价内。对于未达成一致意见的应单独计算，经分析、判断后列入不确定工程造价内。

（二）工程造价司法鉴定情况

1. 鉴定过程

（1）我司接受鉴定委托后，调配各专业鉴定人员，组建鉴定工作小组，接收鉴定资料。

（2）制定鉴定工作计划，计划详见表2。

表2 鉴定工作计划

案号：****

序号	时间	事项	责任人	形成成果	备注
1	2016年12月15日 2016年12月23日	各专业鉴定人员熟悉资料，针对专业工程提出鉴定资料方面的问题	—	（1）计价条款约定分析 （2）完成补充证据的函 （3）造价鉴定注意事项	
2	2016年12月26日 2017年1月24日	工程计量。项目负责人每周开会讨论计量过程中问题，并向委托方汇报鉴定进度	—	（1）完成主要工程量数据 （2）形成算量底稿 （3）整理计量中问题 （3）整理需现场勘验问题	
3	2017年2月13日 2017年2月15日	进行现场勘验，对计量过程中的依据问题向当事人做询问	—	（1）现场勘验记录 （2）问询笔录	
4	2017年2月16日 2017年2月24日	根据勘验记录或问询记录，调整工程量的计算	—	调整后工程量数据	
5	2017年2月25日 2017年3月3日	依据合同、鉴定资料，出具造价鉴定意见初稿	—	造价鉴定意见内部汇报稿	
6	2017年3月4日 2017年3月7日	针对鉴定意见汇报稿提出审核意见，鉴定机构总工办技术负责人主持会议，组织内部专家参加，出具审核意见	—	调整出具《工程造价鉴定意见书》征求意见稿	
7	15个工作日	向委托人提交《工程造价鉴定意见书》征求意见稿，接收发、承包双方的异议意见，经我司内部审核后回复意见	—	对当事人异议的回复	
8	5个工作日	根据当事人的异议及鉴定机构回复，调整《工程造价鉴定意见书》	—	出具正式的《工程造价鉴定意见书》	

（3）熟悉鉴定资料，开展鉴定工作。

（4）对鉴定资料的欠缺情况向司法鉴定委托人提交补充鉴定资料的函。

（5）按图纸进行工程量计算，组织现场勘验，按现场情况调整部分工程量、工程计价，出具《工程造价鉴定意见书》征求意见稿。

（6）《工程造价鉴定意见书》征求意见稿经法院发送至发、承包双方，我司接收法院转交的当事人提出的异议意见，并对异议意见进行了回复。

（7）对有争议的工程量与当事人核对后，我司进行内部复核调整出具《工程造价鉴定意见书》正式稿。

（8）我司出庭作证，根据双方当事人庭审中的争议事项，出具《工程造价鉴定补充意见书》。

（9）鉴定实施过程重要时间节点，见表3。

表3　重要时间节点

序号	重要时间节点	重要工作事项	备注
1	接收鉴定资料10个工作日内	接受委托鉴定，并向委托人复函。发出《提请委托人补充证据的函》	
2	30个工作日	完成初步的工程量计算，安排现场勘验计划，根据安排发出《现场勘验通知书》	
3	5个工作日	进行现场勘验，完成现场勘验记录	
4	10个工作日	根据现场勘验记录，调整工程量的计算，并完成计价，出具《工程造价鉴定意见书》征求意见稿	
5	50个工作日	根据委托人要求，参与核对工作，形成核对工作记录	
6	2017年6月20日	根据征询意见，核对工作记录，回复和调整造价鉴定，经我司内审后出具《工程造价鉴定意见书》正式稿	
7	2018年3月10日	根据委托人要求，出具《工程造价鉴定补充意见书》	

2. 鉴定依据

（1）《建设工程造价鉴定规范》（GB/T 51262—2017）。

（2）法院委托函及鉴定委托书。

（3）法院提供的司法鉴定材料。

（4）施工合同及补充协议。

（5）现场勘验记录。

（6）2003版《山东省建筑工程消耗量定额》、2003版《山东省安装工程消耗量定额》、计价规定、费率标准和相应计价办法。

（7）合同约定项目所在地主管部门发布的材料信息价。

（8）国家或省级、行业建设主管部门颁发的法律法规、计价政策文件及相关资料等。

3. 鉴定方法

（1）算量三维建模法：对工程图纸范围内主体工程、装饰工程、安装工程，利用算量软件，进行三维建模。并按施工合同包含内容及形象进度说明，对不在鉴定范围内的进行局部剔除。对于存在争议部位进行分部分项构件单独建模，备注名称为不确定构件，并用突出颜色进行显示。更加直观和可视化显示争议部位，也为与当事人核对工作提高效率。

（2）全面核算法：结合三维建模计算工程量，对可以准确计算工程量的施工内容采用全面核算法进行工程造价鉴定。对签证、工作联系单等，分别逐份计算工程量和计价，并进行列表汇总。

（3）分类归纳法：根据发、承包双方的争议焦点，进行分类归纳，如按形象进度（现场施工情况）争议、签证等资料争议、计价争议、取费争议等进行分类。将同属形象进度描述争议的刮腻子、抹灰、墙面打磨等进行归纳，形成该类型的造价合计，最后统一列入不确定工程造价中，为该事项的责任划分和判决提供便利条件。

（4）比例法：对整体性的措施项目采用比例法进行鉴定。根据《建设工程造价鉴定规范》

（GB/T 5126—2017），因证据所限，无法采用合同约定的计价原则和方法的，可按照与合同约定相近的原则，选择预算法或清单计价方法或概算、估算的方法进行鉴定。具体该案工程垂直运输费按定额计取应为合同范围内整体工程，实际该工程装饰工程并未施工完成。因此，垂直运输费采用了比例法，并结合已完工程和未完工程在垂直运输体量和成本的占比进行估算确定。

（5）专家咨询法：对于鉴定过程中发、承包双方争议的事项，除鉴定项目团队出具意见外，还采用了专家咨询法。通过组织经验丰富的专家进行咨询，根据其经验和专业知识给出相应工程造价鉴定参考意见。

（6）成果文件三级审定：对于鉴定成果文件进行了内部三级审核。鉴定项目小组负责人和专业负责人进行一级审核，业务部门专职复核人员进行二级复核，我司总工办进行三级审定。

4. 鉴定意见

依据相关鉴定资料，我司组织专业鉴定技术人员，遵循客观、公正、科学、合理的原则，按照必要的鉴定程序和方法，最终出具鉴定意见。

（1）经鉴定确定工程造价部分：

建筑工程造价 123641624.18 元，安装工程造价 3256252.72 元，签证工程造价 1257434.09 元，抗浮锚杆项目造价 3185338.35 元，回填、基地清理等其他项目造价 1149200.88 元，确定工程造价合计 132489850.22 元。

（2）经鉴定不确定工程造价部分：

建筑工程造价 1612494.85 元，安装工程造价 37553.84 元，签证工程造价 175322.83 元，不确定工程造价合计 1825371.52 元。其中建筑工程不确定造价为以下几部分：部分涂敷加气混凝土砌块面 101028.44 元；混凝土面打磨天棚面 165277.96 元；封闭空间抹灰 446062.96 元；马凳筋 270930.25 元；装饰垂直运输 548957.66 元；其他不确定为 80237.58 元。

建筑工程不确定造价因形象进度争议造成，如对于封闭空间的抹灰、部分腻子的施工等存在争议，鉴定按现有资料计算造价列入不确定部分。安装工程不确定造价因户内箱、桥架等施工是否合格的争议造成。签证工程因缺少签字、资料等在质证中对签证不认可造成。

（3）未计入工程造价部分：

钢筋卸车费因无签证等资料依据，未计入鉴定工程造价。根据发、承包双方确认，配合费不计算，未计入鉴定工程造价。工程奖罚款非发、承包一致意见，且其属于合同违约范畴，对于违约事项我司不能以审代裁判定是否违约，所以工程奖罚款未计入鉴定工程造价。

根据鉴定委托书，基坑支护及降水、土方挖运弃等工程不在鉴定范围，相应的明排水等降水项目及鉴定范围外的项目不在工程造价鉴定意见中。本工程造价鉴定意见根据委托人转交资料进行鉴定，无资料反映的发、承包双方诉求造价未计入鉴定工程造价。

经审核鉴定，本项目委托鉴定范围内确定工程造价和不确定工程造价合计为 134315221.74 元。

（三）案件当事人对工程造价司法鉴定意见异议问题

1. 承包人异议问题

（1）后浇带混凝土浇筑中使用钢板网不应按钢丝网子目进行计价。

回复：后浇带混凝土定额项中已包含钢板网材料，不用另行计算，鉴定意见中的钢丝网定额项为墙面不同材料交接处使用的钢丝网，非承包人所指后浇带钢板网。

（2）±0.00以上钢筋：①鉴定机构计算为4556t（含签证及二次结构），我方计算为5434t，钢筋偏差878t；②成品马凳筋鉴定机构未计算105～250mm厚楼板的通长马凳筋，成品马凳筋应整楼均设。

回复：①钢筋工程量的计算是根据总承包施工合同约定按2003版《山东省建筑工程消耗量定额》规则及鉴定资料进行计算，经复核，我司工程量无误；②成品马凳筋的计算是根据签证所述范围进行，签证范围外无资料依据的不应计算。

（3）定额执行的问题。承包人主张及我司回复详见表4。

表4　承包人主张定额执行问题及我司回复

序号	承包人主张	鉴定意见书征求意见稿	我司回复及依据
1	混凝土柱应区别混凝土柱和异形柱进行定额套项	暗柱与混凝土墙整浇的已并入混凝土墙计算	根据定额计算规则混凝土H/B<5的为异形柱，鉴定意见中相应定额套项已按规则调整
2	混凝土墙应区别混凝土墙和轻型框剪墙进行定额套项	混凝土墙定额套项无需区分混凝土墙和轻型框剪墙	根据总承包合同第100页34.6条"壁式柱的混凝土、脚手架及模板套项均执行混凝土墙的相关定额"不予调整
3	混凝土平板有部分项目未区别悬挑板和斜板，并分别进行定额套项	部分混凝土平板未分别按悬挑板和斜板定额套项	在鉴定意见中将斜板、悬挑板的定额套项，按规则进行调整
4	模板套项应同如上混凝土相应子目调整，后浇带模板未计	后浇带模板按基础、梁、板相应模板计入	在鉴定意见中调整异形柱、悬挑板和斜板的模板定额套项；将基础、梁、板中的后浇带模板进行区分并单独套定额项
5	地下室垂直运输的高度应按筏板顶至檐口高度的定额子目计取	按地下室垂直运输定额计取	地下室垂直运输有相关定额项，不应参照地上建筑垂直运输定额计算至檐口高度，不予调整
6	梁、柱及外墙脚手架工程量偏低，需调整	2003版《山东省建筑工程消耗量定额》计算规则规定：已按相应规定计算了外脚手架的建筑物，其外围的梁、墙不再另计脚手架	经复核工程量无误，不予调整
7	密目网的工程量应大于外墙脚手架的工程量，且密目网已施工	密目网的计算范围不含±0.00以下部分	在工程联系单中虽描述密目网已施工，但根据监理单位和建设单位签署确认意见为±0.00以上情况属实，±0.00以下按临边防护结算
8	基底清槽按5元/m²计算不妥，该项价格为甲方单方定价，未经我方认可，施工合同约定基底清槽由"双方按施工时市场价格商定"，并非由甲方单方定价，在双方未能协商一致的情况下，我方主张套用2003版《山东省建筑工程消耗量定额》	基底清槽按5元/m²计算	鉴定意见调整为按定额规定套价，因土方工程不在鉴定范围内，工程量根据相应规范按基底面积乘以30cm计入

（4）费用计取和工程量计算异议问题，承包人主张及我司回复详见表5。

表5　承包人主张费用计取和工程量计算问题及我司回复

序号	承包人主张	鉴定意见书征求意见稿	我司回复及依据
1	屋面工程量我方计算为5745m²，需调整	屋面工程量为4578m²	屋面工程量根据定额计算规则及鉴定资料计算，七层中空部分的屋面不在承包人施工范围，工程量无误，不予调整
2	建筑面积工程量我方计算为118485.71m²（含六层钢结构工程建筑面积），需进行调整	建筑面积工程量为115542.32m²	六层钢结构工程不在总承包合同约定范围内，不应计算该部分建筑面积，不予调整
3	核心筒模板支撑未计取，需增加	已计取核心筒模板和电梯井字架定额项	在模板定额项中已包含模板支撑，不予调整
4	施工配合费未计取，需增加	施工配合费未计取	根据发、承包双方说明资料，本次鉴定工程造价不含配合费
5	抽水台班费用未计取需增加	抽水台班费用未计取	该工程的降水不在鉴定范围内
6	外墙止水螺杆端头防水处理费用未计取	已计取止水螺杆的防水堵洞定额项	止水螺杆的防水堵洞定额项包含防水处理费用，不予调整

（5）砌体及混凝土量偏差较大问题，承包人主张及我司回复见表6。

表6　承包人主张砌体及混凝土量差问题及我司回复

序号	承包人主张	鉴定意见书征求意见稿	我司回复及依据
1	混凝土压顶及混凝土栏板未计	混凝土压顶计入混凝土圈梁中；混凝土栏板我司按混凝土墙考虑，计入主体结构中	已计算相关工程量，不予调整
2	加气混凝土砌块墙的底部、顶部及端部砖砌体应按零星砌体计价	未按零星砌体单独计算	加气混凝土砌块墙底部、顶部及端部的砖砌墙已包含在相应定额中，不应单独套项，不予调整
3	九层以下植筋未计（包含砌体加筋、圈梁、过梁、构造柱），九层至顶层植筋数量与我方计算工程量差异较大	植筋计算范围不全	重新计算植筋工程量，调整鉴定意见中的相关工程量
4	预制小型构件数量不足，需核实	预制小型构件按鉴定资料及定额规则计算	经核对，我司数据无误，不予调整
5	构造柱混凝土的泵送费未计	未计取构造柱混凝土的泵送费	二次结构的构造柱混凝土为非泵送混凝土不应计取泵送费，不予调整

（6）部分管线计算问题，承包人主张及我司回复详见表7。

表7 承包人主张线管问题及我司回复

序号	承包人主张	鉴定意见书征求意见稿	我司回复及依据
1	地下室： DN15 工程量 23300m； DN20 工程量 38100m； DN25 工程量 15600m； DN32 工程量 4200m	地下室： DN15 工程量 16400m； DN20 工程量 23600m； DN25 工程量 5800m； DN32 工程量 2800m	（1）普通照明的线管敷设方式为WC、CC，这两种敷设方式的线管已按图纸计算全部工程量。 （2）应急照明、动力系统的线管敷设方式为WC、SCE，形象进度说明中显示施工仅完成WC敷设方式的线管，已按形象进度计算工程量。 （3）消防自动报警配管已计算所有的混凝土墙板内预留预埋的配管，不含砌体墙及AAC隔墙内配管。 经核算，我方数据无误，不予调整
2	一层及以上部分： DN15 工程量 48200m； DN20 工程量 66400m； DN25 工程量 8700m	一层及以上部分： DN15 工程量 14400 米； DN20 工程量 11900 米； DN25 工程量 5800 米	（1）普通照明、应急照明、动力系统的线管敷设方式凡标注为WC、CC的工程量按图纸和形象进度说明，已全部计算。 （2）凡标注为WC、SCE的工程量按图纸和形象进度说明，只计算WC敷设方式的线管（不含AAC隔墙和其他未砌墙）。 （3）消防自动报警配管已计算，不含砌体墙及AAC隔墙内配管。 经核算，我方数据无误，不予调整
3	预埋工程量只计算了公共部位，未计算综合楼内工程量	消防报警工程量全部计算；楼内照明、插座、弱电预留预埋工程量未计算楼内部分	经核算，消防报警工程量无误，不予调整； 楼内照明、插座、弱电预留预埋工程量重新计算，调整《工程造价鉴定意见书》征求意见稿中的相应工程量

（7）其他问题。如1#、3#楼的避雷网支撑件未计算。

回复：避雷网上的支撑件已含在避雷网定额辅材里，不用单独计算。

2. 发包人异议问题

发包人主张异议问题及我司回复，见表8。

表8 发包人主张异议问题及我司回复

序号	发包人主张	鉴定意见书征求意见稿	我司回复及依据
1	工程排污费结算时按实际缴费金额计取，承包人未提供缴费凭证，不应计算	工程排污费按定额规则和规定费率计算计取	考虑到现阶段为中止结算，应按实际缴费凭证计算。因承包人无工程排污费缴费记录或缴费凭证等依据资料，鉴定造价中扣减原计算的工程排污费

续表

序号	发包人主张	鉴定意见书征求意见稿	我司回复及依据
2	商品混凝土泵送费、混凝土管道输送费用不应计算，本工程所用混凝土为甲方提供的商品混凝土，施工时搅拌站提供输送泵、输送管道，并负责泵送，商品混凝土价格中已包含泵送费及相关材料费，承包人不应重复计算混凝土泵送费，输送管道材料费应从定额内扣除，承包人仅应计取接管移管人工费	混凝土泵送费按定额项目计取	商品混凝土虽为甲供材，甲供材材料费是工程造价组成部分应计入鉴定造价中；混凝土材料定价资料中无说明包含泵送定额项目的费用，且也无其他资料反映需扣减泵送费用。实际施工是由承包人负责泵送，按合同约定和定额规定应当计取，不予调整。至于可能存在的搅拌站提供的泵送机械，在甲供材工程款扣除中按约定扣除
3	现场实际使用木胶板，模板制作定额为竹胶板，两者摊销系数不同，应进行换算	模板摊销系数按 0.25 计算	根据合同补充协议约定模板按胶合板模板，摊销系数为 0.25。按照约定大于规定原则，相应的模板材料摊销均按合同约定计算计取，不予调整
4	板下梁定额套项异议。混凝土有梁板和混凝土板下梁，应合并套用有梁板定额，不应分别并入单梁、框架梁和平板项目中	梁、板分别按各自定额计算规则执行相应的定额子目	总承包合同虽约定按有梁板计算，但补充协议已修改为梁、板分别按各自定额计算规则执行相应的定额子目，不予调整
5	工程未完成，外墙保温及装饰工程均未施工，应套用主体垂直运输费定额项目	计取主体和装饰工程垂直运输费	该工程施工已完成不仅为主体工程，抹灰等装饰工程也已施工，所以不应仅套主体垂直运输费定额项目。装饰工程垂直运输费用调整至不确定造价中
6	停水停电包干费，不应计取，一方面工程没有完成，另一方面发包人提供了备用发电机	按 1 元/m^2 计取	根据总承包合同第 104 页 48.2 条，临时停水、停电费按照 1 元/m^2 支付承包人包干使用，不予调整，该费用为包干价且鉴定资料中应扣减的证明
7	安装防雷工程的均压环工程量不应计算	计算均压环工程量	双方确认的工程量说明为屋面金属结构与避雷网连接未施工，其他主体内预埋避雷完成。均压环属于主体内预埋工程，应计入鉴定工程造价，不予调整。
8	大于 DN100 雨水管不应套用给水管道卡箍连接方式	无合适定额项，借用近似定额执行	雨水管没有卡箍连接定额，鉴定意见书征求意见稿是借用其他专业管道的卡箍连接定额，不予调整

四、出庭作证情况

该工程项目的工程造价鉴定过程中我司共出庭两次。

第一次是在出具工程造价鉴定征询意见书后，按委托人通知，我司安排两名专业鉴定人员出庭，发、承包双方就上述表 4 至表 8 的主要争议问题进行询问，我司鉴定人员当庭进行答复和解释。本次开庭结束后，我司根据委托人安排，分别与发、承包双方进行核对并出具《工程造价鉴定意见书》。

第二次是在出具《工程造价鉴定意见书》后，我司鉴定人员就鉴定意见书接受法官和发、承包双方当事人的问询，并对有关问题进行了当庭回复。承包人认为，垂直运输高度应按现场实际物料存放位置标高（建筑物基础标高）计算至檐口标高。我司鉴定人员回复，垂直运输正常情况下定额计算规则是按 ±0.00 以上、以下分别计算高度并套用相应定额项，2003 版《山东省建筑工程消耗量定额》综合解释"对于先主体、后回填，或因地基原因，垂直运输机械必须坐落于设计室外地坪以下的情况，执行定额时，其高度自垂直运输机械的基础上坪算起"。承包人补充鉴定资料显示，塔吊坐落在基础筏板顶，定额套项应从基础筏板顶划分，即：1#、3# 楼套用 140m 内垂直运输定额，2# 楼套用 50m 内垂直运输定额，经计算造价增加 1693045 元。本次开庭中发包人还申请了专家辅助人，专家辅助人阐述了对工程造价争议事项的观点。开庭后我司依据庭审情况和委托人要求，出具了《工程造价鉴定补充意见书》。

五、鉴定意见采纳情况

鉴定完成后，我司非常关注鉴定意见采纳情况，经在中国裁判文书网查询，一审法院全部采纳了我司出具的鉴定补充意见书中确定工程造价，部分采纳了不确定工程造价。发、承包双方均不服一审判决，上诉至二审法院，二审法院作出终审判决，对于案涉工程中双方当事人的争议焦点判决见表 9。

表 9　争议焦点对比分析表

争议焦点	鉴定意见	一审判决	二审判决
焦点1：土方工程造价和基坑支护造价的总包管理费计取文体	因该部分不在鉴定范围内，无该部分意见	计算案涉工程总造价时只计算了鉴定意见所涉部分的工程造价，未计算不在鉴定范围的土方工程造价和基坑支护造价的总包管理费	纠正漏算部分
焦点2：商品混凝土泵送费及管道安拆费计取问题	按合同约定的计算规则，按定额相关规定计取泵送费	根据双方合同约定计取的泵送费用，甲供材混凝土承包人作为施工单位理应进行输送，鉴定意见按照相关定额计取泵送费用并无不当。对发包人主张不予确认	据发包人陈述也认可承包人就混凝土管道输送中的布管和拆管进行了施工，施工中必然发生相应人工费和一定的材料、机械费。鉴定意见将此部分人工费包括相应的管理费、利润税金计入工程造价并无不当。 即使混凝土出卖方负担部分泵送设备和必要的人工费用，亦不能因此否定施工方进行混凝土浇筑等具体施工行为，发包人主张承包人在案涉工程施工过程中未产生任何费用，依据不足

续表

争议焦点	鉴定意见	一审判决	二审判决
焦点3：甲供材金额扣减问题	鉴定意见中包含甲供材金额为49842437元，鉴定意见为工程造价部分，未就甲供材金额扣款发表意见	按实际供应金额49638180.99元在工程造价中扣除	一审判决的计算方法标准不一致，作为案涉工程甲供材料的钢筋和混凝土是保证工程质量的重要材料，定额系正常施工过程中的标准用量，承包人关于其施工节省下来即可由其享有的主张，理据不足，故以鉴定数额进行扣减为宜，即扣减49842437元
焦点4：外脚手架费用应当如何计取的问题	外墙装饰脚手架实际已搭拆，外墙抹灰等工程已施工，计算定额规则内的全部外墙脚手架	计取全部外脚手架费用	该工程主体及外墙抹灰等装饰工程承包人已施工，脚手架已搭设，虽外墙幕墙等工程非承包人施工，但外墙幕墙相应的费用也未计取。一审判决考虑外脚手架已经实际发生一次搭拆的实际情况，对该项工程量予以认定，并无不当，发包人主张按实际施工比例确定，但并未提供相应的证据证明，对其该项上诉主张，不予支持
焦点5：抗浮锚杆价款是否包括钻孔入岩费用问题	抗浮锚杆单价因入岩增加费致双方争议，按定额套项计取	按鉴定意见套用定额计取	承包人并未提供新的地质勘查资料，亦未提交变更工程的签证情况。《施工定价单》载明，抗浮锚杆，施工单位报价260元/m。发包人在上诉中亦认可该单价。法院认定抗浮锚杆工程单价为260元/m
焦点6：关于停水停电包干费是否全额计取的问题	按合同约定停水停电费包干计取	根据合同约定即使没有相关签证，并不能证明未发生过停水停电的情况。发包人应当按照合同约定支付该项费用，故对发包人该项主张不予确认	双方对停水停电已经明确约定了包干费用，发包人是否提供了备用发电机和燃油以及承包人是否实际发生了停水停电费用不应影响对该笔费用的计取。鉴定意见据此计取停水、停电费用不违背双方当事人的约定。发包人并未提供证据证明鉴定意见未按照建筑面积计算，亦未提供证据证明已完与未完工程的比例，发包人主张不应全部计取包干费，依据不足
焦点7：关于垂直运输费计算比例是否合理的问题	主体工程运输费计入工程造价，装饰工程按比例计取计入争议造价，室内装饰工程运输费按0.5比例，外墙装饰工程按0.6比例	按鉴定意见计取。	鉴定机构对工程进行了现场勘验，并根据实际完成情况确定的经验系数，已综合考虑了抹灰、腻子、乳胶漆等实际因素，双方虽对此不予认可，但均未能提交充分证据予以证实，不足以否定鉴定机构酌定的经验系数。一审判决予以认定，并无不当。发包人主张按照已施工和未施工的比例计算，但未提供计算依据，其该项主张，依据不足

最终，该工程总造价在一审判决认定的134574515.80元基础上，增加土方工程款和基坑支护工程款12296339.24元，减少抗浮锚杆等多计算的1019928.35元，合计工程总造价应为145850926.69元（该造价包含一审鉴定意见调整后的造价和鉴定范围外的造价）。

六、心得体会

我司接受委托后对鉴定资料进行详细研究，制定了本工程造价鉴定的工作计划，其中包含鉴定人员组成、鉴定方法、鉴定过程、鉴定资料接收要求等内容。鉴定过程中，出现了因我司鉴定工作经验欠缺，未预计到争议工程量核对难度，导致鉴定工作超出了原定工作计划；也出现了因鉴定资料问题，引起鉴定意见未被采纳的情况。总之，在本次工程造价鉴定中，我司积累了经验，也吸取了教训，心得体会如下：

（1）鉴定程序须规范。

工程造价鉴定过程中的程序必须符合《建设工程造价鉴定规范》（GB/T 51262—2017）等相关规定，按照规范要求接收鉴定材料，作为证据的鉴定资料必须通过法院获得，不得私自接收发、承包人报送的资料。接收鉴定资料后，尽快查看是否满足鉴定需求，有无需补充的鉴定资料，并及时向委托方进行反馈。对于法院转交的材料应备注复印件、原件还是电子版等，接收资料为原件时可扫描或复印后使用复印件，原件资料应保存在公司指定位置、备查，待鉴定结束后再将鉴定资料一并返还。

（2）鉴定方案应先行。

制定鉴定方案，首先应熟悉和研究鉴定资料，包括起诉状、庭审笔录、施工合同、签证批价、施工方案、施工过程会议纪要、工程图纸、图纸会审记录、设计变更等，切勿直接按照一般工程项目工程造价的编制思维进行工程量计算。如该工程合同约定在主体结构、二次主体结构、不同楼层采用不同的人工单价，在工程量计算时应分别出具工程量，不能直接按照整体工程量进行定额套项。应在熟悉和掌握鉴定资料和制定鉴定方案后再进行工程量计算，这样可避免鉴定人员重复进行工程量计算，提高工作效率。

（3）鉴定时限需严控。

合理计划鉴定节点工作，做好鉴定工作记录。提前计划各鉴定环节，充分预留异议回复和核对期间的时间。对于鉴定工作需延长鉴定时间的，应提前向委托方进行沟通汇报。

（4）鉴定范围应确定。

明确鉴定范围，严格按照法院委托书的范围进行鉴定，对鉴定范围外范畴不能出具鉴定意见。

（5）鉴定环节做把控。

① 要充分熟悉标的物、工程量计算难点以及易产生计价争议点等问题；梳理总包单位、参建单位关系和工作界面等。

② 充分做好现场勘验的准备工作，包括勘验记录表格文件、测量工具设备、勘查的部位及取证方法。现场勘验时间宜选择在熟悉完案情、完成主要工程量计算、整理分析出双方工程量争议点后。

③ 现场勘验在做好准备后，要联系委托方确定参加现场勘验的具体时间，并安排各专业鉴定人员参加现场勘验。现场勘验时，发、承包双方当事人应共同参加，应对现场情况做好拍照和书面记录等，形成现场勘验记录和问询记录等材料，并经发、承包双方当事人或授权人签字确认。

④ 出庭方面。因开庭时间与出具鉴定意见时间存在一定时间差，需提前再熟悉资料，做好充分准备工作。发、承包人双方对鉴定意见提出的异议，在开庭时也会提出，对此应按经鉴定机构内部复核后的结论意见进行详细答复。

（6）慎重对待当事人意见。

在发、承包人双方对鉴定意见征询稿提出意见后，可通过列争议焦点对比分析表（见表10），对争议焦点进行分析、论证和在鉴定机构内部进行会商、复核等。应认真对待有关当事人对鉴定初稿提出的异议，落实相关依据，经公司内部复核确认后回复。

表 10　争议焦点对比分析表

争议焦点	承包人			发包人			鉴定机构		备注
	主张	分析	证据示例	主张	分析	证据示例	造价	分析	
争议焦点 1									
争议焦点 2									
争议焦点 3									
争议焦点 4									
争议焦点 5									
……									

（7）注重人才、知识储备。

工欲善其事，必先利其器。工程造价鉴定机构应加强对鉴定人员法律、经济、合同、工程技术、工程计价相关专业知识培训，做好人才、知识储备。

专家点评

本案例为城市综合体项目，由于主客观原因工程停工且承包人退场不再施工，承包人诉发包人要求支付剩余工程款和利息、赔偿承包人停工及财产损失并享有涉案工程优先受偿权。本案已经过了二审。在当前房地产投资收缩的大背景下，类似的项目越来越多，本案的鉴定成功具有一定的借鉴意义。

从案例可以看出，本项目的造价鉴定工作范围、争议焦点、工作难点非常明确，鉴定单位在实施过程中，针对争议焦点和工作难点制定了合理的工作方法和详细的时间计划，确保了鉴定工作的顺利实施。

在鉴定过程中，对可以准确计算工程量的施工内容采用了全面核算法；对整体性的措施项目采用了比例法；对鉴定过程中承发包双方争议的事项，还采用了专家咨询法。这些方法的运用为鉴定成功奠定了基础。

涉案工程未完工，其中涉及的包干费用、服务于整体项目的措施费用（脚手架、垂直运输等）鉴定难度大，施工合同中对中途退场相关费用的结算约定不明确。该案例提供了实例参考，为类似案例鉴定提供了鉴定思路。

鉴定机构在案件审理过程中，两次出庭作证，就双方争议焦点问题接受法官和发、承包双方当事人的问询，进行当庭回复。最后根据法院已确认事实和发、承包双方的意见对鉴定意见出具了《工程造价鉴定补充意见书》。鉴定机构对鉴定范围把握准确，依据法院提供的鉴定资料及法院确认事实进行鉴定，杜绝以鉴代审。

二审法院对于争议事项也做了终审判决。判决结果中对于甲供材扣除、泵送费计取、缺乏证据资料等工程常见的问题带来思考和启示，据此在工程施工中就应注意进行规范。

在鉴定总结中，鉴定单位强调了规范鉴定程序的重要性，在接收资料时要走规范的程序和渠道，本案也出现了因鉴定资料问题，引起鉴定意见未被采纳的情况，值得大家引以为戒；本案例还总结了制定合理工作方案的重要性，制定工作方案首先要熟悉案情，包括起诉状、庭审笔录、施工合同、签证批价、施工方案、施工过程会议纪要、工程图纸、图纸会审记录、设计变更等，其次要跳出一般工程造价编制的思维模式，使得工作方法更贴近案情。

北京天宏九丰工程造价咨询有限公司　白凤英

某大型综合体项目施工总承包工程结算第三方造价纠纷调解

——北京金和通工程咨询有限公司

田华伟　唐芳　王宏欣　郝胜涛　马卓伟

一、案情简介

某央企房地产有限责任公司（以下简称：建设单位）投资兴建一大型综合体项目，通过招标投标程序确定某省国企建筑工程集团为施工总承包单位，并于2013年11月与施工总承包单位签订了《施工总承包合同》，合同金额103900万元，施工总承包单位自行施工的金额为61800万元（其中主体工程为33700万元，写字楼公区及酒店装修工程为28100万元），合同工期640天，计划2015年12月竣工。

项目与相邻其他已开工的三个项目共用一个基坑，基坑土石方及支护工程不在总承包范围。施工总承包单位按照合同约定进场组织施工，基坑土石方工程尚在施工中，建设单位与施工总承包单位、基坑土石方承包单位协商分期接收施工场地，属于典型的边设计、边移交场地、边施工的"三边工程"。施工总承包单位将原计划的施工总体方案进行拆解，随着场地交付条件变化进行动态调整。施工过程中多次出现停工、窝工情况，施工总承包单位多次抢工、赶工，后因受建设单位管理事件的影响，工程再次陷入停工状态，期间建设单位现场管理人员变动频繁，施工期间的相关资料未来得及予以签认，施工总承包单位在停工结算过程中缺乏相关工程资料支撑，合同双方结算出现重大差异。

建设单位了解到我司有投资决策综合性咨询的创新业务，已为多家国企提供非诉解决造价纠纷的咨询服务方案，收效良好，与施工总承包单位共同委托我司作为独立第三方提供"非诉造价纠纷解决咨询服务"。

（一）项目基本情况

（1）建筑特征：项目总建筑面积15万 m^2，建筑高度160m，包括五星级洲际酒店、写字楼、商业、地下车库、室外工程等。外立面为曲面的异形建筑，超高层的施工难度大。

（2）结构形式：平板桩筏基础、框架—剪力墙结构、钢结构。

（二）总承包合同执行情况

本项目相邻三个项目共用一个大基坑，于2014年4月2日签发项目开工令，但现场条件并不能完全满足施工要求，根据基坑施工进度及施工组织计划，合同双方及基坑施工单位将基坑工程切分为12个区域（A1～A6，B1～B6），逐步分别移交施工面，施工过程中受基坑施工进度及另外三个项目的进度影响，导致本项目存在延迟开工、窝工、停工等情形。后经分析，基坑移交延迟183天；主体施工期间，建设单位管理人员变化、管理决策不及时等，主体工程竣工备案时间延长353天；公区及酒店装修开始后，多次打样、修改，多次装修方案调整，仅《精装修图纸发放记录》就有20余次，补充协议签订12份，直至工程完全停工精装修图纸尚未确定，精装修工程未完工。项目自开工到酒店精装修全面停工，实际工期1609天，比原合同工期延长969天，是合同工期的2.5倍。

二、案件争议焦点和纠纷调解难点

（一）案件争议事项及金额

施工总承包单位申报主体工程和酒店精装修工程自施工部分结算金额约为67900万元，其中：双方确认的阶段性无争议结算金额45000万元；争议部分金额17000万元，主体工程共15项争议，争议金额5800万元；精装修工程共13项争议，争议金额11200万元，主要有材料调差、人工调差、措施费用补偿、停工窝工损失、未完工程利润补偿、变更工程价款调整等，详见图1。

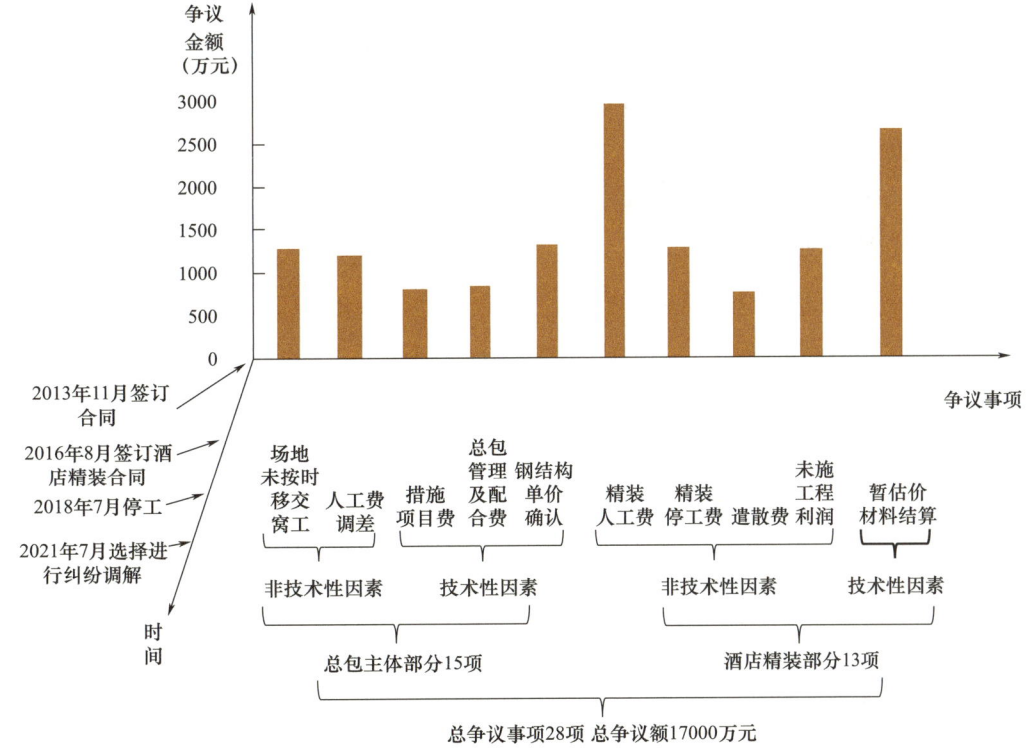

图1 某大型综合体项目施工总承包申请调解争议事项示意图

（二）项目争议的难点

（1）争议持续时间长。施工总承包进场施工伊始，项目施工就受到施工场地条件、临近项目施工的影响，延迟开工、多次停工窝工；主体施工及装修施工期间，又受到建设单位管理决策不到位、不及时，设计图纸重大变更等事项的影响，为了赶进度，施工总承包单位损失巨大但却没有完整、充分、经各方签认的资料，争议金额17000万元。总承包施工合同终止后，施工总承包单位坚持自己的结算诉求，双方结算已僵持三年，争议持续时间长，争议期间建设单位的资金成本损失已经超过20000万元，加剧了争议的处理难度。

（2）争议金额大、占比高。施工总承包合同金额103900万元，其中：施工总承包单位自行施工部分为61800万元，向建设单位申报争议金额为17000万元，争议金额占自行施工部分比例为27.51%，决策风险大。

（3）工程资料不完整。建设单位承认施工过程中存在延迟开工、停工、窝工、设计变更等事项，建设单位人员变化、管理决策不及时给施工组织、施工进度造成了不利影响，但具体的影响程度、影响范围等不清晰、不具体，施工过程中没有形成过程资料，既有建设单位人员变化、办理不及时的原因，也有施工单位未记录、未及时提交等的原因。尽管建设单位、施工总承包单位对实事求是的结算原则有共识，对影响工程价款的基本事实没有大的分歧，但苦于没有完整的工程资料，无法有效推进结算事宜。

（4）项目的投资管控和后期审计要求高。项目长时间停工、窝工，反复修改设计，不仅增加了施工总承包单位的施工成本，也加大了建设单位的各项投入，建筑安装工程费、建设单位管理等二类费用、融资成本及利息等显著加剧，项目尚未完工，发生的费用已远超项目的投资概算，解决总包单位的造价争议必须首先解决资金来源，而申请调整概算又必须在各项费用测算的基础上进行，二者相互交织、影响。另一方面，受制于项目资金性质，合同价款的调整需要有充分的事实依据、法律依据，满足审计管理的要求。

（5）争议处理时限紧。项目地处某自贸区核心位置，与临近的三个项目规划为城市标志性群体建筑，隔河相望就是特别行政区，有一定的社会影响力，此前停工对市容市貌造成了一定的负面影响，分包单位、供应商等围堵项目讨要工程货款给地方政府和建设单位带来了较大维稳压力。为了避免再次引发群体性治安事件，必须尽快找到化解纠纷的工作方案。

（6）技术因素与非技术因素掺杂。本工程结算争议聚焦在建筑安装费用，从工程资料分析来看非技术性因素较多，现场条件与原合同条件的约定发生重大变化，原合同的相关条款已不适用争议的解决，主要包括：①受双方管理缺陷影响大（含设计管理缺陷、施工管理缺陷），责任划分困难。②人员变动大，对核查真实情况有不利影响，争议解决方案确定比较困难。③非施工总承包单位原因造成部分设计变更多、资料手续不完整，需要通过工程技术经济视角追本溯源、抽丝剥茧厘清责任、找准争议的缘起进行分析、评估，涉及工程技术专业较多，技术统筹难度大。④争议双方停滞在结算争议的对抗阶段，参与人员之间长期扯皮，已丧失基本的互信、互谅的工作基础。⑤结算久拖未决，双方的经营压力和行政管理压力过大，谈判人员情绪极不稳定。

三、非诉解决造价纠纷的咨询服务工作

（一）接受委托，组建综合咨询团队

鉴于本案工程资料不完整、技术因素与管理因素交织、争议处理时限紧等情况，我司不建议建设单位、施工总承包单位采用《施工总承包合同》约定的"仲裁"方式，提出了"管理咨询＋造价服务＋行业调解"的非诉解决造价纠纷的咨询服务方案，即在全方面了解项目情况的基础上，同时为发承包双方提供管理咨询服务、造价咨询服务，不仅提出解决工程结算价款的确定依据、确定方法等的技术调解方案，而且协助解决建设单位、施工单位等内部的管理制约问题，发挥行业调解平台的作用，通过权威、专业的行业调解组织解决造价争议。

建设单位、施工总承包单位均认为仲裁、诉讼不可取，不能达到预期效果，行业调解或许是唯一可以选择的道路，鉴于项目在管理上存在的问题、制度上的约束以及资料现状，有必要委托第三方机构提供非诉解决造价纠纷的咨询服务，提供一揽子解决争议的方案。非诉解决造价纠纷的咨询服务合同签订后，我司以公司内部员工为基础、以外部行业权威专家为补充，组建了包括调解专家、造价专家、施工专家、法律专家等在内的 15 人服务团队，制定了详细咨询工作方案，工作程序和进度计划见表 1。

表 1　争议调解工作程序和进度计划表

工作阶段	工作程序	工作要求	成果文件	前置工作项	计划开始时间	工作周期（日历天）	计划完成时间	实际完成时间	责任人	备注
一、咨询顾问阶段	1. 接受委托、签订服务合同		顾问合同						委托双方	
	2. 评估争议事项		会议纪要/要求	第 1 项					咨询方、专家、委托方	
	3. 讨论拟制方案与各方沟通		会议纪要/要求	第 1 项					咨询方、专家、委托方	
	4. 按调解服务规则组织服务团队收集资料		资料清单、团队	第 2、3 项					咨询方、专家、委托方	
二、前期阶段（协助）中国建设工程造价管理协会调解工作	5. 制定争议调解工作计划			第 2、3 项					咨询方牵头，委托双方参与	
	6. 召开争议调解工作启动会			第 2、3 项					咨询方牵头，委托双方参与	
	7. 补充完善证据资料			第 2、3、4、5 项					委托双方	

续表

工作阶段	工作程序	工作要求	成果文件	前置工作项	计划开始时间	工作周期（日历天）	计划完成时间	实际完成时间	责任人	备注
二、前期阶段（协助）中国建设工程造价管理协会调解工作	8. 现场踏勘			第4、6、7项					咨询方、委托方	
	9. 编制预调解方案			第4、6、7、8项					咨询方、专家	
	10. 进行预调解并锁定争议			第4、6、7、8、9项					咨询方、委托方、专家	
三、中国建设工程造价管理协会正式调解阶段	11. 提交调解申请			第4、6、7、8、9、10项					咨询方：提供清单及模板；委托双方：提供盖章资料	
	12. 受理调解并缴费			第11项					中国建设工程造价管理协会工程造价纠纷调解工作委员会：受理；委托方：支付中价协费用	
	13. 确定调解员并沟通方案			第11、12项					中国建设工程造价管理协会工程造价纠纷调解工作委员会、咨询方	
	14. 进行正式调解			第11、12、13项					中国建设工程造价管理协会工程造价纠纷调解工作委员会	
四、最终调解成果文件	15. 签订行业调解协议书			第14项					中国建设工程造价管理协会工程造价纠纷调解工作委员会、委托双方	
	16. 出具调解咨询服务报告			第11、13、15项					咨询方、委托方	

（二）找准症结，协助建设单位解决纠纷处理的瓶颈制约

《施工总承包合同》终止后，双方结算争议僵持三年而未有进展，有建设单位受管理制度约束的因素。在项目延期开工、工期延误、设计修改等的大背景下，建设单位管理费用、融资成

本及利息显著增加;设计修改、建筑材料及人工价格上涨,建筑安装工程费用显著增加,工程尚未完工、实际成本超过批复概算,而且建设单位还要面临停工窝工损失及各种索赔。对于国有投资项目而言,批复概算是投资上限,概算不调整,建设单位对于争议的解决实属"有心无力",即便是合同双方能够达成合同价款调整协议,没有资金来源作为基础,也不可能真正地解决问题。

为了解决管理制约问题,我们站在整个项目建设投资的角度进行了分析,项目总投资约30亿元。因项目停工、延期,巨额投资不能形成有效资产、不能如期产生投资回报,且管理费用和财务费用还在不断滚动叠加,故如何合规、合理解决争议,盘活巨额资产应是建设单位的第一要务。我司针对本项目的特点提出了"尊重客观事实,着眼发展前景,合则两利,斗则两败"的工作建议,对经济效益与费用进行经济分析,协助建设单位向其主管单位进行专项汇报,策划了解决纠纷的技术方案和调整概算的经济报告,推动了概算调整工作,清除了争议解决道路上的现实障碍。

(三)深入调查,全面掌握工程建设情况

为了准确、全面了解到项目实施情况,我司展开了深入调查、收集资料,对双方提供的资料进行梳理、分析,对资料反映内容不清晰的提出澄清要求。随着工作深入的推进,我司发现资料存在较多问题,其中资料之间反映的事项不闭环的情形较为突出,很难形成相对稳定的证据链。我司从工程造价引起的经济纠纷争议事件入手,顺藤摸瓜,发现管理问题对工程进度、场地移交、材料加工订货的已进场和在途材料、设计变更、现场签证、停工、窝工等的影响,深入工地现场,现场踏勘,走访相关参建单位对整个项目的实施情况有了全面的了解,为项目争议的解决夯实基础。

图2 工程现场堆放材料

双方提供的资料较多(近200kg),包括大量过程中未经批准、未实施的过程资料,也存在同一资料多个版本的情形。通过收集项目资料、现场勘验及访谈等,双方对争议事项的事实及相关背景基本达成了共识,反映相关事实、用于争议解决依据的主要资料有:①《中国某大厦施工

总承包项目工程施工合同》及补充协议1至12，（共12份合同）；②《中国某大厦施工总承包项目工程施工招标文件》《中国某大厦招标施工图》《中国某大厦施工总承包项目工程招标控制价》；③总承包单位《建设工程施工总承包投标文件——经济标书》；④《中国某大厦主体施工图》（通过审图版20140505）、《酒店精装修客房区及公共区域施工图》（20170710版）；⑤总承包单位《中国某大厦施工总承包项目施工合同结算书（主体工程）》，提交某省某仲裁委员会的《仲裁申请书》及其证据资料；⑥总承包单位《中国某大厦施工总承包项目施工合同结算书（精装部分）》；⑦中国某大厦《房屋建筑工程和市政基础设施工程竣工验收备案表》；⑧经各方确认的精装修现场情况清点确认单；⑨经各方确认的总承包单位酒店机电施工现场核实情况统计；⑩中国某大厦项目主体部分监理日志、精装修部分监理日志、监理月报；⑪《关于中国某大厦酒店盘活的专项汇报》；⑫《中国某大厦酒店精装修情况说明》；⑬现场踏勘照片；⑭其他必要资料等（略）。

（四）求同存异，同理心推动争议解决进程

和则赢、不和则两败俱伤。双方都不愿意项目继续处于停工状态，施工总承包单位的项目部已经三年未有有效生产，希望早点撤场，前提是达成价款结算协议，否则不愿意移交场地；建设单位每天要面对大额经济支出和损失，希望尽快推动工程施工退场结算。自合同签订，合同双方已经十余年的"扯皮"，心理抵触情绪、敌对情绪严重，为了引导双方摒弃前嫌、及时止损，我司派出经验丰富的调解专家主持争议解决沟通洽商会，建议建设单位更换相关管理团队介入，认真倾听双方陈述，结合项目特点对争议事项进行了深入交流、客观地分析，辅助双方转变了对抗的思维，通过综合分析晓以利弊：

（1）辅助争议双方营造良好的沟通交流氛围，把控会议节奏。

（2）向双方阐明合则两利、斗则俱伤的道理。

（3）引导双方围绕争议充分表达各自诉求和讨论交流。

（4）运用娴熟的调解技巧结合专业知识传达争议解决的思路。

（5）辅助双方摒弃原有的对抗思维，重新理解争议产生的本源。

（6）引导双方换位思考，以和为贵，合理调整诉求，以促共识。

通过对争议事项的综合分析，经与双方进行反复交流、商洽，给每一项争议策划了可操作性的具体解纷方案，不断优化形成初步争议解决技术路径。通过专业引导促进双方相对而行，期间根据双方的合理意见反馈调整，逐渐缩小差距，为双方找到适用可靠的解决争议的初步思路。在咨询服务过程中，项目专家组成员始终坚持实事求是的原则、客观公正地反映问题、积极为双方出谋划策，站位高、专业强，从组织、管理、经济、技术和法律等各有关方面提供专业意见，因此得到了双方的充分信任，并委托我司代双方向中国建设工程造价管理协会办理申请调解的相关手续。

（五）做好测算，客观评估争议的差异额度

在我司介入纠纷争议之前，建设单位可以同意的调整价款较少，明显与工程延期开工、停工窝工以及工料价格上涨等情形不符；而总承包单位申报的款项中也存在夸大事实、数据偏大、内

容重复等诸多问题。我司运用了决策树法对复杂争议事项进行风险分析，计算对工程造价的影响，明确双方对应承担的责任和损失。调解目标决策树分析示意（具体数据略）详见图3。

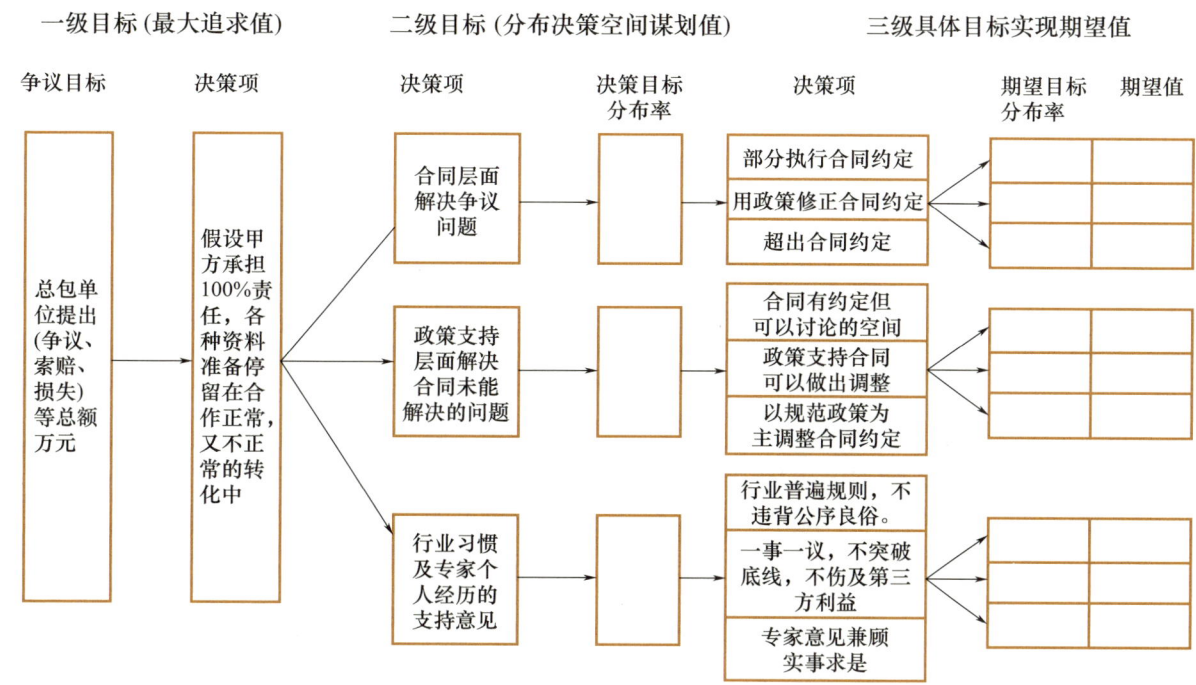

图3 调解目标决策树分析

施工总承包报审的争议金额17000万元，详见表2。

表2 某大型综合体项目施工总承包工程结算造价争议事项汇总表

序号	结算争议事项	争议金额（万元）
一	主体工程	
1.1	因场地未按时移交致窝工	980
1.2	人工费调差	758
1.3	措施项目费	714
1.4	总包管理费及配合费	302
1.5	型钢结构综合单价重新组价	1434
1.6	措施钢筋	183
1.7	大体积混凝土冷却管	44
1.8	塔吊桩基础	51
1.9	抽水台班	426
1.10	项目部四次搬迁	52
1.11	签证变更中单项清单子目少于5000元	43
1.12	人防验收地下室增加腻子油漆及照明	57

续表

序号	结算争议事项	争议金额（万元）
1.13	项目部办公等使用水电费及建筑结构检测鉴定费用	448
1.14	合同钢筋调差开工、完工日期的确定	142
1.15	钢筋计算时，非设计原因引起的钢筋接头间隔长度计算	166
1.16	主体工程小计	5800
二	精装工程	
2.1	满堂脚手架价格	50
2.2	灯具	19
2.3	签证变更中单项清单子目少于5000元	4
2.4	中国某大厦酒店精装人工补偿费用	2860
2.5	中国某大厦精装修工程停工损失赔偿费	754
2.6	遣散费损失应补偿的相关费用	720
2.7	未完工部分工程利润补偿	1051
2.8	材料商索赔损失补偿	881
2.9	中国某大厦酒店裙楼精装修负3层到6层及客房层水电现状结算补偿	870
2.10	暂估价材料结算	2250
2.11	现场材料盘点	250
2.12	人工费风险调差	−150
2.13	已完成酒店负3到6层结算	1641
2.14	精装工程小计	11200
三	合计	17000

专家对争议事项的定性提供了严谨的工程经济分析方案、减少了调解专家的工作负担，同时丰富了调解工作体系的服务内容。经分析评估和计算后，双方同意按我司的方案将其中11100万元的争议额转入结算处理，尚有5900万元争议额未达成共识（见表3），双方同意将此争议额提交中国建设工程造价管理协会调解委员会进行调解。

表3 某大型综合体项目施工总承包工程结算造价争议事项预调解金额汇总表

序号	项目名称	结算争议金额（万元）	预调解后无争议金额（万元）	预调解后争议金额（万元）	预调解减少争议金额（万元）
1	主体部分工程	5800	37300	2200	3600
2	酒店精装部分	11200	11550	3700	7500
3	小计	17000	48850	5900	11100

（六）协助行业调解，做好调解过程中配合服务工作

经过前期咨询服务、管理服务，项目争议的事实情况没有了分歧、项目资料也已经基本提交，求同存异、争议差距的缩小和部分共识的达成，让争议双方坚定了调解的信心，总承包合同双方的调解意愿更加强烈。受合同双方当事人委托，我司代为起草了《调解申请书》，全面反映争议问题及各自理由、事实依据，正式向中国建设工程造价管理协会工程造价纠纷调解工作委员会（以下简称"中价协调解委员会"）提出调解申请。中价协调解委员会审查认为，调解申请符合受理范围，决定立案受理。

为帮助争议双方高效定分止争，双方共同委托我司向调解庭陈述诉求、反映情况，配合调解庭的工作，包括有：

（1）调解开庭前，中价协调解委员会调解专家们需阅读海量资料进行分析、研判，陈述争议焦点、汇报前期工作成果及遗留问题等。

（2）针对尚存的争议问题，我司出具包括双方争议焦点内容、争议金额、双方提供资料情况、有无法律法规或地方性支持性文件等初步调解方案，根据我司在前期调解过程中掌握的情况，为争议双方评估出一个合理区间值，一并供调解专家比对、核查、参考。

（3）对中价协调解委员会调解专家的质询，我司负责核查、落实并逐条回复，最大可能减少沟通偏差，确保提供专业、高效、精准回复意见。

（4）配合中价协调解委员会调解专家进一步调整方案和测算数据，并结合争议双方的反馈意见，为调解专家做好技术支持，全程为调解提供辅助工作。

（5）协助中价协调解委员会调解专家拟定《行业调解协议书》，直至建设单位、总承包单位和中价协调解委员会三方共同签署本案的《行业调解协议书》。

（七）落实调解协议，核算工程价款的具体额度。

基于我司对调解协议形成的背景、过程及内容的深度了解，也得益于非诉纠纷咨询服务过程中取得的信任，双方当事人共同委托我司依据《行业调解协议书》的约定核算确定最终价款，出具确定的工程价款调解报告的征求意见稿，征求建设单位、总承包单位意见，双方按照经确认的价款调整报告签订补充协议，明确了具体的合同金额。

需要说明的是，由于合同双方均为大型国有企业，其中建设单位是大型央企、施工总承包单位是某省大型国有企业，双方对合同价款的调整与确定的过程、依据等均有明确、严格的存档要求，《关于中国某大厦项目总承包工程结算造价争议调解咨询服务报告》经双方确认后，为双方档案资料的整理提供了增值服务，以备上级审查、审计之用。

四、心得体会

调解作为非诉解决纠纷的一种方式，是多元化纠纷解决机制的重要内容，具有高效、友好的

特点，而行业调解更加兼具专业、权威的特点。争议事项能不能有效调解、达成调解协议，既有赖于申请调解的前提条件，也与调解各方的自身条件有关，高质量非诉解决造价纠纷的咨询服务可以帮助争议双方夯实调解条件、理顺约束条件、实现有效沟通，促成调解协议的达成。

（一）行业调解的优势

（1）行业调解公信力强，专业度高，具有不可替代的优势。

（2）调解保密性强，有利于维护当事人的声誉和形象。

（3）相比于传统的诉讼、仲裁解决争议方式，调解能极大节省解决纠纷的成本，一揽子解决纠纷，真正达到案结事了。

（4）行业调解员大都来自于行业的资深专家，具有丰富的实战工作经验，能够代表和体现行业内的普遍认知。

中国建设工程造价管理协会纠纷调解委员会是工程造价纠纷调解的权威机构，拥有来自全国各地的工程造价、工程法律方面的一流专家学者，既熟悉工程造价，又熟悉相关法律法规、标准规范和行业惯例，在处理造价纠纷方面具有得天独厚的专业优势。

（二）非诉造价争议调解咨询服务的心得

（1）调解准备阶段对调解的顺利开展非常重要。周密准备和前期策划是调解成功的基础，准备阶段需要全面了解项目实施情况、双方争议焦点，还要稳定资料、形成闭合的证据依据，工作量大、琐碎，要求服务人员克服厌烦情绪、迎难而上。前期统筹策划要求站位高，要求策划方案客观公正，既能够实事求是地帮助双方找到解决争议之道，又能关注行政监管的因素，让建设单位和总承包单位均认为方案合理、翔实、可靠，弥补双方商务力量应对调解工作的欠缺。

（2）权威的行业调解平台有利于增强调解成功的信心。中价协调解委员会是全国造价纠纷调解专业的、权威的平台，中价协调解委员会有资源、有能力选派顶级专家组织调解，我司建议将本案提交中价协调解委员会调解，得到了双方的认可，也增强了双方最终化解矛盾、达成调解协议的信心。从案件调解结果来看，选择国家行业的权威机构定分止争是明智之举，也是第三方专业团队集体决策的正确结果。

（3）非诉解决纠纷咨询服务务必互通有无。我司的调解专家团队涉及专业广泛，立足于高品质的工程技术经济方案，为当事人与中价协调解委员会之间搭起互通、互信的安全可靠的沟通桥梁，全过程辅助中价协调解委员会专业、高效化解纠纷，帮助企业纾困，为建设投资顺利落地保驾护航。

（4）非诉解决纠纷咨询服务可以是全方位的。在本案调解过程中，我司前端介入策划方案、资料准备、案情分析，缩小了争议差距、夯实了调解基础；中端配合中价协调解委员会专家，进行数据测算、方案比对，助力调解，为达成调解协议贡献了力量；末端再根据双方达成调解专家出具的原则性调解协议核算争议金额，将第三方争议调解咨询服务延伸至争议解决的全过程，成为辅助解决争议的得力助手，是推进调解工作的智力支持。

（5）实事求是和客观公正是开展非诉咨询服务的根本。我司本着实事求是的工作原则解决争议，积极与双方沟通，以解决问题为导向，在调解工作中坚持走理论与实践、技术与经济相结合之路，帮助争议双方厘清客观事实，提出整理、归集工程资料的意见和建议，提出解决争议的技术方案。咨询服务过程中，我司坚守国家和行业工程造价规范，始终保持中立性、专业性，以综合咨询经验为基础，融入更多法律思维，将专业技术转型升级为集工程管理、技术经济、法律等为一体的咨询服务。

（6）资深专业人员的投入是完成非诉咨询服务的保障。工程造价争议的解决不但要有法律专家参与，更要有工程经济专家参与，不仅要熟悉工程造价方面的专业技术，也要熟悉工程造价方面的法律法规、规章制度、标准规范和行业惯例，还要对国有企业的管理制度、运行体制等有一定的了解，能够换位思考、引起共鸣，我司投入了15人的专家团队为本次非诉咨询服务提供人力资源保障。本次投入的专家团队在处理工程造价纠纷方面具有专业优势和丰富经验，更能够代表和体现行业内的普遍认知，有能力通过工程经济的专业语言表达，抽丝剥茧分析建设工程信息，对误读、误解最大可能地进行还原真实的意思，能够准确解读、分析争议的起因与诉求之间的关系，分析辨别多因素与认知理解引起的偏差，厘清责任，把复杂的问题专业化、规范化。

（三）调解的效果

（1）通过争议解决咨询工作的前移，可以深入细致地进行现场调查，获取更加全面的一手信息，有助于从工程经济角度剖析争议产生的历史背景。专家运用调解经验和专业知识找准症结所在，引导双方以解决问题为导向，互谅互解，由专家统筹制定最优技术路径，缜密策划针对解纷的靶向方案。

（2）争议双方最初认为调解类似"和稀泥"，技术支撑不够充分，后期审计容易发生风险。行业调解机构出具《行业调解意见》只是对争议给出定性的指导性意见。虽经调解机构背书，但后期计算准确金额还需与工程技术资料紧密结合，与常规造价结算还是有很大不同，如果把控不妥当，仍然会带来审计风险。本次调解既有中国建设工程造价管理协会权威调解，又有精工细作的工程技术经济方案保障，完全打消了之前的顾虑。

（3）行业调解顺利达成共识，帮助两家企业成功纾困，极大缩短了解纷的时间、降低了解纷成本。争议双方对建设工程造价纠纷调解产生了高度信任，避免了诉讼。

（4）查明事实、分清责任，做到事实清楚，责任明晰，特别关注辨析当事人提供资料的真实性、完整性、关联性，避免提供虚假资料损害国家利益。这种争议调解咨询的新模式，我司已为多家央企、国企提供综合咨询调解服务，顺利调解成功，并经得起历史的考验。

（5）在多年的实践工作中，经常遇到争议双方把争议问题和资料提交给调解委员会及调解专家，缺乏与自身诉求关联的分析，把自己应该负责的基础工作抛给调解工作者，加重了调解员的工作负担，调解员成为争议问题的"接盘侠"。更有甚者，提交资料的质量低劣而不自知，对争议问题都表达不准确，缺乏对争议问题深层次的认识，只等调解专家给出双方能接受的结果，我们把这种情况叫作"躺平式调解"。可以借鉴诉讼或仲裁等其他比较成熟的方式，逐步完善今后的调解工作细则，使其进一步规范化，避免此类情况的发生。

（6）我司的"第三方造价争议调解咨询服务"，把争议的预调解方案作为前期工作的阶段性成果，递延至中国建设工程造价管理协会的调解阶段使用。辅助调解专家翔实、高效地推进工作，使建设单位与总承包单位摒弃前嫌、及时止损、化干戈为玉帛达成了共识，帮助争议双方尽早盘活巨额资产取得了很好的经济效益和社会效益。

（7）"第三方造价争议调解咨询服务"模式以建筑工程技术经济综合分析为争议调解的工作基础，不仅为建设单位与总承包单位全过程提供争议决策的依据，还辅助调解员及时处理工作过程的专业问题，减轻调解员繁重的工作负担，有效缩短调解周期。"第三方造价争议调解咨询服务"模式为《行业调解协议》提供充分的定性依据，为后期争议双方签订补充协议提供了翔实的支撑方案和确定的合同价格。

五、结束语

本案例的建设单位对风险管理的意识强，对处理疑难问题的立场严谨，对工作要求标准非常高，选择信任行业权威机构来解决疑难杂症。总承包单位也意识到调解是解决问题的最佳专业技术路径。我司受争议双方共同委托，本着客观、公正的工作原则，以独立"第三方造价争议调解咨询"的角度对案情进行预评估供国有企业做重大决策之用，并在中价协调解委员会的支持和组织之下，调解专家依据翔实可靠的工程经济方案，促进双方有效沟通。争议双方深切体会到行业调解的专业、权威、高效，并感受到中价协调解委员会纠纷调解艺术的魅力，成功化解积压多年的争议。

由此探索出"第三方造价争议调解咨询服务"新模式，从技术层面而言，精细化的工程经济分析成果始终是一个不可逾越的基石。本案通过高质量的争议调解服务方案作为桥梁，为双方申请人与中价协调解委员会之间起到承上启下、互补互利、相得益彰的作用，丰富充实了调解工作的专业体系，也是我司借鉴"枫桥经验"，用以解决住建纠纷的一种新的尝试。

争议双方为表达感谢之意，向中价协调解委员会赠送了"专业高效止纷争，社会和谐促发展"的锦旗，向我司赠送了"业务过硬、排忧解难；客观公正、行业先行"的锦旗。我们备受鼓舞，今后将继续探索研究建设工程造价纠纷争议解决之法，为推动诉源治理、有效化解住建纠纷尽一份绵薄之力。

专家点评

调解作为非诉解决纠纷的一种方式，是多元化纠纷解决机制的重要内容。调解具有便捷、高效、友好、开放等诸多特点，中国建设工程造价管理协会的纠纷调解兼具专业、权威等优点。本案争议双方均为国有企业，最终通过行业调解达成协议，北京金和通工程咨询有限公司（以下简称"北京金和通公司"）在争议处理过程中"穿针引线"，创造性地提出了非诉解决纠纷造价咨询服务，对第三方咨询单位在行业调解中的服务进行了有益探索，收到很好的效果。

一是夯实了调解的申请条件。建设工程造价纠纷调解属于商事调解，尽管调解在证据资料的要求上不如诉讼、仲裁严格，但对调解申请资料仍有相应要求，尤其是对争议事项以及各自的理由及事实依据，即便"自认"也应有工程资料予以证明。若事前不能准备，则影响调解立案；即使立案也需要事中进行补充，从而导致调解时间拖长、调解专家反复投入时间和精力，一定程度降低了调解的效率。本案咨询单位通过前期介入争议纠纷，协助双方厘清事实、准备资料，找准分歧点，为调解申请奠定了较为充分的证据资料、数据测算等基础，保障了调解工作的顺利推进。

二是协助解决了管理制度障碍。本案造价争议的形成不仅有资料、技术、现场等技术因素的影响，也有管理制度、政策环境等外在因素的影响。工程延期、工料机价格上涨显著增加了本项目包括建筑安装工程费、建设期利息等在内的各项支出。作为国有投资建设项目、立项批复概算是投资上限，不调整概算、解决资金缺口，争议事项不可能彻底解决。北京金和通公司提出"及时止损、盘活资产"的整体目的、"尊重客观现实，着眼发展前景"的基本原则，积极推动了概算调整工作，解决了管理制度障碍、落实了资金来源。

三是有效沟通减少了争议事项。认识偏差容易引起纠纷、增加纠纷，工程造价作为一个专业，有其自身的规律、技术要求和标准体系，北京金和通公司从化解矛盾的角度，与争议双方保持有效沟通、减少认识偏差，大幅减少了争议事项和争议额度，符合多元解决纠纷机制的要求，也是第三方造价咨询单位解决造价纠纷的尝试。

四是实施了调解方案的测算。工程价款的确定需要以具体而繁杂的工程计量计价为基础，调解专家"以定性不定量"为基本原则、不涉及具体的计量计价工作，"定性不定量"也确实存在不直观的弊端。行业调解也不排斥定量，如果需要定量，则往往需要专业咨询机构的配合。本案在申请调解前，北京金和通公司已经进行了测算，有一定的基础；调解过程中，北京金和通公司继续配合调解专家并按照调解专家的要求多角度测算、服务调解方案的构建，为最终达成调解协议贡献了力量。

五是跟踪落实调解协议。北京金和通公司设身处地为解决争议着想，也因此赢得了当事人双方的信任，调解协议达成后，继续委托其依据调解协议出具正式的造价成果文件，进一步保障了协议内容的落地。

从北京金和通公司角度来讲是"非诉解决纠纷造价咨询服务"的创新尝试，实现了工程造价到技术经济的融合；从纠纷解决的角度来看，更是一次包含了管理咨询、咨询调解、行业评审、行业调解、结算审核等在内的多元纠纷解决方式组合的尝试。

中国建设工程造价管理协会法律委员会　周明科

制定变更调价规则 调解工程结算纠纷

——青矩工程顾问有限公司

闫应 刘庞 陈华桥

一、案情简介

2014年9月，发包人某投资有限公司（以下简称"发包人"）与总承包人某电建工程公司（以下简称"承包人"）就承建国外某热电联产PC总承包项目签订固定总价PC总承包合同，合同金额6.2亿元人民币。合同约定："由发包人提出的重大设计变更费用超出或减少部分按实结算。变更综合单价的确定：合同中有适用于变更工程的价格，按合同价格执行；合同中没有适用于变更工程的价格，由发包人按照现行预算定额确定，作为计价依据"。该项目于2014年9月开工，2016年2月1#机组投产，2016年6月2#机组投产。双方因工程结算等事宜发生争议，经协商未果。

2017年4月，承包人向法院递交《鉴定申请书》，并于8月递交《关于启动工程造价鉴定程序的意见》。2017年10月，法院作出裁定：本工程虽约定固定总价6.2亿元，但确实发生变更，准许对设计变更（增加和减少）部分进行造价鉴定，并裁定中止诉讼。

2018年8月，根据法院裁定，合同双方签订了备忘录：以固定总价合同为基础，实事求是，明确结算口径后，共同聘请第三方机构，对重大设计变更部分、合同外因素引起的费用变化等进行鉴定与调解，推进结算工作。

2020年2月，承包人向某高院提起诉讼，请求发包人支付欠付工程款3.25亿元。承包人认为：涉案合同应当认定无效；涉案合同签订时，并未出具设计图纸，属于边施工边出具施工图和变更的情形，不应该再按照涉案合同约定的固定总价6.2亿元结算；实际发生的设计变更已经超出双方当事人已经确认的3800万元，应当通过委托鉴定的方式予以确定。

发包人认为：涉案合同系通过邀请招标方式，最终与承包人签订合同，应当认定有效；涉案合同约定的固定总价6.2亿元应当作为定案依据，不应当再行委托鉴定；实际发生的设计变更金额，双方当事人已经确认为3800万元，不存在再行委托鉴定的必要。

承包人提出调解方案：在诉讼主张的费用3.25亿元基础上做出部分让步，主张调解金额为

2.1 亿元。

发包人意见，不同意承包人的主张。

二、案件争议焦点和纠纷调解难点

（一）案件争议焦点

本案系项目实施过程中，因施工图与招标阶段发包人提供的初步设计相比发生了较大变化，承包人提出施工图与投标施工内容不符，施工项目、工程量方面存在巨大差异，合同价格不能涵盖实际施工费，要求据实结算，进而导致合同双方在结算金额上产生了重大争议。

本案法院作出裁定：本工程虽约定固定总价 6.2 亿元，但确实发生变更，准许对设计变更（增加和减少）部分进行造价鉴定。结算争议的焦点转移为基于初设招标的 PC 总承包固定总价项目如何界定设计变更，什么样的变更可以调整合同价格，如何进行变更调价。

（二）纠纷调解难点

1. 合同关于"重大设计变更"约定不明，难以进行变更调价

本案合同采用 FIDIC 合同关于变更的程序、内容及调整方法的约定。业主发出变更指令，承包人 7 个工作日内提出执行变更的各种方案及效果（包括价格），变更涉及合同价格调整的，承包人应在工程变更确定后 14 天内，提出变更工程价款的报告，经监理单位和业主确认后可调整合同价格。

对于施工图设计发包项目，承包人按"图"履约、按"图"计量及结算，只要是施工图的设计变更均可以调整合同价，但本案项目是基于初设发包的 PC 总包项目，施工图阶段的设计变更均调整合同价显然不符合总承包项目的风险分配机制，改变了总承包合同的本质。本案合同约定业主提出的重大设计变更费用超出或减少部分按实结算，但合同并未对"重大设计变更"进行定义及约定，导致合同双方难以对变更调价达成一致。

2. 缺乏设计变更定义及合同价款调整的相关规定

本案争议的焦点是设计变更调价问题，国家及某些工程行业的标准、规范对设计变更进行了定义及规定，但本案期间缺乏对于总承包工程设计变更相关规定，导致找不到相关调价依据及规定。

不同于民建工程基于施工图发包，电力工程由于其工艺系统及设备复杂多样性，即使是平行发包模式也是采用初步设计发包，电力行业 EPC 总承包基于可研发包，PC 总承包基于初设发包，因此对于设计变更的理解不同于施工图阶段的设计变更。通常而言设计变更是指设计单位依据建设单位、施工单位要求或设计单位发现设计错误时对原设计做出的调整，包括对原设计内容进行修改、完善、优化，而对于基于初设发包的 PC 总承包项目，施工图与初设发生的改变也应属于设计变更范畴，只不过是两个不同设计阶段之间发生的变更。

3. 发包人对总承包项目风险认识过度转移

发包人认为本案项目为固定总价的总承包项目，承包人应当承担施工图与初步设计差异的风

险，导致发包人不认可承包人提出的变更调价诉求。

4. 承包人对总承包项目风险认识不足

承包人长期从事"按图施工"的施工承包模式，原本应由发包人承担的风险转由承包人承担，意识不到总承包项目的风险及程度，如施工图与初设之间的工程量量差，施工图深度要求的施工项目、工艺、措施的投入等，将工程量的量差风险纳入变更调价范畴，主张按施工图调整变更。

三、调解（评审）情况

（一）纠纷调解委托人提供争议材料内容

本案调解由发包人、承包人共同委托，双方分别提供材料。

1. 发包人提供材料

招投标资料及 PC 总包合同；初步设计及概算；PC 总包合同与结算有关的工程资料；PC 总包合同与结算有关的会议纪要及备忘录；PC 总包合同清算报告；PC 总包合同资金支付情况；PC 总包合同与结算有关的本诉证据及反诉证据；某高院民事裁定书。

2. 承包人提供材料

另委项目委托单；变更及索赔项目明细表；初步设计概算对比表；PC 项目建设工程合同纠纷案件调节方案。

（二）工程造价纠纷调解情况

1. 调解过程

（1）受理及组庭

2019 年 12 月，合同双方共同委托天职（北京）国际工程项目管理有限公司（现更名为青矩工程顾问有限公司）对该项目结算提供鉴定与调解服务。受理本案后，根据调解规则，双方当事人各自选定一名专业人员参与调解工作，受托方成立了具有丰富电力建设及造价管控从业背景的专家调解组，开展了本项目的调解工作。

（2）首次调解会议

在调解会议前，发包人、承包人分别提供有关工程资料，调解组进行初步梳理，制定初步结算原则后，在调解组公司召开首次调解会议，调解组听取合同双方对结算争议问题的介绍及诉求，并阐明初步制定的结算原则，各方就初步结算原则进行讨论，最终形成各方共识的结算原则。

（3）过程沟通

依据制定的结算原则，调解组在变更测算过程中，根据需要分别同合同双方采用电话、网络等远程方式，就测算需要的事项及资料进行进一步沟通。

（4）第二次调解会议

整体建议结算包括合同外新增及变更调整费用共 7.18 亿元，较合同 6.2 亿元增加 0.98 亿元，较承包人诉求少 1.12 亿元。完成整体建议结算后，调解组将本项目 PC 总承包合同建议结算报告、相关测算资料及支撑性材料分别发送给合同双方，便于合同双方充分地理解建议结算报告，一个月后在调解组公司召开第二次调解会议，调解组向合同双方阐明整体结算报告的编制及结果情况，合同双方分别发表意见，发包人当场表示同意调解组的结算建议，承包人鉴于与其预期差距较大，表示无法接受，调解组向当事人进一步释明电力行业基于"初设固定总价＋变更可调"有关结算问题的处理惯例和相关规定，并建议依据整体建议结算双方单独另行进行充分的意见交换和沟通，争取达成最终一致，避免后续诉讼的耗时耗费，减少双方损失。

（5）调解会后沟通

第二次调解会议后，合同双方另行进行了数次沟通，并在沟通过程中分别与调解组就建议结算进行了进一步的沟通及理解。

2. 调解依据

（1）招投标资料

某热电厂项目工程招标文件、某热电厂项目工程投标文件、某热电厂项目工程中标通知书、招标阶段提供的某热电厂工程初步设计文件。

（2）合同资料

某热电联产项目工程PC总承包合同、PC总包项目新增部分施工合同、另行委托项目单。

（3）设计资料

某热电联产项目工程初步设计概算、某热电联产项目工程施工图、某热电联产项目工程竣工图、设计院提供的《关于施工图与招标初设及主要设备材料清册对比的说明》。

（4）结算资料

承包人提供与结算有关的资料、发包人提供与结算有关的资料、PC总包合同与结算有关的诉讼资料、PC总包合同与结算有关的会议纪要及备忘录、PC总包合同与结算有关的工程资料、PC总包合同资金支付情况。

（5）造价标准及定额

《火力发电工程建设预算编制与计算标准》（2007年版）、《电力建设工程概算定额》（2006年版）。

3. 调解方法

本案争议的焦点是设计变更调价问题，为此，调解组根据招投标文件、合同、结算、诉讼等资料，制定专业的结算原则、设计变更调整原则，经双方委托人确认后，进行详细的设计变更分析及测算，出具结算建议报告。

1）制定结算原则

（1）明确合同计价及承包模式

根据某热电联产项目PC总承包工程的招标文件以及合同关于承包方式、计价模式、合同价格以及变更的规定，本工程是以初步设计为基础，采用"固定价＋变更＋风险"的PC总承包工程。

（2）PC总包合同关于变更的调价规定

由业主提出的重大设计变更费用超出或减少部分按实结算。变更综合单价的确定：合同中有适用于变更工程的价格,按合同价格执行;合同中没有适用于变更工程的价格,由业主按照现行预算定额确定,作为计价依据。

(3)制定结算总体原则

依据招投标文件、PC 总包合同约定以及某高院民事裁定书,结合 PC 总包合同双方于 2017 年 6 月签署的备忘录,本工程计价模式为"固定价 + 变更 + 风险",总体结算原则:对重大设计变更、合同外因素引起的费用变化进行造价鉴定。结算审核原则如下:

① 工程量的量差属于承包人合同风险,不应调整。

本工程为"固定价 + 变更可调"承包方式,工程量的量差风险应由承包人承担,针对未发生变更的工程不应调整施工图与合同工程量之间的工程量差。

② 分析对比施工图与招标初设,确定可调重大设计变更。

本工程为初设招标,全面核对施工图与招标初设的差异,主要针对规模、标准、范围的变化进行对比,对工艺系统、建(构)筑物结构形式、增加及取消的项目等进行分析,以判定重大设计变更是否成立,是否应该调整合同价格。

2)制定设计变更调价原则

(1)本工程设计变更的定义

一般而言设计变更是指施工图阶段发生的设计变化,鉴于电力项目均是采用初设招标,施工图与初设方案的规模、标准、范围发生变更应理解为两个不同设计阶段之间的变更,属于总承包项目设计变更的范畴。

(2)PC 总包项目设计变更的合同责任

由于本工程是基于初设招标的 PC 固定价合同,本着"谁主张谁负责"的原则,发包人对"设计"负责,承包人对"报价"负责。相对于招标阶段提供的初步设计,施工图设计对于设计规模、标准、范围发生的变更,由发包人承担变更责任及费用,投标人对其报价的完整性及合理性负责,承担合同约定的报价风险。

(3)设计变更计价原则

合同价格清单中有适用于变更工程的价格,按合同价格执行。

合同价格清单中没有适用于变更工程的价格,由业主按照现行预算定额确定,作为计价依据,具体办法如下:

定额的选取,采用《火力发电工程建设预算编制与计算标准》(2007 年版)及《电力建设工程概算定额》(2006 年版)计价,不足部分采用《电力建设工程预算定额》(2006 年版)计价。

人工费调差,依据承包人投标报价中的人工费进行调整。

材料费调差,依据承包人投标报价的建筑材料市场价格进行调整。

机械费调差,依据承包人投标报价的建筑机械市场价格进行调整。

定额取费,依据《火力发电工程建设预算编制与计算标准》(2007 年版),采用单机容量 50MW、Ⅳ类地区、新建工程取费系数进行定额取费。

规费,参照 2014 年乌鲁木齐市缴费比例:养老 20%、医疗 7.5%、失业 1.5%、工伤 0.5%、生育 0.8%,社保共计 30.3%;住房公积金 12%。

税金，本项目为国外免税项目，不计取税金。

以上新组价原则基本采用承包人投标报价原则及水平，新组价按上述组价后下浮 11.68%，确保与 PC 总包合同价格水平一致。

3）设计变更分析及测算

（1）设计变更定性

对比分析招标初设文件与施工图差异，主要针对建筑规模、工艺系统、建（构）筑物结构形式、增加及取消项目等进行分析，判定是否属于设计变更。

（2）设计变更调整原则

① 工艺系统变化引起的设计变更调整。

对比招标初设的工艺系统，施工图发生设计工艺整体变更，采用设计变更计价原则组价，减去工艺系统合同价，如点火方式变更、卸储煤方式变更、冷却方式变更、配电装置变更。

$$设计变更费用 = 设计变更计价原则组价 - 合同价$$

② 建（构）筑物结构形式变化引起的设计变更调整。

对比招标初设，部分建（构）筑物由钢结构变更为钢筋混凝土框架结构，为最大限度地排除工程量差对变更调整的影响，仅对结构差异进行调整，对钢筋混凝土框架、外墙、外墙涂料等采用设计变更计价原则组价，减去钢柱、钢梁、钢屋架、钢结构加强防腐、钢结构防火涂料、外墙金属墙板等合同价。

$$设计变更费用 =（钢筋混凝土框架组价 + 砌体外墙组价 + 外墙外装修组价 + 外墙内装修组价）-（钢结构柱合同价 + 钢结构梁合同价 + 钢屋架合同价 + 钢结构加强防腐漆合同价 + 钢结构防火涂料合同价 + 外墙金属墙板合同价）$$

招标初设说明采用钢结构，投标报价为钢筋混凝土结构，施工图为钢筋混凝土结构，实际未变更的，不调整费用，如污水废水净化水处理站、脱硫综合楼。

③ 设备结构形式变化引起的设计变更调整。

招标初设设计的钢渣仓、钢灰库，属于储存物料的设备，其上部结构变更为钢筋混凝土结构，对基础荷载影响较大，鉴于此，施工图的设计变更费用为采用设计变更计价原则组价减去合同价。

$$设计变更费用 = 设计变更计价原则组价 - 合同价$$

④ 建筑规模变化引起的设计变更调整。

对比招标初设文件规定的建筑面积，施工图建筑面积发生增减变化，为最大限度地排除工程量差对变更调整的影响，采用该建筑物合同价除以初设建筑面积，计算得出单位造价，该单位造价乘以施工图与初设比较增减的建筑面积，最终得出设计变更费用。

$$设计变更费用 =（建筑物合同价 / 初设建筑面积）×（施工图建筑面积 - 初设建筑面积）$$

招标初设文件未提及建筑面积的，不调整费用。

⑤ 招标初设文件未提及，施工图增加的设计变更调整。

招标初设文件未提及的建（构）筑物，施工图增加的，采用设计变更计价原则组价调整费用，如燃料油罐区阀门小间、循环水泵房配电间、循环水阀门井、柴油机房、柴油发电机等。

$$设计变更费用 = 设计变更计价原则组价$$

⑥ 对比招标初设,施工图取消或实际未实施的设计变更调整。

对比招标初设文件,施工图取消或实际未实施的项目,扣减合同价。

$$设计变更费用 = 合同价扣减$$

如:1#转运站、检修间、机炉检修间修配中心、消防车库、进厂公路等。

4)设计变更增加共计 3205.88 万元

(1)热力系统增加 415.64 万元。

锅炉点火方式变更,增加 415.64 万元(见表1)。

表1 锅炉点火方式变更费用表

序号	项目名称	变更类别	设计变更费用(万元)			
			建筑工程费	设备购置费	安装工程费	小计
	点火方式	点火方式变更	0.00	307.53	108.11	415.64
1	天然气点火调压站(原)		0.00	−35.00	−8.68	−43.68
2	燃油系统(现)		0.00	342.53	116.79	459.32

变更分析:锅炉点火方式由初设天然气点火变更为施工图燃油点火,属于设计工艺系统变更。

变更费用:点火方式变更,减少原合同价中天然气调压站设备费及安装费,增加原燃气管道拆除及施工图燃油管道安装工程费,增加施工图燃油点火方式设备费。

(2)燃料供应系统减少 5.16 万元。

① 储煤场变更,增加 621.19 万元(见表2)。

表2 储煤场变更费用表

序号	项目名称	变更类别	设计变更费用(万元)			
			建筑工程费	设备购置费	安装工程费	小计
	储煤场	卸储煤方式变更	689.92	−64.00	−4.73	621.19
1	汽车卸煤沟取消		−497.88	−64.00	−4.73	−566.61
2	地下储煤厂及煤棚		−1011.12	0.00	0.00	−1011.12
3	地上干煤棚		1509.33	0.00	0.00	1509.33
4	地下煤斗		689.59	0.00	0.00	689.59

变更分析:初设采用汽车来煤卸入卸煤沟,储于地下煤场,施工图变更为取消卸煤沟,采用地上煤场,属于设计引起的卸储煤方式变更。

变更费用:汽车卸煤沟取消,减少原合同价中汽车卸煤沟费用;地下储煤厂及煤棚由全封闭地下式煤场变更为全封闭地上式干煤棚配套地下煤斗间,减少原合同价中地下储煤厂及煤棚费用。设计变更增加费用:施工图增加全封闭地上式干煤棚费用及施工图地下煤斗间费用。

② 1#转运站取消，减少373.30万元。

变更分析：由于卸储煤方式变更，导致地下转运站取消，属于设计变更。

变更费用：减少原合同价中1#转运站（地下转运站）费用。

③ 地上转运站（原2#转运站）结构形式变更，减少96.59万元（见表3）。

表3　地上转运站变更费用表

序号	项目名称	变更类别	设计变更费用（万元）			
			建筑工程费	设备购置费	安装工程费	小计
	地上转运站	结构变更	−96.59	0.00	0.00	−96.59
1	合同钢结构		−121.64	0.00	0.00	−121.64
2	施工图钢筋混凝土框架结构		25.05	0.00	0.00	25.05

变更分析：地上转运站由钢结构变更为钢筋混凝土结构，属于结构形式变更。

变更费用：地上转运站（原2#转运站）由钢结构变更为钢筋混凝土结构，减少原合同价中钢结构柱＋钢结构梁＋钢结构刷加强防腐漆费用＋外墙保温金属墙板费用；施工图增加钢筋混凝土框架费用。

④ 碎煤机室结构形式变更，减少153.07万元（见表4）。

表4　碎煤机室变更费用表

序号	项目名称	变更类别	设计变更费用（万元）			
			建筑工程费	设备购置费	安装工程费	小计
	碎煤机室	结构变更	−153.07	0.00	0.00	−153.07
1	合同钢结构		−225.34	0.00	0.00	−225.34
2	施工图钢筋混凝土框架结构		72.27	0.00	0.00	72.27

变更分析：碎煤机室由钢结构变更为钢筋混凝土结构，属于结构形式变更。

变更费用：减少原合同价中钢结构柱费用＋钢结构梁费用＋钢结构刷加强防腐漆费用＋外墙保温金属墙板费用；施工图增加钢筋混凝土框架费用＋砌体外墙费用＋外墙外装修费用＋外墙内装修费用。

⑤ 推煤机库结构形式变更，减少11.46万元（见表5）。

表5　推煤机库变更费用表

序号	项目名称	变更类别	设计变更费用（万元）			
			建筑工程费	设备购置费	安装工程费	小计
	推煤机库	结构变更	−11.46	0.00	0.00	−11.46
1	合同钢结构		−45.37	0.00	0.00	−45.37

续表

序号	项目名称	变更类别	设计变更费用（万元）			
			建筑工程费	设备购置费	安装工程费	小计
2	施工图钢筋混凝土框架结构		33.91	0.00	0.00	33.91

变更分析：推煤机库由钢结构变更为钢筋混凝土结构，属于结构形式变更。

变更费用：减少原合同价中钢结构柱费用＋钢结构梁费用＋钢结构刷加强防腐漆费用＋外墙保温金属墙板费用；施工图增加钢筋混凝土框架费用＋砌体外墙费用＋外墙外装修费用＋外墙内装修费用。

⑥新增燃料油罐区建筑费用－阀门小间费用，增加8.07万元。

变更分析：施工图新增燃料油罐区建筑费用－阀门小间费用，属于增项变更。

变更费用：施工图新增燃料油罐区建筑费用－阀门小间费用。

（3）除灰系统增加14.73万元。

①灰库结构形式变更，减少86.94万元（见表6）。

表6 灰库变更费用表

序号	项目名称	变更类别	设计变更费用（万元）			
			建筑工程费	设备购置费	安装工程费	小计
	灰库	结构变更	93.03	－132	－47.97	－86.94
1	合同钢结构		0	－132	－47.97	－179.97
2	施工图钢筋混凝土结构		93.03	0.00	0.00	93.03

变更分析：灰库由钢结构变更为钢筋混凝土结构，属于结构形式变更。

变更费用：设计变更减少原合同价中灰库设备购置费及安装工程费；设计变更施工图增加灰库钢筋混凝土结构建筑工程费。

②气化风机房结构形式变更，减少54.34万元（见表7）。

表7 气化风机房变更费用表

序号	项目名称	变更类别	设计变更费用（万元）			
			建筑工程费	设备购置费	安装工程费	小计
	气化风机房	结构变更	－54.34	0.00	0.00	－54.34
1	合同钢结构		－60.35	0.00	0.00	－60.35
2	施工图钢筋混凝土框架结构		6.01	0.00	0.00	6.01

变更分析：气化风机房由钢结构变更为钢筋混凝土结构，属于结构形式变更。

变更费用：设计变更减少原合同价中钢结构柱费用＋钢结构梁费用＋钢结构刷加强防腐漆费

用+外墙保温金属墙板费用;施工图增加钢筋混凝土框架费用+砌体外墙费用+外墙外装修费用+外墙内装修费用。

③渣仓结构形式变更,增加156.01万元(见表8)。

表8 渣仓变更费用表

序号	项目名称	变更类别	设计变更费用(万元)			
			建筑工程费	设备购置费	安装工程费	小计
	渣仓	结构变更	216.01	-60.00	0.00	156.01
1	合同钢渣仓(原)		0.00	-60.00	0.00	-60.00
2	施工图钢筋混凝土结构		216.01	0.00	0.00	216.01

变更分析:渣仓由钢结构变更为钢筋混凝土结构,属于结构形式变更。

变更费用:减少原合同价中设备购置费;施工图增加渣仓钢筋混凝土结构建筑工程费。

(4)水处理系统增加114.01万元。

①锅炉补给水处理室建筑面积规模增大,增加90.12万元。

变更分析:初设水处理室建筑面积432m^2,施工图建筑面积为756m^2,水处理室施工图建筑面积大于初设建筑面积,属于建筑规模变化。

变更费用:水处理室建筑面积增大:324m^2(756m^2-432m^2=324m^2),增加费用90.12万元[324m^2×2781.35元/m^2(根据投标报价除以建筑面积计算水处理室每平方米综合单价)≈90.12万元]。

②锅炉补给水处理室及化学试验办公楼结构形式变更,增加23.89万元(见表9)。

表9 锅炉补给水处理室及化学试验办公楼变更费用表

序号	项目名称	变更类别	设计变更费用(万元)			
			建筑工程费	设备购置费	安装工程费	小计
	水处理室及化学试验办公楼结构变化	结构变更	23.89	0.00	0.00	23.89
1	合同钢结构		-121.98	0.00	0.00	-121.98
2	施工图钢筋混凝土框架结构		145.87	0.00	0.00	145.87

变更分析:锅炉补给水处理室及化学试验办公楼由钢结构变更为钢筋混凝土结构,属于结构形式变更。

变更费用:减少原合同价中钢结构柱费用+钢结构梁费用+钢结构刷加强防腐漆费用+外墙保温金属墙板费用;施工图增加钢筋混凝土框架费用+砌体外墙费用+外墙外装修费用+外墙内装修费用。

(5)供水系统增加2935.79万元。

①循环水泵房由钢结构变更为钢筋混凝土结构,减少63.19万元(见表10)。

表 10　循环水泵房变更费用表

序号	项目名称	变更类别	设计变更费用（万元）			
			建筑工程费	设备购置费	安装工程费	小计
	循环水泵房结构变化	结构变更	−63.19	0.00	0.00	−63.19
1	合同钢结构		−98.86	0.00	0.00	−98.86
2	施工图钢筋混凝土框架结构		35.67	0.00	0.00	35.67

变更分析：循环水泵房由钢结构变更为钢筋混凝土结构，属于结构形式变更。

变更费用：减少原合同中钢结构柱＋钢结构梁＋钢结构刷加强防腐漆＋外墙保温金属墙板费用；施工图增加钢筋混凝土框架＋砌体外墙＋外墙外装修＋外墙内装修费用。

② 新增循环水泵房配电间及阀门井，增加 120.43 万元（见表 11）。

表 11　新增循环水泵房配电间及阀门井变更费用表

序号	项目名称	变更类别	设计变更费用（万元）			
			建筑工程费	设备购置费	安装工程费	小计
	新增循环水泵房配电间及阀门井	增加变更	120.43	0.00	0.00	120.43
1	循环水泵房配电间		90.07	0.00	0.00	90.07
2	循环水阀门间		30.36	0.00	0.00	30.36

变更分析：查阅招标初设文件，未见单独设置循环水泵房配电间及循环水阀门井，施工图单独设立，属于新增项目变更。

变更费用：施工图增加循环水泵房配电间及阀门井建筑工程费。

③ 机力通风塔变更为自然通风塔，增加 2878.55 万元（见表 12）。

表 12　机力通风塔变更费用表

序号	项目名称	变更类别	设计变更费用（万元）			
			建筑工程费	设备购置费	安装工程费	小计
	冷却塔变更	冷却方式变更	3334.28	−414.50	−41.23	2878.55
1	机力通风塔		−246.63	−414.50	−41.23	−702.36
2	自然通风塔		3580.91	0.00	0.00	3580.91

变更分析：冷却塔由机力通风塔变更为双曲线自然通风冷却塔，属于设计工艺系统变更。

变更费用：减少原合同价中机力通风冷却塔建筑工程费、设备购置费、安装工程费；施工图增加双曲线自然通风冷却塔建筑工程费。

（6）电气系统增加 529.39 万元。

① 配电装置变更，增加 469.40 万元（见表 13）。

表 13 配电装置变更费用表

序号	项目名称	变更类别	设计变更费用（万元）			
			建筑工程费	设备购置费	安装工程费	小计
	配电装置变更	工艺系统变更	158.31	325.85	−14.76	469.40
1	室内GIS配电装置		−58.90	−86.00	−115.30	−260.20
2	室外配电装置		180.40	411.85	100.54	692.79
3	继电器小室		36.81	0.00	0.00	36.81

变更分析：屋内配电装置变更为屋外配电装置，属于工艺系统变更。

变更费用：室内GIS配电装置变更为屋外配电装置，减少原合同价中屋内配电装置室的建筑工程费、设备购置费、安装工程费。施工图增加室外配电装置的建筑工程费、设备购置费、安装工程费。

② 新增柴油发电机室，增加59.99万元（见表14）。

表 14 新增柴油发电机室变更费用表

序号	项目名称	变更类别	设计变更费用（万元）			
			建筑工程费	设备购置费	安装工程费	小计
1	新增柴油机房变更	增加项目	21.08	34.00	4.91	59.99

变更分析：施工图新增柴油发电机室，属于增加项目变更。

变更费用：施工图增加柴油发电机室建筑工程费、柴油发电机设备购置费。

（7）附属生产系统减少726.44万元。

① 检修间并入材料库，材料库建筑规模减小变更，减少257.37万元（见表15）。

表 15 检修间及材料库规模变更费用表

序号	项目名称	变更类别	设计变更费用（万元）			
			建筑工程费	设备购置费	安装工程费	小计
	检修间、材料库	规模变更	−257.37	0.00	0.00	−257.37
1	检修间		−123.80	0.00	0.00	−123.80
2	材料库		−133.57	0.00	0.00	−133.57

变更分析：与初设相比施工图取消检修间，属于取消项目变更；与初设相比施工图材料库建筑面积减少，属于建筑规模变更。

变更费用：检修间减少原合同价格123.8万元；施工图材料库建筑面积较招标初设减少1088.8m^2（2500m^2−1411.2m^2=1088.8m^2），材料库报价清单中地面及屋面板面积均为1250m^2，基于初设招标的投标人应对其报价的完整性及合理性负责，初设规定材料库建筑面积为2500m^2，本工程为 PC 固定总价 + 变更可调合同价，由于材料库建筑规模减少的变更应按总包材料库合同总价除以初设建筑面积相应扣减，减少现材料库价格为 133.57 万元（306.68 万元 /2500m² × 1088.8m² ≈ 133.57 万元）。

② 材料库结构形式变更，增加 29.08 万元（见表 16）。

表 16　材料库结构变更费用表

序号	项目名称	变更类别	设计变更费用（万元）			
			建筑工程费	设备购置费	安装工程费	小计
	材料库结构变更	结构变更	29.08	0.00	0.00	29.08
1	合同钢结构		-44.62	0.00	0.00	-44.62
2	施工图钢筋混凝土框架结构		73.70	0.00	0.00	73.70

变更分析：材料库由钢结构变更为钢筋混凝土结构，属于结构形式变更。

变更费用：减少原合同价中材料库钢结构柱费用 + 钢结构梁费用 + 钢结构刷加强防腐漆费用 + 外墙保温金属墙板费用；施工图增加材料库钢筋混凝土框架费用 + 砌体外墙费用 + 外墙外装修费用 + 外墙内装修费用。

③ 启动锅炉结构变更，减少 123.29 万元（见表 17）。

表 17　启动锅炉变更费用表

序号	项目名称	变更类别	设计变更费用（万元）			
			建筑工程费	设备购置费	安装工程费	小计
	启动锅炉	结构变更	-123.29	0.00	0.00	-123.29
1	合同钢结构		-143.70	0.00	0.00	-143.70
2	施工图钢筋混凝土框架结构		20.41	0.00	0.00	20.41

变更分析：启动锅炉由钢结构变更为钢筋混凝土结构，属于结构形式变更。

变更费用：减少原合同价中启动锅炉钢结构柱费用 + 钢结构梁费用 + 钢结构刷加强防腐漆费用 + 外墙保温金属墙板费用；施工图增加启动锅炉钢筋混凝土框架费用 + 砌体外墙费用 + 外墙外装修费用 + 外墙内装修费用。

④ 综合给水泵房结构变更，增加 28.74 万元（见表 18）。

表 18　综合给水泵房变更费用表

序号	项目名称	变更类别	设计变更费用（万元）			
			建筑工程费	设备购置费	安装工程费	小计
	综合给水泵房	结构变更	28.74	0.00	0.00	28.74
1	合同钢结构		-96.02	0.00	0.00	-96.02
2	施工图钢筋混凝土框架结构		124.76	0.00	0.00	124.76

变更分析：综合给水泵房由钢结构变更为钢筋混凝土结构，属于结构形式变更。

变更费用：减少原合同价中钢结构柱费用＋钢结构梁费用＋钢结构刷加强防腐漆费用＋外墙保温金属墙板费用；施工图增加钢筋混凝土框架费用＋砌体外墙费用＋外墙外装修费用＋外墙内装修费用。

⑤生产行政综合办公楼建筑规模变更，增加65.55万元（见表19）。

表19 生产行政综合办公楼建筑规模变更费用表

序号	项目名称	变更类别	设计变更费用（万元）			
			建筑工程费	设备购置费	安装工程费	小计
1	生产行政综合办公楼	规模变更	65.55	0.00	0.00	65.55

变更分析：生产行政综合办公楼初设面积2700m^2，施工图3044m^2，建筑面积变大，属于建筑规模变更。

变更费用：增加施工图生产行政综合办公楼费用：514.48万元（合同价格）÷2700m^2（初设面积）×（3044-2700）m^2（增加面积）≈65.55万元。

⑥服务综合楼建筑规模变更，减少88.27万元（见表20）。

表20 服务综合楼建筑规模变更费用表

序号	项目名称	变更类别	设计变更费用（万元）			
			建筑工程费	设备购置费	安装工程费	小计
1	服务综合楼	规模变更	-88.27	0.00	0.00	-88.27

变更分析：服务综合楼初设面积3400m^2，施工图2828m^2，建筑面积减少，属于建筑规模变更。

变更费用：减少原合同价中服务综合楼费用524.69万元（合同价格）÷3400m^2（初设面积）×（3400-2828）m^2（减少面积）≈88.27万元。

⑦机炉检修间修配中心取消，减少306.67万元（见表21）。

表21 机炉检修间修配中心变更费用表

序号	项目名称	变更类别	设计变更费用（万元）			
			建筑工程费	设备购置费	安装工程费	小计
1	机炉检修间修配中心	变更取消	-306.67	0.00	0.00	-306.67

变更分析：机炉检修间修配中心取消，属于取消项目变更。

变更费用：减少原合同价中机炉检修间修配中心费用。

⑧消防车库取消，减少92.64万元（见表22）。

表 22　消防车库变更费用表

序号	项目名称	变更类别	设计变更费用（万元）			
			建筑工程费	设备购置费	安装工程费	小计
1	消防车库	变更取消	-92.64	0.00	0.00	-92.64

变更分析：消防车库取消，属于取消项目变更。

变更费用：减少原合同价中消防车库费用。

⑨ 警卫传达室建筑规模变更，增加 18.43 万元（见表 23）。

表 23　警卫传达室变更费用表

序号	项目名称	变更类别	设计变更费用（万元）			
			建筑工程费	设备购置费	安装工程费	小计
1	警卫传达室	规模变更	18.43	0.00	0.00	18.43

变更分析：警卫传达室建筑面积增加，属于建筑规模变更。

变更费用：施工图警卫传达室增加费用 15.73 万元（合同价格）÷ 70m² （初设面积）× 82.03m²（增加面积）≈ 18.43 万元。

⑩ 污水废水净化处理站结构形式实际未发生变化，变更费用不调整。

招标初设为钢结构，施工图为钢筋混凝土结构，虽属于结构形式变更，但由于投标报价为钢筋混凝土结构，与施工图结构形式一致，变更费用不调整。

（8）脱硫系统变更费用不调整。

脱硫综合楼结构形式实际未发生变化，变更费用不调整。

脱硫系统的石膏脱水综合楼、循环泵房、制浆车间的招标初设为钢结构，施工图为钢筋混凝土结构，虽属于结构形式变更，但由于投标报价为钢筋混凝土结构，与施工图结构形式一致，变更费用不调整。

（9）与厂址有关的单项工程减少 72.08 万元。

变更分析：经核实厂外道路承包人未实施，减少原合同价中进场道路费用 72.08 万元。

变更费用：进场道路未实施，减少 72.08 万元。

4. 调解难点和焦点问题

（1）合同缺乏设计变更原则，缺乏变更调价依据。

本案调解难点是如何确定可以调整合同价款的设计变更，此处的设计变更并非施工图发包阶段常规的"设计变更"，根据合同约定业主提出的重大设计变更可以据实结算，但在项目实施过程中业主并未发出任何设计变更，从合同价款调整程序来说，价款调整必须要有相关的变更程序，但项目早已竣工投产，无法再办理相应的设计变更程序，致使变更调价缺乏依据。

本案为 PC 总承包项目，设计由发包人负责，承包人依据经业主提供的施工图进行工程施工，从合同责任角度而言，可以理解经发包人批准的施工图本身就是变更的依据，因此调解组经双方委托人同意确认，经发包人批准的施工图与发包人发包阶段提供的初步设计之间的规模、标准、功能、性能等差异属于设计变更，可以进行合同价款调整。

（2）需要合理甄别设计变更，匹配调价原则。

各方确认施工图与初步设计之间的差异属于设计变更，但什么样的设计变更可以调整合同价，如何调整合同价，成为了调解难点和焦点。因此，调解组充分详细地研读初步设计文件及初设图纸，将变更划分为工艺系统变化引起的设计变更；建（构）筑物结构形式变化引起的设计变更；设备结构形式变化引起的设计变更；建筑规模变化引起的设计变更；招标初设文件未提及，施工图增加的设计变更；对比招标初设，施工图取消或实际未实施的设计变更等共六大类设计变更，并分别制定相应的调价原则及方法。

（3）说服委托方，承担各自合同风险。

承包人主张采用"打开"方式，按照施工图工程量及施工图预算方式进行设计变更价款调整，但就总承包项目而言显然不符合合同风险分配约定，致使工程量的量差等风险由发包人承担。发包人主张固定总价包干不调风险应由承包人承担，比如初设虽未提及，但施工图要求的项目不属于设计变更，属于承包人风险。双方各执己见，争论不休，成为了本案的调解焦点。

调解组从客观、公立、公正的角度，基于合同风险及事实，分别说服发包人及承包人，充分理解发承包模式、计价模式、调价原则、双方风险等合同约定，承担各自合同风险。

四、调解结果

通过第二次调解会议后，经当事人反复磋商，在调解组的调解下，发包人在建议结算的基础上另行给予了适度的补偿，双方当事人达成一致意见，最终签署了和解协议书，撤诉和解，和解协议主要条款如下：

（1）同意天职（北京）国际工程项目管理有限公司对本项目的鉴定结果，工程结算金额为7.18亿元。

（2）鉴于本项目除鉴定结算外的其他事件，本着后续其他项目合作的意愿，经双方协商，发包人在工程结算7.18亿元的基础上另行补偿承包人1200万元。

（3）本协议签订之后5日内，总包人向某人民法院撤诉。

（4）本协议生效并撤诉后15日内，发包人向承包人一次性支付剩余工程款及补偿款。

和解协议签订后，双方当事人按照相关条款积极履行义务，现已经执行完毕。

五、心得体会

本项目的争议焦点是变更调价问题，合同双方采取了诉讼方式解决争议，不仅耗时长，且耗费了大额的诉讼费用。面对司法实践中少见的电力PC总包案件，继续诉讼将导致更多耗时、更多诉讼费用，因此双方委托电力造价经验丰富的咨询机构采用庭外鉴定及调解的方式，为此类争议事件开辟了一条新的调解之路，调解组也获得了诸多的调解心得。

（一）工程调解可作为结算争议解决的高效出路

本案例为调解机构如何开展调解工作尝试进行了有意义的探索。调解单位为甲乙双方共同委托，站在专业的立场理解合同条款，能够更加公平、公正地处理甲乙双方的争议，能够为合同双方所信赖，对化解结算争议能够起到较好的推动效果。

（二）调解人员的能力素质是调解成功的基础

作为调解机构实施类似的调解工作，一是要求调解人员必须具备专业知识与背景，这样才能被合同双方所信赖；二是要求调解人员必须了解国家法律法规，通晓法律红线，保证调解建议能够符合法律要求；三是要求调解人员必须采取公平、公正的立场，不偏不倚地推进争议工作的解决；四是要求调解人员必须从合同双方的利益诉求出发，求同存异，找出一个合同双方都能接受的解决方案；五是调解人员在研读相关资料的基础上，拟定切实可行的结算原则，就结算原则达成共识后再推进结算工作是一种较为高效的解决问题的方式。

（三）"专业规则"的制定是调解成功的关键

施工图单价承包工程的设计变更调整可参考国家清单标准、相关合同示范文本以及行业惯例等相关规定及成熟的做法，但基于初设发包的固定总价 PC 总包工程缺乏变更调价的相关规范及行业做法，要解决此类争议，必须明确变更调价的基本原则，熟悉火电工程各系统工艺、结构、功能、性能等专业知识，掌握电力造价的基础知识及相关规则，熟悉行业惯例，制定合理的变更调价原则，便于合同争议双方更好地接受调解。本案件调解成功的关键在于调解组充分利用其丰富的电力工程总承包造价经验，站在公立的角度，制定各方认可的调价原则。

（四）三方及分别沟通的模式是调解成功的润滑剂

传统的工程结算审核由业主委托的造价咨询机构实施，在办理结算时带有一些倾向性，更多地考虑业主单位的利益。对承包人而言，普遍的感受是审价单位很难做到公平、公正地开展审价工作。基于上述考虑，合同双方更容易出现敌对情绪，从而导致结算久拖不决。基于专业意见条件下的三方沟通以及调解组与各合同方单独沟通的模式是调解成功的润滑剂，打破合同双方的对立，消除双方的疑虑。

（五）本调解模式及经验可供市政及民建总包项目变更争议参考

目前，房屋建筑和市政基础设施项目正在大力推行工程总承包模式，国家及地方陆续发布了相关的总承包管理办法、《建设项目工程总承包计价规范》（T/CCEAS 001—2022）、《建设项目工程总承包合同（示范文本）》（GF—2020—0216）。《建设项目工程总承包合同（示范文本）》（GF—2020—2016）及《建设项目工程总承包计价规范》（T/CCEAS 001—2022）对发包人提出变更的估价、承包人建议经发包人批准的变更估价以及在承包人指出发包人提供文件的错误按变更处理等相关变更情形，允许进行合同价款调整进行了规定及约定，本案件可为基于初设采用固定总价承包的市政及民建总承包项目提供调解模式及变更调价的参考，利于总承包工程在市政及民建行业的推广及运用。

专家点评

该案例涉及 PC 工程总承包合同设计变更的认定、工程总承包合同设计变更风险的分担机制、设计变更计价原则的确定等实务中比较疑难的问题。

在调解过程中，该调解组关注到工程总承包合同设计变更和施工总承包合同设计变更的区别，针对双方当事人对工程总承包合同设计变更风险归属认识误区开展了大量细致的说服和调解工作，提出了较为符合工程总承包合同风险性质和特点的设计变更调价原则，较为圆满地化解了双方当事人之间的纠纷。

在风险归属上，针对发包人和承包人的不同认识，例如：承包人主张采用"打开"方式，按照施工图工程量及施工图预算方式进行设计变更价款调整，发包人主张固定总价包干全部风险应由承包人承担等开展说服工作，让双方当事人充分理解发承包模式特点、不同发承包模式对计价和调价的影响、双方风险规则的区别等，说服当事人承担各自合同风险，是该案能够成功调解的一个关键。

在设计变更的判断上，通过对比分析招标初设文件与施工图差异，将变更划分为工艺系统变化引起的设计变更；建（构）筑物结构形式变化引起的设计变更；设备结构形式变化引起的设计变更；建筑规模变化引起的设计变更；招标初设文件未提及，施工图增加的设计变更；对比招标初设，施工图取消或实际未实施的设计变更等共六大类设计变更，并分别制定相应的调价原则及方法，为类似工程项目细化设计变更的性质和归属提供了较好的思路。

在设计变更调价方法上，该案例结合不同性质的变更提出了不同的调价计算方法和处理思路，例如对于工艺系统变化引起的变更，如点火方式变更、卸储煤方式变更、冷却方式变更、配电装置变更等，提出了符合行业工艺变更特点的变更计价方法，值得进行交流和推广。对于建（构）筑物结构形式变化引起的设计变更调整，通过对比招标初设文件和施工图文件，为排除工程量差对变更调整的影响，仅就结构差异进行调整，也较为契合工程总承包的性质特点。

鉴定单位在心得体会方面，提出调解人员的能力素质是调解成功的基础，专业规则的制定是调解成功的关键等，也均具有较好的借鉴意义。

中航勘察设计研究院有限公司　檀中文

对某公共建筑工期延误引起的造价纠纷调解

——捷宏润安工程顾问（江苏）有限公司

吴虹鸥　沈春霞　金常忠

一、案情简介

（一）工程概况和合同情况

某市公共建筑，建筑面积 22000m²，主体结构 5 层，地下室一层，建筑幕墙及屋面总面积约 16800m²，工程总投资 1.1 亿元人民币。本项目计划开工日期为 2015 年 11 月 18 日，计划竣工日期为 2017 年 7 月 10 日，实际竣工时间为 2019 年 12 月。

本项目由某建设中心组织建设，经过公开招标的方式确定主体施工、监理服务和金属屋面及幕墙施工单位（项目组织构架见图1），具体情况如下：

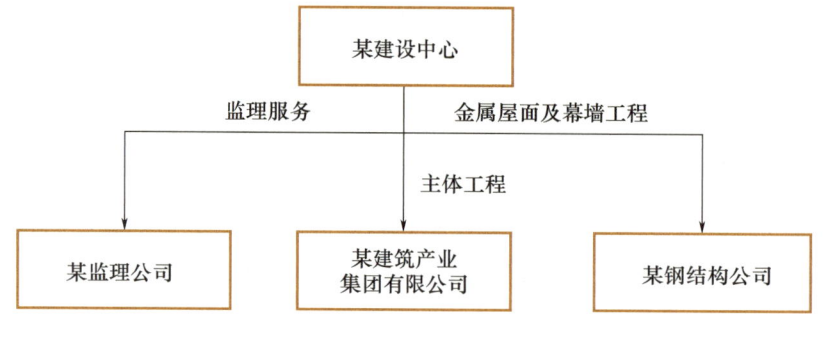

图 1　项目组织构架图

（1）于 2015 年 5 月经公开招投标的方式确定某监理公司为本项目提供监理服务。2015 年 6 月 1 日，某建设中心向某监理公司发出中标通知书，中标价 917200 元（中标价为监理工作范围内工程经审定后总造价的 0.83%，约 91.72 万元）。双方于 2015 年 6 月 26 日签署《建设工程委托监理合同》。

（2）于 2015 年 9 月经公开招投标的方式确定某建筑产业集团有限公司为项目主体工程施工中标单位，2015 年 10 月 30 日发出中标通知书，中标价 55197627.47 元，双方于 2015 年 11 月 6 日签署《总包建设工程施工合同》（以下简称《总包施工合同》），采用固定单价合同形式，合同约定总工期 600 天。

（3）于 2016 年 8 月经公开招投标的方式确定某钢结构公司为本项目金属屋面工程及幕墙工程施工中标单位。2016 年 9 月 27 日，某建设中心向某钢结构公司发出中标通知书，中标价 11936523.94 元。双方于 2016 年 9 月 30 日签署《建设工程施工合同》，其采用固定单价合同形式。

（二）争议背景

2017 年 6 月，某钢结构公司进场施工后，提出发包人提供的原设计院设计的钢构施工图的设计深度不满足施工要求等问题，项目发生多次中断施工。2019 年 2 月 21 日，发包人组织专家对该施工图进行鉴定，结论为图纸深度不满足施工需要；2019 年 3 月 6 日，发包人与某钢结构公司另行签订了《钢构施工图深化设计委托协议》，由钢结构公司自行完成深化，至此工期已经延误近 20 个月，预计项目实际竣工日期较原计划的 2019 年底延后约 30 个月。

因工期大幅度延误，工程施工总承包人、钢结构工程专业承包人和监理公司等参建单位以工程建设期间停工窝工、建筑工料机价格上涨、服务周期延长等原因造成成本增加，分别向发包人提出因工期延误引起的索赔。

二、案件争议焦点和纠纷调解（评审）难点

本案例以某建筑产业集团有限公司（申请人 A）与某建设中心（申请人 B）之间关于主体工程的造价纠纷争议事项为例进行调解分析。

（一）案件争议焦点

（1）争议事项 1：关于停工期间申请人 A 项目管理人员、驻场看护工人的工资（含社保福利），申请人 A 诉求约 297.4 万元。

申请人 A 意见：

根据《总包施工合同》7.8.7 暂停施工期间的工程照管的约定，暂停施工期间，申请人 A 应负责妥善照管工程并提供安全保障，由此增加的费用由责任方承担。

根据《总包施工合同》第 17.3.2（4）的约定："因不可抗力影响承包人履行合同约定的义务，已经引起或将引起工期延误的，应当顺延工期，由此导致承包人停工的费用损失由发包人和承包人合理分担，停工期间必须支付的工人工资由发包人承担。"

由于申请人 B 单独发包的幕墙设计图纸不满足施工条件从而拖延了工期，应由申请人 B 补贴申请人 A 停工期间发生必要的管理人员及看护工人薪酬费用，费用按照申请人 A 实际支出工资为计算依据。

申请人 B 意见：

根据《总包施工合同》通用条款第 19.1 条的约定："根据合同约定，承包人认为有权得到追加付款和（或）延长工期的，应按以下程序向发包人提出索赔：（1）承包人应在知道或应当知道索

赔事件发生后 28 天内，向监理人递交索赔意向通知书，并说明发生索赔事件的事由；承包人未在前述 28 天内发出索赔意向通知书的，丧失要求追加付款和（或）延长工期的权利。"如果申请人 A 认为是申请人 B 的原因引起的暂停施工，应根据合同通用条款 19.1 条规定的索赔流程，报监理人及申请人 B 确认。暂停施工后，申请人 A 未就停工原因、有关事项、停工后驻场管理人员及现场照管人员安排提出申请并经申请人 B 和监理人确认。根据通用条款 19.1（1）约定，应视为申请人 A 放弃了此项权利。

根据《总包施工合同》通用条款第 17.1 条的约定："不可抗力是指合同当事人在签订合同时不可预见，在合同履行过程中不可避免且不能克服的自然灾害和社会性突发事件，如地震、海啸、瘟疫、骚乱、戒严暴动、战争和专用合同条款中约定的其他情形。"本项目实施期间未发生不可抗力事件，不适用合同第 17.3.2（4）条约定。

根据《总包施工合同》专用条款 20.5.8 条的约定："承包人负有总协调责任"统筹计划、管理和协调工程进度、专业施工方案和施工质量并对分包工程的质量、进度、安全承担总包管理责任"。且幕墙图纸经施工图审查合格，整体上符合设计规范要求，仅部分节点及细节不够完善。对此，申请人 A 应该同申请人 B 一起协调深化图纸，而不应采取停工方式。

根据《总包施工合同》专用条款第 7.5.2.2 条的约定："因承包人原因而延误工期的，承包人除向发包人承担工期履约保证金外，同时按每逾期一天按工程总价款万分之一的计算标准承担违约金。"申请人 B 保留就此向申请人 A 进行工期及费用索赔的权利。

（2）争议事项 2：关于停工期间申请人 A 项目生活区 / 办公区临时设施场地租赁费用，申请人 A 要求补贴金额 5.6 万元。

申请人 A 意见：

根据临设场地村委会收据及证明来确定土地租金金额。

申请人 B 意见：

与"争议事项 1"意见类似，根据《总包施工合同》通用条款第 19.1 条的约定，申请人 B 认为申请人 A 并未及时发出索赔意向通知书，视同放弃此项权利；根据《总包施工合同》专用条款 20.5.8 条的约定且申请人 A 作为总协调，有义务同申请人 B 一起协调深化图纸，而不应采取停工方式；根据合同专用条款第 7.5.2.2 条的约定，申请人 B 保留就此向申请人 A 进行工期及费用索赔的权利。

（3）争议事项 3：关于停工期间申请人 A 生活区 / 办公区板房租金成本费用补贴，申请人 A 要求补贴金额 12.96 万元。

申请人 A 意见：

根据市场上相似情况的临时设施用房租金单价来计取（折合到每平方米 / 天的租金）、时间节点根据项目总监确定的停工时间来定、平面布置图由项目总监签字确认及审计单位实测的建筑面积来定。

申请人 B 意见：

与"争议事项 2"意见相同，根据《总包施工合同》通用条款第 19.1 条的约定，申请人 B 认为申请人 A 并未及时发出索赔意向通知书，视同放弃此项权利；根据合同专用条款 20.5.8 条的约定且申请人 A 作为总协调，有义务同申请人 B 一起协调深化图纸，而不应采取停工方式；根据合同专用条款第 7.5.2.2 条的约定，申请人 B 保留就此向申请人 A 进行工期及费用索赔的权利。

（4）争议事项 4：关于停工期间申请人 A 的生活用水用电成本补贴 2.49 万元。

申请人 A 意见：

停工期间申请人 A 仅有必要的管理人和看护工人常驻现场，并且现场无大型机械设备，不存在工程施工的用水用电，而电费由申请人 B 代缴不存在数据差异。在 2017 年 8 月至 2019 年 3 月期间发生的水电费均为正常工程照管水电费，申请人 B 应予以补贴，补贴金额 2.49 万元，对应停工期间电费申请人 B 工程扣款中减免。

申请人 B 意见：

与"争议事项 2"意见相同，根据《总包施工合同》通用条款第 19.1 条的约定，申请人 B 认为申请人 A 并未及时发出索赔意向通知书，视同放弃此项权利；根据合同专用条款 20.5.8 条的约定且申请人 A 作为总协调，有义务同申请人 B 一起协调深化图纸，而不应采取停工方式；根据《总包施工合同》专用条款第 7.5.2.2 条的约定，申请人 B 保留就此向申请人 A 进行工期及费用索赔的权利。

（5）争议事项 5：关于停工影响申请人 A 财务成本，申请人 A 要求资金成本补贴约 120.5 万元。

申请人 A 意见：

已完成产值与申请人 B 已付款之间的资金缺口全部由银行贷款资金填补。因申请人 B 原因造成停工，停工期间发生的银行利息应由申请人 B 补贴。银行年化率按照 12% 计取。

申请人 B 意见：

与"争议事项 2"意见相同，根据《总包施工合同》通用条款第 19.1 条的约定，申请人 B 认为申请人 A 并未及时发出索赔意向通知书，视同放弃此项权利；根据合同专用条款 20.5.8 条的约定且申请人 A 作为总协调，有义务同申请人 B 一起协调深化图纸，而不应采取停工方式；根据合同专用条款第 7.5.2.2 条的约定，申请人 B 保留就此向申请人 A 进行工期及费用索赔的权利。

（6）争议事项 6：关于因停工造成的材料涨价差值调整问题，申请人 A 提出按暂估工程量涉及金额约 50.79 万元。

申请人 A 意见：

按照 2019 年复工后施工的剩余工作量确认调价范围（结算 = 停工前已施工完部位工程量 × 原合同综合单价 + 复工后施工的剩余工作量 × 材料调差后的综合单价）。调差范围按照停工前已施工完的部位确认单为准。

申请人 B 意见：

与"争议事项 2"意见相同，根据合同通用条款第 19.1 条的约定，申请人 B 认为申请人 A 并未及时发出索赔意向通知书，视同放弃此项权利；根据合同专用条款 20.5.8 条的约定且申请人 A 作为总协调，有义务同申请人 B 一起协调深化图纸，而不应采取停工方式；根据合同专用条款第 7.5.2.2 条的约定，申请人 B 保留就此向申请人 A 进行工期及费用索赔的权利。

（7）争议事项 7：关于已完成的部位（砌体、二次结构钢筋）的拆除单价问题，申请人 A 提出目前涉及金额约为 8.86 万元。

申请人 A 意见：

复工后楼层二次结构由于设计变更导致申请人 B 需要申请人 A 拆除已完成的部位，涉及砌体拆除按照定额仅为 120 元 /m³ 审核，无法满足目前市场平均拆除单价。按照市场平均拆除砌体单价（人工拆除、清理垃圾至一层场地、自卸车垃圾清运出现场）500 元 /m³ 计算。

申请人 B 意见：

关于变更签证的价格，《总包施工合同》专用条款第 12.1 条规定"申请人 A 投标报价中有适用（或类似）变更工程的价格，则执行（或参照）申请人 A 投标时的综合单价"；"申请人 A 投标报价中没有适用（或类似）变更工程的价格，则由申请人 A 按本工程招标文件中的标底编制依据计价，并根据申请人 A 投标时的下浮率作下浮后报申请人 B，经申请人 B 审核后作为结算依据"。对上述砌体拆除，应按照合同 12.3.1 条约定的计量规则和标底编制依据进行计价。

（8）争议事项 8：关于停工影响材料采购计划，电梯、热泵机组、空调设备等材料价格问题，申请人 A 要求金额为 215 万元。

申请人 A 意见：

相关设备投标至今已四年，现场还没有采购安装，经和厂家询问由于市场各原因造成价格上涨导致采购价大于原市场价，需要按最新市场价格重新认价。

① 电梯设备采购受工期延长影响，市场价格上涨原合同清单价格无法满足采购需求，并且因现场施工条件不足而发生的变更及业主单位提出的配置增加等相关内容，电梯设备需重新认价，涉及金额为 103 万元。

② 热泵机组、空调设备受工期延长影响导致市场价格上涨，原合同清单价格无法满足采购需求，需要按最新市场价格重新认价，涉及金额为 112 万。

申请人 B 意见：

与"争议事项 2"意见相同，根据《总包施工合同》通用条款第 19.1 条的约定，申请人 B 认为申请人 A 并未及时发出索赔意向通知书，视同放弃此项权利；根据合同专用条款 20.5.8 条且申请人 A 作为总协调，有义务同申请人 B 一起协调深化图纸，而不应采取停工方式；根据合同专用条款第 7.5.2.2 条申请人 B 保留就此向申请人 A 进行工期及费用索赔的权利。

（9）争议事项 9：关于垂直运输机械报停拆除后设备、材料运输费用，申请人 B 提出调整涉及金额 78 万元。

申请人 A 意见：

按人工运输费用计算，按停工后剩余工作量定额工日乘以最新市场指导价二类人工费的 1.3 倍进行调整，调整涉及金额 78 万元。

申请人 B 意见：

同"争议事项 2"第一条意见，根据《总包施工合同》通用条款第 19.1 条的约定，申请人 B 认为申请人 A 并未及时发出索赔意向通知书，应视为申请人 A 放弃了此项权利。

为便于理解调解事项，简要梳理了双方争议焦点、涉及金额和申请人双方意见的依据，详见表 1。

表 1　某建设中心与某建筑产业集团有限公司对争议焦点的意见依据

序号	案件争议焦点	涉及金额（元）	申请人 A 依据	申请人 B 依据
1	项目管理人员、驻场看护工人的工资（含社保福利）	297.4 万	《总包施工合同》7.8.7《总包施工合同》17.3.2（4）	《总包施工合同》通用条款 19.1《总包施工合同》通用条款 17.1《总包施工合同》专用条款 20.5.8《总包施工合同》专用条款 7.5.2.2
2	项目生活区／办公区临时设施场地租赁费用	5.6 万	临设场地村委会收据及证明	《总包施工合同》通用条款 19.1《总包施工合同》专用条款 20.5.8《总包施工合同》专用条款 7.5.2.2
3	生活区／办公区板房租金成本费用补贴	12.96 万	临时设施租金市场价和停工时间	《总包施工合同》通用条款 19.1《总包施工合同》专用条款 20.5.8《总包施工合同》专用条款 7.5.2.2
4	生活用水用电成本补贴	2.49 万	正常工程照管水电费，甲方应予以补贴	《总包施工合同》通用条款 19.1《总包施工合同》专用条款 20.5.8《总包施工合同》专用条款 7.5.2.2
5	影响申请人 A 财务成本	120.5 万	停工期间发生的银行利息应由甲方补贴	《总包施工合同》通用条款 19.1《总包施工合同》专用条款 20.5.8《总包施工合同》专用条款 7.5.2.2
6	材料涨价差值调整问题	50.79 万	因延期引起的材料涨价应由发包人承担	《总包施工合同》通用条款 19.1《总包施工合同》专用条款 20.5.8《总包施工合同》专用条款 7.5.2.2
7	已完成的部位（砌体、二次结构钢筋）的拆除单价问题	8.86 万	发包人需要我司拆除已完成的部位定额无法满足目前市场平均拆除单价	《总包施工合同》专用条款 12.1《总包施工合同》专用条款 12.3.1
8	材料采购计划，电梯、热泵机组、空调设备等材料价格问题	215 万	因延期引起的材料设备涨价应由发包人承担	《总包施工合同》通用条款 19.1《总包施工合同》专用条款 11.1《总包施工合同》专用条款 20.5.8《总包施工合同》专用条款 7.5.2.2
9	垂直运输机械报停拆除后设备、材料运输费用	78 万	人工运输增加费用应由发包人承担	《总包施工合同》通用条款 19.1

（二）纠纷调解（评审）难点

1. 争议事项多、涉及金额大

因非申请人 A 原因引起的项目停工、工期延后导致的索赔涉及事项较多，包括停工期间人工工资、临时设施增加费用、财务成本、材料涨价和垂直运输增加费用等 9 项，共涉及金额 791.6 万元。

2. 双方矛盾突出

争议调解之前申请人 B 对申请人 A 提出的 9 项事项均不认可，无法达成一致意见，并以已超过索赔时限和总包管理为由予以驳回，同时提出保留反索赔的权利。

三、调解（评审）情况

（一）纠纷调解委托人提供争议材料内容

申请人 A 某建筑产业集团有限公司提供的争议材料内容包括：

（1）调解申请书（日期 2019 年 8 月 6 日）。

（2）招标文件（投标截止日期 2015 年 9 月 26）。

（3）《总承包施工合同》（2015 年 11 月 6 日）。

（4）相关来往函件。

（二）工程造价纠纷调解（评审）情况

1. 调解（评审）过程

（1）2019 年 8 月 20 日，发承包双方共同向中国建设工程造价管理协会工程造价纠纷调解工作委员会（以下简称"调解委员会"）申请调解，请求依法调解价款调整及相关合同纠纷事宜。

（2）调解委员会受理申请后，根据调解规则向申请人发出《受理通知书》。

（3）2019 年 9 月 29 日，我司吴虹鸥（中国建设工程造价管理协会调解员）接受中国建设工程造价管理协会的委托，作为调解员进行本案的调解工作。

（4）2019 年 9 月 29 日—10 月 24 日，对本案的资料进行梳理，提出资料补充意见，调解委员会对争议问题进行分析并进行讨论，形成专家初步意见。

（5）2019 年 10 月 24 日，调解委员会在某省某市组织开庭调解，听取申请人意见并就有关问题询问发承包双方，但未能当庭组织申请人达成调解协议。

（6）2019 年 10 月 24 日—2020 年 1 月 13 日，调解委员会多次协调发承包双方，提供争议解决方案。

（7）2020 年 1 月 13 日，发承包双方共同向调解委员会申请将本案由调解转为专家评审。

（8）2020 年 1 月 30 日，调解委员会在北京组织专家进行评审。

具体调解过程详见图 2。

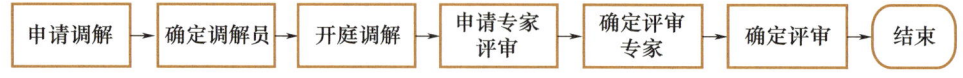

图 2 某建设中心与某建筑产业集团有限公司关于主体工程的调解（评审）过程

2. 调解（评审）依据

（1）调解申请书。

（2）招投标文件。

(3)施工合同。

(4)来往函件。

(5)《中华人民共和国合同法》(现已废止)。

(6)《最高人民法院关于审理建设工程施工合同纠纷案件适用法律问题的解释》(法释〔2004〕14号)。

(7)《最高人民法院关于审理建设工程施工合同纠纷案件适用法律问题的解释(二)》(法释〔2018〕20号)。

(8)某省高级人民法院《关于审理建设工程施工合同纠纷案件若干问题的意见》。

(9)《建设工程施工合同(示范文本)》(GF—2013—0201)。

(10)《建筑工程施工发包与承包计价管理办法》(中华人民共和国住房和城乡建设部令第16号)。

(11)《建设工程工程量清单计价规范》(GB 50500—2013)及其9本工程量计算规范。

(12)《关于加强建筑材料价格风险控制的指导意见》。

(13)《省住房城乡建设厅关于〈建设工程工程量清单计价规范〉(GB 50500—2013)及其9本工程量计算规范的贯彻意见》。

(14)某省建设工程计价定额、费用定额和相关计价文件。

3. 调解(评审)方法

本项目中的纠纷调解方法为先由行业协会成立调解委员会进行调解,再聘请行业专家进行评审的方法。

4. 调解(评审)难点和焦点问题

对申请人双方申请事项进行分类,分为四类,并根据已签订的合同和现行法律法规进行分析:

(1)第一类争议问题:停工期间现场管理和临时设施的费用索赔问题,申请事项1、2、3、4为此类问题,申请人A诉求为318.45万元。

事项1:关于停工期间申请人A项目管理人员、驻场看护工人的工资(含社保福利),申请人A诉求约297.4万元。

事项2:关于停工期间申请人A项目生活区/办公区临时设施场地租赁费用,申请人A要求补贴金额5.6万元。

事项3:关于停工期间申请人A生活区/办公区板房租金成本费用补贴,申请人A要求补贴金额12.96万元。

事项4:关于停工期间申请人A的生活用水用电成本补贴2.49万元。

事项分析:根据庭审中申请人陈述并经双方共同认可的事实,本案工程工期延误的主要原因在于申请人B和其另行发包的第三方,申请人A亦存在部分施工组织不当等原因。根据合同通用条款7.8.1的约定,因发包人原因引起的暂停施工,发包人应承担由此增加的费用和(或)延误的工期,并支付承包人合理的利润。

依据事项产生原因和合同约定条款分析,因发包人(申请人B)原因引起的工期延误,应顺延,停工期间驻场看护人员和必要管理人员工资、临时设施增加费用应由发包人(申请人

B）承担。本事项难点是现场必要管理人员数量确认、工资标准以及驻场看护工人的工资标准确定。

（2）第二类争议问题：因停工造成材料涨价调整，申请事项6、8为同此类问题，申请人A诉求为265.78万元。

事项6：关于因停工造成的材料涨价差值调整问题，申请人A提出暂估工程量涉及金额约50.79万元。

事项8：关于停工影响材料采购计划，电梯、热泵机组、空调设备等材料价格问题，申请人A要求金额为215万元。

事项分析：根据庭审中申请人陈述并经双方共同认可的事实，本案工程工期延误的主要原因在于申请人B和其另行发包的第三方，申请人A亦存在部分施工组织不当等原因。

根据《总包施工合同》专用条款11.1的约定，应以工程所在地造价管理部门发布的材料（钢筋、商品混凝土）指导价格为基准；差价为施工期同类材料加权平均指导价格与合同工程基准期《XX市建设工程造价信息》（2015年第5期）的材料指导价格的差额，并按投标时的下浮率同比例下浮。

依据事项产生原因和合同约定条款分析，因发包人（申请人B）原因引起的工期延误，材料差价应调整，信息价有的价格按合同约定按信息价调整，信息价没有的材料价格确定，尤其设备类材料价格如何调整存在难度。

（3）第三类争议问题：新增单价确认问题，申请事项7、9为同此类问题，申请人A诉求为86.86万元。

事项7：关于已完成的部位（砌体、二次结构钢筋混凝土）的拆除单价问题，申请人A提出目前涉及金额约为8.86万元。

事项9：关于垂直运输机械报停拆除后设备、材料运输费用，申请人B提出调整涉及金额78万元。

根据庭审中申请人陈述并经双方共同认可的事实，本案工程工期延误的主要原因在于申请人B和其另行发包的第三方，申请人A亦存在部分施工组织不当等原因。根据合同12.1条约定的风险范围以外合同价格的调整方法：

经发包人确认的施工合同承包范围内施工图修改及施工现场签证、经发包人确认的施工合同范围以外与本工程相关的工程量增加或减少，其工程量按实结算，综合单价作如下规定调整：

① 承包人投标报价中有适用（或类似）变更工程的价格，则执行（或参照）承包人投标时的综合单价；

② 承包人投标报价中没有适用（或类似）变更工程的价格，则由承包人按本工程招标文件中的标底价编制依据计价，并根据承包人投标时的下浮率作下浮后报发包人，经发包人审核后作为结算依据，下浮率=1-（中标价-不可竞争费）/（标底价-不可竞争费）×100%；

③ 若在承包人投标报价中没有适用的价格，且无计价依据的，其综合单价由承包人提出，经发包人审核后确定。

依据事项产生原因和合同约定条款分析，因发包人原因引起的工期延误，新增单价应按合同约定的新增单价确定原则调整。本事项的难点是垂直运输拆除后，设备、材料运输费用确定，此类费用需要根据垂直运输方案，并结合现场实际情况确定。

（4）第四类争议事项：停工引起的财务成本增加。

事项5：关于停工影响申请人A财务成本，申请人A要求资金成本补贴约120.5万元。

因发包人原因引起的停工，已完成产值与甲方已付款之间的资金缺口全部由银行贷款资金填补，垫资部分存在资金成本增加。本争议事项难点，垫资事实、金额以及资金成本的认定。

四、调解（评审）结果

专家组认为，根据庭审中申请人陈述并经双方共同认可的事实，本案工程工期延误的主要原因在于申请人B和其另行发包的第三方，申请人A亦存在部分施工组织不当等原因。根据《中华人民共和国合同法》（现已废止）第一百一十三条、第一百二十条、第一百二十一条等的规定，专家组作出具体评审意见如下。

（1）关于停工期间现场管理与临时设施的价款调整（争议事项1、2、3、4），应分别按照以下原则进行：

① 驻场看护工人的工资（含社会保险费用和必要的福利）应由申请人B承担。

② 施工现场临时设施（含场地租赁、板房租赁等）、生活用水用电应由申请人B承担。

③ 驻场管理人员的工资（含社会保险费用和必要的福利）应由申请人B承担；未驻场的管理人员工资等应由申请人A承担。

（2）关于工期延误期间主要工料机价格涨落价差调整事项（争议事项6、8），应依据《总包施工合同》约定条款和实际施工期间价格涨落幅度进行的材料价格调差，且工料机价差的调整按照税前价格计算，并按照规定计取规费、建筑安装工程销项增值税，不计取其他费用。调整后的价差，申请人A承担30%、申请人B承担70%。实际施工期间价格涨落幅度按照以下方法确定：

① 工程所在地相关主管部门发布相应信息价格的，按照基准期与实际施工期信息价格的价差调整。

② 工程所在地相关主管部门没有发布相应信息价格的，采用XX市或XX省相关主管部门发布的信息价格。

③ 工程所在地、XX市或XX省相关主管部门均未发布信息价格的参考类似工料机价格的涨跌幅度进行调整。

④ 以上方法均无法使用的，由双方协商确定价格或委托第三方询价确定价格进行调整。

（3）已完成的部位（砌体、二次结构钢筋）的拆除单价（争议事项7），应按照《建设工程施工合同》对应变更工程的价格确定规定执行，即申请人A投标报价中没有适用（或类似）变更工程的价格，则由申请人A按本工程招标文件中的标底价编制依据计价，并根据申请人A投标时的浮率作下浮后报申请人 B，经申请人 B 审核后作为结算依据。该拆除单价的组价内容应该包括拆除、垂直运输、外运以及零星性、措施费的有关费用。

（4）垂直运输机械报停拆除后设备、材料运输费用（争议事项 9），应依据申请人 A 依据报批的实际运输方案计算垂直运输费用，扣减原运输方案中的相应运输费用后由申请人 B 承担。

（5）调解申请书中的财务成本等其他申请事项不调整工程价款（争议事项 5），由申请人 A、申请人 B 按照本评审意见调整工程价款后，双方不应再对有关工期责任提出其他任何补偿或索赔要求。

五、心得体会

1. 依法解纷，明晰相关法律法规和政策

在进行工程造价纠纷的调解工作时，作为调解员，首要的任务是熟悉并掌握国家相关的法律法规、政策和行业标准，如《建筑工程施工发包与承包计价管理办法》《建设工程工程量清单计价规范》（GB 50500—2013）等，为调解工作提供了基本的框架和指引。只有对这些法规和政策进行深入的理解和掌握，才能在调解过程中做到言之有据，帮助申请人了解自己的权利和义务，为其提供专业的意见和支持，保证调解工作的公正性和权威性。

2. 兼听则明，保持中立公正的态度

在初次收到调解申请书时，由于申请人未能提供全部的相关材料，或者对自身情况的描述存在一定的偏向，若仅在此基础上调解，难免会出现判断错误、责任分配有失偏颇的问题，致使申请人对调解结果不满意、不认可的情况。

为了更公正地完成调解工作，应充分了解纠纷案件的背景和申请人双方的诉求，始终保持中立公正的态度，确保调解结果的公平合理。在调解过程中，调解员认真倾听申请人双方的意见和建议，做到公正无私，不偏袒任何一方。同时，调解员还要积极维护申请人双方的合法权益，通过合法的手段和途径，保障申请人的正当权益不受侵害。只有这样，才能让申请人感受到调解的公正和公平，增强对调解结果的信任度和认可度。

3. 沟通协调，化干戈为玉帛

工程造价争议往往涉及多方利益，因此在调解过程中，要注重沟通协调，尽量化解矛盾，达成共识。为了有效地解决这种争议，调解员需要具备出色的沟通技巧和卓越的组织协调能力；调解员需要善于倾听，耐心细致地了解双方的诉求和意见，以确保自己完全理解争议的背景和各方的立场；调解员还需要具备灵活的思维和敏锐的洞察力，以便在沟通协商过程中寻找最佳的解决方案。这些解决方案应该充分考虑到申请人及各方的利益，并且能够促成申请人双方达成都能接受的共识。

4. 力学笃行，持续提高业务能力

工程造价争议调解工作是一项需要调解员具备高度专业知识和出色业务能力的任务，因此，调解员必须不断学习，以提高自身的业务水平。通过参加各种专业培训、阅读权威性的专业书籍、

参与行业内的交流学习等方式，调解员持续提高自己在法律和业务方面的知识和能力，在处理复杂的工程造价争议时，能够以清晰的思路和严谨的逻辑进行推理，妥善地解决问题，为申请人提供更专业、更高效的帮助和支持。

专家点评

涉案项目为设计瑕疵引起工期延误索赔纠纷调解评审案例。案例工程建筑面积22000m²，主体结构5层，地下室一层，建筑幕墙及屋面总面积约16800m²。计划开工日期为2015年11月18日，计划竣工日期为2017年7月10日，实际竣工时间为2019年12月。以公开招标的方式分别确定施工、监理、金属屋面和幕墙施工单位。索赔主体包括主体施工单位、监理单位、幕墙施工单位。

2015年9月，发包人以公开招投标的方式确定某建筑产业集团有限公司为项目主体工程施工中标单位，单价合同形式，合同工期600天。2017年6月钢结构公司进场施工后，提出发包人提供的原设计院设计的钢构施工图的设计深度不满足施工要求等问题，项目发生多次中断施工。2019年2月21日发包人组织专家对该施工图进行鉴定，结论为图纸深度不满足施工需要；2019年3月6日发包人与钢结构公司另行签订了钢构施工图深化设计委托协议，由钢结构公司自行完成深化，至此工期已经延误近20个月，预计项目实际竣工日期较原计划的2019年底延后约30个月。因工期大幅度延误，工程总承包、专业承包和监理公司等参建单位以工程建设期间停工窝工、建筑工料机价格上涨、服务周期延长等原因造成成本增加，分别向发包人提出因工期延误引起的索赔。案例仅就施工总承包与发包人间的施工合同纠纷所涉工期延误损失赔偿进行调解评审。

案例争议焦点和难点：因非申请人A原因引起的项目停工、工期延后导致的索赔涉及事项较多，包括停工期间人工工资、临时设施增加费用、财务成本、材料涨价和垂直运输增加费用等费用责任问题；时间跨度长；争议焦点多。

案例心得体会描述概括在从事调解工作中应遵守的基本原则及必要的技巧与方法。调解过程选择方式与方法要得当；坚持依法止纷；兼听则明，突出"听"字，静心倾听，用心倾听，忌听片面，保持中立；调解成功的关键在沟通；做好调解工作的前提须力学笃行，不断扩充专业知识、了解政策法律、增强政治意识，持续提高业务能力。心得体会总结出作为工程造价纠纷调解员，不仅需要完整了解纠纷案件的背景，还要对行业相关法规和政策进行深入的理解和掌握，才能在调解过程中做到言之有据，帮助纠纷当事人了解自己的权利和义务，保证调解工作的公正性和权威性。要保持中立公正的态度，做到专业独立，不仅有利于调解工作的进行，也能增强调解的社会认可度。在调解过程中，要厘清争议双方的利益所在，争议焦点症结所在，充分沟通，促使争议双方以务实的态度对待分歧，争取他们的积极配合，最大限度取得各方都能接受的调解结果。

案例介绍详尽，涉案主体较多，法律关系复杂，调解评审程序描写细致清晰，各方抗辩观点记录详细，运用表格清晰展现争议焦点、依据，调解评审依据充分。调解评审过程遵循合法以及实事求是的原则,运用"行业调解委员会+行业专家评审"的调解方法,对争议事项进行梳理后分类分析,兼顾事实与法律规定,条理明晰,过程完整,保证了评审结果的专业性和权威性。调解运用法律法规,做到了独立客观、兼听则明,准确分析案件争议焦点与难点,调解方法与调解技巧也非常专业科学。

湖北嘉宁工程咨询有限公司　张其涛

对某公馆建设工程劳务承包结算的造价纠纷调解

——广东同益达工程顾问有限公司

孙康全　刘君兰　王月文　黄桂平　杨嘉强

一、案情简介

某公馆建设工程劳务承包结算造价纠纷调解评审是典型的工程劳务结算纠纷调解案件。该建设工程位于某村，建设内容为一幢公寓、酒店，地上 11 层，地下 1 层。劳务承包合同中的总建筑面积 6.3 万 m^2，其中地下室建筑面积约 $14557m^2$（注：实际评审后的总建筑面积仅为 $48206.50m^2$，其中地下室建筑面积仅为 $7216.06m^2$）。劳务纠纷双方分别是该项目的总承包方——某建筑集团有限公司（一案诉讼原告，本案以下简称"总包方"）、另一方为该项目的劳务分包方——某某人（一案诉讼被告，本案以下简称"分包方"）。纠纷案情如下：总包方与劳务方于 2019 年 8 月 18 日签订了《建设工程劳务承包合同》（以下称合同），合同约定由分包方承包该项目的土建工程劳务工作内容，承包方式为按施工图纸建筑面积进行单价承包，其中上部承包单价为 560 元 $/m^2$，地下室承包单价为上部承包单价的 1.3 倍（即为：560 元 $/m^2 \times 1.3 = 728$ 元 $/m^2$），合同约定承包工作具体内容为"包人工（不包建筑所需的建筑材料），包工程所需的机械、设施设备，包安全施工，包工程质量，包工期，包测量放线，包基坑抽水排水，包工程所需的塔吊、人货梯、内外架、安全网、钢筋制作机，包模板、木方、铁钉钢筋托线、螺栓拉杆、蝴蝶扣和步步紧、平板震动器、搅拌机、震动棒、潜水泵、电焊机、电渣机、制砖机、盘圆锯、挖土机、水平仪、全站仪等所有的机械设备和施工用具，并承担所有机械设施设备的费用"。合同还约定在实施过程中出现图纸设计变更或增加工程项目需劳务方完成的，另按双方商定价格结算。合同工期为 360 日历天。

合同签订后，于 2020 年 4 月 17 日正式施工，在实施过程中，中间曾发生几次停工，整体工期拖延严重，并且出现劳务方施工班组到政府部门投诉说总包方拖欠农民工工资的信访事件，严重影响该项目的施工正常作业。因此，总包方于 2021 年 8 月通过向当地人民法院提起诉讼形式起诉分包方，请求法院确认解除合同，并请求法院判决劳务方返还超付的工程款 1125000 元，以及赔偿损失 4450000 元。并向法院提交了诉前委托的某测绘科技有限公司对该工程的测量报告，包括土建已完工项目和未完工项目的测量，认为已完工部分的劳务价为22179253.57元，主张因分包方违约而应对已完工部分进行七折结算计价。在诉讼一审过程中，劳务方反诉总包方，请求法院判决总包方立即向分包方支付剩余工程款7231886.61元，并赔偿损失2012720元。

本案诉讼焦点是劳务结算价纠纷，由于诉讼双方均未能举证证明各自对所提出的劳务结算价诉求具有充分合理性，因此，在法院审理过程阶段，需要对涉案工程劳务结算价进行司法鉴定。由于当事人未按规定缴交司法鉴定费，以至在一审阶段，并未对涉案工程纠纷劳务结算价进行司法鉴定。一审法院对该案的司法判决，是驳回原告对劳务结算价的诉讼请求和被告的反诉请求。为了切实解决农民工工资支付和维稳需要，当地住建管理部门和当地造价管理部门共同介入对该项目的劳务结算价纠纷进行调解，即"诉后再调"。在调解过程中，劳务结算纠纷双方同意在住建管理部门和造价管理部门的共同监督下，从法院工程造价司法鉴定人册中介机构库中选定我司作为该项目的劳务纠纷造价鉴定机构，由纠纷双方共同委托我司对纠纷工程已完工部分的造价（劳务承包结算价）进行评审鉴定。

本案委托工作性质实质上属于劳务承包结算纠纷造价评审范畴。

二、案件争议焦点和纠纷调解评审难点

（一）案件争议焦点

（1）对合同结算价如何计算是本案争议最大的焦点。

分包方认为应按实际支出成本来计算合同结算价，而总包方则认为双方签署了合同，应按合同约定的单价承包方式来计价，未完成项目应按相应定额进行扣减处理。并主张因分包方违约而应对已完工部分进行七折结算计价。

（2）对合同约定的施工范围，纠纷双方意见不统一，尤其是外墙砖、地下室后浇带施工，是否属于承包范围，双方意见不同。

（3）对部分施工内容，实际由谁最终实施施工，纠纷双方意见不一致。例如外墙抹灰、挂网、部分地下室后浇带。

（4）有两个不同日期的施工图纸版本，具体应以哪个版本来计算承包费用，双方意见不同。

（二）纠纷调解评审难点

（1）施工界面划分

由于在施工过程中停工退场，在劳务分包方退场后，总包方又委托了其他施工队进行了后续施工，因此，对部分内容施工界面划分认定，是评审的难点。

（2）计算方法的选择

因本项目属于劳务承包项目，但不是一般意义上的劳务承包，本劳务承包合同除包括土建工程的人工，还包括机械以及部分措施项目内容。而合同约定是按建筑面积进行单价承包，并无详细内容单价。因此，如何选择合适的计算方法，是评审的难点。

（3）相应费用的计算和分摊

相应的措施项目费用（例如绿色施工费、垂直运输费、里脚手架）和管理费用、利润，应如何计算分摊，也是评审难点之一。

三、评审情况

（一）纠纷调解委托人提供工程相关材料内容

（1）《建设工程劳务承包合同》（2019年8月18日签署）；

（2）一审法院民事判决书（2022年2月11日）；

（3）施工图纸（出图日期分别为2019年1月、2020年6月各一套）；

（4）测量报告（某测绘科技有限公司于2021年8月9日出具）；

（5）工作内容确认单（2021年8月28日由纠纷双方共同确认的A1栋、A2栋、B栋、C栋外墙抹灰二次进场工作面的界定）；

（6）设计变更通知单（共七份）；

（7）变更图纸；

（8）工作联系函及回复函；

（9）现场勘查记录；

（10）现场照片、视频；

（11）对初稿及征求意见稿的回复意见及相关资料。

（二）工程造价纠纷评审情况

1. 造价评审过程

虽然本项目属于纠纷双方共同委托我司进行纠纷造价评审鉴定，而非真正意义上的司法鉴定，但本项目评审过程参照鉴定项目流程进行（见图1）。

（1）2022年10月24日上午，在当地住房和城乡建设局、造价管理部门共同组织召开的关于"某公馆建设工程劳务承包合同"结算纠纷案件调解洽谈会议上，了解项目纠纷的基本情况，经纠纷当事人双方同意，拟由纠纷双方共同委托我公司对该项目劳务承包结算价进行评审（鉴定）。

（2）会后，接收由总包单位初步提交的项目建设工程劳务承包合同结算纠纷案件相关资料。

（3）公司组建成立项目评审工作组，评审工作组由4名一级注册造价师和1名二级注册造价师共5人组成，其中公司技术负责人担任项目评审总负责人。项目组核对资料，于2022年11月10日提出工作联系函，要求纠纷双方当事人补充资料和对已施工界面确认。

（4）2022年11月22日，我司与当事双方共同参与勘察项目现场情况。

（5）评审项目组结合接收到的项目资料和勘察现场情况，通过分析研究，确定鉴定方式方法，然后开始建立模型计量、分析计价，于2022年12月14日出具造价纠纷评审鉴定征求意见稿。

（6）2022年12月20日接收双方对意见稿的异议，并予以回复。

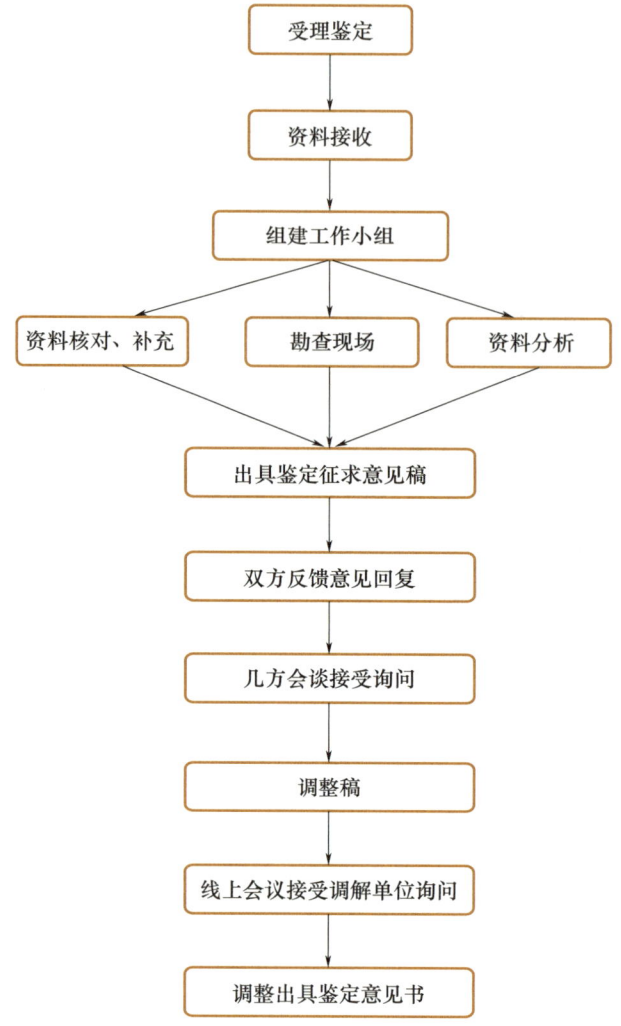

图 1　纠纷造价评审鉴定程序图

（7）2023 年 2 月 13 日，在当地住房和城乡建设局、造价管理部门的共同主持下，组织召开各方沟通解释会议，我司向各方解释说明评审鉴定方法和思路，并当面对纠纷双方当事人的询问进行解释和说明。

（8）结合沟通解释会议上双方意见后对评审鉴定稿进行调整，2023 年 2 月 20 日出具调整稿；2023 年 2 月 21 日，造价站组织各方参加视频会议对调整报告的内容进行询问了解。

（9）2023 年 2 月 27 日出具最终造价评审（鉴定）意见书。

2. 评审依据

（1）评审（鉴定）委托合同；

（2）纠纷调解委托人提供的争议材料内容（包括：合同、一审法院民事判决书、施工图纸、设计变更通知、施工界面确认函等）；

（3）《建设工程造价鉴定规范》（GB/T 51262—2017）；

（4）清单依据：《建设工程工程量清单计价规范》（GB 50500—2013）；

（5）定额依据：广东省住房和城乡建设厅 2019 年 3 月颁布实施的《广东省建设工程计价依据（2018）》《广东省房屋建筑与装饰工程综合定额（2018）》《佛山市建设工程计价办法（2018）》、

《广东省建设工程标准工期定额》。

（6）现行相关国家和行业建筑法律法规。

3. 评审方法

根据委托要求和提供的资料，我司采取科学、客观、公平、公正的态度，对本案所涉工程劳务承包合同已完成施工部分劳务承包结算价进行造价鉴定。

1）评审鉴定方法方案比选

因当事双方签订的合同约定按单方造价560元/m²包干（地下部分另考虑附加系数1.3）。但纠纷分包方实际未完成合同约定全部工作内容，无法直接按合同约定单价进行结算。

对于本项目鉴定难点，我司接受委托后，第一时间成立由技术负责人、审核部门工程师和造价部具体项目负责人等组成的鉴定工作组，就项目情况和资料进行分析，研讨鉴定造价的计取方法。尝试提出多种方式，最后重点对比以下两种来择优选取。

（1）评审鉴定方法一：采用分部工程权重推算法。即通过计算本项目不同分部工程（采用预算定额的分部工程）的造价占总造价的权重，再计算已全部完工的分部工程的造价，以及有部分未完工的分部工程中已完成部分的造价，通过计算得出上述已全部完工和部分完工部分占各自分部工程的比例，再通过加权汇总得出已完工程占总造价的比例系数，再乘以全部完工的合同造价，即为结算价。但这种方式涉及计算标段和步骤过多，则会造成误差积累增加。

（2）评审鉴定方法二：采用下浮类比计算法。即合同约定的按建筑面积进行单价承包，视同为一种下浮优惠方式的市场报价行为。按项目承包内容的各分部分项内容，通过采取国标工程量清单计价模式，计算出本项目地上和地下分别对应预算定额的劳务分包总费用（人工费、机械费、部分利润和部分管理费），再通过对比合同约定的按建筑面积单价计算的总费用，得出结算折算系数。再计算出实际施工已完工部分的分部分项工程量及措施项目工程量清单劳务费用（人工费、机械费、部分利润和部分管理费）汇总，再乘以上述的结算折算系数，即为结算评审价。

经对比分析，评审鉴定方法二操作性更强，且更贴合一般项目结算思维与通用施工条款计价方式，更利于当事双方理解计价思路。

2）评审步骤

最终确定采用上述评审鉴定方法二：采用下浮类比计算法。具体评审鉴定计价方法和步骤如下：

（1）劳务承包合同约定劳务承包单价指标为 $P1$（$P1=560$元/m²），核算实际地下室建筑面积为7216.06m²，地上建筑面积为40990.44m²。用合同约定的承包单价指标 $P1$ 分别乘以上述建筑面积（其中地下室再乘以合同附加系数1.3），得出合同劳务承包费用分别为：地下室建筑工程劳务部分为5253291.68元，地上建筑工程劳务部分为22954646.40元。

（2）根据施工图纸及合同约定的施工范围，按清单定额计价规则编制出一份劳务分包预算价（注：预算仅计算劳务分包费用，即人工费、机械费、部分利润和部分管理费），分别为：地下室建筑工程劳务部分为3774463.30元，地上建筑工程劳务部分为20287148.55元；分别用上述预算价除于相应的建筑面积，分别得出地下室部分预算单价指标 $P2$（$P2=3774463.30$元/7216.06m²=523.06元/m²）和地上部分预算单价指标 $P3$（$P3=20287148.55$元/40990.44m²=494.92元/m²）。

（3）用合同约定单价指标 $P1$（$P1=560$ 元 $/m^2$）分别除以地下部分预算单价指标 $P2$ 和地上部分预算单价指标 $P3$，得出相应的地下部分结算折算系数 $L1$［$L1=P1/P2$，即 560（元 $/m^2$）/ 23.06（元 $/m^2$）$=1.07$］和地上部分的结算折算系数 $L2$［$L2=P1/P3=560$（元 $/m^2$）/494.92（元 $/m^2$）$=1.13$］。

（4）再根据双方确定的施工完成界面，按清单定额计价规则和参照预算定额编制得出已施工地下室建筑工程劳务价 $C1$（注：确定性意见部分 $C1=3175570.19$ 元，选择性意见部分 $C1=20262.51$ 元）和已施工地上部分建筑工程劳务价 $C2$（注：确定性意见部分 $C2=16561506.04$ 元，选择性意见部分 $C2=506871.19$ 元）。

（5）按计算出的已施工地下室建筑工程劳务价 $C1$ 和已施工地上部分建筑工程劳务价 $C2$，分别乘以相应的上述第 3 点计算出的结算折算系数 $L1$（$L1=1.07$）和 $L2$（$L2=1.13$），并乘以附加系数 R（按劳务承包合同，地下室附加系数为 1.3，地上部分不增加，即地上部分附加系数为 1.0），从而得出评审鉴定结算造价。结算系数计算方式见表 1。

表 1　某公馆建设工程劳务承包合同已完成施工部分劳务承包结算系数计算表

序号	项目名称	金额（元）	建筑面积 S	单价指标 P（元 $/m^2$）	合同约定附加系数 R	备注
一	合同约定单价包干劳务费用	28207938.08	48206.50			
1	地下室建筑工程劳务部分	5253291.68	7216.06	560.00	1.30	$P1$
2	地上建筑工程劳务部分	22954646.40	40990.44	560.00	1.00	
二	施工图劳务预算费用	24061611.85	48206.50			
1	地下室建筑工程劳务部分	3774463.30	7216.06	523.06		$P2$
2	地上建筑工程劳务部分	20287148.55	40990.44	494.92		$P3$
三				结算系数		L
1	地下室建筑工程劳务部分			1.07		计算式：$L1=P1/P2$
2	地上建筑工程劳务部分			1.13		计算式：$L2=P1/P3$

3）措施费用的计算方法

因项目为部分完工，在计算上述已施工部分的造价时，对按项或按费率计算的措施费，则相应也要分析按完成比例计算。

（1）垂直运输费用

根据《建设工程工程量清单计价规范》（GB 50500—2013）和《广东省房屋建筑与装饰工程综合定额》（2018），垂直运输费按建筑面积计价。基于本项目未全部完工的情况，我们按施工图纸和实际施工情况分别计算出劳务预算价中分部分项工程费用和扣除垂直运输费用的措施费用之和（$D1$）、实际完成的分部分项工程费用和扣除垂直运输费用的措施费用之和（$D2$），计算得到实际完成金额与预算金额的垂直运输费用比例 R（即 $R=D2/D1$），则在计算已完成部分结算评审价时的垂直运输费用（垂直运输费用 = 垂直运输预算价 $\times R$），考虑到合同地下室计价不同，因此，将已施工部分地下与地上垂直运输费用比例分别计算，即已施工部分地下垂直运输费用比例：

R=2904237.90/ 3364146.91=86.33%；已施工部分地上垂直运输费用比例：R=15494053.60/18040549.35=85.88%。

（2）里脚手架费用

根据《建设工程工程量清单计价规范》（GB 50500—2013）和《广东省房屋建筑与装饰工程综合定额》（2018），里脚手架也是按建筑面积计价。鉴定计算里脚手架的方式与垂直运输费用类同。从里脚手架涉及的墙体砌筑、柱梁板等钢筋混凝土结构浇筑和内墙面装饰工作内容，计算施工图预算劳务承包价和实际完成分部工程相应劳务造价，计算得到实际完成比例（其中地下室部分里脚手架费完成比例为42.43%，地上部分里脚手架费完成比例为54.07%），再用预算价里脚手架费用乘以该比例得出实际完成部分对应的里脚手架费用。

（3）绿色安全文明施工费

纠纷双方签订合同，项目绿色安全文明施工工作内容部分为总包方（原告）实施，同时也有一部分由分包方（被告）实施，则相应绿色施工措施费费率不能直接按"建筑/安装专业定额的费率"计取。我司在鉴定过程中，对于按费率计算的绿色安全文明施工措施费，分为绿色施工、临时设施、安全施工和用工实名管理这4类费用，需要分析计算出上述4类施工内容在绿色安全施工措施费中的占比，由于现行预算定额并无详细比例，参照市相应计价文件《佛山市建设工程造价服务中心关于施工扬尘污染防治和用工实名管理费用等计价有关事项的通知》（佛建价〔2018〕19号），扬尘排污和用工实名分别占绿色安全文明施工措施费的17.5%和6%，得出第四部分用工实名占比为：6%/（1+17.5%+6%）=4.86%；参考《广东省建筑工程费用定额》（1998）临时设施费率1.5%与绿色安措费费率3.18%的比例，得出第二部分临时设施占比为1.5%/3.18%=47.17%；剩余部分占比，第一部分绿色施工和第三部分的安全施工各占60%和40%，则第一部分绿色施工在全部绿色安全文明施工占比为（1–4.86%–47.17%）×60%=28.78%，第三部分安全施工在全部绿色安全文明施工占比为（1–4.86%–47.17%）×40%=19.19%。

然后，根据当事双方确认各自负责实施的工作内容，计算出预算部分和实际实施部分由分包方（被告）实际实施内容所占比例（四个部分内容被告实施比例分别为30%、10%、100%和10%），进而计算其完成内容占绿色安全文明施工措施费相应比例，预算为28.78%×30%+47.17%×10%+19.19%×100%+4.86%×10%=33.03%；实际实施比例为：28.78%×30%+47.17%×10%×90%+19.19%×90%+4.86%×10%=30.64%（注：实际分包方对临时设施、安全施工部分仅完成90%）。

绿色施工措施费比例计算见表2。

表2 绿色措施费比例计算表

项目	权重	劳务预算占比	劳务结算占比
绿色施工	28.78%	8.63%	8.63%
临时设施	47.17%	4.72%	4.25%
安全施工	19.19%	19.19%	17.27%
用工实名管理	4.86%	0.49%	0.49%
合计	100.00%	33.03%	30.64%

4）管理费的计算问题

本项目为劳务分包和施工机械承包，管理费部分也需划分原被告负责占比。但清单定额逐项计取了施工管理费，因此需要分析本案分包方（被告）负责管理费工作的占比。经鉴定小组讨论和查阅相关计价规范等资料，查到《广东省建筑工程费用定额》（1998）有列举"现场管理费"的费用组成明细，因此，我司鉴定时参考使用该定额费用表明细内容进行分析，确定劳务分包所占管理费比例为33.17%。

计算方式见表3。

表3 《广东省建筑工程费用定额》（1998）现场经费及分项比例

序号	费用名称	开支项目	年开支额（元）	劳务占比（%）	劳务占比金额（元）	本项目劳务占比
1		临时设施费	506.32	—	—	—
2		现场管理人员工资	1011.82	30%	303.55	—
2		办公费	77.67	50%	38.84	—
3		差旅交通费	308.34	50%	154.17	—
4		固定资产使用费	21.95	50%	10.98	—
5	现场管理费	工具用具使用费	46.15	100%	46.15	—
6		保险费	—	—	—	—
7		工程保修费	—	—	—	—
8		工程排污费	—	—	—	—
9		其他费用	85.14	50%	42.57	—
10		合计	2057.39	—	596.26	33.17%

5）利润的计算问题

利润结合以往类似建筑工程比例，考虑总包单位占比较大，劳务分包占比较小的分配原则，因此，确定劳务分包所占利润比例为20%计算。

6）计价人材机价格取定

根据当事双方合同签订时间为2019年8月，预算价和实际完成费用相应计价的人工费、材料价和机械费等首先采用2019年8月份的《佛山工程造价信息》发布价，信息价中未含部分则参考市场价格进行调整。

7）图纸问题

我司收到的鉴定资料中，图纸有两个版本，分别为2019年1月份版本和2020年6月份版本。经与当事双方沟通确认，洽商合同时图纸未完全定稿，按初步出具的图纸洽商价格，而施工过程还在同步变更图纸。经核对现场，2020年6月份版本的图纸结合变更图纸结构布置与现场更相符。例如本项目卫生间墙体，2019年1月施工图纸是100mm厚度，2020年6月施工图纸是50mm厚度，根据变更JX-07（日期2020年12月17日）卫生间墙体厚度由50mm改为100mm，现场勘查测量实际厚度是 100mm。因此我司鉴定计算劳务预算价采用 2019 年 1 月份版本的图纸，而计算实际已施工部分的劳务造价则是采用 2020 年 6 月份版本的图纸。

8）其他情况说明

（1）由于是采取结算折算系数计算法来进行评审鉴定，纠纷项目为劳务班组承包，合同没有约定税费，受鉴资料未见有发票，因此在计算本项目施工图劳务预算费用和已施工部分的劳务承包结算价均不计算税金。

（2）本项目合同承包范围未明确约定施工水电费用由哪方承担，因此本鉴定计价未计算此部分费用。

（3）本项目鉴定不涉及当事双方各自提出的索赔费用。

4. 评审难点和焦点问题

1）案件评审难点

（1）由于本项目合同不是单纯的劳务承包，合同既包括了人工，也包括了合同约定施工内容所需要的施工机械，以及脚手架、模板、木方等措施项目材料内容，涉及部分利润和管理费用，且约定的施工内容从破桩头做起，到主体结构、砌筑、室内抹灰、外墙抹灰打底和贴外墙面砖，以及施工过程中的垃圾清运。因此，不能单纯按传统做法参考建筑工程预算定额中的人工来计算各项费用。

（2）合同不是按传统工程量清单单价进行承包，而是按建筑面积进行单价承包，无法按实际施工的工程量清单进行计价结算。

（3）由于中途停工退场，对部分未按合同完成的工作内容，以及脚手架等措施项目内容，应如何扣减结算价，是案件造价纠纷评审难点。

（4）劳务分包方实际完工工程量如何确定，也是案件争议难点。

本项目在实施过程中停工，双方主张完成情况有差异；且分包方停工后，总包方另外找了其他施工班组进行施工，无法从项目现状核对、判断分包方实际完成的工程内容。则分包方实际完工界面的确定及实际完工工程量如何计算确定成为本案造价纠纷评审难点。

2）案件评审焦点

（1）已完工部分的劳务结算造价应如何计算确定？

本项目合同约定按建筑面积进行单价承包，分别为：地上部分按 560 元 /m^2、地下室部分按 560 元 /m^2 乘以附加系数 1.3 计算。但由于在项目实施过程中，分包方中途退场，并未完成合同约定的全部施工内容，因此，无法简单按合同约定的单价来计算已完成的施工内容结算价。对已完工部分的造价如何合理、合法计算，是本案件争议的焦点。在当地住房和城乡建设部门、造价管理部门召集的各方协调会议中，总包方认为应按已完工部分的实际测量的建筑面积和合同约定的单价计算，并按七折来结算。而分包方则认为应按原合同约定的建筑面积和单价计算，则结算价应为：48443m^2 × 560 元 /m^2（地上部分）+14557m^2 × 560 元 /m^2（地下室部分）× 1.3（附加系数）=37725576 元。

因此，如何计算已完工部分的造价，是案件最大争议焦点。

（2）合同约定范围内的工作内容，存在约定不清晰的情况。

由于外墙实际施工图纸为涂料，总包方认为，按合同"三、工程承包内容"和乙方承包内容第（9）点"外墙面装饰部分：水泥砂浆打底、钉钢丝网、贴外墙面砖清洗（所有外墙干挂花岗石、大理石砖和室内二次装饰除外"的约定，应扣除分包方本来应施工的外墙砖铺贴工程费用。而分包方认为签订合同时未提供施工图纸，而实际施工图纸外墙为涂料做法，所以按合同"五、不属于乙方承包工程范围的项目"第（11）点"内外墙及公共部分的油漆涂料工程"理解为不属于乙方承包工程范围的项目，不应扣除外墙砖铺贴工程费用。

合同未约定地下室后浇带的施工责任。总包方认为，合同包括了主体混凝土施工，自然应包括后浇带施工，而分包方则认为合同未约定，不应视作分包范围。

3）案件评审过程中对纠纷双方当事人提出的问题处理回复意见

（1）对总包方提出的问题及评审处理解决方法：

① 第二项鉴定过程第3条其他说明第3.5点中挖土机的费用情况，地下室破桩调运、垫层底面平整、承台、地梁及周边平台的回填土部分劳务方使用的挖土机是我总包方提供并付费的，挖土机的人工和机械费用属合同包干价款中所承包内容，在计价时是否已考虑了扣减？

评审处理解决方法：经复核删除地下室破桩调运定额子目挖掘机费用。

② 地下室外墙及水池等有防水要求的混凝土构件模板用的是止水螺杆连接，止水螺杆属于总包购买，需要在计价中把模板的普通螺杆消耗量删除，扣除此部分费用，请核对是否已扣除？

评审处理解决方法：经复核删除地下室外墙和水池模板定额子目的普通对拉螺栓主材。

③ 合同已完成施工部分劳务承包结算系数计算表中计算的1.1、1.13结算系数不合理，双方未约定此系数。

评审处理解决方法：结算系数是根据本合同和项目施工已完成情况，依据《建设工程工程量清单计价规范》（GB 50500—2013）、广东省配套定额等计价文件，结合合同单方指标进行计算。

④ 材料送检费包含在管理费中，属于总包支出费用，计价中应予以扣除此费用。

评审处理解决方法：材料的自检费用是定额管理费其中一小部分占比费用，本项目为劳务分包和施工机械承包，管理费部分也需划分原、被告负责占比进行计算，鉴定时参考使用《广东省建筑工程费用定额》（1998）费用表明细内容进行分析，确定劳务分包所占管理费比例为33.17%。

⑤ 确定性意见中：地上建筑综合脚手架的使用费计算存在问题，脚手架安拆费加一起才90多万，租用使用费如何计算得出有122万元，计算的依据请明确，是否单位换算错误，请复核。

评审处理解决方法：经复核无误，根据2011《广东省建设工程施工标准工期定额》的工期计算为304天×0.55=167.2天，即脚手架使用天数为167.2天。

⑥ 绿色施工安全防护措施费不全属于劳务支出费用，应扣除属于总包施工部分的费用；此项涉及金额较大，约九成以上内容属于总包方负责，请贵公司给予复核修正。

评审处理解决方法：绿色施工安全防护措施费按定额计算基本费率为分部分项人工费加施工机具费之和的19%，根据本项目总包和劳务分别负责的内容及完成情况，施工图劳务预算和已施工部分的劳务承包结算分别按基数费率的33.03%和30.64%计算。

⑦ 预算包干费不全属于劳务支出费用，应予以扣除属于总包施工部分的费用；此项金额约一半属于总包支出，请贵公司给予复核修正。

评审处理解决方法：预算包干费按定额计算基数费率为7%，根据本项目总包和劳务分别负责的内容及完成情况，施工图劳务预算和已施工部分的劳务承包结算分别按基数费率的100%和50%计算。

4）对劳务分包方提出的问题及评审处理解决方法如下

① 序号37，项目编号011101001001酒店客房砂浆地面，在合同约定中是只做公共楼梯、电梯间、卫生间、厨房和公共通道地面，不含客房地面。

评审处理解决方法：根据合同范围及已施工情况，施工图劳务预算费用只计算公共楼梯、电梯间、卫生间、厨房和公共通道抹水泥砂浆地面。

② 序号38～47项目中合同第2页（6）条说明：卫生间、厨房砂浆找平，电梯前室、楼梯平台及和公共通道抹水泥砂浆、瓷砖铺贴。图纸明确说明了防滑地砖楼面二次装修业主自理项目，此项目明确说明业主做的，连总包都不包含在内，何来劳务施工呢。

评审处理解决方法：根据合同范围及已施工情况，施工图劳务预算费用不计算"二次装修"的施工内容。

③ 序号39、42、44等回填方，此泡沫混凝土是由材料供应商用专用设备在现场生产施工的，劳务方没有此设备也没有此技术，何来劳务施工呢。

评审处理解决方法：根据合同范围及已施工情况，不计算变配电、消防控制室的回填轻集料混凝土，保留计算走道、电梯厅、前室、卫生间回填轻集料混凝土。

④ 填沥青密封膏项目，此项目明显是由防水工施工的

评审处理解决方法：根据合同范围及已施工情况，施工图劳务预算费用不计算填沥青密封膏。

⑤ 伸缩缝镀锌钢板是由白铁工施工的，不在劳务的泥工、木工、钢筋工、架子工的工作范围内。

评审处理解决方法：根据合同范围及已施工情况，施工图劳务预算费用不计算伸缩缝镀锌钢板。

⑥ 没有计算管理费和利润。

评审处理解决方法：本项目施工图劳务预算费用和已施工部分的劳务承包结算价管理费按定额基数费率的33.17%进行计算；本项目施工图劳务预算费用和已施工部分的劳务承包结算价利润按定额基数费率的20%进行计算。

⑦ 外墙涂料施工不在合同范围内。

评审处理解决方法：根据合同范围及已施工情况，施工图劳务预算费用不计算外墙涂料。

⑧ 酒店地面找平、块料地面图纸明确是由建设单位二次装修，不在总包单位的施工内容。

评审处理解决方法：根据合同范围及已施工情况，施工图劳务预算费用不计算"二次装修"的施工内容。

⑨ 垂直运输只算了建筑面积34078.29m²，而实际应该为41008.78m²，工程量少计。

评审处理解决方法：结算价垂直运输完成比例按结算价和预算价中的分部分项和措施

项目费（不含垂直运输和绿色施工安全防护措施费）之和占比进行计算，根据计算已施工地上建筑工程的垂直运输比例是85.88%，因此结算价地上建筑垂直面积定额子目工程量为41008.78m² × 85.88%=35218.34m²。

⑩已完成的构造柱模板项目中周长大于1.8m的子目工程量为7014.27m²，这严重与事实不符，明显少计。

评审处理解决方法：构造柱模板实际完成周长为1.8m以内的工程量是8175.78m²，周长为1.8m以外的工程量为2808.58m²。

⑪未计算项目：①基础施工过程中的抽水台班，后浇带完成前的地下室抽水台班。②基础人工清槽、坑、整平垫层底，承台四周人工回填等。③图纸变更的构造柱、圈梁植筋。④施工员、放线员、现场维护电工等的施工管理员工资。⑤施工临时用水、用电的材料费用和施工工资。⑥做板房、临时厕所、排水管等用工签证。⑦A2栋A～G至A～J/B～12轴卫生间反坎施工完重做（见联系单）。⑧春节前停工待料的损失（见2021年1月6日联系单）。⑨因建设单位和总包单位原因，施工许可证办理不及时，造成了因总包要求劳务施工员提前进场施工的误工的损失费。⑩因总包未付工资，造成2021年6月19日工人停工至2021年8月20日工人退场，期间施工员、班组长和部分工人等待工资的损失。

评审处理解决方法：①未提供相关台班资料，鉴定意见书不计算此费用。②补充计算。③补充计算。④在计价人工费和管理费中已计算。⑤合同未明确用水、用电范围，为了一致性口径计算指标系数，用水、用电在施工图劳务预算费用和已施工部分的劳务承包结算均未计算。⑥在绿色施工安全防护措施费已计算。⑦按提供的联系单资料进行计算。⑧联系单只有陈述情况，未有纠纷双方确认的工程量，鉴定意见书不计算此费用。⑨未收到纠纷双方确认资料，鉴定意见书不计算此费用。⑩未有纠纷双方确认资料，鉴定意见书不计算此费用。（后续经与调解人和当事双方确认，本鉴定范围不涉及双方索赔内容，因此⑧～⑩相关费用不计入本鉴定造价。）

四、评审结果

我司出具征求意见稿后，除了书面沟通，在住房和城乡建设局、造价管理部门共同组织下，进行纠纷各方共同参与沟通说明会议，我司对出具的征求意见稿作了说明后，由我司接受当事双方及住房和城乡建设局、造价管理部门的询问，并与当事双方、区住房和城乡建设局、区造价管理部门对报告提出的问题进行详细解释和回复；同时，经过各方共同核对资料和实际实施情况，对个别数据进行了调整后，最终出具评审报告终稿。

（1）经全面认真分析、计算，我司评审鉴定已完劳务工程结算造价为：23760602.83元，其中确定性意见为23158883.30元，供选择性意见为601719.53元。

（2）由于双方对本项目外墙抹灰、挂网及地下室顶板后浇带已施工范围意见不统一，本次鉴定外墙抹灰及挂网工程量按劳务单位回复范围进行计算，因此将此部分金额列为供选择性意见（见表4）。

表4 已完成施工部分劳务承包结算价鉴定汇总表

序号	项目名称	金额（元）	结算系数（L_1/L_2）	合同约定附加系数 R	备注
一	确定性意见：已施工部分的劳务承包结算价	23158883.30			
1	已施工地下室建筑工程劳务部分	4419753.25	1.07	1.30	3175570.19元 × 结算系数 L_1（详见结算系数计算表）× 附加系数1.3
2	已施工地上建筑工程劳务部分	18739130.05	1.13	1.00	16561506.04元 × 结算系数 L_2（详见结算系数计算表）
二	供选择性意见	601719.53			
1	地下室建筑工程劳务部分	28201.33	1.07	1.30	20262.51元 × 结算系数 L_1（详见结算系数计算表）× 附加系数1.3
2	地上建筑工程劳务部分	573518.20	1.13	1.00	506871.19元 × 结算系数 L_2（详见结算系数计算表）
	鉴定造价：(一＋二)	23760602.83			金额列数据误差是实际计算取小数点的位数导致

本项目最终纠纷双方在住房和城乡建设部门、造价管理部门的主持下，接受本评审结论。由于涉及到损失赔偿内容不属本次委托评审范畴，最终当事人在当地镇级调解委员会的调解下，对损失赔偿也达成一致意见，并最终签署了调解同意确认意见书。

五、心得体会

本项目鉴定工作虽与我司其他接收法院或仲裁机构委托进行司法鉴定有所不同，是由当事双方共同委托，由区住房和城乡建设局、区造价管理部门主持流程，但我司仍以司法鉴定的原则要求进行鉴定工作。

结合完成本项目的造价鉴定工作，总结心得体会如下：

（1）保证鉴定效力须规范造价鉴定程序，明确保持中立立场。

作为鉴定单位，须始终明确自身责任，保持中立、保证鉴定工作的公平性。根据《建设工程造价鉴定规范》（GB/T 51262—2017）要求的程序开展鉴定工作，鉴定工作需要进行的资料接收、回复和问询等，均通过调解人的主持和见证与当事双方沟通。在被当事某方质疑公正性时，才能有力、有据回应。

（2）保证工作效率须重视鉴定方法研究，对疑难问题要及时与造价管理部门沟通，以取得更加准确和专业的评审方法。

受理鉴定委托后，首先要分析明确鉴定范围，避免遗漏或超出鉴定范围计价。此外，本项目鉴定时间要求紧，且项目合同履约情况和约定计价方式不同于一般项目，并没有具体项目清单和单价。因此鉴定初始，要求鉴定组先研究鉴定方法，确定鉴定思路；同时，及时与造价管理部门沟通鉴定过程的疑难问题和初步处理方法，听取专业管理部门的意见进行调整，以取得更加专业和准确的评审方法，且能更好让纠纷双方理解、接受。这样才能有效开展具体鉴定工作，避免走弯路、耽误鉴定时效。

（3）推进鉴定工作，保证鉴定质量，须充分研究鉴定资料和核对勘察现场情况。

本项目鉴定要通过计算预算价来对比合同价计取结算系数，因而首先要确定计价范围和施工界面。因此，须鉴定人员充分读取和分析合同约定的施工范围及相应设计图纸说明，同时对约定不明晰或理解有歧义部分，要同时听取当事双方的意见再进一步分析、判断。

（4）保证鉴定意见的可用性，须令出具的意见在专业上有依据性、可溯源。

出具鉴定意见的目的是提出有说服力的意见报告供审理人参考；从专业角度提出鉴定意见尽量缩减当事双方的争议范围，为当事双方提供更能推进协商的基础。

本项目鉴定过程中，初期劳务分包方提出不认可咨询公司的鉴定计价模式，认为清单计价中多项综合单价低于其施工成本，鉴定应根据其实际发生成本费用为基础计算造价。总包方也对计价施工范围和费率计算提出一些问题，部分项目单价高于其过往其他项目分包价等。关于双方对鉴定单价的问题，我司从鉴定专业意见和依据性的角度进行说明：根据《建设工程工程量清单计价规范》（GB 50500—2013）和《建设工程造价鉴定规范》（GB/T 51262—2017），若双方有约定价格时应按合同约定价格计算，合同没有约定或约定不明时，则应按照计价规范文件进行鉴定。

本项目因合同约定只有单方造价没有具体项目清单和单价，无法完全采用合同约定的结算方式；而劳务分包方的成本受其自身的管理组织和施工工艺工序安排、劳务人员熟手程度等因素影响，并不能按其主张的方式以其成本费用为基础进行计算。因此我司根据《建设工程工程量清单计价规范》（GB 50500—2013）和《广东省房屋建筑与装饰工程综合定额》（2018）进行组价，并结合合同约定的计价情况进行鉴定，符合鉴定规范要求。

对于本项目劳务分包涉及的绿色施工安全文明措施费、管理费、利润等费率的计算，我司鉴定组在鉴定过程中也是翻阅、参考了多个时期的费用定额文件，并结合项目实际发包情况进行分析计算得出。只有尽量保证鉴定意见有依据和可溯性，出具的鉴定意见报告才有可用性。

另外，分析了资料并核对现场后，对于部分事项，鉴定机构无法确定双方主张的准确性时，对该部分出具供选择性意见，由双方进一步举证，由审理人或调解人调查后决定如何采用该部分意见，也是避免由鉴定机构出现"以鉴代审"的情况。

（5）针对劳务分包工程造价纠纷调解或鉴定，更需要注意多向、分部解构计价组成。

通过此纠纷造价项目分析、总结，针对劳务分包工程造价纠纷，尤其是未完工纠纷的造价评审，除了前面提到的几点心得体会，如首先需重视鉴定方案思路，以合同为基础结合案例实际情况，认真研究分析、熟悉鉴定要求，了解整个项目的基本情况以及原、被告争议的焦点，并且编制可实施、可细化、有理有据的鉴定方案才能使工作得以顺利开展。其次，厘清已施工现场界面和施工合同对应的工作范围，梳理施工图纸工序做法及相关施工界面的疑难点，通过现场勘查和鉴定相关资料佐证，得出清晰、完整、有依有据的鉴定范围才能保证鉴定评审结果的真实性。

同时，还要注意劳务分包费用组成的特殊性、未完工项目对费用组成的影响，如本项目计价中的管理费、利润、绿色施工安全文明措施费等，不能直接照搬定额计价体系中的费率计算或直接只计算人工费用，而需要根据合同约定的承包范围和实际实施项目的情况，结合相应计价规范、费用组成明细等分部解构劳务分包内容、已完工项目对应费用的计算比例，才能得出更具合理性的评审意见。

专家点评

案例项目为建设工程劳务合同纠纷调解工程造价鉴定评审案例，该工程的建设内容包括：公寓、酒店，地上11层，地下1层。劳务承包合同中的总建筑面积6.3万m^2，其中地下室建筑面积约14557m^2（注：实际评审后的总建筑面积为仅为48206.50m^2、其中地下室建筑面积仅为7216.06m^2）。劳务纠纷双方分别为总承包方（某建筑集团有限公司）、劳务分包方（某某人）。

2019年8月18日，总包方与劳务方签订了《建设工程劳务承包合同》，合同对承包内容、结算方式、设备物资、质量、工期以及变更调整等进行了约定。合同工期为360日历天。2020年4月17日，正式施工。实施过程中多次停工，工期拖延严重，劳务方施工班组到政府部门投诉信访，严重影响项目的施工正常作业。2021年8月，总承包向人民法院起诉讼解除《建设工程劳务承包合同》，返还超付的工程款1125000元，以及赔偿损失4450000元。在一审诉讼过程中，劳务方反诉总包方向分包方支付剩余工程款7231886.61元，并赔偿损失2012720元。人民法院驳回了纠纷双方的诉请，劳务方不服一审的判决，于是召集工人在工地拉横幅讨薪。在调解过程中，纠纷双方同意在住房和城乡建设部门、造价管理部门的共同监督下，选定该项目的劳务纠纷造价鉴定机构，共同委托对纠纷工程已完工部分的劳务承包结算价进行评审鉴定。

案例介绍清楚详尽，但因时间跨度长，社会矛盾突出，所涉争议问题多，鉴定机构在案件背景、证据分析、争议焦点以及解决方案等归纳清晰明了，解决争议方式专业。难点与焦点即为施工界面如何划分？工程量如何确定？如何确定计算方法？项目费用如何分摊？鉴定机构为了解决争议焦点与难点，在评审鉴定方法上，通过前期对评审材料的全面把握，制定出两种鉴定方法，经对比分析，选择操作性强且贴合项目结算思维与行业习惯常用的计价方式进行评审鉴定，在解决难点与焦点问题中采用焦点与难点各个击破的方式，促使纠纷双方认可评审结果。鉴定评审数据列表显示，鉴定评审结果一目了然。

心得体会表达了鉴定须遵守造价鉴定程序，保持中立，保证工作效率的关键因素是制定合理科学专业的鉴定方法，对疑难问题及时向委托人以及监管人汇报，制定科学专业的评审方法，确保出具的鉴定评审意见依据充分。本案为造价评审鉴定，评审单位参考司法鉴定相关程序进行评审，程序规范，立足项目情况和资料进行分析，研讨鉴定造价的多种计取方法，出具多种方案对比择优，方案的制定为解决问题起到至关重要的作用，值得借鉴与学习。鉴定程序清晰明了，在遵守执行《建设工程造价鉴定规范》（GB/T 51262—2017）的规定要求时表现合规，避免"以鉴代审"，具有较好的借鉴意义。

湖北嘉宁工程咨询有限公司　张其涛

某港区防波堤工程价差调整的造价纠纷调解

——广东精信工程造价咨询有限公司

王金鹏 刘月恩 方舜娜 王超 黄进冬

一、案情简介

（一）案情标的概况

某市某港区防波堤工程（下称本项目）位于某港区的岛区南端湾内，防波堤结构形式为堤身抛石、护面安装预制扭王字块结构，分为堤根段、堤身段和堤头段。防波堤总长度8080.8m，共两个标段，分别为西防波堤（第一标段）和外东防波堤（第二标段），构成环状围护，堤内形成港口作业区。其中西防波堤长6237.5m，《某市某港区防波堤工程——第一标段（西防波堤）工程施工合同》总价93512万元；外东防波堤长1843.3m，《某市某港区防波堤工程——第二标段（外东防波堤）工程施工合同》总价47325万元。

西防波堤计划施工工期48个月，合同开工日期为2012年9月28日，实际开工日期为2012年11月23日，实际完工日期为2019年9月，实际施工持续时间约83个月；外东防波堤计划施工工期30个月，合同开工日期为2012年5月16日，实际开工日期为2012年6月28日，实际完工日期为2017年9月份，实际施工持续时间约63个月。因本项目建设所在地外部环境变化、工程设计变更调整、政策法规变化等各种因素的影响，实际施工工期较合同约定工期大幅延长。

（二）案情具体内容

本项目块石、砂、碎石及水泥的材料用量分别为911万m^3、44万m^3、101万m^3、34.9万t，材料用量巨大。本项目自开工建设以来，块石、砂、碎石价格出现较大幅度上涨，对比项目施工图预算编制期至2019年三季度信息价显示，块石、砂、碎石信息价的涨幅分别达到187%、387%、153%。同时项目建设所在地外部环境变化造成施工期间砂、石等地材短缺，因此施工单位向建设单位提出因施工期间砂、石等地材短缺、价格上涨等影响要求调整材料价差的申请。建设单位、施工单位和监理单位根据施工合同中约定的价差调整条款进行协商，同时将价差调整事项上报项目市级主管部门及省级主管部门，市级主管部门批复原则同意施工期间的水泥、砂石等材料可以进行材料价差调整，省级主管部门批复原则同意按有关规定要求和合同约定开展材料价差调整工作。

在有关部门批复同意进行材料价差调整后，对于材料价差调整的范围及调整方法（包括材料价差调整的种类、风险幅度、基准价及计算期限的确定），建设单位、施工单位和监理单位依据合同约定进行协商，以便确定材料价差调整实施的具体做法，但由于建设单位、施工单位之间存在较大的争议和纠纷，一直未能达成一致意见。特别是材料价差调整基准价和计算期限如何确定的问题，一是基准价是采用投标时信息价还是经审核的施工图预算价；二是材料价差计算期限按合同约定应为经双方确认的施工期，但实际施工工期较合同约定工期大幅延长，工期的确认难度相当大。

因建设单位和施工单位之间存在较大差距，双方如何确定材料价差调整的范围及调整方法的争议已将近10年。鉴于材料上涨已影响了项目正常施工的推进，监理单位提议：材料价差调整方法属于造价方面的范畴，建议建设单位委托社会第三方专业造价机构进行价差调整纠纷的调解。为此建设单位和施工单位共同向我司申请工程价差调整的造价纠纷调解。

二、案件争议焦点和纠纷调解（评审）难点

（一）案件争议焦点

本项目价差调整争议的焦点是材料价差调整的主要品种、风险幅度、基准价和计算期限的确定。

本项目主要施工用料为块石、砂、碎石、水泥，材料用量巨大。通过调查对比，从项目施工图预算编制期至2019年三季度，块石、砂、碎石、水泥材料价的涨幅分别达到187%、387%、153%、13%，其中块石、砂、碎石的涨幅尤为巨大；通过测算投标报价的基础数据，西防波堤的块石、砂、碎石、水泥用量分别为537万m^3、32万m^3、69万m^3、25.4万t，外东防波堤的块石、砂、碎石、水泥用量分别为374万m^3、12万m^3、32万m^3、9.5万t，两个堤段的块石、砂、碎石、水泥合计用量分别为：911万m^3、44万m^3、101万m^3、34.9万t。各种主要材料用量都相当大。

因此，争议双方对于材料价差调整品种的确定都很谨慎，因为材料数量巨大、价格涨幅较大，调差后的绝对值肯定相当大。

而材料价差调整基准价和材料价差调整的风险幅度的确定同样因为施工用料巨大，即使基准价取定或风险幅度取定仅仅是细小的不同，计算结果也绝对是金额巨大的原因，造成双方都相当谨慎而争执不休，迟迟无法达成一致意见。

（二）纠纷调解（评审）难点

（1）如何确定材料价差调整的主要品种是本案情的第一个难点。

市级主管部门和省级主管部门仅签发原则同意开展材料价差调整工作的意见，但价差调整涉及的材料品种如何确定，需根据相关基础文件进行确定并协调建设单位和施工单位意见。

（2）如何确定材料价差调整方法是本案情的第二个难点。

除材料品种的确定外，材料价差调整风险幅度、基准价、计算期限的确定，以及计算期材料用量统计、计算期材料价格和基准价差值的计算等材料价差调整的具体方法，需要在建设单位和施工单位取得意见一致的基础上进行编制，以便指导整个材料价差调整的计算。

三、调解（评审）原则

独立、客观、公平、公正，不受任何个人和组织的非法干预。

（一）当事人自愿原则

《中华人民共和国民法典》第一编总则第五条规定：民事主体从事民事活动，应当遵循自愿原则，按照自己的意思设立、变更、终止民事法律关系。根据《中华人民共和国民法典》精神，自愿原则指无论是调解活动的进行还是调解协议的形成都要建立在当事人自愿的基础上。具体来说，当事人可以选择是否以调解的方式解决纠纷，以及是否达成调解协议，这些都应尊重当事人的意愿。这将考验调解员的谈判能力，能否通过已有资料说服当事人保持客观的观念。

（二）查明事实，分清是非的原则

调解应当在事实已经基本清楚、当事人之间的权利义务关系已经基本明了的基础上进行。在调解活动进行中，必须先查明案件的基本事实，分清当事人的是非责任，然后在此基础上进行调解。调解员要不断挖掘资料、深入剖析从而引导当事人还原基本事实。

（三）合法原则

本项目施工合同包括《某市某港区防波堤工程——第一标段（西防波堤）工程施工合同》和《某市某港区防波堤工程——第二标段（外东防波堤）工程施工合同》（以下简称《施工合同》），《施工合同》约定：发包人和承包人在履行合同中发生争议的，可以友好协商解决或者提请争议评审组评审。由于建设单位和施工单位对材料价差调整实施的具体做法一直无法通过协商达成一致意见，根据《施工合同》约定的精神，监理单位提议建设单位委托社会第三方专业造价机构进行价差调整纠纷调解的建议，程序上实质属于提请争议评审组评审，程序上是合法合规的，即调解在程序上遵循了《施工合同》的精神。

形成的调解协议则需符合《中华人民共和国民法典》中自愿、公平、诚信、不得违反法律、不得违背公序良俗的原则，同时不得违背《施工合同》的约定精神、市政府批复的文件精神、省交通运输厅批复的指导意见等。

四、调解（评审）情况

（一）纠纷调解委托人提供争议材料内容

（1）委托函。

（2）申请书。

（3）《某市某港区防波堤工程——第一标段（西防波堤）工程施工合同》《某市某港区防波堤工程——第二标段（外东防波堤）工程施工合同》。

（4）《某市某港区防波堤工程施工招标文件》。

（5）《某市某港区防波堤工程施工招标答疑》。

（6）《某局关于某市某港区防波堤工程材料价差调整进一步研究意见的请示》（某港管〔2015〕49号）。

（7）《市政府常务会议决定事项通知》（某府办会函〔2015〕7207号）。

（8）《关于某市某港区防波堤工程材料价差调整的请示》（某港管〔2015〕60号）。

（9）《某省交通运输厅关于某市某港区防波堤工程材料价差调整的意见》（某交基函〔2015〕2897号）。

（10）《关于印发我省交通建设项目主要材料价差调整指导意见的通知》（某交基〔2008〕563号）。

（11）《某省建设工程造价管理规定》（某省人民政府令第205号）。

（12）《某省住房和城乡建设厅关于印发〈某省实施建设工程工程量清单计价规范（GB 50500—2008）若干意见〉的通知》（某建市函〔2011〕550号）。

（二）工程造价纠纷调解（评审）情况

1. 组建调解小组、制定调解计划和方案

我司于2022年5月21日接受委托调解，考虑到项目争议金额较大、时间跨度长、技术较为复杂等因素，我司组建项目调解团队（含项目负责人）共5人，项目负责人王金鹏具有23年造价工程师执业资格、造价专业高级职称，从事造价工作时间长，具有良好的团队意识和沟通能力，并具有良好的职业道德和专业操守，曾在纠纷调解项目中担任项目调解负责人，拥有丰富的造价工作经验与团队管理经验，能力水平强，是广东省工程造价协会专家委员会的专家委员，广东省工程造价协会的工程造价纠纷调解员。根据服务工作的需要，调配具有丰富调解经验的造价工程师和水运工程专业技术专家共同组成调解专家组，讨论调解方案、制定调解计划，编制调解工作方案。

2. 收集与调解相关的基础资料

我司根据本项目的特点和实际情况，在被调解单位提供的基础资料基础上，列出需补充的资料清单要求委托单位补充提交，如本项目计算期各季度完成工程进度的统计和审核资料、施工工期的确定资料等，各季度完成工程形象进度的统计是材料数量统计的基础。同时与被调解单位核

实所有文件的真实性和时效性。

在收集资料期间，我司分别与建设单位、施工单位以及监理单位进行面谈。在征得对方同意的前提下，翻阅建设单位有关材料价差调整的函件及会议纪要、施工单位的施工日志和材料价差调整的申请及批复文件、监理单位的监理日志及相关文件，详细调查项目建设现场的信息和实际情况，做好必要的笔录和工作底稿。

3. 召开调解协调会

在收集整理基础资料、制定调解计划和方案后，依据调解方案确定的方法，召集被调解单位进行现场调解。

（1）2022年7月28日，调解解决了材料价差调整主要品种的纠纷。

2022年7月28日，经调解会调解，建设单位不再坚持材料价差仅调整水泥品种的意见，施工单位同意型钢、回填土、石屑等其他非主要材料不进行调整的意见，双方一致同意本项目价差调整的材料品种为钢材、水泥、地材（中粗砂、碎石、块石）、油料（汽油、柴油），双方同意尽快落实计算期价差调整材料用量的统计工作（按经确认的施工期内各季度进行统计）。

（2）2022年11月10日，调解解决了材料价差调整基准价取定的纠纷。

2022年11月10日，经调解会调解，建设单位和施工单位一致同意：材料价差调整基准价参照专用合同条款中水泥价差调整基准价的取定方法，即基准价采用以经审核的预算材料价格作为调价基价。

双方接受了按该方法最符合合同情况、也符合优先考虑合同约定精神原则的意见。建设单位认可了其最高投标限价计价的材料价与项目投标时的材料价存在较大偏差的事实，施工单位也认识到价差调整基准价按投标报价的材料价不合理的情况，双方对原有立场各自进行妥协和修改。

材料价差调整基准价的确定相当关键，因为基准价低了，则价差值多了，基准价高了，则价差值少了。再则项目材料用量巨大，特别是块石用量超过900万 m^3，哪怕材料价相差一块钱的差额，绝对值也已达900万元。因此，在确定材料价差调整基准价的过程中，为慎重起见，建设单位和施工单位分别多方请教专业单位或行业专家，建设单位还会同我司一起到省级有关职能部门进行咨询交流，多方听取行业专家的意见。我司从谨慎细致角度出发，在告知建设单位后，组织了几次工程造价专家会议，由市里资深的造价专家针对本项目的材料价差调整方法进行解答和垂询，为加快调解工作打下基础。

（3）2023年2月14日，调解解决了材料价差调整风险幅度取定的纠纷。

2023年2月14日，经调解会调解，建设单位和施工单位一致同意：材料价差调整的风险幅度参照专用合同条款中水泥价差调整风险幅度的取定方法，按±5%取定。

关于材料价差调整的风险幅度争议较大、调解时间较长，建设单位坚持按《关于印发我省交通建设项目主要材料价差调整指导性意见的通知》（粤交基〔2008〕563号）（以下简称《指导意见》）中材料价差调整风险幅度计取，施工单位坚持因最高投标限价与本单位按投标期材料价测算的造价存在较大偏差，所有材料价差风险幅度均应由建设单位承担。我司依据合同约定精神以及本项目的实际情况，对双方进行解释和调解，最终双方各自妥协，达成了材料价差调整的风险幅度参照专用合同条款中水泥价差调整风险幅度的取定方法。

（4）2023年3月20日，调解会确定了本项目材料价差调整的施工工期，按合同约定，经建设单位和施工单位共同确认的施工工期内的材料价差才能进行调整，超过施工工期的材料价差不能调整。由于施工工期不仅涉及到材料价差调整的总金额，还涉及到一系列的工程索赔或反索赔，因此建设单位和施工单位之间对工期的计算和核定耗费较长时间。施工工期认定属于建设单位和施工单位之间的争议，但必须提交我司才能进行价差调整金额的计算和汇总，并需剔除超期部分的材料价差金额。

（5）2023年4月27日，我司根据调解确定的价差调整材料品种、材料价差调整基准价、材料价差调整的风险幅度，以及建设单位、施工单位和监理单位统计的计算期材料用量，按我司编制的《材料价差调整方法》计算施工期材料价差，并提交建设单位和施工单位核对。

（6）2023年5月20日，建设单位和施工单位根据我司的价差调整文件，签订了补充协议，双方同意将该补充协议作为本项目结算的依据。

（三）调解（评审）依据

（1）《中华人民共和国建筑法》。

（2）《中华人民共和国民法典》。

（3）《中华人民共和国招标投标法》。

（4）《建设工程工程量清单计价规范》（GB 50500—2008）。

（5）《建设工程价款结算暂行办法》。

（6）《某省水运工程造价文件管理规程》（某交基〔2015〕2752号）。

（7）《某省水运工程造价管理办法（试行）》。

（8）《某市某港区防波堤工程——第一标段（西防波堤）工程施工合同》。

（9）《某市某港区防波堤工程——第二标段（外东防波堤）工程施工合同》。

（10）《某市某港区防波堤工程施工招标文件》。

（11）《某市某港区防波堤工程施工招标答疑》。

（12）《某市某港区防波堤工程施工投标文件》。

（13）《某局关于某市某港区防波堤工程材料价差调整进一步研究意见的请示》（某港管〔2015〕49号）。

（14）《市政府常务会议决定事项通知》（某府办会函〔2015〕7207号）。

（15）《关于某市某港区防波堤工程材料价差调整的请示》（某港管〔2015〕60号）。

（16）《某省交通运输厅关于某市某港区防波堤工程材料价差调整的意见》（粤交基函〔2015〕2897号）。

（17）《关于印发我省交通建设项目主要材料价差调整指导意见的通知》（某交基〔2008〕563号）。

（18）《某省建设工程造价管理规定》（某省人民政府令第205号）。

（19）《沿海港口建设工程概算预算编制规定》（2004年）。

（20）《沿海港口水工建筑工程定额》（2004年）。

（21）《沿海港口水工建筑及装卸机械设备安装工程船舶机械艘（台班）费用定额》（2004年）。

（22）《水运工程混凝土和砂浆材料用量定额》（JTS 277—2014）。

（23）《关于调整我省水运工程概算预算税金计算标准的通知》（某交基〔2012〕107号）。

（四）调解（评审）方法

根据当事人双方主要争议的焦点问题，材料差价调整的根本目的就是合理分担施工期建筑材料价格波动的风险。

1. 确定调解（评审）方法的基本原则

按"施工合同约定精神优先"的原则，确定价差调整方法，包括价差调整品种、价差调整风险幅度、价差调整基准价等的确定。

省级批复文件——《关于印发我省交通建设项目主要材料价差调整指导性意见的通知》（某交基〔2008〕563号）是省级主管部门发布的材料价差调整指导性意见，列举了材料价差调整的范围、风险幅度、价差调整计算方法等内容，可以作为价差调整的参考意见。

市级批复文件——《市政府常务会议决定事项通知》（某府办会函〔2015〕7207号）、《某省交通运输厅关于某市某港区防波堤工程材料价差调整的意见》（某交基函〔2015〕2897号）明确了材料价差可以调整。

本项目《施工合同》的通用合同条款和专用合同条款分别列举了材料价差调整的有关约定：①施工合同通用条款约定。施工期内，因人工、材料、设备和机械台班价格波动影响合同价格时，人工、机械使用费按照国家或省、自治区、直辖市建设行政管理部门、行业建设管理部门或其授权的工程造价管理机构发布的人工成本信息、机械台班单价或机械使用费系数进行调整；需要进行价格调整的材料，其单价和采购数应由监理人复核，监理人确认需调整的材料单价及数量，作为调整工程合同价格差额的依据。②施工合同专用条款约定。施工期内，因水泥材料价格波动影响合同价格时，以自然季度作为调价周期进行计算材料价差，以经审核的预算的材料价格作为调价基价，当某市造价站公布的水泥材料价格变化未超过调价基价价格的 ±5%，则不作价差调整；当上述造价部门每季度公布的材料价格或3个月同一材料价格的平均价格变化超过调价基价价格相应百分比时，则对涨落超出调价基价价格相应百分比的部分进行调整。

按照《施工合同》专用合同条款1.4合同文件的优先顺序"（1）合同履行中双方签署的书面文件；（2）合同协议书；（3）中标通知书；（4）投标函及投标函附录；（5）专用合同条款；（6）通用合同条款；（7）技术标准和要求；（8）图纸；（9）已标价工程量清单；（10）其他合同文件"的约定，价差调整方法应优先参照施工合同约定的精神确定。

2. 调解（评审）具体方法

在综合调查、取证并结合本项目的实际情况基础上，依据本项目《施工合同》《市政府常务会议决定事项通知》（某府办会函〔2015〕7207号）、《某省级关于某港某港区防波堤工程材料价差调整的意见》（某交基函〔2015〕2897号）以及《指导意见》，结合现有资料情况，按照《施工合同》专用合同条款1.4合同文件的优先顺序"（1）合同履行中双方签署的书面文件；（2）合同协议书；（3）中标通知书；（4）投标函及投标函附录；（5）专用合同条款；（6）通用合同条款；（7）

技术标准和要求；（8）图纸；（9）已标价工程量清单；（10）其他合同文件"的约定和《指导意见》中"工程中标签订合同后，应遵照合同约定处理"的规定，并遵循《施工合同》有关价差调整精神和《指导意见》的"公平、公正、合理"原则，统一价差调整的口径，调解小组提出如下调整方法：

人工、机械、砂石等材料价差可参照专用合同条款16.1.2约定的水泥价差调整方法。即施工期内，因价格波动影响合同价时，以自然季度作为调价周期进行计算价差，以经审核的预算的价格作为调价基价，当当地造价管理部门公布的人工、机械、砂石等材料价格变化未超过调价基价价格的±r%，则不作调整价差；当上述部门每季度公布的价格或3个月同一价格的平均价格变化超过调价基价价格相应百分比时，则对涨落超出调价基价价格相应百分比的部分进行调整。

（1）砂石等材料价差调整范围和品种。

调整范围按实体工程所消耗的材料；包含品种如下：①钢材、水泥、地材（中粗砂、碎石、块石）；②油料（汽油、柴油）；③半成品（混凝土及钢筋混凝土构件）。

（2）r值（r为风险幅度系数）的计取。

① 人工、机上人工、船员、潜水组：$r=\pm 0$；

② 砂石等材料：$r=\pm 5$；

③ 机械：按机上人工及机上燃料进行分解，r值相应地按人工和砂石等材料取值。

（3）采用上述价差调整方法的主要理由。

① 水泥价差按"专用合同条款16.1.2"约定调整是依据《施工合同》的约定，是本工程在《施工合同》专用合同条款约定的价差调整方法。

② 人工、机械、砂石等材料价差调整参照水泥价差调整方法符合《施工合同》专用合同条款"1.4合同文件的优先顺序"的约定。

③ 人工、机械、砂石价差调整参照水泥价差调整方法符合《施工合同》调差方法的精神。

④ 人工、机械、砂石价差调整参照水泥价差调整方法符合《市政府常务会议决定事项通知》（某府办会函〔2015〕7207号）的意见精神。

⑤ 人工、机械、砂石等材料价差调整参照水泥价差调整方法符合《指导意见》中"工程中标签订合同后，应遵照合同约定处理"的规定。

⑥ 人工、机械、砂石等材料价差调整参照水泥价差调整方法符合《指导意见》的"公平、公正、合理"原则，体现了合同精神的一致性及《施工合同》调差的精神，也统一了价差调整的口径。

⑦ 砂石等材料价差调整范围和品种是依据"通用合同条款16.1.2"的约定并参照《指导意见》的规定。

⑧ r值（r为风险幅度系数）是按合同文件的优先顺序原则，参照"专用条款16.1.2"约定的水泥价差调整方法，并参考《指导意见》《某省建设工程造价管理规定》（某省人民政府令第205号）及《某省住房和城乡建设厅关于印发〈某省实施建设工程工程量清单计价规范〉（GB 50500—2008）若干意见的通知》（某建市函〔2011〕550号）的规定进行确定。

通过现场进行视频会，发函补充调解资料、沟通和确认的方式，并按上述价差调整方法，我司于 2023 年 5 月测算本项目两个标段自开工至项目完工材料价差调整的费用。其中材料数量按建设单位、施工单位、监理单位三方确认的各季度工程量，并根据省级主管部门批复的施工图预算进行计算，见下表 1。

表 1 两个标段自开工至项目完工材料价差调整的费用

序号	项目名称	材料价差（万元）	备注
一	某港区西防波堤（第一标段）	31432.57	计算期为双方确认的工期
二	某港区外东防波堤（第二标段）	25621.60	计算期为双方确认的工期
三	合计	57054.17	

（五）调解（评审）难点和焦点问题

如前所述，如何确定材料价差调整的主要品种是本案情的第一个难点；如何确定材料价差调整方法是本案情的第二个难点。

本项目争议的焦点是材料价差调整的主要品种、材料价差调整基准价和材料价差调整的风险幅度的确定。涉及材料价差调整的每一个环节都可能成为争议的焦点，双方都不会或都不敢轻言让步，就因为影响金额大，每一个争议都会被无限放大。

1. 纠纷调解（评审）难点

1）如何确定材料价差调整的主要品种是本案情的第一个难点。

需从施工合同、批复文件和有关的法律法规找依据，为此需要收集项目的施工合同、主管部门批复意见及行业法律法规等基础资料。

（1）本案收集的与材料价差调整有关的文件和约定如下。

①《施工合同》。

a.《施工合同》通用条款约定：施工期内，因人工、材料、设备和机械台班价格波动影响合同价格时，人工、机械使用费按照国家或省、自治区、直辖市建设行政管理部门、行业建设管理部门或其授权的工程造价管理机构发布的人工成本信息、机械台班单价或机械使用费系数进行调整；需要进行价格调整的材料，其单价和采购数应由监理人复核，监理人确认需调整的材料单价及数量，作为调整工程合同价格差额的依据。

b.《施工合同》专用条款约定：施工期内，因水泥材料价格波动影响合同价格时，以自然季度作为调价周期进行计算材料价差，以经审核的预算的材料价格作为调价基价，当某市造价站公布的水泥材料价格变化未超过调价基价价格的 ±5%，则不作调整价差；当上述造价部门每季度公布的材料价格或 3 个月同一材料价格的平均价格变化超过调价基价价格相应百分比时，则对涨落超出调价基价价格相应百分比的部分进行调整。

② 省级主管部门签发的价差调整意见：原则上同意某局按有关规定《指导意见》要求和合同约定开展材料价差调整工作。

（2）本案最终确定的调整材料品种。

根据以上基础文件，经与建设单位和施工单位协商，最终确定本项目价差调整的材料品种为钢材、水泥、地材（中粗砂、碎石、块石）、油料（汽油、柴油）、水泥。

2）如何确定材料价差调整方法是本案情的第二个难点

材料价差调整还涉及材料价差调整基准价和材料价差调整风险幅度的确定、计算期限的确定、计算期材料数量的统计、材料价差金额的计算和汇总，即材料价差调整应编制一个具体实施方案，以指导材料价差调整工作。除了材料价差调整基准价和材料价差调整的风险幅度存在争议外，材料数量统计、价差金额的计算和汇总由于时间跨度长、计算量大，而且需建设单位、施工单位、监理单位三方核实确认，计算和校核相当耗时。

2. 案件争议焦点

本项目争议的焦点是材料价差调整的主要品种、材料价差调整基准价和材料价差调整的风险幅度的确定。

除材料价差调整主要品种的确定外，我司通过列举对比各批复文件、《指导意见》中有关材料价差基准价和材料价差调整风险幅度取定的参考意见以及施工合同中有关材料价差的调整方法，向建设单位和施工单位解释了本项目价差调整的根本原则还是要回归合同，应优先参照合同约定，因此应参照"施工合同专用条款约定：施工期内，因水泥材料价格波动影响合同价格时，以自然季度作为调价周期进行计算材料价差，以经审核的预算的材料价格作为调价基价，当某市造价站公布的水泥材料价格变化未超过调价基价价格的 ±5%，则不作调整价差；当上述造价部门每季度公布的材料价格或 3 个月同一材料价格的平均价格变化超过调价基价价格相应百分比时，则对涨落超出调价基价价格相应百分比的部分进行调整"的精神，除水泥外的其他材料（钢材、水泥、中粗砂、碎石、块石、汽油、柴油、水泥），材料价差调整基准价按"经审核的预算的材料价格"进行确定，"材料价差调整的风险幅度"按 ±5% 进行确定。

"经审核的预算的材料价格"为已经省级主管部门审核批复的施工图预算，该预算为本项目设计部门编制。项目调解过程中，我司通过建设单位取得了批复的施工图预算相关文件，作为价差调整金额计算的基础依据文件。

五、调解（评审）结果

调解规则参照《中国建设工程造价管理协会工程造价纠纷调解中心调解规则（试行）》，受理并组织调解员进行调解，推动双方尽快就调解拿出可行性方案。采用了面对面沟通、背对背调解、事实依据确认等多种调解方式，劝说双方求同存异，力求双方利益的最大化。调解员充分听取双方当事人意见，陈述事实和理由，就关键事实向双方当事人进行询问，本着公平合理的原则引导双方申请人互谅互让、换位思考，拿出价差测算依据促使申请人逐渐减少分歧。立足实际，针对案件的主要争议焦点，条分缕析，将追求法律效果与社会效果有效地结合起来。在调解员耐心说服、反复解释并与双方当事人多轮沟通下，建设单位与施工单位签订工程价差调整补充协议，最终促使双方达成调解。

六、心得体会

主要建筑材料在工程项目中用量较大、占造价比例较高的材料，建筑材料价格的大幅度波动，直接导致施工成本的巨大变化，直接影响施工方对施工合同的履行，工程发承包双方在招标投标和施工合同签订过程中，在项目招标阶段（实施招投标过程）、施工合同签订前中约定合理的材料价格风险控制条款，就价差调整方式作规定，明确各方承担风险的范围和原则，以促进建设工程的顺利实施。

价格波动对发承包双方的成本承受能力、资金链产生巨大影响。涉及材料价差调整的每一个环节都可能成为争议的焦点，双方都不会或都不敢轻言让步，就因为影响金额大，每一个争议都会被无限放大。简化材料差价调整方法，科学、合理制定主要、非主要材料的划分标准势在必行。

由于工程造价纠纷调解的困难和复杂，作为一名合格的调解员，不仅要有丰富工程造价咨询经验，还应具有多方面专业知识、懂法律、懂工程技术、懂财务会计知识等，同时具有与调解工作所需的组织能力、协调能力、文字能力和口头表达能力，精通所从事的行业规范。在调解过程，调解员要了解双方当事人的利益所在、平衡点所在及最为关注的问题，充分运用谈判技巧，使当事人以客观务实的态度正确对待争议问题，争取双方当事人的积极配合，掌握当事人的心理动态，消除当事人对调解结果疑虑。在调解工作时，要学会细致观察，力求能准确地揣测到当事人心理变化情况，以便及时改变调解策略，增加调解成功的可能性。通过调解能化解双方当事人的矛盾，有效的调解不但节省了大量的司法资源，对社会和谐健康发展也是一种很好的促进。

总之，工程造价纠纷调解是一项复杂的工作，涉及的问题多种多样，需要调解员具备丰富的专业知识和高超的调解技能，才能够妥善解决纠纷，实现双方利益的最大化。调解员在实践中要不断总结经验，完善方法和技术，提升调解能力，努力推动调解工作的高质量发展，为建设和谐社会作出积极贡献。

专家点评

案例为建设工程施工合同纠纷案之材料价差调解案。案涉两个合同项目，其中，西防波堤计划施工工期48个月，自2012年11月23日开工至2019年9月完工，实际施工持续时间约83个月；外东防波堤计划施工工期30个月，自2012年6月28日开工至2017年9月完工，实际施工持续时间约63个月。涉案项目建设所在地外部环境、设计变更、政策法规变化以及实际施工工期较合同约定工期大幅延长等各种因素影响的原因，造成工程材料价格大幅上涨，鉴于上述原因施工单位向建设单位申请对施工期间砂、石等地材调整材料价差。建设单位经请示主管部门，省级主管部门批复原则同意按有关规定要求和合同约定开展材料价差调整工作。但因时间久远，建设、施工和监理对价差调整的方法不能达成一致。

案例叙述事实清晰、内容完整，争议焦点归纳明确，解决问题思路清晰，特别是涉案时间久远，争议金额大，纠纷当事人基于各自利益以及批复的原则意见，调整方法牵涉风险幅度、基准价、计算期限等诸多亟需解决的技术问题，致使解决问题的难度加大，特别是砂石料的价格调整延续近十年时长，数据如何确定？材料价差调整范围（品种）如何界定？材料价差调整方法如何确定？

调解小组在确定材料价差调整基准价的过程中，为慎重起见，积极与纠纷双方就纠纷疑问咨询专业或行业专家，请示有关职能部门，听取多方意见，始终坚持自愿合法并立足事实的原则推动双方就调解拿出可行性方案。调解方法多样组合，专业合理，采用了面对面沟通、背对背调解、事实依据确认等多种调解方式，从谨慎细致角度出发，多次组织工程造价专家会议帮助解决本项目的材料价差调整方法。调解过程兼顾实体正义与程序正义，由于争议时间长，争议焦点各不让步，十分考验调解员的谈判能力，调解员要不断挖掘资料、深入剖析从而引导当事人还原基本事实，分清当事人的是非责任，遵循法律程序，通过已有资料说服当事人保持客观的观念。调解小组运用调解会议，多轮沟通，耐心说服，反复解释的方式，最终促使纠纷双方签订工程价差调整补充协议，建设单位和施工单位取得意见一致，完美解决问题。调解过程透明，程序完备，难点分析明确，调解方法科学专业，运用政策合理，通过调解技能与技巧，最终形成纠纷双方认可的结果，构建了社会和谐与稳定，体现了调解员与机构的专业、睿智。

湖北嘉宁工程咨询有限公司　张其涛